U0917286

国家"十五"重点出版工程项目

# 教育
# 大百科全书

# 教育管理

[美]W.L.博伊德 主编
高洪源 译审

INTERNATIONAL
ENCYCLOPEDIA OF
EDUCATION

西南师范大学出版社

**图书在版编目(CIP)数据**

教育管理/(美)博伊德主编;高洪源等译.—重庆:西南师范大学出版社,2011.4

(教育大百科全书/(瑞典)胡森,(德)波斯尔斯韦特主编)

ISBN 978-7-5621-3826-6

Ⅰ.①教… Ⅱ.①博… ②高… Ⅲ.①教育管理学 Ⅳ.①G46

中国版本图书馆 CIP 数据核字(2011)第 059801 号



## 教育管理

主　　编:[美] W. L. 博伊德
译　　审:高洪源等
责任编辑:周安平　李远毅等
责任印制:钟孝钢
出版发行:西南师范大学出版社
　　　　　(重庆·北碚　邮编:400715)
网　　址:www. xscbs. com
印　　刷:重庆东南印务有限责任公司
开　　本:787mm×1092mm　1/16
印　　张:28
字　　数:746 千字
版　　次:2011 年 4 月第一版
印　　次:2011 年 4 月第一次印刷
书　　号:ISBN 978-7-5621-3826-6
定　　价:64.00 元

# 《教育大百科全书》学术指导委员会

## 《教育大百科全书》编译委员会

名 誉 主 任：周远清　原教育部副部长
　　　　　　　　　　中国高等教育学会会长

编译委员会主任：章新胜　原教育部副部长
　　　　　　　　　　中国教育国际交流协会会长

编译委员会委员：黄　尧　国务院参事、原教育部副总督学
　　　　　　　　孙霄兵　教育部政策研究与法制建设司司长
　　　　　　　　张尧学　教育部学位管理与研究生教育司司长
　　　　　　　　管培俊　教育部人事司司长
　　　　　　　　杨　光　教育部社会科学司司长
　　　　　　　　姜沛民　北京市教委主任、原教育部基础教育司司长
　　　　　　　　赵书生　中国高等教育学会副会长
　　　　　　　　黄蓉生　西南大学党委书记
　　　　　　　　张卫国　西南大学校长

总译审：张斌贤　北京师范大学教育学院院长
　　　　石中英　北京师范大学研究生院副院长

# 《教育大百科全书》编辑出版委员会

# 凡　例

## 一、中外文

1. 本书中文采用1986年10月10日经国务院批准、国家语言文字工作委员会重新公布的《简化字总表》中所规定的简化字。

2. 词条英文标题及附录中的外文的拼写、顺序、大小写、括号、标点和版式等均根据原书相应排列。

## 二、专题

3. 原书所有词条按英文字母顺序排列分卷，本书另以原书专题索引为参考，按专题归类。

4. 每个专题按相应内容范畴细分若干小节，每小节按原书英文顺序排列。

## 三、附录

5. 词条中所引用参考文献以附录形式出现于该词条中文部分之后，并以原书版式排版，相应正文中以圆括号简单标注作者、年份及页码，或只标注年份或页码。

如：(Anderson 1961 P. 125)；(Adams 1956, Bloom 1953)

## 四、译文

6. 词条原文中的"/"同时有"和"、"或"的意思，译文中均予以保留，不另作他译。

如：她/他　教/学　教师/家长

7. 计量单位从原书，英制、公制均照译，原则上不另行换算。

8. 所有译者注以括号形式随正文编排。

9. 所有正文词条标题按中文标题在前、外文标题在后的次序排列。

## 五、译名

10. 外国人名根据新华社译名室编辑的《世界人名翻译大辞典》进行翻译，著名外国人名则采取“名从主人、约定俗成”的原则,各学科中已有定译的外国人名采取“名从主科、遵从定译”的原则。

11. 作者名及译者名出现在每个词条中文部分之后,并且作者名都给出相应原文。每个专题的译审者名只出现在该专题扉页上,不另于每个词条后标注。

12. 一般外国译名只在第一次出现时给出原文,其他个别著名人物直接译成中文。

如:亚当斯(Adams);亚当·斯密

13. 外文人名一般只译出其姓,部分宗教人物、封有爵位的人物译出尊称“圣”或爵位名称。

14. 涉及日本及中国学者的人名时,前者以《日本姓名译名手册》(科学技术文献出版社)为主,后者以核实真人姓名为主。

如:《中华人民共和国的教育制度》的作者 Teng Teng 为滕藤

15. 外国地名根据中国地名委员会审订的《世界地名录》统一;该书未收的地名,根据通用的译名表译出;非英语国家的生僻地名则保留了原文未译。

16. 学术著作、机构团体、杂志名参照专业工具书及通用译名统一。

17. 正文括号中涉及某人的生卒年,其英文原文与生卒年之间用逗号隔开,以便与附录所引用的人名年份区分。

如:葛兰西(Gramsci,1891~1937)

## 六、图表

18. 词条中相关的图表来源一般根据原文注明作者、年份及页码,以便于读者查阅相关资料。

# 序

周远清

在当前建设小康社会的征途中，教育事业具有基础性、全局性和前瞻性的地位，关系到国民素质的提高，关系到科学技术的进步，关系到数以千万计的专门人才和大批创新人才的培养。因此，我们必须下大力气把教育事业搞好，根据经济社会发展和人的全面发展提出的客观要求，进一步解放思想，实事求是，与时俱进，在确保教育质量的前提下，继续深化教育改革，大力开展教育创新，努力形成一个比较完善的既能反映先进生产力和先进文化发展要求，又能满足广大人民群众教育需求的新型现代国民教育体系。

要建立这样一个新型的现代国民教育体系，是一个长期而艰巨的任务，不可能一蹴而就。因此，我们既应该有远大的理想，也应该有脚踏实地的精神；既要有历史的责任感，也应该有实事求是的科学态度。就当前我们的工作来说，各级各类的教育行政和科研部门，都要大兴调查研究之风，到教育实践第一线去，真正搞清楚我国国民教育体系的现状，分析哪些方面是有优势的，哪些方面已经与经济社会发展和广大人民群众的要求不相一致，因而是需要花费时间、精力和财力去改革的，还有哪些方面是原有的国民教育体系中根本没有，以至于需要我们充分地发挥教育创新精神研究部署的。到教育实践第一线去，也有助于我们切实和广泛地了解广大的教育实际工作者一些富有创造性的工作，收集和整理他们结合实际情况进行教育教学改革的经验，从而为我们的教育决策和科学研究提供大量翔实可靠的第一手材料。

要建立这样一个新型的现代国民教育体系，不大力发展教育科学事业是不行的。现代教育实践与任何其他的现代社会实践一样，既要合目的性，也要合规律性，是目的性与规律性相统一的实践活动。要想达成良好的教育目的，不讲教育科学是不行的。国内外教育实践的历史已经证明，教育实践的规模与范围越大，教育科学的重要性就越突出。因此，大力发展教育科学事业，在今天比在以往任何时候都急迫，反映了不断深化和教育改革与创新的客观需要。发展教育科学事业，需要各方面的条件和努力。在当前，特别要提倡马克思主义理论联系实际的学风，认真研究新时期有中国特色的社会主义现代化建设以及国际政治、经济与文化发展的新趋势给教育工作带来的新情况、新问题和新挑战，围绕着教育改革和创新过程中出现的又是人民群众最关心的那些基本问题和重大问题，组织攻关，协同研究，推动教育理论创新，为政府决策服务，为教育实践服务，为学生的全面发展服务。

要建立这样一个新型的现代国民教育体系，光靠我们自己的摸索是不够的，还应该在邓小平同志“三个面向”精神的指导下，学习和借鉴国际上一切先进的教育经验、理论和制度，把握并反映国际上教育改革与创新的一些共同特征，并由此探索出一条有中国特色的社会主义教育改革和创新之路。在这方面，我们既有宝贵的历史经验，也有一些值得反思和吸取的教训。回顾20世纪历史上历次大的教育变革，绝大部分都与对当时国际上先进的教育经验、理论和制度的学习有关。甚至可以说，没有这种对国际上先进教育经验、理论和制度的虚心学习，就没有清末民初中国现代教育制度的建立。但是，百余年来，我们在学习国际上先进教育经验、理论和制度时，也经常犯一些简单化的或囫囵吞枣的毛病，给教育实践带来了许多消极的后果。因此，学习国际上一切先进的教育经验、理论和制度，必须坚持“洋为中用”的原则，从中国的传统和现实出发，对它们进行辩证的分析和科学的批判，从而最大限度地有利于我国的教育改革和创新事业。

《教育大百科全书》的英文版，由联合国教科文组织、国际教育研究院组织当今世界教育界各学科的专家撰写，内容涵盖与教育相关的所有领域，将其译介成中文，可以说是中国教育界的一个福音，对于教育决策者、教育研究者以及教育管理者，该书都是一部具有重要价值的参考书。

欣闻《教育大百科全书》中文版即将出版，是为序。

# 中文版前言

教育是人类通过正式课堂和日常生活以获得知识、人生观和生存技能的一种历程。其意义在于通过传递历史的累积经验,既能为社会培养有效率的人群,又能为个人启智育能,使之具备新的创造力。

根据世界文明史的考察,人类的正式教育始于中国、印度和古希腊,去今约有2 300年的历史。但把教育作为一个独立的学科来进行研究,大抵还是19世纪以来的事情。应该说,这门学科被公众认可的历史远远晚于其他人文社会科学。但自公共学校普及以来,教育领域的各项研究皆取得了长足的发展,且愈来愈国际化,一些重要的研究成果为人类所普遍认同。尤其20世纪以来,各国综合国力的竞争,本质上可以说是教育的竞争。因此,各国政府对教育的重视程度、投入水平和成果质量,也基本成了衡量其现代化和文明化程度的标准之一。

各国文化传统、政治制度和经济状况的不同,反映在教育和教育研究领域是各具特色的。近20年来,随着全球化进程的加速,教育作为一个普世的主题,越来越多地受到各国政府和学界的重视。国际间的教育合作也日趋增加,各国民众和教育界人士希望了解全世界教育和教育研究现状的要求也愈趋迫切。正是在这一背景下,应联合国教科文组织的倡议,欧洲著名的教育出版集团——爱思唯尔科学出版集团(Elsevier Science Limited),在1985年首次编辑出版了这套《教育大百科全书》,并于20世纪90年代中后期全面修订(90%的词条重新撰写)再版了本套巨著。

这是目前世界上关于教育科学领域最权威也最具实用价值的一部具有理论性、学术性、工具性的全书。本套书几乎囊括了教育的所有课题,所有编委成员均由联合国教科文组织、国际教育研究院、国际教育评价协会和世界银行等权威机构推选,其条目由来自90多个国家和地区的1 000多位具有国际视野的教育专家用英语撰写。将这样一套涵盖了世界各种教育思想、理论、制度和方法,长达1 000多万字的教育百科全书译介到中国,对于我国各级各类教育管理者、教育工作者和教育理论研究者,无疑是一个福音。它有利于我们了解各国教育现状,借鉴世界先进的教育思想与体制,促进与深化我国的教育改革,从而使我国在21世纪步入世界教育强国之林。

正是基于此，西南师范大学出版社和海南出版社联合购进了本套书的中文版权，并被国家新闻出版总署列为国家“十五”重点出版工程。为作好本套书的编译工作，由教育部的相关领导及部分专家组成编译委员会，并邀请全国著名的教育学专家成立了本套书的学术指导委员会。由以北京师范大学教育学院专家为主的100多位本学科中坚学者组成了编译专家组，用长达四年多的时间完成了本书的翻译、审定和编校工作。为作好本书的出版工作，还由教育出版界的著名专家组成了编辑出版委员会。为了方便读者购买和阅读，我们将《教育大百科全书》的22个专题分册出版。在本书即将付梓行世之际，谨向所有关心、支持和参与本书编译出版的领导和专家学者表示诚挚的感谢。

本套书的英文版名为 *The International Encyclopedia of Educaiton*，为避免中文版读者将“国际教育”理解为狭义的“比较教育”与“各国教育概况”，在中文版的书名中去掉了“国际”一词。需要说明的是，作为教育学的经典工具书，本套书无论是作者国籍之多、资历之深，还是学科之广、理论之精、前沿学术之新，均为当世仅见，堪称一部国际性或世界性的教育百科全书。故在编译过程中，难免存在不妥之处，尚祈方家和读者垂教。

**西南师范大学出版社**

# 英文版前言

十卷本的《教育大百科全书：探索与研究》（International Encyclopedia of Education：Research and Studies）（以下简称《全书》）的第一版是于1980年规划、1985年出版的，其中的大部分词条撰写于1981年和1982年。它还吸纳了社会科学和人文学科中与教育问题相关的学术成果，为研究教育和从事教育事业的人士提供了丰富的信息。该书面世后，得到了教育学界的广泛好评，并且被美国图书馆协会授予了最佳参考书奖。另外，它还被《选择》杂志评选为1987年“杰出学术书籍”。

所有的人类知识领域中的学术信息永远都处在不断的流变之中。教育的实践，不仅因为立法改革之故而发生变化，而且亦因为要适应新的社会呼声、社会需求以及不同国家的不同经济状况而不断发生变化。理论正被不断地修正，新概念则层出不穷。林林总总的各类作品则伴随着或者紧跟着这些变化纷至沓来。实际上，教育领域及相关领域的学术作品可谓卷帙浩繁，完全可以与自然科学和技术领域相媲美。

教育的各个领域所发生的这种急剧的变化，于1989年和1990年先后催生了《全书》的两个增补卷。由于同样的原因，出版商和主编们都确信，现在是出版一个全新版本的《全书》的时候了。他们的这个想法，得到了《全书》第二版的编辑委员会的肯定。因此，编辑们就决定开始着手编纂《全书》的这一最新版。在少数情况下，本版只是对第一版及其增补卷中的词条进行了更新。然而，在绝大多数情况下，本版使用的都是全新的词条（90%的词条重新撰写）。

每一个主题领域，知识体系都被重新组织安排，并且特别注意了读者在第一版及其增补卷中找不到的主题。教育学的主要领域，比如教育社会学、教育哲学、教育人类学、女性教育以及著名历史人物对教育思想的贡献，都被赋予了更为显著的地位，而且都占据了相当的篇幅。

### 1. 作为探索、研究和对话领域的教育

《教育大百科全书》是向人们展示国际学术界对教育问题、理论、实践和制度的研究成果的最新全貌的第一次描述。因此，将教育定义为一个有关探索、研究和对话的领域，这是至关重要的。劳伦斯·A. 克雷明（Lawrence A Cremin）在他的著作《公共教育》中，将教育定义为“传播、激发或者习得知识、态度、价值观、技能和情感的有意识的、系统的且持续的努力，以及此种努力所带来的任何预料中的或者预料外的学识”。这是一个非常宽泛的定义，它将自学包括在内了。克雷明里程碑式的三卷本著作《美国教育》的一位评论家提出了这样一个问题：对教育的定义如此宽泛，难道不是几乎等同于人类学家所称的“同化”或者社会学家所称的“社会化”了吗？在那本有关公共教育的著作中，克雷明本人完全否认了这种说法，并坚持认为他提出的教育的概念要比这狭窄得多。然而，即使认同这个非常宽泛的对教育的定义，从具体的层面上来讲，“教育”到底指的是什么？它远非仅指学校以及类似的制度的功能，它是代际间的。儿童和青少年从比他们年长的人、父母以及其他人那里得到教育。父母、兄弟姐妹、同伴和朋友以及教堂、博物馆、图书馆、民间运动、广播和电视网络都是影响儿童和青少年的因素。就像学校一样，它们是按照自己的“课程”来行事的。

因此，“教育”指的是有意识地、有目的地影响或塑造儿童、青少年以及成人的行为的一门艺术（成人教育本身最近已经获得了独立的实践与研究领域地位）。从事教育者，比如父母、老师和其他负有教育责任的人，利用了观念、理论以及以研

究为基础的知识。教育理论研究的是抚养和教育其他人以及如何在一个政治的、社会的、历史的视角中塑造其他人的行为的问题。因此,父母以及老师的教育实践就包含了各种理论洞见和以前的经验之间的整合。这些洞见来自各种学科。

教育理论并不同于诸如物理学这样的一元性的、界定分明的领域。它具有多个学科维度。在法语中,教育理论被称为 sciences pédagogiques。这一术语就暗示着,教育理论包含着源自多个(已确立的)学科的知识。在德语以及斯堪的纳维亚诸语言中,Pädagogik 的含义比英语中的"Education"的含义的范围要狭窄一些。它更具体地指向学校教育,这一含义被如下事实进一步强化了:大学中的教育(Pädagogik)教席设立的目的,就是为了培训学校教师。然而,随着 Pädagoische Hochschulen(大学教育)逐步融入德国的大学,这个领域获得了一个新名称 Erziehungswissenschsften(亦即教育学),这一术语包含教育理论和教育方法。

因此,教育作为一个有关抚育和教育他人的研究领域,就是一个多学科的领域。自 19 世纪末以来,教育方面的学术知识,在很大程度上,是由心理学的经验研究生产出来的。在 20 世纪早期的德国,experimentelle Pädagogik(实验教育学)、experimentelle Psychologie(实验心理学)是同义的。在 20 世纪 90 年代早期,范围广阔的社会科学和人文科学学科构成了教育学的知识"基础":心理学、社会学、历史学、哲学、经济学、人类学和政治学。

严格的教育和一般意义上的行为矫正之间的界限是难以划定的。下面这个类比清楚地说明了这一点:对某个神经官能症患者进行治疗并对之进行训练,和对这个患者进行教育的行为之间,到底有何区别,是难以捉摸的。区分它们的标准之一是——尽管这个标准要应用起来是很困难的——"治疗"的目的(前者是为了让患者恢复某些能力,后者是为了让患者恢复精神健康)。

因此,最广义的教育,就是一个由与抚养和教育他人有关的所有现实问题构成的宽泛的领域。抚养和教育可以是正式的,比如学校教育就是如此;也可以是非正式的,比如大部分情况下在职学习就是如此。发生在家庭中或者同年龄群体间的教养就是非正式的。正如在所有重要的人类事业中一样,教育可从与其目的、过程或者结果有关的学术研究中获益。教育的目的、过程或者结果这些问题,可以由与它们有密切联系的理论研究来解决。然而,在实际的"工程设计"中,教育工作者必须利用其他领域中发展出来的概念、方法和主题,因为这些领域包含着更为定形的有关人类的知识。因此,作为一个研究和实践的领域的教育,就处在许多已经成熟的学科的交叉路口上。

克雷明曾论及"教育的生态环境",它指的是由社会中的教育机构和教育所赖以运作的社会文化及经济制度所构成的一个综合体系。同时,教育理论不是一元的,也不是界定清晰的,它有着多种学科维度。的确,正如上文所言,范围广阔的社会科学和人文学科构成了教育学的知识"基础":它们是心理学、社会学、历史学、哲学、经济学、人类学和政治学。

因此,《全书》中的教育,不仅包含从学前教育到成人教育与工作教育的正式的和非正式的实践,而且也包括与教育有关的学术学科中的知识。这一多样性使得规划一个试图包含这个领域中的所有研究和探索的大百科全书的工作,成为一项高度复杂的事业,根本无法在理论和实践之间或者学术探索及其应用之间,划出什么明晰的界限。

这里,"教育"领域被划分成许多"次级领域"。每一次级领域下都有相应的词条。其中的主要领域如下:

——成人教育
——教育人类学
——比较教育与国际教育
——课程
——教育经济学
——教育管理
——教育评价
——特殊需要儿童教育
——教育政策与规划

——教育研究方法
——教育技术
——女性与教育
——教育史
——人的发展
——教育心理学
——各国(地区)教育制度
——教育哲学
——学前教育
——教育社会学
——教师教育
——教学
——职业技术教育

### 2. 关于书名中的"国际"

将本书称为"国际"(英文版书名冠以 International,即"国际"一词,为避免中文版读者将"国际教育"理解为狭义上的"比较教育"与"各国教育概况",在中文版的书名中去掉了"国际"二字,以彰显该书的普适性——出版者注)大百科全书意味着,其中的词条对许多国家都具有参考价值。我们竭尽全力,力图让每个词条所叙述的主题都包含着当今的最新信息,并力争(除了其他标准以外)依据相关人士在相关问题上所具有的"世界性"知识的水平来选择作者。然而,这一大百科全书所提供的参考书的广度和多样性是有一定局限性的。首先,没有哪个人能够了解整个世界在某个特定领域中所取得的全部进展。其次,这一大百科全书是以英文出版的,这样做是为了让它拥有广泛的读者群。这要求作者必须以英语写作,但这确实可能导致这样的情况发生:某些作者尽管在他们的相关领域卓著不凡,而且知悉以他们的母语发表的学术著作,但却对以其他语言发表的某些学术研究不甚了了。事实是,经验研究成果之中有超过 80% 的部分是以英文发表的,而且大体上也都是在讲英语的国家(特别是美国)完成的。《全书》体现了这一状况。

尽管如此,全书中 1 262 个词条的作者来自 95 个以上的国家和地区。荣誉编辑顾问委员会力促全书的作者结构达致一种均衡。我们联系了诸如联合国教科文组织(特别是其下的国际教育规划协会)、经济合作与发展组织、世界银行和国际教育成就评价协会等国际性组织,让它们帮着挑选具有国际视野的作者。而且,全书还特别注意将发展中国家特别关心的词条包括进来。那些关于教育政策与规划、教育经济学、职业技术教育和比较教育学的词条,清楚地体现了这一点。

### 3. 全书的编纂过程

1990 年做出推出全新版本的《全书》的决定之后,两位主编随即任命了 22 个栏目编辑,并要求这些编辑提交他们打算在他们负责的部分中纳入哪些词条,并同时推荐相关词条的作者。1991 年 2 月,由责任编辑、主编和出版商代表组成的联合会议,审议并修改了这些词条清单。此次会议之后,责任编辑们就开始要求作者撰写相应的词条。作者撰写的词条提交上来之后,马上就由责任编辑评审,随后再提交给两位主编审议。有时候,某些词条没有获得通过,或者未能及时提交上来,就必须寻找新的作者。当编辑们对词条中的内容及其国际性没有把握的时候,就邀请外部评议人提出意见。一旦一个词条被两位主编通过,就马上被转到格伦达·克肖(Glenda Kershaw)那里,她领导的、位于普格曼(Pergamon)的编辑人员,马上就进行最后的审稿工作(这包括校正参考文献和索引),之后再将之交付排版和印刷。

我们利用了最新的计算机生产技术来编纂《全书》的第二版。与以前可能使用的传统编辑和排版技术相比,这次的速度和准确性都大为提高了。索引软件的使用,使得编辑人员能够在编辑过程中的任何阶段,完全控制那些复杂的索引。插图则是利用计算机设计技术制作的,这使得它们获得了高度的标准化和准确性。最后,整部《全书》的文字和插图都被记录在一个数字文件中,这样一来,其中的任何部分都可以被修改、摘取或者转化成多种媒体格式。

### 4. 全书的结构

要安排这一被称作“教育学”的知识体系的结构确非易事，因为这一知识体系源于许多学科。我们面临的最基本选择是，要么以学科为单位，围绕几个主题将相关词条组织成一个综合性的专题，要么让词条变得相对短小一些，以字母顺序来排列。这两种形式没有哪种是理想的。将词条组织成综合性的专题的优点是，某个领域（例如“课程”）的所有信息构成了一个整体。其缺点是，某些具体的次级领域就无法作为适当的话题而得到其应得的篇幅。而且，由于某些话题与多个专题相关，因此，不论将相关话题划分到哪个专题之下，都显得有些武断。经过大量讨论之后，最终决定按照字母顺序组织各个独立的词条，同时在相关词条之间安排交叉索引。这样一种形式使得人们能够迅速查找到教育学中的典型主题和话题。这一安排使得这一点显得尤为重要：让按照字母顺序排列的词条的内容相对详尽一些，具体安排是让每个词条平均长约4 000个单词。同时，这还使得主题索引变得更为重要：实际上，主题索引成为全书的关键点之一。

**成人教育**的135个词条是由责任编辑阿尔伯特・图季曼（Albert Tuijnman）负责的，他担任责任编辑时，正任教于荷兰的图文特大学（University of Twente），并且自1992年中期以来一直在经济合作与发展组织中任职。

自《全书》第一版发表以来的十年之中，成人教育已经发生了许多变化。不仅其投入和参与度在全球范围内都提高了，而且这一领域本身也已经成熟起来。随着20世纪接近尾声，职业教育的重要性已经大幅提高了，而且带来了许多新的成人教育研究论题。这些变化必须反映在“成人教育”这一部分的组织结构中。

该部分的词条不仅涵盖了这一领域中的重要概念和定义，而且是从学科视角来体现其发展的。它们覆盖了世界上所有地区内的成人教育和职业教育的筹资和组织问题。同时还讨论了成人教育的主要提供者以及接受成人教育的主要人群，描述了地区性的、全国性的以及国际性的成人教育政策及项目。另外，还特别对终身发展、认知、成人学习及成人教育的理论和方法给予了相当的关注。而且，相关词条还涉及了成人教育的评价和研究方法问题，以及成人识字率的测算和继续教育的问题。由于原来被认为是相互独立的理论和实践的不断融合，以下两个方面已经得到了越来越多的关注：成人的通才教育和职业教育。

**教育人类学**这一部分则是由约翰・U. 奥布（John U Ogbu）负责的，他任职于美国加利福尼亚大学伯克利分校的人类学系。该部分的词条主要集中在教育人类学的历史和性质、方法和概念以及实质性问题这三个主要方面上。关于教育人类学的历史的词条，解释了这一新兴领域在人类学中的兴起及其性质，以及其在教育学中日益扩大的存在与影响。任何一个新兴的次级领域所面临的挑战之一都是，发展出一个适当的方法及概念框架，以让这一领域的知识能够为改善教育而服务。那些有关实质性问题的词条则丰富了这方面的研究。

**比较教育与国际教育**部分则是由唐・亚当斯（Don Adams）负责的，他任职于美国匹兹堡大学的教育学院。这部分的词条涵盖了大量的历史和当代问题，并集中在三个主要方面上：界定了比较教育研究和国际教育研究的概念、方法及资料源；职业组织、政府组织和政府间组织开展的比较教育活动和国际教育活动；对与特定教育水平或功能相关的问题和趋势进行的比较分析。比较教育学和国际教育学可以看作是一个全球性的新兴领域，它获得了学术界及职业界的普遍关注，并且利用了教育学和社会科学中的理论及方法。

**课程**部分则是由阿瑞亚・莱维（Arieh Lewy）教授负责的，他任教于以色列的特拉维夫大学。正如《全书》第一版一样，这一部分的词条包括两个类别。第一个类别的词条，讨论的是与课程安排、课程理论的最新发展、课程研究的创造性方法以及对安排学校课程的方法的评价等方面有关的一般性问题。在这一类别的词条下，给课程评估安排了整整一小节，这一小节特别强调了质量评估问题和对计算机软件的评估问题。

“课程”部分的第二个类别的词条，讨论了各个科目的具体发展和研究。这些词条是按照学校讲授的传统科目组织起来的：母语、外语、人文学科、艺术、社会科学、数学和科学（包括技术）。此外，有一组词条还讨论了学校讲授的生存技能，比如安全教育、家庭教育、保健教育和人生教育等。

**教育经济学**部分则是由马丁·卡诺依(Martin Carnoy)和亨利·M. 莱文(Henry M Levin)负责，二人都是美国斯坦福大学的“教育和经济学”教授。这部分的词条主要集中在教育经济学的三个主要方面：对教育进行投资时应当采取什么样的标准，以及此种投资的回报是什么？组织和生产教育的最有效方式有哪些？应当如何为教育筹措资金？

每个社会及每个个人或者家庭必须决定，应将自己的资源中的多少投入到教育上，以及投入到哪种类型的教育上。有关这个问题的词条探讨了发展中国家和发达国家中不同层次与不同类别的教育的经济回报和社会回报问题。有关教育生产的效率的词条，讨论了学校规模、学校和教育部门的组织及不同的激励计划对教育结果的影响等问题。有关应如何筹措教育资金的词条，则探讨了公共筹资和私人筹资的问题、教育的税收来源问题、政府间责任问题以及对诸如优惠券这样的市场策略的利用问题。

**教育管理**部分是由威廉·洛·博伊德(William Lowe Boyd)负责的，他任教于美国宾夕法尼亚州立大学的教育学院。这个专题下的词条是围绕着以下四个研究主题组织的：教育管理的理论和实践、学校的绩效及其改进、教育的管理和政策以及教育管理中的服务、任务和问题。

许多词条都有一个共同的主题：在这个社会变化日趋复杂、社会进展日益加速的时代，教育管理者如何应对人们对学校运作的效果和效率提出的更高要求。世界经济的不断重组，以及世界经济的相互间的依赖和竞争的不断加大，已经使得教育及国家劳动力的水平成为生死攸关的问题。与此同时，许多国家的政府体系和教育体系的效率，正经历着一场信心危机。结果是，政府体系和教育体系的重组和“再造”成为20世纪90年代的一个显著特征。由于同时期出现的要求学校消除它们在对待和服务各种社会弱势人群方面的不足之处的压力之故，这些雄心勃勃的计划变得更加复杂棘手了。所有这些情况造成的最终结果是，人们开始对教育政策和教育管理的方法重新思考。

**教育评价**部分是由位于美国芝加哥的伊利诺伊大学的赫伯特·J. 沃尔博格(Herbert J Walberg)负责编辑的。这部分的词条关注的是教育评价的理论、方法及实践。这些词条表明，教育评价涉及从为评价学生而进行的信息收集到收集资料以对国家教育体系进行比较等方方面面的内容。教育评价关注的是教育产品、活动及结果的价值。教育评价为改进教育提供了丰富的信息和深刻的洞见，而且已经被越来越多地运用在教育政策的制定过程之中。这些词条清楚地说明，教育评价是从教育实践中发展起来的，但它更多地以心理学和社会科学的理论和方法为基础。

**特殊需要儿童教育**部分是由位于美国费城的坦普尔大学(Temple University)教育研究中心的玛格丽特·C. 王(Margaret C Wang)负责编辑的。她得到了同属该研究中心的唐·戈登(Don Gordon)的有力协助。这部分的词条关注的是与对有特殊需要的儿童的教育相关的研究和实践。它们围绕着11个主题领域展开：总体情况；课程考虑；诊断和分类；提供服务的替代性方法；有特殊需要的婴儿以及学前儿童；有特殊需要的儿童及青年；轻度和中度残疾的儿童及青年；语言障碍和语言能力培育；当代的情况；教育及相关服务；职业教育和过渡性模型；天才儿童和青年。

在向所有儿童(包括学业成绩很差的儿童以及那些需要不同的、特别的支持和抚育的天才儿童在内)提供普遍的、有效的教育方面，已经取得了长足的进步，特别是自《全书》第一版出版以来更是如此。在世界上许多地方，那种试图确保儿童获得有效的学校教育平等机会的教育改革新浪潮，正致力于提高学校的教育能力，为越来越多样化的学生群体，特别是那些在以前的改革中被过分遗忘或被抛在边缘地位的有特殊需要的学生，提供更好的教育服务。

**教育政策与规划**部分则是由约瑟夫·P. 法雷利(Joseph P Farrell)负责编辑的，他是位于加拿大多伦多的安大略教育研究院(Ontario Institute for Studies in Education)的国际教育和发展教育中心的主任。这部分的词条讨论了发达国家和发展中国家的教育政策的制定及其实施中的主要问题，这既包括正式教育中的问题,也包括非正式或成人教育的问题。其中的许多词条集中讨论了教育政策的制定和规划中的技术性问题。由于教育政策和规划是一个涉及面很广的领域,它利用了几乎所有的基础学科(例如社会学、政治学、人类学、经济学、心理学及测量和统计学等),而且它被以这种或那种方式应用到了所有的教育体系和问题之上,所以,让读者密切注意这个部分的词条之间的交叉索引是非常重要的。

**教育研究方法**部分则是由南澳大利亚富林德斯大学的约翰·P. 基夫斯(John P Keeves)负责编辑的。这个内容广泛的专题关注的是以下几个方面的内容:教育研究的性质、教育研究所使用的(不论是经验的还是人文的)方法以及(为研究目的而展开的、同时是评价教育实践结果的标准的)教育测量和心理测量所采用的程序及其遇到的问题。这是一个在继续飞速发展的领域:整个 20 世纪的大部分时间中,它就一直是这样发展着的。然而,最新的发展动力则来源于微型计算机的介入。自《全书》第一版面世以来,微型计算机已经大量地摆上了教育研究者的桌面。这个领域正发生着令人兴奋的变化,有时候还引发热火朝天的争论,并激发着对教育过程的全新理解。人们已经越来越广泛地承认以下这一点:教育关注的是人的特性的变化,而既受个人层面上的又受群体层面上的因素的影响的人的特性,是必须得到精确测量的。

**教育技术**部分是由特耶德·普洛波(Tjeerd Plomp)和唐纳德·P. 埃利(Donald P Ely)共同负责编辑的,前者任教于荷兰图文特大学的教育科学和技术系,后者任教于美国锡拉丘兹大学的教育学院。

这部分的词条被组织在五个大的类别之下:定义、概念背景及教育技术的传播;程序设计、工具和资源;教育技术实现方案;教育技术的应用及制度环境;新问题。

第一类词条将教育技术当作一种概念和领域进行了讨论,并讨论了教育技术在不同的方法(比如通过各种组织和刊物)下是如何在全世界传播的。

第二类词条集中讨论了诸如评估、设计、媒体制作、扩散和实施等教育技术程序。由于教育技术的设计过程高度依赖于良好的组织,因此这一类别还包含了有关教育技术的管理和教育技术专家经常利用的资源的词条。

第三类词条则讨论了实现教育技术的战略、工艺、材料和设备。有关教育技术的实例则是在教育技术的应用和制度环境这一类别的词条下提供的。最后一类词条讨论的是新出现的问题,比如教育技术和版权的社会因素。

**女性与教育**部分是由澳大利亚墨尔本大学教育研究院的政策、环境和评估研究系的加布里埃尔·拉可姆斯基(Gabriele Lakomski)负责编辑的。这是全书中新加进来的一部分,主要是为了从国际视角来说明、记录并解释女童和妇女在教育方面为什么会成功,又为什么会失败。

由于女童和妇女所处的极为不同的文化、宗教、经济及其他条件之间有着许多共同的问题,由于对许多问题的解决方案超出了这部分的范围,所以,这部分的词条是围绕三个主要类别组织起来的:相关国家中的女性教育历史;规定、塑造并探索了女性教育、男女不平等和女权主义研究的问题及概念;对那些传统上女性处于弱势的领域(比如某些课程、女性在管理层和教育业中所占的比例以及获得职业培训的机会等)的经验研究和讨论。

**教育史**是由西克斯登·马克隆德(Sixten Marklund)负责编辑的,他是瑞典斯德哥尔摩大学的国际教育研究所教授。这部分的词条主要归属于下列三个主要领域:第一,教育思想的历史;第二,教育制度体系及其立法史;第三,宏观教育史和教育史学。教育思想史及其应用的词条,主要介绍了一系列的自古典时代开始出现的伟大教育思想家和教育家,从柏拉图直到 20 世纪 90 年代的诸如齐奥格·克申施泰纳(Georg Kerschensteiner)和玛莉亚·蒙台梭利这样激进的教育家。教育制度体系及其立法史主要涉及的是教育政策和教育制度的历史,这被分作学前教育、初等教育和中等教育三个方面,另外还补充了一些有关特殊教育、职业教育和成人教育的历史的词条。宏观教育史和教育史学则包括与教育史学有关的词条,此外还包括当代教育史、教育研究史和课程研究与开发方面的词条。

**人的发展**部分是由弗朗茨·E. 韦纳特(Franz E Weinert)主持的,他是位于德国慕尼黑的马克斯·普朗克心理学研究所的主任。其中的词条覆盖了人的发展研究的三个大的方面:人的发展的基本现象、日常概念和理论;人在生命周期中的发展变化的科学模型;躯体、认知能力和性格的发展变化与发展进程。

为了体现人的发展研究的方法的多样性,第一部分的词条覆盖了研究人的发展最为重要的方法、某些与人的发展有关的日常概念以及关于人的发展的所有最为重要的科学理论。第二部分的词条则覆盖了人的发展的主要时期和阶段,这包括幼儿期、儿童期、青少年期、成年期和老年期。第三部分的词条则讨论了人的发展的主要方面,从人的发展的生物学基础和躯体变化,到认知发展的各种现象和机制,再到人的个性的某些方面的社会环境根源,可谓应有尽有。

**教育心理学**是由艾里克·德·科尔特(Erik De Corte)主持的,他任职于比利时的卢汶大学(University of Leuven)的教育心理学和教育技术中心。这部分总共有51个词条,这些词条描述了当今世界对人的学习的过程和结果的理解,以及对影响这种过程和结果的人内心的或个人的、环境的、文化的、社会的和教育的因素的理解。这些词条的范围并不仅限于学校学习,而是包括了在工业环境下的学习,比如成人学习。尽管这部分强调的是获得知识和认知技能的问题,它还是包括了一些关于情感方面的、社会方面的和运动神经方面的学习的词条。

自从20世纪70年代以来,教育心理学的一项重大发展是,有关学习和教育的研究越来越针对专门问题了。这种趋势在这部分得到了很好的反映,其中有一系列的词条回顾了与主要主题领域有关的研究,这些主题领域一起构成了普通教育的课程。

另外,还有几个词条对这个领域的历史进行了回顾。而且,我们尽力使这部分覆盖国际上的主要研究,同时确保不同的研究方法都得到适当的照顾。

**各国(地区)教育制度**是由德国汉堡大学的比较教育学教授、本书的主编之一,T. 内维尔·波斯尔斯韦特(T Neville Postlethwaite)主持的。几乎在任何情况下我们都与各国的教育部联系,让它们安排相关词条的撰写。我们向所有的作者发出一份详细的内容大纲,目的是让对所有国家(地区)的教育体系的全部描述都尽可能地有相同的结构。这要求作者撰写以下内容:其所属国家(地区)的基本背景和社会、政治及经济环境,以及这些因素对本国(地区)教育体系的影响;教育政策与规划;正规教育体系的结构和学生人数,以及对学前教育、特殊教育、职业教育及成人和非正式教育的特别说明;正规教育体系的资金来源;教师的培训和供应;课程开发程序;升学、考试和证书程序;教育评价和研究;20世纪80~90年代的主要教育改革;该教育体系到2000年以前将面临的主要挑战。

有少数国家的教育部没有给出回答。这些国家有的正发生内战、政治动荡或者干旱。某些国家的教育部确实推荐了作者,但是相关作者除了与我们写过少数几封信之外,就再也没有什么音讯了。尽管遇到了这样一些问题,全书中还是包含了142个国家(地区)的教育体系的词条。

**教育哲学**部分是由美国斯坦福大学的教育和哲学教授丹尼斯·C. 菲利普斯(Denis C Philips)主持编辑的。这部分包括一些很长的词条,这些词条从历史角度回顾了教育哲学、教育哲学中的分析传统和教育研究中的认识论问题。还有一些词条则关注的是地区现象,另外一些则对那些经常影响教育理论和实践的主要的宗教思想派别进行了综述。同样都源自欧洲大陆的解释学、批评理论以及后现代主义,被分别放在不同的词条中讨论。然而,主要词条讨论的却是整个20世纪英美的教育哲学所集中关注的一些具体问题:比如教育中的批判性思维、课程理论、政治和道德哲学及其对教育的影响、当代的认识论理论及其教育学分支、哲学中的实证主义和现实主义及其对有关教育研究方法的影响以及西方作家眼中的马克思的社会理论的遗产。

**学前教育**是由美国伊利诺伊大学的初级教育和儿童早期教育中心的主任莉莲·G. 卡茨(Lilian G Katz)主持的。这部分的词条涉及了与从出生后到小学之前的儿童的成长、发育和学习等方面有关的话题,以及与这些儿童的父母有关的问题。另外还有一些词条专门讨论了与婴幼儿和学龄前儿童有关的计划的性质。

对于致力于对相关计划的效果进行评估、测量和预测的研究人员来说,学前教育具有特殊的挑战性。学前教育的这三个方面的词条,还回顾了学前教育的评估和学前教育评估的当前趋势,并综述了对学前教育计划展开的纵向研究的结论。

全世界范围内的学前教育以及儿童早期教育方面的专家,都特别强调了家长参与以及旨在对家长抚育孩子的能力进行培训的极端重要性。我们安排了专门的词条,对这类研究成果进行了分析。此外,几乎所有的专家都一致认为,学前教育计划的质量在很大程度上是由学前教育人员的经验和资历决定的。因此,本部分亦将学前教育人员的培训的进展包括进来。

**教育社会学**是由位于澳大利亚堪培拉的澳大利亚国立大学的社会学系的劳伦斯·J.萨哈(Lawrence J Saha)主持的。相关词条可以划分为三个主题:教育社会学的理论和主要领域;教育的结构和体系;关于教育过程的社会学。

对教育的社会学研究和解释被大量理论视角所主导着,这些视角全都提供了有关教育如何在社会中发挥作用的深刻洞见。因此,某些词条集中讨论了几种主要的教育社会学理论(包括古典理论和当代理论),并且还特别讨论了相关的生育理论和阻抗理论。除了一个有关教育社会学的词条之外,另有五个词条对有关成人教育、课程、学习、特殊教育和教学的社会学进行了综述。

第二个主题关涉的则是教育结构和体系问题,并且包括了诸如教育体系的不同层级之间的关系、公共和私人教育、能力追踪、教育体系的阶层现象以及教育与国家方面的词条。

最后,有关教育过程的丰富的社会学知识体系则体现在大量的词条之中,这些词条讨论了诸如教师工作和教师的过劳状况、性别差异、家庭结构、友谊模式以及课堂的动力机制等方面对学生的学业和其他在校成绩的影响。

**教师教育**这部分则是由美国南加州大学的罗林·W.安德森(Lorin W Anderson)负责组织的。教师教育这一专题的词条是围绕四个主题展开的:教师教育的概念和模式、职前教师教育、在职教师教育以及特殊领域的教师教育。有关教师教育计划的管理、认证、课程和评价都在这些词条中得到了讨论。所谓的特殊领域则包括阅读、语言艺术和文学、数学、音乐、体育、科学以及社会研究。

**教学**也是由美国南加州大学的安德森教授负责组织的。这一专题的词条则是围绕八个主题展开的:教师和教学的概念、教师的个人特性和职业特性、课堂环境和限制、教师做出规划和决定的行为、讲课策略和教学方法、教师行为和教师与学生之间的互动关系、教师和教学效果以及对教师和教学的研究。具体的词条则覆盖了从有关"作为职业人士的教师"的理论讨论到有关"教师的管理行为"的经验分析的丰富内容。

**职业技术教育**是由英国爱丁堡大学的肯尼斯·金(Kenneth King)负责编辑的。这部分的词条覆盖了技术和职业技能培训的三个场所:正式的学校教育;独立的培训机构(往往由劳动部而不是教育部负责管理);工业界和商业界内部进行的培训,这包括发展中国家的小型企业、农场和工厂的生产小组以及德国或其他国家的著名的"二元体系"。

"理论"知识和"职业"知识之间的关系是极端复杂的,而关涉它们之间的关系的国家政策,则是与诸如是否能够获得进一步的教育、工作前培训以及(对许多国家来说)受教育者的失业情况所造成的威胁等等问题紧密联系在一起的。此外,技术和职业教育往往比理论教育更加昂贵。因此,除了讨论技术和职业教育的覆盖范围、时间安排及其制度定位之外,许多词条讨论了技术和职业教育的筹资机制问题。

## 5. 如何使用本大百科全书

正如上文指出的,教育不是一个被某种传统的学科视角一统天下的学术研究领域。实际上,许多学术地位已经确立的成熟学科都对探讨教育中的问题有价值。划分与这些问题相关的知识体系的结构的任何企图,都会遭到数不胜数的困难。尽管本书的词条是按照字母顺序排列的,但是读者还是可能不清楚某个相关词条是否包含着他们需要的信息。因此,出版商特地准备了一卷索引卷(西南师范大学出版社与海南出版社2006年1月出版的10卷精装《教育大百科全书》将索引并在第10卷中),该索引卷包含三个层次的主题索引:名称索引、分类词条表和词条作者表。这应当会有助于克服作为一个研究领域的复杂性所引发的困难,并可引导读者快速查找到自己所需要的信息。

我们要求各词条的作者列明他们撰写的词条的关键词和关键短语,这些关键词和关键短语都是他们希望传达的信息的根本要素。这些术语就构成了主题索引的基础。接着,大量的索引专家利用一个计算机索引程序对超过1 200条的术语进行了协同一致的分析,从而制作出了一个易于使用而且全面的索引,这个索引可满足不同知识层次和不同经验水平的读者的不同要求。涉及某个问题的实质性讨论的页码索引被醒目地标了出来,而交叉索引则将读者导向相关的词条。因此,主题索引就成为使用本全书者可依赖的最重要的工具了。名称索引也提供了一个颇为有用的切入点。

分类词条表则勾勒出了本大百科全书的内容的基本结构。它以"主题词条"将相关词条组织成多个以字母顺序排列的领域,并将涉及相互关联的话题的词条安排在相关的总的小标题之下。某些内容则同时被列在多个不同的专题之下。此外,某些标题则跨越了本大百科全书为安排相关词条而按专题划分的界限。这样,读者就可以找到所有与"阅读"有关的、被安排在一起的词条,即使这些词条是由两个不同的责任编辑负责组织的。

索引卷还包括了一份列明作者及其所属机构的完整列表,并指明他们撰写了哪些词条。同时还包括了一份列明主要教育研究刊物的列表,这对于本大百科全书的读者来说,定会是一个便捷的索引工具。

为了满足读者对某个特定词条内包含的具体内容的更为深入的兴趣,通常作者都在他们撰写的词条后的参考书目之后指明了与相关词条相关的进一步的资料源,而且,还交叉索引了本大百科全书中与他们撰写的词条紧密相关的其他词条。

### 6. 致谢

编纂一部大型的大百科全书是一项艰巨而浩繁的工程。我们要特别感谢几个人。首先,我们要感谢巴巴拉·芭蕾特(Barbara Barrett),普格曼的编辑部主任,正是她第一次提出编纂这一新版的大百科全书。其次,我们要特别感谢责任编辑,感谢他们的责任心、能力、智慧以及他们在本书工作上所花的大量时间。再次,我们要感谢所有作者,感谢他们撰写(以及重写)相关词条。我们深深地受惠于荣誉编辑顾问委员会以及相关词条复审人的卓绝才识。另外,我们亦深深受惠于汉堡大学和斯德哥尔摩大学的许多人士,他们重打了许多有时候几乎都无法辨认的词条,并且对每一个词条所处的状况都进行了随时随地的追踪。这些人士包括:欧姆特劳德·弗里茨(Irmtraud Friz)、冈达·列姆考(Gunda Lemkau)、罗斯尼·兰宾(Rosine Lambin)、朱莉·弗雷德里克斯(Julie Fredericks)、杰德·哈里斯(Jed Harris)和克里斯蒂娜·雷昂(Kristina Rayon)。我们要感谢菲利普·阿什列特(Philip Aslett)和费昂纳·巴尔(Fiona Barr),他们承担了编纂主题索引的主要任务。最后,我们还要向普格曼的优秀的编辑队伍表示我们由衷的谢意:格伦达·科尔肖、安吉拉·莫瓦(Angela Moar)、艾丽森·唐内特(Alison Dunnett)、彼得·米歇尔(Peter Mitchell)、露茜·赫伯特森(Lucie Herbertson)以及米歇尔·惠顿(Michde Wheaton)。

托尔斯顿·胡森(Torsten Husén)<br>T. 内维尔·波斯尔斯韦特<br>(T Neville Postlethwaite)

# 目录

## ·责任与监督



## ·学校管理



## ·行政管理人员的招募、培训、选拔及其职业生涯



## ·财政与资源分配



## ·学校的管理与政治学

## · 教育管理中的若干问题



## · 学校的效能及其改进



## · 管理的服务和任务

## ·教师与教育管理



## ·教育管理的理论

## 教育指标在政策与管理中的运用(Education Indicators: Use in Policy and Management)

教育指标是目前对教育管理者来说非常有用的一种新的评价技术。这种新技术的可用性一方面是由其内在的特征所决定,另一方面也决定于人们在多大程度上把评价看作是教育管理的中心而不是边缘。这两方面(教育指标的特征及其在管理中的运用范围)都要在此讨论。我们在此是把评价作为理性的教育管理模式的重要因素。同时教育指标体系对教育管理的有用性是在一种以评价为中心的背景下检验的。

### 1. 以评价为中心的教育管理

当我们讨论教育管理时,很重要的一点是至少要区分两个层次的应用:(a)国家或州层次的教育决策与管理;(b)学校层次的监控与管理。就结构化的组织而言,对国家或州教育管理有用的是政府机构的设置和对教育政策有一定影响的组织网络。例如,宗教组织网络对宗教学校的控制。在学校管理层次上,不同的组织结构成为管理者关注的焦点。例如,结构化的组织安排有助于人们参与决策。在本文中,教育指标运用的讨论将从两个方面来考虑。为达到这一目的,讨论的重点将放在教育管理的过程(也就是决策与管理过程)而不是结构方面。

评价在教育管理中并不占有重要地位,这个结论毫无疑问是决策者从定向于政策项目评价的文献中得出的(Weiss 1982)。从教育管理领域的有关理论与研究中也可以得出同样的结论。对此论点的另一种陈述则认为把教育管理看作教育调查领域已经不足以与教育评价的发展相适应,至少应该考虑到教育测量和计算机在学校管理信息系统中的运用。博伊德(Boyd)和克劳森(Crowson)对此做出了更为深刻的解释,他们认为过程比结果在教育管理中更为重要。

关于以评价为中心的方法在教育管理(包括理论、研究与实践)中是否需要和可行,可以从以下相关的三个方面得到阐释。首先,教育管理所采用的有关组织现象的相关理论都把评价看成一个必要的组成部分。这一点可以考察控制理论、公共选择理论、权变理论以及专业化组织的协调模型。其次,在学校效能研究领域,组织状况是仅次于教育因素而与教育结果有关的因素。最后,教育评价的新发展,如教育指标体系,可能为加强评价与决策和管理的联系提供新的机会。

### 2. 评价在组织理论中的地位

控制理论是对公理化系统理论的精心描述,在这种理论中,管理现象被抽象地描述成控制者与被控系统之间的相互关系,同时也考虑到被控制系统的相关环境(De Leeuw 1974, Kickert 1980)。在此讨论的目的是要说明控制理论的重要部分假如没有评价机制(能把控制活动的结果反馈给控制者),将不可能产生有效的控制。这一点与一般系统理论的控制原则相一致,同时也意味着在所有理性的计划与决策制定模式中评价阶段将得到重视。

然而,人们对控制理论中的评价机制处理得还是相对随意而没有正规要求,而这些正规要求是评价本应履行的。如人们认为,如果一个评估委员会能够评估系统的状态经过一段时间后是否得到提高,那么这个评估委员会就能做出有效控制。这种观点的意义在于理性决策不应该被否定,因为"现实的"决策不可能做到与所有的正规要求相一致或与理性决策模式完全相符合。相反,人们把要求更少修改的所有类型决策(如有限理性甚至是渐进主义)仍然看成是可控制的政策而不是非理性的或混乱的。关键的一点是有些评价是可行的。

公共选择理论把公共决策看成是政客与选民之间不完善的交换机制。专家如尼斯卡宁(Niskanen 1971)、利本施泰因(Liebenstein 1978)、布雷东和温特罗布(Breton and Wintrobe 1982)已经分析过这些不完善交换机制对公共组织(他们把这些通称为"官僚部门")所带来的后果。他们得出的普遍结论是官僚部门是缺乏效率的,尼斯卡宁(1971 P. 15)把官僚部门的失效原因归结为:"官僚机构的雇主与雇员不能将拨款使用后的盈余作为自己的收入”,以及“公共组织每年获得拨款的依据不是效率而是其他一些什么标准”。

根据这种推理,把公共组织变得更加有效率的唯一的办法是用市场机制来运作公共组织,换句话说,就是把官僚部门变得更像私人企业。把评价作为市场机制的替代物可能会受到争论,用这种方法,市场这只看不见的手将被管理者手中的工具所取代,以提高效率。公共选择理论的支持者反对这种解决方法。他们强调缺乏资金以及能够给官员机构提供充分评论的专家,并且这些官员对外部的批评性评价有很多免疫方法。然而,这种消极态度并不能排除这种观点,即只要评价程序得到改善,就能够为公共组织(如学校和大学)效能的提高提供有力的杠杆。

现代组织理论的一个重要原理认为“并没有一个最好的组织方法”,组织结构的效能取决于所处的背景条件(Thompson 1967, Mintzberg 1990)。人们把这种观点称之为权变理论,这种观点暗示着两个阶段的因果进程:背景或权变因素与组织结构变量相互作用或相互影响,进而决定组织结果。经验研究表明,这种以权变观点为指导的结论是“不完全的”,也就是说这种观点只适用于背景与结构之间的关系,但却忽略了结构与输出之间的关系(Kieser and Kubicek 1983)。这暗含着但并没有明确指出的权变理论的原则是对组织效果中结果的评价,这又一次强调了评价在组织理论中的重要性。

人们把教育组织看成“专业官僚”、“松散联结的系统”和“垃圾罐模型”(Mintzberg 1990, Weick 1976, Cohen et al. 1972),这些观点意味着:(a)学校作为协调机构在前期计划和过程的指导控制方面是很弱的;(b)学校在某种程度上并不需要这种正规化的协调机制,因为它们能够依靠训练来使它们的教职员工适应某种文化。这种垃圾罐模式实际上是无协调模式。

从这些组织模式出发,就评价而言可得出两方面的结论:首先,评价能够提高控制,即使这看起来像“修补”垃圾罐式的决策。其次,试图把正规的评价运用到教育组织中将可能达不到预期目标,因为这将受到老师们的反对。从种种组织理论中得出的结论是,在教育组织中谨慎运用评价(以结果为导向)将可能提高它们的效能。

### 3. 学校效能研究

在某种程度上,这种假设得到了学校效能实验研究的支持(Levine and Lezotte 1990, Scheerens 1992)。“经常性评价”已经被反复证明是取得良好教育成绩的相关因素之一。学校效能研究已经打破了教育管理领域的传统,开始调查组织特征与教育结果之间的关系。应该承认,这是一项冒险性的工程,因为组织因素与教育结果之间的关系通常并不具有直接性,并且对效果大小的统计标准也是很难制定的。然而,更加综合的学校效能模型(包括组织状况和教育因素)(Scheerens and Creemers 1989)的发展以及分层分析技术的进一步发展已经极大地改善了这种状况。

最近的调查资料显示,在教育管理中给予评价和测量结果更多的重视并不意味着理性计划模型完整和毫无批判的复苏。以评价为中心的教育管理与阿克夫(Ackoff 1981)的追溯计划概念一样是对理性模型更为中庸的看法。在以下的几个部分中,从一种以评价为中心的教育计划与管理的实践看,教育指标体系将被看成是教育评价中的几个新发展之一(Scheerens 1992)。

### 4. 教育指标体系

教育指标是一种统计工具,用来对教育系统功能的重要部分做出有价值的判断。为了强调它们的评价本质,“绩效指标”这个词将时常用到。这里的教育指标定义包括:(a)关注教育系统的可测量特征;(b)密切测量“关键因素”,即使仅仅是为了对当前状态提供一目了然的描述,而不是进行深层次的分析;(c)要求指标能够体现学校教育质量,这意味着指标是能够为进行有价值的判断提供参考或标准的统计工具。

经济和社会指标为教育指标提供了来源。“教育的社会指标”描述的是教育方面的人口,而教育指标描述的是教育系统所取得的成绩(Van Herpen 1989 P. 10)。教育指标发展的第一次趋势是从一种描述统计走向对绩效的测量,或者更通俗地说就是更加重视评价的作用。

通过详查美国教育部国家统计中心的材料可看出教育指标发展的第二次趋势。中心最初提供的是有关教育系统状态的描述性统计，包括有关输入与资源方面的数据。从 1982 年开始，“输出”与“背景”数据放在了更为突出的地位，并且在重新设计的教育数据体系方案中还包括了教育系统功能的“过程”方面（Stern 1986，Taeuber 1987）。第二次变化趋势的特征是朝着更加综合的指标体系发展，首先在传统的输入与资源测量的基础上增加了输出测量与背景测量，其次对“控制输入因素”和过程特征给予了进一步的关注。

第三次发展趋势与第二次有些相关，都极为关注过程特征。在传统中，指标体系一直关注宏观方面的数据，如国家文盲率以及通过中学期末考试的学生比例。当把过程指标看成把输入变为输出的决定程序或技术时，对过程指标的关注很自然地引导人们对学校正在发生什么感兴趣。因此，在指标体系的概念化过程中，第三次趋势在多种层次上测量数据（Taeuber 1987，Scheerens et al. 1988）。

从对教育指标领域发展的简单回顾可看出，“背景—输入—过程—输出”模式是对指标进行分类的一种合适的分析方案（参见图 1）（Scheerens 1990 P. 63）。经济合作与发展组织（OECD）所提供的指标可以作为例子加以概括说明（如表 1）。

**5. 教育指标中与政策相关的几个问题**

教育指标或指标体系作为推动以评价为中心的管理实践的一种方法，其潜力的发挥取决于人们对它的认识、运用的背景以及沟通。这些将在下文中讨论。

**5.1 解释还是描述**

以图表的方式对指标进行分类是试图把指标体系看成因果模型，在这个模型中用背景、输入和过程特征来解释教育输出。事实上，这种用来选择背景、输入与过程特征的策略，只是回顾有关教育效能方面的文献，并从中找出在这些前提中哪些是起作用的（Scheerens 1989）。由于输出和结果数据本应被看成是指标体系中的关键因素，因此可能采用另一种分类来解释为什么绩效水平达到了或没有达到。仅仅靠输出数据为决策者提供信息是不够的（Cuttance 1987）。虽然前面所阐述的策略（什么起作用）作为基本原理是非常具有说服力，但并不能把产品（一个指标体系）与它的关系看成是因果模

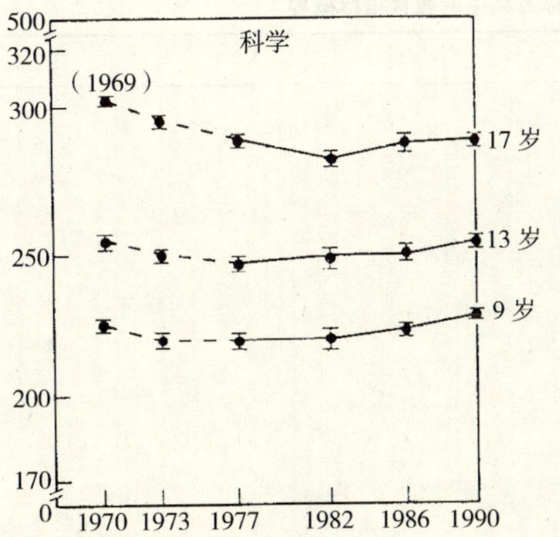


9 岁 225(1.2) * 220(1.2) * + 220(1.8) *224(1.2) *229(0.8)

13 岁 255(1.1)250(1.1) * +247(1.1) * +250(1.4)255(0.9)

17 岁 305(1.0) *296(1.0) +283(1.2) * +289(1.4) +290(1.1) +

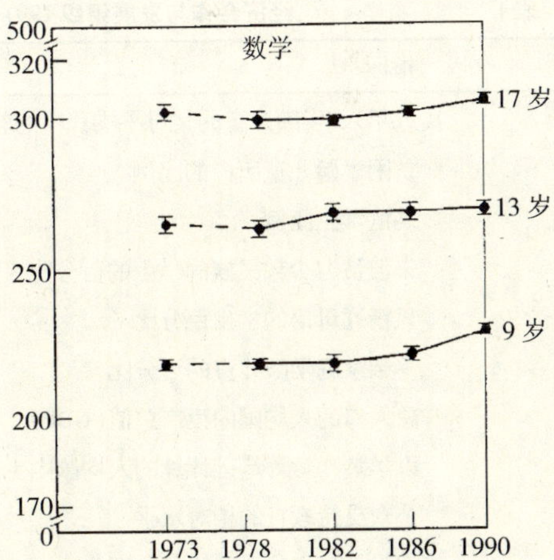


9 岁 219(0.8) *219(0.8) *219(1.1) *222(1.0) *230(0.8) +

13 岁 266(1.1) *264(1.1) *269(1.1)269(1.2)270(0.9) +

17 岁 304(1.1)300(1.0) *299(0.9) * +302(0.9)305(0.9)

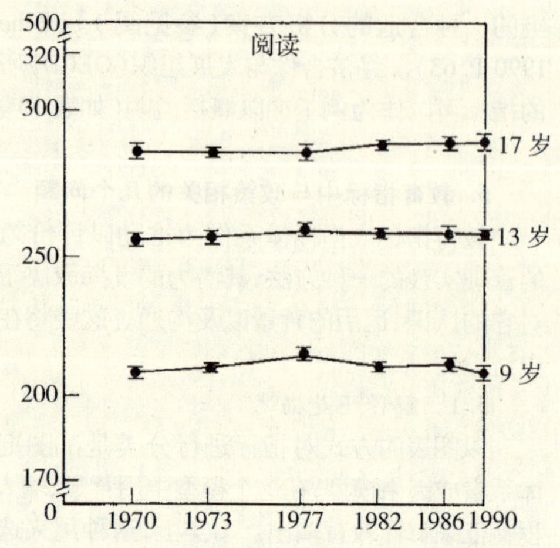


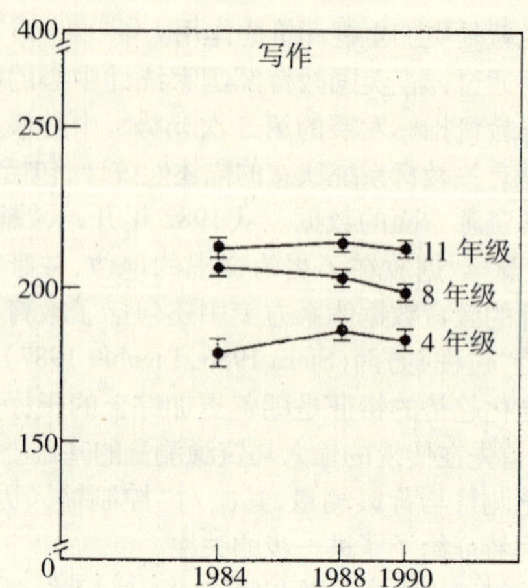


9 岁 208(1.0)210(0.7)215(1.0) * +211(0.7)212(1.1)209(1.2)
13 岁 255(0.9)256(0.8)259(0.9)257(0.5)258(1.0)257(0.8)
17 岁 285(1.2) *286(0.8) *286(1.2)289(0.6)290(1.0) +290(1.1) +

4 年级 179(2.2)186(1.8)183(1.5)
8 年级 206(1.4) *203(1.3) *198(1.3)
11 年级 212(1.7)214(1.4)212(1.3)

点表示95%的置信区间　[--]表示对美国国家教育进步评估委员会统计数据的延续

图 1　国家在科学、数学、阅读和写作方面的平均发展趋势

*表示与 1990 年差异显著。+表示科学与 1969～1970 年相比，数学与 1973 年相比，阅读与 1971 年相比有显著差异。括号中为标准差，其意义是有 95% 的把握认为对于每一个被关注的群体而言，3 个群体的成绩分布都在样本成绩的正负 2 个标准差之间。

表 1　经济合作与发展组织 1991 年提出的指标方案中的教育指标概要

| 项目 | 指标 |
|---|---|
| 背景 | 成年人/学龄儿童的父母平均获得的教育水平 |
| | 贫困学龄儿童所占的比例 |
| | 高危学生比例 |
| | 来自贫穷少数民族的学生的百分比 |
| | 只精通母语的学生百分比 |
| | 单亲家庭学龄儿童的百分比 |
| | 总人口的人均国内生产总值(GDP) |
| | 以学龄儿童为基础计算的人均国内生产总值 |
| | 公众支持教育的相对水平 |
| | 积极参与学校活动的父母百分比 |
| | 主动资助学校的成年人百分比 |
| | 主动参与学校工作的商业部门百分比 |
| | 有学龄儿童的父母的百分比 |

续表

| 项目 | 指标 |
| --- | --- |
| 输入 | 能够接受小学以上教育的学生百分比(按性别等) |
| | 进入中学一二年级学生(按计划、性别等) |
| | 接受中等后教育的学生(按性别等) |
| | 高等教育入学率 |
| | 总体上入学率和流动率变化(按性别等) |
| | 入学分流(按性别和其他相关变量) |
| | 公众、学生和老师对学校期望的整体水平 |
| | 对传统的低成绩学生群体取得好成绩的期望 |
| | 老师和学生对学校目前做法的态度(分别测量) |
| | 教育经费占国内生产总值的比例(初等、中等和全部) |
| | 初等和中等教育生均教育经费 |
| | 初等和中等教育人均教育经费 |
| | 积极从事教育工作的人口比例 |
| | 教育中的研究与发展项目 |
| | 用于补助教师的生均支出 |
| | 用于教辅资料的生均支出 |
| | 用于建设和维护教育设施的生均支出 |
| 过程 | 学校系统组织的相关结构 |
| | 主要教育决策权的主体 |
| | 学校风气 |
| | 教育领导的素质 |
| | 学校课程的特征 |
| | 员工合作 |
| | 师生比及其变化 |
| | 教师平均受培训水平/拥有高级学位的比例 |
| | 教师平均工作年限 |
| | 在专业实践或技术方面的相关绩效 |
| | 短缺指标(如起作用的教师中无资格证书的比例或某年龄教师所占比例过小) |
| | 用于教学的整体时间(按年级) |
| | 用于学习的时间比例 |
| | 课程设计中涉及国际限定课程内容的程度 |
| 输出及结果 | 完成每个阶段学业及通过中等后教育并毕业的学生比例 |
| | 上述指标平均完成率(按年级、性别和其他相关变量) |
| | 学术成绩和认知技能的相对水平 |
| | 个人发展的相对水平(如民主价值) |
| | 与工作相关的技能和态度的获得 |
| | 成绩的统计分布(按性别和其他相关变量) |
| | 各年级就业率 |
| | 公众对学校的认识/满意度 |
| | 对学校部分学生/毕业生的满意度 |

资料来源:经济合作与发展组织 1991

型。原因之一是因为有关因果关系的研究证据对于"当时"的背景而言可能是微弱而有限的。

另一个问题是在测量中指标常常会用各种"捷径"、"缩写"和"代理"形式来代替详细的测量工具。因此有关指标体系的因果解释应该更加恰当。把指标体系比作汽车的仪表板(OECD 1991)可以很好地表达这一点。只要系统中出现的毛病达到一定程度就会出现特殊的信号,仪表板或指标体系就能提供更多情报。然而仪表板并不是个汽车模型。这有点类似于指标与教育系统之间的关系。对指标体系中的某些信号进行的进一步研究能够用来证明这种因果联系。

### 5.2 运用的层次

一种指标体系可以在多种管理背景中运用:国家教育决策者、地方官员(如地区政府或市政府)和学校的管理者。运用它的管理层次越低,采取的措施就需要越高,而不是越低水平的推理,同时,过程指标将变得日益重要。这一点容易想像,即国家或州层次的决策者能够运用输出指标和相关的国际过程指标进行管理。另一方面,学校管理者进行学校自评将需要了解教学实践、相关的详细的与内容有关的信息和事实。这背后的原则是管理者需要根据可靠的信息来采取行动。在一个日益分权化的学校系统中,像荷兰的学校,有关课程选择和教学实践的详细信息对于国家计划制定官员来说并没有多大用处,因为他们对这些学校内部事务没有任何权限。而在一个教育系统更加集权的国家中,如法国,这种情况将完全不一样。

试图整合宏观、中观与微观层次对指标的运用可能是一个有趣的选择。美国教育资料重构方案(Taeuber 1987)试图规划这样一个整合系统,即详细信息要在最低层次(教室)收集,并且部分信息必须加以汇总后才能运用到下一个更高的层次,如此往复下去。然而这是一项非常需要雄心的事业。在各层次之间建立松散的联结(如通过各层次之间交换工具或数据)可能更容易实现。

### 5.3 运用中的注意事项

具有什么特征的指标体系在决策者使用时要比一般的评估更少危险?这一点在上面已经指出,在指标体系中还有一些内在的认知局限。除了上面提到的,为了使指标体系变得有意义,指标数据通常需要经过相当长的一段时间来收集。然而指标体系在运用时还是有几点应该强调指出。

首先,指标体系通常是在政府官员与教育专家(统计专家、评估专家和研究者)的密切合作中开发的。在许多国家,政府或准政府性质的专门机构承担了收集数据和报道教育指标的责任。这就意味着从开发系统到执行系统(执行指标体系的机构)都有明确的责任。两种系统在制度上的联系也被认为是加强知识运用的一个因素。

其次,指标的本质特征保证了对关键事件的简练报道。在指标体系的应用中,采取"事实状态"的标准形式来报道教育系统的功能。这种传播在指标的实际运用中是可用的。

经过一段时间,指标体系用于(或不用于)政策还是象征性使用,这一点将会变得很明显。可能使希望破灭的一个原因是指标体系的发展遵循的是供给取向而不是需求取向。倡导建立一个以评价为中心的教育管理体系的人们可能希望把"媒介就是信息"这句格言运用到指标中,至少在某种程度上是这样的。换句话说,由于人们越来越熟悉这种新的评价工具,它在政策使用中的优势将逐渐被接受。

## 6. 结论

人们把指标体系即将到来的年代看成是公共决策理性模式复苏的标志。对相关组织理论的简单回顾表明,以评价为中心的决策和管理理念是需要变量更少的模型。同时,指标体系的发展是以供给为取向的"技术推进"。

假如管理者对理性控制的潜在需要得到实现,那么这种新型的评价技术将大有希望,无论是在评价中还是在一个以评价为中心的教育管理当中运用。然而,尽管指标体系在运用中体现了很多有利的内在条件,但绝对没有理由相信评价运用中的制度与政治的复杂性和文献中所描述的会有很大的不同。

J. 舍雷斯(J. Scheerens)　著

朱科蓉　译

附录

Ackoff R L 1981 *Creating the Corporate Future: Plan or Be Planed For.* Wiley, New York

Boyd W L, Crowson R L 1981 The changing conception and practice of public school administration. In: Beliner D C (ed.) 1981 *Review of Research in Education*, Vol. 9. American Education Research Association (AERA), Washington, DC

Breton A, Wintrobe R 1982 *The Logic of Bureaucratic Conduct: An Economic Analysis of Competition, Exchange, and Efficiency in Private and Public Organizations.* Cambridge University Press, Cambridge

Cohen M D, March J G, Olsen J P 1972 A garbage can model of organizational choice. *Adm. Sci. Q.* 17 (1):1—25

Cuttance P 1987 *Modelling Variation in the Effectiveness of Schooling.* Centre for Educational Sociology (CES), Edinburgh

De Leeuw A C J 1974 *Systeemleer en Organisatiekunde: Een Onderzoek naar mogelijke Bijdragen van de Systemler tot een integrale Organisatiekunde.* Stenfert Kroese, Leiden

Kickert W J M 1980 *Organization of Decision-making: A Systems-theoretical Approach.* North-Holland, Amsterdam

Kieser A, Kubicek H 1983 *Organization*, 2nd edn. De Gruyter, Berlin

Levine D K, Lezotte L W 1990 *Unusually Effective Schools: A Review and Analysis of Research and Practice.* National Centre for Effective Schools Research and Development. Madison, Wisconsin

Liebenstein H 1978 On the basic proposition of X-efficiency theory. *Am. Econ. Rev.* 68: 328—334

Mintzberg H 1990 *The Structuring of Organizations: A Synthesis of the Research.* Prentice-Hall International, London

Niskanen W A 1971 *Bureaucracy and Representative Government.* Aldine-Atherton, Chicago, Illinois

Nuttall D L 1989 International educational indicators: The conceptual paper. Paper for the meeting of the OECD Educational Indicator Project, San Francisco, California

Organisation for Economic Co-operation and Development OECD 1991 *Handbook International Education Indicators Project.* (91) 17 Lugano CERI/INES

Scheerens J 1990 School effectiveness research and the development of process indicators of school functioning. In: Reynolds D, Creemers B P M (eds.) 1990 *School Effectiveness and School Improvement: Proceedings of the Second International Congress.* Swets and Zeitlinger, Lisse

Scheerens J 1992 *Effective Schooling: Research, Theory and Practice.* Cassell, London

Scheerens J, Creemers B P M 1989 Conceptualizing school effectiveness. *Int. J. Educ. Res.* 3(7):691—706

Scheerens J, Stoel W G R, Vermeulen C J A J, Pelgrum W J 1988 *De Haalbaarheid van een Indicatorenstelsel voor het Basis-en Voortgezet Onderwijs.* Universiteit Twente, Enschede

Stern J D 1986 *The Educational Indicators Project at the US Department of Education.* Center for Statistics, United States Department of Education, Washington, DC

Taeuber R C (eds.) 1987 *Education Data System Redesign. Int. J. Educ. Res.* (11) 4:391—513

Thompson J D 1967 *Organizations in Action: Social Science Bases of Administrative Theory.* McGraw-Hill, New York

Van Herpen M 1989 Conceptual models in use for educational indicators. Paper for the Conference on Educational Indicators in San Franciso, California

Weick K E 1976 Educational organizations as loosely coupled systems. *Adm. Sci. Q.* 21(1):1—19

Weiss C H 1982 Policy research in the context of diffuse decision-making. In: Kallen D B P, Cosse G B, Wagen H C, Kloprogge J J J, Volbeck M (eds.) 1982 *Social Science Research and Public Policy-making: A Reappraisal.* SVO, The Hague

## 学校督导人员与视导(School Inspectors and Supervision)

本词条将探讨学校督导人员的角色、责任和权利,督导的类型,责任的大小,法国、英格兰和威尔士以及其他一些国家在督导服务上某些细节方面的改革。之所以选择这些内容是因为法国、英格兰和威尔士都提供两种督导模式,它们的督导体系由于其殖民统治影响而被世界上一些国家模仿,而且还因为英格兰和威尔士的督导部门进行了部分私营化的尝试,这种尝试提出了一些问题,而这些问题与许多其他国家都相关。

### 1. 背景

每一个提供公共学校教育的政府都尽力确保能够对教育体制进行调整、控制和管理,力争维护学术表现、教学和管理的最低标准,同时还要维护物质环境。学校督导人员就经常担当上述角色,而学校领导仅关心对课程的管理。

教育体制的中央集权程度越高,支配教育系统的政治教条主义者越多,似乎就越需要督导人员来作为控制教育系统及所传授课程的工具。因此,与强调质量视导相比,许多国家更加强调督导的重要地位,尤其是在苏联、中国、赞比亚和坦桑尼亚等国家,情况更是这样。在这些国家,督导被视为是学校意识形态课程或者政治性的国家课程实施的重要保证。

在一些国家和地区,学校督导人员还在教师个人职业前程方面担当重要角色。19 世纪的英国是如此,现在仍然在法国、以前的法属殖民地、中国台湾、俄罗斯和日本实行。教师在这些国家和地区属于公务员,督导过程中根据他们的表现决定其职业前景。而在极端的情况下,少数几个国家,比如马耳他、挪威以及所罗门群岛,根本就没有独立的督导存在。

除了一些非常小的国家(Bray 1991a,1992b),在大多数国家,通常依据国家管理的模式来设立国家、联邦和州一级的督导干部,同时要考虑更高一级地区、部门和地方的督导干部(他们中的许多人既是建议者、监督者又是督导人员)。所有的督导人员对专门的学术学科以及各种教育水平的建设(如基础教育、初级教育、教师培训、教育技术以及高等教育等)都负有一定的责任。

在一些国家如法国、希腊和日本,督导部门是教育部不可分割的一个部门,而在其他一些地区如英格兰和威尔士,督导部门有一定的独立性,并且在教育部以外运作。然而,不论是否关心督导的管理水平,也不论是把督导作为政府控制不可缺少的一个组成部分,还是仅仅作为中央行政部门和地方学校的纽带,或者把它看作是对学校系统、学术科目和教师个体的检查,在 20 世纪 90 年代,所有督导部门的一个主要功能就是要保证各级教育质量的提高(Lockheed and Verspoor 1990,1992)。

通过定义,我们知道,督导是指对特定时间和特定情况下发生的状况进行“仔细的、小范围的、鉴定性的检查和调查”。在那些对课程、考试系统、教材以及师资力量进行强有力中央控制的学校体制中,督导部门的主要职能就是保证学校课程的实施。在一些国家,特别是中国、古巴和赞比亚,督导部门的职能还包括确保正确的意识形态教育。在这些情况下,督导部门通常是教育部的有机组成部分,也是教育部进行信息过滤的通道。在形形色色不同督导风格中,法国、肯尼亚、泰国就是这种情况的一个具体例子。在一些小国家,很明显督导就是教育部的一部分,但情况也不尽然如此,在这样一些国家(如泽西岛和马耳他),就没有独立的督导部门,而在冈比亚和所罗门群岛没有中等学校的督导部门(Bray 1991b),但是泽西岛却依靠英语监察部门进行检查。

在许多非洲国家,督导要么是间歇性的,要么是无效率的,或者兼而有之。这种情况通常是由于督导人员的匮乏或者沟通困难造成的(Garvey and Wood 1988)。这些情况在一些山地国家非常尖锐,如厄瓜多尔、秘鲁、尼泊尔和印度尼西亚。然而不管地形因素如何,国家和地方督导人员在这些国家的地位是属于公务员,是国家行使检查和管理学校系统职能的代理人。在法国和其他采取法国模式的高度中央集权化的国家中,情况更是如此。

**2. 中央集权的模式:法国**

法国实行高度中央集权的教育体制,督导部门是复杂的、有权力的,并且被看作是学术标准的保障。从组织上看,它反映了1808年拿破仑法典中规定的管理结构,即在国家层面上有总的、行政管理的督导人员,在大地区层面上有负责学术水平的督导人员,在地方水平有负责学科教学质量的督导人员(Halls 1976)。另外,有一系列承担具体责任的督导人员。正如某位作者所说,“法国的督导部门就像一根服务的脊梁骨,从地方权力水平排列到上层的教育部,督导和管理的双重角色使其地位稳定”(Lewis 1985 P. 185)。

在中央教育部即国民教育总督导处(IGEN)大概有200名中央督导人员,他们有很高的威望和影响,并且直接向部长负责。他们的正式职责是维持学术和职业标准,平衡整个教育系统,具体职责包括:教师的招聘和培训;为检查教学水平组织考试,对教师进行个别观察;指导和鼓励在职培训;制定不同学科、不同级别(从幼儿园到中级以上的学术性学校)的教学大纲以及确保中央和地方之间信息的双向交流。

国民教育总督导处是依据教育水平——这里指学前教育、小学和特殊教育(督导中学和教师培训是大地区督导人员的职责)——与学科领域(如法语、数学等)以及管理和学校组织等因素来进行分组的。每一组的负责人任期2年,总督导人员任期5年,这项规定自1980年起就已生效。国民教育总督导处是由一些从事过教育服务的资深专业人员组成的团队,他们当过教师,是公务员的精英分子。他们肩负进行改革和制定国家的各种学科标准的职责,然而最为人瞩目的是他们给教师个人进行评定,在0~20数值范围内打分。除非被要求处理一些特别问题,通常他们只给试用期的教师打分。许多国民教育总督导处的人员都认为同时作为督导人员和一般咨询人员容易发生角色冲突,因为当他们评价教师时,就不能评价包括校长在内的学校的行政人员。虽然如此,大部分教师对督导及其带来的薪酬奖励还是持欢迎态度的,因为他们认为这是奖励优秀教师唯一公正的方法,同时也比较认可国民教育总督导处提供的这套统一而公正的检查系统(Guy 1977)。

对在中央教育部控制下的教育服务的经济和财政方面也要进行督导,其职责就落在了另外一组国家督导人员的身上,即国民教育行政总督导处(IGAEN)。他们担当着对从幼儿园到大学的质量控制工作进行预算的角色。该处的人员数量较少(55人),他们进一步被分为督学、副总督学和总督学。建立IGAEN的法令就概括了他们的使命,就是“在行政、财政、会计和经济方面,对国民教育部长领导或管辖的人员、部门、机构实行督导”,可以说,他们涉及了除了教学以外的法国教育的所有领域。由于人员较少,因此他们不对个体教师进行督导,而是撰写政策文件、报告教育系统各方面的问题,必要时候还要充当各种纷争解决者的角色。

在大地区水平上,督导人员可以分为三类。学科督导人员的基本职责包括教师的职前和在职培训、成人教育和提供信息的双向交流,他们在督导系统内具有核心地位,很有影响力。令人困惑的是,还有另外的学术督导人员,他们的职责局限在地方,主要负责督导小学,但是他们也对大地区水平的教育财政和行政进行督导,负责部门内督导人员和教师的培训、学校建筑规划和员工流动等,因此人们常认为他们比学校校长更重要。

法国督导人员中人数最多的一类是国民教育地方督学(IDEN),他们不仅有权对幼儿园和小学教师进行督导,而且还有权对中级学校的学科专业细节进行督导。他们具有相当广泛的职责:从职前的教师培训和员工发展到对学校建筑规划、校内交通以及聘任兼职人员的建议权,都在其职责范围内,在部门内他们还肩负作为技术和专业运动督导人员的职责。国民教育地方督学是按照不同的年龄组进行聘任的,分三组:26岁以上、28岁以上和30岁以上,聘任主要依据经验和是否具备资格进行,要经过2年严格的训练,通过考试,并且经过一段时间的试用期才能被聘任。

法国的例子说明在整个系统内督导部门占据着中心地位,希腊和日本等国家的督导部门也许不像法国那么复杂,但采取相似的操作模式。这种督导系统的优点在于督导人员正直的管理和诚实的职业道德，以及教师和家长对他们的信任；而它的缺点是督导人员作为特权阶级可能成为基础改革的障碍。

### 3. 联邦模式

由于任何两个联邦社会都不会有完全相同的管理模式，因而很难对学校督导做出一个普遍的概括，我们只能说学校督导的组织结构和它的职责反映了其政治权力所在。在德国，州作为联邦政府的对立面，负责教育供给并对其进行监督，督导人员是州而不是联邦公务员。因此在德国没有全国范围的对教育的监督或质量控制，甚至没有可供比较的测量标准。每一个州的督导部门都有不同于其他州的一套规则，但督导水平却比较相似。教育部对各州所有学校进行监督，而州督导人员来自教育部；中级水平的督导人员负责政府行政管理领域；低级水平的督导部门负责城市和农村的行政管理领域。法律在德国教育中占有重要地位，督导人员的职责在法律中已有明确的规定，尽管越来越多的德国督导人员认为他们自己不仅仅承担督导工作，而是更多担当了咨询角色。

与德国相比，马来西亚在1957年从英联邦独立出来时就建立了联邦督导部门。虽然马来西亚的一些督导的原则，特别是那些独立于政府的督导原则是从英联邦照搬而来，但是它的结构与英联邦有很大不同。马来西亚有联邦督导人员和州督导人员之分，在每一个州又有独立的、属于各个行政区（如学校）的督导人员。在英格兰和威尔士，督导人员被比作政府部门的眼睛和耳朵。督导有不同形式，可以是整体督导，也就是一个行政区域的几所学校一起被监督，也可以是对每个学校独立进行督导。对一个学校进行督导可以由一批督导人员对各个方面进行全方位的监督，也可以是对一些学科的临时检查。渐渐的，督导人员逐渐明白了自己的工作定位，就是撰写总结报告和趋势调查，组织在职培训课程、提供建议，介绍课程的发展情况等。正如以前一位首席督导人员所观察的那样，“马来西亚督导人员的唯一作用就是充当政策和实践、行政管理和反馈、研究和测评之间的联系者，那样的角色需要很高的学术标准和职业训练，还需要教学经验和艺术、研究经验、很热心的人际关系，如果想要赢得教师的信任和促进他们的发展，还需要渊博的学术知识和谦虚的态度”（Chang 1968）。

### 4. 分权模式：英格兰和威尔士

督导部门的地位在英格兰和威尔士，甚至在苏格兰也不尽相同。直到1988年的教育改革法案才赋予中央教育部，即联合王国教育科学部（UK-DES）更大的课程控制权力，赋予各个学校更大的权力，规定了负责学校教育供应的主要行政管理主体是地方教育局（LEAs）。因此就有两类督导部门：中央督导部门和地方督导部门，地方督导部门主要涉及咨询建议和课程发展。然而后来的立法，特别是1992年的教育（学校）法案削弱了长期确立的学校督导和控制的模式，它有助于在明确建议进行的改革的含义之前，首先考虑教育系统的发展。然而这样做似乎没有什么意义，因为英格兰和威尔士不像法国和德国的情况，后者独立督导的原则根植于整个教育体系之中，改革使得人们担心督导过分独立会导致私营化的形式。

英国的督导制度可以追溯到19世纪30年代第一次给小学公费拨款，而第一批学校督导人员是1840年任命的，在后来的过程中，他们就形成了国家的机构——女皇督学团（HMI）。在英国督导人员的职责更多的是咨询，这与普鲁士、法国和荷兰相应的人员不同，在这些国家有权力的官方州督导人员要保证州教育法的实施。最初督导人员大部分是未经训练的教育外行，多是由神职人员担当，专门监督非官办学校（如教会经营或控制的学校），只希望他们能够起到协助、建议和鼓励的作用。在20世纪90年代有一种向传统的回归，重新引入外行人士加入督导团队来改变太多专业教育人员垄断督导的局面（Great Britain 1992）。

早期督导人员的作用不仅是检查学校建筑物、监督学生行为和维护学术标准，而且还要保证政府的补助拨款的有效使用（Lowton and Gordon 1987，Dunford 1992）。在20世纪60年代到70年代早期，建议的职能要比监督更重要，而督导和财政管理成了女皇督学团工作的重要职责。19世纪60

年代，拨款仅用于补助那些进行最低标准的英语、数学和宗教学习的儿童，这就是所谓的“按成绩来支付教育拨款”。20 世纪 90 年代曾存在一种恐慌，认为要引进一套相似的督导系统。实际上，在以督导和法律规定的实施为一方面，对教师建议和帮助的实施为另一方面。两种类型职能之间始终存在着一种紧张关系。

直到进入 20 世纪，督导只由女皇督学团执行时，才有了被所有女皇督学团人员所接受的一致督导标准（Dunford 1980）。甚至在 20 世纪 70 年代，仍然有人认为“督导人员的建议不再是建议，他们不应该把自己的意志强加在学校和学校教职工的身上”（UKDES 1970）。这看起来像是男权主义的观点，因为毕竟第一位女性督导人员是在 1905 年被任命的。直到 1961 年，女性督导人员才有了与男性督导人员一样的地位和待遇。但是即使是在 20 世纪 90 年代中期，大多数督导人员仍然是男性。

作为一个社会事业机构，女皇督学团是唯一的。虽然女皇督学团人员和其他公务员的聘任使用同样的术语，但是由于历史的原因，前者的聘任和雇佣由教育部大臣推荐，由女皇陛下委员会进行任命。结果，他们把自己视为专门的教育建议者，是“大臣的眼睛和耳朵”，但同时又是独立于教育部门和其他人之外的自治团体。然而他们向教育大臣负责，也可能被其解雇。教育和科学部总选举委员会 1968 年认为，虽然女皇督学团独立于英格兰和威尔士的教育部门之外在很大程度上是一个神话，但是女皇督学团有时候特别是在 20 世纪 80 年代，也受到了政府政策以及受这些政策影响的学校和教师的严厉批评。

女皇督学团的地位常常被误解，它的作用经常与地方教育局的建议者和督学人员的作用相混淆，它与联合王国教育科学部的那些官员的关系也常常是复杂而且模糊不清的。因此，它的独立性总是周期性地受到挑战，甚至关于女皇督学团存在的必要性的争论在 20 世纪 80 年代又再次提出，成为“基本权利”的 项主题，然而雷纳（Rayner）报告阐述了 20 世纪 80 年代早期女皇督学团的有效性和必要性，指出女皇督学团在以下三个方面享有独立性：直接与教科大臣联系的权力；管理自己的督导计划的权力；原状出版他们的研究报告的权力。女皇督学团和联合王国教育科学部的关系问题比较复杂，就像邓福德（Dunford 1992 P. 255）所说：女皇督学团和教育部的关系不能用法律术语清楚表述，它已经被定位于不十分清晰但有势力的特别事物，它依赖于对既定传统、习俗与实践的共同尊重，还依赖于对其辅助作用和专业知识的认可等等。这种情况（也是英国宪法安排的特征），就理所当然地为女皇督学团超出行政管理的允许，要求更大独立性提供了余地，也为政治家们要求超出督导人员所能容忍的更大的一致性提供了空间。

从行政管理的角度看，女皇督学团的组织和职责划分为：设立一个中央总部，分管英格兰的 7 个地区和 1 个威尔士地区；每一个部分再细分为各个行政区域，内设高级督学、分区督学和地区督学。全国总督导人员的总数不超过 500 人，除了一些学科专家外，女皇督学团的督学们还要精通一些专业领域的知识（如小学或者中学教育、教师培训、像多元文化教育那样的跨学科活动、考试等）。

督导人员的作用和职责是多种多样的，并且不是很清晰。1944 年教育法案的第 77 条规定，教科大臣的职责是对国家建立的每一种教育进行督导，督导人员的作用就是调查事实、推广好的经验、帮助教师、克服教育中的懒散和不足。实际上，他们的主要职责表现在 5 个方面：监督、建议、撰写报告、培训和执行。

督导的形式很多，有随机的一日观察，有一批督导人员对一个学校机构或者对一个地方教育局所辖的全部机构进行为期一周或者更长时间的监督，还有全国范围内的就课程或考试等方面的抽样调查。

督导人员需向政府部门、国家委员会、地方教育局、教师协会、教育机构甚至个别教师提供建议，直到 20 世纪 80 年代晚期督导人员还要为教师组织短期的在职培训。

督导人员撰写的报告内容也很广泛，有内部备忘录，有关于个别学校的报道（自 20 世纪 80 年代早期开始就有出版），还有关于专业教育发展趋势、课程、教学以及考试等方面的专业教育报告。

督导人员要完成从批准高等教育及更高教育

机构的课程到提出政策等许多任务。1990 年教育科学部(1992 年 3 月更名为教育部)规定,“女皇督学团的作用就是向国务秘书汇报整个教育系统的效率……在他们的职责中,督导人员还应该向教育部、地方教育局,如有可能还要向个别教师和那些各种教育机构的人提供建议”(UKDES 1990)。正是由于这一点,使得英国女皇督学团与其他国家的督导人员相区别开来。他们只能批评、评论和建议,但是不能执行任何建议,执行建议的职责仅限于教育大臣本人。

对女皇督学团的改革总是间歇性地被提上议事日程。1980 年雷纳爵士,在一个商界管理专家的倡议下成立了一个调查委员会,用来检验女皇督学团在提高效率方面的工作情况。报告得出结论,认为女皇督学团有两个主要作用:(a)评估整个系统内的所有标准和趋势,在独立的专业判断的基础上向中央政府提出建议;(b)发现和推广好的实践经验,发现需要改进的不足之处,维持和提高各项标准。报告不仅没有缩小女皇督学团的作用,而且在如下方面还做了补充:(a)强化其成员的力量,保证工作任务的有效执行;(b)加强与地方教育局督导人员的密切合作;(c)进一步推广各种报告经验,提高督导系统的效率。

20 世纪的大部分时间,地方教育当局层次上也有一批松散的建议者和督导人员。1987 ~ 1988 年之间有超过 2 500 名地方教育局的建议者。他们的工作在很多方面都与女皇督学团相似:提出关于教职工和课程发展的建议;使地方教育首长知道地方教育的发展和存在的问题;与女皇督学团联络等等。1968 年公共选举委员会甚至还预测了地方教育局的建议者们超过女皇督学团的时代,但是那一幕现在是不可能发生的。因为通过立法已经削弱了地方教育局的地位。虽然地方教育局的建议者们缺乏像女皇督学团那样强有力的督导,也缺乏透视全国的能力,但是他们却受到了当地教师的尊敬。

在 20 世纪 90 年代,在新的建议下,一切似乎都在发生变化(DES 1991, Burchill 1991, Conservative Party 1992, Prime Minister of Great Britain 1991)。按照建议,要建立完全由外行人士组成的督导小组,它要负责 4 年的反复检查,而他们提供的督导服务由每所学校出钱购买,这笔钱来自地方教育局的预算。私人组织、地方教育局和大学的教育系可以自由组织督导小组按照商业运作的规范向学校出售他们的服务。女皇督学团的人数必须从 480 人减少到 175 人。他们将授权新的督导小组,也承担教育国务秘书要求的各项督导和评价任务。他们被调整成两部分高级首席视察员,一部分面向英格兰,另一部分面向威尔士。最初任命期限为 5 年,从 1992 年 9 月开始。

政府希望加速督导改革的进程,带来多样化的视角和观点,并且通过出版报告的直接形式让家长了解信息。但是,在已经分裂的系统上继续分裂,带来了日益增长的焦虑。存在着这样的担心:督导会与决策分离;女皇督学团会变成一个普通的常规组织;外行人在督导系统的存在将削弱专业感;无法确保达到全国性的或类似的标准;在一个世纪内很好地为国家做出贡献的督导系统将永久性地被摧毁。但是另一方面,学校将会更加频繁地被检查,学校和家长的联系更紧密。总之,英国政府已经发起了一场过去从未尝试过的试验。

### 5. 结论

不能忽视督导和监督标准的重要性,特别是在强调质量和效率重要性的情况下。督导的模式通常反映了教育系统的整体情况,政府对学校课程重要性的认识,以及教师的角色。英格兰和威尔士的改革主要涉及全国性的督导和控制系统的地位是否将要降低,在这个领域似乎比以往更需要比较性的研究。

J. K. P. 沃森(J. K. P. Watson) 著

姜 红 译

### 附录

Bray M 1991a *Making Small Practical: The Organisation and Management of Ministries of Education in Small States.* Commonwealth Secretariat, London

Bray M (ed.) 1991b *Ministries of Education in Small States: Case Studies of Organisation and Management.* Commonwealth Secretariat, London

Burchill J 1991 *Inspecting Schools: Breaking the Mo-*

*nopoly*. Centre for Policy Studies, London

Chang Min Phang Paul 1968 Development of an independent inspectorate of schools: A Malaysian experience. Paper Presented at the Conference of Inspectors of Schools in the Far Eastern and Pacific Areas of the Commonwealth, August 1968

Conservative Party 1992 *The Best Future for Britain: the Conservative Manifesto*. Conservative Central Office, London

Department of Education and Science 1970 *HMI Today and Tomorrow*. Department of Education and Science, London

Department of Education and Science, Welsh Office 1982 *Study of* HM *Inspectorate in England and Wales*. (The Rayner Report) HMSO, London

Department of Education and Science 1990 *HMI: Its Work and Publications*. Department of Education and Science, London

Department of Education and Science 1991 *The Parents' Charter: You and Your Child's Education*. Department of Education and Science, London

Dunford J E 1980 *HM Inspectors of Schools in England and Wales*, 1860—1870. Museum of the History of Education, University of Leeds, Leeds

Dunford J E 1992 The modern inspectorate: A study of Her Majesty's Inspectorate of Schools in England and Wales, 1944—1991. (Doctoral dissertation. University of Durham)

Garvey B, Wood J M 1988 *Report on the Reorganization of the Ministry of Education*. Ministry of Education, Youth, Sports and Culture, Banjul

Great Britain 1992 *Education (Schools) Act 1992*. HMSO, London

Guy R 1977 Les corps d'inspection: Technique et jeunesse. *Education* (10 fevrier)

Halls W D 1976 *Education, Culture and Politics in Modern France*. Pergamon Press, Oxford

House of Commons Select Committee on Education and Science 1968 *HM Inspectorate (England and Wales)*, 2 vols. HMSO, London

Lawton D. Gordon P 1987 HMI. Routledge and Kegan Paul, London

Lewis H D 1985 *The French Education System*. St. Martin's Press, New York

Lockheed M E, Verspoor A M 1990 *Improving the Duality of Primary Education in Developing Countries: A Review of Policy Options*. World Bank, Washington, DC

Prime Minister of Great Britain 1991 *The Citizen's Charter; Raising the Standard*. HMSO, London

## 学校组织(Organization of Schools)

本词条的目的是概述世界各国学校组织的各种形式,展望不同形式组织的发展趋势。"学校"在这里是指能够提供初等或中等正规教育活动的机构。当在这种有限的范围内对学校加以界定时,学校集中于对大约从5岁到18岁(或20岁)的儿童与青少年进行教育。这种界定排除了为更幼小儿童提供教育的学前学校和那些中等后教育机构,如"商业学校"和培养教师的"师范学校"。而且,从正规教育的严格意义来说,这个定义还排除了人们日常的非正规学习机会:在家生活、与朋友交流、工作、读报、听收音机等等。那些学徒式训练和成年人的读写训练等非正规学习活动同样也处于学校定义的范围之外。

"组织"指的是为完成学校教育年轻人的任务而设计的结构和程序。"结构"关注的是关系。这里从物质、职权、系统、阶段、分轨、课程、资金、入学和出勤等九个方面来讨论结构。物质结构指的是学校的各种树木、教学楼、操场和主要设施的安排。职权结构指的是经营学校的人们之间的权利与责任关系。系统结构指的是学校之间的关系模式。阶段结构指的是学习者在他们的学习年限内所依次经过的步骤或阶段。分轨结构指的是学生经过各阶段所选择的路径。课程结构包含了学生在一个学校或阶段学习时对课程的选择性。经费结构是指学校资金来源的构成。入学结构主要关注学校规模和班级规模。出勤结构是指学生在校时间的安排。

"程序"是人们用来实现学校功能而采取的活

动模式，如提供教职员工，制定学习目标和设计课程内容以及评估学生进步。虽然这里所列举的这些事项无法穷尽学校的大量程序，但也足以表明学校在经营方面的独特方式。

**1. 物质结构**

学校基本的物质要素在世界各地都是基本相同的。一幢幢教学楼坐落于宽阔的运动场边。在标准的教室里，一排排学生用的桌子正对着教师讲课的黑板。宽阔的运动场是学生用来进行体育运动的。在乡村，运动场还可能包括由学生管理的花园。

然而，还有一些适于学校使用但却与正统的模型不相匹配的学习环境。在中国的一些乡村地区，窑洞被当成教室使用。在印度和南美的遥远的村庄，学生坐在树下或露天的地里进行他们的学习。在非洲撒哈拉沙漠的一些游牧民族中，教学通常在帐篷中进行。在澳大利亚，通过收音机的双向传输，在中心播音的教师能够教授生活在偏远牧场的个别孩子。

随着学校规模的扩大，财力的增强和课程的丰富，他们的物质设施变得更多样和专业化。随着学校图书馆、体育馆、露天大型运动场、职业教育商店、科学实验室、艺术和音乐工作室、外语实验室、剧院、电视和播音工作室、餐厅、停车场等一系列设施的增加，学校物质设施的有效组织问题也日益突出。学校物质设施的日益复杂不仅需要增加员工，而且需要在维持这些设施时协调他们的工作。

**2. 职权结构**

“职权”在这里是指决定学校职能如何完成的职务权力。权力结构通常用图表的形式加以描述，这个图表能表明人事和组织单位在权力与沟通等级中的位置。位于图表顶端的人拥有的职务权力高于处在下面的人们。连接等级各部分之间的线条通常表明了指示和信息从结构的一个部门流向另一个部门所遵循的路线。图1是一个权力控制

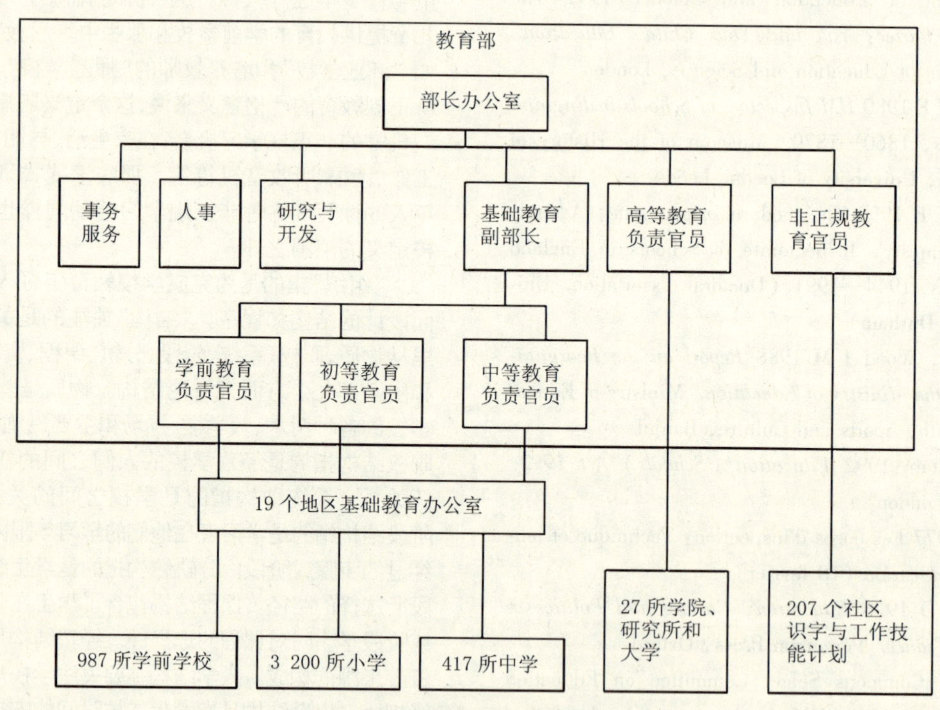


图1 全国教育系统的职权结构

集中在教育部的国家教育系统的职权结构简写本。图2描述的是一个普通较大的中学的职权结构。

职权结构并不总是权力实际运作的真实反映，图表中的沟通线也不必然地说明了信息的流通渠道，认识到这一点是很重要的。由于处于不同结构层次的人们的个性与能力不同，以及在群体中形成的政治联盟，可能导致实际权力流动与沟通的模式有别于官方计划所提出的模式。

对职权结构进行分类的一种较为普遍的方式是根据学校的创办者是公众还是私人来划分。公立学校由政府掌管。私立学校由个人或非政府群体（通常由宗教组织）控制。然而，私立学校创办者对学校的控制程度在不同国家是相当不同的。私立学校必须遵守的政府规则限制了私立学校掌权者发挥作用。

私立学校在各国的比例是不同的。在日本，只有3%的小学生就读于私立学校，而在高中，几乎有30%的学生就读于私立学校。在法国，有15%的小学生和25%的高中学生（学术轨道）在私立学校读书。在汤加，公立小学招收了92%的小学生，而私立学校招收了90%的中学生。20世纪90年代初东欧社会主义国家的衰弱为这些国家私立学校的重新出现开辟了道路，而这些国家以前只允许公立学校的存在。

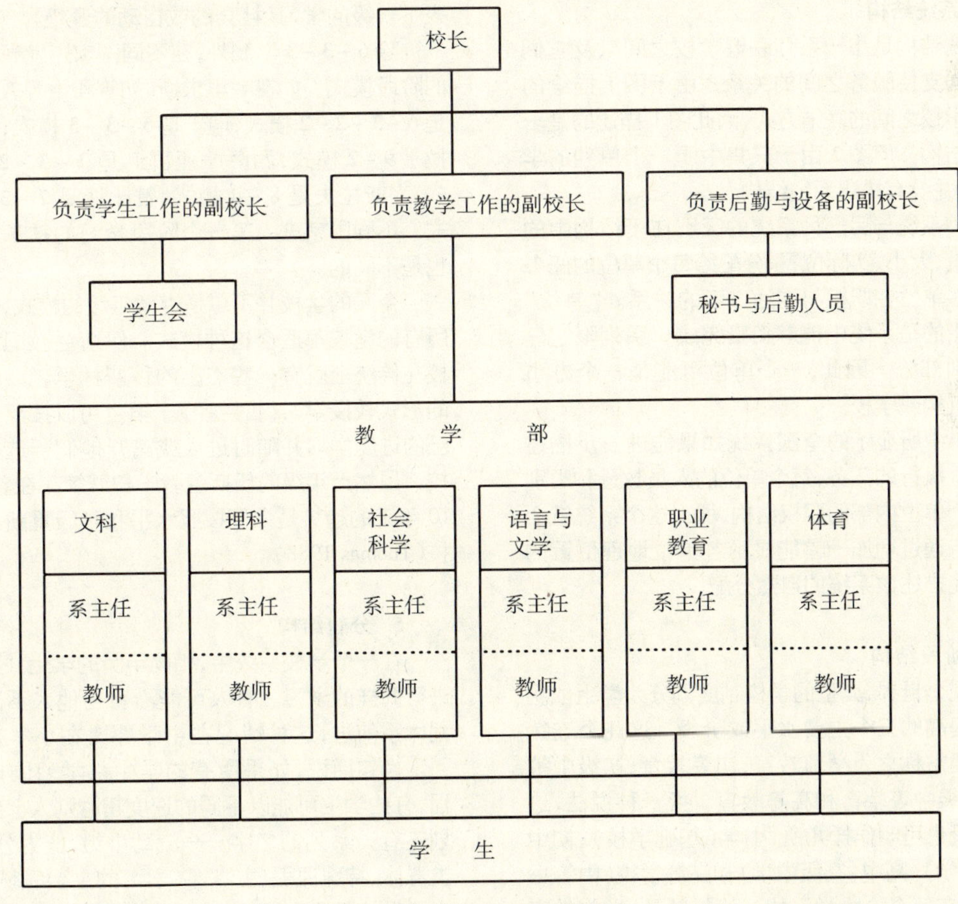


图2　学校的职权结构

对职权结构的进一步分类是根据中央与地方机构如何划分决策责任来进行的。有些国家中央控制很强,如印度尼西亚和中国就是这种类型。其他国家把权力集中在省或地区,如澳大利亚、加拿大、英国、瑞士(有26个行政区)和美国(50个州和其地方学区)都有这种传统。20世纪70年代至90年代,一些国家开展了学校控制分权化运动。这包括权力从中央和州政府向地方管理委员会和学校转移。著名的分权化例子出现于澳大利亚、丹麦、墨西哥和新西兰。而且,随着苏联的解体,单一的政治体制裂变为政府自治单位,单一的教育结构也相应分割成多样化的学校类型和管理形式。

**3. 系统结构**

系统结构是指一系列联盟学校之间以及它们的管理与支持服务之间的关系。由于图1描绘的是独立学校之间的联结方式,因此图1描述的是一种系统结构。但图2由于只集中于一个单独的学校,因此并没有描述系统结构。

一种系统与另一种系统的区别在于结构中的单位数量、大小、实际位置、分配给每个单位的任务以及这些单位在职权与沟通方面的关系。"单位"在这里指的是系统中能够负责完成一系列限定任务的个别部分。因此,一个单位可能是一个办事处、局、机构或学校。

图1中所显示的全国系统如果能进一步描述每个单位执行的任务,每个单位的人员数量和类别以及每个单位内部的职权结构,那么这个系统就会更精确。通过增加一幅能显示各单位地理位置的地图就能描述该系统的自然分配。

**4. 阶段结构**

综观全世界,典型的学校制度划分为学生依次经过并提高的五个主要水平或阶段。这几个连续的阶段通常称之为学前教育、初等教育、初级中等教育、高级中等教育和高等教育。换一种说法,这几个阶段也可叫作托儿所、小学(基础学校)、初中(初级中学)、高中(高级中学)和高等学校(中等后教育)。在每个阶段学习的一般年龄是:学前教育从3岁至5岁,初等教育从6岁到11岁,初级中等教育从12岁到14岁,高级中等教育从15岁到17岁,高等教育从18岁到23岁。按照学生通常花在初等教育和两个中等教育的学习年限,通过把初等和中等教育在这些阶段中所占的比例称之为"6－3－3模式"。

在一个阶段内每年度的升级在北美叫作"grades(年级)",在英国和它的许多前殖民地叫作"standards(年级)"和"forms(年级)",在许多其他国家叫"classes(年级)"。在每个学年结束时,如果学生已经成功地掌握了他们目前阶段的学习任务,他们就能进入更高一级学习(应得升级)。否则,如果学校政策是为了让所有的学生都升级,那么无论他们是否已经掌握所需的能力,他们都能进入下一级的学习(社会的或自动的升级)。

除6－3－3学制外,在不同国家还发现许多别的阶段模式。如在毛里求斯,初等和中等教育一直是6－3－2－2模式,瑞士是5－3－3模式,委内瑞拉是9－2模式,西萨摩亚群岛是3－3－2－3模式,南斯拉夫是8－4模式,赞比亚是7－3－2模式。不同国家进入第一个阶段学习的孩子的年龄也是不同的。

今天的学校并不总是遵循年级的模式,也并非所有的学校都适合这种模式。伊斯兰教国家的学校在传统上就有一些杰出的穆斯林学者以非年级的形式教授学习《古兰经》。学生可以按照他们自己的进度学习并随时进入或离开他们所选择的学校。虽然无年级的伊斯兰教学校继续存在着,但近10年来的趋势是人们按照水平和年级重新组织学校(Thomas 1988)。

**5. 分轨结构**

在一个学校系统中,相同年龄的学生并不需要进行同样的学习。有人可能沿着与他人不同的课程体系前进,这种情况在中学要比在小学普遍多了。换句话说,如果所有的学生都学习同样的课程,有些学生可能以不同的速度超越别人。分轨计划还有一系列的名字——流动小组、能力分组、同类群体、特殊课程、主修课(学习的主要领域)。在有些学校系统中,相同的教学楼可以提供许多不同的轨道。在其他制度中每个轨道都保留一个单独的学校。

决定学生进入哪个轨道学习有两个主要标准。一个标准是学生个体的明显态度与能力。在小学和中学,人们按能力把学习者区分为以下几种:天才儿童、快速学习者、一般学习者、慢速学习者、需要治疗的学习者和需要特殊教育者。第二个把学生分成不同轨道的标准是个人将来可能从事的职业和教育类型。按这种方法,学术教育与职业教育是两种最普通的分类。有时学术教育也叫作大学预备轨道,表明这是中等后教育的学生准备进入的学校的类型。学术轨道本身可以分为不同的特定领域,如自然科学、社会科学与人类学。同样,职业教育也通常被划分为专门的领域,如商学、家庭经济学、土木建筑、机械、农业、教师训练以及其他领域。

在高级中等教育层次,有些国家还保留有一系列专业化的学校类型,这些类型本身包含着多样化的轨道。如在意大利,学校类型包括古典学院、科学学院、商业技术学院、测量技术学院、工业技术学院、职业学院、教师培训学校和艺术学院。在这些学院当中,工业技术学院提供了31种独立的轨道,而职业学院提供了多于160门独立课程。

**6. 课程结构**

课程结构是指学生学习的一系列学科及分配给每门学科的时间。小学的课程结构对所有学生来说通常都是一样的。但在中学阶段,不同的轨道将提供自身特有的学科。

一个学校的课程结构是由几个因素决定的。一个是传统,即过去的学习所包含的一些人们熟悉的课程安排。另一个是教育计划者对什么学科能够更好地服务于一个国家的经济发展的看法。贝纳温特(Benavot)对此做了表述:

> 在早期工业化国家中(英国、德国、美国和法国),政府官员致力于对学校课程的设计、控制与标准化的争论,部分是由于他们认为学校课程内容能够提高一个国家在国际经济领域中的竞争力。因此,许多人相信需要一种具有经济价值的学校课程——把重点放在科学推理、数学技能、精通现代语言和技术语言,而不是古典语言或文学等课程——来保证劳动力的生产性和工业经济发展的动力。人们今天也持相同的观点。(Benavot 1992 P. 151~152)

最近有关课程内容与一个国家经济发展动力关系的研究表明,这些观点中有些是有根据的而有些则是无根据的。例如,贝纳温特对超过60个国家的课程的分析表明小学科学学习的增加与一个国家经济的更加迅速发展有关,而职业课程与经济发展并无关系。这种结论引起人们的疑问:基础教育中的职业学习对经济有用吗(Benavot 1992)?

**7. 经费结构**

"经费结构"是指一个学校资金来源的构成。初等和中等学校运行的五大经费来源是:政府拨款、私人捐款、家长协会、学生学费和社会捐赠。政府拨款主要来源于国家、地区或地方的税收。私人捐款是通过个人捐资、宗教捐赠、慈善基金或商业协作等方式来支持学校目前的经营或主要设施的改进如教学楼的建设和重修。家长协会是由进入特定学校的学生家长组成。学费是学生家长为负担他们孩子的教育而支付的金额。社会捐资通常是由捐赠者为了学校的利益而提供和投入的大量资金,这些投资的利息被用来帮助支付主要设施的改善、教师工资、各种供给和其他的经营费用。

学校经费结构的区别是学校收入的各种来源的构成比例的不同。下面说明了四个国家(地区)的经费模式。

中国香港的学校就它们的职权和经费结构而言有三种类型——政府管制型、政府资助型和独立型。政府管制型学校是由政府提供财政和管理。政府资助型学校是由政府提供财政但由教会、慈善团体和社团这样一些机构来管理。独立型学校是由私人或团体(经费来源于捐资、捐赠与学费)提供资金和管理。在小学阶段,大概有7%的孩子就读于政府管制型学校,84%就读于政府资助的学校,10%就读于私立学校(McClelland 1991)。

在沙特阿拉伯,公立学校的所有支出都由政府支付,而私立学校除了接受政府资助外还收取学费。

在澳大利亚,90%的学生就读于靠公共经费经营的公立学校,而剩下的10%就读于由公共经费资助的私立学校。

在美国的50个州内,公立学校经费由州政府与地方学区共同分担。这些资金通常来源于地区财产税和由州征收的个人所得税和发行彩票等。联邦政府为特殊的目的提供有限的资金,如为残疾人提供的教室和为低收入家庭孩子提供的学校午餐。美国的私立学校完全依靠学费、私人捐资和社会捐赠。无论是在公立还是私立学校,家长资助通常能对学校的特殊项目提供资金和帮助。

## 8. 入学结构

“入学结构”从两个维度来界定学校学生人口规模:学校总入学人数和每个班级的学生数。这两变量通常叫作“学校规模”和“班级规模”。

### 8.1 总入学人数

一个学校的总入学人数通常是由一系列因素决定的,包括人口密度、可利用的交通、财政支持水平、学龄人口的比例、学校赞助者和课程类型。

公共汽车在一个地区广泛使用之前,一个学校的入学人数受到能够步行到学校的学生的限制。因此,人口稠密的中心城镇通常比人口稀少的农村地区有更高的入学率。然而,随着农村地区交通工具的使用,学生坐公共汽车上学,学校的规模也扩大了。尤其是在中等教育层次,为了满足学生多样化的学术与职业兴趣需要开设更多的课程,学校计划者通常试图扩大学校规模以提供广泛的学习机会。

寄宿学校的入学并不受到周围地区人口密度的影响,因为学生都住在学校校园里。然而,有两种因素限制这类学校的规模,即学校需要提供大量的宿舍和就餐设施,而事实是大多数寄宿学校都是私立学校,他们迎合的是有限的、付费的客户而不是一般的公众。

一个学校的财政支持水平对学校规模的影响,是通过决定用于扩建校舍、设备和增加教师工资以容纳更多学生的资金数目来进行的。

一个提供普遍的、义务教育的国家要比仅招收一部分学龄人口的国家需要更大规模的学校。在一个公立学校与私立学校都有一定数目的国家,公立学校通常要比私立学校规模大,因为所有的孩子都有权进入免费的公立学校。相反,私立学校更多的是从可选择的人口中收取学生(如宗教命名的学校),私立学校如果不从政府接受一定的资助,它们肯定要收费,而这些学费是较为贫困的家庭所无法支付的。

一个学校提供的课程类型也会影响它的规模。提供普通教育或提供一系列选择课程的综合中学通常要比那些专于一个特定领域(如艺术、家庭经济学、宗教研究和工业艺术)的学校规模大。

### 8.2 班级规模

班级规模受到人口密度、财政支持水平、教室大小、教室设备类型和教学理念等一系列因素综合作用的影响。

人口密度与一个学校的财政支持水平相互作用影响每个班级的学生数。一方面学龄人口增长,另一方面新教室的建设受到资金的限制,如果申请入学的人都被接纳的话就需要扩大班级规模。

教室的自然空间明显地限制着能够容纳的学生人数。任何一个房间都只能容纳有限数量的桌子与椅子。不同教学过程所需要的设备类型也影响着班级规模。在一个大小确定的教室里,容纳听讲授课的学生要多于上科学实验、机械修理课或开展使用较大型设备的活动的学生人数。

“教学理念”指的是一系列关于如何最好地教授学生的信念。认为讲授能产生有效率的学习的理念要比认为教学应该是个性化的理念(教学方法应该与每个学习者的能力与兴趣相一致)更有益于大规模班级。

由于前面所谈到的这些变量的影响,一个国家内的班级规模和各国之间的班级规模一样差异是很大的。在刚果,班级的平均规模超过50人,并且有时发现有100、120甚至150人的班级规模(Senga-Nsilazolo and Makonda 1988)。相反,瑞典最大的班级规模为30人,平均大概为23人,师生比为1:14。

**9. 出勤结构**

出勤结构指的是关于学生每年、每星期和每天在校次数的计划。最普通的年度计划是，学生秋天、冬天和春天在学校，夏天有很长的假期，整个学年偶尔有一天或一个星期的假期以庆祝特定的节日。在过去的几个世纪中，这种惯例在欧洲和北美得到不断改进以适应北半球的农业社会的收割期。长长的暑假使学生在最需要劳动力的时候有时间干农活。这种结构后来被传到世界其他地区，最初是通过基督教的传教士，他们在欧洲的部分殖民地（亚洲、非洲和南美洲的一些地区）和美国建立了学校。

然而，现实情况与这些年度计划相差很大。随着学龄人口的增长和由于经济紧缩致使建立新教学楼的资金减少，更多的学校制定了长年的出勤计划以便学校的设施不至于在短时间闲置好几星期。在整年教学计划中，学生的出勤时间通常是交错的，因此当一部分学生放假时，他们的教室就被另一部分刚刚放假回来的学生使用。

一般的周教学计划安排 7 天当中的 5 天或 6 天为学习时间，剩下的 1 天或 2 天习惯上用来举行宗教仪式（犹太教、基督教和伊斯兰教国家）和自由活动。

典型的学生每日在校时间是从早晨到中午。然而在一些国家，由于教学楼的缺乏，导致他们采取了轮流制，即一部分人在早晨使用教室，另一部分人在下午使用教室。在有些地方，第三部分人在傍晚使用教室（Bray 1989）。

**10. 教职员工的配备**

在当今几乎所有的国家，教职员工（尤其是教师）配备的标准过程可分为七个阶段：（a）为各专业征募候选人；（b）允许申请人职前教育；（c）提供职前培训条件；（d）给毕业生安排工作；（e）提供合适的工作条件；（f）提供在职教育；（g）从教育系统退休（Thomas 1990）。

那些经济实力较强和有较长的普及教育传统的国家要比那些经济实力较弱并更致力于短期内培养他们的全体公民的国家更系统地完成这些任务。在最先进的学校制度中，七个阶段中的每一个阶段都运用了复杂的程序，并且每一个阶段都和前后连接成为一个整体。在那些落后的学校制度中，教师通常是偶然地进入这个职业。没有职前教育也不需要相关学科知识和教学技能，他们被直接用于管理班级，因此不得不通过尝试错误来获得教学技能。他们的工资很低，缺乏在职培训机会，并且也不能指望退休后有养老金。就教职员工的配备效率而言，许多国家都处于最先进和最落后的制度之间。发展中国家的教育者都把最先进的制度看成他们学习的模式。

**11. 确定学习目标和课程内容**

课程计划的制定及运用到各个班级中去通常包括以下几个过程：

（a）选择基本技能、知识和学生应掌握的价值观等形式的整体教育目标。

（b）把总目标分解为与每日的课程目的相一致的具体目标（课程范围）。

（c）决定目标实现的顺序（课程顺序）。

（d）根据学生的学习能力及他们在社会中的角色把目标落实到具体年级。

（e）选择能够使学生达到目标的学科内容和学习活动。

（f）为教师提供获得每日目标的各种资料（教学参考书、学生教科书、地图、计算机程序、录像带等）。

（g）在教室里实施学习活动。

在不同的学校制度中，处于职权结构中不同层次的人对这些任务的态度是不同的。在一个高度集权的国家制度中，所有的公立学校从（a）到（f）的任务都由中央完成。

与此完全相反的一个极端是在有些国家，一些学校的每个班的教师都能自由地完成整个任务。这种例子通常可见于规模小的私立学校——一两个老师组织起来给一些学生上课。这种体制也可能出现在一些偏远的地区——教师与中央权力距离如此远以至于他们不得不依靠自己的主动性来确定该教什么。

界于中央控制和个人主动这两个极端之间，学校系统采取了各种各样的形式来决定学生的学习目标和学习方法。在美国,对教育指导的权力是由各个州和地方学区共同分担的,州教育部主要用课程和教学资料来指导学区,它也以实施州立法机构通过的教育法来指导学区。然而,课程计划的所有的基本步骤,从(a)到(f)都由地方学区完成,班级教师在课程改革的计划和评估方面通常发挥重要的作用,同时在(g)这个步骤也承担着班级活动的最后指导者角色。

## 12. 学生评价

对学生完成学习任务的评价目的是多样的,使用的评价技术也是不同的。和各种学校制度的不同一样,各种评价方式和运用的技术也是不同的。

### 12.1 学生评价的目的

学生评价的目的主要有分级、诊断、激励、定位、提供教育和职业辅导、个人之间与小组间的比较。

在几乎所有的学校制度中,都会给学生分级或打分,表明他们在掌握学习目标方面取得的水平。这种评价可以用等级(优、良、中、及格、不及格)、数字或字母来表示取得的成绩水平(100%、80%、50%或1、2、3、4、5或A、B、C、D、E),或用简单的陈述来解释学生取得的成绩。这种分级或打分的目的是对学生的进步做简单的总结。

评价具有诊断功能,它可用来揭示学生在掌握特定的学习目标时的优势与缺陷及缺点存在的可能原因,从而提供可能采取的矫正措施。是否让学生升入下一个更高阶段学习,是通过评价学生对他们目前阶段的学习目标掌握得如何来决定的。

在对学生的能力与兴趣的正确评价的基础上对学生分班或分流,是为了适应他们的能力和需求。评价的定位功能是和教育与职业指导紧密相连的,它包括对个体过去的成就、目前的兴趣和在不同的教育与职业领域潜在成功的评价。在工业发达国家的中学常有一些顾问,他们的主要职责是提供这种指导,通过对中等后教育机会和该地区劳动力市场状况的了解,他们完成任务的效率得到提高。大多数发展中国家缺乏受过训练的顾问和充分的信息来源,因此学生所接受的任何指导都取决于教师个人的主动性与经历。

成绩评价还用来对学生进行比较,目的是为了决定哪些人因为成绩好而值得赞赏,赞赏的形式包括获得奖学金和进入学术名誉名单或成为荣誉团体成员。

在一个国家或省内,对单个学校教育质量的评价可时常见于把一个学校与另一个学校的学生取得的平均考试成绩进行比较的报道。而且,自20世纪70年代以来,为了让一个国家的平均成绩与其他国家的成绩相比较,日益流行的团体比较模式运用了标准成绩测试和其他方法测量不同国家有代表性的学生样本(Elley 1992, Postlethwaite and Wiley 1992)。

### 12.2 学生评价技术

为了达到以上目的,通常使用的评价技术包括测验、学生成绩考查(口头报告、讨论、音乐独奏、体育竞赛)和学生学习结果评价(家庭作业、建筑设计、艺术作品)。测试可以采用几种形式:论文写作、简答、客观题(对错题、多项选择、匹配题)、口头考试和作业成绩。有些学校,如有着欧洲传统的学校,通常喜欢论文考试和口头考试,而其他国家如美国的学校,更喜欢客观题考试。

学校不仅在运用的评价技术方面不一样,而且在运用频率方面也存在差别。有些学校每天或每星期评价学生的进步,而有些学校则要到一个学期的中间或结束时才收集成绩资料。

## 13. 结论

正如前面的评论所建议的,学校组织需要多样化的结构与程序相一致。简单而规模小的学校——几个学生在一个教师的监管下,唯一的教师负责学校所有的管理、教学和服务活动——采用最简单的组织形式。在一个通过教育部来管理整个国家的教育机构的大国应该建立最复杂的组织形式,随着学校规模的扩大和复杂,非教学管理人员和服务人员的增加,教职员工职务的更加专业化,随之而来的是制度构成的多样化所带来的协调问题。

高层官员通常用三种相互联结的方法来处理学校规模扩大和多样化所带来的问题:(a)把所有的决策权都保留在最高层而不是转移到地区或学

校员工;(b)把整个系统遵循的程序标准化;(c)建立监督或责任计划以保证标准化程序在各地得到应用。

标准化作为一种方法通常伴随着新的问题。坚持统一的国家课程、教师任免政策或学生评价措施可能无法适应地方社区的情况,尤其是在一些由不同的种族、社会经济、宗教和文化群体所组成的国家。而且,适合于城镇的措施并不总是适合农村环境。为社会经济发展较高地区设计的程序可能无法满足社会经济发展较低地区的需求。

复杂的责任计划大大地增加了学校校长和教师用于写报告(中央机关用来了解学校忠实执行指示的程度)的时间。中央机关同样不得不派遣督导到学校了解由地方人员送来的报告是否有错误或虚假的信息。

实际上把所有的重要决策权都保留在机构的上层可能会产生另外的困难。在一个决策权高度集中的系统中,学校面临的问题通常不能及时地解决,因为他们必须等待处于权力结构上层的领导者来作判断。如果一个系统内的沟通效率低和问题的分量超过了领导者的决策能力,那么这种判断就可能被耽搁好长一段时间。由于领导者通常对影响学校特殊经营的当地情况缺乏充分了解,下达给学校的解决方法可能被证明是错误的。而且,不把组织安排委托给低层次职员的做法,可能挫伤班级教师和学校校长的积极性与个人责任感。

另一方面,把决策权转移到地方教育单位的政策也有它自身的危险。权力转移可能导致个别学校采取不正确的和无效率的措施。例如,地方当局可能忽视加强国家教育目标,由于缺乏充足的经验而没有采取有效的管理和教学措施,并且他们还可能在管理学校资金、处理学生和制订课程时产生腐败和利己主义。

总而言之,这些问题以及与学校规模和制度的复杂性相关的其他一些问题,对教育计划者来说等于为磨坊提供了谷物,他们努力组织好学校,以有效地培养毕业生,使他们在自己的社会中扮演建设者的角色和过着自己满意的生活。

R. M. 托马斯(R. M. Thomas) 著

朱科蓉 译

**附录**

Benavot A 1992 Curriculum content, educational expansion, and economic growth. *Comp. Educ. Rev.* 36 (2):150—174

Bray M 1989 *Multiple-shift Schooling: Design and Operation for Cost-effectiveness.* Commonwealth Secretariat. London

Elley W B 1992 *How in the World Do Students Read?* International Association for the Evaluation of Educational Achievement, The Hague

McClelland J A G 1991 Curriculum development in Hong Kong. In: Marsh C, Morris P (eds.) 1991 *Curriculum Development in East Asia.* Falmer Press, London

Postlethwaite T N, Wiley D E 1992 *The IEA Study of Science II: Science Achievement in Twenty-Three Countries.* Pergamon Press, Oxford

Senga-Nsilazolo V, Makonda A 1988 Congo: System of education. In: Postlethwaite T N (ed.) 1988 *Encyclopedia of Comparative Education and National Systems of Education.* Pergamon Press, Oxford

Thomas R M 1988 The Islamic revival and Indonesian education. *Asian Survey* 27(9):879—915

Thomas R M 1990 Teacher-supply systems. In: Thomas R M (ed.) 1990 *International Comparative Education: Practise, Issues and Prospects.* Pergamon Press, Oxford

Yat-ming J L 1991 Curriculum development in the People's Republic of China. In: Marsh C, Morris P (eds.) 1991 *Curriculum Development in East Asia.* Falmer Press, London

**其他参考文献**

Anderson L W, Ryan D W, Shapiro B J (eds.) 1989 *The IEA Classroom Environment Study.* Pergamon Press, Oxford

Bray M 1992 *Educational Planning in Small Countries.* UNESCO, Paris

Creemers, B, Peters T, and Reynolds D (eds.) 1990 *School Effectiveness and School Improvement: Procee-*

*dings of the First International Congress.* Swets and Zeitlinger, Amsterdam

Organisation for Economic Cooperation and Development 1992 *Education at a Glance: OECD Indicators* OECD Paris

Postlethwaite T N (ed.) 1988 *Encyclopedia of Comparative Education and National Systems of Education.* Pergamon Press, Oxford

Psacharopoulos G 1991 The privatization of education in Europe: Essay review *Comp. Educ. Rev.* 36(1): 114—126

## 学校管理的历史(School Administration, History of)

本词条从国际视野的角度来讨论学校管理研究与实践方法的演变。人们已经应用不同的方法来研究教育管理,不同的管理理论有助于人们思考什么是学校管理的最好模式。然而,不管理论怎样,所有的教育系统都受到特定因素的影响,从而形成自己的管理模式。本词条讨论的是已经运用过的各种方法和理论、不同背景下影响管理的因素以及教育管理目前的发展趋势和存在的主要问题。

### 1. 导言

从1960年到1980年期间,进入正规学校上学的人数超过了以前有史以来的记录(Coombs 1985),入学人数从1970年的6.22亿上升到1988年的9.5亿,世界上1/5的人口或作为教师或作为学生都进入了正规教育机构。结果,教育预算经常成为许多国家政府支出中的最大部分(如在阿尔及利亚、肯尼亚和瑞士占27%,在卢旺达和摩洛哥占25.5%)。毫无疑问,教育系统的管理效率是极为重要的。然而遗憾的是,大多数学校结构和管理体制与大量的支出不相适应,通常是无效率和低质量的。人们对如何提高教育管理效率给予了普遍的关注(Hallak 1990, Lockheed and Verspoor 1989, World Bank 1980)。

遗憾的是,人们对于这些术语还经常存在着误解。在美国和加拿大,“教育行政”通常指的是对教育系统的管理——不仅是州和学区层次的管理,而且包括组织机构层次(学校)的管理。许多教育管理理论都是以组织理论和沟通理论为基础的,这些理论与工业或企业组织有关,它们既关注机构管理又关注系统管理。据说在美国和加拿大,对教育管理的理论的重视一直优于实践。例如,没有学完教育管理硕士水平课程的人不可能成为学校主管或校长。

然而,在欧洲以及越来越多的不发达国家的有关文献中,通常对学校管理和教育行政进行了区分。“管理”指的是对机构或组织所进行的日常管理,而“行政”指的是对教育系统的宏观管理——不管是中央还是地方制定主要方针政策,也不管是为学校选址还是雇用教师。在英国和大多数欧洲国家,那里的教师和教育管理者都是公务员,要遵守公务员规则和规章,其理论的思考通常是从大量成功实践中总结出来的。不无意义的是,大学教育管理部门最近在欧洲要比北美和澳大利亚发展得更好。在欧洲,很少管理者有教育管理的资格证书,直到20世纪80年代,学校校长在任职前接受理论培训才变得重要。

20世纪大多数有关“学校管理”的争论都集中于研究理想的管理风格和不同的组织类型的问题上,有关“教育行政”的争论则更多是关于教育系统管理和课程实施的最好方法等问题,包括如何决策、教学法的作用、政治压力群体的作用、教育系统中不同层面微观政治的作用以及学校管理应该集权化还是分权化(Boyd and Smart 1987, Lauglo and McLean 1985)。实际上,正像后面所表明的,后面这些术语运用得不是非常准确,并不能描述实际上发生了什么。

经济合作与发展组织把教育管理分为四个层次:国家、地区、地方和机构。这几个层次是相互关联的,但不同层次所关注的问题不同,国家和地区决策通常关心政治和经济因素的强烈影响,在学校层次管理经常讨论最好的教学方法。本词条将要讨论的是:有关学校管理的一些理论;变化中的有关运作学校体系最好方法的争论;管理概念的变化;造成从国家到学校层次所有管理者功能失效的因素以及正在出现的问题和焦点。本词条将从不同国家选取例子来说明具体观点。

**2. 教育管理研究的不同方法**

教育中的权力分配与控制对于理解特定国家中的教育管理至关重要。因为,谁有权决定学校结构和课程内容以及谁控制财政、教师工资和任免,这些都很好地反映了整体的社会政治背景。因此,权力机构要比教育部重要得多;然而在法国、西班牙和希腊,教育部的权力最大。在英格兰和威尔士,直到20世纪80年代末,地方教育局的权力最大;而在美国,教育权由州和学区教育权力机构共同承担。自20世纪30年代以来,对不同国家教育管理行为的研究不仅引起了比较学者和教育管理者的兴趣,而且引起了政治科学家们的关注,因为对不同教育系统的研究有助于阐释他们自己学科的特质。

尼科尔斯(Nicholas)认为用于研究教育管理的比较方法主要有六种。第一种是宏观跨文化研究,最初以坎德尔(Kandel 1938)为代表,后以马林逊(Mallinson 1975)为代表,马林逊试图根据责任与决策所在的层次来划分教育体制:中央集权型(如法国、日本和苏联)、地区管理型(如德国和澳大利亚)、本地管理型(如美国和英国)。霍帕(Hoper 1971)主要关注权力焦点,而社会学家如阿切尔(Archer 1984)感兴趣的是体制的社会根源和知识的控制。

第二是运用古典权力理论研究,如卡尔·马克思(Karl Marx)、维尔佛莱多·帕里托(Vilfredo Pareto)和马克斯·韦伯(Max Weber)。其中大多数研究不是比较研究而是案例研究,如鲍尔斯(Bowles)与金提斯(Gintis)对美国的研究和刘易斯(Lewis)对法国的研究。

第三种方法是功能研究——试图解释压力群体与决策者之间的相互影响和作用。迈可纳和奥兹甘(McNay and Ozga 1985)的研究属于这种类型。

第四种方法是历史的、政治的经济案例研究——试图揭示政党、政府与管理者为什么在特定时间采用特定的教育政策以及这些政策是如何实施的。早期相当多的比较著作都属于这种类型,同时产生了大量有关美国的重要研究(Cremin 1961)。"激进右派"对英国教育政策的冲击导致英国出现了大量的相似研究(Knight 1990)。

第五种研究方法是用组织理论来解释个别组织或整个系统的运作(Etzioni 1996)。

第六种即最后一种是对组织的微观研究,解释特殊的压力群体如何影响教育决策过程(Knight 1990)或组织的微观政治如何影响它的管理(Locke 1974)。

当然,还有一些更折中的研究,如教育管理中的国际互访项目(IIP)提出的那些研究,选取了一个国家内的一系列主题,或从比较的角度(Boyd and Smart 1987)关注一个主题(如决策)。为了发展和检验某种假设,用比较的方法在不同国家提出相同的问题是有利的(权力落在何处?谁做主要决定?不同主管如何沟通?体制效率如何?如果用另一种方式来管理是否会更有效)。比较教育管理需要的是更严格的研究。

**3. 组织理论和管理理论**

在20世纪的大部分时间,除了在宏观层次用不同的方法来分析教育管理外,大量来源于社会科学不同分支的理论也影响着人们对学校管理的思考。主要受到以下几种理论的影响。第一是以企业管理原则或泰勒所说的"科学管理理论"(Taylor 1911)的运用为基础。他列出了四项管理任何组织或活动的关键要素:

(a)要在调查和分析的基础上用更科学的方法代替直观的决策方法。

(b)应该根据职位要求来科学地挑选和正确地训练管理者。

(c)管理应该保证按照制定好的公认的标准和程序来完成工作。

(d)责任要清楚以便管理者承担重要的计划、准备和监督任务。

然而泰勒并没有发展实际的行政理论,他提出的四项原则成为以后理论的主要特征,如目标管理和规划设计预算法(PPBS),它们是20世纪70年代英国重要的管理工具并成为现代的管理方法。

以第一个原则为基础,泰勒的主要影响是将直观思考转变为以信息为基础的推理。信息是否适当要根据以下四个特征来判断:相关性、准确性、及时性和可理解性(Chapman and Windham 1986)。

许多其他学者从工业背景出发,提出了一种比科学管理更一般的组织分析方法。如法约尔(Fayol)认为管理的基本要素应该包括"预测和计划、组织、指挥、协调和控制",形成了人们所知的"一般管理理论",这种理论致力于把工作划分为专门的领域。其他可归为这种理论的有古利克和厄威克(Gulick and Urwick 1937),他们提出了缩写为POSDCORB的管理职能公式——计划、组织、配备人员、指挥、协调、报告和预算——来强调管理者的主要任务。

韦伯的官僚组织理论结合了泰勒的其他三个原则(招募与训练、工作规则和责任分配)。韦伯认为有三种类型的权威:魅力型、传统型、理性与法律型。只有最后一种权威类型是理性的和法律的。韦伯把这种组织类型称为科层机构。他认为科层机构应具有以下特征:权力等级、工作专门化、建立处理问题和明确责任的规则及程序、非人格化的工作关系和基于绩效标准的外在奖励。根据韦伯的理论,科层机构可保证理性决策既不武断,也不会向错误或无关因素的影响妥协。虽然他的观点是建立在强调观察而不是经验研究的基础上,但它们在管理上有广泛的应用价值,包括在教育系统和各个学校。如马斯格雷夫(Musgrove 1971)认为教育系统科层化一般是有用的,休斯(Hughes 1977)也认为许多教师只有在角色和责任都非常清楚的情况下才感到安全。

第四种有影响的理论是人际关系运动,20世纪20年代至30年代兴起于企业领域。梅奥(Mayo 1946)认为工人与管理者之间的关系在提高生产效率方面的作用,可能要比泰勒提出的线性程序和激励计划以及古典理论提出的理性管理原则更重要。巴纳德(Barnard 1938)强调组织是由正式结构中的非正式聚合的人们组成的。此后,他因观点前后不一致而受到批评(Greenfield 1975),而克莱格和邓克利(Clegg and Dunkerley 1980)批评人际关系理论的原因是认为这种理论忽视了雇主与雇员之间的冲突以及外来因素的影响,如变动的愿望和市场力量。

巴纳德之后提出的组织决策的政治模型对科学管理原则提出了挑战。西蒙(Simon 1976)抨击了科学管理的核心前提——理性决策假设。

就目前对学校管理有影响的这些理论而言,与科学管理相类似的原则——按劳取酬制度——在19世纪末期应用于英国的小学以及英国殖民地接受拨款资助的学校。随着人们对金钱的价值、管理效率以及学校之间考试成绩排名的关注,这些原则目前在英格兰、威尔士和澳大利亚又得到应用。20世纪60年代至70年代以能力为本位的美国也应用了这些原则。然而,到目前为止,与教育有关的最有影响的理论是韦伯的官僚模型。正如休斯所说:

> 学校和学院(尤其是较大的)与韦伯的官僚模型相符合程度的判断标准是:工作分工、等级结构、规章制度、非人格化程序以及以技术标准为基础的雇用。(Hughes 1985 P. 8)

在20世纪30年代到50年代,人际关系运动对教育的影响强调的是教育管理中的民主形式,在70年代强调的是员工参与管理。汉迪(Handy 1984)认为一般管理理论的某些方面仍然应该应用于学校。

到20世纪50年代,人们认为应该把教育置于更广泛的社会经济背景下或把教育系统当作更大的社会系统的子系统来理解。在20世纪60年代,关注国际教育管理方法的第一份杂志开始出版。澳大利亚的《教育管理杂志》创办于1963年,而美国的《教育管理》(季刊)出现于1965年。我们现在所知道的《教育管理与行政》于1972年出现在英国。理论工作者还开始提倡不同的分析方法。如盖茨尔斯和古帕(Getzels and Guba 1957)认为有必要从组织(制度法律)和个体(表意符号)两个维度来理解,而盖茨尔斯和西伦(Getzels and Thelen 1960)认为由于每个社会系统都处于更广泛的文化、种族环境中,因此两方面的价值都应该考虑到。这导致了大量的关于美国学校的主管在学校委员会中的作用以及校长在个别学校中的作用的研究。

到20世纪70年代,人们对教育管理究竟是一门独立的学科,还是像比较教育一样需要从多门学科进行研究的应用科学,仍然感到困惑不解。在1974年的布里斯托尔的国际交流计划中,格林菲尔德(Greenfield)猛烈地抨击了结构功能主义与系统理论在教育管理中的运用,他反对"组织不仅是真实的而且与人们的行为、情感和目的相分离这种明显的假设"(Greenfield 1975 P. 71)。他认为,组织并没有自己生活的真正本质或由普遍接受的价值控制,组织是由具有各种互动行为和情感的不同的人组成。因此,他同意把重点放在理解人们如何解释他们工作于其中的社会。格林菲尔德的观点对以后的教育管理思想产生了深刻的影响。

美国和澳大利亚在教育管理理论应用方面一直处于前锋,英国则更注重实践,通常以实践经验为基础。然而,随着巴龙(Baron)和泰勒的《教育管理和社会科学》的出版,在英国开始了一场热烈的争论,人们不承认存在任何"正确"的组织或管理模式。布恩斯和斯托克(Burns and Stalker 1961)指出,"管理思想的起点并不存在着最佳的管理制度"。许多英国管理者实际上非常赞成学校是"有组织的无政府状态",代表了"组织选择的垃圾罐模型"这种观点(Cohen et al. 1972),因为学校的目标有问题、技术不清楚和各种角色员工的不稳定的参与。

在20世纪70年代和80年代,其他社会科学观点被用来解释教育管理。如哈曼(Harman 1980)用政治科学来解释教育决策过程,而布劳(Blaug 1983)运用经济原理来解释为什么有些政府热衷于发展私立学校。普莱特(Pratt 1982)和英国的其他人还提出微观政治概念,解释了组织环境中个体与群体在影响有限资源以谋求利益过程中的相互作用。

在20世纪末,一个折中的、以"实践反思"为基础的教育管理应用科学模式在教育计划与管理中流行起来。这种模式是基于这样一种认识,即管理者知识面足够宽才能运用这种模式来识别和确定问题,然后选择解决问题的方法。实际上,"应用科学模式"是以"见多识广的直觉"、"自信证据"和"实践知识"为基础的(Sergiovanni et al. 1987)。世界银行提出的关于提高发展中国家初等教育质量的建议都是以这些原理为基础的(Verspoor 1989)。

**4. 制约因素**

除了理论,所有的实践管理者和计划者都应该认识到他们的活动范围受到某些因素的限制。学校管理越是进行国际研究,这种情况就越是明显。正如博依德和斯玛特(Boyd and Smart 1987 P. 8)所调查的:有时领导所采用的决策……不是受到意识形态而是受到大量他们无法控制的外部力量的影响。图1说明的是一些对所有系统或多或少有影响的条件和因素,正是这些形成了其管理模式。如地理特征会影响学校所在地、教学楼、每天或每年的在校时间。国家规模意味着管理的某些不寻常方面的发展与所有的理论都相反(Bray 1991)。统计揭示的人口特征,尤其是在多民族社会,会影响教学使用的语言以及是否轮流使用两种或三种语言。政府迫于公众压力不得不把学校分离。许多不发达国家(LDCS)受到殖民势力遗留的结构的桎梏,这种情况很难改变和取代。甚至在一些激进的社会都回到更加传统的学校模式。

一个国家的经济资源和经济模式也会影响管理结构。一般而言,国家越富裕,教育供给就越充足。不幸的是,在不发达国家中的最贫穷国家,通常是以农业为主,由于信息不足而使沟通、计划和监督成为最尖锐的问题(Chapman and Boothroyd 1988)。遗憾的是,很少有政治家和教育管理者对教育管理背景做过宏观分析以探究教育计划与实施的有限性。一个国家在地理环境的多样性、种族与语言变化、沟通(中央、地区与组织机构之间)方面越复杂,就越难建立有效的计划与管理体制。

正如表1所表明的(以英国模式为基础),在组织机构层次(学校),仍然有大量外部因素制约着学校或学院校长的行动自由。社会因素包括学生所处的环境、社会经济背景、政府和地方政策、外

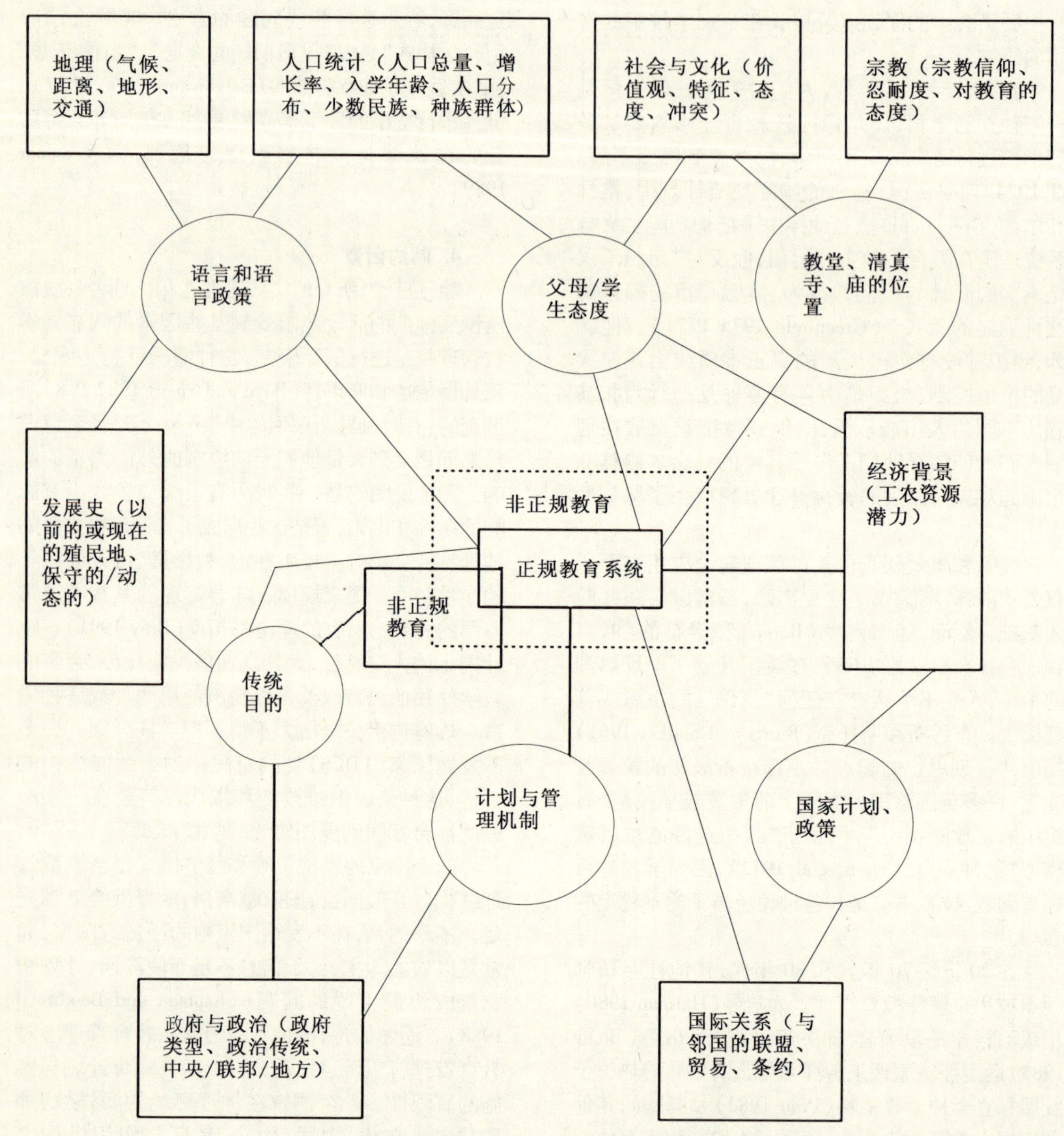


**图 1　影响教育系统的因素(教育系统与环境的关系)**

部管理结构与指导，人员方面包括政府官员、检查员、警察、父母和雇主等都可能过度占用校长的时间和精力。

表 2 表明同样存在一系列的内部制约因素，好的校长像好的经理一样能形成和影响某些因素。然而，需要强调的是，公共部门和政府机构灵活主动的创新空间受到明显的限制。

表 1　制约学校领导的外部因素

政策
- 政府政策与法律
- 政府规章(如离校年龄、盥洗室、班级规模等)
- 地方教育当局政策(如学校类型、教职工雇用、特殊的多元文化政策等)
- 政府关于国家课程与评价的政策
- 地方教育当局(LEAs)关于国家课程与评价的政策
- 国家与地方资助的在职培训(GRIST)
- 国家与地方规定的学校服务半径与入学政策
- 教师工会政策
- 个人税收
- 国家和业经批准大纲中的宗教教育政策

人事
- 董事,他们负责任命校长
- 执行总裁和地方教育当局职员
- 教育部官员
- 地方教育当局顾问
- 学校督导
- 教师工会代表
- 全体职员、教学人员、辅助人员和其他专业人员
- 当地牧师和宗教人物
- 警察

管理
- 管理仲裁委员会

地方教育当局
- 教育部
- 国家课程委员会
- 考试委员会
- 国家评估与考试委员会
- 宗教教育顾问委员会(SACRE)

环境
- 学校所在地——地理环境、学校服务范围
- 建筑(是否有保护规则)

社会经济
- 学生的类型和能力、中产阶级或财产收入等
- 人口统计数下降
- 文化、语言和种族群体
- 经济繁荣或衰落地区
- 农业、工业、农村地区
- 电视、媒体和其他社会与文化价值

表 2　制约学校领导的内部因素

政策
- 学校政策文件(如关于多元文化教育、体育比赛等)
- 学校管理者的特殊期望/政策
- 由前任领导留下的政策问题环境
- 教学楼和操场的状况
- 树木和设备
- 教学资源、行政支持等

管理
- 管理等级/结构(如年龄/教师团体)
- 管理程序
- 财政因素
- 管理团体

职员
- 教学人员
- 管理人员(包括缺席人员)
- 秘书、球场管理员、清洁工、餐厅服务员等
- 家长对学校的支持与帮助
- 管理者

社会经济
- 入学学生的类型和能力等
- 学生数量减少或增加

有些制约因素在许多国家(无论富还是穷)已经变成了如此重要的问题,以至于库姆斯(Coombs 1985)把它叫作“世界教育危机”。在有些国家中,问题通常与有限的资源、通货膨胀、债务、人口增长和受过培训的教师的缺乏有关。而在其他国家中,问题通常伴随着效率提高、额外收入增多、财政来源的可选择性(Watson 1991),无论问题是什么,都与学校管理有关。早在 1980 年,世界银行就宣布:“尽管采取了措施来满足人们的需求……但国家实力的增长以及微观管理和宏观管理与分析能力都滞后于教育事业规模的扩大和复杂性的增长。有些教育发展规划由于管理不善而受到挫折。”在 1989 年,洛克希德把贫乏的沟通、不现实的教育目标以及管理者和校长不充分的培训当作主要问题。查普曼和布思洛伊德(Chapman and Boothroyd 1988)从分析日益增多的但不够充分与准确的资料中,描述了不发达国家计划者与管理者面临的困

难,虽然这项研究主要是以也门人民共和国为基础,但他们的发现同样适用于其他不发达国家,不仅仅是非洲的最贫穷地区。哈拉(Hallak 1990)指出,如果想在教育功能紊乱方面有所改进的话,"管理机器的改进必须始于常规的功能"(P. 257)。这包括一些日常任务,如设置目标、组织学年、预算和财政、人力资源的招募与配置、空间调整、物质资料的供给与配置以及绩效的控制与评估。

在国际机构的压力下,如世界银行、教育计划的国际组织和联合国教科文组织(UNESCO),许多国家一直采取措施提高它们的教育系统的质量,如提高管理效率、改进班级效能、完善责任以及提供更好的受过培训的教师。给地方更多的民主和学校之间更多的竞争不仅可能提高学术水平,而且可能改进专业责任。而且,受到世界银行经济学家的鼓励,许多政府同意加大私营成分的作用,或者提供可选择性和竞争性的学校,如在肯尼亚、坦桑尼亚、印度、巴基斯坦、菲律宾和泰国,或者允许大量的通常由政府或地方资助的学校私营化。在20世纪八九十年代,英格兰和威尔士学校的膳食供应、合同维持、学费支付单,甚至监督都引入了私人竞争。这些措施的核心议题都是学校管理应该集权还是分权,教育系统如何筹措资金,主要决策权应由谁来做出以及最好的执行方法是什么。

**5. 集权化与分权化**

虽然教育系统的集权化与分权化在某种程度上取决于图1所提到的地理与社会经济的某些因素,但教育管理的传统模式一直是一个国家政治哲学的反映,因为它决定了主要的控制领域,如谁提供资金、谁给教师付工资并控制他们、谁控制课程和教学大纲以及谁负责对教授内容的考试。虽然有些国家由于政治和历史原因倾向于走这个或那个极端,但没有一个国家真正处于任何一个极端上。

因此,在法国,设在巴黎的教育部强有力地控制着对课程、教学大纲和对教师的指导,区域和地方官员负责解释和实施官方政策,但中央的不同类型的视察能保证对各种标准的遵守。中小学校长不得不接受更高层次的权力机关(中学是区域、小学是地方)给他们派送的老师。在苏联,尽管面积大,也采取类似的控制,虽然有些权力下放到35个地区或共和国,但真正剩下的更多权力是掌握在政府官员手中而不是教育行政当局。教育系统的每个层次都是与这个政党的管理结构相平行的。

处于另一极端的是美国,联邦政府在学校管理中只起很小的作用。宪法把制定制度的主要责任给予了各个州。然而,按传统,这些权力曾经直接下放给地方所选举的学校委员会,它们对设立学校、教师的提供以及标准的维持都有真正的控制权。其他的联邦国家,如德国和澳大利亚,试图在联邦与州政府之间求得平衡。英格兰和威尔士同样试图在国家政府与地方政府之间达成平衡的"伙伴关系",而苏格兰,总体而言,在传统上一直是更加集权化。多数不发达国家,尤其是刚从殖民地的控制中独立出来的国家,倾向于更强的中央控制和指导,部分是由于资源的有限和为了很好地计划使用,部分是由于许多不发达国家认为有必要运用教育系统在多元民族及语言群体之间创造一种民族统一感。

遗憾的是,有关集权化与分权化的讨论,尤其是在早期的比较学者中,都有过于简单的倾向。如坎德尔(1938)认为中央控制导致独裁,而分权化的地方控制有助于加强民主。然而,正如麦克莱恩(McLean 1985 P. 5)调查指出的,"把集权化等同于独裁决策和把分权化等同于参与并不能得到验证"。同样,布罗德富特(Broadfoot 1985 P. 105)以法国为背景指出:"把强有力的控制等同于高度集权是一种误导,因为它没有考虑到虽不太明显但通常更强有力的控制和限制因素的来源。"哈拉(1990 P. 272)指出:"人们按系统在集权与分权之间所处的位置来对系统加以界定。许多工业化国家的经验表明,只有中央提供一定程度的支撑、支持与控制,分权化才能成功。"而且,有些所谓的分权制中的地方权力(如苏格兰的斯特拉思克莱德区)大于集权制(如卢森堡和新西兰)。有些小国家(如文莱)是完全的集权制,而有些国家如巴布亚新几内亚为了防止政治剧变已经向分权制转变(Bray 1985)。有些国家如英国和澳大利亚正转变为更集权的模式(至少在某些主要领域),而有些国家如法国和泰国正试图把更多的权力下放到地区。

这场争论在20世纪80年代和90年代达到顶峰,原因有:私立学校的增长——要么是政府为了向公众提供更多的选择,要么是为了节约政府资金;分权可使地方责任增大(可以以许多不发达国家为例)并把财政责任转移到地方社区。因此,弄清楚不同术语的真正含义是什么以及为什么跨国公司对分权制如此青睐是很重要的。

集权制通常意味着教育目标以及实现目标的最好方法都由中央机构决定,教育部通常以备忘录、规则和规章的形式对下层单位进行指示,或指导他们如何最好地实施这些目标。

分权制在权力结构与相互关系方面都是一种根本的变革。目标的制定和最好教学方法的选择都留给下级甚至个别机构。然而,正如布雷(Bray 1985)所指出的,这个过程还可进一步划分。如分权意味着中央主要从战略上对系统进行控制,而把某些计划、决策和控制权留给为中央服务的地区、地方甚至组织机构层次。然而,放权则意味着某些责任被清楚地下放到下级,虽然总体责任留在中央,但给予了地方机构法定权力(包括收集资金)。

实际上,大多数国家是混合制的。如在英格兰和威尔士,政府负责教师的供给、培训和工资标准,而地方负责教师的招募和工资。在牙买加,大多数资源来自中央,但教科书的分配由地方当局负责。在尼日利亚和印度由地方社区负责教学楼的维护与修理。墨西哥为我们提供了一个很好的分权化例子。中央保留了对战略要素(财政、规则和规章、课程、监督、教学楼、教师招聘、总体计划和资源分配)的控制,地区或州负责主要管理决策。结果,尽管墨西哥经济很困难,但教育一直在发展(Psacharopoulos and Prawda 1993)。

赞同中央控制与计划的观点认为,集权制可把资源公平分配给那些最需要的地区,中央政府通过检查教学内容可保证社会一致和民族统一。这一点通过国家考试和监督可加强。中央控制可避免不必要的工作重复,可避免决策主体的重叠,并可迅速地引入改革与调整。另一方面,中央计划可能忽视外部需要和变化,国家课程可能忽略种族、语言和宗教文化的多样,而且并不能保证中央控制比地方控制更有效。

赞同分权制的观点认为分权可提高效率,导致更多的民主参与,与地方需要相适应,更富于革新,可增强地方主人感,共同承担财政负担——但这些未必都能实现。实际上,由于地方腐败和利益群体的存在,事情可能会变得更糟。尽管国际机构鼓励各国政府向分权方向转移,但英格兰和威尔士为我们提供了一个有趣的例子:为了加强中央控制与指导,长期以来实行的地方分权受到削弱。对学术标准下降的批评在20世纪70年代和80年代增长起来,“左翼”地方当局因为无法保证对地方课程的监督和造成资源的浪费而受到责难。1988年的教育改革法案(ERA),受到“激进右派”思想的启发,主张加强对课程和考试标准的中央控制,同时鼓励各个学校加强对资金和管理的控制。结果,地方当局对制定战略计划、雇用教师和提供资源支持(如福利与心理健康服务)的能力受到削弱,有关教育管理和行政的各种观点正在受到质疑。

### 6. 对行政与管理认识的变化

教育管理的变革(更集权化或更分权化)所带来的争论和压力引起了更重要的变化——系统中的不同层次如何管理。在国家和地区层次,人们看到许多国家由于受到政治家、政治官僚甚至企业家的影响,教育的专业地位正在被削弱。不同国家(如美国、英国和澳大利亚)对教育失败的表述是不同的,一些批评认为只要政府官员加强控制就有希望提高标准和保证更高的效率。

洪特(Hunt 1987)对美国、英国、澳大利亚、马来西亚和新加坡教育改革的研究表明了教育系统正在被整合成一个积极的、有生产效率的系统。企业利益在试图控制学校的办学取向,以保证技术和职业技能在学校中得到传授。世界银行同样在相同的方向影响着许多不发达国家的政府。

许多国家,如英格兰和威尔士,需要学校既是负责的又是有效的。效能的测量可通过绩效标准的标准化、对教师的系统评估和对学生在国家考试中的成绩进行相对排名来进行。于是出现了一种危险,教师把课程以及课程的作用看作是学生应付考试。由于把学校看成一种组织,可以根据教育结果的价值对它的产品(学生)进行等级划分,泰勒的科学管理的阴影再次出现。

虽然在学校层次强调的是对效率的测量,但在行政层次强调的则是团体计划与管理。这种情况始于20世纪50年代美国的企业组织,并于60年代末扩展到英国的公共部门,在70年代政府组织重构时期尤其得到官方的采纳。高层管理团队通过提供各种意见和事实把重点放在执行决策上面。在许多情况中,决策被少数教育官员所采纳,但是他们很少考虑民选代表的意见。在学校层次,团体管理是由包括校长、家长和教师代表以及行政部门领导组成高层管理团队进行的。正如戴维斯(Davies 1990 P. 17)所说:"团体管理技术和通过评估、鉴定及责任制而实行的紧密的中枢控制不可避免地导致与标准相联系的完美的实践理念,并突出了对学生个人和学校进行比较和判断的'绩效标准'。"

为了与测试紧密相连并保证某些知识能够教授给所有的学生,英国和美国把重点放在开设国家课程上,虽然这些国家课程在许多方面与世界上大多数国家的课程是一样的。然而,强调"回到基础去"是英语国家的一种争论意见,因此,在知识内容和评估方面,集权趋势把权力从学校与地方当局那里转移了。在财政下放和地方民主方面,组织机构(学校)层次的管理模式已经进行了迅速的变革。

库珀(Cooper)和舒特(Shute)讨论了美国学校领导者或校长角色在历史上的演变,他们曾从被当作哲学家式教育家(1865~1900)转向被当作资本家式教育家(1900~1912),校长受到把学校看成企业组织并需要进行"科学管理"这种观点的强烈影响。当人们认为管理的"最好模式的组成要素依次是科学调查的形式、管理方式、效率目标和察觉对集权控制和树立权威的需要"的那个时期,校长被看成是企业经理(1913~1915)。从1915年到1929年,人们把校长看作学校的行政人员;接下来的20年校长被看成社会变化的代理人;1950年以后被看成行为科学家——根据不同的行为科学来阐释如何管理学校。

在英国也发生了同样的变化。在19世纪的大部分时期和20世纪的早期,学校领导是有魅力的和会教学的人。在20世纪60年代,许多学校领导提出了决策的学院风格并把他们自己看成"首席内部削皮器"。随着团体管理技术在20世纪70年代占据主流,他们把自己看成主管。然而,许多校长很少把自己看成中小学校长而更多的看成经理。在瑞典、挪威和法国,他们只把自己当作校长而从不看成别的什么角色。

从1988年教育改革法案颁布实施以后,两种发展迫使英国的校长重新估价他们的管理风格。第一个是预算下放到学校层次,因此现在由校长负责工资和维修。这种模式一直运用于私立学校,但来自美国、加拿大和许多不发达国家的资料表明,这种模式在社会和学术上的效果是不同的,如果一些学校能够比别人支付更多的钱来吸引好的教师。汉森(Hanson 1986)对哥伦比亚和委内瑞拉的研究指出,校长在要求获得经费之前必须详细地列出未来的支出并不能提高效率。另一方面,普拉夫达(Prawda 1993)认为墨西哥把责任从中央下放到地区和学校确实提高了效率,因为减少了大量的辍学学生。

第二个方面的发展是家长权力的扩大。在巴布亚新几内亚这样的国家,学校委员会(有很强的社区代表)的发展是为了给社区一种主人意识并让其承担财政责任。然而在英格兰和威尔士,引进家长管理学校机构的体制则是为了减弱教师的专业权力,因为他们认为家长的影响有助于提高学术标准。

上面的例子只不过是正在进行的有关学校管理的国际争论。其他问题还包括压力群体的作用、组织(学校)的微观政治、私立学校的地位、公平与效率、供给公平与自由选择以及在当地社会及经济环境中日益增长的教育系统的功能紊乱等。

总而言之,本词条讨论的是:学校管理一方面关注整个教育系统,另一方面也关注组织(学校)层次,这两方面是紧密相关的。人们运用不同的方法来研究教育管理,不同的管理理论影响着人们思考什么是最好的学校管理模式。然而,不管理论怎样,所有的教育系统都受到特定因素的影响,从而形成自己的管理模式。由于压力的增加和资金的减少,在20世纪80年代至90年代,有关教育系统的争论几乎都集中于决策与财政的更加集权或更加分权是否会提高效率。任何一个方向的运动对管理模式都有重要的含义。大概所有能够肯定的是,全世界的教育管理都处于一种不断变化与知识纷扰的状态。只有进行进一步的国际研究才能揭示不同学校管理模式的优点与缺点。

J. K. P. 沃森(J. K. P. Watson) 著
朱科蓉 译

**附录**


Archer M S 1984 *Social Origins of Educational Systems.* Sage, London

Baron G, Taylor W (eds.) 1969 *Educational Administration and the Social Sciences.* Athlone Press, London

Barnard C I 1938 *The Functions of the Executive.* Harvard University Press, Cambridge, Massachusetts

Blaug M 1983 Where are we now in the economics of education? Lecture delivered at the Institute of Education, University of London

Bowles S, Gintis H 1976 *Schooling in Capitalist America: Educational Reform and the Contradictions of Economic Life.* Basic Books, New York

Boyd W L, Smart D (eds.) 1987 *Educational Policy in Australia and America: Comparative Perspectives.* Falmer, New York

Bray M 1985 Decentralization and equality of educational opportunity in papua New Guinea: International Perspectives on the Centralization-Decentralization Debate. In: Lauglo J, Mclean M (eds.) 1985

Bray M 1991 *Making Small Practical: The Organization and Management of Ministries of Education in Small States.* Commonwealth Secretariat, London

Broadfoot P 1985 Towards conformity: Educational control and the growth of corporate management in England and France. In: Lauglo J, Mclean M (eds.) 1985

Burns T, Stalker G M 1961 *The Management of Innovation.* Tavistock, London

Chapman D W, Boothroyd R A 1988 Threats to data quality in developing country settings. *Comp. Educ. Rev.* 32(4):416—429

Chapman D W, Windham D M 1986 *The Evaluation of Efficiency in Educational Development Activities.* Improving the Efficiency of Educational Systems Project, Tallahasee, Florida

Clegg S, Dunkerley D 1980 *Organization, Class and Control.* Routledge and Kegan Paul, London

Cohen M, March J, Olsen J 1972 A garbage-can model of organizational choice. *Adm. Sci. Q.* 17(1):1—25

Coombs P H 1985 *The World Crisis in Education: A View from the Eighties.* Oxford University Press, New York

Cooper B S, Shute R W 1988 *Training for School Management: Lessons from the American Experience.* Institute of Education, University of London

Cremin L A 1961 *The Transformation of the School: Progressivism in American Education 1876—1957.* Knopf, New York

Davies L 1990 *Equity and Efficiency? School Management in an International Context.* Falmer, London

Etzioni A 1961 *A Comparative Analysis of Complex Organizations: On Power, Involvement and Their Correlates.* Free Press, New York

Fayol H 1916 *Administration industrielle et générale.* [1949 *General and Industrial Management.* David S. Lake Publ., Belmont, California]

Getzels J W, Guba E G 1957 Social behaviour and the administrative process. *Sch. Rev.* 65:423—441

Getzels J W, Thelen H A 1960 The classroom group as a unique social system. In: National Society for the Study of Education 1960 *The Dynamics of Instructional Groups.* University of Chicago Press, Chicago, Illinois

Greenfield T B 1975 Theory about organization: A new perspective and its implications for schools. In: Hughes M (ed.) *Administering Education: International Challenge.* Athlone Press, London

Gulick L, Urwick L (eds.) 1937 *Papers on the Sci-*

*ence of Education Administration* [Repr. Kellogg, New York 1969]. Institute of Public Administration, Colombia University, New York

Hallak J 1990 *Investing in the Future: Setting Educational Priorities in the Developing World.* Pergamon Press, Oxford and UNESCO, Paris

Handy C 1984 *Taken for Granted? Looking at Schools as Organizations.* Longman, London

Hanson E 1986 *Educational Reform and Administrative Development: The Cases of Colombia and Venezuela.* Hoover Press, Stanford, California

Harman G 1980 Policy making and the policy process in education. In: Farquhar R H, Housego I E (eds.) 1980 *Canadian and Comparative Educational Administration.* University of British Columbia, Vancouver

Hopper E (ed.) 1971 *Readings in the Theory of Education Systems.* Hutchinson, London

Hughes M G 1985 Theory and practice in education. In: Hughes M G, Ribbins P, Thomas H (eds.) 1985

Hughes M G (ed.) 1977 Consensus and conflict about the role of the secondary head. *Br. J. Educ. Stud.* 25(1):

Hughes M G, Ribbins P, Thomas H (eds.) 1985 *Managing Education: The System and the Institution.* Holt, Rinehart, and Winston, London

Hunt F 1987 *The Incorporation of Education: An International Study in the Transformation of Educational Priorities.* Routledge, London

Kandel I L 1938 *Types of Administration: With Particular Reference to Educational Systems of New Zealand and Australia.* Oxford University Press, London

Knight C 1990 *The Making of Tory Education Policy in Post War Britain 1950—1986.* Falmer, London

Lauglo J, McLean M (eds.) 1985 *The Control of Education: International Perspectives on the Centralization-Decentralization Debate.* Heinemann, London

Lewis H D 1985 *The French Education System.* Croom Helm, London

Locke M 1974 *Power and Politics in the School System.* Routledge, London

Lockheed M, Verspoor A 1989 *Improving the Quality of Primary Education in Developing Countries.* World Bank, Washington. DC

Mallinson V 1975 *An Introduction to the Study of Comparative Education.* Heinemann, London

Mayo E 1946 *The Human Problems of an Industrial Civiliztion*; 2nd edn. Harvard University Press, Cambridge, Massachusetts

McNay I, Ozga J (eds.) 1985 *Policy-Making in Education: The Breakdown of Consensus.* Pergamon Press/Open University, Oxford

Musgrove F 1971 *Patterns of Powers and Authority in English Education.* Methuen, London

Nicholas E J 1983 *Issues in Education: A Comparative Analysis.* Harper and Row, London

Organization for Economic Co-operation and Development 1973 *Case Studies of Educational Innovation.* Organization for Economic Co-operation and Development, Paris

Pratt S (ed.) 1982 The micropolitics of educational management. *Educational Management and Administration* 10(2)

Psacharopoulos G 1990 Priorities in the financing of education. *Int. J. Educ. Dev.* 10(2/3):157—162

Psacharopoulos G, Prawda J 1993 Educational development and costing in Mexico 1977—1990; A cross-state time-series analysis. *Int. J. Educ. Dev.* 13 (1):3—19

Ross K N, Manlck L 1991 *Planning the Quality of Education.* Pergamon Press/UNESCO, Oxford

Sergiovanni T J, Burlingame M, Coombs F S, Shurston P W 1987 *Educational Governance and Administration.* Prentice-Hall, Englewood Cliffs, New Jersey

Simon A H 1976 *Administrative Behavior: A Study of the Decision Making Processes in Administrative Organizations*; 3rd edn. Free Press, New York

Taylor F W 1911 *Principles of Scientific Management.* Harper, New York

Watson K 1991 Alternative funding of education systems: Some lessons from Third World experiments.

*Oxford Studies in Comparative Education* 1:113—146
Weber M 1947 *The Theory of Social and Economic Organization.* Free Press, Glencoe, Illinois
World Bank 1980 *Education Sector Policy Paper*; 3rd edn. World Bank, Washington, DC

## 校长在重构学校中的作用(School Principals:Role in Restructured Schools)

全世界的决策者和教育家都要求重新考虑学校如何组织。要求重构有很多理由,但最根本的目的在于为所有孩子的教育需求提供更有效的服务(Elmore and Associates 1990, Schlechty 1991)。学校校长在学校重构中起着关键作用。本词条探讨的是校长在学校重构中的作用和活动。本词条将运用国际案例的讨论来说明校长作用的类型变化。

关于重构有很多种定义。这里所运用的定义更容易记忆并覆盖了重构学校的关键组织特征。施勒希迪(Schlechty 1991)关注的焦点是重构学校的任务、规则、关系和更有效地为更多的学生服务的结果。相关的方法来自麦迪逊的威斯康星大学的学校重构与组织中心。该中心所界定的重构主要关注以下方面:学生的经验,教师的专业工作生活,学校领导、监督与管理,学校与外部群体、个人的关系。这些方面的变化会影响校长的作用。

### 1. 新作用

校长在重构学校中至少面临着四个方面的新任务:政治、文化、环境和管理。这些方面也提供了四种视角来分析校长在重构背景中的作用。

#### 1.1 政治作用

重构学校的决策过程通常包括更多的人,人们相信这有助于参与者承担更多责任和提高效能。这就进一步需要校长与组织外部和内部进行更多的政治谈判。人们把组织内部处于不同或相同任务的个体之间的价值冲突叫作“微观政治难题”(Marxhall 1991),主要集中于这样一些事务:职权界限、意识形态、行为规范、象征性管理和决策。虽然政治职责在所有学校都存在,但它们在重构背景中具有特殊意义。例如,在参与决策的背景下,当教师的职权范围扩大时,他们的职权界限就会扩大,行为规则也会改变。同样,学校中不同的行动者可能对重构下不同定义,强调认识政治策略与潜在斗争超过意识形态(Anderson 1991)。分权化的课程决策会增加这种冲突。

校长在重构背景中至少承担了三种政治作用,包括谈判权限、制造舆论和调解冲突。教师之间、教师与家长、教师与管理者之间在权限划分中的潜在分歧会威胁到学校风气和实现目标的能力。哈格里夫斯(Hargreaves 1991)提出的“图谋共同掌权”的观点唤起人们关注舆论大厦的稳定性。如虽然教师承担了共同的职能,但这并不意味着他们必须认可行为和角色价值的共同含义。校长的一个主要职责是在不忽视或不破坏有益的多样化的基础上,帮助学校员工形成一致的舆论。在重构背景中调解不可避免的冲突,保持教师、学生和管理者的责任感,成为学校领导者一项至关重要的任务。

在一些重构学校的背景中,政治技能在冲突谈判中的作用是很明显的。沃特金斯(Watkins 1991)发现澳大利亚的维多利亚州为校长做的宣传中强调,需要这些领导成为各社区利益团体代表之间的协调者。为了不被看成“死守规则的人”,校长们必须在决策谈判过程中显示他们的专门技术。戈尔德林(Goldring 1992)发现,在以色列,人们对校长作用变化具有相似的期待。

校长同样面对着学校外部环境中的政治现实。随着“校本”决策的继续进行,家长、政府机构和学校员工之间的冲突几乎是不可避免的(Crow 1987, 1992a)。在这种外部环境下,要求校长“发展支持性的教育联盟,授权给那些处于弱势地位的或被剥夺权力的当事人,正视并解决学校社区成员之间的冲突”(Deal and Peterson 1990 P. 5)。在过去,许多冲突是由上级管理部门来解决的,然而在校本管理背景下,校长在调解冲突中比过去承担了更多的责任。埃斯(Hess 1991)描述了在极端分权的芝加哥学校体制中,校长们早一些时候面临的问题是,究竟是忠诚于已有默契的家长支持群体还是对新的官方法定管理机构负责。

再有，校长作为发言人和倡导者，应该引进资源，得到外部机构的认可，接受外校来访和从各种组织获得额外的资源。只要变化在继续，这些活动就必须有。

1.2　文化作用

校长在重构中有责任建立新的学校文化（Deal and Peterson 1990）。这些文化任务同样包括内外两部分。在学校内部，校长通过加强或改造学校价值、典礼和标志以形成重构后的学校文化。在学校外部，校长与外部机构合作以建立适合更大社区的文化。

校长在重构学校的文化建设中至少应当承担三种主要作用。

第一，校长必须研究和理解学校文化的目前的与历史的特征。重构是随着以前的典礼、规则和价值的作用与结果的转变而发生的。

第二，校长必须引导学校文化的加强或改造。帝尔和彼得生（Deal and Peterson 1990）指出校长在文化塑造中扮演的五种角色：符号、制陶工人、诗人、演员和医师。这些功能突出了校长工作的象征性、改革性、语言性、戏剧性和治疗性。沙因（Schein）也指出校长通过关注什么、测量和控制什么、如何招聘和选择、如何指导角色定位、如何运用成功故事传播规则和价值等方式来塑造学校文化。这些方面在学校重构中需要重新设计。芝加哥校长的一个主要变化是负责带头评估学校和社会需要以及制定学校改进计划。事实证明，这些责任对校长是特别困难的，因为他们在制定战略计划方面几乎没有经验，也没有受过培训，但人们却希望他们能够领导教师并安排人从事这方面的计划（Hess 1991）。

在这方面，校长有时是文化的"拉拉队队长"。他们鼓励人们在班级里进行变革、努力工作和为学校整体重构而自豪。在其他学校，校长是变革的推动者，他鼓励争论，组织会议对许多问题进行讨论，让教师和其他相关的人能够评价和选择重构计划。

校长同样保持对未来方向的关注和想像力。在这种作用中，校长帮助人们不断思考什么是重要的。一位校长是这样描述这种任务的："你应该寻找方法，让教师努力关注教学和帮助孩子取得更好的成绩。"

最后，校长是具有新理念的企业家。在这种角色中，他们引入关于如何为教师和家长组织学校的新理念。虽然新的理念并非总是能够得到实施，但却鼓励人们思考学校的不同做法。

1.3　环境作用

学校重构增加了校长完成使命的责任：向外发展并宣传学校使命，赢得外部机构的认可以及整合资源（Crow 1992b）。这加强了校长的市场开发、公共关系和企业经营的作用。斯莱特（Slater）和多伊格（Doig）认为企业领导有六项品质：（a）为组织确定新的使命与计划的能力；（b）发展和动员外部支持者来支持新的使命和计划的能力，甚至使反对派中立化；（c）创造内部支持者来支持新目标的能力；（d）加强组织的专业技能的能力；（e）为激励和培训组织成员作准备；（f）系统关注组织的日常事务和内外压力的焦点以确定其弱点。

戈尔德林（1992）提供了这种作用的例子，他描述了以色列校长的角色变化，发现那些校长日益成为学校环境的经理。俄国犹太人的大量迁移和其他因素导致社会更加多元化，从而使这些校长面临着更多的环境不确定性和复杂性。同样，这些环境挑战尤其与为学生提供选择安排的学校的校长有关，如在以色列和美国。

1.4　管理作用

校长在重构学校中并没有从日常事务中摆脱出来。相反，如何完成这些任务、以前的背景以及如何分享决策都影响着重构的成功。在重构环境中分享资金预算和人力资源管理责任可能会增加校长的工作负担，因为在提供信息、培训、推动和分享参与决策权力这些方面增加了要求。

在不同的国际背景中，校长管理作用的变化是不同的。沃特金斯（1991）描述了澳大利亚校长的"二重角色"：他们不仅要为地方学校委员会的利益服务，同时还成为从教育部长到地方最高教育行政长官再到校长这样一个等级系统中的一部分。库珀（Cooper）和舒特（Shute）认为英国1988年教育改革法案的一个结果是中小学校长作用的变化。他们必须承担许多形式上分配给地方教育当局

(LEAs)的责任,如“制定和控制预算、招收和分配学生、安置员工、管理课程和决定计划”。这种变化明显给校长带来了问题,他们最初只认为自己承担很少的管理责任。

在芝加哥,学校重构导致校长更少和中央办公室的管理人员在一起,而更多与地方学校委员会(LSCs)的教师与家长在一起。埃斯断言:“校长不再是中间管理者——把最高官员的要求传递给最低层次的专业人员(教师),因为他们是直接的领导者。实际上,现在根本不存在需要校长对其直接负责的任何官员。”(Hess 1991 P. 129 ~ 130)

在新西兰,学校重构的一个结果是自由支配的经费增加了,从而导致校长和学校委员会承担额外的决策责任。在以色列,校长已从单一的资源接受者变为积极的资源整合者(Golding 1992)。

不管校长是更多还是更少卷入教育等级中,学校重构的结果是这些管理者发现自己承担了更多的管理任务,而这些任务是他们以前并没有经历过的,也没有受过相关培训。

**2. 新规则**

学校重构还包括运用新的规则来重塑校长的工作。当学校被重构时,涉及的人事管理规则也改变了。员工的雇用不再由学校管理者单独负责或与中央办公室高层人员共同负责,而是包括教师和家长的参与。而且,社会化和专业任务发展要求更多的人从不同的学科来支持新的决策过程。在澳大利亚和其他一些国家,校长已经成为团体中的一员,负责协调学校决策的其他参与者(Watkins 1991)。戈尔德林(1992)把以色列校长的这种转变描述为管理结构与规则从集中走向多元。

过去教师和家长被排除在预算过程之外,现在校长负责引导他们参与这个过程,提高他们的主动性与领导意识。对一些校长来说,这项事务是比较困难的,因为他们要负责促进家长和教师参与的预算领域,他们自己以前都没有接触过。如英国现在允许校长和工作人员在预算种类间转换资金使用用途(Cooper and Shute 1988)。

在另一个例子中,埃斯描述了许多芝加哥校长在新的重构规则下对预算调整的保守性。因为大多数校长对预算只是肤浅的了解并且以前很少关注(因为他们在这方面几乎没有权力),他们担心在这方面存在着比实际更多的法律限制。很明显,这种保守主义导致了与渴望改变资金管理方式的地方学校委员会的冲突。

关于课程开发和决策的新规则使校长陷入两难境地。虽然大多数重构学校的框架都强调教师在教学决策中的重要作用,但家长和其他社区成员有时扮演的新角色必须受到校长的保护。商谈权力界限和调解这些不可避免的冲突成为校长的主要责任。

重构学校的内在新规则需要对合作与共同掌权做出规范。在与教师一起工作时,要求校长以一种更加合作的态度来履行职责。这包括通过促进共同决策、检索和沟通信息以加强决策者的工作,并在教师之间建立关系以加强他们的合作。因此,关于判定什么信息是有用的和信息如何分享的规则,在重构学校中必须加以改变。如沃特金斯所发现的,澳大利亚的校长不再被看成主要权力人物,而是被看成促进者、协调者和调解者。

人们期望重构学校中的校长更多地与家长合作。校长采用的让家长获取信息的途径与信息内容的新规则应该比传统环境中的规则更鼓励开放。新规则使校长陷入了两难困境:一方面要支持教师,一方面要保持对学校事务的开放。因为校长要负责促进不同群体参与决策,这就使校长在面对教师与家长之间产生不可避免的冲突。埃斯指出社会阶级差异以及教师将自己的职责定位于班级而不是整个学校导致了芝加哥地方学校委员会成员之间的矛盾。这提高了校长落实权力分享规则和促进重构环境中合作的责任与难度。

**3. 新关系**

正如上面所提到的,学校重构还会改变校长与学校的重要委托者的关系。校长对教师而言更像盟友与促进者而不是监管者。就与家长和社区的关系而言,他们变成了合作者和企业家而不是看门人。

在重构环境中,校长与中央部门的关系一直模糊不清或界定错误。正如上面所提到的,校长与中央部门或教育部的关系在不同国家正在以不同的方式进行转变。在英国和澳大利亚，学校管理者与教育部的关系更直接。特别是在英国，学校与地方教育当局之间的中间关系被取消，结果使校长承担了更多的管理责任（Cooper and Shute 1988）。在芝加哥，校长与中央部门的联系很少。

然而在大多数重构环境中，中央部门仍然扮演着一定的角色。但这种角色如何发展以及在将来会如何变化仍有待于观察。传统的等级关系已不适合目前提出的重构战略。政府机构在重构环境中的作用在许多国家仍在发展。

**4. 新结果**

校长在重构学校中对两类结果负责：过程与成绩。当考虑到共同掌权和合作时，对校长进行评价的根据是提高教师专业化水平和家长参与决策过程的状况。关于学生成就的评价明显是根据成绩来进行的。校长在这些环境中负责两类结果的优先顺序与二者之间的平衡。

学校重构的结果至少涉及三个主要领域：学生经验、教师职业生涯和家长、社区责任。校长负责监督和关注学生经验——学习、出勤、参与学校过程等等。校长同样负责建立能够促进教师专业化的工作生涯和鼓励他们对教学及学校负责的学校氛围。

在重构学校中，校长必须鼓励家长和社区支持学校的使命，并提供资源以发展和实现学校使命。提高这些群体的责任感成为校长评价的一个主要部分。

很明显，重构意味着赋予校长更多的责任。然而，责任的类型是不同的。埃斯在有关芝加哥的报道中指出了地方委员会在很大程度上决定了校长的工作安全。尤其是，校长现在在他们所雇用的教师类型和学校职员的成就方面对地方学校委员会负责。在以色列，戈尔德林（1992）强调从垄断走向竞争的市场结构要求校长更多地向市场需求负责。在英国，对市场做出反应是与把权力下放到学校相联系的（Sixton 1987）。在新西兰，校长对社区负责是通过由家长代表（由家长选举的）、学校职员代表（由员工选举的）、学生代表（由学生选举的）和校长组成的托管委员会（全国学校领导中心 1991）来实现的。

**5. 结论**

全世界许多国家的学校系统通过把决策权下放和提供一种更为合作的方法来重构它们的组织特征与活动。另一些方面比如主要任务确定、现存的规则、专业联系和期待结果的变化转变了校长的工作。这些变化充分地改变了校长的行为方式。随着这些变化的发生，政策制定者和学校领导一样需要考虑执行新任务所需要的知识、技能和能力。同时，他们需要确定这些新任务所需要的培训与支持。

总而言之，校长任务的变化是多样的。这些领导在政治、文化、环境和管理领域都面临着新的任务，而且这些任务在不同学校是不同的。就新的政治任务而言，校长必须在讨价还价、劝说和谈判方面提高技能。就文化建设任务而言，校长必须清楚地说明学校坚定和有远见的使命，构建关于教育的信念和理想，提出学校重构后的传统与仪式。在完成新的环境下的任务过程中，校长必须赢得外部支持和受到委托人的约束。最后，新的管理任务要求不同的、更加广泛的领导技能和管理知识，因为学校管理中的日常事务发生了改变，等级关系正在分权化。

G. M. 克罗（G. M. Crow）
K. D. 彼得生（K. D. Peterson） 著
朱科蓉 译

**附录**

Anderson G L 1991 Cognitive politics of principals and teachers: Ideological control in an elementary school. In: Blase J (ed.) 1991 *The Politics of Life in Schools: Power, Conflict, and Cooperation.* Sage, Newbury Park, California

Cooper B S, Shute R W 1988 *Training for School Management: Lessons from the American Experience.* Institute of Education, University of London, London

Crow G M 1987 Career mobility of elementary school principals and conflict with the central office. *The Ur-*

*ban Review* 19(3):139—150
Crow G M 1992a Career history and orientation to work: The case of the elementary school principal. *J. Res. Dev. Educ.* 25(2):82—88
Crow G M 1992b The principal in schools of choice. *The Urban Review* 24(3):165—174
Deal T E, Peterson K D 1990 *The Principal's Role in Shaping School Culture.* United States Department of Education, Washington, DC
Elmore R F and Associates 1990 *Restructuring Schools: The Next Generation of Educational Reform.* Jossey- Bass, San Francisco, California
Goldring E B 1992 System-wide diversity in Israel: Principals as transformational and environmental leaders. *J. Educ. Adm.* 30(3):49—62
Hargreaves A 1991 Contrived collegiality: The micropolitics of teacher collaboration. In: Blase J (ed.) 1991 *The Politics of Life in Schools: Power, Conflict, and Cooperation.* Sage, Newbury Park, California
Hess G A Jr 1991 *School Restructuring: Chicago Style.* Corwin, Newbury Park, California
Marshall C 1991 The chasm between administrator and teacher cultures: A micropolitical puzzle. In: Blase J (ed.) 1991 *The Politics of Life in Schools: Power, Conflict, and Cooperation.* Sage, Newbury Park, California
National Center for School Leadership 1991 New Zealand principal visits U. S. schools. *Leadership and Learning* 3(3):5
Schein E H 1985 *Organizational Culture and Leadership.* Jossey-Bass, San Francisco, California
Schlechty P C 1991 *Schools for the Twenty-First Century: Leadership Imperatives for Educational Reform.* Jossey- Bass, San Francisco, California
Sexton S 1987 *Our Schools: A Radical Policy.* Institute of Economic Affairs, Wallingham
Slater R O, Doig J W 1988 Leadership in education: Issues of entrepreneurship and environment. *Educ. Urb. Soc.* 20(3):294—301
Watkins P 1991 Devolving educational administration in Victoria: Tensions in the role and selection of principals

## 校本管理(School-based Management)

在大多数发达国家和新兴的工业化国家中,校本管理是教育改革的一个重要组成部分。人们在实践中把其称之为以学校为基础的管理、学校的地方管理和学校的自我管理。它指的是在公立或政府学校系统中把与重要决策相关的权利及责任(尤其是资源分配权)一致地下放到学校。除了各国之间实践的差别外,对这种现象的认识要求加强对校本管理的理论或概念基础的检验;从历史的角度关注这种现象出现或再次出现的原因;回顾有关其对实践的影响的研究,包括对学生成就与教师的工作生涯的影响;确认校本管理政策形成与运用中出现的重要问题。

### 1. 校本管理的表现

六个国家和地区(澳大利亚、加拿大、中国香港、新西兰、美国和英国)的实践表明了校本管理当前所运用的方法的本质(Vandenberghe 1992, Goldring 1992)。

在美国,校本管理是许多州的学区改革的主要特征。以前由中央、地方或地区做出的决策,现在则由学校作决策。虽然有些决策涉及课程和教学,但焦点是学校预算内的资源分配。教学与非教学人员仍然由学区雇用。但实际上人员选择的决策不同程度地由学校来决定。新的决策结构可能包括由教师、家长和学生(有些可能包括学生)组成的以学校为基础的委员会。

虽然加拿大发展的动态不同,但校本管理在阿尔伯达的埃德蒙顿公立学区的实施吸引了国内的注意。然而,不同于美国的是,埃德蒙顿并没有以学校为基础的委员会。

变化最大的是英国(尤其是英格兰和威尔士),那里把校本管理看成学校的地方管理(LMS)。学校的地方管理是1988年教育改革法案的四个组成部分之一。英国有通过地方教育当局(LEAs)掌管教育的国家体系。在这次改革中,要求地方教育局把至少85%的资金直接分配给学校,以便学校管理部门有权在本地层次进行配置。学校教职员工仍然由地方教育当局雇用。在新的法案实施之前,包括家长和社区其他人员在内的学校管理委员会拥有很少的实质性权力。另一项改革允许学校在大多数家长同意的基础上,退出地方教育当局的控制系统,成为直接拨款学校(GMSs),接受的资金可百分之百地支付学校的经营成本。这就允许学校从任何渠道获得支持,包括权力已经削弱的地方教育当局。员工由学校管理委员会雇用而不是地方教育当局。在早期,不到1%的学校希望成为直接拨款学校,但随着保守党在1992年5月的选举中再次获胜,这种学校数目迅速增加。

新西兰的改革也是深远的。在1988年对全国教育管理体制进行检查之后(Picot 1988),工党政府决定由地方选举的学校委员会管理每个学校,负责挑选校长和教师并分配学校资金。这次改革扩展了中学的学校委员会的权力,同时大大增加了小学的学校委员会的权力,而在以前学校委员会很大程度是顾问性质的。1990年当选的国民党扩展了这项改革,企图允许学校委员会成为雇主而不是管理者。在1992年,将近100个国家的2 500所学校表示对这种权力的扩展感兴趣。

在澳大利亚,教育是国家的责任,由国家通过教育部管理政府或公立学校,到20世纪90年代早期,大部分州引进了校本管理方法,但州与州之间在社区参与的程度以及校本预算大小方面是不一样的。直到1993年,在新南威尔士发生了最激烈的变革,从最集权的体制(学校有很少的资金配置权,社区很少参与)转变为学校在资金配置方面享有很高的权力,并可期望建立学校委员会。大部分员工继续统一雇用。早在十多年前,维多利亚州的工党政府就迈出了这一步。学校委员会(以家长为主)有权在中央制定的方针内制定政策和批准学校预算。然而,学校有权分配的资金相对来说还是很少的。1992年10月自由党—国民党联合政府的成立预示着从1993年开始将有大规模变化,学校可以全面控制对自己的运行预算和员工的选拔权,而大多数职员仍然统一雇用。

中国香港(直到1997年还是英国的殖民地,后来回归中国)的经验为新兴工业化国家和地区展示了很好的范例。香港有三类学校:完全由政府控制的学校(招收7%的学生)、由其他主体创办但由政府资助的学校(招收80%的学生)、没有接受政府资助的独立学校(招收13%的学生)。在1991年学校管理理念的引导下,学校有权更灵活地配置学校预算内的资源,家长和教师更多地参与决策。除了政府管制的学校,职员由学校的所有者雇用。在第一年,1 224所学校中有21所自愿成为校本管理计划的示范校。预计到1997年,所有的学校都能参与进来。

**2. 历史的视角**

对当前发展的理解要求把它们放在历史的背景中去考察。如在美国,校本管理并不是一种新现象。一小部分学区(拥有中等权限,它们大部分在加利福尼亚和佛罗里达)在20世纪70年代就引进了这种方法。但对校本管理的兴趣既没有保持也没有扩展,大概因为努力的焦点在财政而不是更广泛的对课程的考虑。当加利福尼亚州13号提案实施时(该提案要求普遍减少提供地方公共服务),学区资金急剧紧缩,从而在20世纪80年代出现了重新集权的迹象(Lindelow 1981)。

在加拿大,人们对实施校本管理以便与美国的发展相一致并没有什么兴趣。阿尔伯达的埃德蒙顿是个例外,那里的主管迈克尔(Michael Strembitsky)在20世纪70年代初期刚上任时就表示了对这种方法的认可。三年的七校示范计划导致该制度在1980年被广泛采纳,在斯特姆比茨基(Strembitsky)的继续领导下,成为北美持续最长的当代的校本管理,并且在20世纪90年代引起了更广泛的国际关注(Brown 1990)。

英国对校本管理感兴趣的最初迹象始于20世纪70年代,伦敦市区教育当局(ILEA)给学校提供资源以供自由配置。更广泛的计划出现于20世纪80年代,索里哈尔(1981)和剑桥郡(1982)发展最显著,剑桥郡的校本管理最早可追溯到1977年,但那时的主动权是有限的。到1987年,几乎20%的地方教育当局有校本管理的示范校或小规模的实行,基本关注的是资源分配。1988 年的学校的地方管理系统改革延伸扩展到整个英格兰和威尔士,其内容是许多地方教育局正在进行的改革。

在 20 世纪 80 年代末,新西兰大规模地授权给地方的学校委员会,如果对各教育阶段进行分析的话,能够描绘出不同层次的变化。中学由学校委员会管理几十年了,在最近的改革中已经真正地把预算和教师权力加以扩展。在小学(初等教育)阶段,学校委员会的权力在 20 世纪过去的几十年中被逐渐削弱,因此在改革之前,它们变成了比较无权的咨询团体。因此,当它们重新作为学校委员会时,在教师和预算管理领域拥有广泛的权力,这成为这层学校的一项主要变化。

学校委员会或有些例子中所说的咨询委员会,是澳大利亚教育在 19 世纪末和 20 世纪初的一个特征。随着时间的过去,学校委员会的权力也削弱了,更多的只成为地方集资者或低层次的咨询团体。州政府的教育部是主要的权力运用者,督导团体成为保证州政府要求得到贯彻执行的主要工具。在 20 世纪 70 年代,人们对授权予社区和专家重新感兴趣,这反映了广泛的国际社会的发展趋势。由彼得・卡迈尔(Peter Karmel)(由国家政府任命)领导的委员会是促进改变的一个主要因素,它导致澳大利亚学校委员会(ASC)在 1973 年成立。澳大利亚学校委员会把国家教育资金加以分散,其中大部分比例被用来调整公立学校与私立学校之间的不公平。鼓励把许多特殊项目资金分配所需的决策权授予教师和社区。到 1992 年,大部分州都使安排正式化,学校理事会或学校委员会得以建立或受到鼓励。

虽然中国香港与其他地方相比变化的规模要小一些,但它代表着与传统实践的显著区别。殖民地的大部分学校都是私立的,由私人或团体与机构(如教会)所控制。政府不提供学校运行费用。学校的权力由代表学校所有者的校监和校长实施。新的改革要求建立代表了家长利益的学校管理委员会,以及增加学校自由支配资金的权力,反映了文化上与技术上的重要变革。

对大部分上述国家和地区更广泛进行的历史研究表明,大规模的政府学校或公立学校系统形成以前的学校管理的许多特征,现在在校本管理中重新出现。从 19 世纪末期开始,教育部门或相关部门的规模一直在稳定增长,权力从学校转移到政府或以专家为基础的中央,人们把这描述为“供应者占领”。现在就中央与地方的影响权重而言,已经转变为后者占优势。然而,许多例子代表了一种相反的趋势:校本管理通常伴随着一种假设——政府对一些影响学校的重要职能拥有更多的权力。这种现象在英国可得到很好的说明:在实行校本管理的同时,引进国家课程、学生的国家考试和建立学校责任制制度。

### 3. 校本管理概念的诠释

校本管理可界定为在一些影响学校的重要职能方面,权力在集权与分权之间的转移。然而,这是管理的分权而不是政治的分权。管理分权是指政府或权力中央决定原先由中央做的决策可由与决策实施地更近的地方做出。决策位置的转移在任何时候都可被政府或官员加以颠倒。政治分权是指一个政府或权力中央以正规协议的形式,把一些次要的决策权下放给另一级政府或权力中心,这意味着变化是不可逆转的,例如国家宪法的改变。校本管理很明显地更属于管理分权的范畴而不是政治分权的范畴。每一种分权表现都有可能由于上级政府或官员的决策而被颠覆或重新集权。

### 4. 当代发展的基础

我们可以把当代校本管理发展的基础确定为五个相互关联的因素:(a)公共服务实施的效率与效能;(b)公共部门与私营部门在市场机制中所持的意识形态;(c)稀缺资源分配的公平性;(d)给学校团体授权的广泛的社会价值;(e)有关学校效能与学校改进的研究发现。虽然这些因素并没有在各国统一检验,但实践证明就是这样。

#### 4.1 公共服务实施的效率与效能

在 20 世纪 80 年代末和 90 年代初,校本管理的引进与公共部门和私营部门为提高效率和效能所做的努力相关:中央成为(或保留作为)战略核心,提出任务、进行战略管理、制定政策、决定优先事务和规定责任;服务实施单位(学校、医院、社会服务机构、商业、工业)获得(或保留)在集权决定的框架内进行管理的能力。作为对在强大的制度文化(集权化)环境中形成的顾客(分权化)要求的回应,沿着这种思路进行重构的例子经常可见。

在一些国家或许多国家内的州,重构势在必行,是由于经济衰退、财政危机和部分中层或中央管理的不负责任或不称职。当即将上任的政府采取广泛的措施来减少公共部门的债务时,重构在澳大利亚的一些州进行得很明显,在 1992 年末的维多利亚州更显著。在这种情况下,政府倾向于在中央而不是提供服务的部门削减预算,在教育方面,校本管理的实施既是无奈中的选择,也是最优选择。

### 4.2 对市场机制的信念

校本管理同样与信念有关,即相信市场机制可以作为提高公共和私营部门服务质量的方法。这种关联在英国的改革中表现最明显,由玛格丽特·撒切尔(Margaret Thatcher)和约翰·梅杰(John Major)领导的保守党引进了一系列措施,包括学校的地方管理,成为直接拨款学校,督导人员的真正私营化,实行国家考试,同时公布以学生成绩为基础的学校排名,使家长能比较学校的优劣。

20 世纪 90 年代初,美国实施校本管理的一个主要动力来源于丘布和莫(Chubb and Moe 1990)的研究及著作,他们宣称当学校摆脱集权控制时可以提高成绩。他们的著作坚持以市场的理念作为框架提出和解释问题。然而澳大利亚和新西兰对此看法不一致,改革的批评者认为这是市场崇拜,或认为这是经济理性主义与新右派议程的表现。

### 4.3 稀缺资源分配的公平性

一些提倡校本管理的人认为它是一种能够把资源更公平地分配给学校的方法(Garms et al. 1978)。这种看法来源于这样一种观点,即传统的以人均为基础的集中统一的分配更多的是反映平等而不是公平,因为后者意味着要考虑到学生个体和各类各级学生的不同学习需求。在校本管理引入的早期阶段,校本管理时常运用公式模型来说明公平问题。

有时很难决定对公平的关注是校本管理实施的动力还是结果,因为直到在其他基础上做出决策后才提及把资源分配给学校的实质。这在澳大利亚、新西兰和英国都很明显。另一方面,公平问题成为资源分配的核心始于加拿大的埃德蒙顿和美国的许多学区。

### 4.4 授权予学校中的群体

在美国,许多早期的创始人感兴趣的是,权力和影响力的位置从日益遥远的中央机构转移到行政区内的地区管理,再到学校。后来由于教师参与决策成为改革的重要目标,教师团体对校本管理的强烈支持得到保证,佛罗里达的达德郡就是一个明显的例子。在新西兰,20 世纪的大部分时期,学校委员会保持了相对较强的权力,尤其是中学,20 世纪 70 年代和 80 年代的许多改革都可解释为试图进一步或重新授权予它们。20 世纪 70 年代,澳大利亚学校委员会早期所采取的措施的目的——为了保证教师和家长在国家拨款的分配方面参与决策——与此类似。在 20 世纪 80 年代初,维多利亚的校本管理的主要特征是通过地方管理委员会(LACs)把权力授予学校委员会中的家长和教师。

在英国,分权造成的紧张是很明显的,权力从地方教育当局向学校转移很容易与一些党派削弱工党控制的议会的权力的企图联系起来,这种事情的例子是解散伦敦市区教育当局的决定。分权还很容易使人与削弱居于中心地位的教师工会或攻击力很强的专业团体力量的企图联系起来,这与"供给者夺取"概念中反映的情况极其相似。

### 4.5 学校效能与学校改进研究

提高学生的成绩是校本管理永恒的假设或期望,虽然决策者很少从有关学校效能或学校改进的研究中得出此发现。研究成果在美国的运用最明显,尤其是在全国管理协会的建议中(1986)以及丘布和莫(1990)的著作中。在美国后期的改革中,校本管理作为学校重构议程的组成部分之一,被看成把教学与学生的教育需求相匹配的促进器:关注的焦点是课程与教育方法的重构而不是管理的重构。在这方面,20 世纪 90 年代的美国更多地把校本管理看成手段而不是结果,这正好与 20 世纪 70 年代早期的改革相反。

**5. 校本管理的影响**

尽管校本管理在全世界发展范围很广，但是几乎没有系统研究单独说明它的成功影响。实际上，马兰(Malen)等人从他们的文献中得出以下结论：

> 校本管理中包含的核心假设或"行动理论"缺少经验证据。很少有证据能说明校本管理改变了学校的影响，更新了学校组织或提高了学校的学术质量。(Malen et al. 1990 P. 289)

因此，虽然有些研究已经发现校本管理在效能与学校改进中的特性，但没有研究证明由于引进了校本管理而使学校成绩提高。

虽然如此，仍然有证据表明校本管理带来的好的影响。校本管理在佛罗里达的达德郡的实施是为了加强教师的专业地位。柯林斯(Collions)和汉松(Hanson)在评论中总结道："就这个项目的主要影响而言，教师参与决策导致这个职业更有吸引力，这就充分地证明了这个项目是成功的。"(Collions and Hanson 1991 P. 4)有关加拿大的埃德蒙顿家长、学生和教师的十几年来的意见的年度调查，使布朗(Brown)把校本管理与教育成绩联系起来，从而得出以下结论：

> 埃德蒙顿通过调查大量的家长、学生、在学校和地区办公室工作的职员，提示了人们满意度的提高。这些结果很稳定而且很重要，并好于在加拿大的其他地方和美国所做的调查。(Brown 1990 P. 247)。

调查还揭示了英国(Arnott et al. 1992)、中国香港(Cheng)和新西兰(Mitchell 1991)在改革的早期阶段的高度压力与过重负担。然而，与埃德蒙顿的经验相一致，这种压力和负担在一年左右内开始消散，从而使人们很少要求重新回到更集权的学校管理的方法。比如在对英国的学校领导(校长)的调查中，15%表示同意，70%表示反对这种说法：我宁愿回到地方管理之前(Arnott et al. 1992 P. 4)。

就把资源分配给学校的公平或公正而言，证据是混合的。在英国和新西兰的早期调查表明：有些学校把它们自己看成"赢家"，而把别人看成"败者"。在埃德蒙顿相当长时期的调查表明：人们通常认为校本管理比过去依靠集权决策来分配资源的方法更公平。

如果把所有的证据都考虑进来，就能够很合理地得出结论：没有证据能说明校本管理本身是提高学生的学习成绩的一个原因。除了运用中最初的困难，校长和教师认为校本管理是有价值的，是加强职业感的一个因素。正如马兰得出的结论：关于这种现象还有待于进一步研究。值得注意的是，这种研究最先由澳大利亚从1993年开始，持续了三年，创造了先例。

**6. 校本管理中存在的问题**

很明显，还存在着一系列与校本管理有关的问题和未解决的事物。关于校本管理的目的，有人断言它是市场机制在教育中的不恰当应用，也有人认为它很好地授权予校长、教师和社区成员。对不同地方的实践的回顾表明，所有的观点都可从这种或那种形式中找到。另一个人们关注的问题是校本管理对实践的影响，批评者非常公正地指出没有证据表明校本管理的引进导致了学生成绩的提高。然而，除了最初抱怨任务过重和怀疑或反对，校长和教师倾向于校本管理(如反对回到更集权管理的方法)的举动表明，校本管理有助于提高工作满意度和加强职业感。

压力在校本管理的运用中是很明显的。这可能是由于一些重要职务的持续的或日益增长的集权、学校责任增加要求部分校长和教师从教学与对教学的支持中转移到管理。

校本管理的引进必然会遇到一些技术上的问题。包括决定把资源公平地分配给学校的公式和模型、人事政策(包括教师和其他员工应该由学校来选择但由中央统一雇用，还是员工的雇用或签合同与选择都由学校完成)、决定学校应该怎样得到支持。

随着专业人员由中央统一雇用以使教师工会在重要事务方面起作用，角色和组织文化的变化在大部分地方也成为人们关注的问题。在学校层次，校长和教师都受到影响——承担更多的权利、责任，期望能授予家长和其他社区人员决策权。这就需要进行更广泛的培训，尤其是校长和其他学校领导，然而这一点被证明是有困难的，因为校本管理是在财政危机或财政紧缩的背景下引进的。

这些问题表明了对校本管理进一步研究的重要性，以及对相关改革的设计与实施进行比较研究和国际研究的价值。

B. J. 考德威尔(B. J. Caldwell) 著
朱科蓉 译

## 附录


Arnott M, Bullock A, Thomas H 1992 *The Impact of Local Management on Schools: A Source Book.* School of Education, University of Birmingham, Birmingham

Brown D J 1990 *Decentralization and School-Based Management.* Falmer Press London

Cheng Y C in press A preliminary study of the School Management Initiative: Responses to induction and implementation of management reforms. *Hong Kong Educational Research Journal*

Chubb J E, Moe T E 1990 *Politics, Markets and America's Schools.* Brookings Institution, Washington, DC

Collins R A, Hanson M K 1991 *Summation Evaluation Report School-Based Management: Shared Decision- Making Project* 1987—1988 *through* 1989—1990. Dade County Public Schools, Miami, Florida

Garms W I, Guthrie J W, Pierce L C 1978 *School Finance: The Economics and Politics of Public Education.* Prentice-Hall, Englewood Cliffs, New Jersey

Goldring E B 1992 System-wide diversity in Israel: Principals as transformational and environmental leaders. *J. Educ. Adm.* 30(3): 49—62

Hallinger P, Murphy J (eds.) 1992 *Journal of Educational Administration.* 30(3): (issue devoted to international perspectives on the changing role of the principal)

Lindelow J 1981 School-based management. ERIC Document Reproduction Service No. ED 208452, Washington, DC

Malen B, Ogawa R T, Kranz J 1990 What do we know about school-based management? A case study of the literature—A call for research. In: Clune W H, Witte J F (eds.) 1980 *Choice and Control in American Education. Vol.* 2: *The Practice of Choice, Decentralization and School Restructuring.* Falmer Press, London

Marginson S 1993 *Education and Public Policy in Australia.* Cambridge University Press, Cambridge

Mitchell D 1991 Monitoring today's schools: A scorecard after 18 months. *New Zealand Journal of Educational Administration* 6:48—61

National Governors' Association 1986 *Time for Results: The Governors'* 1991 *Report on Education.* National Governors' Association, Washington, DC

Picot B 1988 *Administering for Excellence.* Government Printer, Wellington

Vandenberghe R 1992 The changing role of principals in primary and secondary schools in Belgium. *J. Educ. Adm.* 30(3): 20—34


## 其他参考文献


Bacharach S B (ed.) 1990 *Education Reform: Making Sense of It All.* Allyn and Bacon, Boston, Massachusetts

Caldwell B J, Spinks J M 1988 *The Self-Managing School.* Falmer Press, London

Caldwell B J, Spinks J M 1992 *Leading the Self-Managing School.* Falmer Press, London

Chapman J D (ed.) 1990 *School-based Decision-Making and Management.* Falmer Press, London

Davies B, Anderson L 1992 *Opting for Self-Management: The Early Experience of Grant-Maintained Schools.* Routledge, London

Dimmock C (ed.) 1993 *School-Based Management and School Effectiveness: Ideas for School Improvement.* Routledge, London

Smyth J 1993 (ed.) *A Socially Critical View of the*

*Self-Managing School*. Falmer Press, London

## 学生支持系统的管理(Student Support Systems:Administration)

本词条的目的是阐述高等和继续教育机构中学生事务的项目与所提供服务的特性和范围。学生事务是学校管理工作的组成部分,尤其是指满足学生福利要求的事务,它在一定程度上还要满足社会的利益需求。学生事务人员的工作减轻了教师和学术管理者对学校学术任务以外需求的操劳。尤其在美国,学生事务项目的范围已扩大到鼓励学生利用教室、实验室和图书馆以外的学习和个人发展的机会。

本词条广泛使用美国高等教育和继续教育的材料有两个原因:(a)几乎无从获得其他国家对学生事务项目和服务的系统研究;(b)在美国,对学生事务的管理比其他国家有更加充分的发展,这应归于美国平等的社会价值观和高等教育大众化的传统。结果,美国的高等学校为学生智力和社会能力的发展,以及情感和兴趣的需求开发了一系列的项目和服务(Fenske 1989)。本词条适当地用其他国家的例证来作比较,当然跨文化和地域的比较将格外谨慎,因为受到环境诸如经济生产力和社会公正问题的影响,各国高等教育和继续教育制度在以不同的速度进展。如同课程和其他管理职能一样,学生事务是可利用的资金和人员、学生特征、制度的价值观基础和教育事业的优先地位、国家和地区的教育与文化传统以及对当地条件创造性利用的产物。

### 1. 学生事务工作的历史

在中世纪,欧洲国家的学生生活具有和今天相似的特征:吃饭与住宿、市民与学者的关系、噪音和越轨学生的行为、大学研究的经费、学生的法定权利和在大学管理中学生的角色等问题(Prins 1983)。一般来讲,美国大学的校长和教师承担了学生教育的各方面的职责。哈佛大学采纳了英国剑桥和牛津大学通用的住宅模式,学生宿舍包括教室、小教堂和卧室,既用于13岁或14岁的学生,也用于作为他们教授和导师的神职人员(Cowley 1934)。对知识性和道德问题的讨论式教学由居住在一起的教员和学生一起进行,尽管这种安排有利于强调纪律和严密监督学生生活的充满家长作风的制度(Brubacher and Rudy 1976)。

当高等教育的机构成为更加复杂的组织时,新产生的管理功能形成了整个校园或大学的政策和实践上的框架(Clark 1983)。“新增加的管理者中……首先包括学术委员会秘书,然后是注册主任,紧接着是副校长、院长(管理学生的)、女生事务主任、事务主任、助理院长、男生部主任、入学事务主任。”(Rudolph 1962 P. 434 ~ 435)人们期待这些管理人员能将教学人员从与学术活动无关的事务中解放出来,诸如给学生提供住房、社交活动和维持纪律(Fenske 1989)。

在1890年,哈佛学院任命了第一位学院院长,他的责任除了教学外,还包括维持纪律和招生与学生注册。到1920年,几乎每一个比较大的美国高等学校都有了男、女生部主任。和大多数其他管理领域不同,妇女在学生事务的理念和方法上发挥了相当大的影响。第一次独立出现的服务——维持纪律、入学手续、保管档案、生活群体的监督、饮食服务以及为外国学生提供咨询——都是期望提高组织的效率和效能,以及履行文化的监护人和家长的代理人职责的表现形式(Bursch 1962)。

#### 1.1 人事运动

第一次世界大战引起了智力和职业能力测验运动的发展,并且产生了对管理者进行人事培训和解释测量工具的需要,这些活动随后被高等学校采用。由于专门学术训练的增加和随后而来的专业角色的转变,教师的工作从关注学生学习和发展的所有方面转向重视课堂教学和学术兴趣方面,尤其在规模较大的大学。在20世纪的前50年,学生事务工作强调控制和学生的福利项目,比如纪律、职业指导、健康、资助和住房等,从而使学生能够有效地完成任务而不至穷于应付各种潜在的困境。合起来看,测量运动以及不断扩展的课程这两件事吸引了越来越多的抱有不同期望的学生进入大学,在美国和许多别的国家,教师角色的改变产生了对管理大学学生事务的人员的要求。

### 1.2 学生发展运动

威廉姆森(Williamson 1961)早就预言了20世纪70年代势头越来越大的美国高等教育领域的学生发展运动,“人事职员的根本目的不是为提供服务而提供服务,而是用服务帮助学生发展成为完全成熟的人”(P. 52)。基于心理学和咨询理论(Rogers 1961,Williamson 1961),学生发展的哲学提倡通过管理和调整环境条件以及使用人性发展的理论促进学生认知和情感的发展(Miller and Prince 1976)。这一立场与美国大多数制度所信奉的价值是一致的,即学生的社会和感情(情感)行为与智力(认知)技能的整合在促进学生作为完整的人的发展中是重要的(Brown 1972)。学生发展运动也受到了学生要求更多自治的推动,以及受到学校具有代替父母合法管理和提供学生福利的功能这种历史上形成的观点开始终结的影响。到20世纪60年代后期,在大多数制度中,学校代替父母的观点已经不再具有法律和道德的地位,也就不再站得住脚。

## 2. 学生事务的目的和哲学

作为一种专业实践的应用领域,学生事务主要与学校和学生直接的需要和利害关系有关(Knock 1988)。对行为控制、学生福利和学生发展的重视因国家和学校不同而有所不同。例如,在东欧国家,学生事务的职员选拔学生时要考虑他们的政治态度和职业志向与国家的社会及经济的计划相一致。学生生活政策被设计成鼓励学生适合国家利益的要求。这一方法与美国学生事务的目标正相反:帮助学生实现其潜能并且成为有责任感的、有自控能力的公民。然而,对许多国家来讲一些目的是相同的:通过提供多种服务去满足财务的、健康的、文化的、娱乐的和社会的需要,使道德教育与学术教育相结合,关注知识的应用,以及学生事务项目和活动的集中化(Forrest 1968)。

学校的价值观也促进了学校的政策和计划的发展。四种流派的哲学观点塑造了学生事务的实践:实用主义、新人本主义、存在主义和理性主义。实用主义和新人本主义比存在主义和理性主义对这一领域的影响要大。通过强调“什么起作用”,实用主义重视个别和特殊的学生经验胜于普遍的真理。通过学生的具体学习经历,学生们发现了价值和解决问题的方法。在承认思想和行动以及理智和情绪的二元性的同时,新人道主义的重点更多关注整个人的发展。因此,除了对理智和知识的培养之外,学生事务在高等教育中的兴趣还表现在通过提供娱乐和社会互动的课外场所,鼓励学生的才能和技艺的发展。

存在主义认为,学生是自由的并对自己的决定负责,每一种选择都使个体更加接近于他们想成为的那种人。例如,存在主义的观点设想学生个体可以决定他们自己的学习和发展。理性主义认为对智力的培养是高等教育主要的目标。学生事务的管理和纪律约束的作用,诸如维持学生不受干扰学习的环境条件,是理性主义的表现(Knock 1988)。

指导学生事务的哲学主题反映在两个核心假设上:(a)学校教育的使命是卓越的;(b)学生生活政策和实践应当与学校的教育价值和目的一致,并使之增强,而且应当促进学生学习和个人发展目标的实现。周期性发表的宣言把这一领域的指导性价值原则变成了目标和优先考虑的事情。美国在这个领域的第一部法规汇编《学生人事部门的观点》(美国教育委员会 1937),确立了促进整个人的发展是学生事务的主要目标,并且指明提供学生服务和活动项目对学生的成功是必要的。在第二次世界大战之后,这一宣言修改为强调民主教育、国际间的理解和社会问题的改善的重要性(美国教育委员会 1949)。在20世纪70年代中期,几个指导性的文件把学生事务职员的主要作用归结为学生发展的教育者(美国大学人事协会 1975,学生人事协会委员会 1975)。

在1987年,全国学生人事管理协会出版了《学生事务展望》,阐明了对美国高等教育学生事务指导性的看法和信念。文件几乎囊括了所有被学生和学校所期待的学生事务的作用和责任。1987年的文件也重申了实际的学生事务工作要提高和支持学校的学术使命,要支持公共利益,通过鼓励明智的风险承担以及设置行为限制来保障个体的权利,以及鼓励学生独立思考和学生间互助的行为。

### 3. 付诸实践的理论观点

学生事务职员和个人、群体以及组织工作在一起。四种来自应用领域的理论被认为在理解和实施学生事务工作当中是有用的:咨询与个性理论、人性发展理论、人类生态学或环境理论以及组织和管理理论。这些理论体现了占支配地位的哲学基础——实用主义和新人本主义。

咨询和个性理论有助于理解学生们个人的调整、个性的机能、个体的动机与志向以及在小群体当中的行为。许多这种理论承认个体内在的需要"基本是在积极的方向上"生长的(Rogers 1961 P. 26),并与持学生整体发展观的新人本主义相一致,这种观点认为理智和情感缠绕在一起不可分离(Forrest 1989)。

人性发展理论提出了智力的以及伦理的或道德的问题(Gilligan 1982, Kohlberg 1971, Perry 1970)、心理的发展问题(Erikson 1968, Katz 1968, Sanford 1962)、各种情感和认知领域的发展问题(Chickering 1969)以及特殊的行为如职业选择的问题(Holland 1985)。这些理论大多数基于对白人、惯例年龄(18~23岁)的男生的研究。罗杰斯(Rodgers)提供了关于这些理论极好的摘要(Delworth and Hanson 1989)。

要理解个体和群体的行为,就必须很好地理解环境对行为的影响。沃尔什(Walsh 1973)回顾了关于形成学生事务实践环境的不同观点,包括行为背景、亚文化、个性类型和社会氛围。在美国,环境评估技术诸如生态系统方法(Huebner 1979)也变得流行起来。

组织和管理的理论被用来说明各种程序诸如分配资源、政策制定、人事管理、领导、机构重塑和终结计划等等。一些组织理论,像政治模式,明确地承认外部群体和高等教育机构中行为之间的关系,因此,组织理论提供了洞察与理解学生发展和学生事务工作发生环境的工具。

### 4. 管理学生事务的组织

在一定的历史文化传统和不同的大学使命、目的和规模的条件下,没有哪种单一的组织结构是适合所有学校的。一般来讲,学校越大,学生的差异性就越大,学生群体所需要的服务数量就越大。并非所有的学生服务或项目都要派给贴上学生事务标签的管理单位或相似的什么机构。例如,招生、注册和学术咨询等职责通常向院长或向学术主任汇报。但在其他大学,这些职责可能要向学生事务主任汇报。

在西德的学校中,不设置独立的大学部门去指导学生的活动和服务(Stibbs 1966)。校长助理负责处理大学的来访者、外国留学生、学生俱乐部和学院的仪式等事宜。像美国的大学一样,澳大利亚、比利时和荷兰大学中许多领域的学生事务倾向于向一个管理者报告,其头衔表明他负责学生服务,诸如学生服务主任或学生部主任。在德国,学生服务部——直接对国家教育部负责——在规定的地区代表学校提供学生服务(Prins 1983)。在美国服务的协调和管理是大学秘书的责任而不是学生服务处主任的责任(Gurowitz 1988)。在法国,越来越多自治的学生服务中心向设在巴黎的国家学生服务中心负责,该中心代表政府的学生服务职能(Prins 1983)。一般来讲,美国的学校有自主权来决定将提供哪些学生服务,然而,许多服务可能会受到政府的高等教育系统或协调委员会系统所制定的政策的影响。非洲许多国家的学生服务倾向于分权,将许多责任保留在系一级或个别教师身上,即教师负责学生生活需要、学术指导以及职业咨询。

在比利时,许多学生服务受到政府的支持,学校得到支持的数量多少是根据法律确定的,其依据是在校生数量(Prins 1983)。在美国大学,典型的学生服务经费来自多项费用收入,诸如卫生保健服务的收费、餐饮设施等附加服务的收入和一般的基金收入。

#### 4.1 学生联合会

并非所有的学生福利服务都由学校来提供。在斯堪的纳维亚和西欧,许多学生的服务由学生联合会提供,合作企业由学生创立和经营。各种形式的学生联合会虽然数量有限,但在美国的一些地区如加利福尼亚非常受欢迎。通过取得联合会或合作企业会员资格的形式,学生可获得的服务可能包括提供住房、健康服务、心理咨询、在餐厅和小吃店就餐、在杂货店购物、旅行、照相、保洁等等(Mullen 1987)。会员资格费可在毕业时或从合作企业退出时偿付。虽然合作企业独立于学校,但是学校可能会提供联合会服务的空间。学生联合会的成功经常是由于有薪水的学生经理在管理,当他们请假时,就雇用专业人士来监督各种各样的经营。

学生联合会的另一种形式是政治行动的组织。例如,任何一个中国学生都可以加入中华全国学生联合会(ACSF),该组织有超过 10 万个会员分会,有超过6 000万遍及中学、学院和大学的学生团体成员。通过集体行动,中华全国学生联合会代表学生拥护大学和政府。中华全国学生联合会发起的活动包括跨学科的座谈会、文艺表演、电影和戏剧的评论、组织学生运动会、制定研究计划和百科知识竞赛等(Klepper 1988)。

**5. 学生事务的项目和服务**

学生事务部门管理着各种各样的项目和服务:入学、注册、专业选择、资助、住房与饮食服务、学生活动、学术咨询、纪律管理、职业计划和工作安排。还有健康服务,包括心理咨询;为一些群体提供的特殊服务,对象诸如兄弟会、退伍军人、视力和活动受限的学生以及学习有障碍的学生;娱乐体育,包括为校园内社团、特殊群体如少数民族、大龄学生以及妇女组织的社会的和教育的项目;一些学校认为必要的服务,例如,一些学校为学生提供了免费的或低价格的法律服务和幼儿照顾。学生之间的特性诸如年龄、能力、成熟度和从事的智力活动差异相当大,部分地支配着他们各自对活动项目和服务的需要。学生事务的项目和服务的范围与性质也受到学生感受到的任务和责任感的影响。许多西欧和斯堪的纳维亚国家的学生期望自给自足。而且,在一些国家,如日本和尼日利亚,家庭对学生的生活起着更加积极的作用,这样就减少了由学校提供服务的需要。

这里只描述几个选择的项目和服务。这些以及其他服务和项目的更完整的描述可以在德尔沃斯和汉森(Delworth and Hanson 1989)、帕克伍德(Packwood 1977)以及伦茨和沙德勒迈尔(Rentz and Saddlemire 1988)的著述中查到。

5.1 入学

协调新生入学事务办公室的出现是大学注册主任扩大职责的直接结果,虽然这类活动在中世纪是由“主要官员”执行的(Kuh 1977)。入学事务职员贯彻大学或政府设计的政策以促进学生以前的教育经验恰当地向大学学习转变。许多国家的国立大学,诸如英国、日本、肯尼亚、尼日利亚和中国,在一次或多次的入学考试中使用既定的“最低标准”分数来确定谁能够被录取。在英国,申请本科入学要通过“大学和学院的入学服务”(UCAS)程序,它类似于美国纽约城市大学的情况。由于牛津和剑桥的声望,它们比其他大学提前招生,这一情况允许大学和学院的入学服务把剩余的学生分配到英国其他大学的院系学习(Frisz 1979)。

在东德、法国和瑞士,由政府确定入学标准。在一些东欧国家,政府制定入学政策,应试者参加普通高考并提交党、共青团或工会组织的介绍信和其他相关的材料。如果申请者报考政治和社会敏感的专业,将要通过严格的审查程序(Forrest 1969)。然而,大多数国家的私立学院和大学除了依据考试分数外,还利用其他因素来决定申请者能否入学 。

在苏联进入大学学习的适龄青年比例(1/3)与美国和日本的比例很接近(40% ~50%),比澳大利亚以及东欧或西欧要多。在英国,10% ~20%符合条件的人口进入大学学习。在肯尼亚,接受过小学教育的学生以后大约只有 0.5% 能接受高等教育。

在美国,由于出生率的下降,传统年龄(17 ~22 岁)的大学生数量已经下降。结果,为了维持注册人数,招生部门开发出大学市场战略来吸引学生(Hossler 1984)。澳大利亚、英国和南非的一些学校开始实施大胆的市场技术来招收外国学生。还有,对社会公平的关注加上对提高经济生产力的需求,已经影响到招生的政策,使得更多来自各种教育和社会背景的人们能够接受高等教育,这种情况在美国尤其突出。然而,一般来讲,少数民族的学生集中在较低层次的学院,如美国的社区学院,并且在各个层次的高等学校中名额明显偏少。

5.2 介绍

为新学生(经常还有其家长/配偶和孩子)介绍学校课程,这在美国和一些澳大利亚的大学是常见的,但是在别的国家是罕见的。这类活动按时间排列,从暑假里的几小时宣讲专业设置信息,到用一星期时间提供马上就要开始的第一学期准备事项,再到贯穿一学期或一学年时间的含有学分的课程(Dannells and Kuh 1977)。解说性的介绍活动包括参观图书馆等设施、针对学习技能的方案、学术建议和职业计划以及设计建立社会亲和力群体的活动。

5.3 注册处主任

在美国,注册主任通常有教师身份,他监控学生的学业发展、保存学生档案、核实学校规定的学习项目完成情况,以及实施相关的学校政策。在一些国家,像英国,注册主任的任务有特殊的地位,他要对大学的管理负责。在另外一些国家,像日本和肯尼亚,注册主任的工作与入学考试的程序有密切的关系。西欧的一些大学机构典型的做法是不保存复杂的学生档案。如果有学术成绩则由教师保存。在东欧国家,学生共青团组织有时保存学生的成绩档案(Forrest 1968)。

5.4 资助

资助包括由学生及其家庭提供的资金以外的任何资金支持。学生入学以后资助既减少了学生在大学的开支又减少了这种费用的压力(Dannells 1977)。学生资助可能是直接的或间接的。直接的资助由政府机构给学生个人;间接的资助经学校转给学生(Coomes 1988)。

有三种可以获得资助的形式:助学金、贷款和工作。助学金是不需要还款的资金,而且包括基于学业表现或其他诸如音乐或体育运动才能的奖学金。贷款是需要全部或部分偿还的资金,有或没有利息,学生可以通过商业借贷机构、学院或大学获得,或从政府机构直接获得。学生工作包括兼职工作或学院提供的工作,帮助学生解决费用问题。

资助的管理包括管理学校内外兼职工作,是美国学生事务人员的主要职责,在那里最大的两个资助来源是联邦政府和学校的资源。一般来讲,对接受者的选择和奖学金的确定由管理人员按照教师委员会、政府机构和其他团体制定的标准来决定。在英国、法国、德国和瑞士,接受资助的主要标准是学业表现和学生对资金的需要;在美国,后者在努力使高等教育进入所有公民生活方面变得越来越重要。瑞士通过地方教师委员会和非教育界人士来确定被资助者和援助的数量。与肯尼亚和斯堪的纳维亚国家一样,法国的大学生虽然不必付学费,但是可以从中央政府和学校的基金获得支付生活费用的奖学金。日本的奖学金制度错综复杂,由中央政府、地方政府(市政当局或县)和私立的组织提供(Kuh and Nuss 1986)。在非洲和东欧的许多学校,政府把奖学金授予学习领域与国家的经济计划一致的学生个人(Forrest 1968, Hughes 1990)。在澳大利亚,所有经过家庭收入检验符合严格标准的全日制学生都可以获得包括生活费用在内的资金援助。

5.5 住房

学生住房的选择范围,包括单性居住、适合与异性交往和适合家庭生活以及相关的服务,比如厨房设备,这些在世界各地有很大的不同。由于学校规模、位置和教育任务等原因,实际上,或者全部,或者只有少数学生会居住在归学校所有的宿舍内。在美国,许多学校强调在学生公寓通过教育和社会项目了解个体间差异的重要性(Schuh 1988)。虽然大多数美国的大学在学生公寓设有指导教师住所,但是其作用并不像英国剑桥大学的同行(导师)那样,与教学形成整合。在美国很少有教员居住在学生公寓。

在非洲国家和英国的一些学校,被称作学监的教员负责管理学生公寓和学生的个人与社会福利,并且经常得到副学监的协助——他们是学院或行政部门的低级成员(Gurowitz 1988)。学监居住在学生公寓里面或附近并且监控生活、学习的环境,解决冲突和为有问题的学生提供建议(Hughes 1990)。学监与公寓委员会密切合作,后者是一个由居住学生选举出来的机构,负责公寓的社会、文化和体育活动。在英国和德国的一些大学,宿舍充当着学院教学、娱乐和社会交往的中心。

一般来讲,除了英国、澳大利亚和美国,在其他国家里,提供给学生的大学自有自营的住房不太多。例如,斯堪的纳维亚国家的学生自己买住房,在一些事例中,学生联合会用会费建造了宿舍(Kuh 1979)。由政府建造而由学校管理的学生宿舍为东欧大专院校大约一半的学生提供了住处(Forrest 1968)。瑞士的大学是那种提供就餐设施但是不提供宿舍的典型。法国政府在学生公寓里建造、拥有和管理学生自助餐厅。其他一些国家,像日本和尼日利亚,提供很低标准的学生住房,但是在学生住房内很少或几乎不提供教育的设施。日本筑波大学大约有4 000名学生(占学生整体的29%)居住在学院所属的住房内。京都大学在日本学生住房方面更具有代表性,因为只向2%的学生群体提供了膳宿,他们居住在小的集体宿舍内(Kuh and Nuss 1986)。

在一些发展中国家,许多学生入住学生公寓后才第一次体验到了自助餐厅服务、冷热自来水和抽水马桶。1966年,阿富汗最大的建筑是建造于喀布尔的学生公寓(Hawley 1966)。然而,学校的宿舍生活对学生来说几乎是行不通的,那里绝大多数学生的年龄较大,他们兼职上大学,学习年限从四年延长到八年或更长的时间。

### 5.6 纪律

实施什么程度的学生纪律是学校要优先考虑的,它取决于学生的年龄和对学校与学生关系的文化期待。在斯堪的纳维亚国家和许多西欧国家,学校并不监控学生课外的行为,学校期待学生自立,并且只有很少学生居住在学校拥有的住房内。在一些学校,纪律的作用可能包括裁决对学术规范的侵害,诸如剽窃。当纪律受到很大关注时,学生事务主任就是学校这方面责任的授权代表。通常由学生、教员和行政管理人员代表组成的审查委员会对侵害学术和社会准则的行为进行裁决。东德的学生共青团组织和其他国家的学生联合会举行纪律听证会并决定违纪者的处罚和决定制裁。

### 5.7 健康服务

美国的大多数学校,尤其是那些有大量住宿学生的学校,提供以学校为基础的、部分出自学生学费的医疗资助。在以社会为基础的健康服务中,使用者付出的费用(即对提供服务的偿付)因为医疗服务价格上涨已经增长。不包括英国在内的西欧国家的大学,学校内部一般不提供健康服务,尽管许多大学都有强制的健康保险计划(Prins 1983)。在学生联合会盛行的国家,联合会与社会方面的提供者签订健康服务合同,为其成员提供合理价格的服务,包括心理咨询。

发展中国家的大学在认识咨询的重要性方面动作缓慢,因为需要强调经济对社会发展的重要性,并且占统治地位的文化道德观念对心理问题给出了很有倾向的答案。例如,在尼日利亚,心理的不适经常被"贤明的人"、长者联合会或家庭聚会所引导,而不是通过专业咨询人员的帮助(Mack 1979)。

### 5.8 课外活动

在大多数的学院和大学,学生为满足特殊的兴趣而组成俱乐部或组织,需要或不需要得到学校的批准。教员或学生事务职员经常给经过正式批准的学生组织提供咨询意见,这些组织包括学生管理组织或历史和生物俱乐部等学科为基础的团体等。在法国,俱乐部由管理机构来组织(Prins 1983)。在这些活动中,英国和德国的学生比美国的学生承担更多的责任。在英国,学生经常被那些自己主办社会和体育活动的系科接纳进入大学。在剑桥大学,高级导师以类似于学生主任的身份行动并且监督俱乐部的活动(Gurowitz 1988)。

在日本,俱乐部——尤其是体育和音乐俱乐部——非常流行,这也许是由于学生宿舍很少,相互来往有限,以及缺乏机会参与学校的管理(Kuh and Nuss 1986)。在东欧国家,学生共青团主办课外活动包括体育、社会活动、学术讨论、学习小组和美术小组(Forrest 1968)。一般来讲,瑞士的大学生普遍认为这样的活动缺乏有效性(Prins 1983)。

### 5.9 学院和大学联合会

在美国,学院联合会是常见的,而且在澳大利亚、加拿大和日本等国家联合会的数目在增长。学院联合会是一个在校园建筑指定位置设置的机构,作为学生管理部门、俱乐部和学生组织的集中地——它是校园教育和娱乐社团中心的补充机构。学院联合会不应当误解为工会或学生的政治行动联盟。实际上,第一个学院联合会——精确地讲是三个辩论"协会",早在1815年建于英国,比第一个工会的成立早50年,并且比第二次世界大战后在欧洲、亚洲和非洲形成的学生政治行动联盟早130年。

学院联合会经常是唯一的为不在居住地就餐的学生和教员提供就餐的机构。其他服务包括信息咨询台、计算机、存物箱、电话、书店、财政服务、报纸和期刊、娱乐设施和会议室等等。学院联合会通常是自负盈亏,尤其在美国,它的资金来自食品服务、书籍销售以及娱乐场地出租。所收费用有时借给学生作为偿债和日常活动开支的一种手段(国际学院联合协会 1982)。

5.10 职业发展和介绍工作

随着高等教育变得越来越昂贵,学生不断地期望在大学毕业后获得与其教育训练相称的工作。因此,由学校提供的帮助学生选择合适的工作的援助就变得越来越重要。介绍工作服务可能集中于一个办事处或分散到不同的学术单位,如技术学院、商学院或教育学院。在一些国家,比如法国、德国和瑞士,介绍工作的职能由教员来完成,他们会利用个人的关系与有希望的雇主以及雇佣机构帮助学生确定工作(Prins 1983)。在英国,选派(招生和介绍工作)人员做职业方面的咨询工作(Gurowitz 1988)。在美国,大学介绍工作典型的做法是将职业开发的焦点放在检验学生个人的兴趣、能力和期望与职业需要之间的一致性上(Kroll and Rentz 1988)。

在许多欧洲国家,大学几乎不提供职业的指导或学术的咨询。一般来讲,学生在申请一所大学前必须先选择一个专业和职业,在那里他们将学习严格规定的课程。他们也会发现很难改变其专业或转到另外一所学校,毕业时必须接受国家分配的工作。在东欧的许多国家,职业指导经常采用这种形式,在中学的最后一年招收学生进入经济计划中优先确定的科技领域。这样,学生的职业选择范围就受到各个学习领域的空缺数量的影响,也受到作为招生手续一部分的学校提供资助大小的诱导。

5.11 外国学生咨询

随着世界越来越成为一个地球村,国际间的理解是必需的。充当外国学生咨询者的教师为外国公民提供关于学校和政府的规章制度,这些规章涉及学生的合格身份。他们也帮助学生找到合适的住房、获得必要的医疗保障和其他对成功的大学经历来讲所需要的东西。多数学院和大学指派某个人,经常是注册处主任,充当学生的联系人。例如,日本京都大学4个专职人员为400多个非日本籍的学生提供咨询指导(Kuh and Nuss 1986)。美国的学院和大学——尤其较大的大学——已经开发了众多的帮助外国学生的项目和服务。

### 6. 学生事务人员证书

学生事务主任(CSAO),负责学生事务系主任,或负责学生事务的副校长,在美国的学校中可能是一个教员或是一位在学生事务管理、高等教育或咨询方面拥有高级专业学位的学生事务管理者。在其他高等教育的制度中,像日本和中华人民共和国,学生事务主任,可能是一位教员。在一些国家,如日本,学生事务主任之外的学生事务职员,有时要向政府官员做出工作报告,如向教育部报告(Kuh and Nuss 1986)。在东德,学校通常有一位负责学生事务工作的助理校长,其责任类似于美国管理学生事务的系主任的责任。然而,苏联、匈牙利、保加利亚、法国、西德、瑞士或英国并不存在类似的主任(Forrest 1968, Gurowitz 1988, Prins 1983)。在这些系统中,一些学校的系主任往往花更多的时间和学生们接触,他们没有接受过类似美国同行的广泛的正规培训,并且只有极少的职员和管理者去从事学生管理(Forrest 1986)。

### 7. 主要问题

学生事务中需要紧迫关注的事情是不断的:帮助学生成功地过渡到大学生活;检查计划和服务确保它们符合学生变化中的特点、需要和兴趣;学生介入国家政治;鼓励学生具有责任感,并遵守关于使用酒精和其他物质方面的法律要求和社会标准。相比较而言,除了美国,其他国家的学校很少注意用政策报告书来提出学生的学术与社会的权利和责任。在西欧的许多国家,学生的住房政策、健康保险安排和一般公众参与的由大学发起的项目与活动缺乏透明度和连续性(Prins 1983)。

在世界的某些地区,学生课外生活和他们在大学里获得的知识、技能之间的联系开始受到关注。例如,缅甸中部地区大学监督委员会最近开发了文化事务、职业指导、体育和其他活动的总规划。像美国一样,在澳大利亚和西欧国家,学生正越来越多地参与到大学的管理中去,并且开发项目和服务方面的更加专业性的方法已经受到关注(Prins 1983)。

两个特殊的问题需要更加仔细地考虑——入学管理和不断增长的不同学生群体的含义,尤其是考虑到种族背景时。

7.1 入学管理

美国大学的入学管理是独特的(Hossler 1984)。它是一种全校范围的积极计划,用来提高学生对大学生活的满意度,并且增加完成学业的学生比例。高退学率是努力使所有的人进入高等教育的自然结果。具有指导性的观点是,由于学校计划和服务是相互联系的,通过有目的的服务协调,一个学校可以对学生的需要负起更大的责任。因而,入学管理的模式既满足了学校稳定学费和费用收入的需要,保证了学校的生存,也满足了学生渴望获得大学教育的要求。

7.2 多元文化主义的要求

由于学生在年龄、能力、文化和种族传统方面差异越来越大,学校将不得不制订一些策略来认同并赞美这些差异。这些差异虽不能只在、但最可能在课堂上引起关注。管理学生事务的职员和其他人一起合作,被期待去鼓励学生创建有意义的相互影响的模式,从而导致理解、尊重以及对文化差异的欣赏。对种族和文化的差异做出积极的反应是高等教育面临的最重大的挑战之一,期待着管理学生事务的职员在设计学校政策以及塑造学生态度和行为方面扮演重要的角色。

## 8. 结论

学生事务的出现是由于学校规模和复杂性的增长导致了一般管理功能多样化的结果。最初,学生事务承担了必要的、有时不受欢迎的被受托人及管理者和教师所放弃的任务。随后,学生事务重申了将“促进人的全面发展”作为这个领域存在的目的。

学生事务的工作是困难的。主任们必须满足大学及其上级的期望,尤其是对校园中的礼貌和秩序的渴望。学生通常抵制规章制度,并希望参加大学的自我管理,实践言论自由。学生希望管理学生事务的职员能理解他们的需要并做出反应;校长、其他管理者和教员经常觉得学生事务职员对学生的要求太仁慈或过分支持。因此,学生事务职员经常处理那些貌似紧张的问题,因为需要调停学生的需要和期望与学校的需要和期望之间的紧张关系。

学生事务人员将继续受到具有大学特点的紧张和两难处境的挑战。每一个学生都是独特的,但是学生们都期待着被公正地对待。某些政策、实践以及校园传统促成了社会观念,但有些这类因素也使一些成员的尊严受到伤害,尤其是那些少数民族成员。

有责任感的公民主张不公正的学校规则、政策和惯例应该受到批评,而公众对学校政策批评又经常是混乱的(国家学生行政人员协会 1987),并且有时是一个国家内不安宁的最直接的原因。鼓励学生利用大学期间的学习和个人发展机会是学生事务的主要目标。与教员、其他管理者和学生合作,学生事务的计划和服务将会提高所有学生的大学生活体验的质量。

G. D. 库(G. D. Kuh) 著
杨骥辉 译

### 附录

American College Personnel Association 1975 A student development model for student affairs in tomorrow's higher education. *J. Col. Stud. Personnel* 16:334—341

American Council on Education 1937 *The Student Personnel Point of View*. American Council on Education, Washington, DC

American Council on Education 1949 *The Student Personnel Point of View*. American Council on Education, Washington, DC

Association of College Unions-International 1982 *College Unions: Fifty Facts*. Association of College Unions-International, Bloomington, Indiana

Brown R D 1972 *Student Development in Tomorrow's Higher Education: A Return to the Academy.* American Personnel and Guidance Association, Washington, DC

Brubacher J S, Rudy W 1976 *Higher Education in Transition*, 3rd edn. Harper and Row, New York

Bursch C W 1962 The vice president or dean of students. In: Burns G P (ed.) 1962 *Administrators in Higher Education.* Harper, New York

Chickering A W 1969 *Education and Identity.* Jossey-Bass, San Francisco, California

Clark B R 1983 *The Higher Education System: Academic Organization in Cross-national Perspective.* University of California Press, Berkeley, California

Coomes M D 1988 Student financial aid. In: Rentz A L, Saddlemire G L (eds.) 1988

Council of Student Personnel Associations 1975 Student development services in postsecondary education. *J. Col. Stud. Personnel* 16:524—528

Cowley W H 1934 The history of student residential housing. *Sch. Soc.* 40:705—712

Dannells M 1977 Financial aid. In: Packwood W T (ed.) 1977

Dannells M, Kuh G D 1977 Orientation. In: Packwood W T (ed.) 1977

Delworth U, Hanson G R (eds.) 1989 *Student Services: A Handbook for the Profession*, 2nd edn. Jossey-Bass, San Francisco, California

Erikson E 1968 *Identity, Youth, and Crisis.* Norton, New York

Fenske R H 1989 Historical foundations of student services. In: Delworth U, Hanson G R (eds.) 1989

Frisz R H 1979 A comparison of student services in England and the United States. *J. NAWDAC* 42:10—15

Forrest A 1968 Student personnel services in higher education in Communist East Europe. *NASPA J.* 5 (1):17—23

Forrest L 1989 Guilding, supporting, and advising students: The counselor role. In: Delworth U, Hanson G R (eds.) 1989

Gilligan C 1982 *In a Different Voice.* Harvard University Press, Cambridge, Massachusetts

Gurowitz W D 1988 *A Fulbright to England.* Cornell University, Ithaca, New York

Hawley K 1966 Developing Afghanistan. *NASPA J.* 3 (3): 8—10

Holland J L 1985 *Making Vocational Choices: A Theory of Vocational Personalities and Work Environments*, 2nd edn. Prentice-Hall, Englewood Cliffs, New Jersey

Hossler D 1984 *Enrollment Management: An Integrated Approach.* College Entrance Examination Board, New York

Huebner L A (ed.) 1979 *Redesigning Campus Environments.* Jossey-Bass, San Francisco, California

Hughes R 1990 Development of student services abroad— An African case study. *NASPA J.* 27:336—343

Katz J (ed.) 1968 *No Time For Youth.* Jossey-Bass, San Francisco, California

Klepper W M 1988 Student governance in China. *NASPA J.* 25:169—173

Knock G H 1988 The philosophical heritage of student affairs. In: Rentz A L, Saddlemire G L (eds.) 1988

Kohlberg L 1971 Stages of moral development. In: Beck C M, Crittenden B S, Sullivan E V (eds.) 1971 *Moral Education: Interdisciplinary approaches.* University of Toronto Press, Toronto

Kroll J, Rentz A L 1988 Career planning and placement. In: Rentz A L, Saddlemire G L (eds.) 1988

Kuh G D 1977 Admissions. In: Packwood W T (ed.) 1977

Kuh G D 1979 Student unions: The Scandinavian counterpart to American university student services. *J. NAWDAC* 42:3—9

Kuh G D 1989 Organizational concepts and influences. In: Delworth U, Hanson G R (eds.) 1989

Kuh G D, Nuss E M 1986 Student affairs work in Japanese colleges and universities. *NASPA J.* 23 (3): 39—49

Mack D E 1979 Counseling in a Nigerian university. *Pers. Guid. J.* 57(9): 457—461

Miller T K, Prince J S 1976 *The Future of Student Affairs.* Jossey-Bass, San Francisco, California

Mullen M A 1987 College unions, student activities, and student services in Japanese colleges and universities: Does the college union idea lose something in the translation? Proc. 67th Annual Conf. of College Unions-International, Boston, Massachusetts

National Association of Student Personnel Administrators 1987 *A Perspective on Student Affairs.* American College Testing Program, Iowa City, Iowa

Packwood W T (ed.) 1977 *College Student Personnel Services.* C Thomas, Springfield, Illinois

Perry W Jr. 1970 *Forms of Intellectual and Ethical Development in the College Years.* Holt, Rinehart and Winston, New York

Prins D J 1983 Student services and policies: An outdated privilege or a necessary part of higher education? *Int. J. Inst. Mangt. in Higher Educ.* 7:149—156

Rentz A L, Saddlemire G L (eds.) 1988 *Student Affairs Functions in Higher Education.* C Thomas, Springfield, Illinois

Rodgers R 1989 Student development. In: Delworth U, Hanson G R (eds.) 1989

Rogers C R 1961 On Becoming a Person. Houghton Mifflin, Boston, Massachusetts

Rudolph F 1962 *The American College and University: A History.* Knopf, New York

Sanford N 1962 Developmental status of the entering freshman. In: Sanford N (ed.) 1962 *The American College.* Wiley, New York

Schuh J H 1988 Residence halls. In: Rentz A L, Saddlemire G L (eds.) 1988

Stibbs J H 1966 The free university. *NAPSA J.* 3 (3): 6—8

Walsh W B 1973 *Theories of Person-Environment Interaction: Implications for the College Student*, American College Testing Program, Iowa City, Iowa

Williamson E G 1961 *Student Personnel Services in Colleges and Universities: Some Foundations, Techniques and Processes of Program Administration.* McGraw-Hill, New York

**其他参考文献**

Barr M J (ed.) 1988 *Student Services and The Law: A Handbook for Practitioners.* Jossey-Bass, San Francisco, California

Knefelkamp L, Widick C, Parker C A (eds.) 1978 *applying New Developmental Findings.* Jossey-Bass, San Francisco, California

Kuh G D (ed.) 1983 *Understanding Student Affairs Organizations.* Jossey-Bass, San Francisco, California

Kuh G D 1984 A framework for understanding student affairs work. *J. Col. Stud. Personnel* 25:25—31

Kuh G D, Whitt E J, Shedd J D 1987 *Student Affairs Work 2001: A Paradigmatic Odyssey.* American College Personnel Association, Alexandria, Virginia

Sandeen A 1988 Issues influencing the organization of student affairs. In: Delworth U, Hanson G R (eds.) 1989

## 管理人员的在职培训(Administrative Preparation: Inservice)

大多数国家对管理人员在实现学校效能中的重要作用有一致的看法,因此,他们应该接受有效的在职培训(Stego et al. 1987, Ribbins et al. 1991, Walker et al. 1991)。然而,在不同国家,管理人员的角色以及在职培训的实质与范围有相当大的差别。本词条关注的是学校层次的管理人员,也就是校长的在职培训,同时简单地讨论对校长助理和副校长、代理校长、部门领导和高层职员的培训的含义。这里没有涉及学区和地方当局层次的职员(如主管、教育局长、督导和顾问),也不涉及对治理学校负有责任的外行人员的在职培训。"行政"、"管理"和"领导"这几个词除了特别指出外都可互换使用,虽然人们认识到每个词都有问题,并且它们在一个国家内部或不同国家之间的使用是不同的。管理人员的在职阶段包括从任命到提升至某一个特定的职位,包括见习阶段但不包括像美国那样普遍正规的职前培训。

从20世纪80年代开始,人们对这个领域的兴趣和积极性日益增长,但仍然存在许多问题。一个主要原因是国家背景相差很大。学校管理人员的工作如何界定,学校教育活动的结构和专业文化都对各个国家的培训产生了很大的影响。学校领导者由哪些人组成也是不同的。在有些国家,除了校长外,其他人(如部门领导)对学校管理的贡献日益获得认可,因而参与管理或团队领导更加受到重视。以理论知识为基础和以大学为基地的培训的价值正在受到质疑,而以技能为基础和以工作场所为基地的培训正在被提倡。许多国家还在争论培训应该如何组织、如何付费以及每个学校管理者应该接受多少培训的问题。总而言之,这个新兴的领域充满了各种问题和各种答案。

**1. 什么是在职培训和谁应受培训**

一个基本问题是:在职培训对学校管理人员到底意味着什么?传统上主要有两种答案。第一,人们把它看成"管理人员教育",也就是课程时间很长,提供以理论—研究为基础的知识,目的在于提高分析和理解能力,颁发证书(也就是发结业文凭或获得硕士学位),主要由大学和其他高等教育机构提供。第二,把它看成"管理人员培训",也就是课程时间很短,在研习班进行,以会议的形式提供实际的、以技能为基础的、以行动为导向的培训,没有证书,由雇主、检查员、顾问、开业者和私人机构提供。在大多数国家,第二种方法占主导地位,但正如下面所说的,第三种答案——把在职培训看成"管理人员发展"——正在普及。

第二个问题是:谁是学校领导或管理人员,他们以前的经历和资格是什么?他们的角色和责任是什么?毫无疑问,对这些问题的回答反映了在不同国家取得职位的各种条件。如在英国,中小学校长由学校的监管者在报刊上刊登广告招聘以后任命,受聘者通常有广泛的实践经验,他们的工资是新教师工资的四倍。

在西班牙,中小学校长是公务员,通常由学校的教师从内部同级的人员中推选,该职位获选人增加的工资只是名义上的。在瑞士,校长角色根本不存在,学校管理由社区选举的代表负责。在挪威,学校领导要对很大范围内的几所学校负责(Hopes 1986)。

美国与其他国家不同之处,在于它要求校长学完获得认可的、为任职作预备的大学课程,并且一旦被任命,只作管理工作而很少教学(如果有的话)。在一些发展中国家,工会和政治关系会明显地影响校长的任命;主要的管理和监督职责通常由督导人员履行,校长只起辅助的作用;校长可能轮流到不同学校任职;教师除教学以外可能还有一些别的工作;校长要服从于不可抵抗的政治压力。产生这些差别的原因植根于每个国家的历史与传统,它们对在职培训的影响是相当大的,特别是影响了第三个问题的答案:学校领导需要什么样的在职培训?它们是怎样被决定的?

**2. 需求**

培训课程的设计者通常试图通过两个问题来确定学校领导者的培训需求:什么是有效的学校和什么是有效的学校管理?遗憾的是,理论和研究并没有提供任何简单的答案。虽然人们对有效学校的特征有些一致的看法,但对有效的组织和领导特征的认识还存在着深刻的冲突。因此,什么是有效学校管理过程的特征仍然是有疑问的。

因此,在职培训者所面对的基本困境是:培训校长应该采用什么样的领导模式?权变理论认为并不存在唯一"正确"的管理组织的方法,在有效的组织中,结构与领导行为应相匹配以适应特殊的环境,这意味着管理者应该通过培训来获得并运用各种各样的技能与风格。这些不确定性源于教育管理理论的根本问题,已经混乱很长时间了,因此不必惊讶,人们为什么在教育管理与培训的文献里更多关注理论与实践的联系。有关这些联系,可以区分为两类理论:用于理解的理论和用于行动的理论。广义的组织与管理理论属于第一类,虽然它们加深了人们的理解,但为学校管理者和培训者提供的实际帮助不是很多。

这些曾是研究者和理论家最为关注的问题,但它们并没有阻止在职培训的发展,因为许多国家的决策者和实践者都提出了强烈的要求。实际上,从对一些文献的回顾(Hallinger and Wimpelberg 1992,Ribbins et al. 1991)中可得出这样的结论:政府领导的教育改革大体上决定了界定需求方法,进而决定了在职培训的目的与内容。当然,这种情况在发达国家很明显,如瑞典和法国正在朝着分权化的学校管理体制转变(Hopes 1986),或像英国和新西兰把规范化市场或准市场引入学校,这些对学校管理培训计划产生了重要影响。这种情况仍可见于许多中欧或东欧国家,如波兰,校长培训制度正从受政府意识形态控制向更加民主、更具有选择性转变(Wieringen 1992)。还有,在一些发展中国家如印度和肯尼亚(Walker et al. 1991),人口的迅猛增长和技术的迅速变革都正影响着培训。

### 3. 供给

各国对培训的组织、投资和供给方法也是不同的。建立全国校长在职培训中心(有时与地区培训中心相连)通常是集权化教育体制的特征,尤其是在发展中国家,如肯尼亚、马来西亚和印度,然而这种方法的变式有时也被非集权制的发达国家所采用,如瑞典、德国、荷兰、澳大利亚和新西兰(Hoyle and Mcmahon 1986, Leihwood et al. 1987, Ribbins et al. 1991, Walker et al. 1991)。

在英格兰和威尔士,大约有10年时间,政府为了提高校长后备人员的供给质量和使该职位入门合理化采取了一系列的措施:建立一个国家中心,资助一系列地区,开设20天和50天的课程,开设校长培训和"培训者的培训"课程以及引进规范化的市场制度——学校可以购买培训、校长个人与高层职员必须为自己进一步的专业教育付费(Wallace and Hall 1989)。在1989年,为了帮助学校实施自己的改革计划,政府成立了学校管理特别工作组,其策略是与作为雇主的地方教育当局(LEAs)的地区联合会合作,以便更有效地控制学校层次的管理培训和提供更灵活、实用的培训与支持形式。

在美国,由于体制的分权特征以及相对丰富的资源与先进的技术,这个管理培训的处境很复杂。在国家层次,联邦政府采取了许多积极措施来提高对校长在职培训的支持。比如在1987年,教育研究与改进办公室(OERI)资助教育管理发展领导计划(LEAD)——一个由57所领导培训与技术支持中心组成的全国网络——长达6年。在1989年,还资助了2个以大学为基础的全国研究与发展中心的培训,设置这些中心的部分目的是为校长提供更好的在职培训。同时,各个州的教育部创立集中化的研究领导问题学术机构,来促进已经被州立法确定的改革项目的实施。与此同时,主要在大学和学区层次成立校长中心的潮流也出现了,作为回应校长们的要求,向校长提供专业支持的基地。

在管理者培训领域,许多发达国家的显著特征是:专业团体与领导者工会的出现,私人顾问、专业化机构以及企业越来越多参与学校领导培训。而发展中国家通常由资助机构(如世界银行、美国国际开发署、英国议会)提供领导培训的资源,包括中欧和东欧地区的新兴民主国家,经常利用发达国家的大学协会与私人机构来设计和实施培训。

### 4. 内容和方法

由于各个国家的环境不同,学校管理培训计划的内容或课程也千差万别。然而,仍然有必要理想化地陈述一下人们可能公认的核心技术知识和技能,即使它们在实际中未必总能实现。这些可能公认的核心内容包括以下主题:

(a) 学校管理的法律的和专业的知识框架,主要管理任务如战略规划——包括总的政策、目标以及学校发展计划。

(b) 沟通和决策结构与作用,包括团队建设和发展。

(c) 课程、教学方法、测验和考试。

(d) 学生学习、组织与咨询。

(e) 包括非教学人员在内的员工组织、激励和发展、机会均等以及和企业联系。

(f) 财政和物质资源的管理。

(g) 外部联系,包括与家长、校董事会董事、地方教育当局合作,宣传和介绍学校的工作与发展。

(h) 效能的监控与评估。

(i) 变化与发展的管理。

(j) 管理者的自我发展。

大学开设的教育管理课程的内容也是多样的，可能包括这样几个组成部分:组织理论、领导理论、有效学校研究、员工发展和教育政策分析。

在职培训方法论像一般的教师教育和培训一样,有些注重实效而与理论无关,综合运用多门学科和研究领域的成果——心理学、社会心理学、职业心理学、社会学、管理学、成人学习和教育研究——但这么做时学科界限并不很清晰,各学科教学人员也不互相沟通。教育管理课程主要通过传统的大学方法(报告和研讨)来教授,但越来越多使用放映录像、模拟、角色扮演和案例研究等方法。

然而,还有一些新的管理人员培训方法更直接地来自研究与理论。科尔布(Kolb)的经验学习理论是一个著名的例子,它越来越多地出现在学校管理人员的培训活动中(Bailey 1987,Peterson 1987),通常是在自我发展的环境中进行学习时加以运用的。这种理论强调把实践经验作为学习的资源,把工作场所作为学习的首要环境。而且,它还提供了一种与传统培训不同的可选择的模式,人们经常批评传统模式离实践太远、太概括和理论化。

与此相似,舍恩(Schon 1987)强调了在不同环境中(包括学校)进行专业管理所面对的任务的复杂性和不可预知性。根据舍恩的观点,教科书提供的处理问题的知识如果用纯理论的甚至机械的方法加以应用将帮助甚少,有效的实践者是那些能够对他们的实践经验进行批判性和建设性反思的人。因此,对他们的专业教育和培训的设计应该能够帮助他们对实践进行反思。与这种方法相类似的是行动研究——实践者致力于系统地探究他们自己的管理工作,还有行动学习——群体(不一定来自相同的职业)在一段时期互相合作,帮助理清和处理他们各自在工作中碰到的问题。

辅导练习是培训与学习技术的一种补充,但却得到有特色的发展,其大部分来自乔依丝和肖沃斯(Joyce and Showers 1988)的研究。他们的研究确切地证明,要使新教学技能的学习与应用成功,培训计划必须包括以下五个部分:基本理论的介绍和技能与描述;技能的模式化或示范;在模拟情境中进行技能训练;模拟情境中的反馈;技能运用中的辅导练习。这些理念在管理中的运用还处于早期阶段(Hallinger and Wimpelberg 1992),但对指导性学习和同伴互助式学习来说意义是很明显的(Daresh and Playko 1992)。人们现在经常使用上述两种技术,尤其是在帮助新校长学习如何总结经验的培训活动中(Parkay and Hall 1992)。

学校管理者的在职培训在许多方面实际上与教师的在职教育(INSET)很相似,主要特征在发达国家都用文件很好地规定下来了。大概最重要的转变是从外部控制与提供课程向由学校控制、提供以学校为基础的培训活动发展。虽然支持这种转变的研究证据还远远不够,但变化的案例确实相当多。对于实践者来说,它提供了增加自治的可能性与更多相关培训的机会,而对决策者来说,它提供了更便宜(或至少更多的成本效益)的培训,同时还与他们的分权化政策相一致。在一些国家,它与人们把工业管理的技术引进学校的意图相一致,而一些案例反映出直接受到工业培训经验的影响(Mchmahon and Bolam 1990)。

教育本身的研究与经验,特别是在职培训与完成改革的实践经验,使许多人得出这样的结论:无论培训如何很好地操作,它本身都不足以引起变化,还必须采用更广泛的员工与管理人员发展战略。发展观点的起点是有效的学校绩效主要取决于学校教师和管理者或领导者(也就是校长和其他高层职员)的质量,而连贯与系统的员工和管理人员发展战略是保证提高这些专业人员素质的前提。员工与管理人员发展战略应该以学校的整体目标和政策为基础,应包含在一个学校的发展规划当中,并且还应该指向这些目标的完成。

对传统培训方法(短期的外部课程)的不满相应地导致人们采纳更广泛的员工发展概念。瑞典延伸了管理人员发展(MD)——它意味着那些负责学校管理的教师的发展——的概念(Stego et al. 1987),把它从企业管理领域改编过来。更正规的定义——“管理人员发展是指任何组织的管理人员的职能完成并伴随着效能日益提高的过程”——强调这是一个长期的过程而不是一系列孤立的活动,不仅仅包括外部课程,考虑到全部管理人员的作用而不是个别管理者的发展,目的是在每个管理者的需求与组织的需求之间求得平衡。更具体地说,可把它看成一个特殊概念,包含三个广泛的部分:管理人员教育、管理人员的培训(上面已经描述过)和管理人员支持,也就是说,那些工作中所包含的安排与程序(如工作描述、个人评价、工作辅导、工作轮换、工作进修和职业发展)是雇用当局或学校的责任。这就需要它们制定政策,根据管理人员的年龄、职务、性别、种族群体、学校类型(也就是初等或中等)、工作阶段(也就是任命前、入门、在职)和转入下一个阶段(也就是提升、重新调整或解雇)等情况来采取措施从而满足个体需要(Mcmahon and Bolam 1990)。

人力资源发展(HRD)是一个相对更宽泛的概念(同样来源于企业),指的是管理过程中通过组织的关键资源(人)来达到组织目标。除了上面列举的那些管理人员发展活动,还包括以下几个方面:(a)招募与选拔,工作环境,工资与职业结构;(b)提升,职业阶梯,激励制度,奖金,与绩效相关的奖励,管理人员替换,在工作各个方面的平等机会,尤其是提升;(c)组织设计与发展;(d)福利、健康和保险;(e)纪律、重新调整和解雇;(f)企业联系。

这些新的方法,尤其是当它们与市场模式的培训"经济"相联结时,使学校和地方当局有自己支配的预算,从而可从大量的竞争性的私人部门和公共部门供给者手中购买培训,从而迫使后者(指公共部门)提供更多灵活的培训形式,如模块化的课程结构、学分转移计划、远距离或开放式学习,所有这些形式正在越来越多地被使用。与此相关的原因是人们日益恢复了对竞争或绩效为本的学习的兴趣。在美国,有些州正在广泛使用这些形式,且经常与评价中心联合。这些中心的主要目的在于帮助客户选拔管理人员,为此它们要介入受训人员的个体的诊断和学习,而它们自身也由此经常被评价。这种做法开始介绍到欧洲部分地区。

在英格兰和威尔士,职业资格的评定以工作为基础,与绩效评估有关,而能力考核是国家采用的职业资格评定标准化的方法的基础。在学校管理领域,通过测试的人选,原则上很可能获得熟练水平的奖励,即使不是获得全奖的话,起码是以工作场所的绩效评估为基础的奖励。在整个欧共体,由于存在把职业与专业奖励协调的趋势,发展就更明显。

**5. 评价、政策与研究争论**

几乎没有什么无可置疑的评论或研究发现来指导政策与实践。正如前面有关方法的讨论所表明的,虽然有时会运用深奥复杂和综合的评价(如在美国和瑞典),由参与者提出的对培训的特征的认识远没有达成一致的看法,同时也没有研究清楚地表明培训对绩效的影响究竟有多大(Hallinger 1992)。培训所处的这种不能令人满意的状况,部分是由于这是一个新兴的领域,部分是由于不同国家运用不同的方法,还有一部分是因为这个领域还没有被充分概念化。然而一个潜在的原因归结为这是一种熟悉的技术性活动:人们很难设计(绝对独立的)学习活动,让评价者能把成绩提高归因于特殊的培训活动的结果。

试图提高培训的国家供给水平的决策者面临很多的困境,正如他们所做的,需要决定培训的规模、频率、范围、成本和经费。因此,许多战略性问题仍然无法回答,如每个学校的管理者(包括部门领导)一年中应该培训多少天(是被要求还是有权自己决定)?每个雇主(学校或地方教育当局)应该为管理人员的培训与发展提供多少资金(占每年的工资总额的多大百分比)?一个小学校能够提供足够的培训投资吗?如果不能,应该代之以什么样的组织安排更有效?准市场方法在提高培训质量和鼓励学校领导为持续的专业培训付费方面有效吗?这些问题只有在特定的国家背景中才能回答,但国际上的联系与研究进展日益有助于这些问题的清晰化,注意到这一点是令人鼓舞的。

来自技术前沿的消息同样令人鼓舞。20 世纪 90 年代的课程与研究尤其重视雇主与学校的需求:创造工作环境与提供支持,从而使学校领导和教师不仅能够更有效率地工作,而且能够学习、自我反思、发展和把工作作为整体来提高。这一点与目前其他的想法一致,如要求领导把校园文化的建设作为一项重要的管理任务和致力于全面质量管理。这个领域的概念化工作也有进展,虽然经常运用不同的分类方法,但都指向上述较为广阔的方向(Murhpy and Hallinger 1987, Daresh and Playko 1992, Hallinger and Winpelberg 1992, Parkay and Hall 1992)。有关私人顾问型与同事互助型的培训、领导者的问题解决技术培训和以问题为基础的培训方面都取得了新的重大发展(Barnett and Muse 1992, Leithwood and Steinbach 1992)。

人们相对较少关注校长在职培训的职业价值。这里所列出的大多数的发展都是为了迎合政府、地方当局和学校决策的需要。管理人员发展和人力资源发展作为技术使用时是同等重要的。这里还有一些基本问题要提出:受过教育的领导有什么特征(Hodgkinson 1991),因此,学校领导的在职教育或培训应采用什么方法?采纳企业管理技术和学校准市场模式对于学校领导来说到底意味着什么?在一个真正的民主国家,难道职业教育者不应该运用批判的、独立的精神和广博的专业知识来自主判断,而只是简单地培训他们执行中央的决策吗?民主价值的哪些部分在学校领导中起作用,尤其是在新欧洲?难道学校领导者不应该有资格(确实需要)接受不是自己付费的继续专业教育吗?总而言之,任何有关学校管理人员在职培训的政策都需要回答这样一个基本问题——民主国家中教育管理职业的实质是什么?

R. 博兰姆(R. Bolam) 著

朱科蓉 译

**附录**


Bailey A J 1987 *Support for School Management.* Croom Helm, Beckenham

Barnett B G, Muse I D 1992 Cohort groups and adult learning. In: *Problem based Educational Leadership Programs.* A collection of papers for the San Francisco Forum on Problem-based Learning, sponsored by the Danforth Foundation and the National Policy Board for Educational Administration, April 24—25 1992

Bolam R 1990 The management and development of staff. In: Saran R, Trafford V(eds.) 1990 *Research in Education Management and Policy: Retrospect and Prospect.* Falmer Press, Lewes

Daresh J C, Playko M A 1992 *The professional Development of School Administrators: Pre-Service, Induction and In-Service Applications.* Allyn and Bacon, London

Department of Education and Science 1990 *Developing School Management: The Way Forward.* A Report by the School Management Task Force. HMSO, London

Hallinger P (ed.) 1992 School leadership development: An introduction. *Educ. Urb. Soc.* 24(3): 300—316 (special issue)

Hallinger P, Wimpelberg R 1992 New settings and changing norms for principal development. *The Urban Review* 24(1):1—21

Hodgkinson C 1991 *Educational Leadership: The Moral Art.* State University of New York Press. Albany, New York

Hopes C (ed.) 1986 *The School Leader and School Improvement: Case Studies from Ten OECD Countries.* ACCO, Leuven

Hoyle E, McMahon A (eds.) 1986 *The Management of Schools: World Yearbook of Education* 1986. Kogan Page, London

Joyce B, Showers B 1988 *Student Achievement Through Staff Development.* Longman, London

Kolb D A 1984 *Experiential Learning: Experience is the Source of Learning and Development.* Prentice-Hall, London

Leithwood K A, Rutherford W, van der Vegt R (eds.) 1987 *Preparing School Leaders for Educational Improvement.* Croom Helm, Beckenham

Leithwood K A, Steinbach R 1992 Improving the problem-solving expertise of school administrators: Theory and practice. *Educ. Urb. Soc.* 24(3): 317—345

McMahon A, Bolam R 1990 *Management Development and Educational Reform: A Handbook for LEAS.* Paul Chapman, London

Murphy J, Hallinger P (eds.) 1987 *Approaches to*

*Administrative Training in Education.* State University of New York Press, Albany, New York

Parkay F W, Hall G E (eds.) 1992 *Becoming a Principal: The Challenges of Beginning Leadership.* Allyn and Bacon, London

Peterson K D 1987 Research, practice and conceptual models: Underpinnings of a Principals' Institute. In: Murphy J, Hallinger P (eds.) 1987

Ribbins P, Glatter R, Simkins T, Watson L (eds.) 1991 *Developing Educational Leaders: International Intervisitation Programme.* Longman/BEMAS, Harlow

Schon D A 1987 *Educating the Reflective Practioner: Towards a New Design for Teaching and Learning in the Professions.* Jossey-Bass, San Francisco

Stego N E, Gielen K, Glatter R, Hord S M (eds) 1987 *The Role of School Leaders in School Improvement.* ACCO, Leuven

van Wieringen A M L (ed.) 1992 *Training for Educational Management in Europe.* Academic Book Centre, Die Lier

Walker W, Farquar R, Hughes M (eds.) 1991 *Advancing Education: School Leadership in Action.* Falmer Press, London

Wallace M 1991 *School Centred Management Training.* Paul Chapman, London

Wallace M, Hall V 1989 Management development and training for schools in England and Wales: An overview. *Educational Management and Administration* 17(4): 163—175

## 管理人员的职前培训(Administrative Preparation:Preservice)

在整个20世纪,学校管理文献主要涉及两个方面:(a)试图用调查的方法建立特殊的知识基础来界定这个领域;(b)采取措施用这些知识培养未来的学校领导者。培训领域分为两个阶段:职前教育和在职培训。这里关注的是第一个阶段。职前教育的演变分为两个阶段,从1900年到1946年和从1947年到1985年。大约直到1960年,美国还没有设置专门的教育管理职前教育(Walker 1991)。

### 1. 阶段一:规范时期(1900~1946)

在20世纪之前,很少用正规培训来鼓励和训练管理人员。既没有教育管理专家也没有学校领导部门。管理与教学在很大程度上并没有区分,并且学校领导接受的有限的教育与给班级教师提供的培训相似。

20世纪初,许多事情产生的力量开始在美国显现,并对学校管理尤其是管理人员的教育课程产生了很大的冲击作用。最重要的有:(a)人口集中到城市中心;(b)工业制度的进步;(c)当时流行的企业价值观被关注学校工作的人们所采用;(d)科学管理在企业和教育领域的扩展(Callahan 1962)。

#### 1.1 课程结构

虽然关于规范时期(尤其是早期)职前培训课程的资料有限,但仍然可能把这个时代的规范培训合理地拼接成一个丰富的画面。它的发展可追溯到哥伦比亚大学(纽约)的师范学院,1898年,那里举行了学校管理的第一次研讨会。到第一次世界大战开始,"教育管理的巨大变革正在进行,在接下来的10年,人们通过发展管理研究生课程而把基本的模式加以扩展和制度化"(Callahan and Button 1964 P. 84~85)。越来越多的学生参加培训课程,越来越多的州在雇用时需要管理人员的培训和资格证书。到规范时期结束时,大部分学校领导已经完成了部分职前培训,38个州要求管理人员有硕士学位(Cooper and Boyd 1987)。

在整个规范时期,进行职前培训的教师通常来源于这个职业的实践队伍。他们本身所受的教育可能是有限的。许多人还必须争取硕士学位。他们的部门同事很少,工作时间很长,几乎把他们所有的时间都用于教学。尽管受到这些因素的制约,这些早期的专家对学校管理学科领域的出现和未来学校领导的培训课程的影响是很大的。这个时期的学生像他们的教授一样几乎全是白人男性,通常全职工作而兼职学习。

### 1.2 课程内容

在科学管理于 1910 ~ 1915 年广泛运用之前，为管理人员设计的课程内容与教师的课程没有差别。那个时期以后，企业领域的方法、技术和程序日益运用到职前培训课程中。纽伦（Newlon 1934）对规范时期的前 30 年课程内容做了最彻底的分析。他在评论全部的博士论文、当时流行的教科书和实际教授的课程的基础上得出结论：学校管理部门还主要关注"学校行政的专业教育的技术方面"。纽伦揭示了对"财政领域、经营管理、物资设备和管理、组织、人力管理等更机械部分"的偏见。与此同时，他指出实际上人们没有关注到"学校管理的深刻的社会与经济问题以及解决这些问题所需要的社会方法与技术"。

由于世界经济危机和对企业价值的重新认识，在规范时期的第二部分——所谓的人际关系阶段——职前培训的课程内容开始变化。尤其是社会基础被引进职前培训："科学管理时代的工业工程师不得不成为人类工程师"（Guba 1960 P. 117）；"雇员的满意与动机、工作丰富、个体成长与发展这样一些问题以'人的因素'课的形式被增加到培训内容中……（同样）强调人际关系技能的发展"（Silver 1982 P. 52）。

第二次世界大战结束以后，职前培训继续以实用为取向。所运用的知识基础仍然主要由专家的个人故事、前任管理者的示范、以实践为基础的规则以及其他工作描述（工作中应做什么）为主。这从整体上脱离了经验研究和大学中的"学者群体"（Campbell et al. 1987 P. 179），完全缺乏把培训课程的内容结合在一起的理论的与概念的支撑。

## 2. 阶段二：行为科学时期（1947 ~ 1985）

行为科学时期通过两种力量来发展：第一，社会结构和学校领导面临的事务的变化；第二，对作为研究与培训领域的学校管理学的日益不满，尤其对这个时期培训课程的规范性知识基础和含糊不清的价值体系感到不满。受到这些力量的滋养，1947 年至 1956 年这个时期是学校管理学的动荡时期，一个显著的标志是全国教育管理专家委员会和教育管理大学委员会的成立。从总体来看，这个时期——理论运动的种子已种植入学校管理学中——是一个充满兴奋、空前活跃的和取得重大进步的时期。

### 2.1 课程结构

在行为科学阶段的 40 年间，提供管理人员培训的机构增加得相当多。在美国，培训课程从 1946 年的 125 门增加到 20 世纪 80 年代中期的 505 门（Murphy 1992）。美国之外的第一门课程在 1956 年创建于加拿大的阿尔伯达大学（Miklos and Nixon 1978），此后澳大利亚在 20 世纪 60 年代早期紧跟着开设了课程（Walker 1991）。人们期待的是，授予的学位数量的增加能够与授予学位的机构的增加相匹配。如美国仅在 1970 ~ 1971 学年就授予了超过 8 500 个硕士学位，在大多数州这是获得职业起点资格和进入管理职位的基本要求（Silver 1978）。正如在规范时期一样，在行为科学时期，培训课程在性质上具有地区性，学生几乎都来自大学周围很小的区域，毕业后大部分回到同一个地区。

如在规范时期一样，行为科学时期的教育管理专家的同事也很少。在 1954 年，典型的部门有 2 个全职工作人员（Farquhar 1977）。30 年后，虽然每个部门的职员的平均数有 5 人，但形式上仍然只有 2 人（McCarthy et al. 1988）。随着时间的过去，员工的组成变得多样化。如在美国，到 1973 年，98% 的学校管理专家是男性，97% 是白人（Campbell and Newell 1973）。15 年后，女性占据了 12% 的员工职位，少数民族的数量增加到 8%（McCarthy et al. 1988）。

前面已经提到过，在整个规范时期，专家主要定位于该职业的实践方面。这种模式一直持续到 20 世纪 50 年代，大多数专家都是多面手（通才）。部门之间的区别在于职责（如预算）、任务（如监督）、创办者的管理层次（如中学校长）的不同。然而到行为科学时期的后期，典型的教师员工与 20 多年前的他们的先驱有相当大的不同。行为科学定位于学术而不是实践。因此，角色出现分化，如大学的职能有研究、教学、服务，行为科学课程出现了经济学和政治科学。这种转变促使教育管理专家进入一个更年轻的时代，比规范时代的同类人接受更多的教育。然而，由于高比率的入学水平仍然是多数培训机构的特征，因此教学仍然很重要，并且定位于学术研究的学校管理部门也并没有分析家所期望的那么多(Murphy 1990)。

在行为科学时期的几十年中，虽然关于典型学生的描述多少有些不同(Farquhar 1977)，但某些模式是可识别的。首先，在硕士和博士层次，主要是一些走读生的业余学习，他们在晚上和周末完成他们的学习任务。更大的区别是：与早期阶段相反，学生主要是女性而不是男性，教师是有实践经验的而不是管理的新手。同样，由于许多机构在整个阶段持续依靠大量、多样的筛选工具，参加培训课程的学生质量尽管不十分理想，但还是有些提高。

2.2 课程内容

这个阶段主要的活动是把行为科学与社会科学及其方法论引进职前课程，作为它的理论知识基础。所有这些活动是努力建立管理科学的一部分。因此，行为科学阶段代表了一次运动——“在教育管理中产生有科学支持(假说—演绎的)的知识，以代替现在忠告式的和补丁式的文献”(Crowson and Mcpherson 1987 P. 47 ~ 48)，还代表了一种趋势——“脱离以实践经验为基础的技术取向的内容”(Culbertson and Farquhar 1971 P. 9)。伴随着对社会科学调查工具的重视，反过来导致职前培训课程中逻辑实证主义的生长与巩固。

职前培训课程在五个方面受到管理科学运动的影响。在最基本的层面上，更多社会科学内容在培训实践中起作用，虽然它们运用的程度还受到争论。同时，人们对实用的和技术的知识的重视有所减弱(Farquhar and Piele 1972)。对行为和社会科学的关注成为这个专业“高质量课程的指标”(Miklos 1983 P. 160)，这一点并不使人感到惊讶。第二，跨学科(或至少多学科)方法用于培训成为一种时尚(Culbertson 1964)。第三，学生课程中的研究活动变得更加重要(Gregg 1969)。同样重要的是学生运用的调查工具更多的是借用社会科学学科，尤其是心理学。第四，由于决策概念是管理科学运动的核心(Griffeths 1959)，作为决策者的学校领导日益影响着职前培训活动。第五，由于这些变化，培训课程的内容基础明显变得“更加丰富和有力”(Culbertson 1964 P. 392)。

这个阶段的其他内容趋势也是很明显的。经验领域的重要性在职前课程中日益突出。如在1958 ~ 1959 学年和 1962 ~ 1963 学年，经验领域的课程在美国增加了四倍。“作为管理者的管理”运动，流行于行为科学阶段的全盛时期，帮助产生了一些课程，这些课程的很多内容是鼓励主管、校长和监督者的。它还鼓励更多的学生走出教育学院去学习管理课，尤其是学习工商管理和公共管理课程，但这种做法却怂恿学生轻视为学习学校教育的核心技术内容而布置的课堂作业。在行为科学阶段的后半段时期，以能力为本位的教育成为显著的运动方向，这种趋势体现在以能力为本位的内容和以能力为本位的教学形式的扩展使用上(Silver 1978)。

从 1950 年到 1985 年，教育管理领域职前课程的教学方法大大扩展了，引入了新的策略与技术，虽然没有一种被广泛运用，但从整体上比规范时期给学生提供了更丰富的教育。一些策略，尤其是案例研究，能够很深地运用于培训课程。另一方面，在行为科学阶段即将结束时，“教就是告诉”的理念在一些校长培训机构中仍然相当普遍。讲演—讨论式教学方式仍然在教育管理人员的职前课程中占主要地位，教授在 1985 年的讲课方法与半个世纪前他们的同事的方法几乎一样。

**3. 辩证时期的出现**

许多管理人员培训的分析者认为，随着从行为科学时期变为辩证时期(Murphy 1992)，另一轮巨大的变革已经开始。变革的标志在许多方面与早期的变革相似：对当时状况的激烈批判；不顾一切和不对等地寻找一种新的视角来界定作为研究领域的学校管理；希望开发一种能够克服培训结构现存缺点的培训课程。

对现存的培训课程的批判是对目前改革最充分的支持。虽然目前阶段的变革在 30 年前就被一些学者如哈洛(Harlow 1962)和卡伯特森(Culbertson 1963)预见了，并且格林菲尔德(Greenfield)在 1975 年富有洞察力的批判中就开始看到变革开始的动力，但直到 20 世纪 80 年代中期，才倾向于对教育管理进行整体的批判性分析，尤其是对培训课程进行批判性分析。在著名的理论运动人物的领导下,批判理论者运用一系列的分析框架,专业团体在学校领导培训活动中的每个方面都受到严厉的审视。几乎培训课程的每个方面都需要改进:在招生上花费的力气太少和选拔的标准太低;课程内容经常不相关,与学校的教育职能和领导实践联系不紧密;教师通常仅比学生多懂一点;成绩标准主要是学生的出席(Murphy 1992)。

虽然很难预料,在涉及为提高培训课程而形成的当代变革策略方面,教育领导问题的未来批评家会把什么指认为重要事件,但在美国,出现了两个主要候选目标。一个是包括全国优秀教育管理委员会(NCEEA)的工作在内的一组活动。这个委员会成立于 1985 年,受到大学教育管理委员会(UCEA)的支持与指导以及许多基金会的支持,它的领导是丹尼尔(Daniel E. Griffeths),全国优秀教育管理委员会制定了一系列有影响的文件,这些文件有助于明确这个专业到底出了什么问题?这些文件激起了对可能解决问题办法的讨论,提供了指导行之有效的改革的普遍原则。

辩证时期的第二个历史标志可能是全国教育管理政策委员会(NPBEA)的活动。受到全国优秀教育管理委员会的建议的启发,在大学教育管理委员会的支持与指导下,以帕崔克·福赛斯(Patrick Forsyth)为执行理事,全国教育管理政策委员会创立于 1988 年,它包括 10 组执行理事,对学校管理有浓厚的兴趣。从此,全国教育管理政策委员会开展了一系列活动,为学校领导与大学的教育课程的重构建立了方向。《提高学校管理人员的培训:改革的议程》首次出版于 1989 年,这个文件列出了提高培训课程的综合计划。它的建议后来经过稍微修改后被美国 50 多个州和加拿大大学所采纳,其中包括教育管理大学委员会。《改革的议程》出版之后,全国教育管理政策委员会出版了一系列的论文——报告了关于教育管理人员培训课程的改革争议。它与丹佛斯(Danforth)基金会联合组织了全国会议,帮助专家发现新的关于学校领导的观点和改变对培训课程的根深蒂固的看法。

### 3.1 可能的方向

尽管改革者激动不安和开始出现重新设计课程的动向,但由于其他地方讨论过的许多原因(Murphy 1993),关于教育管理专业培训将如何继续下去的问题应该带着一定程度的怀疑来加以审视。同时,关于培训课程未来发展可能性的扎实的思索,对那些致力于改革学校领导教育课程设计的人可能会有帮助。通过对改革文献的回顾和对大量致力于重构课程机构个案的研究,显示这个领域可能朝着以下方向发展:(a)课程更方便和领导更民主;(b)课程内容重新定位,增加有关伦理讨论、教育的社会背景、反思和批判性质诸方面的内容;(c)增强专业的艺术性,包括更重视以现实为基础的学习形式和资料;(d)重新联合这个专业的实践与学术队伍,发展学校领导与学校管理专家的合作关系;(e) 大范围内重新配置课程结构,包括运用学生团体模式,更注重以工作场地为基础的学习,打破传统的学期与课程形式,关注更大块的学习时间,运用更体贴的监控程序;(f)对教师角色的重新界定,包括发展更普遍的责任观,承认和尊敬这个角色的实践方面,脱离日益增长的以学科为基础的专业化的趋势;(g)从更宽泛的领域来重新看待公平问题——从学生的招收与选拔到课程的内容和实施问题。

J. 墨菲(J. Murphy) 著
朱科蓉 译

### 附录

Callahan R E 1962 *Education and the Cult of Efficiency: A study of the Social Forces That Have Shaped the Administration of Public Schools.* University of Chicago Press, Chicago, Illinois

Callahan R E, Button H W 1964 Historical change of the role of the man in the organization: 1865—1950. In: Griffiths D E (ed.) 1964 *Behavioral Science and Educational Administration*, 63rd NSSE Yearbook, Part II. University of Chicago Press, Chicago, Illinois

Campbell R F, Fleming T, Newell L, Bennion J W 1987 *A History of Thought and Practice in Educational Administration.* Teachers College Press, New York

Campbell R F, Newell I J 1973 *A Study of Professors of Educational Administration: Problems and Prospects of an Applied Academic Field.* University Council for Educational Administration, Columbus, Ohio

Cooper B S, Boyd W L 1987 The evolution of training for school administrators. In: Murphy J, Hallinger P (eds.) 1987 *Approaches to Administrative Training in Education.* State University of New York Press, Albany, New York

Crowson R L, McPherson R B 1987 The legacy of the theory movement: Learning from the new tradition. In: Murphy J, Hallinger P (eds.) 1987 *Approaches to Administrative Training in Education.* State University of New York Press, Albany, New York

Culbertson J A 1963 Common and specialized content in the preparation of administrators. In: Leu D J, Rudman H C (eds.) 1963 *Preparation programs for Administrators: Common and Specialized Learnings.* Michigan State University, East Lansing, Michigan

Culbertson J A 1964 The preparation of administrators. In: Griffiths D E (ed.) 1964 *Behavioral Science in Educational Administration*, 63rd NSSE Yearbook, Part Ⅱ. University of Chicago Press, Chicago, Illinois

Culbertson J A, Farquhar R H 1971 Preparing educational leaders: Content in administration preparation. UCEA *Newsletter* 12(3):8—11

Farquhar R H, 1977 Preparatory programs in educational administration:1954—1974. In: Cunningham L L, Hack W G, Nystrand R O (eds.) 1977 *Educational Administration: The Development Decades.* McCutchan, Berkeley, California

Farquhar R H, Piele P K 1972 *Preparing Educational Leaders: A Review of Recent Literature.* University Council for Educational Administration. Columbus, Ohio

Greenfield T B 1975 Theory about organization: A new perspective and implications for schools. In: Hughes M G (ed.) 1975 *Administering Education: International Challenge.* Athlone, London

Gregg R T 1969 Preparation of administrators. In: Ebel R L (ed.) 1969 *Encyclopedia of Educational Ressarch*, 4th edn. MacMillan, London

Griffths D E 1959 *Administrative Theory*, Appleton-Century-Crofts, New York

Guba E G 1960 Research in internal administration: What do we know? In: Campbell R F, Lipham J M (eds.) 1960 *Administrative Theory as a Guide to Action.* Midwest Administration Center, University of Chicago, Chicago, Illinois

Harlow J G 1962 Purpose-defining: The central function of the school administrator. In: Culbertson J A, Hencley S P (eds.) 1962 *Preparing Administrators: New Perspectives.* University Council for Educational Administration, Columbus, Ohio

McCarthy M M, Kuh G D, Newell L J, Iacona C M 1988 *Under Scrutiny: The Educational Administration Professoriate.* University Council for Educational Administration, Tempe, Arizona

Miklos E 1983 Evolution in administrator preparation programs. *Educational Administration Quarterly* 19(3):153—177

Miklos E, Nixon M 1978 *Educational Administration Programs in Canadian Universities.* Department of Educational Administration, University of Alberta, Edmonton

Murphy J 1990 The reform of school administration: Pressures and calls for change. In: Murphy J (ed.) 1990 *The Reform of American Public Education in the 1980s: Perspectives and Cases.* McCutchan, Berkeley, California

Murphy J 1992 *The Landscape of Leadership Preparation: Reforming the Education of School Administrators.* Corwin, Beverley Hills, California

Murphy J 1993 Alternative designs: New directions. In: Murphy J (ed.) 1993 *Preparing Tomorrow's School Leaders: Alternative Designs.* University Council for Educational Administration, College Park, Pennsylvania

National Policy Board for Educational Administration (NPBEA) 1989 *Improving the Preparation of School Administrators: An Agenda for Reform.* NPBEA,

Charlottesville, Virginia

Newlon J H 1934 *Educational Administration as Social Policy*. Charles Scribner's Sons, New York

Silver P F 1982 Administrator preparation. In: Mitzel H E (ed.) 1982 *Encyclopedia of Educational Research*, 5th edn. Free Press, New York

Silver P F 1978 Trends in program development 1974—1978. In: Silver P F, Spuck D W (eds.) 1978 *Preparatory Programs for Educational Administrators in the United States*. University Council for Educational Administration, Columbus, Ohio

Walker W G 1991 Tight ship to tight flotilla: The first century of scholarship in educational administration. Paper presented at the annual meeting of the American Educational Research Association, Chicago, Illinois

## 管理人员的招募、选拔与职业生涯(Administrator Recruitment, Selection, and Careers)

如何吸引教育管理职业的合适候选人,如何匹配个人特点与职位要求以及如何留住最能干的管理人员,这些问题事关长远利益。研究结果表明,管理人员在教育变化与发展中发挥了重要作用,人们开始重新关注管理人员的招募、选拔和留任。

### 1. 招募

招募包括把候选人吸引到一个管理职位的过程和申请人请求特殊职位的活动。人们感兴趣的领域是预期的候选人才库、与招募有关的活动和影响这个过程的因素。

#### 1.1 候选人来源

几乎毫无例外,教育管理人员候选人才库都由教师组成。通常,学校层次的管理人员从教师中招募,更高层次管理人员从更低层次职位的人员中招募。例如,意大利的督导成员是从教师和校长中招募的,中央督导是从地区督导中招募的(Hopes 1984)。人才库的规模与构成受到特定选拔标准的影响。英格兰和威尔士的前皇家视导成员从继续教育和高等教育机构以及学校与地方教育当局中招募。地方顾问主要从教师中招募,但有校外经验的人也是有价值的(Bolton and Stillman 1991)。

教育者人才库的一个主要例外是对象经历与管理职位有关,即需要招募对象有法定的或企业管理的背景。这些类型职位的人员来源于有适当资格和相关经验的候选人。有法定背景的管理人员在德国的地区和州层次占据了三分之一到一半的管理职位(Hopes 1983)。

接受过大学课程培训的毕业生,如那些在美国、加拿大和澳大利亚的毕业生,形成了管理职位的固定候选人才库。课程执行了重要的招募职能,尤其是如果资格要求包括学术文凭。在美国,招募过程提供了足够的(甚至过多的)有文凭的管理人员,然而,候选人的质量成了问题,因为招募主要通过自我鉴定的方式来进行(Griffiths et al. 1988)。这种情形导致对更有力的招募措施的需求。

教育管理人员往往来源于一般社会结构中的某些人才库。在许多国家,这种来源主要是男性,尤其是那些属于主流文化群体的男性。人们日益关注那些严格限制妇女和少数民族进入管理人员选拔的人才库的障碍(Ortiz and Marshall 1988, Valverde and Brown 1988)。一般来说,性别和文化因素以非常复杂的方式影响招募过程。有些群体在管理机构中的代表很少,这不仅仅是由于教育结构不合理所致,还由于更广的文化因素的影响(Miklos 1988)。对妇女和少数民族或种族在管理职位中所占名额不足的关注影响了招募过程并导致了特殊培训项目的发展。

#### 1.2 招募过程

招募过程通常包括一些搜索形式,这些形式可能是正式的或非正式的广告。尤其是在管理结构的更低层次,搜索可能是在地方或内部。在美国和加拿大,学校委员会补充管理职位空缺的过程存在相当大的不同(Miklos 1988)。

尤其是在把管理人员看成公务员的背景中,对特定职位的招募一般是通过公开竞争进行的,包括用官方出版物做广告。西班牙的督导人员、意大利的视察员和丹麦的教育官员就是这样招募的。在德国,职位由广告公布,但由现任委员投票也可进入招募过程(Hopes 1984)。

虽然英格兰和威尔士的地方教育当局职位并不属于公务员,但招募广告仍刊登在全国范围的职业杂志上,招募过程的实施更灵活。调查表明,大约只有四分之一的顾问是真正在约见的时候找到某种职位,其余被录用的人属于被邀请申请或被指派(Bolton and Stillman 1991)。虽然德国的工会和员工联合会可能对预先选择或"推荐"校长资格提出挑战,但仍然有些人受到鼓励来申请职位(Hopes 1983)。

### 1.3 影响招募的因素

相对其他可选择的职位来说,管理职位的吸引力自然影响了人们进入这个职业。不同来源的资料表明招募受到人们认识的阻碍,即认为管理工作变得更有挑战性但报酬却得不到相应的增加。

在学校层次,由于结构变化(如增加参与)和角色定位变化(不仅导致额外的任务还导致职能冲突),管理变得复杂了许多。如校长的招募在德国之所以成为一个问题,部分是因为强调领导者要承担更多的责任从而减少了这个职位的吸引力(Hopes 1983)。当然,校长这一职位比其他层次的职位更有吸引力。地区层次的管理职位无吸引力的因素包括管理工作太多(在德国)、人员配备不足(在意大利和西班牙)和在没有调整他人工作负担的情况下增加新的任务(在法国)(Ballarin et al. 1991,Hopes 1984)。

在加拿大的安大略省,高层次管理职位的招募比较困难,因为校长们认为工资区别不足以补偿额外工作和专职教育带来的负担(Fullan et al. 1987)。同样,在意大利,校长和督导之间的工资区别并不能反映督导暗含的更高地位。在德国,学校督导人员的工资实际上可能低于校长的工资(Hopes 1984)。在英格兰和威尔士,工资低可能成为一些地方教育当局很难招募到质量与经验合意的顾问的一个因素。

## 2. 选拔

选拔是指把一个特定的人安排到一个特定的管理职位上的最后的决策活动。人们感兴趣的是决定的过程、决定根据的标准、一般方法的缺陷和改变的建议。

### 2.1 选拔过程

管理人员的选拔过程包括从主要机构评估到地方委员会的广泛参与。申请人可能需要从事一系列的练习,包括笔试、面试和可以测试某些技能的活动。

德国海塞州的校长由固定成员组成的委员会选拔。候选人进行的活动包括评价另一个教师的课,主持一次会议,做一次讲话和领导一次讨论(Hopes 1983)。在英格兰和威尔士,以文件资料的形式列出申请地方教育当局顾问职位的候选人。面试时间从不到一个小时到几天,有时还会要求候选人执行与角色有关的任务(Bolton and Stillman 1991)。

笔试可能是选拔过程的一部分。在意大利,通过笔试、竞争性考试和一次面试来选拔督导。同样,意大利的学校领导由罗马的教育部办公室在资格考试的基础上任命(Hopes 1984)。在加拿大的安大略省,参加部长主持的考试是获得督导资格过程的一部分(Fullan et al. 1987)。

在西班牙,由委员会来评价申请督导职位的申请人,而校长则由学校的管理委员会选拔,学校管理委员会还批准校长推荐的学校层次的管理人员(Ballarin et al. 1991)。在英格兰和威尔士,校长是由一个面试小组共同选拔的,这个小组包括地方当局成员和由教育官员提议的学校管理人员(Morgan 1986)。

在南巴西的三个州,校长的选拔采取了非常特别的方法,由同等级别的人和学校团体的成员来选拔(Sisson de Castro and Werle 1991)。虽然最后的选拔由州层次决定,但在三个候选人中,往往选拔得票最多的那个人。家长、教师和学生都参与投票,但教师投票占的比重最大。

在管理职位任命需要资格证书的情景下,选拔包括两个过程。第一阶段满足证书要求,第二个阶段满足具体职位要求。在美国,选拔的最初阶段包括允许进入和完成正规课程学习的要求。在加拿大的安大略省,第一个阶段包括完成一定的课程和通过教育部设置的考试。在一般情景下,第二阶段的选拔过程是非常不同的(Fullan et al. 1987)。

### 2.2 选拔标准

选拔标准涉及一系列的个体与职业特征，这些特征大概反映了管理职位的要求。除了那些基本是法律的或财政方面的职位，担任教师的成功经验可能是标准之一。

虽然职务说明书不同，但在不同的背景下选拔校长的标准是相似的。学术准备、职业记录和领导品质（包括人际交往技能、组织能力、沟通技巧和引导合作的能力）属于一般的标准。个体特征如动机、判断力、性格、思想开明、身体和精神健康、镇静、智力、幽默感和文化背景也会影响选拔决定（Hopes 1983，1984；Miklos 1988；Morgan 1986）。关于校长选拔的研究结果支持使用某些标准，如学术成就、人际交往技能、服务动机和准备加班做工作。

在意大利，全国范围的地区督导竞争包括三篇论文写作和有关教育事项、教授法与学校立法方面的面试。在小学层次，论文是关于社会文化问题的，而在中学层次论文主题与学校科目有关（Hopes 1984）。在西班牙，用来衡量督导能力的分数被分配到学术级别、教育改革、教学经验、书面陈述、管理服务、完成了的培训课程和公务员服务年限等诸多方面（Ballarin et al. 1991）。经验和教育管理知识似乎所占的比重较大。选拔包括获得最低限度的分数和通过选修的理论与实践培训课程，课程的焦点是组织、法律、发展和教育。

对于英格兰和威尔士的前皇家督导来说，成功的教学经验很重要。标准中还包括课程发展和机构管理以及与出版记录相关的经验。拥有教育领域以外的经验的督导所占比例相对较高，表明教育领域以外的经验是一个暗含的标准（Bolton and Stillman 1991）。

### 2.3 缺点与建议

探讨过选拔实践的研究者发现了大量与选拔标准和过程有关的缺点（Baltzell and Dentler 1983，Hopes 1983，Morgan 1986）。从研究得出的一般结论是选拔实践缺乏有关应聘者的理性深度的信息，而通常认为在这些选拔过程中应出现。

相当多的雇主似乎没有提出很好地控制选拔过程的政策与程序。具体的程序并不足以解决面临的挑战，如保证选拔者理解选拔的过程及他们的角色和空缺职位的实质。而且，选拔者在对情况和候选人特征进行评价时可能无法达到满意的客观性程度。过度地依赖某些指标和程序（如面试）可能导致表面评价。

由于缺乏充分的经验研究，经常应用的标准的有效性也是有问题的。如与管理实践有关系的个人特征可能被给予过多的权重，而与管理成就关系更密切的标准则得到很少的权重（Baltaell and Dentler 1983，Morgan 1986）。

有关选拔过程的一项研究建议把政治与技术维度都引入选拔（Hopes 1983）。建立在与职位绩效无关的背景或候选人的文化、社会与政治特征基础上的模糊标准也将考虑进来。由于成功的候选人将与选拔委员会的成员一起工作，所以政治因素是不可避免的。

观察到的选拔程序存在的缺点促使提出指导方针以改进选拔（Baltzel and Dentler 1983，Morgan et al. 1984，Musella 1983）。一般来说，指导方针是用来帮助选拔者克服一般的缺点和达到可接受的合理性水平。具体的建议有：进行工作分析，使标准清晰化，用多种方法评价候选人，更多地依靠资料，减少主观判断的次数和定期地评价选拔程序。然而，建议的程序中很少包括成功候选人在具体角色中所需要的识别训练（Hopes 1983）。

### 2.4 评价中心

从20世纪70年代中期开始，评价中心作为加强选拔过程的力度与合理性的一种方法日益引起人们的关注。文德尔（Wendel）和西伯茨（Sybouts）把评价中心界定为“一系列标准的程序和大量的活动（包括一个或多个模拟练习），为选拔、配置、发展或提升而评价行为”。美国的全国中学校长联合会提出的方法中测量了12项行为维度：问题分析、判断、组织能力、决定性、领导、敏感性、压力承受、口头沟通、书面交流、兴趣范围、个人动机和教育价值。有代表性的是：6个受过培训的评估者观察了12个参与者超过2天的时间，然后准备一个统一的报告，报告提出了改进的强度与范围，并口头传达给个体参与者。参与者的轶事般的报告一般是积极的，研究结果支持了评价中心等级预言的效度。

### 3. 职业生涯

教育管理职业生涯关注的是管理需要专业化培训的程度,以及通过或多或少连续的基础上从事这一职业的程度。其他相关的方面有不同职位的流动性、流动的广度和影响管理职业生涯演变的因素。

#### 3.1 作为职业生涯的管理

对多数教育管理人员来说,管理职业生涯是教育职业生涯的延伸。在学校内处于管理等级更低层次职位的人员经常把教学与管理责任结合在一起。虽然有些校长可能继续直接参与教学,但在实践中有很大不同。

管理人员职前专业化培训的程度在各国相差很大。在美国,文凭要求保证了学校和学区层次的管理职位在任命前接受大学程度的培训。虽然人们日益认识到专业培训的重要性,但在许多国家,管理职位很少有学术要求,而且限制了职前和在职培训的机会,一旦教育者进入管理机构,他们往往继续服务于管理职位。因此,从这种意义上说,教育管理形成了一种职业生涯。

#### 3.2 职业生涯道路与模式

进入管理职位,从一个职位流向另一个职位以及从管理职位退出揭示了职业生涯道路或模式的规律。职业生涯道路反映了教育系统的结构特征和不同文化、社会和政治因素。学校和教育系统的有限等级结构通常意味着教育管理职业生涯道路往往相对较短。

许多管理人员的职业生涯道路始于格特纳(Gaertner 1980)所指的"评价职位"——校长助理、年级或学科协调者、部门领导——这些职位中的有些管理责任通常与教学责任相结合。在学区或地区层次临时承担指导老师职责的职位也可承担评价职责。离开评价职位后可能回到教学,也可能进入直线职位(如校长)或成为学校之外的层次的职员。在评价阶段之后,职业生涯道路往往是单向的,回到结构的更低层次的职位是不可能的。职业生涯的一般模式包括稳定期和退出职位两个阶段。

学校层次以上职位的职业生涯模式在各个教育系统都是相似的。在美国和加拿大,通常从教学流向首要职位,然后再到学区层次职位,可能是高层职位也可能不是,这取决于学区的规模。流向加拿大安大略省的学区层次的最高管理职位路线一般包括成为班级教师、校长助理或校长、主管官员(Fullan et al. 1987)。在德国的海塞州,受雇为学校主管官员的主要路线是先成为代理校长或指导试用教师的教师(Hopes 1984)。

在英格兰和威尔士,地方教育当局内的职业生涯道路可能包括直线职位的经历。负责小学层次的指导老师往往是前任校长。地方督导往往来源于指导老师或中等和高等层次的教育管理职位,而不可能直接来源于普通教学人员。前皇家督导职位更可能来源于高等教育和继续教育职位,而不是地方教育当局职位(Bolton and Stillman 1991)。

卡尔森(Carlson 1979)对澳大利亚和美国的职业生涯进行了比较研究,揭示了结构对职业生涯模式的影响。同时,职业流动性在新南威尔士和西澳大利亚受到的控制多于俄勒冈州。小学与中学首要职位的明显分离导致这两个职位间没有流动性。而且,从小学或中心学校首要职位流向督导的可能性很小。格特纳(1980)还注意了小学与中学管理职业生涯道路的不同。

#### 3.3 职业生涯流动性

尽管由于相对扁平管理组织结构和高层次的职位明显减少,在教育组织中向上流动普遍受到限制,但在不同背景中还是不同的。

美国的迹象是有相当数量的横向流动,也就是说,根据职位的地点和特征流向"更好的"职位。权限间的流动性很大(Gaertner 1980)。然而,实际流动的空间距离并不大。与此相反,在英格兰和威尔士,指导老师间流动性很小:大约 2 500 个指导老师中每年大概只有 1% 在地方当局间流动。不仅指导老师职位内部的提升受到高级职位相对较少的影响,而且,指导老师并不期望有这种意义的职位升迁。多数指导老师都留在他们最初的职位直到退休(Bolton and Stillman 1991)。首要职位在许多教育系统中往往是终身的。流动率低一方面可能是由于雇用实践倾向于在权限内任命,另一方面是由于个人偏好。在申请首要职位中的地理流动性在德国很低,而在英格兰和威尔士,由于工资差别很大而使流动性很高。

卡尔森对职业生涯定向和地点定向的管理人员所做的区别似乎是相关的。职业生涯定向的管理人员很早就决定进入管理职位生涯,制定职业生涯计划以实现目标,并且愿意在地理上流动。与此相反,地点定向的管理人员与职业生涯的关系更被动,他们的流动性受到限制。管理人员在许多背景中的有限流动性表明,具有地点定向的那些人所占的比例高于那些职业生涯定向的人。

### 3.4 职业生涯偶然性

与管理职业生涯相关的偶然性是指影响职业生涯道路和模式的因素。偶然性因素部分地反映在进行选拔决定的标准中。然而,还可能有其他因素。虽然多数研究都在美国进行(Miklos 1988),有些一般(如果不是特殊的)偶然性也可能存在于其他背景中。

拥有的学术资格超过最低期望可能加强职业生涯前景。无论向上流动的程度还是比例都受到进入时的年龄和性别的影响。女性管理人员的职业生涯经历不同于男性的,女性往往在更大年龄时成为管理人员并更可能渴望员工职位。少数民族成员的职业生涯道路受到向他们开放的职位的类型与地点的限制。

虽然特殊的渴望会影响职业生涯的呈现,但职业生涯模式的形成是偶然的。在合适的时间位于合适的位置就是职业生涯偶然性。另一个因素是上级的赞助与支持,他们可能对于鼓励有上进心的人寻找职位和做出真正的决定很重要。第一个管理职位的地点和类型同样是很重要的偶然因素。所呈现的职业生涯模式可能由第一个职位的经历决定。至少在有限地理范围内的流动也可能是一个重要的职业生涯偶然因素。

## 4. 结论

尽管与管理人员招募和选拔相关的问题持续不断,但人们在这个领域只进行了有限数量的研究。然而,人们普遍认为提高管理人员招募、选拔、培训和留任的每个方面是可能的。有相当数量的文献提倡用更合理的方法以保证多数合适的候选人在特定的职位上从事管理职业。

一般研究的不足之处是缺乏对不同背景中的程序进行比较研究。比较研究是很重要的,因为招募、选拔和职业生涯都受到一些因素的影响,如文化、政治背景、教育系统的结构、与社会中的其他机构相比教育的相对地位、管理的概念和对管理人员的期望。这种比较研究的缺乏对于开发国际视野的选拔程序是一个主要的限制。对这个缺陷的弥补成为今后的重要研究课题。

E. 米克罗斯(E. Miklos)
C. 奥普斯(C. Hopes) 著
朱科蓉 译

### 附录

Ballarin A A et al. 1991 Spain. In: Hopes C (ed.) 1991 *School Inspectorates in the Member States of the European Community.* Deutsches Institute für International Pädagogische Forschung, Frankfurt

Baltzell D, Dentler R A 1983 *Selecting American School Principals: A Sourcebook for Educators.* United States Department of Education/National Institute of Education, Washington, DC

Bolton E, Stillman A 1991 England and Wales. In: Hopes C (ed.) 1991 *School Inspectorates in the Member States of the European Community.* Deutsches Institute für International Pädagogische Forschung, Frankfurt

Carlson R O 1972 *School Superintendents: Careers and Performance.* Charles E Merrill, Columbus, Ohio

Carlson R O 1979 *Orderly Career Opportunities.* Centre for Educational Policy and Management, University of Oregon, Eugene, Oregon

Fullan M G, Park P B, Williams T R 1987 *The Supervisory Officer in Ontario: Current Practice and Recommendations for the Future.* The Ontario Institute for Studies in Education, Toronto

Gaertner K N 1980 The structure of organizational careers. *Sociol. Educ.* 53(1):7—20

Griffiths D E, Stout R T, Forsyth P B (eds.) 1988 *Leaders for America's Schools: Perspectives on Educa-*

*tional Administration.* McCutchan, Berkeley, California

Hopes C 1983 Criteria, procedures and methods used in the selection of principals and the relevance of training for the principalship using the example of the state of Hesse in the Federal Republic of Germany. Doctoral dissertation, Johann Wolfgang Goethe University, Frankfurt

Hopes C 1984 *Practitioners' Survey of School Supervision Structure, Functions and Processes in Selected European Community Countries.* Deutsches Institute für International Pädagogische Forschung, Frankfurt

Miklos E 1988 Administrator selection, career patterns, succession, and socialization. In: Boyan N J (ed.) 1988 *Handbook of Research on Educational Administration: A Project of the American Educational Research Association.* Longman, New York

Morgan C 1986 The selection and appointment of heads. In: Hoyle E, McMahon A (eds.) 1986 *World Yearbook of Education 1986: The Management of Schools.* Kogan Page, London

Morgan C, Hall V, Mackay H 1984 *A Handbook for Selecting Senior Staff for Schools.* Open University Press, Milton Keynes

Musella D 1983 *Selecting School Administrators.* The Ontario Institute for Studies in Education, Toronto

Ortiz F L, Marshall C 1988 Women in educational administration. In: Boyan N J (ed.) 1988 *Handbook of Research on Educational Administration: A Project of the American Educational Research Association.* Longman, New York

Sisson de Castro M L, Werle F O C 1991 Eleição de diretores: Reflexões e questionamento de uma experiência. *Estudos em Avaliação Educacional* 3: 103—112, Fundação Carlos Chagas, São Paulo

Valverde L A, Brown F 1988 Influences on leadership development among racial and ethnic minorities. In: Boyan N J (ed.) 1988 *Handbook of Research on Educational Administration: A Project of the American Educational Research Association.* Longman, New York

Wendel F C, Sybouts W 1988 *Assessment Center Methods in Educational Administration: Past, Present, and Future.* The University Council for Educational Administration, Tempe, Arizona

## 为公共教育融资:实践与趋势(Financing Public Education: Practices and Trends)

全世界的大部分教育——尤其在小学水平——都是由政府投资的。据估计,在 1984 年,87%的小学和 79%的中等学校的新生进入公立学校学习(UNESCO)。

这些学校是如何投资的?我们很难获得世界各国投资来源的综合资料。通常只有一些国际组织记录下直接来自各国中央政府的教育支出的数据。如联合国教科文组织统计年鉴和国际货币基金组织(IMF)的政府财政统计数字。然而,这些数据和案例研究的材料(Jimenez 1986, World Bank Staff 1988, Tan and Mingat 1992, Winkler 1989)已经足以得出结论,世界上绝大多数国家通过中央政府预算的分配给公共教育提供大多数经费,当然只有几个值得注意的例外(例如美国)。虽然在联邦制度下存在着国家和地方主办的学校,在许多实行这种制度的国家当中(尤其在发展中国家),那些财政增长能力比较低的国家,用来支付诸如教育经费这样的大宗支出的能力是有限的,因而教育经费必然会大量地依赖于中央政府划拨(World Bank Staff 1988)。

本词条将讨论国际上提供教育经费的主要方法,将不把自己限制在 20 世纪 90 年代描述实践的惯例,而突出讨论文献上的一些发展。由于对国税和赤字财政的依赖受到限制,本词条将重点放在对可替代资源(诸如学费、专项税收和社区财政)的考虑上面。如果考虑到发展中国家扩大教育规模的需要和几乎所有国家改进教育质量的需要,这一讨论重点也是很重要的。

### 1. 国税资源

人们一般接受这种看法:教育是家庭(或学

生)和政府的共同责任。由于种种原因,后者的作用是重要的。首先,当一个人对物品的消费影响了其他人的利益时(一种外部效应),必须引导他去考虑自己的行为给社会而不是给私人带来的成本和效益。对教育的许多方面来讲,这种考虑通常被认为是正确的,至少在小学层面。其次,政府的干预是很必要的,因为有限的资金市场不允许学生根据将来高收入预期而借走充足的金额。第三,如果人力资源投资是减少贫困的一项主要策略的话,那么想必也是一件政府所关注的事情。

这些客观现实为大多数国家的财政资助惯例提供了经济学的理由——依赖国家税收对教育经费的财政支持。对这些国税资源(赤字财政和税收)来讲,在个体所付出的金额数和收到的利益之间几乎没有什么联系。然而,正像下面要讨论的那样,考虑到国税资源的局限,这些增加教育经费的途径也是重要的。

1.1 赤字财政

如果政府可以实行赤字财政就不必提高税收。这样的赤字可以通过印刷钞票或借款的方式筹措到资金(可以是国内的也可以是国外的)。根据经济增长的规模和速度,赤字可以慎重地得到管理。拥有最大赤字的国家是工业化国家,它们有着强大的日益增长的经济基础。即使在发展中国家,只要经济在增长,对国民生产总值来讲恰当比率的债务也是易于管理的。例如,一些国家像印度(410 亿美元)、马来西亚、巴基斯坦(130 亿美元)和泰国(180 亿美元),当经济在这一时期以超过 5% 的比例增长时,也能够运行相当规模的赤字而不会引起通货膨胀(1988)。然而,对可用于资助教育等主要消费项目发展的财政赤字也存在着限制,如果不谨慎管理,印刷货币和借款可能会引起整体经济的不平衡并最终减少增长。

印刷货币给政府自然地增加了资源,因为它就如同向持币人增加了税收——这称作特权增量。这个过程是不稳定的:最终,当价格的上涨导致货币贬值时,政府必须印制更多的钞票来获取等值的国家收入,很可能导致恶性的通货膨胀。反过来说,这种做法有着经济上的代价,因为它提高了贸易的费用和长期性生产投资的不确定性。借款也不是长期的灵丹妙药。沉重的国内债务将导致高额的利率(通过挤占效应,由于政府出售证券而将私人信贷挤出市场)并最终导致私人投资的萧条。当国内的储蓄者预期到贬值或增加新的税收时,过度的外部借款或吸引外资会加速债务危机和资本外流。持续流行的欠债危害着新的经费投入。

一些国家比其他国家更成功地避开了这些难题(Fischer and Easterly 1990),要实现这样结果的底线是谨慎。但是到 1992 年为止,许多国家还无力做到这一点,在不远的将来也不会做到这一点(尤其是那些已经负债累累的拉丁美洲国家或者是那些增长前景可怜的国家,诸如许多非洲国家)。

1.2 国税

税款主要是由中央政府征收的无报酬的义务性的支付。到目前为止,它们是中央政府的主要财政收入来源,它们组成了大多数发展中和工业化国家收入的 80% ~ 90% (World Bank Staff 1988)。它们不同于较小的税源,例如购买特殊商品和服务所支付的费用(注意其自愿的性质),以及别的税收形式像执照、罚款和使用公共财产的租金等。

主要的税款类型是:直接税,像个人所得税、公司的工资税或财产税;间接税或商品税,像销售、流转税和贸易税。发展中国家和发达国家主要区别之一在于税款的组成(见表 1)。工业化国家收入主要来源于直接税。发展中国家大量地依赖于商品税,主要是国内消费税或进口税(在发达国家,贸易税在国家税收总额中可以忽略不计)。它们相对来讲比直接税更容易征收,但是,正如下面要讨论的那样,会导致较高的经济成本。

企图通过税收来增加国家收入应关注的一个主要问题是潜在的对效益和增长的不利影响。改变税收基数或税率就改变着刺激方向——经济活动从高税收的活动转向低税收的活动。如果这些转变不能对有缺陷的市场进行校正的话,它们很可能使资源的分配更加糟糕。这被称作“重负”或超额税负——由此招致的损失超出征税带来的利益。因为税收会对其他商品产生串联的效应,它们尤其

表1　　1985年国家收入税款组成情况

| | 国家类型<br>低收入 | 中等收入 | 工业化 |
|---|---|---|---|
| 国内收入税款 | 25 | 32 | 35 |
| 个人所得 | 9 | 10 | 27 |
| 公司 | 15 | 17 | 7 |
| 其他 | 1 | 5 | 1 |
| 其他直接税款 | 4 | 17 | 34 |
| 社会保险 | 1 | 11 | 31 |
| 财产税 | 1 | 2 | 2 |
| 其他 | 2 | 4 | 1 |
| 国内商品税 | 32 | 30 | 29 |
| 销售增值税 | 17 | 13 | 17 |
| 消费税 | 13 | 12 | 10 |
| 其他 | 2 | 5 | 2 |
| 贸易税 | 38 | 19 | 2 |
| 进口 | 29 | 17 | 2 |
| 出口 | 8 | 1 | 0 |
| 其他 | 1 | 1 | 0 |

资料来源:世界银行 1988

对征收这些商品生产中物品使用的间接税产生不利影响。例如,一些观察员估计,在美国的税收结构中,1美元的附加收入需要0.15~0.50美元的经济成本(Ballard et al. 1985)。还没有为发展中国家编制出系统的可比较的数字,但是它们很可能更高,因为它们习惯于更多地依赖于贸易和中间产品的间接税。特别是课税基数较小的那些国家,将会导致较高的经济成本——因为经济成本的上升伴随着税率的变化,基数越小,税率也就越高。

关注的另一个主要方面是寻求公平。许多国家维持着名义上进步的个人所得税结构,然而这样一种名义上的结构可能完全与实际的课税负担不一致,尤其在那些直接的税收只占国家税收很小的比例,并且很难用行政的和政治的方式征收的国家。实际的课税负担取决于税金征收的类型(直接的或间接的),最重要的是,其税率取决于对"转嫁"行为的假设。税收改变着所进行的贸易的价格,并且负担由买卖双方来承担(例如,商店的糖果税会抬高糖果的价格,但是在一定程度上这些负担由店主和顾客分担,作为价格上涨的结果是对糖果的需求下降)。这样,一旦考虑所有这些因素,许多国家名义上进步的税收结构并未反映实际的课税负担。像表2所表明的那样,对许多可以获得资料的发展中国家来讲这是真实的。

最后,关注的是对简明性的需要。税收的管理在发展中国家是最重要的问题之一。顺从和强制都是关键的问题。极其重要的是,国家经常面临着利弊权衡:应用广泛的以收入和消费为基础的课税代价最小,但它们也是最难实施和强制执行的。结果,许多国家依赖于贸易、生产和公司收入税——较易管理但是在经济成本方面效率低下。

由于这些关注,人们已经建议改革税收制度,从而在取得最大限度的国家税收的同时,又把经济效益的损失、不公平和管理的费用减少到最低限度

表 2　　20 世纪 70 年代[a] 一些国家收入群体纳税情况

| 国家 | 纳税收入的百分比<br>低收入 | 中等收入 | 高收入 |
|---|---|---|---|
| 阿根廷 | 17.2 | 19.8 | 21.4 |
| 巴西 | 5.2 | 14.3 | 14.8 |
| 智利 | 18.5 | 16.2 | 26.7 |
| 哥伦比亚 | 17.1 | 13.1 | 29.9 |
| 肯尼亚 | 11.5 | 8.8 | 12.7 |
| 韩国 | 16.4 | 15.7 | 21.6 |
| 黎巴嫩 | 8.4 | 20.2 | 20.3 |
| 马来西亚 | 17.7 | 16.5 | 42.1 |
| 墨西哥 | 40.0 | 22.7 | 14.9 |
| 巴基斯坦 | 15.0 | 9.6 | 25.3 |
| 秘鲁 | 4.8 | 17.4 | 26.6 |
| 菲律宾 | 23.0 | 16.9 | 33.5 |

资料来源:Jimenez 1987

a 包括直接税和间接税的数字

(世界银行 1991)。这些建议包括下列一些措施:从生产税向消费税转移(像增值税),以便避免反常行为的串联反应;从国际贸易税向国内贸易税转变,以避免税则保护工业而处罚消费者,以及避免促进效率低的生产模式;通过把所有的收入来源包括进来并简化税种结构,来调整收入税拓宽基数;加强税收管理。

虽然许多国家,包括一些贫穷的国家,在实施以上的一些措施当中已经取得了显著的进步,但是许多其他的措施还需起动。此外,即使国家财源增加了,也不一定保证它们会被用于教育。同时,许多国家的教育部门面临着由于人口增长的压力而带来的发展需求。还有这样一种感觉,对中央筹集经费的依赖没有给教育提供者任何刺激去减少成本,并且无论如何,政府付费的模式都为富裕者保留了较大比例的补贴。

## 2. 可替代的融资渠道

由于以上的原因,分析家最近密切地关注把短期债款转为长期债款的机制。他们尤其关注使用者付费、专用税收和地方或社区层面的融资。虽然有经验的分析家不可能得出结论说这些措施可能或应该在教育的融资中起主要的作用,在多大程度上它们可以为融资问题做出贡献,是令人感兴趣的争论。

### 2.1　通过使用者付费获得私人资金

最近关于增加使用者付费的辩论由下列问题所产生:财政问题折磨着绝大多数的政府,事实上,正如以上概括的那样,它们解决这些问题的能力是有限的。与政府政策相反,社会的补贴没有充分地直接给予穷人,用于教育的有限资源被低效地使用——很少用于相对便宜和划算的方案(世界银行 1986)。

这些问题产生了一系列的提议,以区分不同类型的服务和不同类型的消费者的政策来取代事实上的一律低价格(或零价格)的政策(Jimenez 1990)。提出的政策是:

(a) 使用者付费应当有选择性地提升到较高的水平,以便削减用于有较大私人利益和主要由高收入人群消费的服务的补贴。同时,在必要的程度内,补贴应当更有效地瞄准贫穷的家庭。

(b) 财政开支的改革应该和融资改革一道进

行,以便使高回报的教育投资,像小学教育能优先发展(Lockheed 1990,Lockheed et al. 1991)。

(c) 价格提高的程度应该与国家开发奖学金和贷款规划的能力相匹配,以便保护穷人。

值得注意的是,所提出的建议中,基础教育阶段的收费最大限度地被排除在外。事实上,在某些情况下,一直在要求增加对基础教育的补贴。大多数支持使用者付费的人也在非常小心地指出,当补贴能够被削减的时候,只有当消费不会严重地受到影响以及穷人能够充分地得到保护时,削减才应当进行。最后,这类改革指出,也由于上述的理由,教育补贴是基础性的,因为教育是公共物品。然而,这些补贴也可以更好地瞄准目标,因为并非所有的教育因素都使社会比个体的受益者更多从中受益。

一个问题是使用者付费是否会使穷人有效使用教育服务的情况变得更糟。大多数分析家同意,在高补贴财政安排的情况下,穷人没有获得有效使用高成本服务的机会,也没有得到政府补贴中理应分享的大于其他群体的份额。例如,在许多发展中国家,由于较高的私人费用(书本和材料费、机会成本),穷人并不打算去消费高等教育,并且限额配给经常妨碍了他们(他们经常付不起帮助其通过入校考试的家庭教师的费用)。然而,在发展中国家,补贴高等教育和基础教育(被大量地提供给穷人)经费的比率是25:1;非洲超过50:1。结果是政府对全部教育的补贴分配并没有较大地向穷人倾斜(见表3)。事实上,补贴享用权按人口分布来讲大致是成比例的,因此,现行的政策把补贴分配

**表 3　收入群体所收到的政府教育补贴的百分比(选择部分国家)**

| 国家和部门 | 调查年份 | 收入群体<br>较低<br>40% | <br>中间<br>40% | <br>较高<br>20% |
|---|---|---|---|---|
| 所有教育 | | | | |
| 阿根廷 | 1983 | 48 | 3517 | |
| 智利 | 1983 | 48 | 3417 | |
| 哥伦比亚 | 1974 | 40 | 3921 | |
| 哥斯达黎加 | 1983 | 42 | 3820 | |
| 多米尼加 | 1976 ~ 1977 | 24 | 4314 | |
| 乌拉圭 | 1983 | 52 | 3414 | |
| 印度尼西亚 | 1978 | 46 | 2529 | |
| 马来西亚 | 1974 | 41 | 4118 | |
| 高等教育 | | | | |
| 阿根廷 | 1983 | 17 | 4538 | |
| 智利 | 1983 | 12 | 3454 | |
| 哥伦比亚 | 1974 | 6 | 3560 | |
| 哥斯达黎加 | 1983 | 17 | 4142 | |
| 多米尼加 | 1976 ~ 1977 | 2 | 2276 | |
| 乌拉圭 | 1980 | 14 | 5234 | |
| 印度尼西亚 | 1978 | 7 | 1083 | |
| 马来西亚 | 1974 | 10 | 3851 | |

资料来源:Jimenez 1990

了富人同样分配给了穷人，而富人获得了使用高成本的服务的通路。

因此，较大幅度提高费用不可能很大程度上引起穷人的喜爱，然而许多政府仍然想确保给穷人以鼓励使他们参与进来。结果，大多数使用者付费的支持者们主张付费应伴随着目标性补贴以确保穷人能够获得补贴。通过区别性定价确定目标还是不够的，必须发现面向消费者的其他指导补贴的方法，诸如基于测试方法的奖学金。这种方案的生命力刚刚开始受到检验。

依靠提高资金的使用效率，利用社会服务以及降低单位成本的方式，使用者付费是否提高了教育的效率？没有实际经验证明这一点（很少有国家尝试过这种类型的综合改革），大多数文献从对行为反应的模拟中建构了自己的观点。这几则论据大多富有戏剧性。据估计，在几个非洲国家，扣除给大学生的生活津贴，可以提供给基础教育的预算每年平均只有 18% 的增长（Psacharopoulos et al. 1986）。对个人付费行为的影响只是刚刚开始研究。这些初步的研究主要放在个人支付健康和教育费用的意愿方面。当可以选择时，家庭似乎乐于支付这方面的费用，虽然不能得到全成本的回报，但的确足以改善质量（Gertler and Glewwe 1989）。

总之，对在社会部门提高价格的提议来讲，存在着许多优点和丰富的经验的支持，但是也存在着一些薄弱的环节，包括在现实条件下保护穷人措施的可行性究竟有多大，关于服务供应的成本结构的信息，以及对提高价格的实际意图的系统评估（Jimenez 1990）。

### 2.2 用作教育和培训的专用税收

由于以下几个问题产生了用于教育和培训的专用税收问题：（a）即使能够增加资金，如何确保它们能被投入到教育中去；（b）除了国税以外如何为教育寻找额外的资金来源。在本百科全书的其他地方也讨论了这一问题，所以在这里只给出简短的讨论摘要。

专款专用是分配国家收入的一种惯例，它把特定税款或税种用于政府活动的特定或主要的领域，这种做法与统筹的普通基金形成对比。通过减少中央对资金分配的指令，专款专用减少了政府的自由裁量权，因此许多财政专家不欢迎它。最近的评论显示，当这一惯例从理论上为有价值的公共事业最低水平的融资提供较大保证时，事实上政府已经能够通过通货膨胀和其他办法成功地达到了这种水平的目标。许多分析家同意这种看法，当所交纳税款的范围和专项税款的受益范围之间有着密切的联系时，专项税款是最有效的。这被称作“利益原则”（McCleary 1991）。

大体上，专门用于培训的工资税近似于与利益相关的税款。工资税由雇主和雇员共同来承担，它取决于劳动力供给的弹性。的确，一些人认为，由于劳动力供给实际是无弹性的，因此绝大多数的负担都落在了雇员身上，但是他们将成为培训的主要受益人。然而，在实践中，各个国家通过工资税为国家培训系统提供资金的能力各不相同，并且必须和私营部门的方案相比较。使用工资税为正规教育提供资金是不太诱人的，因为来自一般教育和劳动市场的联系是非常微弱的（Whalley and Ziderman 1989）。

### 2.3 社区为基础的融资

学校能够依赖当地社区为其教育更多地融资吗？正如在美国的情形一样，这一问题的回答依赖于地方自治以及可以提高税收的程度。各国的惯例太不相同，不能够得出一般的结论。然而，在发展中国家，即使宪法允许地方为教育投资，在地方管理上进行重大的改进也是很必要的。在征收财产税的情况下，这一改进尤其重要，这在北美洲是地方学校融资的主要方式。这些税款相对有效和公平，但是也难以实施（由于评估和其他问题），而且在许多发展中国家使用也并不广泛。

## 3. 结论

世界各国政府在为教育融资方面扮演着主要的角色。尽管各个国家的情况非常不同，大多数国家（尤其是贫穷国家）在教育的进一步扩展和改善方面面临着主要的挑战，并且在一定的限制下，必须考虑非传统的（使用者付费、工资税和社区融资）以及传统的（一般的中央税收）方法调动资金。此外，这些努力必须与现存财政资金有效的和公平的分配相结合。

E. 希门尼斯(E. Jimenez) 著
杨骥辉 译

附录

Ballard C L, Shoven B, Whalley J 1985 General equilibrium computations of the marginal welfare costs of taxes in the United States. *Am. Econ. Rev.* 75(1): 128—138

Fischer S, Easterly W 1990 The economics of the government budget constraint. *The World Bank Research Observer* 5(2): 127—142

Gertler P, Glewwe P 1989 *The Willingness to Pay for Education in Developing Countries: Evidence from Rural Peru.* Living Standards Measurement Study Working Paper No. 54. The World Bank, Washington, DC

International Monetary Fund (IMF) (various years) *Government Finance Statistics* IMF, Washington, DC

Jimenez E 1987 *Pricing Policy in the Social Sectors: Cost Recovery for Education and Health in Developing Countries.* Johns Hopkins University Press, Baltimore, Maryland

Jimenez E 1990 Social sector pricing policy revisited: a survey of some recent controversies. Proceedings of the World Bank Annual Conference on Development Economics 1989. Supplement to *World Bank Economic Review and World Bank Research Observer.* World Bank, Washington, DC

Lockheed M E 1990 *Primary Education: A World Bank Policy Paper.* The World Bank, Washington, DC

Lockheed M E et al. 1991 *Improving Primary Education in Developing Countries.* Oxford University Press, New York

McCleary W 1991 The earmarking of government revenue: A review of some World Bank experience. *World Bank Research Observer* 6(1): 81—104

Psacharopoulos G, Tan J P, Jimenez E 1986 *Financing Education in Developing Countries: An Exploration of Policy Options.* The World Bank, Washington, DC

Tan J P, Mingat A 1992 *Education in Asia: A Comparative Study of Cost and Financing.* Regional and Sectoral Studies Series, The World Bank, Washington, DC

UNESCO (various years) *Statistical Yearbook* UNESCO, Paris

Whalley J, Ziderman A 1989 *Payroll Taxes for Financing Training in Developing Countries.* World Bank Policy and Research Working Paper WPS No. 141, World Bank, Washington, DC

Winkler D 1989 Decentralization in education: an economic perspective. Policy, Planning and Research Working Paper 143. The World Bank

World Bank Staff 1988, 1990 *World Development Report.* The World Bank, Washington, DC

World Bank 1991 *Lessons of Tax Reform.* The World Bank, Washington, DC

## 学校与学校系统中的资源分配 (Resourse Allocation in Schools and School Systems)

人们对资源在学校系统内各层次进行分配的研究兴趣在20世纪70年代至80年代快速增长。多数兴趣根源于对用于教育目标的财政资源分配公平与否的关注。分权化的学校体制并没有限制人们希望更多地了解教育资源内部分配的愿望,如在美国和加拿大。即使在高度集权的学校控制系统中,如何最有效地利用资源,在地方层次上也存在相当大的差别。人们已经开始研究世界许多国家资源的内部分配实践。本词条将涉及这些研究结果以及对美国的大量研究。

美国关于教育资源分配的早期研究始于20世纪初,研究关注的是如何把资源分配给州内的各个地方教育代理机构或地方教育当局(LEAs)和多数典型的学区。这项研究的成果中有许多州的资源分配公式,用来指导美国各州把资源分配给教育。

虽然对地方教育当局资源分配中的挑战持续不断(Benson 1991),但人们感兴趣的是这些资源到达地方教育当局以后如何分配。换句话说,就是地方教育当局如何在学校组织、课程、不同类型学生之间分配这些州提供的资源。而且,人们对地方政府如何创造性地处理它们在地方收集的财政资源感兴趣。

希望更多地了解这些内部资源的分配实践促进了两类研究。第一是对公平问题的关注。这项研究涉及的是教育资源的分配中需要怎样的公平。第二是效率问题。地方教育当局如何分配资源才能以更少的资源获得学校(和劳动市场)所期望水平的成绩。

本词条主要关注的是公平问题和相关的政策意义,但同时也关注有关效率的研究。效率问题在本百科全书的其他部分更详细地提到了。

本词条以主题的形式来组织。考察了特殊类型的不公平,并讨论了相关的研究。这是一个相对新的研究领域,由于这项研究把重点放在资源分配上,因此运用了大量经济模型也就不足为奇了。然而,由于资源分配问题更接近于学校或班级内部的教学,运用多学科方法来研究的需要变得更明显。如果这项研究是为了了解全部的真相,尤其需要经济学家、政治学家、教育心理学家和那些精通教育组织知识的专家的共同研究。按此说法,政治学家对教育中的微观政治感兴趣是令人振奋的(Ball 1987;Blaxe 1988,1991a,1991b;Hoyle 1986)。政治学家与经济学家的合作是非常鼓舞人心的(Boyd and Hartman 1988)。

**1. 对资源的内部分配感兴趣的来源**

正如已经指明的,传统的关于美国教育资源分配的公平问题的研究主要关注的是州资源在地方教育当局之间的分配。围绕这个主题产生了大量的文献,研究方法也得到了显著的提高(Boyd and Hartman 1988)。

对资源到达学区后如何分配的兴趣有几个来源。第一,资源分配可看作是在学校内部挑选特殊需求的人群的副产品。如在美国,从20世纪60年代开始,各种不同的学生亚群体被挑选出来加以特殊对待。这些群体包括贫穷人口、残疾人、母语为非英语的学生和天才学生。一旦一个群体被确定,接下来的问题是它与其他群体相比,在资源分配方面将享受何种待遇。对这些问题的回答需要分析者追溯这些预期的受益者宗教、学校甚至班级中深层次的问题。

第二,把教育系统理解为失败的或比以前取得更差的成绩也可能引起人们对资源到底出了什么问题感兴趣。还是以美国为例,人们对公立学校提出了广泛的批评。人们曾批评美国学校实际上迅速增加了生均支出的同时,却伴随着教育成绩下降或最多是稳定在一定量(Brimelow 1986)。对这些批评的部分反应是,美国联邦政府建立了一个研究中心来关注教育财政与它的产出率。中心采取的研究议程非常重视微观层次的公平和效率问题。

前任美国教育部长同样批评学校把资源错误投入。他尤其强调了“管理的气泡”,这个词是指他对美国学校管理高花费的不满(Kirst 1988)。像这样的一些主张促进了关于如何根据不同的预算清单(如中央管理机构制定的)对资源进行分配的纵向研究。如舍曼(Sherman 1985)发现在1960年至1980年期间,美国用于K—12(即从幼儿园到中学)学校系统的管理支出从4.1%增加到4.9%。接下来的研究表明这个比例略高于5.0%(Sherman and Surtor 1991)。福克斯(Fox 1987)发现在1984~1985年,地方管理(学校一级管理者的薪水)加上学区和州管理的管理成本达到了美国典型班级所有经营成本的6.9%。这类研究令人失望的地方是它们对那些概括性的用语如“管理支持”究竟包括什么含义理解并不一致。

第三,为了检验正在出现的组织行为(生产率、个体与群体行为)理论,学校建立了很有发展前景的部门。描述学校实践的资料进一步扩展,尤其是在工业化国家,并且部分资料是有关公立学校的。这些有关学校实践的详细资料的可用性与经济领域中许多私营部门组织运转资料的难以获得形成了鲜明的对比。

关注资源分配的一个有趣的副产品是人们对资源流向学校系统微观层次的兴趣。如美国联邦政府为贫穷学生制定的计划,多年来要求地方教育当局证明这些联邦资金使用到了目标受益者身上。联邦政府的要求被引证为广泛使用"挑选"补偿贫穷学生教育计划的理由。当把符合条件的学生从常规的项目中"挑选出来",并在固定的时间纳入特殊的计划,相对来说容易使检查人员满意,即联邦的资金事实上并没有转移到不符合条件的学生那里。具有讽刺意味的是,"挑选"计划近年来在教育方面已经受到质疑和批评(Smith 1986)。

**2. 普通组织结构中学校间的不公平**

金斯堡(Ginsburg)等人 1981 年进行了一项早期研究,与学校所在的更大组织单位之间的资金分配不公平相比,学校之间的资金分配是如何不公平的。他们尤其注意到同一学区内的各个学校之间的不公平,他们分析的数据主要来源于纽约州。他们的分析发现,由于考虑的问题属性不同,差异的分布存在相当大的不同。如当他们考察教师的工资变量时,他们发现多数差异存在于学区之间而不是学区内的各个学校。特别指出的是,纽约教师工资变量总差异中 80% 多存在于学区间。如果纽约广泛使用学区范围内工资安排,这种结果并不使人感到意外。与此相反,在人力的投入(如提供教学辅助人员)方面,他们发现更多的差异存在于学区内,只有 31% 的差异存在于学区间。

他们的分析还考虑了差异之间的相互关联。除了州对教育的资助与该学区的富裕程度成反比外,坦率地说,学区间的不公平表现为越富的学区教育支出越多,教师工资也越高。学区内的分析揭示了更复杂的分配,有特殊需求的人口越多的学校能得到更充分的专业人员,反之,只能得到接受教育更少和更没有经验的专业人员。学区内有特殊需求的学校还得到更多的辅助专业人员的支持。金斯堡和他的同事从资源的角度认为教师数量以及教师资助的增加可以弥补教师的经验与培训不足。因此,他们得出的总结论是:与学区间的分配不同,纽约州学区内的资源分配有利于那些有特殊需求的人们。

人们在美国之外也进行了有关学校层次资金分配不公平的研究。提比(Tibi 1988)的报道是在对微观层次的资源分配进行比较分析的基础上做出的,并受到了国际教育规划研究所(IIEP)(联合国教科文组织的分支)的资助。根据提比的报道,这个研究所进行的研究证明,国家内各学校之间的资源分配与这些资源在学校内部使用一样存在不公平。这个结论支持了普遍的观点,即使是在那些第一眼看来是高度集权化的教育管理结构的国家内,财政资源在地方层次的分配与使用也存在相当大的差别。

提比进一步指出教育部保留了对物质资源如设备、设施和教科书的直接控制。与此相反,许多国家的员工调整受到教师偏好城市的影响,但有时受到公务员规章阻止人员重新调整的限制。这些因素对机构间的员工分配影响很大(Tibi 1988 P. 83)。

他还指出在微观层次,物质资源和人力资源的可用性很容易变化,并难以预料需求的变化。学生注册数目的难以预料大概是最好的例子。当注册的学生数超过了期望的数目时,资源的扩充很少,因为中央机构很难迅速做出反应。学生将面对拥挤、大班级、教科书不足等问题。当注册的学生数少于所期望的数目时,将出现相反的结果。

尽管资源的使用可能非常严格,集权的规则控制着资源的调整,但从国家的角度看,最后的结果是在任何特定时间内资源供给的改变。中央机构可能制定每 X 个学生配备一个教师的政策,目的是为了发现在任何时候学校之间(和学校内部)的实质变化。

人们对于学校层次的公平问题越来越感兴趣,尤其是在美国。美国联邦政府资助了教育财政与效率研究中心五年研究,这个中心以麦迪逊的威斯康星大学为基地。这个中心研究议程的一个重要部分是考察教育系统内微观层次的资源流动。研究的实质部分是考察学区内不同学校之间的资源分配。

**3. 补助金的微观含义**

在分权化的教育管理与财政体制中——税收进入政府的不同层次,处于更集权地位的决策者对集权程度较低的决策过程的理解是很重要的。例如,如果中央政府希望促进教育支出,就会制定一个资助计划。但是,把新的资金增加到现有的分配中并不是件简单的事,因为地方的决策者可能会选择撤回原用于教育的地方税收。

政府设计了多种资助形式,以便选择用不同方式把特定数量的资源分配到委托单位中去。如资助可能是一定基础上实现某种特殊目的的。从而产生了重要的政策问题,即以竞争为基础的资助是否比以权力为基础的资助能够刺激更有效的支出。两种微观层次资源分配现象正在争论中:(a)外部资源对刺激地方当局贡献他们自己的资源起引导作用;(b)把来源于外部的专用资金用于其他项目。曾和列文(Tsang and Levin 1983)在关于选择性资助设计的效果的评论中证明了竞争性资助和其他几种资助形式的刺激作用。他们的分析使得这一点很清晰,即关于资助分配的中央决策影响了地方当局决定如何把资金用于教育目的。

**4. 与私营部门的互动**

公立教育的私营化具有重要的微观层次资源分配意义。在美国,私营化采取多种形式,但共同的目标是为了使家长、学生和其他人(如地方企业联合会)更直接地管理学校。私营化采取的措施包括建立学校层次的有一定程度自治的委员会(Moore 1990),增强选择学校与学区的机会(Clune and Witte 1990),建议更加依靠使用者付费来资助学校(Monk 1990,Odden 1990)。私营化的一个相关特征是企业联合会更广泛地参与学校管理(Mclaughlin 1988)。

从资源分配的角度来看,私营化是很有意思的,因为它是在新的条款下投资,而且资源通常来源于新的渠道。私营化运动在各个学校的特征表明,微观层次资源是解释由限制而引起的变革的性质以及私营化运动的结果的理由。

这些改革措施最初于20世纪80年代始于美国。人们对微观层次资源只做了少量的分析。在美国之外,公立学校与私立学校财政来源更多的是混合制的实践。提比调查的14个国家中的2个国家有一个或更多私立学校网络接受部分的公共资金(印度尼西亚和肯尼亚)。这项调查还对广泛依靠家长支付的学费进行了剖析。提比指出,即使在一个高度集权的和限制性的体制中(如刚果),家长也对他们孩子所在学校的经营提供有限的直接资助。

提比的研究揭示了印度尼西亚中学收取学费的有趣的实践。通常的做法是家长付费来交换学校提供的服务。这可能是一种直接的服务如提供(或购买)学校的制服或教科书,或者可能是一种更普通的活动费用(与特殊服务费用的联系不明显)。这些费用的一个共同特征是它们保留在地方并资助由地方提供的服务。这是一种付费服务的观念。在印度尼西亚,学费由学校收集,但只有85%(根据提比的估计)保留在学校。用于平衡的资金由中央机构收集,并用来资助系统的整个支出。提比还发现,学校提交给中央机构的费用比例随着学校特征的不同而有所变化。提比指出这些比例的变化暗示了印度尼西亚教育系统内各学校之间的不公平程度。

**5. 学校内的不公平**

学校内部不公平的研究并不新鲜。多年来,分析家们一直关注这些现象,如通过学术专业化对学生进行分流或根据教学目的的不同对学生进行分组。中学分流的研究结果表明把学生分配到非学术轨道是一种严重的歧视(Oakes 1985)。教学分组的研究发现提供的教学资源在数量和质量方面存在实质的不公平(Dreeben and Barr 1988)。

通过明确地关注资源分配问题(完全运用经济原理来研究资源分配)来研究校内的不公平是不多见的。但一系列这样的研究已经出现了。它源于经济学家的规模经济观点,主要关注中学课程的各个学科中对学生提供的学习机会的不公平。

决策者长期的假设是学校规模和提供的课程的广度与深度有着很强的和一致的相关性,因此更大的学校明显可以给它们的学生提供更好的教育机会。然而,当一个学校的规模增加,规模经济的有效性与学校领导对这个观点认识的实际意愿或能力之间还存在重要的差别(Monk 1987)。20世纪80年代末和90年代初所做的研究明确调查了更大的学校规模在多大程度上增强了课程的供给(Barker 1985, Haller et al. 1990, Mckenzie 1989, Monk 1987,Monk and Haller 1993)。研究结果主要如下:

第一,学校规模对课程供给的影响取决于课程的学科领域。如学校规模对社会研究与科学课程供给的影响要小于外语和表演与观赏艺术课程。

第二,学校规模与课程供给之间的联系强度随着学校规模变大而减弱。小学校规模扩大增加的课程要多于大学校规模扩大增加的课程。

第三,学校规模与学科领域内增加的课程类型有关。学校规模尤其与用于提高和补偿的学术课程有积极的相关性。在多数课程中,提高性课程比补偿性课程随着学校规模的扩大增长更快。

第四,学校规模效应消失以后,中学的课程供给还存在实质的变化。有些小学校课程供给很丰富,就像有些提供一般课程的大学校一样。学校规模只能粗略地解释中学课程供给变化的一半。研究还表明课程供给与对不同社会阶级出身学生的能力估量有关(Monk and Haller 1993,Oakes 1990)。

第五,仅仅提供少量课程并不能保证学生的广泛参与。在一个学校中,只有相当少的学生能够利用那些只在大学校才能见得到的课程。

总之,这些发现对中学的组织建设有重要的意义。他们指出传统的重构方法可能给不同类型的学生以不均衡的回报。他们清楚地指出,一旦学校达到相对中等规模(用历史的标准),通过课程重构来提高效果就变得很微弱。他们还强调更深层次现象的重要性,如学生对特殊课程的需求。为什么如此少的学生能够利用那些只有在更大学校才能见到的课程,这个问题应该引起人们的重视并需要加以回答。

麦肯齐(Mckenzie)对澳大利亚的研究在几个方面扩展了早期的研究。在学校规模对课程供给的效果分析中,他成功地做了年级区分。他发现年级间存在重要的差别:中学高年级课程(在澳大利亚系统中是11~12年级)与学校注册规模的相关性要高于低年级课程(在澳大利亚系统中是7~10年级)。此后运用美国资料进行的分析同样证明了中学内的年级因素对课程提供的重要性。

麦肯齐的研究包括学校规模与教师决策的选择性之间的关系。在这项研究中,他复制了一些美国的早期发现,即中学教师专门教授特定课程的程度受到极大的限制(Monk 1987)。不管一个中学变得多么大,教师专门教授一门特定科目或课程的状况仍然受到一定程度的限制。

麦肯齐还考察了学校规模与教师用于课堂教学的时间之间的关系。他指出在这方面存在很小的正相关性,这意味着即使在更大的学校中,教师用于教学的时间只略微高一些。他把这种正相关性解释为学校在提供管理人员与班级支持服务方面的规模经济的副产品。

### 6. 结论

本词条回顾了教育研究中一个相对较新的领域的发展。分析家和决策者们正在认识到这种假设不再有意义,即内部资源的分配实践对所设定的公平目标来说是不重要的和无伤大雅的。而且,本词条还简单地涉及了一系列的生产率问题。

虽然这项研究已经开始并提供了重要的发现,但是仍然需要克服两个主要障碍。第一,只有极少的理论指导分析家们。现存的大多数经验分析主要是描述性的。这项工作(即描述性经验分析)很重要,但教育系统内不同层次的公平问题需要更多的研究而不仅仅是简单的文件。至少,应该区分人们所接受的不平等和那些违反基本平等的观念。理论工作还需要解释清楚为什么可见的不平等还在发展。

第二,还存在大量的资料收集和实用性问题。许多工业化国家正努力在学校和次学校层次收集资源分配资料,但这种进展是缓慢且昂贵的。发展中国家有关实用性问题的资料收集也很慢,而且分析家越接触到微观层次,这种情况就越严重。

根据这些问题,一系列关于微观层次资源分配问题的研究已经建立并正在继续,这一点是令人鼓舞的。经济学家、政治科学家、组织理论家和那些对教育系统有专业知识的人之间的合作成果是很大的。它将成为20世纪90年代甚至更远时期的一个重要研究领域。

D. H. 蒙克(D. H. Monk) 著
朱科蓉 译

**附录**

Ball S J 1987 *The Micro-Politics of the School.*

Methuen, London

Barker B 1985 A study reporting secondary course offerings in small and large high schools. Paper presented to the Rhode Island Department of Education Conference. Providence, Rhode Island (ERIC Document Reproduction Service No. ED 256 547)

Barro S M 1989 Fund distribution issues in school finance: Priorities for the next round of research. *Educ. Eval. Policy Anal.* 11(1):17—30

Benson C S 1991 Definitions of equity in school finance in Texas, New Jersey, and Kentucky. *Harvard J. Legislation* 28(2):401—421

Berne R, Stiefel L 1984 *The Measurement of Equity in School Finance: Conceptual, Methodological and Empirical Dimensions.* Johns Hopkins University Press, Baltimore, Maryland

Blase J 1988 The teachers' political orientation vis-à-vis the principal: The micropolitics of the school. In: Hanaway J, Crowson R (eds.) 1988 *The Politics of Reforming School Administration: The 1988 Yearbook of the Politics of Education Association.* Falmer, New York

Blase J 1991a The micropolitical perspective: A brief overview. *Politics of Education Bulletin* 17(3)

Blase J (ed.) 1991b *The Politics of Life in Schools: Power, Conflict, and Cooperation.* Corwin Press, Newbury Park, California

Boyd W L, Hartman W T 1988 The politics of educational productivity. In: Monk D H, Underwood J (eds.) 1988 *Microlevel School Finance: Issues and Implications for Policy.* Ballinger, Cambridge, Massachusetts

Brimelow P 1986 Are we spending too much on education? *Forbes* 28 December: 72—76

Clune W H, Witte J F (eds.) 1990 *Choice and Control in American Education*, Vols. 1 and 2. Falmer, London

Dreeben R, Barr R 1988 The formation and instruction of ability groups. *Am. J. Educ.* 97(1):34—64

Fox J N 1987 An analysis of classroom spending: Or where do all the dollars go? *Planning and Changing* 18(3):154—162

Ginsburg A, Moskowitz J H, Rosenthal A S 1981 A school based analysis of inter-and intradistrict resource allocation. *J. Educ. Finance* 6(4):440—455

Haller E J, Monk D H, Spotted-Bear A, Griffith J, Moss P 1990 School size and program comprehensiveness: Evidence from high school and beyond. *Educ. Eval. Policy Anal.* 12(2):109—120

Hoyle E 1986 *The Politics of School Management.* Hodder and Stoughton, London

Kirst M W 1988 The internal allocation of resources within US school districts: Implications for policymakers and practitioners. In: Monk D H, Underwood J (eds.) 1988 *Microlevel School Finance: Issues and Implications for Policy.* Ballinger, Cambridge, Massachusetts

McKenzie P A 1989 Secondary school size, curriculum structure, and resource use: A study in the economics of education. (Doctoral dissertation, Monash University)

McLaughlin M W 1988 Business and the public schools: New patterns of support. In: Monk D H, Underwood J (eds.) 1988 *Microlevel School Finance: Issues and Implications for Policy.* Ballinger, Cambridge, Massachusetts

Monk D H 1987 Secondary school size and curricular comprehensiveness. *Econ. Educ. Rev.* 6(2):137—150

Monk D H 1990 *Educational Finance: An Economic Approach.* McGraw-Hill, New York

Monk D H, Haller E J 1993 Predictors of high school academic course offerings: The role of school size. *Am. Educ. Res. J.* 30(1):3—21

Moore D R 1990 Voice and choice in Chicago. In: Clune W H, Witte J F (eds.) 1990 *Choice and Control in American Education, Vol. 2: The Practice of Choice, Decentralization and School Restructuring.* Falmer, London

Oakes J 1985 *Keeping Trach: How Schools Structure Inequality.* Yale University Press, New Haven, Connecticut

Oakes J 1990 *Multiplying Inequalities: The Effects of Race, Social Class, and Traching on Opportunities to Learn Mathematics and Science.* NSF-R-3928. Rand Corporation, Santa Monica, California

Odden A 1990 A new school finance for public school choice. Paper presented at the Annual Meeting of the American Educational Research Association, School of Education, University of Southern California, Los Angeles, California

Sherman J 1985 Resource allocation and staffing patterns in the public schools: 1959—1960 to 1983—1984. Paper presented at the annual meeting of the American Educational Research Association, Chicago, Illinois

Sherman J, Suitor J H 1991 Where does the money go? An analysis of state expenditures for elementary and secondary schools. Paper presented at the annual meeting of the American Education Finance Association, Williamsburg, Virginia

Smith M S 1986 *Selecting Students and Services for Chapter 1.* Stanford University School of Education, Stanford, California

Tibi C 1988 The internal allocation of resources for education: An international perspective. In: Monk D H, Underwood J (eds.) 1988 *Microlevel School Finance: Issues and Implications for Policy.* Ballinger, Cambridge, Massachusetts

Tsang M, Levin H M 1983 The impact of intergovernmental grants on educational expenditure. *Rev. Educ. Res.* 53(3):329—367

## 学校的经营管理与预算(School Business Management and Budgeting)

人们日益把有效的学校与学区经营管理看成有效果的和有效率的学校管理的关键战略要素。这个领域的核心部分是用来指导和支持学校经营的预算。校本管理的国际趋势通常产生以学校为基础的预算,多数财政决策都下放到学校层次。新的微机技术使学校领导在支持校本管理中能够管理财政,并用大量的机会培训学校经营管理人员——通过提高分析能力来提高工作水平。本词条对这些发展做了简单的回顾。

### 1. 学校经营管理的范围

学校经营管理的基本目的是支持组织的教育使命。虽然一般对学校经营管理的理解主要在预算和财政两方面,但这个领域的功能是更广泛的。它们一般可分为财政和非教学性服务两部分,且每部分还可进一步分为一系列的专业化子范畴(Candoli et al. 1992)。

关于学校经营管理范围的多数文献都是来自美国和加拿大学校经营管理者协会所做的调查报告(McGuffy 1980),这些报告收集了学校经营管理者需要的一系列能力并提出了28项“任务群”或责任。这些可见于表1。其中有些普通职能在所有国家学校系统中的一些管理层次上都要执行。

在28项任务中,学校经营管理者认为最重要的在财政领域。伊尔(Hill)以美国和加拿大的学校系统为背景,把四个最重要的领域界定为:

财政计划与预算。教育预算准备;协调可用的资源和期望的收入与学校或学区所需要的财政;建立和实施财政控制制度以监督和查证学校支出;持续评估教育预算的适当性。

财务会计与财政报告。建立资金和收据的分类程序;管理财政计算制度和预算控制以及目前的实施报告;准备财政报告并把它们提交给地方学校委员会和州委员会。

现金管理。为学校临时的闲散资金的管理制定计划;准备现金使用计划;监督投入的资金;向学校委员会报告现金使用活动;持续评估使用计划。

财政稽查与报告。制定计划对财政记录进行持续地内部稽查以保证财政记录的规范与准确;预查以防止无权或不合规定的支出;由一个独立的稽查员负责系统地调查、确证和严格评论财政运转;向主要学校官员和学校委员会定期报告财政效能;持续评估学区的财政实施情况。

国际学校经营管理者协会(1991)已经提出了

表 1　学校经营管理人员的任务群

| 财政服务 | 权重 |
| --- | --- |
| 主要资金管理 | 6.35 |
| 现金管理 | 7.34 |
| 教育资源管理 | 6.05 |
| 财政规划与预算 | 7.94 |
| 财政会计与财政报告 | 7.47 |
| 财政稽查与报告 | 7.28 |
| 获得捐款 | 4.38 |
| 保险与危机管理 | 6.40 |
| 学费管理 | 6.76 |
| 学生活动经费管理 | 5.95 |
| 非教学服务 | |
| 员工分类管理 | 5.92 |
| 团体联系 | 5.66 |
| 建筑管理 | 5.25 |
| 数据处理 | 5.46 |
| 教育设施规划 | 4.30 |
| 餐饮服务 | 5.19 |
| 一般管理 | 7.18 |
| 法定控制 | 6.28 |
| 办公室管理 | 6.27 |
| 设备维修 | 5.80 |
| 设备运行 | 5.69 |
| 设备安全与财产保护 | 5.46 |
| 专业谈判 | 5.59 |
| 财产管理 | 5.76 |
| 购买 | 6.52 |
| 员工发展 | 5.14 |
| 交通服务 | 5.45 |
| 仓库和供给管理 | 3.44 |

资料来源：McGuffy 1980

一个文件《学校主要经营管理人员首要培训方针》，这个文件界定了“一些技能、知识和能力，使学校主要经营官员能以一种有效果的和有效率的方式提出和实施一个学区内每日的经营事务”。这个文件被当作硕士研究生课程的推荐课程，包括六个主要领域：教育经营、财政资源管理、人力资源管理、设备与财产管理、信息管理和辅助服务管理。这种宽泛的培训反映了学校经营管理者所面对的责任范围的扩大。

### 2. 学校预算

作为学校经营管理的一个主要职能，哈特曼（Hartman）把预算界定为：一系列活动，包括制定学区教育规划、预计完成这些规划需要的支出与收入、获得必要的批准、运用这些预算来帮助管理学区学校的经营。

这些活动可以看成是一个预算周期，包括“准备、采纳、实施和审核阶段”（Sederberg 1984 P.61）。具体的活动通常呈现在预算日历中，日历提供了按时间顺序排列的与预算有关的活动，标明活动的日期及这项任务的个人责任。预算过程的最重要的成果是预算文件——形成来年的支出与收入公式。一份预算文件主要包括以下部分：导言、项目实施与财政概要、支出与收入的详细预算、补充信息（如入学预测、职位计算、统计说明、会计科目的界定、主要费用）。

预算的开展包括五个主要步骤：（a）入学预测；（b）决定人事需要；（c）估计项目实施的支出；（d）估计可能获得的收入；（e）平衡所估计的支出与收入（Hartman 1988）。预算活动的关键是详细估计支出与收入。预算准备的具体程序的例子可见于里德尔和肖克利（Ridler and Shockley 1989）的著作。

在一般的预算框架中，学校可运用或建议使用几种不同的预算方法。用得最广泛的方法是项目预算——根据职能（目的）和目标（项目）来确定支出。虽然支出预算与所选择的预算形式符合，但收入预算则由来源决定。其曾用过的预算方法包括设计、规划、预算与评估制（PPBES）和零基点预算（ZBB）。虽然这些可选择的制度有它们的支持者，但并没有证据证明它们在学校运用中很成功（Hentschke 1988）。

### 3. 校本预算

一个有希望的新预算方法是校本预算。它是更大管理方法（可叫作以学校为基础的管理、校本管理、以学校为基础的决策）的一个组成部分。加拿大教育家把校本预算的基本思想描述如下：

基本的意思是,把一罐钱给学校,学校做出决策如何使用那些钱来获得教育项目所必需的资源。那些决策是通过与一般员工商量后做出的,理想的决策还包括人们所知的、规定的和可测量的教育目标。(Brown 1990 P. 9)

考德威尔(Caldwell)和斯平克斯(Spinks)回顾了英国、澳大利亚、美国和加拿大在这个领域的大量实践:所有这些发展的共同思路是把某些类型的决策权从中央转移到学校……这些决策一直关注资源的分配,资源在所有例子中都是狭义的财政定义,但在课程、员工与设备领域通常是广义的定义。

格林哈尔希(Greenhalgn 1984 P. 43)把校本预算过程确定为五个基本组成部分:(a)制定整体学区预算目标;(b)制定基本费用(非校本);(c)把剩余的资金按人均分配给各个学校;(d)制定各个学校支出计划;(e)把各个学校支出计划整合成综合的学区预算。

实际上,资源分配采取的形式是把人事的和非人事的资源分配给学校。坎多尼等(Candoli et al. 1992)提供了"校本分配模型"——根据入学预测和师生比来给学生分配教师、辅助人员和员工。为了消除同一职位不同工资带来的影响,在员工工资分配中采用了平均工资。非人员资源(如供给、物质资料和设备)根据学区资助(资助的规模按人均计算)来分配,但不同教育层次会有所变化。在学校层次,由管理人员、教师和社区成员(鼓励参与决策)在可利用的资金范围内决定资源的现实选择。

布朗(Brown)认为分权管理方法的主要特征是组织化结构、灵活性、责任性、生产性和变化。在对加拿大4个实施校本管理的学区(有269所学校)进行研究后,他得出了适当的结论:"分权化是指给学校提供了某些灵活的决策,学区承担某些责任并为这些学校更富有生产性提供了可能。"(Brown 1990 P. 266)

一个"研究和发展"项目对5个实施校本管理的城市与郊区学区(4个在美国,1个在加拿大)进行的研究的目的是弄明白这些学区如何实现分权化,怎样从传统的集权结构转变过来,存在的主要障碍是什么,如何克服障碍(Hill and Bonan 1991)。他们发现(分权化)虽然取得了一定的成功,但"学校系统的分权化进展得很慢且困难重重",主要结论是:

第一,虽然校本管理集中于各个学校,但实际上是整个学校系统的改革。

第二,只有当校本管理是基本的改革战略而不是几个改革项目之一时才能导致学校的真正变化。

第三,校本管理可能随着时间的过去而进展并形成与众不同的特征、目标和经营方式。

第四,有特色的校本管理学校系统需要重新考虑责任。

第五,校本管理学校最好的责任机制是家长选择。(Hill and Bonan 1990 P. 65)

英国1988年教育改革法案(全国最复杂的措施之一)把预算和资源分配中相当一部分权力下放给各个学校。正如托马斯和莱瓦契奇(Thomas and Levacic 1991 P. 140)所描述的,"地方教育当局的权力(负责提供学校和招聘教师)相当程度地减弱了,要求它们把预算和管理责任下放到学校管理委员会和校长"。长期支出(如主要支出和债务偿还)仍然留在地方教育当局,而当前支出项目——全体员工、供给、设备、经营与维持——要求下放到学校。分配给学校的(资金)必须有客观基础。以生均为基础分配给学校75% ~80%的资金。然而,分配的数量随学生年龄不同而有所变化,以补偿培养不同年龄学生所付出的不同支出。

这个分配给学生数量以很大权重的计划给小学校带来冲击,这些学校难以获得足够的收入来提供充分的课程。托马斯和布尔洛克(Thomas and Bullock 1992)对这个问题进行了研究并发现,所有的地方教育当局共同调节分配规则以给小学校提供额外的支持。这些支持包括一次付清(给每个学校固定数量资金以资助基本的职员经费与服务费用)、滑动补充(给低于一定学生人数限度的学校更多额外资助)、工资保护(资助小学校的教师工资高于平均水平)。然而,尽管有这些资助,他们认为小学校在资源分配过程中仍然处于不利地位。

校本管理大概在澳大利亚运用得最广泛。考德威尔和斯平克斯(1988)描述了维多利亚州运用的联合学校管理模型,这个模型使社区和全体员工适应从高度集权制转变到他们负有主要决策责任。由家长、教师和学生组成的校本委员会有教育决策权。他们的活动以反复循环形式加以结构化,包括:制定目标和确定需求、决策、计划、预算、实施和评估。与英国的方法不同,预算的分权化出现在政策决策分权化、管理人员选择和评估的广泛培训与实践之后。

### 4. 微机的运用

计算机技术的出现对学校经营管理产生了相当大的冲击。学校经营管理一直运用大型机和小型机来计算、制工资册、记录学生与全体员工的数据、整理及保持其他大规模的数据、组织和报告任务。然而,随着相对便宜的微机的真正开发(超过了大型机的计算与贮存能力),为处理学校经营管理中的问题与事务提供了使用新技术的机会。

对学校经营管理者与其他教育管理人员来说,微机的力量来自程序(软件)而并不是硬件(机器)。电子制表软件、数据库、图表、交流和语言程序是对经营管理实践有益的最普通的软件类型。非程序管理人员能够用这些普通的程序解决特殊的需要。如收集101张电子制表软件模版可以为学校经营管理人员提供解决许多普通问题的模型(Graczyk and Faux 1991)。而且,大量的专业化程序也是有用的,包括预算、投资管理、谈判、购买与清单管理、统计、项目管理、时间安排、交税和交通。运用这些工具,通过更快地完成任务和更彻底地分析,可以充分提高生产率。

对学校经营管理有用的另一个工具是数学模型。不会程序编制的经营管理人员可运用一般的电子制表软件来熟练地建立仿真模型以研究复杂的情况。运用这种模型,灵敏的分析——"如果……那么……"问题——可以提供有力的方法:通过输入关键的变量来检验对结果的影响。经营管理者直接运用的模型的优点是:把他们的专业知识运用于模型当中;把结果的内容和形式与决策需要联结起来;更好地理解模式化的系统;分析更快;考虑更多的选择范围(Hartman 1990)。

经营管理者的经常任务之一是计划和购买计算机系统(Kazlauskas and Picus 1990)。这是一项高冒险决策,包括大量的资金支出(不经常发生),确定未来不确定的需求和在不断变化的计算机系统中加以选择。亨斯多克(Henstock 1992)报道了一个成功的方法。方法的关键部分是建立正确的系统标准。简单地概括如下:(a)寻找属于"后起之秀"和市场评价较好的软件;(b)使用者(而不是卖主)控制软件;(c)与组织需要相适应的硬件;(d)把系统内的多项功能加以整合;(e)能够同时容纳使用者的网络能力;(f)为学校全体职员提供最新的培训;(g)证明卖者的能力与稳定性。

如格拉奇克(Graczyk)所总结的,在对21世纪的数据处理进行评估中,"电子网络将会极大地提高信息的共享。微机本身能够使企业主管用一种新的和令人兴奋的形式来作报告。人们会更广泛地使用仿真和'如果那么'分析,尤其是在预算、财政管理和集体谈判中"(Graczky 1990 P. 136)。

### 5. 结论

本词条回顾的学校经营管理部分是补充性的,预算是这个领域的支柱。包括:为设计教育项目提供结构;决定执行计划的必要支出;获得收入以支持经营。所有的管理人员都需要预算及相关的财政技能,尤其是进行校本预算的人,他们以新的权利与责任指导学校的财政行为。有标准应用软件程序的微机为校本管理中的财政及其他部分提供了有效的方法。复杂的软件为学校企业管理人员提供了生产性工具,加强和扩展了他们的管理职能。

W. T. 哈特曼(W. T. Hartman) 著

朱科蓉 译

### 附录

Association of School Business Officials International 1991 *Guidelines for the Initial Preparation of Chief School Business Administrators*. Association of School Business Officials International, Reston, Virginia

Brown D J 1990 *Decentralization and School-Based Management.* Falmer, London

Caldwell B J, Spinks J M 1988 *The Self-Managing School.* Falmer, London

Candoli I C, Hack W G, Ray J R 1992 *School Business Administration: A Planning Approach*, 4th edn. Allyn and Bacon, Boston, Massachusetts

Graczyk S L 1990 The computer revolution and the school business administrator: A revolution in technology. In: Stevenson K R, Lane J H (eds.) 1990 *School Business Management in the 21st Century.* Association of School Business Officials International, Reston, Virginia

Graczyk S L, Faux J H 1991 *101 Templates for School Business Administration.* Association of School Business Officials International, Reston, Virginia

Greenhalgh J 1984 *School Site Budgeting: Decentralized School Management.* University Press of America, Lanham, Maryland

Hartman W T 1988 *School District Budgeting.* Prentice-Hall, Englewood Cliffs, New Jersey

Hartman W T 1990 Microcomputer models for policy analysis in school finance. *Educational Considerations* 17(2):57—60

Henstock T F 1992 The path to computerization. *School Business Affairs* 58(5):6—12

Hentschke G C 1988 Budgetary theory and reality: A microview. In: Monk D H, Underwood J (eds.) 1988 *Microlevel School Finance: Issues and Implications for Policy.* Ballinger, Cambridge, Massachusetts

Hill F W 1982 *The School Business Administrator*, 3rd rev. edn. Research Corporation of the Association of School Business Officials, Park Ridge, Illinois

Hill P T, Bonan J 1991 *Decentralization and Accountability in Public Education.* Rand, Santa Monica, California

Kazlauskas E J, Picus L O 1990 *A Systems Analysis Approach to Selecting, Designing, and Implementing Automated Systems: Administrative Uses of Microcomputers in Schools.* Association of School Business Officials International, Reston, Virginia

McGuffy C W 1980 *Competencies Needed by Chief School Business Administrators.* Research Corporation of the Association of School Business Offcials, Park Ridge, Illinois

Ridler G E, Shockley R J 1989 *School Administrator's Budget Handbook: A Step-by-Step Guide for Preparing and Managing Your School Budget.* Prentice-Hall, Englewood Cliffs, New Jersey

Sederberg CH 1984 Budgeting. In: Webb L D, Mueller V D 1984 *Managing Limited Resources: New Demands on Public School Management.* Ballinger, Cambridge, Massachusetts

Thomas G, Levacic R 1991 Centralizing in order to decentralize? DES scrutiny and approval of LMS schemes. *J. Educ. Policy* 6(4):401—416

Thomas H, Bullock A 1992 School size and local management funding formulae. *Educational Management and Administration* 20(1):30—38

### 其他参考文献

*School Business Affairs.* Journal published by the Association of School Business Officials International, Reston, Virginia

Wood R C (ed.) 1986 *Principles of School Business Management.* Association of School Business Officials International, Reston, Virginia

## 学校财政(School Finance)

学校财政是指如何使用一部分税收收入和其他资金来支付建立与经营初、中等学校的费用,包括如何把这些资金分配到不同地域、不同类型和不同层次的初、中等学校。学校财政这个词一般限制于初等和中等层次的学校,虽然也曾用于学前机构。

学校财政与许多领域相关联。由于必须通过和运用法律,因此学校财政与教育政策和教育法关系密切。由于很多方面都涉及经济与财政,因此学校财政必须运用教育经济与政府财政原理(Monk 1990)。而且,由于学校财政的总体计划必须应用到学校的运行中,因此与学校管理的联系也必不可少。

**1. 学校财政管理的结构特征**

简要说明学校财政管理经常用到的大量术语是很重要的。学校收入是指学校用于支持其运行而获取的资金收入。这种收入可能来源于税收、学费收入和其他费用以及因提供产品和服务而得到的捐赠和收入。学校支出是指学校购买各种资源的支出或教育过程中的各种投入(如管理人员、教师、物质资料、设备和设施)的支出。成本代表的是在教育过程中使用的所有资源的价值,不管是否反映在学校预算和支出中。学校资源的成本包括所有投入到使用中的价值,即使它们是来源于捐赠或没有在支出计算中明确反映出来的资金项目也必须记入成本。

固定性支出主要用于学校建筑与设施。虽然这笔投资需要大量的原始支出,但建筑与设施能够使用很多年。与此相对的,日常运行支出或经常性支出是指每年为了支持学校运行所使用的费用,如教师工资和易耗性供给品等,每年都必须为学校的年运行支出做预算供给。

学校财政管理的问题首先涉及一些主要相关规则,比如何人将以何种方式受到教育的问题。财政资源需求的确定必须建立在这些规则基础上,并通过税收、家庭支出和捐赠等形式的来源得到满足。由于这些规则在不同国家相差很大,因此学校财政管理结构也差别很大。虽然学校财政管理的原理可用于许多不同的国家,但原理在现实中的应用必须反映每种背景的特定的经济、政治、社会与文化特征。对学校来说,并不存在对所有环境都适合的普遍的收入与支出方法。

学校财政管理之所以重要的一个原因基于这样的事实,即国家的国民生产总值(GNP)中有相当一部分被用于教育(这意味着教育部门与非教育部门之间存在资源的竞争和挤占问题)。来源于联合国教科文组织的统计年鉴(UNESCO 1991)的相关的可利用数据表明(它们的数据包括所有层次的支出,其中包含对高等教育的支出):在 20 世纪 80 年代,国民生产总值的 2% ~9% 被用于国家的公立教育支出。一般来说,那些在校年轻人所占比例越高和人均收入越高的国家用于教育的支出占国民生产总值的比例就越高。在对这种现象的国际调查中,艾切(Eicher 1982)发现在 1960 ~ 1965 年,世界上主要国家的国民生产总值每增长 1 个百分点,公立教育支出增长超过 2 个百分点。虽然这个比例在 1965 ~ 1976 年间下降到 1. 3 个百分点,但教育支出的增长比例仍然高于国民生产总值增长的比例。

为什么教育支出的增长比例高于国民生产总值增长的比例,这其中至少有两个原因。第一,当人均收入相对低时,生产的大部分东西必须用于消费,只有少量的剩余可用于投资教育和其他领域。但当人均收入较高时,社会和私人可用于投资的资源增加了。第二,随着国家工业化程度越来越高,私人与社会对教育有越来越多的需求。很明显,教育与此同时也对整个社会的资源都提出了巨大的需求,而这个数量中还没包括私人用于上学的支出以及与之相关的其他需求(如书、交通和制服)带来的巨大支出等(Schiefelbein 1987,Tsang and Kidchanapanish 1992)。

**2. 学校财政管理决策**

理解学校财政管理领域的最好办法是把它看成决策现象,即必须把教育决策转变为资助学校的方式。每个国家都有自己的教育优先权,政府财政体制、决策的政治机制和实施决策的管理结构。学校财政管理反映了这些结构和过程。

2.1 有多少学校

每个国家都必须决定谁将受教育和将受到多少教育。在确定这个问题的答案的前提下,决定哪些特殊人群是符合条件的,或者是必须强迫接受教育的。而且,假设条件允许,随着时间的流逝,越来越多的人将完成义务教育,非义务教育就会增加。在这种情况下,如果接受相应教育的人口的规模又在不断增长的话,那么财政必须拿出更多的钱来以足额供给小学和中学的资源需求。财政的含义来源于谁将接受教育,这代表了一个学校财政系统的最根本的基础。主要成本和经营成本的投入都取决于对谁有资格进学校、谁将实际进入学校等问题的理解。

计算出按计划应该进入各个层次学校的学生数量以及学校的接收能力,对设计一个功能很强的学校财政管理系统来说是必要的。最基本的方法是人口统计研究,把出生率和在每个层次学校的年轻人规模转化为未来某个特定时期预期的入学人数(Davis 1980b)。这种分析方式在很大程度上不仅要确定谁有资格进入每个层次学校,还要确定在学校充足的情况下实际上有多大比例的人入学。教育的社会需求可从统计上进行估算(Davis 1980a)。

在更富裕的国家,教育的扩张与需求的同步增加是适宜的,尤其在教育的边际收益确实超过了边际成本的情况下。然而,多数国家由于资源的缺乏而使其在运用这种方法时受到严格的限制。其实,即使是富裕的工业化国家也面临着受教育人口严重失业的问题。因此,有些国家可能会根据某种意义上的国家、社会或经济需求,选择扩张义务年限之外的教育。

人力预测法试图根据未来某个特定时期,为达到某个特定的经济产出目标所需要的不同层次和结构的劳动力的需求预测而确定教育的投资规模。这种方法由于假设及其相应计划很少能充分实现而受到严厉的批评(Blaug 1972)。

收益率方法是根据投资收益来对教育扩张进行估算的方法,即把来自教育投资的未来经济产出的增长与增长的教育成本进行比较(Becker 1964, Psacharopoulos 1973)。用这种方法,人们可以把社会投资于教育所带来的收益和投资于其他公共产品(如健康或主要投资于建筑与设备)所带来的收益进行比较。照此推算,只有当教育的收益率超过了那些可选择的投资时,才能进一步投资于教育。这种技术由于它的关键假设(当工人接受更多的教育时,他们就能获得更高的收入,并以此可估算工人社会生产力的提高)曾受到批评(Berry 1980)。而且,由于缺乏未来收入的可用数据也可能导致估算失真(Eckaus 1973)。这些分析工具在规划未来入学中是有帮助的、初步的和启发性的,即使它们不能被机械地用于解决这个问题(Blaug 1972)。

### 2.2 人们怎样接受教育

一旦确定了谁将受教育和将提供多少教育,就有必要问将提供什么类型的教育。这个问题至少涉及三个基本层面。第一,在每个层次将提供什么类型的教育?尤其应考虑初等教育课程的实质和强调中等层次的职业与学术教育以及各自的特殊需要。第二,提供什么样的教育质量?很明显,大班制(运用最少的设备、最低限度的教学资料、缺少培训的教师)比高质量的班需要更少的资源。第三,给有特殊教育需求的儿童(如身体和智力残疾、天才儿童、外来移民和那些来自贫穷家庭背景的儿童)提供什么样的教育?人们普遍认识到这样的群体有特殊的教育需求,需要增补资源(Kakalik et al. 1981, Levin 1973)。

初等教育课程的性质以及中等教育的学生分为学术与职业培训两类,都与成本有密切关系,因为它们有不同的资源需求(Hu and Stromsdorfer 1979)。在生均成本随着师资培训费用而提升,以及班级规模减小和提供更多的教学设备与教学资料的情况下,学校教育质量必定存在明显差异。由于教师成本占支配地位,仅班级规模大小的决策就能支配成本模式。从本质上来说,班级规模缩小50%将导致生均成本几乎增加100%。另外,越是关注特殊学生的特殊需求,就越需要更多的资源来满足(Kakalik et al. 1981)。

质量评估应该考虑到为达到教育目标而使用的特定的资源成本与所带来的收益之比。国际惯用的一个标准是把所使用的教育资源规模与测验成绩中反映出来的分数优劣作比较(Heyneman and Loxley 1982)。关于这个主题,即教育产出功能的问题,很多文献尝试研究不同教育投入的变化(如班级规模和教师质量)是如何导致学生成绩的不同的(Hanushek 1986)。然而,教育质量不应该仅以测验分数来判断,认识到这一点是很重要的。

人们主要关注的一点是公立学校的投资对公共部门与私营部门之间关系的冲击。在许多国家,由于公立学校的低投入和低质量,使公立学校成为没有能力选择其他学校的穷人接受教育的机构。中等及以上收入的家长把他们的孩子送到拥有更多教育资源的私立学校。通常有相当的公共投资用于这些私立学校。结果导致二元学校系统的存在:一个是低质量的公立学校系统(班级大、中等培训的教师、资料不足、劣等的设备),由来自低收入家庭的孩子就读;另一个是质量更高的私立学校系统(班级更小、更好的教师、其他令人愉快的事物等)。后者收取的费用超过了贫穷家庭的支付能力。

与此相关的另一个问题是给有特殊教育需求的儿童(如身体和智力残疾、天才儿童、外来移民和那些来自贫穷家庭背景的儿童)提供什么教育资源?这个问题涉及社会与政治优先问题,完全解决这个问题需要相当多的经济资源。

### 2.3 谁应该付费

初等和中等学校需要的资源包括那些直接用于教学的资源和那些在教育教学过程中必须使用的资源。属于第一类的有教师、建筑、资料、设备等等。属于第二类的有学生接受教育与学习所花费的时间与精力。在许多国家,学生在小学高年级和中学花费的时间代表了一种成本,因为儿童就学就意味着劳动力供给的减少以及家庭收入的减少。因此,必须把这种通常由家庭和社会支付的学生的时间看成是一种资源,除了直接的教学成本外,总教育成本必须包括这个要素。

每个国家必须决定哪些纳税人应该为教育所需要的资源成本付费。运用的一个原则是利益获得原则。也就是说,不同的人应该根据他们所得到的收益来承担教育成本。如教育被认为对整个社会都有益,因为教育使国家更有文化性和生产性,有共同的语言和共同的价值(Weisbrod 1964, Bowen 1977);教育同样给个别学生和他们的家庭带来好处,因为教育使之有更高的地位、收入和更好的选择机会。如何在社会与在校学生之间分摊成本所带来的问题是很难精确地确定社会与个体的教育收益。

### 2.4 什么是合适的治理结构

合适的组织治理结构对学校财政管理有重要的意义。不同的国家有不同的学校组织原则。有些国家追求规模经济带来的利益,为了最大限度地统一学校经营,建立了高度集权的学校组织与治理形式。有些国家则在一定的国家法律或规定之内,将教育主要交给地区和地方来组织管理。以地区和地方管理为基础的学校有更大的潜力来对学校所特定服务的人口的特殊需求做出反应。中央和地方对学校控制的平衡将决定一致性与多样性之间的平衡。这种控制决策对学校财政管理有深刻的意义,因为不同层次的决策责任意味着承担不同的财政责任。

当学校财政管理依赖地区和地方当局达到一定程度时,就会产生教育财政不公平问题。根据地方所确定的某类级别教育的优先权,以及地方财政的富裕程度、税收基础、有资格入学的儿童人数等,各级地方政府对学生的教育支持水平是不同的。在这方面尤其明显的是城市与农村的区别,后者通常比前者穷得多。

一般情况下,中央政府负责向州和地方政府提供资助,为所有有资格入学的年轻人提供可接受的最低限度质量的教育服务(Sherman 1980)。州和地区政府也会给其下属的地方学校提供这种公平资助。在有些情况中,更高层次的政府还将向分权的学校当局提供无条件的资助,以促使其提供特殊的教育服务,如为贫穷和残疾儿童提供的特殊教育。

管理结构问题的最后一个方面是在公立学校与私立学校之间的选择。弗里德曼(Friedman 1962)认为虽然政府有义务为教育提供资源,因为教育的重要收益是整个社会的,但学校的实际经营应该由私人运作,以支持在学校之间创造选择与竞争。这个问题将在下面讨论。

## 3. 获取与分配资源

资源如何获取以及如何分配到教育的不同层次、不同类型学生、不同地区和地方?有两种标准可用来分析上述问题:效率与公平。效率是指可利用资源的使用应该使社会福利最大化(Levin 1976)。公平是指任何措施带来的收益与成本的分配应该是公平的。很明显这是两个非常社会化的概念,因为在一个国家被认为是有效率和公平的事务,在另一个国家可能被看成无效率和不公平的。然而,这两种标准仍然有助于任何国家评价其所认为的最合适的教育资源的获取与分配形式。

### 3.1 教育资源的获取

与教育资源的获取有关的首要问题是如何在政府与家庭之间分配支持教育的责任。即使政府支付直接教学成本,家庭仍必须支付书本费、制服费、体育设备费以及承担他们年长孩子由于在校学习而不参加工作所放弃的收入损失。

一般来说,人们认为初等和多数中等学校提供的社会收益如此重要,以至于整个社会都应该支持(Friedman 1962,Weisbrod 1964)。这些收益包括共同价值、知识、标准语言、现代工厂需要的技能、潜在科学与文化才能的发展等等。而且,广泛参与现代社会生活要求所有的人必须获得抓住可能的机会来获取需要的某种共同的经验。这种民主化进程对社会本身来说是一种重要的社会收益。既然提供初等与中等教育是现代社会必不可少的职能,多数国家认为教育的直接成本应该通过公共经费来资助。

还有一个重要问题是从效率与公平的角度看,什么样的税收制度对于支持初等与中等学校是最合适的。一般来说,可能考虑两个税收公平概念:利益获得与能力支付(Musgrave R A and Musgrave P B 1976)。利益获得原则的假设是应该根据不同纳税人所得到的收益来征收税收。遗憾的是,多数社会收益的真正实质意味着很难或不可能把它们分配给不同的纳税人。

按能力支付原则的假设是那些更有能力支持税收制度的纳税者——通常是那些拥有更多收入和财产的人——他们应该比那些拥有较少资源的人为税收做出更大的贡献。这个原则的实际应用还取决于具体的税收基础和特定的假设条件,即如何在获得特定水平的财政收入的同时使社会牺牲最少(Musgrave R A and Musgrave P B 1976)。

考虑征税效率要看税收制度对整个经济的效应和为了征收特定的税收而付出的征收与服从征收成本。如果相信自由经济的"自然"劳动产生了最有效的资源分配,那么一个征税制度就要尽可能最小程度地扭曲或伤害这个制度(Musgrave R A and Musgrave P B 1976)。当然,企业的垄断集权以及商会与政府的作用都会对现存的自由与竞争经济提出严重的挑战。而且,税收制度有时用来提供"合意的"歪曲,如对烟草、酒和奢侈品征税——目的是为了减少对这些产品的消费。然而不管怎样,税收制度的设计应该谨慎缩小任何不必要的歪曲。

征收与顺从征收中的效率是指以最小的成本获得既定水平的收入。在这方面,成本不仅指征收税收时需要的管理资源,还指纳税者服从税收制度的要求所付出的成本。不同的税收伴随着不同的征收与服从成本。

迄今讨论的是关于征税制度的一般特征而不是学校财政管理。用于学校财政管理的公共收入制度应有两个合意的特征:稳定与增长。稳定是指税收制度的收益年复一年。教育系统将会有可预测的收入需要,税收制度是否能够非常稳定地提供那些需要是很重要的。有些征税制度由于经济状况而每年都有很大的波动。如依靠初级产品出口的税收会随着市场状况的变化而非常不稳定。

由于希望扩张学校入学人数和提高学校质量,税收必须充分增长以满足资源增长的需要。有些税收基础具有较大的增长潜力。任何税收途径都应该被评估,即由这种途径产生的税收收入能否跟上增长的需要。

最常用的税收是法人与个人所得税、销售与消费税和财产税。每种税都伴随着不同的公平与效率结果,这取决于如何运用上述税种。一般来说,征税公平是由对不同收入阶层家庭进行征税的范围决定的(Musgrave R A and Musgrave P B 1976)。为了界定税收公平,税收分为累进税、比例税或递减税。累进税是指随着家庭收入的增加税收所占家庭收入的比例增加;比例税是任何收入水平都保持相对稳定的税收比例;递减税指就某方面的负担而言,低收入家庭比高收入家庭占更大比例(所以随着这方面税收数量的增加,税率将成比例地减少)。

企业税和一些财产税以及销售税并不直接向家庭征收,因此,不太可能精确地知道这些税收是如何转移到不同收入群体中(高收入或低收入)。然而,大量文献提供了关于不同税收的公平结果的广泛结论(Musgrave R A and Musgrave P B 1976, Breal 1974,Pechman and Okner 1974)。

个人所得税非常灵活,可以是累进税、比例税或递减税,这取决于税率结构、征税收入的范围、税收扣除的规定、免税及税收抵免。有代表性的是官方税率很少揭示现实的税的负担。如美国在官方税率的基础上有很多累进税收,但是大量漏税(特别有利于上层收入的纳税者)意味着实际负担几乎是比例税(Pechman and Okner 1974)。

由于企业税可以以高价格转移给消费者或以低工资转移给工人,因此很难知道企业税最终由谁支付。所得税中常用的一种形式是工资税。这种税收往往是回归税,因为这种税收来自工人工资的收入而不是财产的收入。由于财产收入主要集中在高收入群体,工资对高收入群体来说并不是主要收入来源,但对于低收入家庭来说则是主要的甚至是唯一的收入来源。

销售税可分为特殊货物税和广泛的或普通的销售税(Musgrave R A and Musgrave P B 1976)。前者的征税对象通常是奢侈品或国家不鼓励消费的物品,如烟草、酒和汽油。所谓的普通销售税或消费税应用于更大范围的产品与服务。它们包括营业税和价值增值税,这种税的征收对象是每个生产阶段产品增加的价值。这种税在整个欧洲和其他工业化国家很普遍。消费税的范围明显取决于用于消费征税产品的家庭收入。如果税收是针对奢侈品,这种税往往是累进税。销售或消费税一般被认为是递减税,因为低收入家庭必须比高收入家庭分配更高比例的收入用于消费。然而,如果排除对一些必需品(如食物、衣服、住宿和医疗)征税,税收的负担会更少递减。

财产税可应用于不动产(土地和它的附属物)和个人财产。不动产的征税在地方层次尤其有吸引力,因为地方税中的销售税与所得税可能由于家庭和购买地点的变化(为了逃税)而迅速下降。而对不动产的征税更少受到这种逃税的影响,尤其在短期内。由于财产税是对住房征税,因此被认为是递减税,因为当收入很低时,住房占据了收入的很大一部分。对资本进行税收征收,则可能是累进的,因为资本财产的所有者都高度集中于高收入家庭(Aaron 1975)。

一般来说,个人所得税在经济影响方面是最有效率的,因为它没有歪曲商品和服务的价格以及市场分配,虽然非常高的边际征税率可能降低工作和投资的积极性。其他每种税都会改变不同商品和服务的相对价格与收益或收入的来源,从而影响税后的资源分配(Musgrave R A and Musgrave P B 1976)。

征收成本与顺从成本在不同国家是不同的。在多数国家,工资税和营业税的征收成本及顺从成本最低,因为在提供雇用和生产产品与服务的公司中,工资税和营业税的征收机制可常规化。销售税和财产税通常需要政府设置更复杂的管理设备。至于所得税,在其被人们接受已有很长历史的国家(如美国),相对其收益来说它的征收与顺从成本也比较低。然而,在一些所得税并没有被人们很好接受的国家,征收时却有很大的困难。

### 3.2 给学校教育分配资源

除了关注教育资源是怎样征收外,决策还应该考虑如何把资源分配给不同层次和类型的学校教育,不同类型的学生和不同地区的学校。当公共支出是资源分配的主要内容时,这些决策也可根据公平与效率标准进行分析。学校支出的公平是指根据学生不同的教育需求以及不同的教育背景与地理背景把资源公正地分配给学生。学校支出的效率是指用最有效的途径来使用资源以达到特定的目标,如经济增长或公民参与。

当用这种方法进行界定时,公平与效率可以是互相补充的,也可以是互相冲突的。以征税为例,每个国家必须决定公平在教育支出中意味着什么。比如,如果给所有的学生提供相等的公共教育资助,那么它只能够给每个学生提供相等的支出,调整了地区与地区之间资源成本的区别(Chambers 1978)。然而,如果有些儿童比别人需要不同的和更昂贵的资源,相等支出就不能给每个儿童提供合适的和充分的教育。来自贫穷家庭背景的儿童通常缺乏能够促使他们在学校成功的健康投资、营养和智力激励的投资支出(Levin 1973)。为了从教育中更多地受益,这样的学生需要补偿性资源,如健康服务、食物和医疗补助(Levin 1989)。当然,这里还存在潜在的效率争论,因为很容易想像,由于没有保证他们的基本福利,大量的标准教学投入将浪费在这样的孩子身上。相似的案例是那些有外来移民背景的儿童,他们必须通过提高语言能力以从教学中完全受益。

然而,并非所有的案例都代表了教育支出模式中公平与效率含义的兼容关系。在有些案例中,公平需要更多地投资于教育中的特殊群体,而不是以最有效的方式投资于其他教育目标。在那些例子中,公平问题必须看成是终极目的,而不是达到更有效结果的方法。例如,残疾人中有些儿童的身体和智力受损如此严重,以至于没有什么教育能够培训孩子成为有生产能力的人或者能够自理的人。他们将一直需要监护人的照料。然而,如果有特殊的教育项目能够帮助他们照料自己和提高他们的社会技能与关系,即使这些项目是相对昂贵的事业,也不能由于狭隘的效率原因而被否定。

当公平与效率处于冲突的情况下,尤其重要的问题是成本。相对于资源使用之间存在实质冲突来说,如果实现公平所需资源只是名义上从其他教育目标成就的资源中转移过来的,那么公平更容易实现(Levin 1991b)。

除了在不同类型学生中存在公平决策外,当学校由几个层次的政府资助时,也出现一些特定的问题。由于地区和地方政府在提供教育资源方面能力不同(以他们的收入和财富为基础),相同的税收措施会在不同管理实体中创造出数量非常不同的教育收入。一般来说,城市地区将有更多的税收财富,因此,在相同的税收措施下,他们将能够给每个学生提供更高的教育支出。由于政府各级部门税收资源不同而带来的支出不公平并不具有教育含义,即使他们可能正确地反映各自地区的收入与财富的分配。因此,许多国家都或多或少地采取了一些措施,试图在地区和自治区之间使支出公平化(Oates 1972)。

在基层部门实施分权的国家里,关于学校教育财政能力公平化的一种观点强调财政中立这个概念。根据这种方法,政府从财政实力出发使用于每个学生身上的经费数都应该是中立的(Feldstein 1975)。用于保证财政中立的一个办法是由中央政府承担所有教育经费,但这种变化同样会剥夺许多地区与地方学校的自治和责任的来源。保留自治的可供选择的方法是允许分权化政府在用来支持教育的税率方面决定其征税措施。中央政府则在保证任何水平的税收收入状况下,都能为每个儿童提供相同的资助,而不管下级政府部门的收入与财富是多还是少(Coons et al. 1970)。在本质上,中央政府给地区或地方政府提供的经费,代表了特定税率下应保证的经费与州或地方政府以同样税率所征收到的经费之间的差距。

在分配教育支出中存在的主要效率问题之一是如何支持不同层次和不同类型的教育。如初等教育支出与中等教育支出之间的合适比例应该是多少?假设中等教育扩张,把额外资源分配给职业教育与学术教育之间的比例是多少?曾用来解决这些问题的一个方法是把每类和每个层次的教育看成是选择性的——把毕业生的收入和受雇能力作为主要收益,教学成本和学生读书期间放弃的收入作为主要成本(Psacharopoulos 1973,1981)。从原理上来说,那些投资收益率最高的教育层次与类型将成为扩张的最佳候选。然而,这种分析没有考虑到公平问题以及其他没有在雇用和收入中反映的收益。

另外,还有人关注的是不同资助形式对资源使用效率造成的影响效果。在这方面最具煽动性的是弗里德曼(1962)提供的用于资助初等和中等教育的教育凭证制度。在凭证制度中,发给家长证书,证书是专门用来支付州所允许的任何学校的最高学费。学校由公共和私人赞助共同举办以争取凭证。推测起来,随着教育决策由市场代替政府,会增加对学生和更多机会的竞争,从而可能导致更负责和更有效率的教育系统。凭证制度经验的缺乏意味着这种争论在很大程度上还没有验证。凭证方法曾因对教育进行分层(根据社会阶层、种族、政治取向和宗教)而潜在破坏了教育的社会与民主利益,因此受到批评。它也表明管理安排中的集中保留记录及对凭证计划进行管理,都应该考虑到每一个学龄儿童的教育代价非常昂贵,从而可能抵消了竞争所带来的任何好处。这种论点一直存在争议(Levin 1991a,West 1991)。

### 4. 总结与未来的问题

学校教育财政和一个国家的教育与社会责任以及实现这些责任的资源紧密相关。这里并没有整体模式能够提供适应所有情况的最合适的资助教育的途径。每个国家都要考虑其在教育与社会发展中需优先考虑的问题以及解决的方法。然而，大量的分析概念与工具从公平和效率的视角来评价不同的学校教育财政方法。

当前对于教育财政而言最重要的挑战可能就是:一方面教育成本在不断增长,另一方面,世界经济危机严重限制了多数国家满足协调其各方面需求的能力。教育是一种劳动密集型活动,随着劳动力成本的增加,教育人员的工资必须同步。假如入学人数增长的同时保持生均支出,教育的总成本必须不断增加。即使现存教育质量太低,而仍将质量提高列入日程的情况下,上述现象还会发生。

有三种方法来限制成本:限制入学人数的增长;降低教学质量;找到以更低的生均成本来保持或提高质量的方法。第一种方法有严峻的政治与伦理含义,但从长期来看是不可避免的,除非出现别的选择。当多数国家都在关注现存的质量太低时,第二种方法看起来也是不明智的。第三种方法体现了我们这个时代的挑战。新的技术如计算机和教育电视以及新的组织安排能够降低或保持成本,但能同时保持甚至提高质量吗(Levin and Lockheed 1993)?学校教育财政的未来议程应该优先寻找到这个问题的答案(Schiefelbein 1986,Wolff 1984)。

同时,20 世纪 90 年代及以后的大量公共政策似乎把精力放在鼓励地方社区和家庭在资助教育上承担更多的责任。即使在很穷的社区,社区贡献的潜能在资助设备和其他职能方面看起来似乎很大(Bray and Lillis 1987)。然而,依靠这些财政来源可能加大富的社区与穷的社区机会的差异。同样的,经验研究发现有些国家已经有相当多的教育经费来源于家庭,从而导致来自不同经济背景的儿童在教育资源方面存在整体差异(Tsang and Kidchanapanish 1992)。因此,一些机构(如世界银行组织)的关注重点发生了转变并对公平产生了重要的影响。

H. M. 列文(H. M. Levin) 著
朱科蓉 译

## 附录

Aaron H J 1975 *Who Pays the Property Tax? A New View*. Brookings Institution, Washington, DC

Becker G S 1964 *Human Capital: A Theoretical and Empirical Analysis, with Special Reference to Education*. Columbia University Press, New York

Berry A 1980 Education, income productivity, and urban poverty: A background study for World Development Report. In: King T (ed.) 1980 *Education and Income*. World Bank, Washington, DC

Blaug M 1972 *An Introduction to the Economics of Education*. Penguin, Harmondsworth

Bowen H R 1977 *Investment in Learning: The Individual and Social Value of American Higher Education*. Jossey-Bass, San Francisco, California

Bray M, Lillis K 1987 *Community Financing of Education: Issues and Policy Implications in Less Developed Countries*. Pergamon Press, Oxford

Break G F 1974 The incidence and economic effects of taxation. In: Blinder A S, Solow R M, Break G F, Steiner P O, Netzer R (eds.) 1974 *The Economics of Public Finance: Essays*. Brookings Institutions, Washington, DC

Chambers J G 1978 Educational cost differentials and the allocation of state aid for elementary/secondary education. *J. Hum. Resources* 13(4):459—481

Coons J E, Clune W H, Sugarman S D 1970 *Private Wealth and Public Education*. Belknap, Cambridge, Massachusetts

Davis R G 1980a *Planning Education for Development. Vol 1: Issues and Problems in the Planning of Education in Developing Countries*. Center for Studies in Education and Development, Harvard University, Cambridge, Massachusetts

Davis R G 1980b *Planning Education for Development. Vol. 2: Models and Methods for Systematic Planning of Education*. Center for Studies in Education and Development, Harvard University, Cambridge, Massachusetts

Eckaus R S 1973 *Estimating the Returns to Education: A Disaggregated Approach*. McGraw-Hill, New York

Eicher J C 1982 What resources for education? *Pros-*

*pects* 12(1):57—68

Feldstein M S 1975 Wealth, neutrality, and local choice in public education. *Am. Econ. Rev.* 65:75—89

Friedman M 1962 *Capitalism and Freedom.* University of Chicago Press, Chicago, Illinois

Hanushek A E 1986 The economics of schooling: Production and efficiency in public schools. *J. Econ. Lit.* 24(3):1141—1177

Heyneman S P, Loxley W A 1982 Influences on academic achievement across high and low inome countries: Are-analysis of IEA data. *Soc. Educ.* 55(1):13—21

Hu T-W, Stromsdorfer E W 1979 Cost-benefit analysis of vocational education. In: Abramson T Y, Tittle C K, Cohen L (eds.) 1979 *Handbook of Vocational Education Evaluation.* Sage, Beverly Hills, California

Kakalik J W, Furry W S, Thomas M A, Carney M F 1981 *The Cost of Special Education.* Rand Corporation, Santa Monica, California

Levin H M 1973 Equal educational opportunity and the distribution of educational expenditures. *Educ. Urb. Soc.* 5(2):149—176

Levin H M 1976 Concepts of economic efficiency and educational production. In: Jamison D T, Froomkin J T, Radner R (eds.) 1976 *Education as an Industry: A Conference of the Universities National Bureau Committee for Economic Research.* Ballinger, Cambridge, Massachusetts

Levin H M 1989 Financing the education of at-risk students. *Educ. Eval. Policy Anal.* 11:47—60

Levin H M 1991a The economics of educational choice. *Econ. Educ. Rev.* 10(2):137—158

Levin H M 1991b The economics of justice in education. In: Verstegen D, Ward J G (eds.) 1991 *Spheres of Justice in American Schools.* Harper Business, New York

Levin H M, Lockheed M (eds.) 1993 *Effective Schools in Developing Countries.* Falmer Press, New York

Monk D H (1990) *Educational Finance: An Economic Approach*, McGraw-Hill, New York

Musgrave R A, Musgrave P B 1976 *Public Finance in Theory and Practice*, 2nd edn. McGraw-Hill, New York

Oates W E 1972 *Fiscal Federalism.* Harcourt Brace Jovanovich, New York

Pechman J A, Okner B A 1974 *Who Bears the Tax Burden?* Brookings Institution, Washington, DC

Psacharopoulos G 1973 *Returns to Education: An International Comparison.* Jossey-Bass, San Francisco, California

Psacharopoulos G 1981 Returns to education: An updated international comparison. *Comp. Educ.* 17(3):321—341

Schiefelbein E 1987 *Education Costs and Financing Policies in Latin America: A Review of Available Research.* World Bank, Washington, DC

Sherman J D 1980 Equity in school finance: A comparative case study of Sweden and Norway. *Comp. Educ. Rev.* 24(3):389—399

Tsang M C, Kidchanapanish S (1992) Private resources and the quality of primary education in Thailand. *Int. J. Educ. Res.* 17:179—198

UNESCO 1991 *Statistical Yearbook, 1990.* UNESCO, Paris

Weisbrod B A 1964 *External Benefits of Public Education: An Economic Analysis.* Department of Economics, Princeton University, Princeton, New Jersey

West E G 1991 Public schools and excess burdens. *Econ. Educ. Rev.* 10(2):159—169

Wolff L 1984 *Controlling the Costs of Education in Eastern Africa: A Review of Data, Issues, and Policies.* World Bank, Washington, DC

## 教育行政与管理分权化(Decentralization in Educational Government and Management)

分权化是指权力从较高管理层(如教育部或

地方教育当局）转移到较低的组织层（如各个学校）。这种授权意味着学校对全体员工、服务、设备和供给可以做出重大决策。

全世界的初等和中等教育明显有几种不同的分权化。最突出的分权化思想是：(a)凭证计划，这个计划给予家长选择学校的机会和提供与之相伴随的公共经费；(b)校本管理，学区给予学校生均公共经费。由于校本管理使用更广泛和研究得更多，这里也将重点强调。

本词条讨论了分权化的背景、两个共同目标、三种主要形式以及怎样与其他实施教育服务的形式相吻合。作为突出的分权化例子，这里将陈述校本管理的要点、校本管理的一般结构、对教育管理和学习的影响以及集权化管理带来的变化。

**1. 历史循环和地理背景**

从整个世界来看，从1920年到1990年，集权化与分权化循环地出现于教育中。如美国的第一次学校改革浪潮在1975～1985年，它的特征是试图集权化（目标、测验和标准），第二次改革浪潮从1985年至今，证明分权化是实现第一次改革浪潮中提出的教育目标——也就是提高学习——的方法。这种循环并不仅仅限于教育，它似乎是许多类型组织的特征（Chandler 1962，Mintzberg 1979）。一般来说，集权化发生于对变化的忍耐降低，失去信任或一个组织正受到威胁的时候。分权化发生于要求地方层次灵活提供服务并相信与顾客的接近能最好地了解顾客需求的时候。分权化管理运动是对集权化带来的问题（尤其是过度管制）的反应（Wise 1979）。

20世纪80年代至90年代，分权化在澳大利亚、加拿大、新西兰、西班牙、瑞典、英国和美国获得明显的实质性推进，由此引起巨大变化的国家与地区包括英格兰和威尔士、新西兰、西班牙和瑞典（Lander 1991）。如澳大利亚的维多利亚和美国的佛罗里达与肯塔基州采取了首创性措施。许多地方学区也进行校本管理，如加拿大的埃德蒙顿（阿尔伯达省省会）和美国的芝加哥与达德郡（佛罗里达）。

**2. 分权的原因**

分权的目标（经常能提升为原理）是改进学校。在美国，人们把公立学校看成差劲教育服务的提供者，因为它们被更高层的教育局管制得非常紧。丘布和莫（Chubb and Moe 1990）有一个很好的案例说明公立学校被管制过度从而无效。他们从许多方面对公立学校与私立学校进行了比较，强调了民主机构控制的公立学校的普遍失败：教育家通常对学校采用工具观。这种观点的一个后果是地方层次缺乏灵活性来做出适当的决策。在英格兰和威尔士的分权化运动、北美的州政府的授权治理运动、瑞典的国家权力向市政府下放的行动中，效能或效率目标显得非常突出。简单而言，分权化的目的是为了使学校更有生产性。然而，成本没有改变，全世界没有一个分权计划公开地降低了总教育成本。

另一个采用分权化的原因是相信地方参与是民主社会合乎逻辑的管理形式。根据麦克金和斯特雷特（McGinn and Street 1986）的观点，反对官僚控制和集权计划的失败激发了人们对地方权力和消费者主权的要求。西班牙把分权化看成通往民主化的途径（Hanson 1990）。在美国，向教师授权被看成是很重要的。在英格兰和威尔士以及新西兰，家长消费者主权观念被认为是分权化的一个目标。家长参与是家长本身权利中的一项目标还是学校改进的一种主要方法，对这一点还存在争论。无论如何，分权化运动意味着优先权的转移，即从中央政府通过立法制定的平等价值转移到由地方群体（如学校管理委员会）界定的教育质量价值。分权化教育体制的国家这样做可能并不是使公民参与最大化，因为其目标是管理冲突或提高其合法性。分权化还与基本的自由、平等、友爱、效率和经济增长的基本价值有关（Swanson 1989）。

**3. 三种分权化形式**

组织分权化是一种形式，在这种形式中，学校专业人员就学生的教育福利做出重要决策。组织分权化产生于把权力垂直地转移到学校而不是平行地转移到州官员或地区员工的决策。明茨伯格

(Mintzberg 1979)所说的“分权化”类似于钱德勒(Chandler 1962)所讨论的在企业和工业中发现的过程。组织分权化伴随着很高的代表制民主,即立法机构把制定管理决策的权力委任给它们的专家雇员(Kogan 1986)。最著名的组织分权化例子是加拿大阿尔伯达埃德蒙顿的公立学校,实施于1979年(Brown 1990)。

政治分权化是一种形式,在这种形式中,公立学校的家长做出的政策决策中包括他们孩子的教育。它要求学校有管理委员会,委员会指导学校政策,甚至有权雇用主要学校职员,如校长。这种委员会或学校理事会通常包括发挥实际作用的教师代表,它与代表制民主观念是一致的,受到决策直接影响的人们对决策有直接发言权(Kogan 1986)。芝加哥的公立学校提供了最清晰的政治分权化例子,实施于1990年(Hess 1991)。

经济分权化是一种形式,在这种形式中,决策权下放,家长通过为孩子选择学校来决定经费分配给哪些学校。它不仅要求学校有管理委员会,而且学校经费与学校所能吸引的学生数紧密相连。家长被看成教育的消费者而学校则是教育的供给者。竞争是重要的,地方教育当局的管制最小化。最杰出的经济分权化例子是英格兰和威尔士在1988～1993年间采用的结构(Davies and Ellison 1991,Knight 1992)。这种分权化形式非常类似于丘布和莫所提倡的强调学校自治(1990)。

### 4. 分权化矩阵

这三种分权化形式是如何互相关联及如何以相似的方式建构教育?通过两个问题可构成一个简单的框架。第一个是经济问题:谁给学校付费?资金常常来自两种来源之一——社区、州和国家征收的税收或私人经费如学费、捐赠和费用。第二个是政治问题:谁控制学校?学校层次由管理人员(作为更高层当局的雇员)或家长控制。教师常常扮演着顾问角色,但他们很少被置于有完全的权利与责任的职位。当这两个问题及它们的答案都很清楚时,分权化种类可分为四类(或单元),如图1所示。

注意图1中的单元1,学区委员会被地方教育

| | | 学校管理图 | |
|---|---|---|---|
| | | 管理者 | 父母 |
| 经费来源 | 政府资助 | 1 组织分权化 | 2 政治经济分权化 |
| | 私人捐赠 | 3 自愿主义与企业 | 4 私人教育 |

**图1 学校分权化矩阵**

当局委托,其职能稳固地保留在适当的位置上。在单元2中,政治与经济分权化的重要区别被模糊了,虽然前者通过政治参与而产生,后者通过学校的市场经济竞争的需要而产生。单元3代表的是不成熟的研究领域,除了对企业伙伴的研究。自愿主义是指相关的人们向学校贡献时间和金钱;企业指学校与外部团体的关系,如提供有偿服务的关系。仅单元4中,私立学校几乎不需要学校的外部管制。

这种2×2矩阵表明,最简单的分权化形式是组织部门化和私立教育(单元1和单元4),因为它们的资源来源和它们的控制都是一致的。单元2和单元3代表了实施教育服务的混合方法,因为它们包括公共资源的私立控制(单元2)或私立资源的公共控制(单元3)。因此,这种形式需要对决策权做清晰的说明。

### 5. 校本管理结构

校本管理是最突出的教育分权化类型。校本管理结构随着给予学校决策权范围的不同而不同。许多学校能够灵活地处理设备与供给,少数学校被允许控制员工、维修、效用、特殊服务、课程或剩余经费。学校很少有权控制教师工资、主要支出、日常交通或明晰其他管理部门事务。决定它们灵活性的程度的一种方法是计算出学校直接控制的区预算比例,当这个数字超过70%时,是完全的校本管理。然而,有些管辖权限(如新西兰)限制学校每年在预算范围内只有10%的变化,因此,学校的自由决策权减少了。

资源如何分配到学校？一般的规则是“按学生拨款”。直接地说，就是生均规则决定了一个学校得到的总经费。这种规则似乎减少了在集权管理环境下发生的游说活动所造成的分配变化。调整规则以适应学校间的重要差别，调整包括新学校的启动资金、小学校的固定成本、较老的建筑和设施的维修费用，最重要的是设置不同课程的经费（初等、中等或特殊教育学校）。

一旦学校获得假定的分配，它们被要求根据区和学校目标规划他们的预算。理想的是目标与资源相联结以提供项目预算，但学校通常发现这种联结很难形成。预算经常由主管和教育委员会来评价和批准。而且，一些管辖权限规定，如加拿大的埃德蒙顿，每两年对家长、年长的学生和区雇员进行调查，以决定他们对每个学校提供的服务的满意度。因此，规划周期开始于区目标，结束于要求学校报告他们的成绩水平。

学校同时具有更多的灵活性与更多的责任导致了矛盾的产生。学校在受到更多详细审察和控制的同时如何能够更自由地决策？对这些问题的解释可从科尔曼（Coleman）的组织生存能力模型中找到。与集权管理相联系的“完整生存能力”的特征是充分的控制，但却模糊了对结果的责任。把特殊事情（如一个孩子在学校的成功或失败）解释为整个组织状况的反映。与此相反，“独立生存能力”要求对事务的责任在每个单元之间进行平衡。孩子的困难被看成是学校人员和家长各个方面的责任，他们有权使用资源以帮助孩子。这种安排意味着服务的提供者和被服务者在责任中联结得更为紧密。因此，学校有更多的灵活性，而地区、学校委员会或家长的发言权也更突出。从完整生存能力到独立生存能力的转变可以解释如何把分权化看成权力同时转移到两种不同的管理层次上。

### 6. 校本管理的管理影响

分权化对学校全体员工和地方当局的角色的影响最深刻。在所有的角色中，校长的角色变化最引人注目（Davis and Ailson 1991，Knight 1992）。校长们说他们能更灵活地分配学校内的资源。由于依靠组织、政治或经济形式的校本管理，他们认为自己对他们的监督者或学校委员会更负责任（Watkins 1991）。虽然他们经常抱怨分权化要求过度工作量（Chapman and Boyd 1986，Ramsey 1991），他们声称他们的学校比在集权管理下状况更好。很少人愿意回到“玩不转的预算”，在这种预算中由于校长的游说，各所学校资源相差很大。他们坚持认为分权化管理并不需要他们成为会计员。而且，他们认为自己成为教学领导的机会增强了（Brown 1990）。

教师同样受到分权化的影响。把百万美元的“总额”预算提供给许多学校，要求校长也包括教师决定钱该怎样花，在分权化组织中，高级教师组成的预算委员会向校长提供建议。学校理事会或管理委员会（由教师投票选举）在政治分权化（Hess 1991，Caldwell and Spinks 1988）或经济分权化（Knight 1992）下制定预算政策。虽然这些结构有时指“授权给教师”，它们通常并不伴随着解除财政管制，这意味着教师可以广泛地商量，但学校保留对少数资源的控制。教师们相信他们的学校在校本管理下状况更好（Brown 1990）。

家长继续通过许多途径与学校互相影响，包括成为志愿者和帮助孩子完成家庭作业。然而，在政治与经济分权化下，他们有权指导学校政策与分配资源（Hess 1991，Knight 1992）。虽然实用的研究并没有确切地告诉我们这种结构对公立教育的影响，但它们往往清楚地给予家长们新的权力，从而使有些家长愿意贡献时间与精力指导学校政策。

当更多的权力给予群体内的每个校长、教师与家长时，就会产生有趣的问题。到底由谁负责？当出了问题时由谁负责？在组织分权化下，校长有“最终发言权”并对他们的上级负责。在政治和经济分权化下，校长主要对学校委员会（由教师、家长和其他社区成员组成）负责。然而，校长还对相关主管或地区管理人员负责，这意味着他们“服务于两个主人”（Chapman and Boyd 1986）。因此需要高水平的角色说明。例如，在芝加哥，学校委员会的行动受到评价（Hess 1991）。如果“最终权力”这个问题不解决，企图授权给教师或家长的想法很可能会失败（Malen and Ogawa 1988）。

其他受到分权化影响的角色与地区层次职能

有关。它们包括中央办公室全体员工和工会。在英格兰和威尔士以及新西兰,用于集中服务的经费已经转移到学校,学校可能从中央或外部机构购买这种服务。在加拿大的埃德蒙顿和美国佛罗里达的达德郡,中央办公室全体员工的角色被清晰地描绘成职员和规划职位人员。员工处于服务地位,规划职位人员处于对决策负责的职位。

通常认为教师和支持员工的工会对学校有集中性影响,因为他们对教师人事权益制定了具体规则。然而,他们经常把分权化看成授予他们的同事的途径,因此,他们与学区管理人员一起工作。分权化的一个结果是,为了自己学校的利益,工会成员参与决策要求改变某些规则(如规定班级最大允许规模)。

**7. 校本管理对学习的影响**

很少研究涉及校本管理对孩子的学术成绩的影响。虽然家长、学生和教师在分权化下似乎更满意(Brown 1990),但仍然不清楚校本管理是否已经以及在什么情况下,对学生获得学术或社会目标产生真正的作用。显然,教师认为必需的教学资源应该掌握在他们手中。虽然教室中的供给或设备的有无对局外人来说并不重要,但调整边际资源以满足学生需求和改正问题的能力被认为有助于学校效能。有两个副产品受到赞扬,但并没有被正式验证。一个是学校展示的改革水平。作为新建立的自由的一个结果,课程变化可能发生。然而,分权化学校没有必要显示进行了多少改革活动(Knight 1992)。另一个可能是对教学过程的影响。作为对多层级控制的反应,学校可能喜欢更传统的教学方法,更重视学习过程的技能,减少对专家知识的依赖(Chapman and Boyd 1986)。无论如何,关于分权化对学习的影响的评价可能有问题。

**8. 校本管理的实施**

如何向校本管理转变?分权化的动力可能有许多来源。分权化的例子包括加拿大埃德蒙顿的主管,俄亥俄州克利夫兰的法院,芝加哥的州立法机关,佛罗里达州达德郡的区合同谈判,肯塔基和加利福尼亚的州立法机关,美国、新西兰与瑞典的州政府。

和其他计划的改变一样,分权化的实施包含了三个阶段:探索、试验和继续(Miles 1987)。在探索阶段,权威机构收集信息、广泛地讨论校本管理理念、分析利益群体结构、判定支持力量。关于分权化采用什么形式、校本的决策范围以及主要的分配与计划周期等问题都在此时专门提出。在试验阶段,选择试验学校来评价这个计划的生存能力,广泛地使用培训会议以及评价全体员工的反应。在继续阶段,在各管辖区内广泛推行,部分学校出现许多新的突破和意外。管理变化的程度取决于学校在多大程度上控制了资源(Brown 1990)。

分权化是种流行的趋势,但它能坚持吗?正如米莱什(Miles 1987)所说,许多流行的教育改革都曾被采纳,然后被抛弃。校本管理的继续可能受到挑战,因为许多参与者并不清楚这个概念和分权化后面的信念,可能获得不充分的支持,转变带来的问题可能很严重。在这种情况下,管辖权限停止改变或回复到集权管理并不奇怪。削减开支可能是阻止分权化继续的一个因素:学校经常宁愿让他人决策全体员工的分配。另一个因素是相当多的权力和资源保留在区办公室。如果允许保留这种结构,就不可能发生根本变化(Chubb and Moe 1990)。有些国家可能选择保留它们高度集权的教育系统。

**9. 结论**

世界范围的教育分权化趋势可能使公立学校更像它们的对手(私立学校)。虽然分权化的公立学校的经费继续由税收来支持,而且地方教育当局为了保证入学公平,继续按生均分配那些经费,这些学校将拥有某些灵活的决策权和私立学校目前拥有的地方责任。

从集权管理向分权管理转变的任何一种形式反映了科尔曼(1990)表达的观点。在他的观点中,人们了解他们生活中的重要目标并知道实现这些目标的方法,而对这些,个体和小群体经常“最了解”。而且,他们的兴趣与对资源的控制直接连接起来。行为的变化被看成是自然的和期望的现象。当个体的生活受到规模大的现代组织的影响时，分权化学校变成一个范围，在这个范围内，允许某些层次的个体控制，因此，家庭和社区的影响可能给学生的生活提供必需的连续性。虽然对提高学校效能的争论还很强烈，把权力归还社会中的个体和小群体，可能是为了未来一代的福利而采取分权化教育结构的一个更深刻的原因。

D. J. 布朗（D. J. Brown） 著
朱科蓉 译

**附录**


Brown D J 1990 *Decentralization and School-based Management.* Taylor and Francis, London

Caldwell B, Spinks J 1988 *The Self-managing School.* Taylor and Francis, London

Chandler A D Jr *Strategies and Structure: Chapters in the History of the American Industrial Enterprise.* MIT Press, Cambridge, Massachusetts

Chapman J, Boyd W L 1986 Decentralization, devolution and the school principal: Australian lessons on statewide educational reform. *Educational Administration Quarterly* 22(4):28—58

Chubb J E, Moe T M 1990 *Politics, Markets, and America's Schools.* Brookings Institution, Washington, DC

Coleman J S 1990 *Foundations of Social Theory.* Harvard University Press, Cambridge, Massachusetts

Davies B, Ellison L 1991 *Changing Financial Provision Leads to a Radical Reform of the English Education System.* Faculty of Cultural and Education Studies, Leeds Polytechnic, Leeds

Hanson E M 1990 School-based management and educational reform in the United States and Spain. *Comp. Educ. Rev.* 34(4):523—537

Hess A Jr 1991 *School Restructuring: Chicago Style.* Sage, Newbury Park, California

Knight B 1992 Delegated financial management. In: Dimmock C (ed.) 1992 *School-Based Management and School Effectiveness.* Routledge, London

Kogan K 1986 *Educational Accountability: Analytic Overview.* Hutchinson, London

Lander R 1991 *Decentralization: the Case of Sweden.* Department of Education and Educational Research, University of Gothenburg, Gothenburg

Malen B, Ogawa RT 1988 Professional-patron influence on site-based governance councils: A confounding case study. *Educ. Eval. Policy Anal.* 10(4):251—270

McGinn N, Street S 1986 Educational decentralization: Weak state or strong state? *Comp. Educ. Rev.* 30(4):471—490

Miles M B, Ekholm M, Vandenberge R 1987 *Lasting School Improvement: Exploring the Process of Institutionalization.* Acco, Leuven

Mintzberg H 1979 *The Structuring of Organizations: A Synthesis of the Research.* Prentice-Hall, Englewood Cliffs, New Jersey

Ramsay P D K 1991 Picot: Vision and reality, an "insider's" view. In: Porter R L, Knight J (eds.) 1991 *Contemporary Politics in Management: The Labour Reconstruction of Schooling.* School of Education, University of Waikato, Waikato

Swanson A D 1989 Restructuring educational governance: A challenge of the 1990's. *Educational Administration Quarterly* 25(3):268—293

Watkins P 1991 Devolving educational administration in Victoria: Tensions in the role and selection of principals. *J. Educ. Adm.* 29(1):22—38

Weiler H N 1990 Comparative perspectives on educational decentralization: An exercise in contradiction? *Educ. Eval. Policy Anal.* 12(4):433—448

Wise A 1979 *Legislated Learning: The Bureaucratization of the American Classroom.* University of California Press, Berkeley, California


## 学校治理与管理的国际发展（Governance and Management of Schools: International Developments）

本词条分析了学校管理的国际发展与趋势，介绍了澳大利亚、丹麦、芬兰、新西兰、挪威、瑞典、美国和英国的经验,讨论了如何把管理的基本价值、目标与意识形态转变为学校的管理结构与过程。

**1. 主要问题**

1.1 效率、效能、优秀与平等

比尔(Beare)等人强调了指导学校治理的标准所发生的根本变化:

> 近年来,效率、效能、优秀与平等这些词越来越多地用于教育——好像四"E"已经代替了四"R"。虽然如此,词语象征着一种深刻的转变,因为这意味着人们终于认识到了教育对提高国家生产力的贡献以及在提升国际贸易中的竞争力、保持社会稳定与加强政治竞争中的作用。如果没有教育的作用,国家将不可能繁荣 。(Beare 1989 P. 23)

世界各国的决策者与管理者主要考虑的一个问题是,如何以最佳的成本—效益比来获得最有效率的教育产出,同时实现最广泛的社会收益。澳大利亚、丹麦、挪威与瑞典这些国家的政府都支持这样的原则:以人文关怀、个性发展和保护环境为基本价值,富于智力挑战性的、高质量的、分权管理的课程是更公正与公平社会的基础之一——在这个社会中,公平和机会的均等成为可实现的目标。正如哈曼(Harman)以澳大利亚为背景指出的:

> 澳大利亚的民主思想关注社会公平这个特定理念,并关注政府在寻求实现社会平等目标和满足人民需求的责任问题。与保证基本工资的想法相似,保证教育的最低或基本标准的思想也提出来了。(Harman 1990 P. 67)

然而,"保守主义"的思想最少关注公平和社会公正。具体来说,它认为教育对主要的社会不公平几乎没有矫正作用,并认为造成不公平的原因中,个人本性和动机因素要多于社会的结构因素。美国和英国这样一些国家,政府已经受到"新右派"保守主义思想的影响。阿佩尔(Apple)说明了这些国家公共政策侧重点是如何变化的,即由国家出面解决社会处境不利人群的问题转变到把解决问题的责任放置到个人身上:

> (公共政策)不再与那些群体的压力和不利地位相联系,现在只是保证个体在"自由市场"环境下进行选择。因此,目前对"优秀"(这个词有很多意思和社会用法)的强调离教育宗旨如此之远,以至于又把学习成绩不良的原因大部分看成学生自己的过错。(Hill 1990)

1.2 价值、目标与管理结构的关系

因此,很清楚,学校管理方法方面潜在的主要问题是一个政治或伦理问题,涉及人们对一些潜在的基本思想的信念,这些思想是关于人类的本性以及为了他们各自目的进行协商并使他们的关系制度化的最好方法。然而,有一点必须指出,即思想、价值、目标与管理学校的管理结构、过程之间并不存在简单而直接的关系。经济力量的冲击和国际管理主义趋势的影响要求对学校管理问题做出一系列全面复杂的和不同类型的反应。

例如,新西兰改革的一个显著特征是试图把最低限度的结构变化与公平目标的维持结合起来。尤其明显的措施是给拥有大量来自低收入家庭学生的学校提供更多的资源和从学校的各个方面提高性别与种族公平。因此,虽然新西兰近来的改革似乎与英国保守政府的改革相似,但可看出在优先权和结构安排方面存在显著的不同——这是对新西兰劳工党政府给予公平与社会公正问题高度优先权做出的响应。

在法国、澳大利亚和多数斯堪的纳维亚国家,人们把结构一致和统一的学校管理系统看成是为所有人提供公平教育的传统方法。虽然这些国家存在很大的决策分权化,但在地方层次提供不同的和多样化的选择并没有成为这些国家改革措施的一部分。

与此相反,在英国和新西兰这样的国家,把更广泛的选择看成帮助提高标准的一种方法——把竞争意识引入教育供给但不给消费者带来额外成本。在英国,把开放入学政策看成便利"选择"的一种方法。另一种方法是引进"直接拨款学校"机制。然而,有一点必须指出,即自由选择与质量保证之间的平衡受到了相当大的挑战。如在英国,凯夫(Cave 1990 P.2)指出,学校由于环境因素而经常降低入学人数,家长更多的是因为社会而不是教育原因选择学校,如为了回避那些来自社会或经济底层的学生或回避少数民族学生。

而且,如果所有的人都有能力进行选择,那么选择就是一个很有意义的概念。如果选择能力受到严格的限制,那么就有相当一部分人会被剥夺权利。萨利斯(Joan Sallies)——英国杰出的家长活动家——对平等与选择问题做出了界定:"如果选择的愿望来源并受哺于永久的不平等,我们如何能使家长的选择与孩子的平等机会达成和谐,又怎样使家长的权利与所有孩子的需要相统一?"(Sallies 1988 P.12~13)

在英国,通过支持津贴资格来提供选择,突出了与学校管理有关的其他趋势的特征。改革潜在地符合了一定的思想:把教育服务当作市场中的商品来销售,同时强调寻求私人更大程度地参与教育供给。这证明了一种更深刻的变化——公共服务概念本身的变化。

### 1.3 变化中的公共服务概念

在澳大利亚、丹麦、法国、瑞典和挪威这样一些国家,公立教育系统传统上建立在一个假设基础上,即认为只有通过政府制度控制的机构来提供公共产品(如教育)时,才能实现最好的公共利益。现在正在被英国政府信奉和被新西兰政府接受的新观点是,在相互制衡的范围内,更少把教育看成是一种公共产品或一种福利机构,更多把它看成一种商品,教育选择是私人的事情,因此依靠个人供给和市场规则。

丘布和莫(Chubb and Moe 1991)属于这种观点最有影响的代表。他们提出了三个基本问题:(a)学校组织与学生成就的关系是什么?(b)什么环境能提高或阻止形成合意的组织?(c)这些情况如何受到它们的制度环境的影响?

丘布和莫认为造成不良学术成就的根本原因不在于学校而在于控制它们的制度。他们宣称只有从官僚的制度约束中解脱出来,学校才能解决它们的学生面临的教育问题,丘布和莫建议采用自由市场途径。

在多数国家,过去广泛地认为进入普及的公立教育系统和受到政府的资助是所有人的权利。自19世纪以来,为了社会的公平和公正利益,要求对教育供给和标准进行集体负责的认识支持了公立教育的"免费"制度。然而,人们对教育组织的供给和资金来源渠道越来越感兴趣,以及对市场思想的信赖,对这些传统信念造成了巨大的挑战。这些思想的接受为长期关于"公立"与"私立"教育的争论增加了一个新的角度。

市场途径的支持者认为学校成功的可能性大小取决于与学校所提供的学术产品的质量和传授效率的高低。人们相信只有不断地传授高质量的产品才能取得持久的成功。用这种途径将能实现和维持效能。根据丘布和莫的理论,私立学校或那些摆脱了官僚制度和经费使用约束的学校,因受到最少的干涉和资源误用而能更有效地实现它们的目标。在竞争环境中,市场压力迫使学校用最经济有效的方法来使用它们的资源,并根据消费者的偏好来提供"教育产品"。在传统的公立教育系统中,由于缺乏这种竞争压力,阻碍了其成为"有效能"的学校。

与自由市场途径相反,批评者认为随着市场作用的增加,剩下的公共部门的教育供给就会"残留化"了。仍然提供公共教育服务的部分变成了教育等级的低层——为那些无钱购买教育服务与商品的人们提供服务的地方。这些批评者坚持认为,在公共部门内,如果允许公立学校之间竞争,许多学校将会根据学术和其他标准而进行分化。如果允许另外的企业为学校提供地方经费,教育系统内的不公平与不平等将一定会增加。

### 1.4 经济规则

市场取向途径的意向性建议与教育供给的私营化反映了教育财政投入下降的现实。这种情况在一些经济地位和成绩稳定恶化的国家尤其明显。如在新西兰,这种改革建议反映了更广泛的经济政策的变化(不同描述为"自由化"、"缩小干预"或"更市场化"),并反映了公共部门管理更广泛的变化。

在其他国家,为了公立教育系统内价值与利益的完整，对“更市场化”途径的含义做了一些保留。然而，即使在一些学校管理没有转变为市场取向的国家，经济力量也从不同方面冲击着教育。如在瑞典，公立教育的控制与组织更简化了，以更有效地使用资源，实行了活动分权和责任委托制度。中央、地方政府以及城市委员会的各自责任得到澄清，有可能改进彼此的协调。改革有双重起点：第一，关注将取得什么、目标和结果；第二，允许更自由地决定如何获得结果。虽然详细的政府规范减少了，但同时后续调查与评估的要求变得更严格。从这种发展可看出“控制”的新含义——从规范控制转变为通过目标来管理和指导。

### 1.5 沿着集权化—分权化连续体的决策

虽然许多改革是在公开的“分权化”议程下进行的，但进一步研究表明，权力的再分配极其复杂，远超过沿着集权化—分权化连续体改变安排的一维空间概念，注意到这一点很重要。可以看到两种趋势，这两种趋势似乎同时发生。一方面，人们越来越认识到教育改革政策成功的关键取决于这些政策在地方（尤其是在各个学校）的实施与应用。这导致增加了地方学校在一些重要教育决策领域的管理。第二个趋势是越来越强调把“中央”看作目标与方针的来源以及对质量控制进行监督的地方。

### 1.6 实现中央与地方责任的混合

因此在芬兰、丹麦、挪威和瑞典，改革迫使把管理决策下放到地方，而中央保留对目标决定和质量的控制。在瑞典，根本目标在教育法中限定，目标和教学大纲往往应用于全国所有的学校。在每个市政当局，由地方委员会制定学校规划。在国家制定的教学大纲和地方学校规划以及国家目标与方针的基础上设计地方工作规划，包括各个学校单位活动的具体目标。这种做法反映了对长期关注的系统权力问题的一种解决办法：学校如何在政府不失去对公立教育的指导的同时，从经费使用和中央官僚的约束中解脱出来？

在英国和新西兰，管理协调机制的变化同样导致把教育的“中央”部门看成负责表述与政府目的相一致的目标、实施质量控制和在大范围内提供政策优先权。中间权力在英国严重降低或在新西兰消除了。学校被赋予更多的自治或在资源管理中进行“自我管理”，始终在“地方管理”与维持国家课程及国家标准之间实现平衡。为了实现期望的平衡，出现了不同类型的机制或中央与地方责任的混合。在新西兰，这些机制与“特许学校”观念结合；在英国，这些机制通过“学校发展计划”来实施。

### 1.7 学校的地方管理

虽然许多人认为中央决定质量控制是保证学校效能的最有力方法，其他人则坚持认为，为了实现公平与平等这类利益，高度的专业自治在实现效能中是必不可少的。根据这种观点，最直接了解到教室与学校学生中存在的多样性与个体差异的是各个教师。直到20世纪70年代和80年代，在更集权的教育系统中，学校全体职员在学校层次有很少的自由。

然而，在20世纪70年代和80年代，许多国家日益朝着更民主的校本结构与过程推进。在丹麦和澳大利亚这样的国家（Chapman 1990），地方管理学校是建立在这种观点基础上的，即通过提高学校层次的人们的能力来产生出最好的创新与质量。在新西兰和英国这样的国家，教育的争论遍及“校本管理”和“学校的地方管理”这些词。这种现象似乎与刚才所描述的民主化趋势相联系，但最近的研究揭示了思想与控制模式的根本区别，校本管理的基础不是教育的“民主化”，而是多样、竞争与选择的价值在教育中的应用。

管理安排中有不同的隐含原则。如在丹麦，家长与教师在学校委员会中的相对比例反映了与“合作伙伴”观念相连的价值。对社会的认识从一个笼统包含一切参与教育过程的各群体间合作关系的概念，转变成强调区分“消费者”（包括家长和地方工商业成员）与“生产者”（专业教育者）的概念，这为教育者与公众之间的关系提供了不同的基础。

与人事管理有关的事务中同样隐含着不同的原则。作为地方学校管理改革趋势之一的整体拨款，英国把所有与教师和学校领导的工资有关的决策权都下放到学校。与此相反，在澳大利亚的维多利亚州，教师工会活动有效地阻止了政府把整体拨款引进学校的企图。允许校长和学校委员会有权决定教师工资不仅会破坏工会的主要谈判权,还会在学校中造成对抗性状态,产生相当严重的冲突和利己主义,破坏被认为是有效学校特征的合作关系。

**2. 主要研究**

关于平等(或不平等)及学校效果的早期研究,比如科尔曼(Coleman)等人所做的研究,发现把重点放在资源与物资投入等管理事务方面,并不能很好地解释学校成果方面的问题。在科尔曼报告(1966)出版后,从不同的学校教育效果中得出的悲观结论,促使研究者进一步探索更多的政策去控制那些已经调查的变量。后来许多研究关注"生产功能"和学校效率模式,这些模式基于经济领域的标准化操作。哈努什克(Hanushek)从1966年以来的文献中提取了大约147个独立估计的教育生产功能变量,在他的著作中进行了分析并总结出一致的结果,发现没有足够的证据表明生产功能变量对学生成绩有期望的积极影响。他还指出"学校支出与学生成绩之间没有很强的或系统的关系"(Hanushek 1988 P. 1162)。

生产功能的早期研究——确定与那些很容易控制的、与学生成绩提高相关的资源因素的失败导致了研究重点的改变。虽然早期研究把学校投入与学校产出联系起来,但它却忽视了学校发生了什么,也就是说,资源是如何被使用的。后来的研究——关注学校组织的方法和决策的过程,表明人的管理和资源的使用即使不比可利用资源的质量、数量和类型更重要,也起码具有同等重要性。

普卡伊和史密斯(Purkey and Smith 1983)主张综合这项研究并提出了十多项主要因素。他们把这些因素分成两类:"结构"(校本管理、领导、员工稳定性、课程规划与组织、全校人员重视并获得学术成就、最多的学习时间和地区支持)和"过程"(合作计划和同事关系、团体感和清晰的目标)。

然而,在对这项研究进行评估时要注意所使用的是学校效能的狭隘定义与测量。多数研究把学术成就看成学校效能的主要指标。而且,他们往往根据标准成就测验来衡量学校效能,而这种测验仅仅是用来测量学校学术目标实现程度的。

很明显,应该对教育目标进行更宽泛的理解,这种看法与莫尔蒂莫等人(Mortimore et al. 1988)在英国所做的研究是一致的。莫尔蒂莫的研究对于理解学校教育做出了巨大的贡献,它强调在测量成就时,要考虑引入与学生相关的各种变量,要根据学校效能的性质确定一系列的产出项目,要考虑教育的过程和理解为了提高效能而实施变革时的学校文化。

遗憾的是,这种研究仍然没有提供方法来充分理解各因素间复杂的相互影响和如何加强学校效能。为了弥补这种缺陷,罗森霍尔茨(Rosenholtzd)在一项理论指导研究中分析了这些变量结合与互动的方法,描绘了变革中的学校与非变革中的学校间的区别,阐明了变量如何互动而产生有益于学习的环境。总结指出,任何意在加强学生成就的策略的成功取决于学校教育活动发生的环境,这种环境的校内部分包括向教师授权。

莱特伍德等人(Leithwood et al. 1990)对学校效能和学校改进的研究,一致把重点放在学校层次的领导与管理中。他们的结论建立于广泛回顾1974年至1988年研究的基础上,阐明了学校领导为提高学校所作贡献的性质、原因与结果。然而,他们在回顾结束时,指出了现存研究的不足。他们尤其认为需要从对有效实践的描述性研究转向更具体地研究外部因素与内部状态的关系。这与雷诺兹(Reynolds 1990)的观点一致,即与教育有关的多数研究的最重要的和最具有破坏性的隔离是离开了心理学和精神病理学学科,没有这些学科就不可能理解那些没有效能学校的"深层结构"。

**3. 趋势与问题**

很明显,关于教育目标的多级排列与复杂性的知识成为了试图理解学校管理的一个至关重要的部分。在这样一个领域,决策的过程和管理必须是非常清楚的、渐进的和经常受到评论的。在这样一个领域,注意到以下方面是很重要的:(a)变化的过程没有终点;(b)变化的步子是不统一的;(c)一个领域解决问题可能在其他地方造成问题;(d)决策者和管理人员几乎不可能自信地宣称所有的证据都已收集和研究。然而，尽管很复杂，改进学校的要求不可能回避。虽然来自中央和地方当局的指导与控制程度在各国不一样，用于校本的人事管理自由度也相应有所不同，但在所有的国家，学校领导的责任都是创造和维持能够有效地解决这种问题的道德、政治以及社会、心理环境。这形成了未来政策与研究的主要领域。

J. D. 查普曼（J. D. Chapman） 著

朱科蓉 译

**附录**


Beare H, Caldwell B J, Milikan R H 1989 *Creating an Excellent School: Some Management Techniques.* Routledge, London

Cave E 1990 The Changing Managerial Arena. In: Cave E, Wilkinson C (eds.) 1990 *Local Management of Schools: Some Practical Issues.* Routledge, London

Chapman J D (ed.) 1990 *School Based Decision Making and Management.* Falmer Press, London

Chubb J E, Moe T M 1990 *Politics, Markets and America's Schools.* Brookings Institution, Washington, DC

Coleman J S et al. 1966 *Equality of Educational Opportunity*, 2 Vols. United States Government Printing Office, Washington, DC

Hanushek E A 1986 The economics of schooling: Production and efficiency in public schools. *J. Econ. Lit.* 24(3):1141—1177

Harmon G 1990 Democracy, bureaucracy and the politics of education. In: Chapman J D, Dunstan J F 1990 *Democracy and Bureaucracy: Tensions in the Provision of Public Schooling.* Falmer Press, London

Hill D 1990 *Something Old, Something New, Something Borrowed, Something Blue: Schooling, Teacher Education and the Radical Right in Britain and the USA.* Tafnell Press, London

Leithwood K P, Begley J, Bradley Cousin J 1990 The nature, causes and consequences of principals' practices: An agenda for the future. *J. Educ. Adm.* 28(4):5—31

Mortimore P, Sammons P, Stoll L, Lewis D, Ecob R 1988 *School Matters: The Junior Years.* Open Books, Wells

Purkey C, Smith M 1983 Effective schools: A review. *Elem. Sch. J.* 83(4):427—452

Reynolds D 1990 School improvement and school effectiveness in the 1990s. A keynote address given at the International Congress of Effective Schools, Jerusalem

Rosenholtz S 1989 *Teachers' Workplace: The Organizational context of Schooling.* Teachers College Press, New York

Sallis J 1988 *Schools, Parents and Governors: A New Approach to Accountability.* Routledge, London


**其他参考文献**


Ball S J 1990 *Politics and Policy Making in Education: Explorations in Policy Sociology.* Routledge, London

Baptiste H P Jr, Waxman H C, de Felix J W (eds.) 1989 *Leadership, Equity, and School Effectiveness.* Sage, Newbury Park, California

Bash L, Coulby D 1989 *The Education Reform Act: Competition and Control.* Cassell, London

Caldwell B J, Spinks J M 1988 *The Self-Managing School.* Falmer Press, London

Chapman J D 1991 *The Effectiveness of Schooling and of Educational Resource Management*, Monograph No. 1. OECD, Paris


## 各级政府在治理中的关系（Governance: Relations among Levels of Government）

政府间关系的特征与性质通常对教育政策的有效形成与实施至关重要。本词条研究受到区域权力分配、拥有支配权的公共机构以及对事情发展方向有破坏或稳定作用的社会力量的影响，政府间关系形成的过程。

### 1. 治理结构:概念与理论

全世界的公立和私立教育系统都在它们所属的国家政治制度所建立的体制内经营。政治制度关注的是运用权力在竞争性选择中做出选择(Heidenheimer et al. 1990)。治理的实质是在目标的基础上做出选择并使制度保障目标实现。

在做选择时,没有哪种政治制度,无论是民主的还是独裁的,能够在不把某些任务及相应的权力加以委托的情况下运转。如杜切斯克(Duchacek 1970 P. 4)指出的,这是因为"政治统治能够关注某些时候的某些问题,但它不能关注所有时候所有地方的所有问题"。洞察治理的动力关系、政府间关系和教育政策需要考察国家对权力的分配和政治控制点。

#### 1.1 一元政府体制

一元政府体制主要是由强有力的君主政体或曾经控制该国政治结构的殖民势力构成,如在法国、英格兰、俄罗斯、西班牙(在1978年的宪政改革之前),还有多数发展中国家。"政府是效率与效能的监护人,只有政府能够保证社会和经济服务的高而公平的标准。"(Bogdanor 1987 P. 82)

法国是典型的例子,法国统一的教育体制是政府至高无上权力的派生物。如在巴黎的教育部为全国制定统一的课程,雇用和分配所有的教师,决定新学校地点,分配资源和管理考试。地区和地方教育机构只是执行教育部的指示。

#### 1.2 联邦政府体制

联邦政府体制通常是由一些较小的政府自治组织为了相互的利益而结合在一起形成的。权力的分配,由于受到宪法的保护,提供了地区多样性与国家统一性的共存。美国、瑞士、德国、加拿大和澳大利亚代表了联邦体制(Magstadt 1991)。

在联邦体制中,地区政府的权力并不是由中央政府委托或转移的,而是"剩余"的权力。换句话说,权力是由宪法为地区政府保留的,因此,这是自治,不能废除或收回到国家级别。在许多联邦体制,如在美国,教育是保留给州的剩余权力。

#### 1.3 邦联政府体制

一个邦联是一个国家集体,这些国家承担一定的宪法或政府职能,如进口税、外交政策或许还有军队。在20世纪90年代,在欧共体形成了一个强有力的由大量成员组成的邦联。这个邦联始于1958年的《罗马条约》,后于1987年在《单一欧洲法案》中修改,这个邦联日益变成世界上最大的经济集团(Havemann 1991)。然而,值得注意的是各国教育体制的障碍还没有消除。欧共体的成员国保持着各自的身份与文化,审慎地保护着教育体制,把它作为这种独立身份的标准载体。

### 2. 控制点

当然,理论并不是实践。在现实世界中,关于教育政策,一元体制经常像联邦甚至邦联体制一样来操作,反之亦然。当这种情况发生,政府间的关系就会变得混乱,同时给教育行政和政策形成造成巨大的分歧。然而,许多因素有助于这种情况发生,其中最重要的是一个国家的控制点。

任何行政体制的支点都是责任与控制的力量。如果政府直接对人民负责,那么控制结构是民主的。如果政府只对自身负责,像许多军事风格的政府,那么控制结构是独裁的。政府间关系的含义及对教育政策的影响是巨大的。

#### 2.1 民主政府

在政府的民主模式理论中,社会与政府的关系是由同意、控制与责任这几个观念驱动的。通过选举程序,社会同意被政府统治,政府反过来必须以它的行为对社会负责。在这种理论框架下,各级政府的关系往往是联邦、一元或邦联。然而,正如下面的例子所表明的,现实中有许多干扰力量影响着教育政策的形成。

##### 2.1.1 财政来源的变化

在联邦体制中,公立学校主要从地方、州和联邦政府接受经费。当已经建立起来的捐助比例改变时,教育政策问题就会产生。如在美国,在1960～1987年间,州捐助给公立学校的经费从39%增加到50%(Stern and Chindler 1988)。地方学区经常企图合法制定人事雇用、工资增长和建造州政府不能或不愿资助的建筑物方面的政策。随着州财政资助的增加,地区的影响下降了。

2.1.2 司法解释

在联邦体制中,高级法院经常通过把政策决定权从一级政府转移到另一级的方式来解释国家宪法。如在美国,最高法院经常干涉州和地方教育政策,如有关少数民族的权利和给私立学校教育提供公共经费问题。

2.1.3 政治意识形态取向

英国是一元政府,有一个民主议会,传统上把广泛的决策权委托给地方教育当局(LEAs)。随着保守党在1979年战胜工党,意识形态向右转,造成了与地方教育当局十多年的斗争与紧张,因为中央政府加强了对一些事项的政策控制,如课程、学生评价、财政支出和多元文化教育(Miller and Ginsburg 1991)。

2.1.4 城市化

从20世纪60年代以来,广大人口从乡村迁往城市地区,尤其是在发展中国家。如1965~1989年,城市化在墨西哥(55%~72%)、巴西(50%~74%)、中国(18%~53%)、土耳其(34%~60%)、韩国(32%~71%)和西班牙(61%~78%)增长相当快(世界银行 1991 P.264)。人口的巨大转移通常伴随着权力和资源日益流入主要城市,而较小地方的教育机构及其制定与实施教育政策的能力被大大削弱。

2.1.5 资源集中在中央

所谓的"单一作物"国家在中央政府聚集了很大比例的国家收入。如在委内瑞拉,95%的出口收入和30%来源于石油出口的国民生产总值控制在中央政府。由于这些财富集中,20个州政府财政非常弱。因此,即使这个国家是联邦体制,它的教育机构也由中央控制并当作一元体制来控制(Hanson 1986)。

2.1.6 资源分配

一元体制的政府给各个地方分配教育资源通常比联邦体制更公平。因此,为全国制定共同的教育政策相当便利。如在法国,公立学校只有唯一的工资制度,生均支出在全国基本上是相等的。在联邦体制中,资源分配的公平是一个严重的问题。如在美国,几乎每个学区都有它自己的工资制度,而且在20世纪80年代末,在小学和中学层次的年生均费用支出相差很大:在阿拉巴马州,平均金额为5 000美元;在科罗拉多州为4 000美元;在阿拉斯加州为8 000美元(美国全国教育统计中心 1989 P.157)。

2.1.7 地方层次的影响

在联邦体制中,个体和群体(如企业、少数民族、富人)的能力对地方层次教育政策的影响要比一元体制(如在法国,政策由上层决定)大得多。

2.2 独裁政府

在独裁政府中,领导结构由政治精英控制,既不需要得到人民的同意也不需要对人民负责。20世纪末独裁政府的例子表明它们可能纯粹由军官组成,如阿根廷和玻利维亚;由军队和民间联合,如巴西和乌拉圭;由将军转变为总统的统治,像智利在奥古斯塔·皮诺切特(Augusto Pinochet)的统治下和西班牙在佛朗西斯科·佛朗哥(Francisco Franco)的统治下。政府结构是一元还是联邦通常都无关,因为中央权力为了保持控制必须支配行政过程。

政府经常试图利用教育制度来灌输政府自己认为的统治的合法性,并且利用教科书中对历史事件进行特定的解释。苏联解体时就出现了类似问题,俄罗斯和许多其他共和国的教师面临要从虚构中寻找事实并发现他们自己国家历史的真实(Husband 1991)。

对教育行政与政策的影响或多或少取决于独裁政府的类型是激进的还是保守的。

2.2.1 保守的独裁政府

保守的独裁政府中的政治精英主要致力于维持现状,尤其是阶级结构。政治联盟经常出现于社会权力集团,如军队、上层寡头政治、宗教、文化机构。教育政策与行政被用来加强国家现存的社会、政治和经济结构,这种情况发生于许多拉丁美洲国家、前非洲殖民地国家和中东的君主国(Macridis and Burg 1991,Schiefelbein 1991)。

2.2.2 激进的独裁政府

这种形式的政府经常随着致力于改变现状的政治团体夺取权力而出现。教育制度努力为支持新政府掌权的社会阶级(通常是中等或低等社会经济阶级)的需要服务。那些刚从殖民统治下独立的国家,如津巴布韦(Dorsey 1989);新建的激进的独裁政府经常采取的第一项行动是采用新的教科书,在教科书中引进新的国家史观、价值观、陈述在过去政体下所受的压迫和对新领导的信奉(Shorish 1988)。

2.3 制度化的权力中心

教育治理通常受到外部的制度化的权力中心的极大影响。如罗马天主教会一般与西班牙的右翼政府建立强有力的教会—政府联盟,甚至谈判协定,给予联盟广泛控制教育课程中在价值、道德和宗教领域的内容(Leonard 1989)。

大型捐赠组织如国际货币基金组织或世界银行一般以贷款为条件对借贷国加以约束。在教育方面,这些约束通常限制一个国家进行政策选择的能力,如用资金培训更多的医生或教师还是建筑职业中学或小学校舍(世界银行 1991, Rondinelli 1990)。

教育系统内部的大官僚机构也成为重要的权力中心。特别是它为新的教育法律提出规则并执行教育政策。老资历的官员通常知道如何通过放慢对他们不利的改革和加速对他们有利的改革来影响事件的过程(Hanson 1986,1990)。

**3. 结论**

在理论世界之外,政府结构(联邦的或一元的)、教育政策形成和治理之间并没有一致的关系。教育政策是由权力中心制定的,但是权力中心可能位于教育机构的内部或外部,如教育部或政党;或可能位于政府的内部或外部,如立法机关或精英派别的团体;或可能位于国家的内部或外部,如总统府或国际货币基金组织。

民主的或独裁形式政府的存在对治理过程的形成也是有作用的,在分析体制时必须把它考虑进来。民主政府体制的国家(一元的或联邦的),必须为它对选民的行动负责。因此,教育政策的形成自然是为了选民的最大利益。然而,独裁政府体制的国家用教育政策来巩固掌权机构的特殊利益,如使统治合法化、巩固社会阶级结构或实施由宗教信仰机构限定的行为标准。

如果政府、文化、政治、经济、社会与教育机构之间的关系是不确定的和变化的,如何在国际背景中形成教育政策?德拉尼(DeLany)和佩因(Paine)可能通过讨论中国学校的权力变化模式来找到答案:

> 我们需要认识到政策是学校与政府之间相互影响的结果。与其把政府与社会的关系看成严格的自上而下……不如把政策产生看成一种交叉的和反复的过程——有时把它描述为一件蹒跚的、探索的事情。(DeLany and Paine 1991 P. 26)

简而言之,虽然所有的国家都有权力中心和权力的地理分配,但只有在最广泛的背景中才能发现把政府间关系与政策形成相连接的普通模式。在这个问题上,虽然某些方面缺乏国际一致性可能被看成降低了发展潜力,但在其他一些方面可把国家的独特性看成一种值得称道的品质。

E. M. 汉松(E. M. Hanson) 著
朱科蓉 译

**附录**

Bogdanor V (ed.) 1987 *The Blackwell Encyclopaedia of Political Institutions.* Blackwell, London

Delany B, Paine L W 1991 Shifting patterns of authority in Chinese schools. *Comp. Educ. Rev.* 35(1): 23—31

Dorsey B J 1989 Educational development and reform in Zimbabwe. *Comp. Educ. Rev.* 33(1):40—58

Duchacek I D 1970 *Comparative Federalism: The Territorial Dimension of Politics.* Holt, Rinehart and Winston, London

Hanson E M 1986 *Educational Reform and Administrative Development: The Cases of Colombia and Venezuela.* Hoover Institution Press, Stanford, California

Hanson E M 1990 Administrative reform and the Egyptian ministry of education. *J. Educ. Adm.* 28(4):46—62

Havemann J 1992 A divided continent sees shared destiny. *Los Angeles Times* February 4

Heidenheimer A J, Heclo H, Adams C T 1990 *Comparative Public Policy: The Politics of Social Charge in*

*America, Europe, and Japan*, 3rd edn. St Martin's Press, New York

Husband W B 1991 Administrative *perestroika* and rewriting history: The dilemma of *glasnost* in Soviet education. *J. Educ. Adm.* 29(4):7—16

Leonard V W 1989 *Politicians, Pupils, and Priests: Argentine Education Since 1743.* Peter Lang, New York

Macridis R C, Burg S L 1991 *Introduction to Comparative Politics: Regimes and Change*, 2nd edn. HarperCollins, New York

Magstadt T M 1991 *Nations and Governments: Comparative Politics in Regional Perspective.* St Martin's Press, New York

Miller D R, Ginsburg M B 1991 Restructuring education and the state in England. In: Ginsburg M B (ed.) 1991 *Understanding Educational Reform in Global Context: Economy, Ideology, and the State.* Garland, New York

Rondinelli D A 1990 *Decentralizing Urban Development Programs: A Framework for Analyzing Policy.* United States Agency for International Development, Washington, DC

Schiefelbein E 1991 Restructuring education through economic competition: The case of Chile. *J. Educ. Adm.* 29(4):17—29

Shorish M M 1988 The Islamic Revolution and education in Iran. *Comp. Educ. Rev.* 32(1):58—75

Stern J D, Chandler M O (eds.) 1988 *The Condition of Education: Elementary and Secondary Education*, Vol. 1. United States Department of Education, Washington, DC

United States, National Center for Educational Statistics 1989 *Digest of Educational Statistics: 1989.* United States Department of Education, Washington, DC

World Bank 1991 *World Development Report: 1991.* Oxford University Press, New York

**其他参考文献**

Bakvis H, Chandler W M (eds.) 1987 *Federalism and the Role of the State.* University of Toronto, Toronto

Bray M, Clarke P B, Stephens D (eds.) 1986 *Education and Society in Africa.* Edward Arnold, London

Dale R 1989 *The State and Educational Policy.* Open University Press/Taylor & Francis, Philadelphia, Pennsylvania

Davies L 1990 *Equity and Efficiency: School Management in an International Context.* Falmer Press, London

Lauglo J, McLean M (eds.) 1985 *The Control of Education: International Perspectives on the Centralization-Decentralization Debate.* Heinemann Educational University of London, London

## 教育中的劳资关系(Labor Relations in Education)

所有的雇员与雇主关系都受到历史与文化、法律与政策、结构与习俗的限定。考虑到工作的性质、工作实施的结构以及雇员与雇主关系的政治特征,在每一个建立了教育并由政府支持教育服务的国家,教育中的劳资关系都是一个有代表性的政策关注的主要问题。本词条对这个问题做了总体考察,部分回顾了教师的劳资关系(ILO 1991, Pepin 1990),对16个国家的公立学校的教师劳资关系进行了分析(Cooper 1992a, 1992b),包括澳大利亚、加拿大、中国、英格兰和威尔士、法国、德国、希腊、匈牙利、印度、以色列、意大利、墨西哥、新西兰、瑞典和美国。

公立学校的劳资关系是"雇员"(被雇用来执行组织职能的那些人)和"雇主"(在这里是指有义务提供公立学校的特定的政府机构)间复杂的相互作用。虽然劳工关系通常是正式的、法定的,并依靠集体谈判、合同和用来解决争端的程序,但在最一般意义上,劳资关系包括在任何正式或非正式的工人与雇主的相互作用中——影响工作条件、工人的生产率和雇员的报酬。

因此,劳资关系在建立"雇主与雇员的经济关系”(Fossum 1991 P. 178)和满足各方需求中至关重要,雇员认为,这方面重要的工作人员涉足的范围包括“处理冤情,带来额外福利、工资和工作安全”(Kochan 1979 P. 24)。在最一般的意义上,劳资关系是一种方法,社会通过这种方法,为了工人和雇主的利益,建立系统的规则、程序和设备以使劳工关系常规化,否则劳资关系将可能是无秩序的、破坏性的和混乱的。这样做是为了保护工人的权利、所有者和管理者的地位以及整个社会,不然,当劳资关系各部分产生冲突时,文明与法律就会崩溃。

**1. 基本关系**

当一个人为别人工作时就会考虑劳资关系。因此,劳资关系存在于所有的社会与经济制度中,即使是在最不对称的劳资关系中,如佃农、农奴和契约奴隶,这些雇员有很少的权利。实际上,这些或其他剥削性封建主义的、资本主义的或社会主义的劳资形式都提供了令人痛苦的例子:当工人拥有很少(如果有的话)受保护的权利,而雇主几乎完全控制企业和管理雇用的政策时,将会发生什么。

在这基本的关系中,教师为权利而斗争,要求受到尊敬,得到体面的工资(Eberts and Pierce 1980)和有权表达关于学校该如何经营的主张。有几个国际教师团体保护着全世界教师的权利:国际自由教师工会联盟(IFFTU)(总部在阿姆斯特丹)和世界教育工作者组织联合会(WCOTP)(位于瑞典的摩奇斯)。其他包括世界教师联盟(布鲁塞尔)和世界教师工会联盟(位于法国的留尼汪岛首府圣但尼)。关于教师的权利,国际劳工组织和联合国教科文组织(UNESCO)以及两个教师团体——教师工会联盟和世界教育工作者组织联合会,发表了以下建议:教师有必要与其他公民一样享受同样的公民权利、社会的和经济的权利。而且,作为从事教学职业并对肩负专业责任的成员,教师被赋予学术自由(这种自由应该清楚界定)是很重要的。同样重要的是教师能自由、充分地运用权利来进行集体谈判(WCOTP 1986 P. 7)。

许多国家用四种基本方法来界定教师劳资关系:(a)历史与文化的方法,每个国家的教师试图把他们自己的身份界定为自由职业者、公务员、工会主义者和政治活动家;(b)法律与政策的方法,集体或个体管理教师的权利;(c)教育系统结构本身的方法;(d)附属的或相关的行为,教师和他们的工会通过这些行为形成联盟并试图影响公共政策与实践(IFFTU 1989,1990~1991)。

**2. 国家历史与文化**

劳资关系可被解释为历史与文化发展的一部分,因此,劳资关系是在国家发展的特定时期里发生的。

以色列全国教师工会创立于1903年,比以色列政府的建立早45年。以色列全国教师工会最初的目的是使现代希伯来语永存,虽然这个工会是单独创立并在巴勒斯坦创办了第一所现代犹太人学校(Gaziel 1992)。

在法国和意大利,教师工会与公务员制度先后诞生。法国在20世纪90年代初有超过80万名教师,占据了政府雇用的公务员的一半。人们把法国教育制度描述为“依靠教育部的公务员组成的巨大机器”(Coq 1992 P. 93)。意大利也有95.3万名教师,他们都是政府雇员,中间有很多社会主义者、共产主义者和罗马天主教徒,教师群体在意大利经济和政治生活中是独立的团体。

在美国,公共雇员工会是最后成立的,而教师的则更晚。在20世纪60年代末的一些州和地方,他们开始只是获得权利来进行集体谈判。南部6个州仍然禁止学校委员会(雇主)与教师谈判,另外的14个州根本没有集体谈判的法律,反对工会的观点在美国文化中如此突出(Shanker 1992),以至在所有部门中只有22%的工人是工会成员,大概是所有工业化国家最低的。

墨西哥历史上最强有力的政党制度革命党(PRI),只有一个有影响的全国教师工会——国家教育工作者工会(SNTE)。国家教育工作者工会与政治体制关系密切,现在是拉丁美洲最大的工会,几乎拥有1亿成员(Cortina 1990)。

这些例子说明了教师和教师的劳资关系与他们国家历史之间的文化联系。但是,各个国家有着共同的经历——教师为了集体的身份、可起作用的联合关系以及在全国获得一个可接受的角色，斗争了许多年。很明显，当一个国家试图建立易达到的、义务的、普及的、综合的和大规模的教育系统时，工会组织就会出现。教育服务越标准化、规范化和被控制，劳资关系就越可能变得正式化，工会组织也更强有力。

首次调查表明，几乎全世界的教师都肯定成立工会或协会权利，60 个国家的被调查者中大约有95% 的人在国际劳工组织的一项调查中表达了这种倾向（1991）。然而在许多国家，协会的基本权利受到限制或否定。实际上全部否定的有巴林、卡塔尔和沙特阿拉伯等国家。其他国家如喀麦隆、约旦和巴拉圭，组织权利可能限制那些作为公务员的教师。在许多国家——如津巴布韦和泰国——政府直接管理的工会组织代替了独立的工会。在日本和巴西，国立学校的教师可能形成"协会"，但不是完全成熟的工会。

佩潘（Pepin）回顾了来自国际劳工组织（ILO）的自由联合委员会（倾听违背协会自由的抱怨）的案例，发现案例数目在 20 世纪 80 年代期间增加了。各地区相差很大，对基本权利违背最严重的是亚洲和拉丁美洲。

在最近 10 年，向国际劳工组织所发的抱怨突出针对这样一些国家，如哥伦比亚、智利、萨尔瓦多、海地和尼泊尔，这些国家的官僚或所谓的"死亡小队"与警察或军队相勾结，组织绑架、拘留和暗杀，有时在拘留中对当事人进行拷打，让教师工会会员"消失"。（ILO 1991 P. 54）

虽然在一些亚洲和非洲国家暴力不多，但镇压却很普遍，这些国家的政府干涉工会的内部事务或对工会领导者采取歧视性行动（如重新分配到边远的乡村职位）。

一般来说，正如工业化带来企业工会组织的发展，在许多国家，公立学校的普及促使教师联合在一起寻求法律保护，取得建立工会和进行谈判的权利（Lawn 1985）。然而当法律允许教师为他们的权利讨价还价，当教师协会成为强有力的教师工会之前，教师协会已经存在数十载了。表 1 展示了库珀（Cooper 1992a）列出的 15 个国家的主要教师协会成立的日期，在这些年份教育工作者获得了以工会为组织来进行谈判的权利，表1还列出了1991年

**表 1　　各国主要教师工会成立日期及学校教师集体谈判概要**

| | 组织成立（年） | 工会成立（年） | 1991 年的教师数量（人） | 谈判层次 |
|---|---|---|---|---|
| 澳大利亚 | 1889 | 1916 | 210 000 | 州 |
| 加拿大 | 1890 | 1965 | 460 000 | 省/地方 |
| 中国 | 1949 | 1950 | 90 000 000 | 地方/国家 |
| 法国 | 1906 | 1919 | 817 368 | 国家 |
| 德国 | 1960 | 1967 | 434 300 | 国家 |
| 英国 | 1870 | 1907 | 98 000 | 国家 |
| 希腊 | 1872 | 1964 | 102 000 | 国家 |
| 匈牙利 | 1975 | 1988 | 230 000 | 国家 |
| 印度 | 1942 | 1950 | 3 100 000 | 国家/地方 |
| 以色列 | 1903 | 1948 | 102 000 | 国家 |
| 意大利 | 1901 | 1947 | 9 530 000 | 国家 |
| 墨西哥 | 1932 | 1960 | 1 090 000 | 国家 |
| 新西兰 | 1883 | 1962 | 31 694 | 国家 |
| 瑞典 | 1884 | 1963 | 223 300 | 国家 |
| 美国 | 1857 | 1968[a] | 4 500 000 | 国家 |

a 这一年全国教育协会（美国最大的教师组织）签署集体谈判协议

每个国家的教师数,以及谈判的层次是州(省)、地方还是国家。

除了澳大利亚和法国,多数国家的教师协会出现于19世纪末和20世纪初,但工会主义和集体谈判于20世纪60年代才出现。成立协会的最早日期可能反映了那时开始普及公立学校和教师数量的增长(基于普及文凭和对发展教师队伍来满足专业和社会的需要的觉察)。大部分谈判活动开始于20世纪60年代,产生的原因有这个时期工会普遍开展活动、颁布了公共雇佣关系法以及教师为提高工资和地位而不断地进行斗争。

然而,在许多国家,教师作为一个群体不活跃和不情愿加入劳工运动,情愿被看作专业人士、"辅助性职业"和"父母式的"典范。而且,教师不敢冒险和斗争可能根源于妇女所占比例更高,妇女支配了小学职位,她们对公开反对政府、罢工和占据校舍来反抗学校当局感到不适(许多男性也这样)。

当然,政府也不愿意看到公务员为了抗议低工资、低福利和缺少额外补贴而离开工作岗位。没有警察、部队和教师,社会将不能长久运转。公众和许多教师都无法接受这样的观点:致力于帮助孩子的人可以为增加工资而离开工作岗位。例如,在19世纪末的澳大利亚,学校当局申斥教师寻求独立的集体谈判,把早期的"工会煽动者"变成"猎物"或者开除他们(Spaull 1992)。在希腊,在1920年之前,教师是没有组织的且不能影响学校政策。在奥安尼斯·麦塔喀斯将军(Ioaanis Metaxas,任期1936~1940)和乔治·帕帕达波洛斯(George Papadapolos,任期1964~1974)时期,教师是不能组织工会的,教师有很少的权利与权力(Jecchinis and Kortroukis 1992)。

在瑞典,全国教师工会(LR)由中学教师成立于1884年,而瑞典教师工会(SL),由小学教师成立于1903年。但没有一个工会有权与国家政府谈判。直到60年后,全国的公共部门在规模上增加了一倍。经过1966年长期而痛苦的斗争——政府遭遇到了所有雇员停工,政府最后给予公共雇员(公务员)与私立和企业工人相同的谈判权利。

在法国,在19世纪80年代,私营部门的工人得到组织工会的权利,但政府雇用的教师没有。直到20年后,教师自愿加入了工会运动,但它也是在行政部门的主持之下。教师们发现,为了获得合法性和权利,他们已经置身于工会与行政部门的工会主义的复杂政治之中。

在美国和加拿大,工会的身份与合法性问题被学校管理结构弄得更加困难。两个国家都没有国家直接控制教育系统,没有国家法律来管理教育中的劳工关系,没有单独的强有力的教师协会。作为替代,加拿大的教育由省或地方管理,美国由州控制,但由地方负责谈判。加拿大在说法语和英语的学校以及天主教和州立学校("新教徒")有许多代表教师的工会。美国仍然有23个州的教师缺乏完全的谈判权,其中有14个州禁止地方教育当局(如学区)进行集体谈判。

因此,像其他职业雇员一样,教师在寻求激进的劳资关系形式(组织工会、集体谈判、罢工和纠正学校制度的不公程序)时,面临着合法性危机。雇主(政府或私人雇主)极力抵抗,不肯放弃其单方面的决策权,主张教师和他们的雇主"许诺把教育效能作为决策的标准来限定和解决相互的问题"(Kerchner and Mitchell 1988 P.5)。这种互惠的观点经常破坏教师们以集体和抗争的方式来追求他们自己需求和利益的决心。

### 3. 谈判的法律和政策

集体谈判代表了决策权本质的飞跃,超过了一般形式的磋商。在工业化国家,一般的趋势是把单方的政府权力转变为雇员谈判和参与(Treu 1987)。然而,这种趋势并不普遍。在20世纪80年代,一些政府采取行动限制或取消谈判——这种行为在英国尤其著名。

工会发现,没有法律保护和公众的认同,很难平等地参与与雇主共同决定员工工作条件的谈判(Wattenbeerg 1990, Urban 1982, Rosow and Zager 1989)。谈判的权利来源于三个层次:(a)来源于国家层次的法律与实践制度(如在中国、法国、英国、希腊、匈牙利、以色列、意大利、墨西哥和新西兰);(b)来源于州或省的法律(在澳大利亚、加拿大和美国);(c)来源于地方层次,教师群体通过谈判或取得政策机构的成员资格而参与决策过程,这类政策机构如英格兰和威尔士的前伯纳姆(Burnham)教师薪金委员会。

法律与政策作用的形式有多种。一个国家可通过一般立法把集体谈判权给予所有雇员,无论他们受雇于公共部门还是私营部门(如以色列或瑞典),或法律给予某些工会谈判权,教师可加入那些团体并获得那种形式的集体权利。法国的法律在1886年将组织工会的权利扩展到所有"工人",但教师没有被包括在内。20年后,大部分小学教师请求并被允许加入劳动者联合总会(CGT),他们用这种方法获得合法性。

在其他国家(美国、加拿大和德国),州或省政府为公共部门雇员通过特殊法律,因此创立了独立政策、程序和机构来监督劳工关系。这些公共雇佣关系法律、委员会和政策认识到了公务员与私营部门工作人员的区别并企图把这两个部门分开。如在西班牙,私营部门的教师比公共部门的教师同意缔结更宽范围的协议。

国家为教师提供的参与机制差别也是很大的。澳大利亚建立了能够受理教师工会控告的特殊法庭,这个特殊法庭从1916年开始能够决定教师的工资和福利。昆士兰州(Spaull and Sullivan 1989)、新南威尔士、北部和首都行政区由工业委员会来解决工会和州谈判机构的争端。澳大利亚的其他州创立了特殊的委员会(教师法庭),如果州机构和教师工会谈判陷入僵局,教师法庭将决定教师的工资和福利。新西兰在1988年废除了所有的集体谈判,并允许每个学校和教师制定他们自己的工资和工作条件。

在英国,在玛格丽特·撒切尔(Margaret Thatcher)的统治下,三年罢工(1985~1988)结束时,教师的工资提高了16%,并废除了许多教师工会和各个代表地方教育当局的群体之间的集体谈判。

匈牙利是非常有趣的,因为在20世纪80年代以前,政府强有力地控制着教师,只有政府批准的教育协会(UP)(工会有30万名成员)是全国唯一的工人团体(由政府控制的全国工会理事会)的一部分,国家工会由政府控制(Darvas 1992)。自由化以后,又出现了一个更独立的工会——教育民主协会(DUP)。

在许多国家,政策的多样性明显是基于劳资关系处理的复杂性而不是教师合法的罢工权利。表2表明罢工是否得到法律和政策的允许、什么机构

表2　　教师们合法的罢工权利(1990)

| | 是否给予教师法定罢工权利 | 授权机构 |
|---|---|---|
| 澳大利亚 | 是 | 政府授权予教师 |
| 加拿大 | 是 | 由地方和省政策决定 |
| 法国 | 是 | 国家法律:第1部分第10章,5天公告期,工资照常 |
| 德国 | 是 | 国家法律授权,各州执行 |
| 英国 | 否 | 集体谈判废止时失去这项权利 |
| 希腊 | 是 | 国家法律:必须给予4天的公告期 |
| 匈牙利 | 否 | |
| 印度 | 是 | 省政府,首先仲裁 |
| 以色列 | 是 | 国家法律:发生了很少有效的罢工 |
| 意大利 | 是 | 国家:在其他程序失败后 |
| 墨西哥 | 是 | 所有雇员由国家政府保证 |
| 新西兰 | 否 | 国家法律:地方谈判,不能罢工 |
| 瑞典 | 是 | 国家法律:和私营部门一样 |
| 美国 | 否 | 多数州禁止罢工,但处罚并不经常实施,3个州允许罢工 |

决定罢工的权利、如果权利被滥用将如何加以限制使事态离开偏差。

在库珀(1992b)研究的16个国家中,11个国家以州法律(如在澳大利亚、印度和加拿大)或国家政策(法国、德国、希腊、以色列、意大利、墨西哥和瑞典)的形式允许罢工。英国政府在1988年结束三年罢工后废止了这项权利。新西兰颁布新法律废除了合法罢工,但给予各个学校谈判权。美国只有3个州明确允许罢工。有条件的罢工反映了国家在劳工关系方面政策的不同。多数允许罢工的国家都有一些要求,如50天的公告期(冷却期)、或仲裁、或由第三方解决争议问题。

罢工运动所产生影响的性质和大小与承认罢工的合法化不完全一致。在20世纪80年代,罢工运动主要发生于非洲和拉丁美洲,那里的经济危机和教育支出下降对教育产生了威胁。国际劳工组织(1991)报道如下:

> 实际上所有的拉丁美洲国家和过半数的非洲国家在20世纪80年代都受到教师罢工的冲击,有些国家还反复出现,这种情况证明了对教学专业人员的工资和工作条件以及对基本的工会和人权的不尊重感到极其不满。

因此,高收入国家似乎提高了学校罢工活动的合法性,降低了对学校教育"基本服务"条例的使用。而且,在美国和许多其他国家,即使未经允许,罢工也会发生——大部分是因为对罢工的法律制裁很弱。

**4. 劳资关系结构**

在任何国家,劳资关系的另一个决定性因素是学校系统本身的结构。一般来说,学校管理与组织越集中,工会和控制劳资关系的政策就越集中和独裁。劳资关系是国家的权力结构和教育工作组织方式的反映。

因此,劳资关系连续体的一端是"独裁的劳资关系(国家)",中间是"适度的"(如新西兰、瑞典、希腊、以色列、法国、英国和意大利),另一端是"复杂的"或"分权的"(如美国、加拿大、澳大利亚和德国)。三种形式都在起作用:(a)政府层次控制着政策(国家的、地区的和地方的);(b)集体谈判和其他决策发生的层次(国家的、州的和地方的);(c)大量的公认的工会或"谈判单位"(见表3)。

在完全独裁或集权的系统中,劳资关系包括国家政策(由国家作决策)和唯一的教师工会(通常附属于唯一的国家工会)。在劳资关系适度集权的系统中,如表3所示,国家(新西兰直到最近、瑞典、希腊、以色列、法国、英国和意大利)有唯一的法律来源(国家立法机关)和唯一层次的谈判(国家谈判),但有大量的竞争性工会,给予教师一系列的选择与发言权。人们可能希望有一系列更多样化的劳资关系政策,以适应工会及其成员资格的复杂性。

连续体另一端的"复杂的劳资关系"意味着多样的立法机关制定出不同的甚至是冲突的法律与政策(澳大利亚、加拿大、德国和美国的省或州政府),谈判层次是省的或地方的或两者皆有,公认的教师谈判单位是地区的或地方的,各单位不同而且有竞争。加拿大、德国和美国的结构最混乱,教师劳资关系最复杂。

加拿大有21个不同的省和区域联盟。实际上,有些省,如魁北克,在天主教徒和新教徒以及说英语和法语的教师中确实有独立的谈判,有些问题通过省谈判解决,有些通过地方当局解决。其他种族和语言较单一的省有唯一的工会,即使这样,有些省有地方谈判(马尼托巴省),有些有州谈判(阿尔伯达和不列颠哥伦比亚省),有些把问题分为两种谈判(地方的、省的),如萨斯喀彻温省。

德国自从东西合并后有16个州,每个州都有自己独特的教育系统。3个全国工会,每个工会都有州协会和地方理事会,所有层次都能决策。教师由州官方雇用,虽然他们在各自的地区工作并受到当地公务员法的影响。

美国代表了最混乱的劳资关系,因为全国学校如此分散和多样,50个州有15 400个不同的地方教育当局(LEAs),每个州都有自己的法律和政策。有些州保护教师的组织工会权,有些州还没有法律管理这种劳资关系,还有些州用法律明确禁止学校当局与教师工会进行双边决策。

表 3　　**教师集体谈判的结构**

| | 立法层次 | | 工会谈判层次 | | | 公认的谈判单位数量 |
|---|---|---|---|---|---|---|
| | 国家 | 州 | 国家 | 州 | 地方 | 单位 |
| **独裁的** | | | | | | |
| 墨西哥 | + | | + | | | 1 |
| 匈牙利 | + | | + | | | 2 |
| **适度的** | | | | | | |
| 新西兰 | + | | + | | | 2 |
| 瑞典 | + | | + | | | 4 |
| 希腊 | + | | + | | | 3 |
| 以色列 | + | | + | | | 2 |
| 法国 | + | | + | | | 5 |
| 英国 | + | | + | | | 4 |
| 意大利 | + | | + | | | 3 |
| **复杂的** | | | | | | |
| 德国 | | + | | + | | 3 |
| 澳大利亚 | | + | | + | | 3 |
| 美国 | | + | | + | + | 9 400 |
| 加拿大 | | + | | + | + | 456 |
| **总计** | 9 | 4 | 9 | 4 | 2 | 9 888 |

由于缺乏任何国家法律来管理州和学区，每个州制定自己的法律，但地方学区在它们所在的州的法律范围内决定它们的契约。因此，美国表面上有15 400 种不同的工资标准、雇用条件以及管理雇员与雇主关系的规范。然而，工会、雇员协会和法定先例创立了强有力的模式，从而减少了一个学区与另一个学区的差异。而且，教育中的劳工关系和教育服务本身的结构与管理相对应：高度集权的国家有唯一的工会、唯一的契约和唯一的关系；多样的和分权的系统有非常不同的甚至是相互矛盾的劳工关系、谈判（或无谈判）和大量的契约与工会。美国有 6 个州同意严格的“工作权利”（反对工会、无工会）政策，而其他的州有积极的教师工会——是全国工会运动（AFL－CIO）的参与者。加拿大和澳大利亚的工会结构最复杂，因为工会与某种类型的学校有关。美国呈现了最多样化的谈判、契约安排和决策（从明显的双边主义到对代表教师讲话的无组织言论的“管理”）。

### 5. 联盟、政策制定与改革

劳资关系受到与工会保持联系团体的影响。那些成为工会运动的一部分，并活跃于国内政党中间的教师团体与雇主的关系，与那些不与任何组织结盟的教师团体非常不同。实际上，相互矛盾的结盟经常发生，如小学教师和他们的工会加入了国家左翼势力（工会运动），而中学教师组织是独立的并与中间偏右的政党结盟。

结盟之所以重要有几个原因。它影响了教师们及其工会的态度、他们罢工的可能性以及面对问题时坚定的意愿。结盟也可能决定教师影响学校政策、课程甚至人事决策（没有教师工会的支持，不能任命校长）等方面权力的大小。结盟可能决定教师的利益、公开表达意见的机会并最终决定教师的契约与雇用条件。教师改变和改革教育系统的能力取决于他们的统一(Cooper 1988)、接近权力的程度以及他们加入全国工会组织、政党并成为政府的一部分的意愿。教师的影响力还是地方、地区和国家层次教师行动主义的结果(Mcdonnell and Pascall 1988, Johnson 1984, Grimshaw 1979, Jessup 1985, Berube 1988)。

在一个极端,某些政治集权的国家把教师看成全国政府机构和工会委员会的一部分。在另一个极端,教师可能独立于国家的任何工会或政党(如美国的全国教育协会)。下面举三个例子。

瑞典有一套非常复杂的结盟,四个教师工会向一个工人卡特尔(由适合条件的全国工会建立,如瑞典专业雇员联盟——TCO、瑞典专业协会联盟——SACO)和政府"谈判联盟"提出要求。这些卡特尔与相关的政府机构谈判(如瑞典地方当局协会或农村地区的郡理事会联盟),以达成管理劳资关系的最后协议,在此基础上向不同的工会提出建议。教师生来属于工会组织,他们附属于教师工会、中央工会和不同的谈判联盟,借助它们的力量来进行谈判(Lane 1992)。

在英国,最大(1991 年有 182 000 名成员)最活跃的工会是为小学教师成立的全国教师工会(NUT),该工会与劳工党联盟,并通过参加工会会议(TUC)成为全国工会组织的活跃成员。第二大工会是男女助理教师联盟(AMMA),有126 000名成员,在多数问题上持中间立场,也不通过工会会议与全国劳工运动结盟。

以色列的教师是分党派的。小学教师工会是全国教师工会,以政党为基础选举代表进入地方议会和国会。从 1968 年开始,它一直附属于全国工人联盟,并总是投票支持工人党或劳工党,因为候选人作为他们政党的代表竞选工会职位。另一个主要的教师团体是中学教师协会,没有以政党为基础选举代表和领导——这说明了以色列教师团体结盟关系和获得权力途径的多样性。

## 6. 结论

劳资关系受到国家结构的影响:它的意识形态、历史以及管理教育的方式。在全国学校系统中,工会是全国范围的,并通常是全国劳工运动的一部分。在州或省学校系统中,劳资关系要复杂得多。在有着很强的地方教育传统的国家,如在美国和加拿大的一些省,工会和谈判都是地方的。有些教师工会及由此带来的劳资关系活动处于政党和政府的外围。在其他国家,教师协会由制定国家政策和在制定国家教育政策时有重要发言权的委员会来代表。

有些国家在私营部门中有更长时间的工会主义传统,工会的权利和合法性来自政府与企业的强大联盟。在这样的国家中,教师似乎更容易获得正式的劳资关系权利。在一些为了组织工会和有组织的权利而经历长期斗争的国家,教师的地位相对较弱。因此,教师劳工关系是国家如何看待和对待一般雇员(尤其是教师)的有趣而重要的反映。正如经济资源一样,教师权利在全世界并没公平分配。而且,从跨国的角度看,教育中的劳资关系在提高教师权利和加强世界上最大职业的自尊两方面都取得了进步。正如国际劳工组织所写的:

> 政府普遍接受保证教师地位的要求。一方面,这与教育进步中教师所扮演的基本角色相符合;另一方面,与教师对人类和国家发展所做的贡献的重要性相符合。在所有决定教师地位的因素中,报酬明显是主要的。然而,重点一直放在道德和职业满意上。满意考虑的是公众对教师的尊重和他们在社会中的公认角色以及追求职业生涯的机会。(ILO/UNESCO 1984 P. 2)

B. S. 库珀(B. S. Cooper)
C. T. 克尔彻(C. T. Kerchner) 著
朱科蓉 译

## 附录

Aubert V et al. 1985 *La Forteresse enseignante*: *La Fédération de l'éducation nationale*. Fayard, Paris

Berube M R 1988 Teacher politics. In: *The Influence of Unions*. Greenwood, New York

Cooper B S 1988 National union competition and the school reform movement: Should the NEA and AFT merge? *Proc. Industrial Relations Research Associa-*

tion, 41st Annual Meeting: 1988, pp. 70—79
Cooper B S 1992a Trends and developments. In: Cooper B S (ed.) 1992b
Cooper B S (ed.) 1992b *Labor Relations in Education—An International Perspective.* Greenwood, Westport, Connecticut
Coq G 1992 France. In: Cooper B S (ed.) 1992b
Cortina R 1990 Gender and power in the teacher's union of Mexico. *Mexican Studies/Estudios Mexicanos.* 6:241—262
Darvas P 1992 Hungary. In: Cooper B S (ed.) 1992b
Eberts R W, Pierce L C 1980 *The Effects of Collective Bargaining in Public Schools.* University of Oregon, Eugene, Oregon
Fossum J A 1991 *Labor Relations: Development, Structure, Process*, 5th edn. Irwin, Homewood, Illinois
Gaziel H H 1992 Israel. In: Cooper B S (ed.) 1992b
Grimshaw W J 1979 *Union Rule in the Schools: Big-city Politics in Transformation.* Lexington Books, Lexington, Massachusetts
International Federation of Free Teachers Unions (IFFTU) 1989 *Agenda* 5, 6, 9. IFFTU, Amsterdam
IFFTU 1990—1991 Democracy, education, and trade unionism. *Workers in Education* December-January: 19
International Labor Organization (ILO) 1991 *Teachers: Challenges of the 1990s.* ILO, Geneva
ILO/UNESCO 1984 *The Status of Teachers: An Instrument for its Improvement.* ILO, Geneva
Jecchinis C, Koutroukis T 1992 Greece. In: Cooper B S (ed.) 1992b
Jessup D K 1985 *Teachers, Unions, and Change: A Comparative Study.* Praeger, New York
Johnson S M 1984 *Teacher Unions in Schools.* Temple University Press, Philadelphia, Pennsylvania
Kerchner C T, Mitchell D E 1988 *The Changing Idea of a Teachers' Union.* Falmer, New York
Kochan T A 1979 How American workers view labor unions. *Month. Lab. Rev.* 102(4):23—31
Lane J-E 1992 Sweden. In: Cooper B S (ed.) 1992b
Lawn M (ed.) 1985 *The Politics of Teacher Unionism: International Perspectives.* Croom Helm, London
McDonnell L M, Pascal A 1988 *Teacher Unions and Educational Reform.* Rand Corporation, Santa Monica, California
Pépin L 1990 The defence of teachers "trade union rights." *Int. Lab. Rev.* 129(1):59—71
Rosow J M, Zager R 1989 *Allies in Educational Reform: How Teachers, Unions, and Administrators Can Join Forces for Better Schools.* Jossey-Bass, San Francisco, California
Shanker A 1992 United States of America. In: Cooper B S (ed.) 1992b
Spaull A 1992 Australia. In: Cooper B S (ed.) 1992b
Spaull A, Sullivan M G 1989 *History of the Queensland Teachers' Union.* Allen and Unwin, Sydney
Treu T 1987 *Public Service Labour Relations: Recent Trends and Future Prospects.* ILO, Geneva
Urban W J 1982 *Why Teachers Organized.* Wayne State University Press, Detroit, Michigan
Wattenberg R 1990 Emerging from dictatorship: Teachers from around the world and how we can help. *American Educator* (Fall):11—14
World Confederation of Organizations of the Teaching profession (WCOPT) 1986 *Digest of Certain Conclusions Reached by the Joint ILO/UNESCO Committee of Experts on the Application of the Recommendations Concerning the Status of Teachers.* WCOPT, Morges

## 地方教育当局、学校董事会与学校委员会(Local Education Authorities, School Boards, and School Councils)

在20世纪80年代,世界经济日益竞争的压力导致许多国家实施积极进取的计划以发展它们的学校。在这次全世界的运动中,一个共同的信念是更好的教育是更好的经济成就的关键。许多学校的改革者认为提高学校绩效的最好办法是实施更高的标准、回避教育官僚和给予真正提供服务的学校层次的教育者更多的权利与责任。因此,管理改革往往授权各个学校和它们的代表机构,虽然国家或州政府有权制定各个学校都必须广泛遵守的绩效与课程标准。随着权力的更加集权化与更加分权化,新的体制创立了一个复杂但却有前途的结构,这个结构受到关于有效学校与有效企业的研究的影响。然而,在这些改革的实施中,学区和地方教育当局(LEAs)的权力一致地被削弱了,它们的权力在国家、州和学校层次之间进行划分。本词条回顾了这些发展及其对重构的学校管理系统中的地方与学校当局的深远意义。

**1. 背景**

上面略述的发展情况大部分应用于特定的少数国家(多数是说英语国家),这些国家传统上有分权的教育管理体制(如英国、美国和加拿大)。但关于有效学校特征的研究的传播导致许多传统上是集权体制的国家开始把更多的决策权转移到学校层次(如瑞典和澳大利亚)。倡导校本管理(SBM)的人认为学校管理董事会的建立(通常与SBM一起)除了已经提高学校效能,还将会加强民主和授权予教师、家长与学生(Caldwell and Spinks 1988)。由于校本管理所需要的专业主义与资源在发达国家要比发展中国家丰富得多,校本管理和本词条所讨论的改革趋势在发达国家要比发展中国家盛行得多。

在本词条的讨论当中,“学区”和“地方教育当局”在使用上可以大致互换,虽然前者(出现于美国和加拿大)与后者(出现于英国)存在某些区别。学区和地方教育当局对特定地理领域内的学校都有权限。“学校委员会”是经选举(有时是任命的)为学区作决策的委员会。“学校董事会”是指由学校层次选举或任命的政策委员会,由家长、教师,有时还有社区、企业和学生代表组成。

**2. 学校管理改革运动的原因**

如何解释学校管理改革在国际上优先出现,可考虑第二次世界大战前后的经济发展以及所做承诺的特征与公众的期望。在20世纪70年代,全球经济竞争加强、失业增加和生活水平下降。随着20世纪70年代的到来,欧佩克(OPEC)禁运石油、经济衰退、物价上涨,世界经济开始了大规模的重组。西方国家发现自己在制造业上越来越不能与太平洋边缘势力竞争。结果,西方开始了从以制造业为主的经济向服务产业经济的痛苦转变。

这些经济发展与混乱导致了财政紧张并迫使提高效率、节约和发展生产力(这些曾改变政治状况)。收缩与节约代替了增长与自由改革。新保守主义运动致力于全球英语国家自由主义经济的萌芽并反对社会主义和福利国家。随着对福利国家信仰的破灭,以及信奉干涉主义、忠于社会公正与改革的中央政府的消失,新保守主义的领导席卷各国政府:首先是澳大利亚的弗雷泽(Malcolm Fraser),然后是英国的玛格丽特·撒切尔(Margaret Thatcher),最后是美国的里根(Ronald Reagan)。

随着这些发展,人们对教育系统提出了新的不满与要求。随着人们日益认识到经济竞争的危机以及后工业和技术经济提出的新的严峻的要求,对考试成绩及其标准下降的关注也增加了。由于一般工人的技能与为了赶上国际竞争者而“更漂亮地工作”所需要的技能存在巨大差距,学校受到了责备。对公立学校的信任到20世纪70年代也动摇了,随着潮涌般的批评持续整个20世纪80年代,对公立学校的信任进一步动摇。

总之,自由福利国家和旧公共行政的理念到1980年崩溃了。随着20世纪60年代的自由主义的瓦解,新保守主义、用户至上主义和对政府服务的批评出现了。自由市场和个人主义动机而不是集体主义动机支配着新思想。“市场力量”范式用市场这只“看不见的手”为撒切尔主义和里根主义提供了有关动机、组织、政治、政策甚至领导理论。

由于经济停滞,政府无法兑现扩大社会平等计划的诺言。在一些国家如新西兰、英国、美国、澳大利亚和加拿大,严酷的经济现实引起了社会不安和幻想破灭,并导致公共机构合法性的削弱。虽然公共目的观和持干涉主义的政府机构对继续扩大教育部门和保持中等规模的教育官员队伍非常重要,但它们日益被新的政府概念所代替,这种观念主张建设小而灵活的地方组织结构以及小而放权的政府。由于对政府的无效率感到失望,公民希望缩小政府干涉的权力与范围。教育作为战后社会规划的基石之一,在公众的审查与批评下也是首批崩溃的机构之一。

学校改革运动还受到20世纪80年代流行的新右派政治与经济理性主义的鼓励。这两种观点都鼓励各个学校的市场竞争和相关选择计划以及责任考查和校本管理。根据新右派的观点,除了政府对公立学校最基本的干涉外,任何干涉都是达不到预期目标的,因为它不鼓励竞争而鼓励平庸(Chapman and Dunstan 1990)。学校类似于独立的企业,理事会(在英国是"管理委员会",在澳大利亚是"学校董事会")像企业的董事会一样行使职能。由于学校委员会(和地方教育当局)在本质上是公共垄断者和干涉主义的中间管理机构,人们断言它们无法改正教育自身所出现的问题。

企业领导谴责学校没有培养国家工业所需要的工人类型(20世纪基金 1992 P. 68)。政治家谴责学校中间层管理者无效率和古板,谴责麻烦的、不合理的、不鼓励外行参与地方学校的管理结构(英格兰的黑皮书,美国的《国家处在危机之中》,新西兰的《花边新闻》)。在美国,批评意见宣称教育成绩的普遍下降(尤其是在城市地区),是由于学区管理不当。随着人口数量的变化和孩子的问题变得日益严重,城市学区几乎没有做出恰当的反应(20世纪基金 1992 P. 68)。在英格兰,黑皮书认为效率低下和政治教条的地方教育当局(尤其是在城市地区),没有对它们社区的需要做出充分的反应。

当然,学校委员会、地方教育当局和州学校系统是不可能没有缺点的。首先它们体现了多数学校管理结构的古老特征。如在澳大利亚,在20世纪80年代对学校进行管理的体制是由1872年教育法建立的;魁北克仍由建立于19世纪末的结构来管理;美国的学校委员会自20世纪开始后相对没有改变(与此相反,英国地方教育当局是教育管理的新来者,创立于1944年)。

但教育政策领域不再像19世纪末的样子。游戏规则发生了深刻的变化:在美国,像最高法院判决、国家发布命令和州增加教育投入都冲击了学校委员会的自治;在加拿大,像魁北克的教育部承担了学校委员会的责任制定地方税率、提供大量的学校经费、监督教师合同谈判、制定预算和决定课程;在英格兰和威尔士,教育部(DFE)设置国家课程,开展国家学业成就考试和创立直接拨款学校(把地方教育权利与责任留给自治的学校,由教育部直接拨款)。而且,随着犯罪和青少年行为不良率上升,随着"高危"孩子数量不成比例地增长,随着家庭与社区经历快速的结构化变形,人们对学校的目的与期望也发生了改变(Danzberger et al. 1992)。人们期望学校和学校委员会关注它们的国家,但当它们紧张地面对21世纪时,发现不合适的19世纪的机构在管理中已瘫痪,因此无法做出反应更无法领导改革。

随着时间的过去,对教育提出的要求的深度与广度在增加,这导致学区和地方教育当局变得规模更大和组织更复杂。集权体制的复杂性可能从本性上就排除外行参与,但是,即使在高度分权的体制中,如在美国,公民发现在日益官僚化和复杂化的结构中越来越难以使他们的声音被人们听到。结果,学校委员会外行成员往往把重要的控制移交给教育专家,学校委员会通常变得比用来使主管权力合法化的"橡皮图章"的权力更小(Boyd 1976)。

还有,学校委员会和地方教育当局受到控告不仅仅因为效率低下,有时是腐败。在20世纪80年代的城市学校委员会,一些明显的失职丑闻,甚至违法与不道德行为浮出水面(20世纪基金 1992 P. 68)。在芝加哥,高度集权的城市学校委员会的问题如此严峻以至于城市的整个学校政治体制都进行了重构,设立了分权化的学校委员会体制,委员会由家长、教师、校长和社区代表组成(Danzberger et al. 1992)。

很明显,地方学校管理已经成为教育改革议程的至关紧要的部分。政治家、企业领导、家长、教育专家甚至学区委员会代表都理解需要教育管理的全面重构。这次重构的前提是对地方教育当局和学校委员会等中间层管理机构的不满甚至是蔑视。由于学校委员会明显无效能,教育改革如此重要以至于不能委托给教育组织。由于新的法规和地方人士的聪明才智,努力发现漏洞——认为地方控制(学校委员会和地方教育当局的)在这里出现了问题,学校委员会的作用在改革时期下降了(Danzberger et al. 1992 P. 28)。

**3. 学校管理的集权化与分权化**

由于学校中间层管理的显而易见的效率低下与迟钝,学校管理改革极大地导致了那些叫作"学校委员会"和"地方教育当局"的权力的衰弱。同时,学校层次管理机构与国家的或州、省的管理权力增加。一般来说,课程标准(有时还有课程内容)的决策权分化了,而多数其他决策给予学校层次。这种相反的趋势带来了一系列非常复杂的变化,这些变化发生在许多国家从上而下和从下而上的改革中(Boyd 1992)。

3.1 分权化

从1980年以来,随着政府把更多的自治授予各个学校,大概最突出的管理改革是转向校本管理。这种趋势受到"有效学校"研究的鼓励,这种研究突出了提高学生成就的学校的主要特征。这些特征包括高度的自治、学校目标感和能够提供强有力指导的领导。这进一步促使人们主张鼓励教育决策的制定尽可能接近师生的互动。在这种观点的基础上,许多州和国家政府把决策权转移到学校。

如在英格兰与威尔士,泰勒报告(1977)和1988年教育改革法案(ERA)通过调整各个学校管理委员会的权力来寻找学校管理的新的合作伙伴。在教育改革法案框架下,各个学校的管理委员会行使的职能像企业的董事会,监督学校预算、雇用和解雇员工、任命校长、制定学校日程安排。在英格兰和威尔士,现在各个学校可看成教育决策的中心,在国家政府制定的课程与其他方针下工作(Maclure 1992)。地方教育当局现在必须向上与政府部门、向下与各个学校分享权力。而且,随着社区和企业部门越来越多地参与教育决策,地方教育当局需要向外与它们的社区分享权力。

新西兰以皮科(Picot)报告为基础进行了类似的改革。以前那里的员工管理受到中央规则的约束,现在每个学校的董事会能决定员工的雇用与解雇、教学资料的选择、购买不同的服务和员工发展培训(Middleton et al. 1990)。家长团体可从他们地域现存的学校中退出而建立自己的学校。这种方法有点类似教育改革法案所提供的方法,在英格兰和威尔士,学校在家长投票的基础上,可以脱离地方教育当局的控制,成为"直接拨款学校",直接接受中央政府的拨款(Maclure 1992)。

在澳大利亚的维多利亚州,在教育部的方针之内及与学校校长商量下,学校董事会有责任决定学校的一般政策。中央官僚机构被建议辅助地方学校,但不能要求它们(Chapman and Boyd 1986)。维多利亚是这类管理"重构"的先锋,现在已扩展到整个国家(Chapman and Dunstan 1990, Harman et al. 1991)。

虽然美国学校的高度分权的性质使得所进行的全国改革很少与其他国家相似,个别州开始转变它们的学校管理体制,鼓励各个学校的自治。如在肯塔基,赋予教师、家长和校长更多的责任,他们在个别学校董事会任职,并被授予把学生与教师分配到班级、采纳课程、选择教学资料和制定纪律政策的权力。换句话说,肯塔基的学区委员会将不得不与新建立的学校董事会分享权力,还不得不处理更多的来自包括新建的州技术委员会、证书委员会和学校成就标准委员会等方面的州政府的干扰(Danzberger et al. 1992)。城市地区(如纽约的罗切斯特、佛罗里达的达德郡和伊利诺伊州的芝加哥)同样经历了校本决策。

虽然地方学校控制并不是万能药。查普曼和博伊德(Chapman and Boyd 1986)发现在澳大利亚的维多利亚,把权力转移给单独的学校董事会,提高了家长顾问的作用与责任,但这些志愿的外行人所能做的事情是非常有限的。此后对维多利亚的学校董事会的研究(Stroud 1992)进一步证明了这些局限,经常在文献中发现教育者往往在董事会决策中控制市民。与此相似,在英格兰的一项研究也发现管理人员增加的责任可能是托付给了校长,因此校长现在比以前有更多的事要做(Bowe and Ball 1992)。

地方控制的另一个问题,如果不加约束的话,可能导致狭隘的"民主的地方主义"(Katz 1971),为了地方利益而忽视国家的利益和价值。为了抵抗这种潜在的可能,全国性的政府尽量保持自己强有力的角色,如标准制定者、质量控制者和法律监督员。

### 3.2 集权化

为了与许多改革的地方化趋势相平衡,国家和州政府建立了地方学校必须遵守的体制与方针。如在英格兰和威尔士,国家课程、学校考试与评估理事会和对教师资格进行全国讨论都致力于统一为一个系统,否则可能支离破碎。

在美国,总统布什与州政府官员在1989年召开了教育"高层会议",会议期间公开讨论了中学的国家考试、国家标准与目标,甚至还讨论了国家课程。许多建议后来包括在总统布什的美国2000年教育计划中。这些发展代表了与美国长期珍视的地方控制传统的根本分离,进一步证明了国际压力对于推动世界范围的学校改革的作用。

而且,美国个别州主动影响州内的所有学校。如阿肯色州和明尼苏达州实施了允许在公立学校间进行选择的计划。新泽西州制定了如何由州来接管不完善学区的政策。在科罗拉多州,学校现在可以退出学区,成为新建的"整个的" 科罗拉多区的一员,很像英国教育改革法案提供的直接拨款学校(Danzberger et al. 1992 P. 24)

在新西兰,虽然单个学校能够商讨许多自己的特征与风气,并把它们写进"学校章程",但这些章程必须得到中央政府的批准。没有中央政府的批准学校不能选择自己的方向,这是为了共同的福利。为了对地方自治进行更强有力的控制,中央政府建立了评论与稽查机构,机构的工作是监督每个学校的质量控制。根据中央政府制定的一系列标准对学校进行定期检查(Middleton et al. 1990)。

很明显,政府了解国家目标与目的的需要,并通过立法来提供这些。政府不再试图指示学校每天的管理,而把精力放在为"优质"教育与"优秀"学校制定指导方针与结构上。

### 3.3 相反趋势同时起作用

教育决策同时集权化与分权化似乎可能创立一种体制,这种体制比它所代替的体制更复杂、效率更低下。当然,同时朝着两个不同的方向发展似乎是矛盾的。但研究者发现事实并不如此。传统关于权力关系的假设宣称集权化与分权化之间的移动是"零和游戏",也就是说,关系的一方获得权力而另一方必须失去权力。然而,有关美国学校改革的研究表明,现存的权力平衡模式被改变,应用权力与影响的可能性向那些似乎要失去影响的组织开放(Fuhrman and Elmore 1990)。

换句话说,抛弃"零和游戏"假设,可能提高政府与学校层次决策者的作用。照此看,这些不同的趋势并不矛盾,而是走向一个更有效率和界定更清楚的学校管理与教育组织"松紧"模型。根据彼得斯和沃特曼(Peters and Waterman 1982)的观点,他们所研究的优秀公司的特征是"同时松紧性"。也就是说,它们是"既集权又分权"和显著的"强有力的中央指导与最大化的个人自治的共存"。强有力的中央指导制定指导活动的主要价值与参数,但活动的范围是开放的,鼓励个人主动性与创造性。强有力的指导、责任安排、提高员工社会化过程和保护核心价值如公平问题。这种方法对学校管理的价值已经被证明了(Murphy 1989),在国际研究中确证了企业组织的"松紧"模型与"有效学校"的特征的相似,这进一步支持了清晰的核心价值与个人自治的功效。但在学校管理转变为更有效能和效率更高的模型的过程中,中间层管理被迫寻找新的角色。

## 4. 中间管理机构在学校管理中的潜在角色

中间管理机构,如地方教育当局和学区及它们的委员会,非常关注自己从1980年以来被许多改革立法所忽视的情况。这些机构现在面临的最大挑战是决定如何实现州改革的快速变化,同时在新的学校管理体制中为自己塑造一个角色。在迅速改革中,中间层学校管理的未来存在某些有希望的可能性。

如在美国,改革家宣称所有的孩子服务都应该一致,创立一个统一的孩子福利网络,社会工作者和教育者为处于高危的孩子建立发展计划。但是这种统一需要一个机构来综合各个部门的措施。这个职位可能由一个新的重构后的“学区”与一个选举的“儿童政策委员会”(监督所有的服务)合并来担任。对学校委员会的角色的争论是常见的,尤其是在美国,教育家和政治家都明白统一的儿童服务方式的逻辑与实用性。

在英格兰,地方教育当局在合同的基础上向地方学校提供服务。这种角色如此扩大以至于地方教育当局可能成为效率高的服务提供者。它们可能成为个别学校的合同代理人,这样通常很难曲解它们的不同责任。除了把责任委派给校长(Bowe and Ball 1992),管理机构可把很多决策权委任给地方教育当局,地方教育当局可能成为有竞争力和有效率的商品、服务和专业建议合同谈判者。

在美国,复兴学校委员会的主要建议是对它进行重组,并重新调整为“地方教育政策委员会”,考虑更大的政策决定、计划和整体结构与学校目标(Danzberger et al. 1992)。因此,这些委员会的主要活动将是“制定战略计划,包括长期与短期目标、目的、绩效指标和学生评价制度”和“批准与战略计划相关的学科领域内的课程结构”(P. 17)。

这种例子鼓励中间管理机构不应简单地接受它们明显的退化。如果学校委员会和地方教育当局要反击对它们作用的怀疑,它们必须迅速地对改革后的教育体制做出相应的反应,并有效地自我界定,从而重新肯定自己的作用。学校委员会和地方教育当局做这些事情的能力是令人怀疑的,当然,它们以不是先头部队领导者而闻名。但是变化不仅可能,而且是不可避免的。正如英国的一个稽查委员会报告所陈述的:

> 在权利与责任是分享的多元环境中(向上与政府部门……向下与单个学校……和它们的管理者,对外与家长和其他来自社会的利益群体),地方教育当局在管理上必须变得更精通。这种角色可能变得和旧的一样有益,只要地方教育当局重新界定它们的策略,使之与法案(指1988年英国教育改革法案)一致,把它清楚地解释给其他执行者,并保证执行传达的人员、技巧和制度都到位。(英国稽查委员会 1989 P. 1)

### 5. 结论

进行了教育管理结构改革的国家互相自由地借鉴思想,从而使这次改革运动具有国际特征。大概是由于改革的国际因素,各国发现许多思想是可转换的。如新西兰的许多改革借鉴了有影响的美国委员会报告(《国家处在危机之中》)中“优秀学校”这一词(Philips et al. 1989)。同样,丘布和莫(Chubb and Moe 1992)出版了一本书,赞美英格兰和威尔士的私营化措施并鼓励美国改革家仿效它们。同时,英国的一些改革——如磁石学校和校企合作——是从美国复制过来的。

最后,即使被狭隘的经济学的生产率考虑所驱动,教育改革的国际特征也是一项有前途的发展,因为它伴随着全球日益增长的对儿童和对知识传播的关注。然而走向教育的全球化与地方化的不同趋势对于学校的中间管理者来说是很难的,他们在新政策的争论与论证中被边缘化了。然而,这还没有必要排除地方政府与地方学校机构参与未来的争论。在这个关节点上,对地方教育当局和学区来说关键的是主动性与灵活性。过去的管理结构,即许多顾问、委员会成员和地方教育当局代表所依赖的结构,不再可能充分地满足“新世纪”的学校体制的需要。但未来的管理结构可能为地方机构与学校管理机构找到创造性的新角色与责任。

W. L. 博伊德(W. L. Boyd)
C. L. 克莱科(C. L. Claycomb) 著
朱科蓉 译

### 附录

Bowe R, Ball S 1992 *Reforming Education and Changing Schools: Case Studies in Policy Sociology*. Routledge, London

Boyd W L 1976 The public, the professionals and educational policy making: Who governs? *Teach. Coll. Rec.* 77(4):539—577

Boyd W L 1992 The local role in education. In: Alkin M C (ed.) 1992 *Encyclopedia of Educational Research*, Vol. 4,6th edn. Macmillan Inc., New York

Caldwell B J, Spinks J M 1988 *The Self-managing School*. *Falmer, London*

Chapman J, Boyd W L 1986 Decentralization, devolution and the school principal: Australian lessons on statewide educational reform. *Educ. Administration Q.* 22(4):28—58

Chapman J. Dunstan J (eds.) 1990 *Democracy and Bureaucracy: Tensions in Public Schooling*. Falmer, London

Chubb J E. Moe T M 1992 *A Lesson in School Reform from Great Britain*. Brookings Institution, Washington, DC

Danzberger J, Kirst M, Usdan M 1992 *Governing Public Schools: New Times, New Requirements*. Institute for Educational Leadership, Washington, DC

Fuhrman S H, Elmore R 1990 Understanding local control in the wake of state education reform. *Educ. Eval. Policy Anal.* 12(1):82—86

Harman G, Beare H, Berkeley G F 1991 *Restructuring School Management: Administrative Reorganization of Public School Governance in Australia*. Australian College of Education, Canberra

Katz M B 1971 *Class, Bureaucracy, and Schools: The Illusion of Educational Change in America*. Praeger, New York

Maclure S 1992 *Education Re-formed: A Guide to the Education Reform Act* 3rd edn. Hodder and Stoughton, London

Middleton S, Codd J, Jones A (eds.) 1990 *New Zealand Education Policy Today: Critical Perspectives*. Allen and Unwin, Boston, Massachusetts

Murphy J T 1989 The paradox of decentralizing schools: Lessons from business, government and the Catholic Church. *Phi Del. Kap.* 70(10):808—812

Peters TJ, Waterman R H Jr. 1982 *In Search of Excellence: Lessons from America's Best Run Companies*. Harper and Row, New York

Philips D, Lealand G, McDonald G (eds.) 1989 *The impact of American ideas on New Zealand's educational policy, practice and thinking*. NZ-US Educational Foundation/Fulbright Foundation

Stroud A 1992 School councils: The professional educator and the community member in the governance of schools. (Doctoral dissertation, Monash University)

Twentieth Century Fund 1992 *Facing the Challenge: The Report of the Twentieth Century Fund Task Force on School Governance*. Twentieth Century Fund Press, New York

United Kingdom, Audit Commission 1989 *Losing an Empire, Finding a Role: The LEA of the future*. HMSO, London

**其他参考文献**

Ball S J 1990 *Politics and Policy Making in Education: Explorations in Policy Sociology*. Routledge, London

Ball S, Whitty G 1990 English education in a new ERA: Urban schooling after the Education Reform Act. *Urban Review* 22(2):77—83

Boyd W L 1992 The power of paradigms: Reconceptualizing educational policy and management. *Educ. Administration Q.* 28(4):504—528

Chapman J (ed.) 1990 *School-based Decision-making and Management*. Falmer, London

Chubb J E, Moe T M 1990 *Politics, Markets, and America's Schools*. Brookings Institution, Washington, DC

First P F, Walberg H J (eds.) 1992 *School Boards: Changing Local Control*. McCutchan, Berkeley, California

## 学校的微观政治(Micropolitics of Schools)

像其他组织一样,学校是权力和各种影响力的重要竞争场所。的确,由于教师的专业立场和行为方式,学校管理者的权威比起非学术组织管理者来说有更多的不确定性,这使得前者运用权力的实践比后者更为复杂。在这种情况下,学校组织的内部政治或“微观政治”就成为重要的研究课题。本词条对这个题目进行总的说明,并介绍这个领域中各种有代表性的研究,为从事实践工作的人们提供一些操作上的建议。

### 1. 微观政治的概念

微观政治是组织理论比较新的分支,它所赖以建立的概念结构还是试验性的和不成熟的,这个领域中出版的著作数量上有限。尽管如此,微观政治理论的基本原理还是很好地建立起来了。布拉思(Blase)以直截了当的语言陈述了对这个概念的理解:“微观政治是关于权力以及人们如何运用它影响他人、保护自己的活动,是人们为了得到想得到的东西彼此竞争和冲突,以及人们之间如何建立相互支持与合作的关系从而达到目的。”(Blase 1989 P. 1)

霍伊尔(Hoyle 1982 P. 9)将微观政治学定义为一系列的策略,组织中的个人或团体通过政治策略寻求运用权威和影响,进而扩展其利益。

微观政治学视组织为政治行为的竞争领域。组织成员遭遇的强迫、限制、挫折和压力(当然还有机会)导致产生斗争、对抗、交易和联盟,他们为了获利而通过集体和利益集团进行竞争。像更大范围的社会一样,组织作为一类社会也具有的争斗、冲突这类特征,组织冲突——因而政治——也就成为日常生活的常规(Slaman 1979 P. 50 ~ 51),斗争和冲突的核心问题是组织成员利益的分歧(还有目的和动机的分歧)(Ball 1987)。基本上说,微观政治就是对日常生活中政治的详尽研究,“政治是人类的共同活动,它充满人类的历史”(Freund 1968 P. 218)。因此,焦点是把控制和冲突(或者是支配与反抗)的相互作用作为组织生活的中心(这样冲突和控制就成为理论研究的核心),两种社会过程都包含个人和团体行为者,他们试图向其他人表达自己的愿望,以便扩大自己的利益和利益关系,并超越和压倒其他人的利益追求。在这种意义上,冲突和控制不只是使组织功能性质具体化,而且是精心设计的计谋和面对面相互作用的产物。组织政治是策略的、物质的和人际关系的过程,它基于这样的假设:组织的行为者是熟练的和全心全意的代理人,他们很大程度上是精明的老手,以很高的忠诚和热情投入到政治过程中去。

微观政治重视关系胜于组织结构,专门消息胜于一般信息,技巧胜于观点,言语沟通胜于文字记录。“政治是通过语言行动的”(Marshall and Michell 1990 P. 5),暗示、谨慎的查询、委婉的说法通常是冲突、要求和联盟的表现。它充斥着心照不宣的默契和随后的否认、可靠的和不实的二手消息、修饰很好的辩护与似是而非的解释(Sparkes 1987 P. 42)。巴里(Bailey 1977 P. 104)指出:“政治的私密被非常微妙的语言搞得不可理喻,圈子以外的对话者通常是不能理解的。”

尽管微观政治行为在许多组织中都是存在的,但是它们未必具有典型性。霍伊尔在1968年提出这样的看法,大多数教师几乎没有时间或兴趣参与微观政治。布拉思(1988 P. 122)报告了40位美国教师的工作,特别指出,当说教师“变得更政治化了的时候,是表明在教师观念中对工作的关注更为明显地发展了……总而言之,这些情况反映了教师基本被生存问题的考虑所控制,显现出比较保守(被动)的政治观念”。他还指出,他的发现表明教师的政治倾向是后天习得的,它们依赖于校长的期望和行为。

在实践中,微观政治通常与事件相联系,在早期,分歧和利益上的争论通常被掩盖在活动程序问题下面。当特殊的事件或明显重要的问题引发社会戏剧性事件或危急事件时,它会导致萌发持续的紧张状态(Strauss 1958),那些最初看起来微不足道和确定无疑的问题导致痛苦的和根本的冲突。

### 2. 作为组织的学校

接受了这种关于组织生活的观点就意味着要承认两个含义:第一,学校作为组织,经常被组织的各种目标和目的的竞争所包围,而它们是涉及价值和使命的基本因素。第二,这种研究学校的角度将导致人们关注霍伊尔(1982)所说的“组织的地下部分”或者是“组织生活的阴面”。微观政治学当然不限制研究组织决策的正式的和公共的部分。

在建立起微观政治学的基础之后,我们必须考虑下面两个明显的问题:

首先，在强调冲突过程时，微观政治学并不否认和忽视形成合作关系的可能性。“政治行为包括冲突和合作的过程以及它们的结构。虽然某种形式的政治行为和政治目的更为认同某一方面。”(Blase 1991 P. 12)对于合作机制和人际互动敏感性潜在作用的理论争议，可以给我们提供建设合作关系的基础。格林菲尔德是如此描述美国小学领导中的微观政治学的：他们“用韦斯特赛德(Westside)的原则在教师中培植自己的支持力量，这种原则主张建设学校共同体，其间教师和学生家长之间作为团队互相合作，从而为教育也为儿童的发展提供服务”(Greenfield 1991 P. 180)。

其次，尽管微观政治学强调组织内部冲突、人际斗争和各种关系，但是它并未忽视外部组织间的相互作用及其效果。内部政治的各种问题源自于外部的变化和限制，但是后者都是作为媒介发挥作用的。学校的内部政治与环境之间的关系是非常复杂的，在进行理论或学校实际问题研究时，勾勒出组织的边界是十分重要的但是也是很困难的，学生家长、地方政府官员、政治家可能在微观政治的机构中扮演一个角色，学校也可能直接与其他微观政治系统建立起联系，比如学区或教育局。

克雷恩(Kleine)和翁(Wong)在 1991 年专门研究了一个学区及其内部的一所学校的微观政治问题，目的是“检验行政管理者的政治观点如何与校长的管理风格互相作用，又是如何影响下一级管理者的行为和领导者对组织生活的态度的”。以一所学校的事实为基础，科比特(Corbett 1991)“集中研究了学校所在的社区对学校工作者日常行为的形成所发挥的作用”。布拉思(1989)也报告了美国的情况，突出反映了校长们的外部政治定向：“保护性的策略主要用于减少校长所遭受的来自其他方面的压力(比如批评和要求)，特别是行政领导、家长和社区成员。”

组织生活的内部动力通常是由外部因素激发的，比如规划的变革，但是这种变革的实现还要以现存机构的文化和历史以及管理中的影响和控制模式为中介因素。对“改革的接受和改革的实现成为内部争论的一个基本领域，同时也成为争论的赌注”(Ball 1987 P. 263)，改革显示了组织工作的可行性和限制——它们之间通常有很现实的、物质的因果关系——但是它们在组织中的定位要依赖于对流行的、特殊的“改革文本”的说明和解读(Sparkes 1987)，变化在效果上很少是中立的，那些控制着解释权的人们在相当程度上也控制着效果。

### 3. 反对的形式

微观政治集合了万花筒一般的各种观点，它所提供的概念工具把个人的职业、意识形态的承诺、一定组织结构下的行为以及与合作、反抗、对立相联系的控制模式联结起来(Hagreaves 1991，Sparkes 1990)。一方面，微观政治斗争由谈判和妥协组成，这通常是在私人情境中以人际影响的形式对非正式关系的运用(Greenfield 1991)。这一点虽然有代表性，却并非不可避免，它发生在次要的调整而不是关键的改革上，发生在奖励和利益的再分配而不是利益结构的重建中，也不是发生在永久性控制政策制定权的调整方面。但是，谈判和妥协的结果，并不一定总是微不足道的或者局限于促进个人既得利益方面的。

不是所有的微观政治活动都是靠幕后操作或通过双方都可以接受的交易和讨价还价来完成的。微观政治理论也包含了这样的努力，它向已经建立的秩序或对居于统治地位的学界提出了更加深刻的挑战，这些努力是不能通过利益的交换或扩大利益份额来说明的。在某个时刻，在会议上或委员会中所产生的各种对立观点是通过直接的、公开的形式而彰显和激化的。如果说，私人矛盾主要是通过妥协来解决，那么公事上的矛盾则更多是面对面摆开的。在这种意义下，对立通常是植根于客观的、集体性的对利益差别的知觉，这种知觉是由“他们和我们”之间的差异所唤起的，差异的主体包括管理者和一线劳动者、雇主和雇员、黑人和白人、男人和女人以及那些地位不同处于各种从属关系的人们。这是整合的失败。如果从利益的多样性和集体的整体性以及控制与反抗来看待组织，那么对于奖酬的分配、政策使用模式以及机构文化的决断就格外引人注目。

通过分类，可以有效地、启发性地区分出微观政治的所谓纵向和横向维度。纵向维度是指在组织形式和政策的控制方面所进行的斗争——争议什么是教育以及什么样的组织控制可以成功;横向维度关注资源和利益的竞争,在许多事例中,微观政治的概念被借用来说明亚群体或利益群体争夺资源的过程,这种争夺常常是两败俱伤的(Bachararch and Lawler 1980,Pufefer 1991)。在这里,组织财政问题通常是斗争的焦点(Wildavsky 1968,Ball and Bowe 1991)。在中等和高等教育中,横向竞争主要是在学科部门之间发生,表现在物质资源、空间、教学时间和不同教育理念等方面。据巴查拉赫(Bachararch)和劳勒(Lawler)1980年的研究,组织政治涉及"策略地运用权力去保持或争取获得对于那些具有真实或象征意义的资源的控制"。学科专家运用语言修辞的斗争方式去捍卫本专业在组织中的地位:"学科生存依靠教师口说如簧的能力,去影响那些对于教育实际活动过程具有操控权力的重要人物。"(Sparkes 1987 P. 48)

**4. 控制的形式**

但是,正如前面指出的,微观政治也是很普遍化的对抗手段,比如表达激进的不同见解或坚称维护少数派的利益。这种不同见解或许是具有先进性的——比如年轻人或组织新成员传播新的思想观念。同样,它也可能是退步的或保守的,是对反对革新的保守派的动员。当然,微观政治也不排除道德和抱负这些领域。

还有,如果认为微观政治是那些遭受挫折或被边缘化的人们的最后手段那就错了。微观政治行为起自于组织等级的两端。确实,霍伊尔认为微观政治过程成为准确控制学校的基本要素,因为教师自治的专业规范限制了其他公开的控制手段的使用和效果。他宣称:"领袖人物(校长)的行政控制必须在相当程度上依靠潜在的权力和影响。这似乎就是在鼓励领袖人物于管理结构中策略地运用微观政治手段从而在某种程度上造成成员间关系的裂隙。"(1986 P. 135)

通常,在教育管理领域,微观政治被管理者当作在其他更为理性化的策略捉襟见肘时不得已而采用的选择。"讽刺地说,"霍伊尔认为,"微观政治行为是那些掌握了理性组织理论的行政官员玩的十足的把戏。"(Hoyle 1982 P. 87)但是,一些从事商业管理领域研究的作者却态度坚决而不保守。例如,斯蒂芬森(Stephenson)说明了经理人在他所说的微观政治网络中的作用。他指出,"在微观政治的网络中,经理人以善于适应环境的和巧妙应对的态度行动,寻机重建一种情境,他在其中可以控制操作,使得他决意实现的行动进程能被接受"(Stephenson 1985 P. 37)。换句话说,经理人要创造一种如此行动的"必然氛围",减少选择其他方案的可能,而正好选取经理喜欢的那个方案。

控制信息的获得和扩散,奖惩的运用,影响每个人在组织中的声望和地位。改善工作条件,增进下属满意程度,是领导者的微观政治行为的优势所在。一位叫作马兰德(Marland)的校长写道:"潜藏最深的压力来自个人的恐惧、自尊心和对易受伤害感情的保护。我认为这是学校中最通常的推动力量,它与人们对于安全的需要联系在一起。"(Marland 1982 P. 124)与此人类似,布拉思(1989)记录了自私行为的各种变式和被校长及有阅历的教师所精心构思与应用的策略(这些策略基本是与控制联系在一起的)。

尽管中小学校长在微观政治方面具有优势,但微观政治也是伟大的平衡者。可能组织中每个人都会使用微观政治的技能,而且他们的观点并不一定精确反映领导影响。精心的游说、秘密会议和结盟能够终止或者扭曲管理的改革。幽默、谣言和小道消息可能制造出某一晋升或新的任命不能接受的氛围。原则性很强的反种族歧视和性别歧视的不同意见可能修正组织的政策。像萨尔曼(Salaman 1979 P. 51)所说:"在组织里,成员之间总是试图相互控制,或者躲避这种控制。"邦地(Bondy)和罗丝(Ross)把这些观点发展了,指出教师微观政治能力的发展是他们职业满意程度提高的基础,而微观政治策略应该成为教师教育课程的一部分。他们得出结论:"教师需要学会怎样获得权力和影响,这篇文章所阐述的策略能够帮助教师发展微观政治意识和提高教师间合作行为所必需的能力,并且增加学生的学校生活经验。"(Bondy and Ross 1991 P. 19)

**5. 领导**

不用奇怪,那些职业、地位和报酬与组织的成就和对组织公共事务的了解有直接联系的人会经常而且熟练地参与微观政治的活动。如果对组织的控制权被夺走,他们会损失很多。为学校和学生提供最好的东西与作为学校领导者私利的报酬、身份、地位和尊重有着最紧密的联系。人们普遍认为,一个组织的成败与领导者的效能是一致的。科林斯(Colins 1975 P.337)提出:"价值观为社会地位所决定。组织的领导者与普通成员看问题的差异是他们从同一事物中看到了不同的东西。"几乎可以肯定,那些在组织中获得高位或曾经获得高位的人们有更多的微观政治的经验。马歇尔(Marshall)和米切尔(Michell)将微观政治意识的获得看作学校管理者自然地社会化的一部分,他们的假设是:"刚刚踏入领导圈的管理者(比如校长助理)要学习作为政治角色去行动,这样他们就很快、很准确地了解到权力、资源和责任分配的不成文的规则。"(Marshall and Michell 1990 P.2)

从组织领导者的观点看,微观政治的策略很典型地用来减少风险,使组织的预期最大化,并在控制与整合的矛盾中架设起桥梁。组织中的不确定性或偶然性越大,政治对话和动员的潜在出发点就越多。任何组织的领导者都对减少不信任情绪的表达抱有强烈的和持久的兴趣。这种意图应用到领导层关系中与应用到领导者和被领导者关系中去的数量一样多。因此,马歇尔和米切尔建议初出茅庐的管理者把学习忠诚和责任作为学习其领导角色的一部分:"他们学习个人的和职业的伦理道德、修正自己的行为以适应学校管理者的文化要求。他们学会忠诚地行动,避免麻烦,保持冲突的隐秘性以及回避没有价值的工作,这些行为将使他们在管理工作中更为得心应手,他们知道必须建立信任关系和势力范围,不论这里是不是存在障碍。"(Marshall and Michell 1990 P.2)

所有这些论述指出了明确区分教师和学校领导者不同利益或者目的的可能性,校长的外部定向和责任并不必然与教师不断发展的利害关系联系起来(Blase 1989)。巴尔(Ball)和伯威(Bowe)提供了一个英国的案例,其中管理的委托和预算控制似乎导致学校领导者和教师之间的隔阂和紧张关系:

> 佛莱帕斯综合中学的显性目标似乎变得有些分歧了。不同团体的当前利益(意识形态的、实质的和自身的利益),在某些情况下还包含不同个人有冲突的利益,被分出一组与市场需要和学校预算相关的利害关系而在管理上予以优先考虑,它的对立面是学生合理需要,教育理念,学校组织间关系。这或许是学校中管理与专业之间的对立的约略描述。

但是,这个争论存在相反的证据。马歇尔(1991 P.47)描述了美国的一个基于访谈的研究。报告说:"只有很少的事实反映了初出茅庐的管理者与教师之间存在冲突。"报告称,从教师向管理者角色的转变是"容易"的(P.147),"新管理者在评价和考虑教师与学术同仁的意见过程中形成了自己的意向"(P.152)。马歇尔为材料反映不出矛盾斗争和冲突而感到惊讶。马歇尔提出,这或许表明由于学校重新建构和教师得到授权,真正使得学校组织中关系的性质发生了根本的变化,从而开始了美国学校教育的"新时代"。但是马歇尔也提出自己的研究是否充分的问题,指出访谈存在着这样的可能性。马歇尔研究所得到的只是基于20世纪90年代社会套话模式的掩饰性回答(P.156)。

**6. 微观政治研究**

微观政治研究的困难性必须引起注意。研究的焦点之一,是微观政治活动的内隐性问题,如果这么多的微观政治是通过私人交谈处理的,那么它又怎么能够被研究呢?有关它的第一手资料怎么能够被研究者得到?材料的效度如何证实?这些问题难以回答。很明显,收集材料的方法必须对微观政治难以捉摸的性质做出反应。文献中两种方法已经居于压倒性地位。在一些研究个案中应用了访谈。被访者被要求描述自己的微观政治行为,并复述本组织中"本土知识"。但是,更受到青睐和更有效的方法是案例研究。组织生活的案例研究提供了进入关键事实和事件的渠道,并且突出一些重要成分,比如组织中的结盟和紧张关系等。因此,阿克(Acker 1990)如影随身地追踪了英国一位城市小学校长,并提出了对学校管理"戏剧"的说明,这些"戏剧"集中在例行公事的"故事"、不平常的传奇和"社会戏剧"中。作为参与式的观察者,研究者可以经历并对决策、晋升、任命等提出询问,可以对结盟与联合进行跟踪,也可以记录政治言论并结集成文件(Gronn 1983,Sparkes 1987)。从重要事件可以引申出许多观点,像科比特(1991)报告的在威斯顿高级中学中的社区参与管理,格林菲尔德关于威斯塞得小学领导的研究,巴尔和伯威(1991)对佛莱帕斯综合中学政策方面争议的研究,斯帕克斯(Sparkes 1987,1990)对布兰斯顿综合中学体育系改革与阻力的研究等等,都属于案例研究的例子。每个例子里发生的事情都成为分析学校组织生活,得出一般结论的基础。这类事件分析的方法源于人类学(Turner 1957),它被用来研究教师生活和职业活动(Strauss 1959, Sikes et al. 1985)。研究是否充分取决于材料的丰富和详尽程度、观点的多样性以及定性分析技术的应用。可见,微观政治学是一种基础深厚的理论。

S. J. 巴尔(S. J. Ball) 著

高鸿源 译

**附录**


Acker S 1990 Managing the drama: The headteacher's work in an urban primary school. *Sociol. Rev.* 38(2):247—271

Bailey F G 1977 *Morality and Expediency: The Folklore of Academic Politics.* Blackwell, Oxford

Bachararch S, Lawler E 1980 *Power and Politics in Organizations.* Jossey-Bass, San Francisco, California

Ball S J 1987 *The Micropolitics of Schools: Towards a Theory of School Organization.* Methuen/Routledge, London

Ball S J, Bowe R 1991 Micropolitics of radical change. In: Blase J (ed.) 1991

Blase J 1988 Teachers' political orientation vis-à-vis the principal: The micropolitics of the school. *Journal of Education Policy.* 3(5):113—126

Blase J 1989 Some micropolitical strategies used by school principals to control teachers: The teachers' perspective. *The High School Journal* 73(1):26—33

Blase J (ed.) 1991 *The Politics of Life in Schools: Power Conflict, and Cooperation.* Sage, Newbury Park, California

Bondy E, Ross D D 1991 Micropolitical competence: A key to changing the language arts curriculum. Unpublished paper, Department of Curriculum and Instruction, University of Florida, Gainesville, Florida

Collins R 1975 *Conflict Sociology: Toward an Explanatory Science.* Academic Press, New york

Corbett H D 1991 Community influence and school micropolitics. In: Blase J (ed.) 1991

Freund J 1968 *The Sociology of Max Weber.* Allen Lane, London

Greenfield W D 1991 The micropolitics of leadership in an urban elementary school. In: Blase J (ed.) 1991

Gronn P 1983 Talk as work: the accomplishment of school administration. *Adm. Sci. Q.* 28(1):1—21

Hargreaves A 1991 Contrived collegiality: The micropolitics of teacher collaboration. In: Blasc J (ed.) 1991

Hoyle E 1982 Micropolitics of educational organizations. *Ed Management and Admin.* 10(2):87—98

Hoyle E 1986 *The Politics of School Management.* Hodder and Stoughton, London

Kleine-Kracht P, Wong K K 1991 When district authority intrudes upon the local school. In: Blase J (ed.) 1991

Marland M 1982 The politics of improvement in schools. *Educational Management and Administration* 10(2):119—134

Marshall C 1991 The chasm between administrator and teacher cultures: A micropolitical puzzle. In: Blase J (ed.) 1991

Marshall C, Mitchell D 1990 The assumptive worlds of fledgling administrators. Paper presented at the AERA

annual conference, Boston, Massachusetts
Pfeffer J 1981 *Power in Organizations.* Pitman, Massachusetts
Salaman G 1979 *Work Organizations: Resistance and Control.* Longman, London
Sikes P, Measor L, Woods P 1985 *Teachers' Careers: Crisis and Continuities.* Falmer Press, London
Sparkes A 1987 Strategic rhetoric: A constraint in changing the practice of teachers. *Br. J. Sociol. Educ.* 8(1):37—54
Sparkes A 1990 Power, domination and resistance in the process of teacher-initiated innovation. *Research Papers in Education* 5(2):153—178
Stephenson T 1985 *Management: A Political Activity.* Macmillan, London
Strauss A L 1958 *Mirrors and Masks.* Sociology Press, San Francisco. California
Turner V W 1957 *Schism and Continuity in an African Society: A Study of Ndemba Village Life.* Manchester University Press, Manchester
Wildavsky A 1968 Budgeting as a political process. In: D Sills (ed.) 1968 *International Encyclopedia of the Social Sciences*, Vol. 2. Cromwell, Collier and Macmillan, New York

## 教育部与州教育局(Ministries and State Departments of Education)

对全世界的教育系统的管理结构进行概括是很难的。对学校、幼儿园、高等教育机构、技术与职业教育机构以及成人教育部门进行管理、协调与规范存在许多不同。同样,正在发挥作用的各种特殊类型的管理机构,它们如何与政府的立法和执行部门、其他管理机构、地方社区相关联也存在许多不同的机制。这些差异反映了不同的经济与社会基础,还有不同的文化与传统,不同的公共部门管理方法以及社会服务部门的规范。然而,一些主要模式和一些重要趋势还是可以确认的。

在国家的和州或省的层次,一系列不同类型的机构管理、规范和协调教育机构,规划未来方向和提出主要政策。这包括教育部(局)、法定的委员会或理事会、其他专门类型的机构如法定的和非法定的委员会、皇家委员会和特殊调查委员会。为了方便,本词条以教育部和州教育局为题来讨论这些不同类型的管理机构。由于关注的焦点是国家或中央管理机构以及州(或省)层次的机构,因此没有涉及地方与地区层次的管理组织。本词条讨论了管理结构、组织模式与职能、人事、决策过程变化的背景,以及许多国家自20世纪80年代初以来进行的改革与重构运动。最后对未来的发展方向做了简单的评论。

### 1. 管理结构变化的背景

在国际上,国家和州(或省)层次的教育管理机构在一种迅速变化的背景中运行。反过来,这些变化给管理结构与安排带来重要的调整。五项特殊的变化要素值得特别关注。

首先,在发达的工业化国家或欠发达国家,教育目标与职能范围的扩大、公共教育供给的扩充、国家收入用于教育的比例的增加、对教育结果的期望增长,使教育部、教育局及其他机构的责任与职能迅速增加。根据洛(Lowe)的观点:

> 普及初等教育的到来,包括初级中等教育在内的义务教育年限的延长,高级中等教育的扩张,中等后教育入学的放宽与多样化,更不用说学前教育的伸展,系统的成人与继续教育服务的开始——所有这些发展都要求国家控制与管理手段规模更大、组织更好、更加完善。(Lowe 1985 P. 3378)

在发达国家与发展中国家,教育在经济、社会与文体事务中变得越来越重要。在多数发展中国家,教育被看成国家发展的关键工具,由于这个原因,为中小学校、大学与技术机构制定的计划通常成为短期与长期的国家计划中的主要组成部分。在发达的工业国家,日益激烈的国际竞争导致重新强调教育的经济角色,不仅在于提供熟练的劳动力,而且在于提高效率与增加其对经济发展的贡献。自20世纪70年代初的石油危机以来,多数西方国家的经济经历了一段时期的动荡，严重问题包括快速的通货膨胀、传统出口市场受到挑战、来自低收入结构国家的新的竞争、赤字与贸易不平衡以及无法接受的高水平的通货膨胀与失业。与之相伴随的是要求适应重要的技术变化。所有这些变化在许多国家导致教育管理机构变得更大与更复杂，并被期望承担越来越多的职能。

第二种趋势是成本以及用于教育的公共支出迅速增加。在许多国家，教育占公共支出的第一位，而其他一些国家用于教育的支出至少等于卫生、国防或社会治安的支出。用于教学楼与设备的投资是相当大的，要求每年相当大的分配能够满足大量劳动力（包括教师、演讲者、管理人员和辅助员工，他们构成国家劳动力相当大的一部分）的工资。部门规模的扩大和特殊雇员更高的工资导致了成本急剧上升，从而要求中央政府承担更多的责任与实施更大程度的控制。由于经济增长率下降或波动、卫生与社会治安的成本急剧增加以及公众反对提高征税标准，这种趋势在许多国家已经有所缓解。

第三，新的社会压力也影响了教育机构与教育官僚机构。无论是发展中国家还是发达国家，日益要求为贫穷人（尤其是女性）、偏远地区人口以及低收入群体提供教育公平与更多的工作和发展机会。在发达国家，一系列有关工作机会平等、根除歧视与信息自由的社会法规给教育行政官员与机构增加了管理负担。

另一个影响教育官僚机构的主要变化是公共部门进行的主要改革以及所采取的新方法。因此，在澳大利亚和新西兰这样的国家，公共部门的改革，不管是为了承担更多的公共责任，获得更高的效率与效能，还是仅仅为了减少公共支出，都经常涉及教育服务。根据伯克利（Berkeley 1990）的观点，这种改革经常获得额外的动力，因为教育就其本质而言要求越来越多的服务。在政府可利用的财政资源处于停滞或下降时期，只有在减少其他部门的服务，或通过提高现存服务实施的效率，或通过额外收费/企业性质的赢利活动来产生额外收入的情况下，才能提供额外服务。

最后，世界经济、社会与技术的变化带来表面、经常是公开的冲突以及教育系统内的某些深刻不安。在许多发达国家，有些价值如公平、责任、选择、维持高教育标准与民主参与管理之间的严重冲突促进了国家重构与教育系统改革（Boyd 1990）。

### 2. 组织模式与职能

实际运用的组织模式与不同管理机构的职能在不同国家是相当不同的。在一些联邦政体的国家，如加拿大和美国，联邦机构的作用相对较小，加拿大甚至没有一个联邦教育部或局。在其他国家，联邦政府机构在所有教育部门中起决定作用。然而在另一些国家，如澳大利亚、印度和巴基斯坦，联邦和州在教育中都有主要的管理作用。

教育管理机构的实际职能也是不同的。有些机构直接负责管理学校与其他教育机构、招募与雇用教师和其他教育人员、提供教学楼与设备、决定课程和进行公共考试。在其他国家中，职能可能不包括上面的任何一项，被限定在向部长和立法机关提供建议、规划未来发展、分配财政资源、维持广泛的管理监督和负责保证质量方面（不管是以国家考试的形式还是以课程与机构鉴定与评价的形式）。在许多联邦政体中，州或省的机构通常主要负责管理联邦资金项目（Wirt and Kirst 1989）。

#### 2.1 *主要模式*

任何国家内的组织模式大部分取决于管理集权化与分权化的程度、公共部门与私营部门在教育中的角色以及与一个单独的政策领域内的大量独立机构有关的管理政策与实践。

在高度集权化系统中，中央政府机构，无论是在国家还是在州（或省）层次，往往控制教育的每一个部门和每一个方面。因此，像在法国，学校系统中有集中的教学服务、集权化的课程和集中管理的公共考试。在高度分权化的教育系统中，中央机构往往只扮演顾问与咨询的角色，主要负责管理学校和其他教育机构、雇用教师、建设与维持学校教学建筑、决定课程以及进行考试都由地方或地区层次负责。主要变化在两个极端之间。如在加拿大，管理学校的主要责任由省教育部和地方学校委员会共同承担；而在英国，管理学校的主要责任在中央教育与科学部以及地方教育当局。

公立学校与私立学校的相对角色对政府内教育管理的安排有重要意义。一般来说，政府机构对私立学校、学院与大学的作用主要与这些教育机构的注册及建立、设备和公共卫生标准有关。然而，在许多国家，如加拿大、新西兰、澳大利亚，政府机构有把公共经费分配给非政府学校的额外作用。

任何管理层次的独立的教育管理机构在模式方面都存在广泛的变化。一个极端是单一机构模式，通常是一个部或局，执行所有的管理职能，包括控制、指导和资助中小学校、大学和技术机构。另一个极端是多重机构模式，这种模式在20世纪90年代往往受到许多发达国家和发展中国家的欢迎。这种模式通常有一个部或局，既作为管理学校的专门机构，也通常作为协调机构，许多专门的机构承担处理诸如高等教育、技术与职业教育、成人教育、高中课程与公共考试、教师资格及为教师提供住房等领域内问题的责任。单一机构模式在协调方面有明显的优势，但通常管理任务太多以至于无法有效地处理。在另一方面，多重机构模式可能在部门与机构之间产生不必要的职能重叠，有时产生有害的竞争，它同样需要强有力的协调结构。

在联邦体制中，在联邦和州的层次都采用多重机构模式，结果有数量惊人的各类机构负责教育政策/服务。如在澳大利亚，联邦与州政府在对普通学校、技术教育与继续教育以及高等教育的拨款与管理中都负主要责任，管理模式非常复杂。在联邦层次有职业、教育与培训部和全国职业、教育与培训委员会，这个委员会有五个辅助委员会，一个负责学校、一个负责高等教育、一个负责分配研究经费、一个负责职业与技能培训（也就是技术与职业教育）、一个负责语言与识字，然而，除此之外还有一个全国培训委员会。大学的研究经费来源于其他部门以及澳大利亚研究委员会中的许多独立的研究拨款机构。在州层次，最普通的模式是有一个部或局负责控制学校和协调所有的主要部门，由独立机构（部或局和委员会）负责管理诸如技术教育与继续教育等领域，协调高等教育、中学课程、公共考试、教师资格与成人教育。如在维多利亚州有一个教育部（维多利亚中等后教育委员会）、一个州教育委员会和三个其他主要的有特殊作用的法定机构。

在发展中国家，由于所应用的模式通常受到特定的前殖民国家（如英国、法国或美国）相当大的影响，正从单一机构模式转向多重机构模式。

### 2.2 教育部和教育局

教育部或教育局通常紧随着它所属的特定公共部门系统的管理模式。因此，领导叫作部长、局长，或不管特定传统是什么，通常应用同样的公共服务领域等级结构和管理层次与等级。像其他部门和机构一样，其余的公共部门通常实施同样的管理程序与预算过程。这种僵化的程序与过程有时会阻碍教育部与教育局内改革家采取的措施。

多数教育部和教育局的传统划分安排是分为较大的管理小组负责不同的教育层次与部门（如初等教育、中等教育、技术与职业教育、教师培训与招募）和其他一些小单位负责计划、研究、特殊教育和财政资源。然而，另外一种模式在20世纪70年代和80年代变得普遍，也就是说，统一管理初等与中等学校系统，开发新的重要“职能的”划分，如课程、人事、财政、计划、服务和教学楼。一般来说，一个教育部或局有一种或更多的非教育责任。如在发达国家，教育部和局经常与负责科学、年轻人事务、职业与培训的机构结合；而在发展中国家，教育部有时负责诸如文化、艺术、宗教这样的领域。然而，在联合部门中，主要领域如科学或年轻人事务实际上由独立实体管理，这些实体有时由一个副部长或第二部长负责。同样，当技术与职业教育也由教育部或教育局负责时，这个领域往往由实际上真正独立的部门来管理。在有些例子中，由独立的单位来处理私立学校的规范与注册以及国际教育。

教育部或教育局与主要教育部门内处于同一管理层次的其他机构之间的协调活动是主要的问题。在过去，许多国家的教育部认为当部门很多时，教育部或教育局应该提供全面的政策协调。然而，这种安排并不总是有效的，结果出现了其他安排。可代替的安排之一可见于澳大利亚的新南威尔士州，那里有一个独立的学校教育局、一个技术与继续教育委员会和许多其他机构，但只有一个很小的教育部来提供全面的政策协调。在更早些时候，由一个教育委员会执行全面协调作用，同时还作为所有学校以及技术与继续教育学院的教师的正式雇主,但那种模式被证明是无效的。技术与继续教育委员会现在脱离了教育部门。结果,技术与继续教育正式协调责任也就不再归教育部承担。

然而,又产生了另一个协调问题,因为在许多国家,为公众提供教育服务的一些重要方面由其他部和局或机构控制。因此,有时学前教育由卫生部或社会福利部负责,农业教育由农业部负责,医生从业者教育由卫生部负责。同样,学校教学楼的建筑与维修有时由公共劳动部负责,而教师的雇用或与全体教师员工有关的企业关系则由另一个在主要教育部门之外的机构负责。

**3. 人事**

教育官僚机构中的人事实践在一国之内或各国之间是不同的,有时在国家的教育部(局)与其他类型的机构之间也是不同的。然而,很明显的是,不同管理机构的效率与效能在很大程度上取决于员工的质量、专业技术、责任以及相关的职业经历,尤其是在最高层次。

在有些国家中,业已确定的惯例是最高非行政官员属于政治任命,而在多数国家中,教育管理机构的全体员工都属于非政治的公务员。实际上,在有些国家中,法令要求公务员自己严守私人的政治意见。在有政治任命传统的国家中,这种任命会延伸至分部门的领导。至于哪种体制效果最好,并没有令人信服的证据。所谓的“分肥”或政治任命体制意味着高层官员更可能赞成和支持政府的政策,因此更可能高效率地和热心地实施政府政策。但这种体制可能由于经常改变高层雇员而导致不稳定,以及失去专业人员的士气和对组织长期的责任。另一方面,非政治公务员可能阻止政府的改革企图和变得过于僵硬与保守。

在许多西方国家,长期确立的非政治公务员体制被瓦解了,部长们更愿意解除那些不合作的常任负责人并由他们自己任命新人,更愿意自己决策创新并监督实施。部长们还经常建立自己的雇员和顾问队伍,把他们从所属的部或局中分离出来。在澳大利亚,大概从 1980 年以来州教育局局长的角色发生了剧烈的变化(Harman et al. 1987)。教育局局长不再是向他们的教育部提供建议的唯一来源,他们不得不适应多元的建议模式,他们的建议通常要与其他教育机构、利益群体和部的顾问竞争。教育局局长强烈地感觉到这种角色的变化。一个研究者说:

> 在过去,教育局局长的影响非常大并在很大程度上统治着各自的部门。然而,在过去的几十年中,他们的传统统治受到挑战。教育局局长认为,随着共同管理的影响日益增加、学校层次专业权力的增长以及来自教师工会的不断压力,他们正在各方面受到排挤。教师和公众仍然认为教育局局长在公立教育内有非常大的权力,但他们自己关注更多的是对他们自由与权力的限制。(Harman 1985 P. 31)

在教育机构内高层职员的教育背景和专业经历方面,各国的政策与实践是不同的。在有些国家,所有的高层官员沿着教育系统上升,通常最初是作为教师并有代理校长的经验,然后是校长,再一直往上。这种系统提供的高层干部对教育系统有很深的责任和知识,这些职员通常直到他们职业生涯的最高峰才能在总局获得职位,但缺少高层次管理部门的广泛管理经验。其他国家代替的做法是:高层次职员是公务员,通常有广泛的不同部门的经验。这种安排导致官员在公共部门管理方面有广泛的经验,但通常缺乏对教育系统的了解。在这两种体制中,教师和校长有时临时调任在限定时期内从事特定的工作。然而,无论使用什么体制,在多数教育部和教育局,人们对企图把对高层管理和政策能力的要求与对教育专业专家的要求相结合正在感到某种程度的不满。许多国家正在采取的一个策略是鼓励中间层管理职员承担更多的教育管理责任或更普遍参与管理与政策研究,并提供设计好的持续的专业发展计划,包括最高管理层。

在许多国家,大学与教育机构的高层职位之间的流动性日益增加。这在加拿大的省一级层次是非常重要的特征,在那里有资历(通常有博士学位)的教育管理人员经常从管理部门的政策顾问和管理角色流向大学职位和重要联合会的政策研究角色，同时反向的流动也经常发生。

在协调高等教育机构方面存在两个特殊的人事问题。第一，协调机构是否能独立招募和雇用它自己的职员。这种机构的职员通常属于公务员，虽然这给予他们在大组织中职业生涯提高的可能性，但这通常意味着新任命的职员缺乏高等教育管理中特殊的专门技术。第二个问题与管理机构的组成有关，不管把它叫作委员会，还是局。这里的主要争论是大学或学术职员联合反对那些有管理、企业和商业背景的人，以及成员应该把自己看成托管人还是利益群体或特定利益的代表。

**4. 决策过程**

特定的主要教育管理机构在有关政策与政策实施的实质性决策中的实际作用是不同的，区别不仅根据整个权力系统的集权程度，还根据由立法确定的特殊权力的分配以及各个机构与部长的关系。许多教育系统正在经受着集权化与分权化带来的压力。关于集权化与分权化的讨论经常特别地集中于什么构成了公共利益、最好让谁来界定公共利益以及效率问题。集权控制的支持者捍卫了官员在超越地方利益、提高效率、国家统一和地区间平等方面的资格。而在另一方面，分权化的倡导者反对所谓的国家利益只是政治权力集团、联盟或职业管理人员的利益，而适合城镇和地区层次的政策更可能对地方优先选择做出反应，给人民参与决策的感受，更可能在没有实质分歧的情况下得以实施。虽然分权的管理模型通常被认为更民主，但在有些例子中，民主思想通过更集权的方式来表达。19世纪末的澳大利亚就是这种例子，那里的民主思想支持高度集权的公立教育系统，这种系统强调各地域间服务的平等、普通学术标准、系统的教学服务和保护教师免受地方社区侵害的官方制度。

教育官僚机构和部长的权力经常受到法规的确定与限制。在有些国家，部长和教育管理机构都无法发动课程或机构改革，因为所有的发动权都属于立法机关，立法机关决定课程内容以及诸如班级规模和学年持续时间等事项。在其他国家，部长或官僚机构可能没有发动权，但法律一旦颁布就有相当的权力来实施法规。还有一些国家，部长可能非常自由地按他们自己的主观性发动和实施改革。

在有威斯敏斯特类型议会政体的英国，明显趋势是部长在政策决定与实施中占有更主要的角色。在许多例子中，这导致了部长与常设官员之间传统关系的重要变化，导致了专业政策建议的重要性的下降。还有，在有着下述牢固传统的国家，即重要政策或机构的创制权通常以咨询专家委员会提出的清楚建议为基础的国家，对咨询委员会的运用变得更少，许多建议基本上来自政府中的政党和部长的个人决定。而且，这种趋势意味着教育研究在政策形成中的作用已经下降了。这提供了一个新的维度来理解如何把研究应用于教育决策中（Husen and Kogan 1984）。

**5. 改革与重构**

自20世纪80年代以来，一次主要的教育改革与重构运动在很大程度上影响了许多国家的主要教育官僚机构。这次运动通常包括高等教育系统并产生了重要影响，尤其是在澳大利亚、新西兰、荷兰和英国这样的国家。在这些国家中，不同的部门被联合或重新界定，机构被合并。在澳大利亚、新西兰和英国，传统的协调机构（如英国的大学拨款委员会）被更直接受控于政府和部长的机构所代替。但一般来说，改革与重构运动的措施主要指向公立学校部门，主要影响了管理机构与权力的分配。

20世纪80年代和90年代，学校改革与重构运动的一个显著特征是经济合作与发展组织内外的国家普遍朝着同样的方向运动，经常涉及同样详细的问题和运用同样醒目的广告用语。重构运动普遍指向提高学校的教育产出和保证更直接地为社会需要服务。多数措施集中于管理机构，目的是为了使管理更有效率，对政府政策更负责，更好地准备从企业部门吸收现代管理实践经验。许多措施放在将更多的责任转移到地区和学校及更注重可测量的教育产出上。这些变化伴随着日益使用市场比喻和市场机制来分配资源，往往把教育主要看成向顾客提供服务而不是更传统地把教育看成学习、员工发展和文化的丰富。

学校系统中的所有变化带来了管理结构与权力关系的大量变化。在国家和州层次，它们的影响在澳大利亚和新西兰感受最强烈。在澳大利亚，在国家层次，废除了学校委员会和课程发展中心，并由教育部控制下的机构代替，而在所有六个州和两个联邦领域，教育部和局都经历了重要的重构和（在许多例子中）整个系列的重构影响（Harman et al. 1991，Frazer 1985）。结果部和局的规模非常小，管理结构扁平，它们的许多职能都被转移到学校和地区层次。许多长期在职的职业管理人员不再由外部任命。在很大程度上，高层职业管理人员失去了对改革议程的控制，他们的建议通常不受重视，并且大部分改革运动受到其他人——部长、公共部门管理专家、顾问和利益群体——的驱使。值得关注的是旧的头衔如教育局长被新的头衔如首席执行官、总经理和学校负责人所代替。

在新西兰，变化同样剧烈。教育部在规模上急剧缩小，权力与责任主要转移到学校，包括财政责任。为了推动改革，以短期合同形式引进具有有效管理背景和有经验的人员来领导教育部（Macpherson 1989，Macpherson）。

### 6. 展望

教育部、局和其他主要教育机构的未来趋势是很难预测的。然而，由于在许多教育系统中正在出现动荡，可能期待出现更深的变革。在许多国家，国际经济竞争的动力仍在继续，这可能会进一步影响教育系统，教育系统如何与政府和社区联系。高层教育专业人员与部长、顾问和强有力的利益群体之间在政策及政策实施权力方面的重要对立可能还会继续。学生与家长选择似乎变得更重要，选择的支持者认为应更多地使用市场机制而不是官僚来提高教育质量和消除家长、学生与雇主的不满意。丘布和莫（Chubb and Moe 1990）的大规模数据分析表明，由地方紧密控制的美国学校获得更好的成就记录，这在选择支持者间引起广泛注意，但他们的分析在技术方面受到其他学者的批评。然而，关于管理结构的争论，无论是教育家还是公众，把管理结构首先看成帮助提高教学与学习质量以及为学生和社区利益服务是很重要的。

G. 哈曼（G. Harman）　著

朱科蓉　译

### 附录


Berkeley G 1990 Tensions in system-wide management. In: Chapman J D, Dunstan J F (eds.) 1990 *Democracy and Bureaucracy: Tensions in Public Schooling*. Falmer Press, London

Boyd W L 1990 Balancing competing values in school reform: International efforts in restructuring education systems. In: Chapman J D, Dunstan J F (eds.) 1990 *Democracy and Bureaucracy: Tensions in Public Schooling*. Falmer Press, London

Chubb J E, Moe T M 1990 *Politics, Markets and America's Schools*. Brookings Institution, Washington, DC

Frazer M, Dunstan J, Creed P (eds.) 1985 *Perspectives on Organizational Change: Lessons from Education*. Longman Cheshire, Melbourne

Harman G 1985 Handling education policy at the state level in Australia and America. *Comp. Educ. Rev.* 29 (1):22—46

Harman G 1988 A concluding view. In: Toombs W, Harman G (eds.) 1988 *Higher Education and Social Goals in Australia and New Zealand*. Australia-New Zealand Studies Center, The Pennsylvania State University, University Park, Pennsylvania

Harman G, Beare H, Berkeley G F (eds.) 1991 *Restructuring School Management: Recent Administrative Reorganization of Public School Governance in Australia*. Australian College of Education, Canberra

Harman G, Wirt F, Beare H 1987 Changing roles of Australian education chief executives at the state level. In: Boyd W L, Smart D (eds.) 1987 *Educational Policy in Australia and America: Comparative Perspectives*, Vol. 5. Falmer Press, New York

Husén T, Kogan M 1984 (eds.) *Educational Research and Policy: How do They Relate?* Pergamon Press, Oxford

Lowe J 1985 Ministries and state departments of education. In: Husén T, Postlethwaite T N (eds.) 1985 *International Encyclopedia of Education*, 1st edn. Pergamon Press, Oxford

Macpherson R J S 1989 Why politicians intervened in the administration of New Zealand education. *Unicorn* 15(2):107—112

Macpherson R J S in press. The Reconstruction of New Zealand Education: A Case of High Politics Reform. In: Beare H, Boyd W L (eds.) in press *Restructuring Schools: An International Perspective on the Movement to Transform the Control and Performance of Schools.* Falmer Press, London

Partridge P H 1968 *Society, Schools and Progress in Australia.* Pergamon Press, Oxford

Taylor W 1987 *Universities under Scrutiny.* Organization for Economic Co-operation and Development, Paris

Wirt F, Kirst M 1989 *Schools in Conflict: The Politics of Education*, 2nd edn. McCutchan, Berkeley, California

**其他参考文献**

Caldwell B J, Spinks J M 1988 *The Self-managed School.* Falmer Press, New York

Chapman J (ed.) 1990 *School-Based Decision-Making and Management.* Falmer Press, New York

Hannaway J, Crowson R (eds.) 1989 *The Politics of Reforming School Administration.* Falmer Press, New York

Sallis J 1988 *Schools, Parents and Governors: A New Approach to Accountability.* Routledge, London

## 政治与教育治理(Politics and Governance of Education)

教育应该通过民主政治来管理还是仅仅当作一种技术服务由专家来有效地管理,而不需要公众的参与和同意?无论哪条途径,为了保护儿童和使效率与合理性最大化,"政治"应该或能够置于这种敏感的政策领域之外吗?并且,无论选择什么办法,"最好的"决策如何做出以及由谁来做出?围绕公共领域或国家提供的教育服务,这些都是永久性的问题。随着世界范围的经济重构以及民主政治向后苏维埃国家与发展中国家的扩展,在20世纪八九十年代,这些历久不衰的问题以异常的力量重新出现。总之,它们为本词条的讨论与探索提供了框架,教育政治学是国际上感兴趣与备加关注的充满活力的领域。

### 1. 关于民主管理的争论

认为教育一旦与政治联系起来就会被玷污的奇特观点在整个世界仍然有影响力。学者以及分析歧视的政策分析家,为他们反对教育问题"政治化"找到了共同的理由,即年轻人的教育选择是如此重要,绝不能在污秽的、不可预知的利益冲突与妥协的场所做出。教育的目标对国家的统一和生存至关重要,主要表现在保证经济竞争力、为种族与语言上的少数民族提供公平机会、保护学生远离艾滋病。必须保证使这些高尚目标转换为成果,因此必须实施实现这些目标的政策——甚至在意识到选民及其选出的代表暂时并不同意这些主张的时候,也要这么做。实际上,由于公立学校系统的不断"失败"引起越来越多的挫折,导致许多政策分析家明确地批判教育中的民主管理。

如霍克希尔德(Hochschild 1984)在分析美国学校废除种族歧视时指出的,战胜历史形成的种族歧视与剥削以及实现"真正的民主政治",将需要联邦官僚机构的权力干涉(尤其是法院),以统一学校和使教育资源的分配公平化,而不管多数公民可能的反对。在这种情况下,既然民主管理是实现机会平等的障碍,因此必须弃之不顾:

> 自由民主通常依靠精英来存活。如果权威的领导者明白了把虚假民主变成真正民主的必要性,以及把自由权利的承诺变成他们的保证,那么精英(某类型的)确实与自由民主相一致。(Hochschild 1984 P. 204)

后来在论述美国学校失败的一本书中,丘布和莫(Chubb and Moe 1990)的分析以种族差异为前提,但却得出了相似的结论。他们认为提高教育系统的效率与结果——提高学生成绩、降低辍学率、给学生提供在劳动力市场有用的技能——将需要在美国学校的控制中用市场机制来代替民主管理：

> 全国公立学校缺少效能的最根本原因……是它们从属于公共权力……学校问题最深层的根源是管理它们的民主管理制度……(Chubb and Moe 1990)

教育政策如此重要以至于不能留给柔弱仁慈的政治家去处理。在哪些方面控制和怎样控制学校的争论在激烈冲突后达成的一致意见，必须予以执行。由于所有人都要求以某种形式对教育目标进行选择，学校被赋予了多重目标。种族融合与教育机会均等的目标与追求“卓越”与提高学术成绩的目标相比，被赋予非常不同的优先权和政策(Clark and Astuto 1986)，必须设计出某些方法在政策之间进行选择，或在有冲突的目标之间进行平衡。如果这种选择不是由选民和他们的代表做出的，必须用别的方法来做出。

制度性选择是“反政治”的，因此在当代教育政治中时常出现冲突。学校的各种问题经常被归因为无知、无能或对部分教育管理做出的恶意行为(Psacharoporlos 1989，Finn 1991)。由于教育系统没有实现相应的目标，或没有对有影响力的选民提出的目标给予充分重视，改革家要求改变教育管理制度，希望新的制度将任命勇敢的、智慧的和高尚的人来管理儿童教育。

关于教育管理制度(而不是教育系统追求的目标)出现冲突的一个原因，是对学校目标大张旗鼓进行的实质性变革在政治上充满危机，以至很难在多元的和利益驱动的政治体制中落实(Weiler 1989，Plank 1990，Schoppa 1991)。管理问题更容易驾驭和更一般。第二个原因是，选择性的制度安排无疑是以别的代价来换取某些优先权和政策。中央政府或法院的“权威性”政策导向通常以公民权利和平等待遇的理念为理由。与此相反，市场鼓励差别、竞争与追求卓越。因此，关于教育管理制度的争论可能掩盖关于教育系统应该给什么目标以优先权的潜在争论。

许多国家教育政治中关注的主要问题不是教育的目标应该是什么，而是应该如何解决以及由谁来解决关于教育结构和内容方面的争论。关于在学校中正确分配权力的争论，一边试图通过鼓励分权化、民营化、地方控制与扩大家长选择权来提高家长与“社区”的权力(Chubb and Moe 1990，World Bank 1989)，另一边试图通过更公平地分配资源来保护个人与群体的权利，并通过控制地方课程与教育实践来保证更公平地对待处境不利的群体(Hochschild 1984，Nasson and Samuel 1990)，争论双方为自己选择“什么起作用”的优先政策寻求支持时，通常求助于法律、“常识”和权威性(主要是研究性的)判断(United States Department of Education 1986，World Bank 1989)。

在这些争论中，双方的共同点是把教育管理看作一种工具，它把一种或更多的不同目标分配给教育系统(资源与机会的平等、保持与恢复经济竞争力、文化传播与变革)，这些目标在逻辑和道德上优先于实现它们的方法(Elster 1986，Weffort 1989)。判断教育管理制度优劣的基础是能否提高众多公共目标的效能与效率。没有哪种制度本质上比另一种更好，那些无法达到满意的成绩标准的制度必须被取代。

在美国与其他英语国家讨论教育管理的过程中，学校民主管理捍卫者的处境并不好，因为教育系统服务于越来越多的公共目标，而分权化的民主管理非常不适应实现这些目标。在法国、德国与日本这样的国家，教育系统的权力更集权和更官僚。相反，改革家试图为更广泛地参与教育管理创造空间(Schoppa 1991，Weiler 1989)。集权体制在某些方面可能比分权体制更适合追求广大的公共目标，但它们对选民不同和多样的偏好难以做出反应。在民主管理制度刚刚建立或还没有建立的国家，民主管理在反对滥用与不遵守官僚规则时被看作是必要的(Nasson and Samuel 1990，Kozakiewicz 1992)。对民主成果的过大(然而也是容易失败的)期望可能会很快给这些国家的民主政治制度造成威胁，包括教育及其他的领域。

### 2. 民主管理中的问题

现代社会对学校普遍存在不满(Plank and Adams 1989)。由于教育系统被要求承担越来越多和越来越大的责任,它失败的数量与程度也相应地增加了。不论正在流行的教育管理结构表现怎样,这种不满意实际上在所有国家都可见,只要教育系统受到民主管理的国家几乎都不可幸免。实际上,这种无视正在进行的制度改革而继续存在的对学校的普遍不满,意味着它不可能用任何永久的教育管理改革的方法解决。然而,不满可能会进一步在民主政治中扩展——至少会更广泛地讨论——因为在这些国家中,公众认为学校与其他公共机构应该对他们的偏好做出反应。对学校的不满尤其激烈,因为教育通常是政府预算支出中的最大项目。越来越多的钱被用在学校与教师身上,结果许多公民更加失望。

人们通常把民主管理问题归结为三类:以少数人受损为代价来保护和提高多数人的利益;或者相反,牺牲多数人的利益来保护与提高少数人的利益;在形成与实施公共政策中用"卑微的"选择来代替"有价值的"选择。在关于公立学校管理中优先选择哪种制度安排的争论中,上述每种类型都被引证过。

2.1　*多数人专治*

保护少数人免受多数人统治与剥削,不可避免地成为民主管理的一个主要问题(Buchanan and Tullock 1965)。没有宪法或其他安全措施的保护,政治上多数群体所偏好的教育和其他公共政策可能无视或损害少数人的利益,比如拒绝后者平等地获得教育资源,或迫使他们进入用非本民族语言教学的学校。教育政治中最经常被提起的问题是如何保护或提高少数人的利益,以对抗地方上多数人的利益。

在美国,非洲裔美国儿童接受隔离和劣等教育的历史很长,这清楚地说明了多数人统治的危害(Hochschild 1984)。说法语的孩子在加拿大以英语为母语的省、说英语的孩子在魁北克、阿拉伯和西班牙系犹太人的孩子在以色列、部落民在日本以及土著居民的孩子在澳大利亚都遭遇了同样的歧视。

自20世纪50年代以来,美国教育政策中发生的许多重要变革——包括学校废除种族歧视、双语教学、残疾人教育以及各学区在财政上平等——对少数民族抗争教育系统中的不公平对待做出了反应(Hochschild 1984)。几乎在所有的例子中,为了克服地方多数人的漠视与反对,用法院或联邦权力的干涉来支持少数民族的需要是必需的。在这些问题上的进步经常发生,因为权威的判断(经常但不总是来自法院)要用更公平的实践来落实宪法原则。就像印度与日本各自的政策目的在于提高"贱民阶层"与部落民的地位一样,加拿大在学校及其他公共机构中鼓励多元文化与使用双语有相似的缘由。

平衡多数人与少数人的权利与利益是一个两难困境,因为并没有永久的解决办法。少数人的胜利经常是在不断反对地方多数人的基础上实现的。美国学区的白人父母仍然抵制学校统一,加拿大西部以英语为母语的人憎恨双语教学给他们增加的负担。在这种或其他情况下,为了提高少数人的相对地位,联邦政府和司法监督在相对改善少数民族地位政策上的退却,可能导致重新主张多数人控制和过去成果的逆转。而且,由于这些政策开始影响学校的结构与运转,经常发生多数人抗议少数人对教育政策施加的不成比例的影响。

2.2　*少数人控制*

伴随民主管理出现的一个不太明显但却很严重的问题,是民主制度可能对组织良好或强有力的少数人的政策选择做出过度反应,从而无视或敌视多数人的利益(Olson 1965, Coleman 1986)。这提出了两个相关的观点。一方面,有些人声称法院或其他公共机构保护或提高少数人在教育系统中利益的措施(如校车政策、残疾学生回归主流教育或"多元文化"课程),暗中破坏了多数人的利益(Finn 1991)。实际上,在许多这样的观点中,多数人的利益被认为包含于少数人利益中,少数人"真正的"利益——教育质量、精英式雇用与升迁、掌握主流文化——与多数人的利益是一致的。

另一方面,有些改革家抱怨教育系统的失败在于校董事会、地方教育当局(LEAs)、教师工会和其他构成"教育权力集团"的少数成员施加的不成比例的影响。在这种观点中,那些在公立学校中工作的、自私自利的、对儿童的需求以及家长与纳税者的偏好选择漠不关心的人阻碍了教育系统对经济环境的变革做出反应，把学生学习转为第二位目标，把资源从可能更有教育效能的项目转到供养官僚闲职与提高教师工资上（Finn 1991，Chubb and Moe 1990）。在日本，自20世纪70年代以来，文部省的官员和他们的国会联盟成功地阻止了威胁他们对教育系统的控制的改革（Schoppa 1991）。在墨西哥，教师工会与统治政党的地方代表联盟，承担了同样的角色（McGinn and Street 1982）。

民主可能受到比较小的群体的过度影响，当这些群体在追求特殊的政策目标时组织得比较好或思想一致时。在许多事项中，少数人集中的偏好可能压倒多数人较弱的偏好，即使政策的实施成本由多数人承担。然而值得注意的是：即使民主制度产生的政策结果与理想相差甚远，但民主政治制度的设计仍从属于多数人的偏好。

### 2.3 卑微的大众偏好：希望的与必需的

伴随民主管理的第三个主要问题是大众偏好的统合，可能导致采取学者与其他冷静的研究者所反对的不正确或无价值的教育目标与政策。教育通常被当作“有价值的物品”，个体对它的消费给社会带来重大的好处，如经济增长、减少人口、扫除文盲等。如果这是真的，为了实现这些社会利益，公共权力就应该鼓励（甚至强迫）个体与家庭对教育的消费。

学校民主管理的一个主要问题是大众偏好是独立的，即使它们与经济学家等人对公共物品的解释不一致。如在美国，得克萨斯人对中学足球的偏爱是非常著名的，政治家为提高教学水平而进行的改革以损害迷人的足球为代价，改革的悲惨命运已经记录在案。得克萨斯学校投资于足球的钱与时间在美国其他地方无疑被用于改进教育质量，这反过来有助于复兴地方经济，使每个人受益。这种分析和行动方案的唯一问题是没能让选民感到它的说服力。

大众偏好对教育系统冲击的第二个例子是美国学校中种族混合的痛苦历史。由于美国各地城区的大量白人父母不管法官等人的“权威性”迫切要求，拒绝把他们的孩子送入有黑人孩子的学校，许多看似有理的关于社会契约与公共物品的解释被系统地推翻了。如果给予表达偏好的机会，多数白人选民会一致反对混合学校或使教育机会平等的措施。当拒绝给他们用投票表达偏好的机会时，他们“用脚投票”达到了同样的效果。因此，民主管理远没有证明它自己有能力解决这种困境（Hochchild 1984）。

第三个例子来自巴西，在那里，许多学校问题可追溯到政治家与公共官员为了私利而对教育资源的利用。教育系统为那些管理它的人提供服务，他们把它当作工作、承包合同、奖学金及其他私人奖励来源，经常以牺牲成功地培养儿童为代价（Plank 1990）。然而，尽管巴西学校存在明显的失败，多数地方选民仍然把选票投给存心利用教育系统来竞选而不是为教育的利益着想的政治家，其结果就是有效地阻止了任何教育变革的尝试。

对卑微的大众偏好的一个似乎合理的解释是民主政治中，公民得到了他们应得的东西，直到他们向学校和那些对他们负责的人提出更多的希望和要求，教育系统的问题才能解决（Ravitch 1985，Kirp 1991）。然而，更一般的结论是民主管理不适合像教育系统这样易受人影响的公共机构。这使人们对门肯（Mencken）给民主所下的充满鄙夷口气的定义产生共鸣：“民主是关于人们决心得到他们想要的东西的理论，这个东西既有好的一面，也有差的一面。”持这种信念的改革者宁愿给予人们“必需的”而不是他们想要的。参与的人们所受的教育越少或越无力，改革者或专家越倾向用自己的偏好来代替他们的意愿。因此，如法斯（Fass 1991 P. 55）在非洲所看到的，“根据工业国家的代理商的观察，萨赫勒地区（Sahel）的人们所必需的东西从来不可能是他们所想要的”。由于对民主政治的轻视（不管这种轻视是文化霸权与技术霸权热情的产物，还是它们的结果带来的挫折），教育政治中的许多争论都围绕着确定民主管理方式的选择而反复出现。

## 3. 对民主治理的选择

之所以寻找教育管理的选择性制度，部分原因是现在的管理结构在实现分配给教育系统的公共目标的过程中表现的无效率和无效能，部分是以其他目标为代价来提高某些公共目标水平。特殊的制度安排偏好某些目标胜于其他。比如，一般来说，集权控制往往提高管理的统一性，而分权则偏好分化。因此，关于教育管理的争论源于分散而广为传播的公众对学校的不满意，参与者经常被有关学校目标的不同意见的争论激发出新的观点。

3.1 平等、一致与集权控制

在许多国家，处境不利或被剥夺权利的群体求助于重新主张国家宪法（或像美国的人权宣言）中规定的个体与团体权利，来提高他们在教育系统中的地位。这种权利可能得到国家或国际机构裁决的支持。同时，统治集团依靠中央权力来保护教育系统的核心要素（特别是课程与考试），反对地方控制所固有的内容与标准的多样性。

在美国，少数民族长期以来依靠联邦法院来取消州和地区层次的政治上的多数人强加于他们的歧视。资源贫穷的学区采取了同样的策略，它们请求州宪法规定在各区之间更公平的财政分配（Dove 1991）。印度、日本和澳大利亚的少数民族同样依靠中央权力来保护或提高他们的利益以对抗多数人。

在南非则相反，教育及其他资源分配中的不平等在国家宪法中明文昭示，因此，非洲人要求受到更平等的对待是以国际而不是国家司法标准为基础。当南非白人不再控制政府机构时，他们现在正致力于防守宪法原则，保护他们在多数人统治之下的基本公民权利（Nasson and Samuel 1990）。其他国家处于从属地位的多数人或少数人（如伊拉克和土耳其的库尔德人、苏丹的南方人）可能不得不请求国外力量来反对地方压迫。

在美国，由于为了迎合特殊选民的要求而开发的课程（包括双语教学和多元文化课程）的扩展，标准下降和国家凝聚力受到侵蚀，从而使学校政治中的许多冲突上升了（Kirp 1991）。针对这种趋势提出应对措施包括国家课程和全国考试系统，这明显在于限制适应地方偏好的教育权力倾向（Finn 1991）。在日本，教育系统对强化国家凝聚力与认同力的呼吁的回应是保持紧密的中央控制（Schoppa 1991 P.231）。英国人对国家标准的担心导致国家课程的实施（Goodson 1991）。

对中央权力的双重请求很具有讽刺意味：争论的一方希望资源分配的标准一致与课程内容的多样，而另一方则相反。然而，两方都希望分解对学校的直接民主管理以服务于更紧迫的目标。

3.2 效率、效能与专家控制

与权威性中央控制紧密相关的民主管理的代替途径是把教育政策的选择权下放给“专家”，他们在研究“什么能起作用”的专业技术的基础上来作“技术性的”决策（United States Department of Education 1986，World Bank 1989，Fuller and Habte 1992）。把教育决策从政治权力转向表面上无私的专家是期望增加效率，使用更少的资源，从而提高学校的成绩。

技术官僚“篡夺”部分权力的例子在世界各国越来越普遍。在美国的几个州，没有达到标准的学区由政府宣布“教育破产”，并托管给局外人来掌管事务（Pancrazio 1992）。在马萨诸塞州，切尔西镇把学校控制权交给波士顿大学的教育学院；在明尼苏达，德卢斯城把学校管理外包给一家私人公司（Cronin 1992）。在世界各国，世界银行和其他国际机构对教育系统的财政资助越来越取决于是否采取和实施了以技术研究为基础的改革建议（Fuller and Habte 1992）。

这种教育管理方法毫无疑问迎合了教育研究者，但仍然需要谨慎。研究者不是用同一种声音说话，并且充其量只为公共政策提供了微弱的指导。而且，以技术（如成本—收益、成本—效能、最大化产出）为基础的决策假设目标是一致的，而不一致在教育系统中是明显的。没有技术方法能够解决困扰教育系统的政治冲突，因此，必须揭穿对目标（是“理性”决策的起点）的虚假认同，无论对现实或民主价值造成怎样的损失。

3.3 分权与差异

教育管理普遍安排的第三种选择是把教育控制分权给“社区”甚至学校层次（World Bank 1989，Finn 1991）。分权化建议背后的一个假设是可以证明“社区”在文化与价值方面是同质的，或至少能比更大规模的政治机构更好地处理利益的冲突。相关联的另一个假设是减少学校所处政治环境的范围与复杂性，并减少对学校要求的复杂性。如果这两种假设都是合理的,那么在分权化的体制中,学校可能更好地满足客户的需求与期望,在实现公共目标时更有效率和效能,更能就其失败向选民负责。

相信这些假设导致世界各国(从阿根廷到津巴布韦)的教育系统实行分权化,管理从集权的教育部转向中间的政治机构。美国(芝加哥最著名)和英国的改革目标是把中间政治机构的管理控制下放到地方管理者或学校委员会(Cronin 1992, Strudwick 1990)。

和上面讨论集权一样,关于教育系统权力的分权化的讨论也具有讽刺意味。社区控制(如课程与教学语言)的提倡者经常谴责分权体制中长期存在的资助不平等,而那些主张地方管理人事与预算的内在效率的人,对地方课程的多样导致的目光狭隘与各自割据感到烦恼。然而,同上面一样,两方都相信目前的教育治理制度不能实现重要的公共目标,因此必须改革。

### 3.4 竞争与市场

民主管理的最后一种替代方法是通过扩大家长选择的机会,把教育决策移出政治领域进入市场领域(Chubb and Moe 1990)。扩大家长选择的提议根源于"公共选择"经济假设:教师和管理者(教育建立者)是"寻租者",通过维持对必要的公共服务供给的垄断来获利(Boyd 1992)。只有引入竞争(特别是感受到冗员的威胁)才能使他们步出自满与懒惰,采取有效行动。把市场引入教育是期望把教育系统内的权力从教育者转移到家长,从生产者转移到消费者(Finn 1991)。它还将导致政治"干涉"学校的终结,因为对儿童教育的决策将通过家长与教育者的私人互动来决定,而不是通过公共讨论与立法(Chubb and Moe 1990)。对这种选择期待的结果包括促进无效能学校的改进或关闭,有效能学校的扩展与效法,以及鼓励教育者在寻找比较优势中进行试验与改革。

美国的一些州增加了家长的选择机会,多数是在公立学校系统内。有人建议把非宗教私立学校包括在穷人孩子的选择之中,威斯康星州(密尔沃基)的一个区允许城区内的孩子这样做,但在宾夕法尼亚州,规模更大和内容更广的提议却被挫败了。在20世纪八九十年代,扩大选择与竞争在教育系统中作用的提议在其他国家很普遍,但实施却普遍缓慢(Jimenez 1987, Schoppa 1991)。关于扩大家长选择的优缺点的讨论——在欧洲的几个国家、澳大利亚和美国——在当代教育政治中可能是最活跃与最普遍的。

与上面讨论过的其他任何替代的制度安排相比,在教育系统中扩大家长选择的提议更明显地相信民主治理不能实现紧迫的公共目标,因此必须被取代。然而,本词条所讨论的对管理的所有替代形式可能导致对教育系统的民主控制程度的大大减弱。

## 4. 民主化社会的教育治理

在民主制度已建立很好的国家,关于民主治理替代方式的讨论受到很大的限制。相反,在那些摆脱独裁统治的国家,对在教育等部门建立民主制度则投入了极大的期望——具有讽刺意味的是,即使民主治理在国家中声名狼藉,这种情况还是发生(Plank 1990, Kozakiewicz 1992)。

20世纪八九十年代,人们目睹了民主制度在世界各国遍地开花。在90年代中期,几乎拉丁美洲的每个国家在由军人政体统治了20年之后,都由选举的政府控制。在亚洲及非洲国家(包括菲律宾、韩国、乌干达、赞比亚和津巴布韦),选举的民主政治代替了国家独裁或一党专政。南非正在进行谈判,目的是建立非种族的民主政治。东欧的人们也正在试图改变原来选举领导的方式。

摆脱独裁统治的国家通常把建立民主政治制度作为本身的目标,并用来反对独裁统治重新出现(Schoppa 1991, Nasson and Samuel 1990, Plank 1990)。然而,同时,对民主政府的渴望也充满了很大的工具色彩。被选举的领导人通常被期望提高公共机构(包括学校)的作用范围与成绩,为其支持者提供工作,提高教师的工资。这些期望的程度通常由于前政权遗留的浪费、腐败与社会混乱而增加,而这些前政权只有当情况变得非常恶劣以至于无法再支撑时才放弃权力。

让一个新建立的民主政府对教育系统的责任、效率与绩效方面立即改进实际上是不可能的,相反,可能出现更混乱的情况,至少在短期是这样。

因此,民主政府对沉重的期望几乎不能承受,在面临政策选择时,对变革要求的一致意见迅速瓦解。由于反对独裁统治过程中积聚了太多挫折,以及仅仅粗知民主政治的原则与行动准则,那些先前被剥夺了权利的群体认为"自由"已经实现,他们通常对有争议的问题提出了最多的要求与期望,并且避免妥协。

新建立的民主国家中的学校政治可能反映了社会政治体制中的许多冲突。在新建立的国家(以种族、语言与宗教多样为特征,包括非洲与东欧的那些国家),中央与地方权力(在课程与教学语言方面)之间的冲突可能尤其紧张。而且,由于教育几乎总是预算中的最大支出项目,关于资源分配与控制的冲突不可避免。

在世界许多地方,对民主制度的忠诚并不牢固,相对来说,在非常严峻与利益冲突时期可能容易遭到破坏。民主制度本质上很脆弱,用民主政治规则来控制基本的价值与利益冲突,可能产生混乱而不是社会福利的提高。费尽全力才获胜的民主制度将再次让位于独裁统治的危险在世界的许多地方成为了事实。

### 5. 结论:教育、民主政治、目标与途径

这里用反话来借用第一次世界大战时的著名口号,所有的讨论似乎可总结成一个问题:是否"民主能给世界带来安全"。批评者似乎相信温斯顿·丘吉尔(Winston Churchill)报告中的第一部分而不是最后部分:"民主是政府的最糟糕形式,除了所有其他曾被反复试用的形式。"因此,他们寻找令人困惑的方法来把教育从政治中移开,把它置于有利于他们偏好的政策下,并抵制民主的错误。他们宁愿给人们"必需的",而不是允许人们选择其想要的。然而,他们的偏好在实践与原则方面都很脆弱。

作为一种实践性问题,试图把教育从政治中移开不可避免地会失败,因为教育政策(即使民营化)不可避免有重大的社会影响。因此,丘布和莫(1990)的处方是用教育"经济"来取代教育"政治"——把教育完全从直接的民主管理中移开并把它作为私人的市场决策——将无法逃避这种困境。当然,它可能强烈地改变政治冲突的特征与焦点,分解与掩饰问题的重要的政治面——这一点在1988年英国教育改革法案的实施中得到了生动的证明(Boyd 1992)。但随着许多特殊的利益处于危险之中——不是指公共利益——正在进行的政治竞争压力可能继续界定、形成和改造法律与政策参数,在这些参数中,新的教育经济与它强有力的社会意义将会淡出。因此,政治不可能从教育中排除,改革家在什么程度上降低对教育的民主管理,重新主张政治要求的压力就会达到什么程度。

作为一种社会与哲学问题,教育不仅仅是家长的责任,而且是家长所处的更大社会的责任。它的结果不仅对直接参与的个人,而且对未来社会的结构与特征有意义。至今,正在讨论的社会问题是民主或期待民主,教育年轻人的责任只能由公开的政治交流来承担。把这种责任让位于家长或"专家"或法官意味着建立另一种社会——可能会更富裕、更灵活或更平等,但不是民主主义的(Gutmann 1987)。有些社会可能把这些目标置于民主管理之上,但应该认识到实现它们的代价。

20世纪八九十年代讨论或实施过的教育系统中多数制度替代方案,在民主管理方面都有实质性的成本。只要把民主管理仅仅看作实现表面上更紧迫的目标(如经济增长、机会平等)的许多可行工具中的一种,学校的民主行政管理将仍有危险,因为民主决不是实现广大的公共目标的理想工具。只有把对民主制度的保护与民主参与的扩展看作它们自身的重要目标,才能建立或维持教育中的民主管理。

民主不仅仅是实现政策目标的工具或提高公共机构的效率与效能的策略,它是在一个多元的和有缺陷的世界中生活在一起的方式,一个用于讨论问题、寻求更深理解与一致的论坛(Elster 1986, Weffort 1989, McClure 1990)。正如约翰·杜威(John Dewey)的雄辩所言,在现实中,教育民主的哲学与实践会合在一起密不可分。当问及学生、教师与社会中的人该做什么来改进学校时,他们可能(尤其是在社会变化多样的环境中)会说关键的第一步是强调积极的人际关系,通过关切的环境,把尊严赋予所有的参与者,并为他们表达心声提供民主机会

(Institute for Education in Transformation 1992)。

因此，寻求避免教育中民主治理的一种选择是试图加强民主管理制度，并给人们提供他们参与民主争论所需要的信息。只有充分认识到了民主的局限，并要求改进现存的地方管理制度，这种情况才能实现。对教育目标的理解达成充分一致是很难的。在教育系统中最能实现的将总是最不被期望的。然而，与20世纪八九十年代改革者全力讨论的管理问题相比，关于教育目标与方法的争论可能更有兴趣、更诚实和更有成果。

总之，在教育政策的背景中，民主既是重要的目标，又是手段。就这个方面来说，改革者轻视它本身的目标价值并贬损它作为手段的价值，他们只能为政府设计一种可以普遍接受的方案，从而很难实现哲学家和国王的理想目标。而且，无论选择什么样的管理途径，由改革者或由公众选择，这里所做的分析暗示着它的成功将取决于在国家与地方利益之间，以及多数人与少数人的利益之间实现微妙的平衡，以提高广泛的公共利益为目的。这种成就更可能通过民主的而不是技术官僚的途径实现。已经说过，微妙的平衡是必需的，应该明白，为此仅靠拙劣的和简单化的民主形式是不够的。而且，历史清楚表明，复杂的宪法民主是必要的，以充分保护少数人与个体的权利。在构建与实现这种机制时，适应现代国家教育需要，技术专家与政府官员必须根据人民的要求发挥他们的作用。

D. N. 普兰克(D. N. Plank)
W. L. 博伊德(W. L. Boyd) 著
朱科蓉 译

**附录**

Boyd W L 1992 The power of paradigms: Reconceptualizing educational policy and management. *Educ. Administration Q.* 28(4):504—528

Buchanan J, Tullock G 1965 *The Calculus of Consent: The Logical Foundations of Constitutional Democracy.* University of Michigan, Ann Arbor, Michigan

Chubb J E, Moe T M 1990 *Politics, Markets, and America's Schools.* Brookings Institution. Washington, DC

Clark D L, Astuto T A 1986 The significance and permanence of changes in federal education policy. *Educ. Researcher* 15(8):4—13

Coleman J S 1986 *Individual Interests and Collective Action: Selected Essays* Cambridge University Press, Cambridge

Cronin J M 1992 Reallocating the power of urban school boards. In: First P F, Walberg H J (eds.) 1992 *School Boards: Changing Local Control.* McCutchan, Berkeley, California

Dove R G 1991 Acorns in a mountain pool: The role of litigation, law, and lawyers in Kentucky education reform. *J. Educ. Finance* 17(1):83—119

Elster J 1986 The market and the forum: Three varieties of political theory. In: Elster J, Hylland A (eds.) 1986 *Foundations of Social Choice Theory.* Cambridge University Press, Cambridge

Fass S M 1991 October *The Political Economy of Education in the Sahel.* Florida State University, Tallahassee, Florida

Finn C 1991 *We Must Take Charge: Our Schools and Our Future.* Free Press, New York

Fuller B. Habte A (eds.) 1992 *Adjusting Educational Policies: Conserving Resources while Raising School Quality.* IBRD, Washington, DC

Goodson I F 1991 "Nations at risk" and "national curriculum": Ideology and identity. In: Fuhrman S H, Malen B (eds.) 1991 *The Politics of Curriculum and Testing.* Falmer, New York

Gutmann A 1987 *Democratic Education.* Princeton University Press, Princeton, New Jersey

Hochschild J 1984 *The New American Dilemma: Liberal Democracy and School Desegregation.* Yaie University Press, New Haven, Connecticut

Institute for Education in Transformation 1992 *Voices from the Inside: A Report on Schooling from inside the Classroom.* Claremont Graduate School, Claremont, California

Jimenez E 1987 *Pricing Policy in the Social Sectors: Cost Recovery for Education and Health in Developing*

*Countries.* Johns Hopkins University Press for the World Bank, Baltimore, Maryland

Kirp D 1991 Texbooks and tribalism in California. *Public Interest* 104:20—36

Kozakiewicz M 1992 Educational transformation initiated by the Polish "perestroika." *Comp. Educ. Rev.* 36(1):91—100

McClure M W 1990 Adieu Victoria? Reform and critical strategy in the Brimelow-Hickrod debates. *J. Educ. Finance* 15(4):534—557

McGinn N, Street S 1982 The political rationality of resource allocation in Mexican public education. *Comp. Educ. Rev.* 26(2):178—198

Nasson B, Samuel J (eds.) 1990 *Education: From Poverty to Liberty.* David Philip, Cape Town

Olson M 1965 *The Logic of Collective Action: Public Goals and the Theory of Groups.* Harvard University Press, Cambridge, Massachusetts

Pancrazio S B 1992 State takeovers and other last resorts. In: First P F, Walberg H J (eds.) 1992 *School Boards: Changing Local Control.* McCutchan, Berkeley, California

Plank D N 1990 The politics of basic education reform in Brazil. *Comp. Educ. Rev.* 34(4):538—560

Plank D N, Adams D K 1989 Death, taxes, and school reform. *Administrator's Notebook* 33(1):1—4

Psacharopoulos G 1989 Why educational reforms fail: A comparative analysis. *Int. Rev. Educ.* 35(2): 179—195

Ravitch D 1985 *The Schools We Deserve: Reflections on the Educational Crisis of Our Time.* Basic Books, New York

Schoppa L J 1991 *Education Reform in Japan: A Case of Immobilist Politics.* Routledge, London

Strudwick J 1990 *The English Education Reform Act: Is It the Death Knell of Local Education Authorities?* Educational Research Service, Arlington, Virginia

United States, Department of Education 1986 *What Works.* United States Government Printing Office, Washington, DC

Weffort F 1989 Why democracy? In: Stepan A (ed.) 1989 *Democratizing Brazil.* Oxford University Press, New York

Weiler H 1989 Why reforms fail: The politics of education in France and the Federal Republic of Germany. *J. Curric. St.* 21(4):291—305

World Bank 1989 *Education in Sub-Saharan Africa: Policies for Adjustment, Revitalization and Expansion.* IBRD, Washington. DC

**其他参考文献**

Thomas R M (ed.) 1983 *Politics and Education: Cases from Eleven Nations.* Pergamon Press, Oxford

## 学校—社区的关系(School – Community Relations)

全世界的公共学校教育系统正在经历着再构建的过程,即朝着民主的分权化的方向发展,给地方学校更多权力。对消费者选择的考虑、共享决策的考虑以及对通过家庭参与的学校发展的考虑,已成为这一趋势的中心。通往分权化的压力助长了新问题的产生,学校与周边社区关系中出现了管理的两难处境。这些困境是:(a)在学校自主管理中新的行政管理问题;(b)在使学校和家庭及社区发生更密切、更有效的联系方面的管理困难;(c)家长参与学校事务和专业人员独立性传统之间的紧张气氛。

### 1. 自主管理的学校对中央集权

教育向分权化和民主化的推进在活动范围上已经国际化。英格兰和威尔士1988年教育改革法为分权化走向学校做好了准备,而这些学校先前许多权力掌握在每一个地方教育当局(LEAs)手中。这种地方学校管理的方案包括以学校为基础的预算控制、对家长监控的学校董事会的授权和为孩子择校时家长的选择。1988年教育法也给了家长(通过当地的公民投票)"脱离"地方教育当局的控制的权力,走向中央政府管理下"直接拨款"的地位(Simon 1988, Mclean 1988, Thomas and Levacic 1991)。同样,新西兰教育法(1989)为该国2 800所学校的每所学校都建立了选举的理事会。这些理事会的理事们受控于家长并且得到了完全的自主权去控制学校的管理,包括委任、暂时解聘和开除职员的权力(Menacker 1992 P. 5 ~ 6)。两年之后,新西兰的一项条款中为各个理事会提供了进一步的选择,可参加为期三年的“整笔提供资金”活动。从1992年起,在整笔提供资金的活动中,各个学校收到了按照一套方案拨付的预算,用作整个学校的操作,该预算包括规定和给付教师薪水,而该薪水先前是由教育部集中制定标准和给付的(Menacker 1992)。教育部发布新闻解释说“将整笔提供资金的做法引进到新西兰学校,是世界范围内认可对家长、校长和社区授权需要的趋势的一个组成部分”(New Zealand, Ministry of Education 1991 P. 1)。

尽管历史上已经形成比较完善的地方学校管理,美国的教育系统在20世纪80年代还是经历了广泛的改革,更加深入地使权力向学校一方转移。这种改革中走得最远的是芝加哥城市学校1988年的立法,进一步地调整向家长—社区控制(普遍以建立选举出来的地方学校理事会的形式)542所城市学校的方向发展。在美国其他地方,城市、郊区和农村的学校系统从20世纪80年代早期起也被“重构”,朝着校本管理和分权管理的方向发展。事实证明,在革新中家长和社区的响应、表现和参与(如果不是完全控制的话)的理性化程度最为突出。

使分权向学校一边推进的例子在以色列、新加坡和巴西等国家中也能找到。在以色列,1953年的义务教育法强调自上而下的标准化管理,其目的是在学生的社会背景和所受学校教育日益不平等的情况下,吸引并整合各种不同文化群体的人们(Inbar 1989)。然而,到20世纪70年代末至80年代,以色列教育部开始鼓励“一些学校的教育独立性,课程的多样化,个别学校的课程的开发,教学方法的多样性和逐渐承认社区参与教育政策制定的权力”(Shapira and Hayman 1991 P. 279)。同样,80年代末期新加坡教育部长(教育部是传统意义上中央集权的一种系统)宣布一种新的鼓励学校层面的教育创新和卓越性的政策,给予一些学校更多的回旋余地与灵活性。到1988年,新加坡允许一些国立的学校具有“独立性”:它们被转让到自己的理事会手中并且“被授予聘用和提升职员的控制权以及招收学生的权力”(Kwong and Kooi 1991 P. 27)。正当新加坡把独立权限制在较小数量的“最被认可的”学校时,在巴西,掀起了一场以哲学观点包装起来的更大范围的分权活动,通过“受欢迎的公立学校”活动,从而广泛地推进儿童与成年人文化素养的提高(Gadotti 1991)。

在众多的以学校为基础的放权活动的中心,家长的选择和民主的参与,鼓励自下而上的教学质量改进,对社区社会的与道德价值新的响应,以及由地方“所有权”而产生的对教育革新的期望等都得到了加强(Weiler 1990)。奇妙的是,在若干国家的教育系统中,这种通往地方的、基础层次的反应和分权与增加的中央对课程的指导同时发生(Cutherrie 1991, Thomas and Levacic 1991, Boyd 1992)。承认教育对国家经济发展的重要性是这项政策的中心考虑,它认为国家的经济地位越来越依靠高素质的“人力资本”(Guthrie 1991)。因此,尽管珍视地方管理教育的传统,已发生新的校本管理的冲击,美国还是向联邦政府制定教育目标和实施国家考试的方向进军。相似的,尽管英国在1988年教育改革法提出分权和强调对学校的本地管理,法案也同时提出建立国家课程(Thomas and Levacic 1991, Boyd 1992)。

在经历早期的“人民管理学校”的试验之后,中华人民共和国稳定地重新统一行政管理的权威性。罗宾逊(Robinson 1986 P. 86)指出家长对学校质量的批评在一段时间的隐藏后表现了出来,批评使教育官员确信“持续确保农村的教育质量在于尽可能多地统一管理学校,使其运作符合规范和使其专业化”。

在其他地方,分权的运动遭遇到了部分中央权威部门以直接资源分配的控制以及保证公平为理由的干预。因此,韦勒(Weiler 1990)报告说,为了减少资源分配的不均等,西德各州普遍遭遇到重新走向中央集权的压力。相似的是,沙皮拉与艾曼

(Shapria and Haymann 1991)和因巴尔(Inbar 1989)记录了以色列教育部保护“其自己的控制系统”,同时增加学校的自主权。博伊德(Boyd 1990)讨论了澳大利亚的情况,那里的几个州(如维多利亚、新南威尔士)在研究分权政策时,注意到建立“全州性的学业标准和方针的必要性,用来保护公平免遭破坏”。韦勒(1990 P. 436)也引用了经济合作和发展组织1988年对挪威1987年改革的评论,发现了“在分权活动中关于公平和标准的‘潜在的’困难”。

当许多社会中学校改革的通常思路是给单个学校与社区以决策权力时,另一种同样通常的思路则是维护整个系统的标准、国家教育的一致性和公平,这种倾向是(或者是)一种正在增强的动力。因此而发生的教育管理的问题变成了在公共教育的实施中控制与自主的平衡。对学校的授权重新提出重要的管理方面的问题,包括关于学校适合家长组成的社区、开放学校使社区参与学校管理以及在课程和教育方面体现出社区的利益等。该授权方案的许多方面是在中央政策、优先目标以及中央的责任的框架中加以实施的。一种从上而下的和一种从下而上的“平衡”的途径可能会需要一些教育政策和管理“新的范式”(Boyd 1992),再加上对于导致教育发展的合作途径的关注,正像加拿大在以社区为基础的战略规划中所做的探索那样(Leithwood and Jantzi 1990)。

**2. 学校与家长和社区联系**

由于国家和文化的差异,要在家长参与和参加学校事务的程度与范围方面得出比较性的、跨国性的结论是极其困难的。例如,日本教师作为专业人员的角色已非常清楚地与学生家长的角色区分开来(Sato and Mclaughlin 1992)。的确,日本学校行政管理者的主要工作曾经是“减轻外界对教师的影响,和以这样的方法去管理学校的环境,该方法能够使教师的行为方式与其专业的意见相一致”(Sato and Mclaughlin 1992 P. 361)。然而,尽管日本教师有其专业的独立性,他们又以在下列涉及家长的活动方面著称,诸如做家访和对学生在“学校以外的个人及学业习惯”进行监督(Sato and Mclaughlin 1992 P. 363)。在另一方面,日本家长在传统上又是学校目标和前景强有力的支持者——像埃斯(Hess)和阿祖玛(Azuma)所标注的那样作为“家庭与学校文化之间重叠作用”的积极参与者。

与日本相反,美国学校在传统上不太欣赏教师的专业独立性,而家长则有更多的机会参与学校事务。然而,美国的许多教育者正在寻找方法去提高或加强学校与社区之间的紧密性或一致性。科尔曼(Coleman 1985,1987)和另一些人(Kirst 1991)赞成公立学校最大限度地加强努力,在社区创立“社会资本”,协调社区与教育有关的重要服务(如卫生、娱乐与社会服务),并且加强家长帮助其后代教育发展的能力。此外加拿大的英属哥伦比亚州的调查表明:(a)家长与教师之间的关系可以有效地得到发展;(b)家长和教师能够被放在“一起”共同感受学校的风气与质量。

而专业的独立性和有目的的家长参与与介入绝不是不可能联姻,许多西方国家所经历的民主化改革的经验与日本传统的一致性相比,更接近于美国为了新的伙伴关系所做出的努力。克鲁姆(Krumn 1991 P. 165)注意到虽然家长的权利取得合法性并且在澳大利亚和德国得到立法赞同,但“实际上家长参与教育领域活动保持在最低限度”(Neubauer et al. 1989; Krumn 1988, 1989; Krumn et al. 1987)。例如,根据1986年奥地利学校法修正案,保证家长有权利通过其代表参与学校决策,以及与教师、校长和教育权威交流他们的孩子的利益问题。实际上,参与的权利主要分布在课外活动、滑雪远足、资金募集及讨论学校行为和学生服装的一些规则等(Krumm 1991 P. 267)。然而,奥地利和德国的学校,这些做法好像使家长更容易相处(Krumm 1991)。而且,在讲德语的国家这种可变性一直在增长,有更多的家长参与现象出现在诸如德国的黑森州或汉堡市,而不是出现在一些保守的州,如巴伐利亚。

相似变化发生在法国和意大利。寻求参与的“家长运动”,从20世纪70年代以来就在法国学校的立法中得到体现(Beattie 1985)。然而,尽管家长代表出席学校理事会,但在大多数情形下,比如研究课程与人事等学校重要事务,他们几乎无能为力。教师和管理者很好地控制学校,并在传统的中央集权系统中得到保护。贝蒂(Beattie 1985 P. 54)得出结论说:"在法国关于家长参与的评价,普遍认为是外围的和非有效的。"由于开始就较少有中央集权的传统,意大利创立了参与机构,并且一直关注克服对家长的疏远。但与法国相比,"差别与其说是实质上的倒不如说是形式上的"(Beattie 1985 P. 96)。

家长参与似乎对以色列有更多的影响。格尔丁(Goldring 1991)以及格尔丁和沙皮拉(1991)的研究报告说,以色列家长参与学校的活动日益增多,家长寻求对课程及教室学习活动的影响。有组织的家长团体曾经积极而成功地在国家层面对教育的决策施加了影响。尽管在以色列做出了努力,家长也很少在课堂以及学校的层面成功地施加影响,像英国和美国一样,学校向自治与多样化发展(Inbar 1989)。格尔丁(1991 P. 226)报告说,一些影响家长与教师、校长形成更密切关系的"结构性障碍"是:(a)缺乏经常化的、进行状态的框架,使家长和教师发生密切的相互作用;(b)对专业主义意义理解的不统一;(c)学生与教师和孩子与家长之间"关联模式"的差别。然而,格尔丁在结论中(1991 P. 227)假设:"教育领域中家长参与学校活动的愿望日益增加,是以色列的教育现实中发生根本变革的信号。"

关于"教育现实中的变化"的研究,只有很有限的可比较的著作提供给学校的管理者,这些人把学校开放给了较有影响的家长。在英国,研究团体提出的越来越多的直接改进实践的建议聚焦在"家庭—教育的伙伴关系"上(David 1978)。涉及家长方面所做努力的中心目标是提高家长对家庭背景与孩子在学校成绩之间关系的理解,家长的教育如何使孩子获得成功,额外的家长与学校的相互作用和与学校形成伙伴关系的机会(例如,为家长提供活动房间,召开家长晚会)以及学校做出额外努力,为学生学习提供以家庭为基础的支持(Johnson 1991)。

在美国,一种旨在对教师授权的学校重建运动与对家长更多的授权几乎同时出现。因此,人们努力关注家长的参与与教师专业主义的"平衡"(Lindle and Boyd 1991),而且关注对学校"社区"作为成功的家长—专业人员伙伴关系的再定义。的确,在英国和美国,有太多的注意放在学校的"社区创建"作用上(尤其在帮助建立"社会资本"的网络上)(Coleman 1985,1987),也同样把注意放在学校的服务协调作用上,把大量的为孩子和家庭服务的资源放到每个学校所在的地区(Kist and Mclaughlin 1990)。

讨论行政管理在以色列的来龙去脉时,格尔丁(1991 P. 14)评述道:"校长们在关于他们必须对付的学校的外部环境方面彻底地改变着自己。"在解释中,她特别提到动荡与不稳定是大规模移民压力的结果,该压力与"以色列教育制度中广泛的差异性"在全国同时发生,"也同时意味着国家教育财政的剧烈削减"。在进一步的解释中,格尔丁和沙皮拉(1990 P. 30)发觉个别真心地试图与家长发展有意义的伙伴关系的学校,更可能遭遇到学校与社区之间强烈的冲突。那些最努力把家长们当作学校使命的一部分而结合进学校的校长们,事后发觉他们并没有像当初与家长们协商的那样,得到来自专业团体的支持。

**3. 平衡家长与专业人员的作用**

以色列的经验表明,家长参与学校改革的核心问题,是更多强调作为消费者的家长的选择特权。有趣的是,当他们开始代表孩子行使更多的决策权时,人们新的注意点落在了家长和专业教育者之间常有的需要竞争与紧张关系上。这种情况尤其出现在英国与美国(Johnson 1991, Lindle and Boyd 1991)。如果家庭和学校不是真正意义上的伙伴的话,寻找它们间的价值平衡在教育的政策与行政管理中就日益显出新的趋向来。

在一份美国的研究报告中,林德尔(Lindle)和博伊德(1991)提到了一种"典型的紧张"存在于学校与社区关系中,它的产生基础是家长与专业教育者之间的需求竞争。在美国的一篇专题研究中,许尔塞布施(Hulsebosch 1988)通过一组抽样调查的确发现,完全把自己定位在"专业人员"的教师,不太可能比别的教师更注重家长的参与性。林德尔和博伊德(1991 P. 324)因此极力主张学校—社区关系中的一种“平衡政策”，在该政策中有一种“愉快的中介方法出现在家长侵入性的参与专业人员的完全自主的活动中间”。然而，人们也更多注意到，在锐意改革的美国分权制度的形成中，包括下列的“不平衡”：(a)家长委员会对学校现实工作的直接管理，或另一种选择；(b)学校过多地强加给周围社区的专业(教育的和其他类型的)服务。

即使极力主张家长参与与专业主义的平衡，林德尔和博伊德(1991 P. 333)也提到了家长和学校的伙伴关系中的一种新型“亲密”的必要性。在20世纪80年代末，这种观念激发了英国许多学校—社区关系的研究(Atki and Basitiani 1988, Edwards and Redfern 1988, Macleod 1989)。从这种探索及美国相似的研究中，教育者得益于新的见解并且了解了家长的意见，与他们进行了富有意义的交流，支持家长有效地参与学术工作，鼓励家长参加学校事务，把家长作为决策的合作者及伙伴(Davies 1981, Epstein 1985, Wehlage et al. 1989)。然而，家庭与学校之间的不同观点导致许多困难继续存在，它们表现在我行我素的专业人员的态度与实践、不易改变的机构奖励制度、关注近乎势力范围的活动领域的边界划分以及学校及社区文化联系的中断(Lareau 1989)等。

美国和英国的学校—社区关系文献多半报告说家长与专业人员间的冲突“势均力敌”。然而，社区关系从冲突到势力均衡分布，在各种社会中存在着有趣的差异。在对奥地利、波兰和美国关于家长参与学校实践的调查中，克鲁姆等人(1991 P. 1~2)报告说美国教师“比其奥地利同行更加积极地对待家长的参与，并且活动也相当频繁”。对奥地利的研究结果表明家长与专业人员之间存在相当大的疏远。克鲁姆(1988 P. 605)报告说虽然奥地利学校“原则上”对家长开放，给人的感觉是“家长实际上像教师对待家长那样与教师几乎没有什么联系，至少在一切都运转正常的情况下是这样”。

有趣的是，克鲁姆等人的调查注意到，中国台湾教师的讲述表明，中国台湾家长参与学校实践的次数与美国家长相比，要高于美国家长与奥地利家长之间在这件事情上的比率。尤其引人注意的是，当直接向家长提问时，更多地发现奥地利家长感到自己几乎不参与学校事务，而中国台湾的家长感到自己“甚至比美国家长的参与还多”(Krumm et al. 1991 P. 2)。作者对这种观察结果的解释与对日本学校—家庭联系的分析相同。如果专业人员与家长的角色被严格地正式划分，并且几乎不存在对管理的共享时，那么家长与教师间的文化上的合作关系就结束了(Benjamin 1991, Sato and Mclaughlin 1992)。中国台湾的家长对学习给予高度重视，与自己的孩子一起为在学校的成功而共同加紧努力，他们与学校合作并且感到自己更多地“参与了”学校事务。这种分析没有顾及到另外的调查结论，该研究指出，即使最少参与学校活动的奥地利家长也说他们实际上“比中国台湾家长更经常地参加学校事务”(Krumm et al. 1991 P. 7)。

### 4. 结论

那些有应用价值的国际比较研究表明：日益增加的家长对学校事务和其孩子在学校活动的参与并不一定导致教师专业权威的丧失。然而，在许多社会中，行政权力的分权化经常伴随着学校管理的民主化，已经产生了当地教育者与社区委托人之间新的紧张。在许多地方(例如，新西兰、芝加哥)，学校管理者长期习惯于减缓外部力量的压力并且谨慎地处理家长参与学校事务，现在他们发现自己乐于为家长支配下的学校董事会或理事会服务。而且，那些长期不重视家长的行政人员和教师，也已发现来自家庭的支持和受到学校支持的家长对孩子的教育日益成为学校发展的基础。因此，越来越多的关注超出学校的范围进入当地的社区，教家长技能，做家长的伙伴，扩展为家长提供的协调各个方面关系的社会服务，并且在社区周围创立成就一支持“资本”。为实现这种新的社区关系重点所必需的行政管理策略、技巧和全面知识基础，还有待于充分发展。

然而，使这种社区关系重点混乱的原因，是许多国家公立教育的权力集权化迟迟不肯“退席”(并且有时在重现)。对国家经济发展的关心和与之相伴随的对成绩标准及学校质量的关心，经常产生导致中央集权的力量。在分权当中维护分配的公平也是一种担心。在一些国家,长期的中央集权的教育传统只是实验性地、肤浅地让位于有限的“独立”的和代表人民的“声音”。所有这些施加在地方学校管理者身上的压力是相当大的。在一些国家,学校与社区之间基础关系适应性再结盟正在进行当中,而与之同时存在的是来自上层的压力(例如,提高质量、要公平和服务国家的目标)丝毫没有减少或者正在增加。

R. L. 克劳森(R. L. Crowson) 著

楚红丽 刘 扬 孙 奕 译

**附录**


At kin J, Bastiani J 1988 *Listening to Parents: An Approach to the Improvement of Home-School Relations*. Croom Helm, London

Beattie N 1985 *Professional Parents: Parent Participation in Four Western European Countries.* Falmer Press, London

Benjamin G R 1991 Choices of education in Japan. *Int. J. Educ. Res.* 15(3/4):251—264

Boyd W L 1990 Balancing competing values in school reform: International efforts in restructuring education systems. In: Chapman J, Dunstan J (eds.) 1990 *Democracy and Bureaucracy: Tensions in Public Schooling.* Falmer Press, London

Boyd W L 1992 The power of paradigms: Reconceptualizing educational policy and management. *Educational Administration Quarterly* 28:504—528

Coleman J S 1985 Schools and the communities they serve. *Phi Del. Kap.* 66(8):527—532

Coleman J S 1987 Families and schools. *Educ. Researcher* 16(6):32—38

Coleman P, Collinge J, Seifert T 1992 Seeking the levers of change: Participant attitudes and school improvement. Paper presented at the Fifth Annual International Congress on School Effectiveness and Improvement, Victoria, British Columbia

David M 1978 The family-education couple: Towards an analysis of the William Tyndale dispute. In: Littlejohn G, Smart B, Wakeford J, Yuval-Davis N (eds.) 1978 *Power and the State.* Croom Helm, London

Davies D 1981 *Communities and their Schools.* McGraw-Hill, New York

Edwards V, Redfern A 1988 *At Home in School: Parent participation in Primary Education.* Routledge, London

Epstein J L 1985 Home and school connections in schools of the future: Implications of research on parent involvement. *Peabody Journal of Education* 62 (2):18—41

Gadotti M 1991 The politics of educatin and social change in Brazil: A critical view from within. Paper presented at the annual meeting of the American Educational Research Association, Chicago, Illinois

Goldring E B 1991 Parents: Participants in an organizational framework. *Int. J. Educ. Res.* 15 (2): 215—228

Goldring E B, Shapira R 1990 How do principals survive with parental involvement? A public choice theory analysis. Paper presented at the annual meeting of the American Educational Research Association, Boston, Massachusetts

Goldring E B, Shapira R 1991 Principals' survival with parental involvement: The place of the school community and value system. Paper presented at the annual meeting of the American Educational Research Association, Chicago, Illinois

Guthrie J W 1991 The world's new political economy is politicizing educational evaluation. *Educ. Eval. Policy Anal.* 13(3):309—321

Hess R D, Azuma H 1991 Cultural support for schooling: Contrasts between japan and the United States. *Educ. Researcher* 20(9):2—8

Hulsebosch P L 1988 Significant others: Teachers' perspectives on parent involvement. Doctoral dissertation, University of Illinois at Chicago

Inbar D 1989 A "back door" process of school privatization: The case of Israel. In: Boyd W L, Cibulka J G (eds.) 1989 *Private Schools and Public Policy: International Perspectives.* Falmer Press, New York

Johnson D 1991 Parents, students and teachers: A three-way relationship. *Int. J. Educ. Res.* 15(2): 171—181

Kirst M W 1991 Improving children's services: Overcoming barriers, creating new opportunities. *Phi Del. Kap.* 72(8):615—618

Kirst M W, McLaughlin M 1990 Rethinking policy for children: Implications for educational administration. In: Mitchell B, Cunningham L L (eds.) 1990 *Educational Leadership and Changing Contexts of Families, Communities, and Schools.* 89th yearbook of the National Society for the Study of Education, Part Ⅱ. University of Chicago Press, Chicago, Illinois

Krumm V 1988 Wie offen ist die öffentliche Schule? *Zeitschrift für Pädagogik* H 4:601—620

Krumm V 1989 Kooperation von Lehrern und Eltern: Theoretische Ansätze zur Erklärung ihrer Effektivität. In: Rotering-Steinberg S (ed.) 1989 *Kooperation in Schule: Hochschule und Erwachsenenbildung.* Instiute für Psychologie der Universität Wien, Vienna

Krumm V 1991 Whose school is it anyway? *Int. J. Educ. Res.* 15(3/4):265—275

Krumm V, Astleitner H, Gattringer H, Neubauer C 1987 *Wie Eltern und Lehrer ihre Zusammenarbeit sehen: Ergebnisse einer Pilotstudie.* Institute für Erziehungswissenschaften der Universität Salzburg, Salzburg

Krumm V, Astleitner H, Haider G, Moosbrucker M, Zwicker T 1991 Parent involvement or teacher involvement? Results of a comparative study in Australia, Taiwan, and the United States. Paper presented at the annual meeting of the American Educational Research Association, Chicago, Illinois

Kwong J Y S, Kooi S W 1991 *Evolution of Educational Excellence: Twenty-five Years of Education in the Republic of Singapore.* Longman, Singapore

Lareau A 1989 *Home Advantage: Social Class and Parental Intervention in Elementary Education.* Falmer Press, London

Leithwood K A, Jantzi D 1990 School system organization and student outcomes. In: Husén T, Postlethwaite T N (eds.) *International Encyclopedia of Education Supplementary Vol. 2.* Pergamon Press, Oxford

Lindle J, Boyd W L 1991 Parents, professionalism, and partnership in school-community relations. *Int. J. Educ. Res.* 15(3/4):323—337

MacLeod F (ed.) 1989 *Parents and Schools: The Contemporary Challenge.* Falmer Press, London

McLean M 1988 The Conservative education policy in comparative perspective: Return to an English golden age or harbinger of international policy change? *Brit. J. Educ. Stud.* 36(3):200—217

Menacker J 1992 Legislation for local control of schools: A United States-New Zealand comparison. Unpublished paper, College of Education, University of Illinois at Chicago, Illinois

Neubauer E, Krumm V, Astleitner H 1989 *Die Kooperation von Eltern und Lehrern im Lichte Empirischer Untersuchungen.* Institut für Erziehungswissenschaften der Universität Salzburg, Salzburg

New Zealand, Ministry of Education 1991 *Salary Grants to Schools: New System, New Opportunities.* Wellington

Robinson J C 1986 Decentralization, money, and power: The case of people-run schools in China. *Comp. Educ. Rev.* 30(1):73—88

Sato N, McLaughlin M W 1992 Context matters: Teaching in Japan and in the United States. *Phi Del. Kap.* 73(5):359—366

Shapira R, Haymann F 1991 Solving educational dilemmas by parental choice: The case of Israel. *Int. J. Educ. Res.* 15(3/4):277—290

Simon B 1988 *Bending the Rules: The Baker Reform of Education.* Lawrence and Wishart, London

Thomas G, Levacic R 1991 Centralizing in order to decentralize? DES scrutiny and approval of LMS schemes. *Journal of Educational Policy* 6(4):401—416

Wehlage G G, Rutter R A, Smith G A, Lesko N, Fernandez R R 1989 *Reducing the Risks: Schools as*

*Communities of Support*. Falmer Press, London

Weiler H 1990 Comparative perspectives on educational decentralization: An exercise in contradiction? *Educ. Eval. Policy Anal.* 12(4):433—448

**其他参考文献**

Caldwell B, Spinks J M 1988 *The Self-Managing School*. Falmer Press, London

Crowson R L 1992 *School-Community Relations under Reform*. McCutchan, Berkeley, California

Johnson D, Ransom E 1983 *Family and School*. Croom Helm, London

Litwak E, Meyer H J 1974 *School, Family and Neighborhood: The Theory and Practice of School-Community Relations*. Columbia University Press, New York

## 学校改革与重构(School Reform and Restructuring)

本词条介绍了20世纪80年代和90年代早期国际学校改革和学校系统重构运动的概况。这场运动不仅是国际性的运动,而且带来的变化也是非常一致的。英语国家的改革范式是由英国和美国创立的。在这些国家里,有着右翼保守势力的政策和相应的经济条件。在一整段时间里保守政府持续当权的事实会带来这种一致性的改变(比如美国的里根政府和乔治·布什政府、英国的玛格丽特·撒切尔政府和约翰·梅杰政府)。和美国、英国的改革有着惊人一致性的欧洲的改革,源于发展中的共同市场,这些国家都是经合组织的成员,有着共同的国际经济一体化和竞争的压力。英美的改革主流都涉及了自我管理学校、权力的分散、国家管理教育优先权和指导方针的强制性。新兴的工业国家也经历了一系列相似的改革。虽然对学校的治理和控制模式看起来都在向社团主义者的最优模式汇聚,然而这场运动基于的假设也来自亚洲和北太平洋地区发展面临的挑战。

**1. 美国**

美国的改革运动是跟有效学校运动和对学校效果的研究紧密相连的。克拉克(Clark)和阿斯图托(Astuto)指出,1980年的总统选举是有效学校运动两个阶段的分水岭。1980年以前,公正和权利问题在这场有效学校运动中占优势地位。这同时也是对20世纪60年代和70年代一些研究成果的反映,比如1966年的科尔曼(Coleman)和1972年的詹克斯(Jencks)的研究成果。这些研究表明:家庭背景而非学校投入是决定学生在学校中成就表现的有意义的决定因素。1980年之后,就主要集中在"卓越学校"、最低标准、30多个公众报告所提倡的教育改革上。正如温普博格(Wimpelberg)所说的那样,20世纪80年代的学校改革运动是"不公平导向"的,当时中产阶级有拒绝支持公立学校系统的迹象(在英国和澳大利亚的情况也是如此)。

这些受政治而非教育因素驱动而产生的改变可以从所使用的经验性的说明中得到证明。20世纪80年代提出的"卓越学校"政策是基于对城市学校而非乡村、郊区学校的研究,基于对大学校的研究而非小学校的研究,基于对小学的研究而非对中学的研究,基于对招收低社会经济地位的学生的学校的研究而非对招收中上层家庭学生的学校的研究。学校成就的指示器是基础技能测试而非高标准的思考和创造力水平。20世纪80年代早期的改革重申了学校的传统形式,重申学校的传统课程和基本的识字、运算技能。

随着1983年《国家处在危机之中》(美国国家教育委员会)报告的发布,掀起了第一轮学校改革运动的高潮。该报告暗示了美国学校正处在败落时期,学术标准正在下降,美国学生和美国的贸易对象国的学生相比较,处于不利地位。这种感知到的下降趋势导致了公众的不满意,以及政府为提高学校教育质量、国家劳动力质量、国家经济竞争力而对教育采取相应干预措施。

至少有40个州提高了学生的毕业要求,修订了学生的测验,提供了学术改进计划,提高教师的学历,引进了教师和学校管理者的专业发展计划。

超过20个州立法增加教师的薪酬、布置更多的家庭作业、编写更有挑战性的教材、延长学校工作日和学年长度。设计这种政策是为了增加学校的学术严格性,改变学校行为的疲软现象。这些政策代表着对学校目前课程安排的加固而非对课程基本属性的重构,对高质量的关注占据主导地位。

这些改革在控制学校教育的规制权上重新进行了平衡。对征税的抵制把主动权抛回到各州立法机构,由于地方教育委员会的税收基础减弱,权力也在飘然离去。凌驾于各州机构之上的是一个宪法没有赋予教育干涉权的联邦政府。里根总统和布什总统都极力提倡教育改革要改变琼(Jung)和科斯特(Kirst)在1986年所指出的"凌弱讲坛"式的教育,但他们都不愿增加联邦的教育基金,不愿意介入被认为是州政府管理的领域。州长们是美国最积极参与教育改革的力量之一,尤其是通过州教育委员会。他们的改革路线在名为《时不我待》(美国国家管理者协会1986)的报告中得到了体现。

实际上,从1986年起,我们可以看到新一轮教育改革的发端,包括卡耐基协会提出的"国家的准备:21世纪的教师"(卡耐基"教育作为一种专业"特别研究小组1986)和赫尔姆斯(Holmes)小组提交的"明天的教师"(赫尔姆斯小组1986)。改革的注意力转向了教学和学校的组织。随着"卓越"这个众人皆知、难以琢磨的目标的再受青睐,学校改进运动还以早期的那种自上而下强制性的改革显然不合适了。正如批评家们指出,问题是学校被错误地定型。需要有远离集中组织机制根本性的改革,建立独立自主、能对市场做出积极回应的学校。

学校和地方权威部门应该在这样一个自由选择和消费者偏好决定服务的后工业化社会中,应当变得超越官僚政治,更企业家化,在结构上变得精简和灵活,以适应这样一个后工业化社会的发展要求。这种主张假设,只有把决策权授予那些最贴近顾客的服务部门即学校时,学校改进才可能发生。

存在着各种各样的改革措施:明尼苏达州学校中的家长选择计划、加利福尼亚州修订课程的"课程结构"计划、佛罗里达州达德县的校本管理项目、纽约州罗切斯特的旨在激励高水平稳定的新的职业阶梯计划、全美教育协会(NEA)的掌握学习计划、美国教师联盟(AFT)的"教师作为管理者"项目和"基础学校的联合"(CES)项目、佐治亚州专业服务整合协会(PSI)的公立示范学校项目及再学习网络等等。在一个有着2.5亿人口、50个有独立权限的州、15 000个地方学校委员会、110 000所学校的国家,学校重建的任务是非常重大的。这些改革以芝加哥公立学校系统的分解和重建为标志。很明显,这种改革和英国知名的伦敦市区教育局(ILEA)的解散相一致。正如芝加哥一位改革家指出的那样:旧的教育观,除了导致大量而缺乏效率的教育支出,不能解决我们最严重的教育问题,不能给我们足够的支撑来满足更大的社会需求……只要公民和政策制定者相信增加资源和调整教育服务系统的运作方式,是更好地解决教育问题的足够可靠的方式,那么传统的教育的范围就稳固了……教育开始像一种在其僧侣管辖范围之外少有信奉者的宗教(Finn 1990 P. 592)。

20世纪90年代早期,第三次学校改革的浪潮兴起。这次改革是基于丘布(Chubb)和莫(Moe)在1990年出版的《政治、市场、美国学校》中令人信服的市场的隐喻和私人企业的类比。它的典型特征是解除对学校的管制,实现自我管理,围绕学生和家长的选择自主地运行,学校、部门之间相互竞争,课程方面受消费者偏好的导引。产生于商界的自由市场的隐喻,被运用到学校已经不足为奇了,因为人们认为产品的卓越性是通过生产者对资源和利润的市场竞争性行为而取得的。

**2. 英国**

相应的改革运动也在英国存在。在20世纪80年代和90年代英国保守党政府(大部分时间由撒切尔首相领导)维持一个相对右翼的政治理念。

1977年通过对全国初等学校和中等学校的治理与管理的调查,产生了泰勒报告。这就相应地导致了1980年的教育法案,扩充了学校委员会(董事会)的成员数和权利,家长对学校的潜在影响加强。这个法案标志着大范围的教育改革的开端。

撒切尔政府转而迅速打破反对其政策的权力

集团,这些集团控制了英国一代人的教育。这些对手中,首要的是教师联合会以及那些由工党控制的权威机构(尤其是在伦敦和中、北部工业城市中)。举两个例子,大伦敦议会和伦敦市区教育局都被肢解到了大都市的区一级。学校委员会(大的、全国性机构是教师联合会用来控制投票的工具,支配着课程和评估政策)被废除,代之以两个较小的机构,其中一个监管考核和证书颁发方面的变化,另一个主持“国家课程”。

教育只是更大范围内的政治环境中的一部分。撒切尔政府和亚瑟·斯卡吉尔(Arthur Scargill)领导的采矿委员会发生冲突,摧毁了它的支配地位;在报纸工厂印刷工会为避免冗余的工人被解雇而反对引进新技术的时候,她支持鲁帕特·默多克(Rupert Murdoch)关闭工厂直到达成协议;发生在1985年著名的例子是撒切尔夫人使抵制英国议会通过的课税上限、扬言要使经济濒于破产边缘的左翼的利物浦城市委员会大失颜面,这也使得议会中工党反对派不得不修改政策。

在过去的10年当中,继任的教育国务秘书基思·约瑟夫爵士(Sir Keith Joseph)、肯尼斯·贝克(Kenneth Baker)、肯尼斯·克拉克(Kenneth Clarke)继续为英国教育勾画新的蓝图。引进新的学历认证程序,致力于在有着高度公众信誉的国家证书认证体系中引进大量的职业需要,鼓励国家考试权威机构协商、运用新的评估方法。对青年人的政策是鼓励每一个离校者获得继续教育和培训项目的机会。主要的学习领域都设置了国家课程。成立了国家的学校成就测试系统。强调数学和科学的重要性,鼓励向传统学科领域发放奖学金。致力于使学校反映市场的需要,人力服务委员会(并非教育和科学部)向首先开展职业技术教育的学校(TVEI)发放基金。

几十年来英国教育一直是一个地方管理的体制,学校的日常管理事务掌握在近100个地方权威机构手中。到20世纪80年代早期,这些权威机构中的大部分机构开始被工党的富有同情心的政策所俘获。因此保守政府就趋向于集中管理权力、趋向于成为一个更强有力的干预者、趋向于强加那些跟政治经济需要更适合的国家政策,趋向于使学校运作更灵敏地反映它的直接顾客即家长的需要,以跟上自由市场的发展趋势。于是它引进了一种新的“直接拨款学校”制度。这些学校有机会选择不受当地权威机构的控制,直接从中央政府获得运作资金。教师教育从当地权威机构移向远程继续教育,这样就符合学校特点和要求,甚至学校的督导也可以经由社会力量而不是政府权威来进行。

政府的指导是公开的。基思·约瑟夫爵士提交的1984年绿皮书所提出的消费者引导的教育体制虽然没被很好地接纳,但却引来了明显的征兆——“更好的学校”白皮书(1985年3月),预示着1986年教育法案的诞生。这次立法言辞激烈,把泰勒8年前研究所倡导的学校治理改革大为压缩。

随着1988年教育改革法案的通过,教育改革运动的要点逐渐明晰:强调增加中央政府对教育尤其是课程的控制权,给父母更多的选择学校的权利;给所有的地方权威机构强加一个集中管理的国家课程,给学校管理者更多的权利,弱化当地权威机构的权力;提供选择不受地方控制的学校的标准(希望这些授权支持的学校成为典范);改变继续教育的管理方式,包括建立和私人企业紧密联系的城市技术学院。这些措施都被看作体现了新右派的观点。

对普通课程的关注是很有意义的。因为它体现了进步主义教育思想的观点,体现了根据学生个体的需要量身制作课程的思想,体现了强调过程而非标准和内容的教学方法。从“5～16岁国家课程:一份咨询文件”(1987)中,为义务教育设计了一系列基础学科,每一个主要阶段都有学习和目标取得的计划,7、11、14岁的评估方案和16岁的中等教育普通证书相适合。政府还公布了“家长特许”规章,从中许诺家长有权知道孩子们的课业进展情况。

### 3. 美国、英国改革的广泛影响

英美两国的教育改革对其他国家的影响有多深可以从澳大利亚、新西兰两国得到很好阐释。这两个国家都通过联邦而紧密地附属于英国,都通过商贸、防御联盟、环太平洋地区协作深受美国的影响。

像美国一样，澳大利亚也是一个联邦制的国家，宪法把教育的责任赋予各州。20 世纪 80 年代早期经济的萧条对教育有两个显著的影响。其一，它强调了整个国民经济摆脱对制造业、农产品、原材料产品（如铁矿）的依赖，强调了摆脱欧洲市场而转向北太平洋和亚洲地区市场的需要，强调了摆脱对英国政治的依赖而转向独立自主国家的需要。在通过优质劳动力参与市场竞争的驱动下，国家变成了教育的强有力的干预者，尤其是在 1987 年联邦选举、约翰·道金斯（John Dawkins）担任教育部长以来。他建立了一个巨型的“雇佣、教育、培训”部，废除了独立的澳大利亚学校委员会和第三教育委员会，把它们集结成一个直接对部长负责的“国家雇佣、教育、培训部”。在大刀阔斧对高等教育进行重构之后（通过资金提供的方式迫使高校合并，发展一个统一的国家教育体制），他用国家教育委员会成员的名义推行在初等教育、中等教育、技术教育以及进修教育规定的统一性。澳大利亚教育委员会为学校设立了国家统一的目标，为保持课程中核心科目的一致性拟定了国家课程框架，为学生成就的全国性的评估提供了建议，设立了优秀学校赞助计划，为教师薪酬和职业阶梯的重构设立国家基金，考虑国家教师鉴定合格的机制。虽然这些措施跟英美的保守政策较为一致，但它却是由工党政府发起的。

在 20 世纪 80 年代每一个州和准州地区的学校体制都经历了重建的改革。这主要是因为日益恶化的财政迫使学校从有限的财政分配中取得最大的成就。和英美的学校重构相似，中央机构被极度精简，学校的相关服务部门被削减或被彻底取消，权力被下放到学校，学校可获得一笔付清的预算，用来作为学校教职员工任命的资金（以前的任命是由家长和教师有时也有学生出席的学校委员会集中处理的），建立新的责任机制。先前的教育部缩减为一个战略核心，授权地方政府和学校本身联合管理学校的日常事务。每个州和准州地区都修订了 12 年学历认证和评估程序，以应对不断提高的学校生源保持率。无论哪个政党执政，改革措施看起来都相似。这段时间我们可以看到，大量的学生进入了私立学校，到 20 世纪 90 年代早期，私立学校学生总数占全国学生总数的 30%。

可以听到一些来自企业的要求课程系统化的呼声。经过一致的梳理，在 20 世纪 90 年代早期，一系列的报告（由著名企业家主持的）致力于使高一级学校以及继续教育的课程更加实用、更加基于工作领域的技能要求。这些改革的背景是史无前例的高失业率和企业倒闭。

相似的教育管理的彻底重构在新西兰也存在。新西兰的地方法规力量很大。由著名的商人布里恩·皮科特（Brian Picot）主持的国家级任务“教育管理的回顾”，在 1988 年总结道：有太多的部门的控制、太多的细节受国家部门的控制，以至于无法实施教育管理的战略计划。皮科特因此建议议会通过的 95% 的教育基金应该被直接发放到学校，并且每所学校应该拟定一个自己履行何种角色的章程，成立理事会来管理学校的运作，定期审核学校的成就，家长能够行使孩子入学择校的权利。

同样的经济需要也驱动了新西兰的教育改革。迅速行动的需要是如此急迫以至于政府从林业部调来一位并非职业的教育家鲁斯·巴拉德博士（Dr Russ Ballard）来把教育重建推上议事日程。正如澳大利亚的改革一样，新西兰的改革也是由工党政府而非保守党政府发起的。

**4. 欧洲的改革**

既然英国和美国都是经合组织的成员，并且经合组织的成员大多数都是欧洲国家，因此，欧洲国家的改革与上述的英美国家的改革有相似之处就不足为奇了。然而也有一些别的因素推动改革扩展到这些新的国家。考察受欧洲政治发展影响较小的一些国家（并非德国、法国、意大利等大国）的教育改革运动是很有用处的。

20 世纪 80 年代丹麦由少数保守派组成联合政府，这就预示了政府会支持私有化、精简庞杂官僚机构、废除管制、质量控制等富含英美国家教育改革特征的政策。总之，这是一种自由市场的经济模式。到 1990 年 1 月，丹麦的集中管理只关注教育的框架和质量保证，管理的细节下放到了各学校，由七名家长、两名教师、两名学生组成的学校董事会向地方自治委员会负责。学校董事会的职责包括：向校长发布方针、批准学校的预算、拟定学校的教育计划和学校的工作日程表、收集教学材料、建立学校规则、为教师的任命提名。每所学校的校长接受教师委员会的建议。基金的发放基于"计程原则"，是一种基于对年龄水平、流量、人均经费等计算的公式的基础上的凭证计划。丹麦教育的基本原则是自由选择学校，10%的学生选择私立学校，私立学校85%的运作成本由政府供给。丹麦的教育改革可谓是跟统一市场的要求相协调，是真正和自由市场的理念相一致的(Bjerg 1991)。

1978年由独裁向民主的过渡被写入宪法之后，国际竞争的需要引起了西班牙教育的极大发展。1982年社会党政府连续执政之后，教育的责任从中央政府委托到了地方政府，于是几乎学校组织的每一方面都受到了猛烈的批评。改革的结果是：有了更好的教师准备计划；用本国语教学；更多的自由课程；家长参与到当地学校的工作中来；30%的义务教育毕业生能到大型的私人企业就业，50%的毕业生升入高一级学校；在中学第二阶段开设职业教育；在中学第二阶段的高年级，合并职业课程和学术课程，颁发统一的学历证书。这些都是由于经济的升级带来的改革(Carabana 1988)。

欧洲经济共同体的发展也影响了一直以来以高度中央集权和官僚机构控制为特征的希腊教育，使得它开始重构其课程和学校管理。国家委员会在20世纪70年代晚期倡导对中学教育进行改革。在20世纪80年代早期，义务教育由6年扩充到了9年；现代希腊语成为学校中的教学语言；在中学确定发展职业技术教育；给大学自主管理的权利；学校的决策权转移到了15个地区(每一个地区由一位督导领导)，这15个地区再细分为240个学区和辖区，每一个学区和辖区都有一名巡视员，有一个直接对地方自治委员会或社区委员会负责的教育协会。总之，学校的改革在一定程度上由分权和民主的趋势推动，改革的目的是为了和欧共体其他地区的范式和谐一致，并且确保希腊毕业生掌握能与它们的贸易集团对手相抗衡的技能技巧。

令人感兴趣的是这些改革都如此大范围地涉及分权。最明显的一例就是曾经是欧洲最集权管理的国家——挪威，从20世纪80年代中期开始，随着精选委员会的报告的出台，开始剥夺中央集中的责任，把对文化、教育、卫生事务的决定权转移到地方水平(22个区和450个自治城市)。这种权力的转移伴随着一次付清的拨款。但是为了保证这样一个彻底多元体制的教育质量，在20世纪90年代早期拟定了国家课程。

虽然对改革阐述了大量的教育方面的理由，但在校本管理的趋势中我们可以清晰地看到一种政治和经济的动因。因为教育要适应向后工业社会的转型趋势，要适应新的竞争趋势，要适应以市场为导向的方法和新的区域联盟的要求。这些因素要求教育能迅速灵敏地应对，要求扁平、灵活、能采取主动的教育组织，这些都是基于这样一种理解——学校的生存依赖于其能提供满足即时消费者(即学生)需求的高质量的产品。

欧洲的大国如法国、意大利、西德走在改革的前列。它们保留了原有的学校供给方式，如双轨制以及德国举世闻名的中学高年级和中学后的职业、学术教育系统。经过了40多年的独立发展，当东西德统一的时候，这种教育体制的复杂性得到了很好的诠释。东德被迫从原来的高度集权的体制转到多元的市场经济体制中来，这样两种不同的经济、社会结构得到了融合。这种变革也使管理权迅速地分散到新建的当地和地方权威机构手中。东德的十年一贯制中等技术学校不得不让位于一个更灵活多样的教育体制，公、私立学校都可以提供取得相当于高中二年级水平的教育证书。马克思列宁主义意识形态的课程被重建，宗教教育开始恢复；俄语降到了和德语、英语、法语同样的使用水平；交互式教室里的公开的、交流的学习代替了权威的讲授；父母可以参与到教育进程中来。

### 5. 教育的国际化

在相互紧密联系的国际经济体系中取得成功的需要使得20世纪80年代和90年代的学校中的人员在一个毫无边界的世界中学习、生活、工作。即使是在当时世界经济最繁荣的国家之一的日本，也开始在20世纪80年代中期推行学校的国际化改革。中曾根康弘首相在自己的部门中设立了一个国家教育改革委员会。在1984年到1988年之间,该委员会发布了四份研究报告,建议推进终身学习,采用更自由的课程学习方式,要求不拘泥于形式但要强调更严格的纪律、强调关注个体差异。然而这些改革没有被实施。

日本的改革引起了人们对学校改革运动中的一个新兴因素的关注:即基于儒家思想而非欧洲价值理念重建学校。儒家的经济思想是强调团队凝聚力,强调对国家的责任,强调数学和科技技能,强调开发有技术能力的劳动力,强调取财有道,把好的学校、好的教师、好的学生看作是国家的资源。中国的从幼稚园到大学为最好的学生提供重点学校作为教育激励的政策,新加坡的资助最好的学校、鼓励私立学校的政策都揭示了这一点。

太平洋周边地区包括了一些新兴的经济快速发展的国家和地区,如印度尼西亚、韩国、中国台湾和香港。在这些国际化的地区,教育改革势必要面临对学校改革运动设想的更激烈和多样的挑战。

H. 比尔(H. Beare)
H. 特尔福特(H. Telford) 著
楚红丽 译

## 附录

Bjerg J 1991 Reflections on Danish comprehensive education, 1903—1990. *Eur. J. Educ.* 26(2):133—141

Carabana J 1988 Comprehensive educational reforms in Spain: Past and present. *Eur. J. Educ.* 23(3):213—228

Carnegie Task Force on Teaching as a Profession 1986 *A Nation prepared: Teachers for the 21st Century.* Carnegie Forum on Education and the Economy, Hyatsville, Maryland

Chubb J E, Moe T M 1990 *Politics, Markets, and America's Schools.* The Brookings Institution, Washington, DC

Clark D L, Astuto T A 1986 The significance and permanence of changes in federal education policy. *Educ. Researcher* 15(8):4—13

Coleman J S et al. 1966 *Equality of Educational Opportunity.* National Center for Educational Statistics US Government Printing Office, Washington, DC

Finn C E 1990 The biggest reform of all. *Phi Del. Kap.* 71(8):584—592

Holmes Group 1986 *Tomorrow's Teachers: A Report of the Holmes Group.* Holmes Group, East Lansing, Michigan

Jencks C et al. 1972 *Inequality: A Reassessment of the Effect of Family and Schooling in America.* Basic Books, New York

Jung R K, Kirst M W 1986 Beyond mutual adaptation into the bully pulpit: Recent research on the federal role in education. *Educational Administration Quarterly* 22(3):80—109

United States National Commission on Excellence in Education/Gardner D P et al. 1983 *A Nation at Risk: The Imperative for Educational Reform.* US Government Printing Office, Washington, DC

United States National Governors' Association 1986 *Time for Results: The Governors' 1991 Report on Education.* United States National Governors' Association, Washington, DC

Wimpelberg R K, Teddlie C, Springfield S 1989 Sensitivity to context: The past and future of effective schools research. *Educational Administration Quarterly* 25(1):82—107

## 其他参考文献

Beare H, Boyd W L (eds.) 1993 *Restructuring Schools: An International Perspective on the Movement to Transform the Control and Performance of Schools.* Falmer Press, New York

Beauchamp E, Rubinger R (eds.) 1989 *Education in Japan: A Source Book.* Garland, New York

Harman G S, Beare H, Berkeley G (eds.) 1991 *Restructuring School Management.* Australian College of Education, Canberra

Kwong J, Kool S (eds.) 1990 *Evolution of Educational Excellence: 25 Years of Education in the Republic of Singapore.* Longman, Singapore

Lewin K, Xu H 1989 Rethinking revolution: Reflections on China's 1985 educational reforms. *Comp. Educ.* 25(1):7—17

Murphy J 1991 *Restructuring Schools: Capturing and Assessing the Phenomena.* Teachers College Press, New York

Pepper S 1990 *China's Education Reform in the 1980s: Policies, Issues and Historical Perspectives.* Institute of East Asian Studies, University of California Press, Berkeley, California

Rust V D, Blackmore K 1990 Educational reform in Norway and in England and Wales: A corporatist interpretation. *Comparative Educ. Rev.* 34(4):500—522

White M 1987 *The Japanese Educational Challenge: A Commitment to Children.* Free Press, New York

## 学校中的能力分组与课程分轨(Ability Grouping and Tracking in Schools)

自20世纪初以来,美国和多数其他发达国家的学校根据学生的智力或希望指标,把学生安排到不同的组、班级、学习科目或学校。这种广泛的实践似乎很合逻辑,因为它是对整个世纪的信念的反应,即学生的能力非常不同,需要不同的课程和加以分别指导。在发达的工业化国家,这种教育区分同样符合社会的期望,即学校将为存在差异的经济体系培养学生,这种体系需要具备不同知识与能力的工人。大体而言,教育者和公众一般把能力分组实践看成民主的和实用的。本词条回顾了有关综合学校内这种实践的知识陈述,包括它们的学术与社会结果(Oakes et al. 1992a)。

### 1. 什么是能力分组与课程分轨

在美国(与日本这样的国家不同),能力分组开始非常早。大量学校系统管理人员运用"准备就绪"的测验来决定哪些5岁孩子应该置于学术为主的幼儿园,哪些应该置于学术要求更少的班级。许多系统运用这种测验(通常与教师建议相结合)来指导最初的分级。美国的小学实施了一系列的能力分组实践,包括在班级内分组或在班级间再分组(有时在年级之间分组)以选择学科(如阅读和数学),并把学生整天分配到独立的能力同质班级中学习(Slavin 1987)。日本小学和初级中学实际上没有在班级内或班级间进行能力分组,这与美国和许多欧洲国家的实践显著不同(Cummings 1980,Rohlen 1983)。

许多综合中学通过测量学生在每门学科的能力来把他们分别分配到各个班级,其他学校根据一般能力测试把学生整批招收后分配到班级。到14岁,多数学生成为课程"分轨"的成员,这种分轨包括的一系列课程往往为学生中学后的不同目标作准备。同样,学生在那些学术学科的不同"层次"注册(Oakes 1985)。在综合高中内提供不同分轨的实践在美国最普遍,虽然多数其他国家包括日本和德国也把学生分到不同的学校(如公立学术取向高级中学、公立职业学校、私立学术高级中学)(Rohlen 1983,Kariya and Rosenbaum 1987)。许多国家,包括英国和以色列,既提供综合学校又提供专业学校。

### 2. 对学术和社会结果的影响

自20世纪30年代以来,研究者收集了许多关于能力分组与课程分轨的研究资料。虽然研究中大部分调查了这些方法能否提高学术成就,但越来越多的研究调查了它们的社会含义。后面的研究关注的是能力分组与课程分轨如何影响学生的态度、同伴关系以及教育与职业生涯。

#### 2.1 对成就的影响

常识认为当个别教授更聪明的学生时他们会跑在前面,而能力更低的学生将受益于单独的班级,在这些班级中教师会针对他们的缺陷来指导。然而,大量的证据与这两个假设相矛盾。在多数例子中,能力分组与课程分轨没有提高学习成绩。对能力异质班级的小学生进行全班分组,没有给任何组——高、中、低成就者——带来可测量的成绩受益。在小学阶段,一些有限的和灵活的再分组计划对中等成就学生产生了积极影响(尤其是在多级结构的"层级"之间提高学生流动性的计划),然而这个计划同样造成了成就不平等。处于高级组的孩子受益最多,而那些低级组的孩子受益最少。随着时间的过去,他们之间的差距加大了(Barr and Dreeben 1983,Gamoran 1986,Slavin 1987)。

同样,对分组与不分组中学计划进行的比较研究无法证明能力分组或课程分轨的功效。C. L. 库利克和J. 库利克(Kulik C L and Kulik J 1982)所做的元分析表明对中等成就者有些许的积极影响。然而,多数控制研究(比较分组与不分组情况)的回顾并没有发现这种倾向。如斯莱文(Slavin 1990)总结说没有一组中学生在学术上受益于能力分组或课程分轨的班级。

同时,有些研究应用了大规模的调查数据来比较分轨中学(控制学生背景和以前的成绩)内的高轨学生与低轨学生的成绩,发现随着时间的逝去,高低轨学生间的差异越来越大(Hotchkiss and Dorsten 1987,Vanfossen et al. 1987,Lee and Bryk 1988,Gamoran and Mare 1989,Kerckhoff 1986,Shavit and Featherman 1988,Yoger 1981)。

这两种研究表面上似乎相互矛盾,但分轨学校不仅对学生分组还提供相当有利的条件给高轨学生——正如下面将要讨论的,认识到这个事实就能更好地理解问题之所在。而且,在分轨学校,高段分轨学生在班级内的优势通过完成更多的学术课程而增加(Lee and Bryk 1988)。

### 2.2 对学生关系和态度的影响

分组和分轨在学生间造成社会的和学术的差异。如阿利南和瑟伦森(Hallinan and Sorensen 1985)发现,小学生更可能从他们班级的能力组中选择"好朋友",组员资格和友情网络之间的交叠会随时间的过去而增加。中学生的友情网络也往往与他们的能力分组层次相一致(Hargreaves 1967,Lacey 1970,Rosenbaum 1976)。

在英国的研究者报道说中学生表现出"两极分化"态度,高轨学生更喜欢学校,而那些低轨学生更抵抗学校。美国的多数学生同意高轨学生比低轨学生对学校表现出更大的热情(Rosenbaum 1976)。分组是否真的造成了这些态度的不同仍然无法确定,因为维特劳斯凯等人(Waitrowski et al. 1982)的纵向分析没有发现这种与分轨有关的影响。

### 2.3 教育生涯与成就的含义

分轨成员资格对教育成就以及间接地对一生的机会有长期的影响。在这方面,美国的分组实践造成的限制可能要小于日本和西德这样的国家,在这些国家中,一个人进入的中学类型会真正地决定他所能期待的中学后经历。

然而,研究支持的观点是,即使是在综合学校中,与能力有关的安排也会影响学生未来的教育机会和生活的机遇,而与以后的成就无关。无论是在小学还是在中学,能力级别分组之间的流动性受到限制,这意味着早期的分组大体上决定了以后的定位。学术分轨的成员资格增加了学生高中毕业的可能性(Waitrowski et al. 1982,Hotchkill and Dorsten 1987,Vanfossen et al. 1987)。戈莫林和玛勒(Gamoran and Mare 1989)表明,在其他条件相等的情况下,学术分轨的学生大约多了10%毕业的可能性。

有观点认为职业分轨提高了学生的教育成就或以后的机会,研究同样对此观点提出了质疑。沙维特和威廉姆斯(Shavit and Williams 1985)发现除了成就非常低的学生,以色列的职业教育与相对应的学术教育相比,把学生留在学校的时间更短。美国的多数学生发现职业课程的完成并没有帮助学生获得与培训有关的职业、避免失业或比其他中学毕业生更高的工资。

## 3. 作为机会结构的能力分组与课程分轨

除了考察分组对学生成绩的影响外,研究还调查了能力分组与课程分轨如何执行学校内的"机会结构"职能,即提高或限制学生接近知识、教师和课堂学习机会。在美国,研究者对这些实践是否造成了学校不平等(反映并造成与种族和阶级有关的社会与经济永久不平等)尤其感兴趣。

### 3.1 接近课程

能力分组促使小学生以不同的速度来学习课程——即使是慢速度组也声称帮助学生"追上"能力强的同学的目标不合逻辑。以不同的步子来学习一系列课程(尤其是数学和阅读)导致覆盖面的不一样。如在阅读方面,慢速度组学生在译解原文表面意思的活动方面所花费的时间相对更多,而高速度组却开始考虑故事的意义(Hiebert 1983)。随着时间的过去,高速度组的优势增加,曾有高能力组成员资格历史的学生在小学结束时更可能涉及较多的资料。

用这种方法,小学能力分组影响了学生以后的许多经历。步子与涉及面不同导致低速度组学生越来越落后,并接受越来越不同的课程(Barr and Dreeben 1983, Gamoran 1986)。不久以后,低速度组学生缺乏适合成功地在更快或更高组内学习所必需的课程经历。而且,他们可能把自己缺乏能力和更少可能成功的判断内化,结果,不再热心于解决很难的功课,而这些功课在更高能力班级是能做好的。

在中学早期,就开始有意识地转移目标,即促使学生以不同的速度通过同样的课程。取而代之的是,学校改变了给学生的"课程目标"。现在,不仅速度不同,而且学习的内容也不同。课程有不同的名称——有时预先设定为"基础"、"常规"、"前"、"荣誉"或"天才"——在内容与难度两方面都明显不同。低轨班级坚持不主张使学生准备进入高轨班级。

低轨中学课程一致提供更少的话题和技能,而高轨课程特有地包括更复杂的资料(Hargreaves 1967, Keddie 1971, Burgess 1983, Oakes 1985)。在一个大规模的国家研究中,奥克斯(Oakes 1990)还发现,在学习科学概念、发展数学与科学兴趣、获得调查与问题解决技能以及为进一步学习这些学科作准备方面,低轨班级数学与科学的教师比高轨班级的教师更少关注学生。引人注目的是,这些目标并不需要依赖学生以前的知识或技能。与此相反,人们越来越认为这些目标对于全民都是必需的。这些发现补充了早期的研究文献,即多数学科的高轨教师更经常强调能力与独立思考,而低轨教师往往更强调遵守规则(Oakes 1985)。这些研究清楚地描述了全国性的模式。然而同时,解释性研究对各地的不同提供了相当透彻的见解(Page and Valli 1990, Page 1991)。

### 3.2 教师与教学

能力分组与课程分轨在不同课程的教学中表现是不同的。有代表性的是,在低轨班级中,教师用更少的时间来指导学生(与常规、纪律和社会化相比),学习活动经常包括强调琐碎信息、课堂作业和作业单的要求(Oakes 1985)。低轨班级中的技术经常与低层次的任务相连,如计算。举例来说,计算机活动经常模拟测验与课堂作业。

教学任务的分配通常导致低轨学生比他们的高轨同伴更少能向高水平的教师展示自己。如奥克斯(1990)发现,中学科学与数学低能力班级的教师与高能力班级的同事相比,经验更不丰富,很少被授予合格证书和获得数学或科学学位,在计算机使用方面培训较少,更少自称为"老教师"。这种状况通常由于教师之间耍手段竞争高轨任务,或由于校长把班级任务作为奖励或制裁而产生(Hargreaves 1967, Mcpartland and Crain 1987)。在美国和英国,教师往往喜欢高能力班级,因为学生更经得起学术要求的检验(Hargreaves 1967, Lacey 1970, Ball 1981)。

### 3.3 班级社会关系

研究者还发现不同的班级关系和一般课堂气氛与分组有关。范福森等人(Vanfossen et al. 1987)指出,学术轨道的学生比其他学生更可能把他们的教师描述成耐心的、尊重人的人,并且欣赏教师们的工作。与此一致,奥克斯(1985)证明低能力班级与高能力班级相比,要给予纪律与控制更多的关注。与此相关的是低能力班级中包括更多的学生破坏、对抗与疏远。还有,定性研究通过描述情境说明,低能力班级重点关注冲突和在控制下学习,这补充了来自调查研究的一般结论(Page and Valli 1990)。

## 4. 能力定位与种族、社会阶级的联系

小学生的分组和分班通常根据正式测试学生的能力、学习的愿望和以前的成就以及非正式的观察学生的课堂表现和行为来进行。至少在形式上,中学分组允许更高程度的选择。然而,研究者对学生实际选择他们的轨道的程度提出了质疑,即使学生报告说是这样做的。如在英格兰,巴尔(Ball 1981)描述了学生几乎在学校教师的建议下进行选择的实践,美国的教育家同样报道说选择伴随着其

他标准,通常是先前取得的学生性向指标:标准化测验成绩、教师与顾问的建议、以前的定位和排名。

在美国,学生的分配与种族、种族关系和社会阶级有关,虽然这种联系还不能充分地说清楚。在20世纪初,更大比例的移民、低收入者和少数民族年轻人接受低层次的学术与职业培训,而严格的学术教育似乎更适合更富裕的白人的需要(Oakes 1985)。这种模式很少受到质疑,就像非洲裔美国人和拉丁美洲少数民族在20世纪60年代以前所遭遇的许多其他社会与经济障碍一样很少受到质疑。然而,在20世纪90年代初,美国的教育家和决策者表达了对能力分组的关注,即能力分组与课程分轨可能限制低收入者、非洲裔美国人和拉丁美洲学生未来的教育与职业,而且在种族混合学校,会一成不变地把少数民族学生看成比白人更不聪明。

这种关注被许多一致性的调查结果所激发,从他们的最早学年开始,非洲裔美国人和拉丁美洲学生在低能力组、矫正班级和特殊教育课程组中所占比例过多。有些定性研究表明,当小学教师在班级内进行能力分组时,他们歧视贫穷的孩子(Rist 1970)。然而,定量研究没有支持这种观点。如瑟伦森和阿利南(1984)揭示了种族或社会阶级对小学层次的能力分配没有直接影响。学校似乎主要依赖考试结果来合理判断小学生的智力,非洲裔美国人和拉丁美洲学生在这些考试中表现尤其不好。

然而,考试分数看起来并不那样"色盲"。因为孩子以前的机会对考试分数影响相当大,并不奇怪,在学术丰富的托儿所和像学校一样的家庭环境中长大的孩子在考试中表现更好,人们更可能认为这些孩子为"常规"幼儿园做了发展上的"准备",并更适合一年级高能力班级。因此,考试把低收入和大部分少数民族孩子置于明显的不利地位,因为他们当中很少人拥有有利的学前教育机会。因此把不成比例数目的少数民族孩子分配于低能力小学班级并不奇怪,这种实践形成了一种模式,持续整个小学阶段。

随着学生进入中学,越来越不成比例的非洲裔美国人和拉丁美洲学生进入低能力轨道(Braddock 1989,Oakes 1990)。例如,奥克斯(1990)发现在美国,全少数民族中学招收的低轨班学生比例远远多于全白人学校。而且,全国的种族混合学校通过分轨来进行种族隔离的问题非常突出。如在少数民族学生不成比例的科学与数学班级中,有2/3(与少数民族学生在整个学生群体中的代表相比)是低轨班级,而只有5%的不成比例的白人班级是低轨班级。相反,只有9%的不成比例的少数民族班级是高轨班级,与之相比有57%的不成比例白人班级是高轨班级。对城镇学区的中学分轨问题进行研究的结果与这些发现相一致,即进入低轨数学班级的少数民族学生可能是白人学生的3倍,而进入高轨班级的白人可能是少数民族学生的1.5倍(Villegas and Watts 1991)。

学生以前的成就能很好地预测他们的中学分轨——与他们以前的分组以及那里提供的机会无关。少数民族学生在中学的不成比例的分配,部分是由于他们较少的机会和在小学低能力组与班级中的成就。由于学校依赖标准化考试来评价学生成就和潜力,不成比例的分配进一步恶化。即使这种考试可能低估少数民族学生的能力,但考试可能比学生以前的课堂表现或教师的建议更重要。尤其是当学生转到新学校,那里的顾问可能与学生以前的教师联系甚少或没有联系(Oakes et al. 1992b, Villegas and Watts 1991)。

多数研究还发现种族和社会阶级对分轨有直接的影响。如来自第二次国际数学研究的资料表明,过去成绩差不多的美国学生在四类八年级数学课程(代数、预备代数、普通和补习课程)中的分配会随着学生的社会背景而改变。女孩、白人和父亲有高级而不是低级职业的学生比其他学生更可能被置于代数班(Mcknight et al. 1987)。相反,其他研究者发现,扣除社会阶级背景和以前的成就因素,黑人对中学分轨注册有积极影响(Gamoran and Mare 1989)。

在美国,两个额外的相关因素影响了分配的种族倾斜模式。一个是社会和学校对不同社会阶级和种族群体的学生所持有的普遍、深入、一成不变的期望。例如,有些研究表明种族和阶级与分轨有关,因为来自不同背景的学生接受不同的资料、建议和受到指导顾问的不同关注。奇考内尔和基崔斯(Cicourel and Kitsuse 1984)发现虽然顾问一致地把排名靠后与考试分数低的来自低收入家庭的学生分配到低能力班级,有同样的成绩但来自中等或上等收入家庭的学生有时被分配到高能力组。奥克斯(1992b)等人发现,学校顾问和教师对待成绩相当的亚洲人和西班牙裔人是非常不同的,亚洲人比西班牙裔人更可能分配到高轨班。而且,低轨少数民族学生经常说别人替他们做了课程选择的决定(Villegas and Watts 1991)。

第二个因素是希望把孩子分配到高轨班的聪明的父母可能把分轨误解为经常的"政治运动"。虽然这样的父母并不排除白人,在多数学校,白人父母,尤其是中产阶级白人父母,能更好地理解学校结构中的不平等并更自信学校会对他们的压力做出积极的反应(Cicourel and Watts 1991)。

直到20世纪80年代,多数研究发现性别与分轨之间不存在重要关联,男孩在获得高轨分配中仅有轻微的优势(Alexander et al. 1978)。然而,戈莫林和玛勒认为女孩有很小但却很重要的优势。而且,人种学报道的报告(Page and Valli 1990)指出,有些教师允许没有犯错的女孩留在普通班,但升到高能力组很难,而把女孩分配到低能力组也同样难。

然而,并非所有的研究都同意学生的分配受到潜在的偏见因素的强烈影响。例如,戴维斯和阿莱(Davis and Haller 1981)发现九年级学生选择他们的分轨级别是以他们渴望达到的目标为基础的,而这种渴望与能力紧密相关。结果分轨级别与学生能力关系密切,而社会阶级与分配之间的关系更弱。

换种角度看,其他研究强调学校环境特征如何缩小个别特征——能力、社会阶级、性别或种族——对学生分组或分轨的影响。例如,德拉尼(DeLany 1986)发现由于学校的分轨政策和学生团体的组成不同,四个中学把不同背景的学生分配到不同水平的数学与科学班级的情况是相当不同的。同样,奥克斯(1990)和奥克斯等人(1992b)发现虽然为不同人口服务的学校都往往提供完整的分轨系列,但有大量少数民族人口的学校都有很大比例的低轨学术班级。虽然如此,由于这些学校的学生考试分数通常中等偏下,竞争获得高轨班位置并不难(这可能部分地解释了戈莫林和玛勒的发现,上面已提及,即中学及中学后的黑人学生与过去成绩和社会背景相当的白人相比,被分配到学术分轨的机会多了10%)。加莱特和德拉尼(Garet and DeLany 1988)还发现一些学校制定任务书进行详细安排,限制教师干扰学校措施,在这些措施中学校提供开发好的分轨,使学生的能力与各门课程要求相匹配。结果,他们认为把分配描述为约束与组织选择的结果,要比描述为预先决定的分配标准或个人选择的结果更准确。

### 5. 作为学校改革目标的能力分组与课程分轨

部分由于对上面描述的结果不满意,美国的许多政策制定者、代表国家意见的领导人和教育家把分轨列入学校需要"重构"的实践清单。很清楚,分轨没有解决劳动力培训问题,这一点可通过雇主对学生知识、技能与态度的认识越来越清楚地证明。工作技术的迅猛变化以及设备的过时限制了中学培训有专门职业技能的学生的能力。并且,由于更多的工作要求在识字、计算和问题解决方面更熟练,学校由于没能提供工作要求的有学术与思考能力的工人而受到攻击。认为分轨后中学课程能使非学术分轨学生为工作作准备的信念动摇了。同时,由于国家日益注意到即使是"最好的"学生在学术上也不能与其他国家的同伴相比,因此为大学培训学生而设计的一系列特殊班级也受到了批评。

然而,在美国要求废除分轨的压力并不仅仅基于对有关成绩效能的醒悟。决策者和教育者越来越对分轨造成的机会不平等结构的公平问题提出质疑,尤其是不能把一些最明显的不平等看成教育上适合学生不同的学习智能、速度或风格。然而,并不奇怪,当学生被分开或被给予不同的知识与学习条件时,高能力组学生比其他人获得更多的学习进步,低能力组学生获得的学习条件更少,所学的知识也更少。在美国,最突出的是这种分配给移民、低收入和少数民族孩子增加了教育不平等负担。

尽管对现存的广泛使用的分组方法越来越不满意,但很少研究能提供具体证据,说明同样环境下组织和教授不同学生群体的有效而公平方法的特征是什么,尤其是更公平的分配知识、资源和学习机会的方法。只有系统研究技术上的要求和政治上的敏感程序，学校才能有效地制定和实施这种方法。这些对于以后的研究是有希望的途径。

J. 奥克斯(J. Oakes) 著

朱科蓉 译

**附录**


Alexander K L, Cook M A, McDill E L 1978 Curriculum tracking and educational stratification. *Am. Sociol. Rev.* 43:47—66

Ball S J 1981 *Beachside Comprehensive: A Case-study of Secondary Schooling.* Cambridge University Press, Cambridge

Barr R Dreeben R 1983 *How Schools Work.* University of Chicago Press, Chicago, Illinois

Braddock J H 1989 *Tracking of Black, Hispanic, Asian, Native American and White Students: National Patterns and Trends.* Johns Hopkins University, Center for Research on Effective Schooling for Disadvantaged Students, Baltimore, Maryland

Burgess R G 1983 *Experiencing Comprehensive Education: A Study of Bishop McGregor School.* Methuen, London

Cicourel A V, Kitsuse J I 1963 *The Educational Decision-Makers.* Bobbs Merrill, Indianapolis, Indiana

Cummings W 1980 *Education and Equality in Japan.* Princeton University Press, Princeton, New Jersey

Davis S A, Haller E J 1981. Tracking ability and SES: Further evidence on the "revisionist-meritocratic debate." *Am. J. Educ.* 89(3):283—304

DeLany B 1986 Choices and chances: The matching of students and courses in high school. Doctoral dissertation, Stanford University, Stanford, California

Gamoran A 1986 Instructional and institutional effects of ability grouping. *Sociol. Educ.* 59(4):185—198

Gamoran A, Mare R D 1989 Secondary school traching and educational inequality: Compensation, reinforcement, or neutrality? *Am. J. Sociol.* 94(5):1146—1183

Garet M, DeLany B 1988 Students, courses, and stratification. *Sociol. Educ.* 61(2):61—77

Hallinan M T, Sorensen A B 1985 Ability grouping and student friendships. *Am. Educ. Res. J.* 22(4): 485—499

Hargreaves D H 1967 *Social Relations in a Secondary School.* Routledge and Kegan Paul, London

Hiebert E H 1983 An examination of ability grouping for reading instruction. *Read. Res. Q.* 18(2):231—255

Hotchkiss L, Dorsten L 1987 Curriculum effects on early post high school outcomes. In: Corwin R G (ed.) 1987 *Sociology of Education and Socialization.* JAI Press, Greenwich, Connecticut

Kariya T, Rosenbaum J E 1987 Self-selection in Japanese junior high schools. *Sociol. Educ.* 60:168—180

Keddie N 1971 Classroom knowledge. In: Young M F D (ed.) 1971 *Knowledge and Control.* Collier - Macmillan. London

Kerckhoff A C 1986 Effects of ability grouping in British secondary schools. *Am. Sociol. Rev.* 51(6): 842—858

Kulik C L, Kulik J 1982 Effects of ability grouping on secondary school students: A meta-analysis of evaluation findings. *Am. Educ. Res. J.* 19(3):415—428

Lacey C 1970 *Hightown Grammar: The School as a Social System.* Manchester University Press, Manchester

Lee V E, Bryk A S 1988 Curriculum tracking as mediating the social distribution of high school achievement. *Sociol. Educ.* 61(2):78—94

McKnight C C et al. 1987 *The Underachieving Curriculum: Assessing US School Mathematics from an International Perspective.* Stipes Publishing Co., Champaign, Illinois

McPartland J M, Crain R L 1987 Evaluating the trade-offs in student outcomes from alternative school organization policies. In: Hallinan M T (ed.) 1987 *The Social Organization of Schools: New Conceptualizations of the Learning Process.* Plenum, New York

Oakes J 1985 *Keeping Track: How Schools Structure*

*Inequality.* Yale University Press, New Haven, Connecticut

Oakes J 1990 *Multiplying Inequalities: The Effects of Race, Social Class and Tracking on Opportunities to Learn Math and Science.* The RAND Corporation, Santa Monica, California

Oakes J, Gamoran A, Page R N 1992a Curriculum differentiation: Opportunities, outcomes, and meanings. In: Jackson P (ed.) 1992 *Handbook of Research on Curriculum.* Macmillan, New York

Oakes J, Selvin, M, Karoly L, Guiton G 1992b *Educational Matchmaking: Academic and Vocational Tracking in Comprehensive High Schools* The RAND Corporation, Santa Monica, California

Page R 1991 *Low-track Classes.* Teachers College Press, New York

Page R, Valli L (eds.) *Curriculum Differentiation: Interpretive Studies in US Secondary Schools.* State University of New York Press, Albany, New York

Rist R 1970 Student social class and teacher expectations: The self-fulfilling prophecy in ghetto education. *Harv. Educ. Rev.* 40(3):411—451

Rohlen T P 1983 *Japan's High Schools.* University of California Press, Berkeley, California

Rosenbaum J E 1976 *Making Inequality: The Hidden Curriculum of High School Tracking.* Wiley, New York

Shavit Y, Featherman D L 1988 Schooling, tracking, and teenage intelligence. *Sociol. Educ.* 61:42—51

Shavit Y, Williams R 1985 Ability grouping and contextual determinants of educational expectations in Israel. *Am. Sociol. Rev.* 50(1):62—73

Slavin R E 1987 Ability grouping and student achievement in elementary schools: A best-evidence synthesis. *Rev. Educ. Res.* 57(3):293—336

Slavin R E 1990 *Achievement Effects of Ability Grouping in Secondary Schools: A Best-Evidence Synthesis.* Wisconsin Center for Education Research, Madison, Wisconsin

Sorensen A B, Hallinan M T 1984 Race effects on the assignment to ability groups. In: Peterson P L, Wilkerson L C, Hallinan M T (eds.) 1984 *The Social Context of Instruction.* Academic Press, San Diego, California

Vanfossen B E, Jones J D, Spade J Z 1987 Curriculum tracking and status maintenance. *Sociol. Educ.* 60(2):104—122

Velez W 1985 Finishing college: The effects of college type. *Sociol. Educ.* 58(3):191—200

Villegas A M, Watts S M 1991 Life in the classroom: The influence of class placement and student race/ethnicity. Paper presented at the annual meeting of the American Educational Research Association, Chicago, Illinois, April

Wiatrowski M D, Hansell S, Massey C R, Wilson D L 1982 Curriculum tracking and delinquency. *Am. Sociol. Rev.* 47:151—160

Yogev A 1981 Determinants of early educational career in Israel: Further evidence for the sponsorship thesis. *Sociol. Educ.* 54:181—195

**其他参考文献**

Metz M H 1978 *Classrooms and Corridors: The Crisis of Authority in Desegregated Secondary Schools.* University of California Press, Berkeley, California

Gamoran A, Berends M 1987 The effects of stratification in secondary schools: Synthesis of survey and ethnographic research. *Rev. Educ. Res.* 57(4):415—435

Husén T 1974 *Talent, Equality and Meritocracy.* Nÿhoff, The Hague

Powell A, Farrar E, Cohen D K 1986 *The Shopping Mall High School: Winners and Losers in the Educational Marketplace.* Houghton-Mifflin, Boston, Massachusetts

Rosenbaum J E 1980 Social implications of educational grouping. In: Berliner D C (ed.) 1980 *Rev. Res. Educ.* 8:361—401

Svensson N E 1962 *Ability Grouping and Scholastic Achievement.* Almqvist and Wiksell, Stockholm

## 选择性学校与课程(Alternative Schools and Programs)

选择性学校是指除了由标准的"公立"或"州立"学校提供的"传统的"学校外,为孩子和家庭设计,提供特殊的教学、课程、活动和环境的学校。选择性学校通常成为国家甚至国际运动(如进步主义、裴斯泰洛齐教学法、蒙台梭利教育法、沃尔道夫学校、"反文化"、"回到基础"、"婴儿学校"或"开放教室")的一部分,这些选择性学校一般通过其特殊性以及它们有意识地反对正规学校提供的"主流"教育而得到确认。本词条回顾了这个特殊的教育领域。

对传统的政府运作的教育系统的批评通常集中于标准化教育的失败,好的教育应该激发学生的好奇心,发展他们最好的和最有创造性的一面,而不是展示他们的失败(Kozol 1985)。在霍尔特(Holt)的经典畅销书《孩子如何失败》(1964)中,霍尔特解释道:

> 多数孩子失败是由于他们害怕、厌烦和困惑。害怕是最重要的,他们害怕失败、害怕令他们周围许多焦急的大人失望或不高兴……他们厌烦,因为学校给予和让他们去做的事情如此微不足道及无趣,对他们广泛的智力、能力和才能要求如此有限和狭窄。(Holt P. 16)

实际上,每一个存在免费的、公共拨款的学校,同时也存在自由的和开放的学校市场的国家,都产生了"在野学校"。埃里克松(Erickson 1986)认为,国家对选择性的支持是不同的,取决于"宪法方针和政治传统"(P. 98)。即使是以前限制孩子离开政府控制学校的东欧国家的家长也正在形成他们自己的非政府的选择性学校。自1990年以来,一些国家如捷克斯洛伐克、波兰和罗马尼亚都目睹了新的非公立"选择性"学校迅速进入国营的公立学校系统。

### 1. 私立(选择性)学校的国家指标

表1呈现了世界不同国家和地区的"私立"学校百分比(James 1988 P. 96)。虽然从最严格的意义上说并非所有的私立学校都是"选择性学校",教育的私营化确实提供了不适用于政府学校的"选择性"。因此,私立学校的比例能在一定程度上反映两类学校教育存在的程度——这成为对公立教育进行选择的有效替代物。根据詹姆斯(James 1989)的观点,私立学校的规模与对过度的和差异性的教育需求程度有关。有人可能认为在发达国家,是差异的而不是过度的教育需求导致了选择性学校发展。毕竟,在正规教育很少或没有的国家中,家长几乎不可能希望还不存在的教育系统能够呈现"差异"(或选择性)。于是,选择性学校采取了一种现存的"标准的"教育形式,由于某种原因无法满足家长和社区的复杂需求,从而导致创办了新的选择性学校,这些学校有一系列不同的教育使命、课程、风格和结构。

### 2. 选择性学校的种类

选择性学校分成三个部分:(a)独立的;(b)在宗教上附属的(教会的);(c)政府控制的学校。这证实了家长对他们孩子的教育的强烈兴趣以及可能选择的广泛范围。

多数"选择性"学校都是独立的,不是由确定的教育的、宗教的或政府的机构创办。实际上,这些学校普遍以反对"确定"和批评"制度化"教育经营方式而为自己感到自豪。于是,独立是必须的。

有些选择性学校由宗教团体控制,但通常处于"教会"的边缘。正因为如此,这些选择性学校与信仰或忏悔团体有关,但可能在它的传统结构之外经营。例如,在几个地区中,罗马天主教会由于缺乏资金而决定关闭教会学校。然而,在美国,比关闭学校更好的做法是,教会把学校"卖给"地方家长和教师。其他选择性学校与宗教团体的隶属关系很松散,虽然它们往往是非常传统的学术学校(如基督教主义者学校)——谆谆教诲、严格的行为规则和以《圣经》为基础的课程。

许多公立学校系统在系统内经营"选择性学校"——虽然这在术语上似乎是矛盾的。这些系统创办它们自己的选择性学校,采纳现存的学校或把传统学校转变为非传统学校。在一些国家中,选

表 1　私立学校在教育中的相对地位[a]

| | 私立小学百分比(%) | 私立中学百分比(%) | 中学百分比除以小学百分比 |
|---|---|---|---|
| **挑选的现代工业社会** | | | |
| 澳大利亚 | 10 | 26 | 1.3 |
| 比利时:佛兰德语 | 63 | 72 | 1.1 |
| 法　语 | 32 | 48 | 1.5 |
| 英格兰和威尔士 | 5 | 8 | 1.6 |
| 法　国 | 15 | 21 | 1.4 |
| 澳大利亚 | 10 | 26 | 1.3 |
| 爱尔兰 | 98 | 91 | 0.9 |
| 意大利 | 8 | 7 | 0.9 |
| 日　本 | 1 | 15[a] | 15.0 |
| 荷　兰 | 69 | 72 | 1.0 |
| 新西兰 | 10 | 12 | 1.2 |
| 瑞　典 | 1 | 2 | 2.0 |
| 美　国 | 18 | 10 | 0.6 |
| **挑选的非洲与亚洲国家和地区** | | | |
| 中国香港 | 92 | 72 | 0.8 |
| 印　度 | 25 | 49 | 2.0 |
| 印度尼西亚 | 15 | 34 | 2.3 |
| 肯尼亚 | 1 | 60 | 60.0 |
| 尼日利亚 | 31 | 45 | 1.5 |
| 新加坡 | 35 | 28 | 0.8 |
| **挑选的南美国家** | | | |
| 阿根廷 | 17 | 30 | 1.8 |
| 巴　西 | 12 | 43 | 3.6 |
| 哥伦比亚 | 15 | 47 | 3.1 |
| 智　利 | 17 | 20 | 1.2 |
| 厄瓜多尔 | 17 | 30 | 1.8 |
| 巴拉圭 | 15 | 33 | 2.2 |
| 秘　鲁 | 13 | 13 | 1.0 |
| 乌拉圭 | 16 | 16 | 1.0 |
| 委内瑞拉 | 11 | 21 | 1.9 |
| **挑选的主要美洲国家** | | | |
| 哥斯达黎加 | 3 | 6 | 2.0 |
| 萨尔瓦多 | 4 | 29 | 7.3 |
| 墨西哥 | 5 | 26 | 5.2 |
| 尼加拉瓜 | 12 | 43 | 3.6 |
| 巴拿马 | 5 | 19 | 3.8 |

资料来源:James 1988 P. 96

a 资料包括高级和初级中学,高级中学占28%。资料来自 1973 年至 1980 年数字择性模式（蒙台梭利、选择性学校和沃尔道夫学校）正出现于政府控制系统中（Kahn 1990），这既承认了课程多样性的有效性，重要的是又承认了家长对这种学校的强烈需求。“公立学校”与“私立学校”之间的界限越来越模糊是许多国家的重要发展趋势，这些国家的教育当局试验了政府拨款、私营控制和用市场机制来分配学校资源。

### 3. 选择性学校的性质

#### 3.1 哲学

由于受到宗教教学和卢梭（Jean-Jacques Rousseau）、尼尔（John Neill）、约翰·杜威（John Dewey）、鲁道夫·施太纳（Rudolf Steiner）和其他人著作的影响，有些学校试图应用儿童心理学、人的成长与发展或自由论价值的激进哲学。詹姆斯解释道，“我们观察到多数（私立学校和其他选择性服务组织）创办人都是‘意识形态的’组织——政治群体（比如独立前的殖民地国家如印度和肯尼亚）、社会主义者的工会（如瑞士的成人教育联合会），而第一位和最重要的是有组织的宗教”（James 1988 P. 113）。

#### 3.2 组织

有些选择性学校的课程很传统但却用新的和有趣的方式加以组织：如“没有围墙的学校”用城市环境作为教室，学生在动物园、博物馆、音乐学校、交易场所和企业上课。这种方式尤其与“自由”学校有联系，它们多见于美国（Cooper 1971）、英国、以色列（Inbar 1989），现在甚至可见于东欧。这种观点来源于杜威和其他人的著作，是指学校应该是民主的、人道的、关心所有参与者的社会，从校长到教师到儿童再到他们的家庭，平等承担管理学校的责任和共同分享成功的利益。共同管理、一致同意和相互支持是许多选择性计划的格言。

#### 3.3 教育

只要没有政府官僚机构严密控制、可尝试新的非制度化学习与教学形式的地方，就基本上可以设置选择性学校。这些学校通常反对有标准化课程、考试和管理的“集中统一”的教育。它们还经常试验新型的以学生为中心的学习方式（独立学习、学习“承包”、通过学生提供工作的“档案”来评价而不是采用标准化考试进行评价）。

### 4. 国际案例

在全世界的大量选择性学校中，有三种特别值得关注。

第一，根源于欧洲的“进步主义”模式学校——尤其是鲁道夫·施太纳（或称沃尔道夫学校）、蒙台梭利学校和“自由”学校——是令人兴奋的例子，它们已经发展到二十几个并且其他国家也还在扩展。

第二，强调知识和技能基础的选择性学校是重要的。它们来自理想的另一端，但却代表了对许多国家政府控制学校明显失败的相似关注。在许多国家，各种类型的强调基础的行动日益成长，反映在民主国家里正在萌芽的新的选择性教育形式中。

第三，公立系统内的选择性学校表明“系统”认可了特殊学校的价值并养育着它们。实际上，随着政府控制学校采用选择性教育模式以满足学生愿望、需要和选择，越来越多的蒙台梭利学校（Kahn 1990）和施太纳学校出现于公立系统中。公立学校中的选择性学校有时叫作“磁石学校”，因为它们提供了独特的课程选择（如科学、数学、艺术、音乐、设计、舞蹈、职业和应用技术如航空修理与设计），并允许学生独立地选择学校。因此，磁石学校由于它的特殊宗旨与课程而“吸引”学生（Cooper 1987，Raywid 1985，Bland 1986）。

#### 4.1 进步主义学校

最古老类型的选择性学校之一是所谓的进步主义学校。进步主义学校可追溯到19世纪并与卢梭、赫尔巴特（Herbart）、裴斯泰洛齐（Pestalozzi）的哲学相连，持续到20世纪的杜威、蒙台梭利、施太纳、尼尔和赖默（Reimer）的学说。他们似乎都展示了对孩子的自然好奇与善良的持久信仰。那些持孩子能独立学习并且生性好奇而聪明观点的人所组织的学校，不同于那些持传统儿童观，把孩子看成天生懒惰、反应慢和无纪律的人所组织的学校。进步主义者建立学校以使他们的观点永久延续下去，杜威建立的芝加哥大学实验学校就是一个著名的例子。

4.1.1 沃尔道夫学校

回溯到1919年,在进步主义实验发展的最快时期,著名的奥地利哲学家、艺术家和科学家鲁道夫·施太纳,在德国的斯图加特沃尔道夫·阿斯托里亚(Waldorf Astoria)香烟工厂厂主的要求下为其雇员建立了第一所这样的学校(因此,这些学校既叫作"沃尔道夫",又叫作"鲁道夫·施太纳"学校)。埃默·莫特·施太纳(Emil Molt Steiner)是一个有趣的教育家,在追求知识、见识及最重要的智慧时,热衷于神秘体验和宗教解释。正如一个批评家所解释的,施太纳"把这种洞察力看成天生的潜力,只要他们能获得一定的精神训练,每一个人都能得到发展。照他的观点,充满了苦行、专心和沉思的训练,导致了'新的经验潜力的形成'"(Education Guardian 1991 P.16)。

现在沃尔道夫学校在22个国家共有500多所,但仍然最流行于德国,注册学生超过了65 000名。正如《基督教科学箴言》所报道的(Hackett 1991 P.4b),在美国,这类学校数量由1971年的6所增加到1991年的121所,施太纳学校甚至还设于东欧:"随着东欧的民主化,沃尔道夫学校运动在那儿也变得很普遍",大卫·米切尔(David Metchell)解释了沃尔道夫协会在地区的地位。"当在布达佩斯的一所沃尔道夫学校建立时,在7分钟内一年级的30个名额就被报满了"(Hackett 1991 P.4)。波兰有4所学校,罗马尼亚至少建立了2所,爱沙尼亚和莫斯科也建立了这种学校。在美国威斯康星州的密尔沃基,有一所沃尔道夫学校始于公立学校。

当许多政府控制的学校关注学生认知发展、标准课程和考试的时期,沃尔道夫学校相对晚才开始对学生进行正规的阅读和写作指导。英格兰苏塞克斯郡的迈克尔·霍尔(Michael Hall)沃尔道夫学校的一个教师解释道:"如果你过早地向孩子介绍抽象的知识,你将把他们需要用来建设自己的力量夺走,你还将夺走他们部分的童年:对他们来说,阅读和写作实在是大人的事情。"(Education Guardian 1991 P.22)

在沃尔道夫学校,主要教师可以连续教同一班学生9年,即从幼儿园到8年级(5~14岁),鼓励师生发展密切关系。在25年内,一个教师可能只有三群不同的学生,这意味着关系变得很强烈且是终身的。沃尔道夫学校还有意识地避免使用技术手段,喜欢简单的富有人性的教学与学习形式。这类学校把计算机和电视机这两种受宠的教育工具,看成会分散学生的想像力的东西而不加使用。

有人攻击沃尔道夫学校过于僵化,教育方法规定和控制太死以至于很难使孩子们适应。孩子往往在同样的时间进行同样的训练、画画和活动。沃尔道夫学校还被指责为一种反科学的偏见,另一种俗气,一种几乎神秘的哲学。然而,它们确实提供了一种真正的选择哲学和教育实践与理论的模式。在一个迅速变成技术的、"科学的"和非个人的世界中,施太纳学校可被看成一种强烈的解毒剂:它们的个人化的、关怀的、人性的和安全的环境在发达国家如德国、美国、英国及其他地方有很强的吸引力。

4.1.2 蒙台梭利学校

大概最著名的选择性学校类型是那些蒙台梭利协会在60多个国家中管理的学校。蒙台梭利学校以玛利亚·蒙台梭利(Maria Montessori)的哲学为基础,这些学校开始是为了帮助来自罗马的贫穷儿童,而后很快扩展到全世界(Kilpatrick 1914)。像施太纳学校一样,蒙台梭利项目相信孩子是天生地好奇的、努力的和自我教育的。蒙台梭利学校强调学习知识技能与纪律的实用技巧,以及有始有终完成活动的欲望的重要性。如夏皮罗(Shapiro)解释道:

> 玛利亚·蒙台梭利出生于1870年,是意大利第一位女医生,她把注意力集中于年轻孩子的学习方式上。她的方法是科学而动人的。她在孩子的能力与倾向的基础上研究和提供资料与程序……资料设计成便利学生自我矫正,强调孩子与学习的联系,而不是教师的判断或介入。(Shapiro 1992 P.44)

这些学校还是地方管理的,虽然它们在每个国家都加入了"协会"(如美国蒙台梭利协会、国际蒙台梭利学校协会),为使它们的蒙台梭利课程起作用,协会提供受过训练的和得到许可的教师以及相关资料和指导。虽然许多蒙台梭利学校开始是为3~6岁儿童设立的“学前教育”课程,它们通常发展到小学,甚至更高年级。这些学校或多或少以蒙台梭利哲学为基础,这是一个有趣的哲学基础(Boehnlein 1985)。她相信每个孩子必须独立地“自我实现”,因此,“儿童是成人的建设者”。虽然是身体的发展,但精神是关键。她解释道:“身体的生命取决于精神的生命。”正如蒙台梭利的信徒奥斯瓦德(Oswald)写道:

> 儿童内在的生命力由身体的生命所赋予,它延伸至独立与自治,这个过程始于出生并持续人的大部分生命。在分离的过程中,蒙台梭利看到了自由的预兆,自由是设计人的目标,是人胜过所有生物的尊严的最高表示。(1985 P. 15)

公立学校系统在许多国家建立了蒙台梭利学校。这些选择性蒙台梭利公立学校为孩子提供了在各种教育哲学中进行更多选择的机会,即使仍然留在公立学校中。

当把沃尔道夫学校与蒙台梭利学校进行比较时,就会出现一些有趣的差异。这两种运动对“学习”的看法有所不同。蒙台梭利学校更具体和理智,而沃尔道夫学校往往倾向于唯心论,他们最终的定位来自“先验的经验”,而不是对现实的感觉。蒙台梭利学校是通过做来学习;沃尔道夫学校学生的目标是通过信仰与启示来了解和认识。

沃尔道夫学校的教师“领导”孩子进行更深的理解,而蒙台梭利“把教师和教育家的职能看成帮助孩子自己做和独立做,并时常导向孩子自我建构成一个个体的人——有其个体的唯一性”(Oswald 1985 P. 20)。两类选择性学校在学校实践中的差异也是明显的。蒙台梭利课堂是高度个性化的、目标定向的和学生控制的;沃尔道夫学校有一系列课程,所有的学生以相同的次数完成相同的任务,这取决于施太纳哲学和学生的需要。

#### 4.1.3 自由学校

自由学校同样承认儿童中心,虽然它们的哲学与蒙台梭利和沃尔道夫学校的哲学相去甚远并欠发展。自由的和选择性的学校倾向于反映学生与家长的观点(Cooper 1976, 1971; Graubard 1972; Duke 1978)。有色人种、来自不同种族群体的人和有宗教信仰的人可能建立他们自己的学校(以种族、宗教和文化身份为基础),尤其是当他们发现主流学校是压迫的、种族主义的或质量非常差时。如在几个国家,黑人建立了他们自己的选择性学校。马克·安·戈赫尔(Mac an Ghaill 1991)把私立黑人选择性学校的建立描述为“黑人社区对他们在英语学校所经历的种族歧视的一种反应”(P. 133)。穆斯林也在美国、英国和法国建立了他们自己的宗教选择性学校(Dooley 1991 P. 98)。

学校类型的国际运动还扩展到许多国家。如在20世纪60年代期间,约瑟夫·费瑟斯通(Joseph Featherstone)关于英国“幼儿园”的著作被转而实践为“开放课堂”、“自由学校”、“走廊课堂”和其他选择性学校。其中最著名的可能是夏山学校,许多人来参观,人们经常写文章介绍它是一所寄宿学校。它由临床医学家尼尔经营,他因举办学校而变得赫赫有名。尼尔把学校看成极其民主的社区(Neil 1960)。尼尔的著作影响全世界整整一代的教育家,并吸引了美国、以色列、加拿大、法国以及英国的前卫家庭的关注。

### 4.2 基督教主义者的选择性学校

然而,另一种选择性学校来源于保守的观点,是对公立学校显而易见的“世俗的人道主义”和明显信仰“相对论”的反应(Carper 1984, Carper and Devins 1985)。由于献身于绝对的和严格的行为规则,这些选择性学校通常与基本的宗教信仰相联系。每种主要宗教——基督教、犹太教和伊斯兰教——创办了支持其最传统价值的学校。它们代表了许多西方国家广泛的观点,即家庭正受到围攻,毒品、性和行为不端正破坏着社会的价值,在教养孩子的过程中,必须重申对他们的控制——无论是在家中还是学校。基督教主义者的选择性学校,像与之对立的自由学校一样,也是家长对孩子的未来给予关注与渴望的有趣的晴雨表。基督教主义者学校变成了一种国际运动,在加拿大、美国、拉丁美洲、非洲(埃塞俄比亚和利比里亚)、亚洲(印度尼西亚),甚至在东欧都有这种学校,俄国有44所基督教学校,使它真正产生了国际影响。这些选择性学校一般都很小(35~70个学生),通常由教会或小礼拜堂(地方基督教圣会)管理,有时使用"程序化考试"和资料,从而使个性化成为不可能。而且,学校相信在这些练习簿和资料中所教授的概念与学校关于创世、道德和信仰的强烈基督教信仰是一致的。这些程序化资料还使这种学校更容易创办,并允许学校在没有许可教师的情况下运转。

### 4.3 公立选择性学校

全世界有许多选择性学校在公立学校系统内经营,它们很小、更集中,招收的学生通常是很难融合进大的、非个性化的、教学速度快的、有时暴力很多的公立学校,选择性学校为这些学生提供一个安全的天堂。对有些学生来说,少许个人关怀是很重要的,选择性学校经常提供这种支持。然而,规模大的公立系统发现很容易建立新的"实验"项目,为更大规模推广提供模式。经营小规模学校(作为示范项目)似乎允许改革家改革传统规则与规章,而在大的主流计划中改革是受到阻碍的。

在荷兰、丹麦、英格兰和威尔士及其他国家和地区,鼓励家长和教师建立他们自己的选择性学校(有政府的支持)或接管现存的政府管理的学校,并通过参与者投票把它转变为独立管理但政府拨款的学校。这种公立—私立选择性学校,如一系列"选择"学校或所谓的"磁石学校",包括英国的"退出公立体制"或直接拨款学校。

这些选择性学校在两方面有突出的优势,一方面由公共拨款(通常以人均为基础)但仍是私立学校,另一方面它们的管理与决策受市场驱动。英国的城市技术学院(CTCs)是一所有挑战性的选择性学校:是一所科学与技术中学,启动资金来自国家政府、私人企业和个人捐赠,由一个私立管理董事会管理,但日常经营接受国家政府以人均为基础的拨款。城市技术学院呈现了许多"选择性学校"的特征:有一个特殊的主题如科学、数学和技术;招收许多中等学生,避免了由于招收有钱和有才能的学生而被称为"精英" 学校;不受地方教育当局的管理;是国家政府、地方和地区企业以及地方委托合作的结果(Walford 1991 P. 158)。

其他的选择性学校或磁石学校成长于失败的公立学校,公立学校如此低效率、无吸引力和危险以至于很少人愿意进入这种学校。于是这些学校被关闭,学生被转移,教师被解雇或转移。一所有特殊特征或主题的新学校在旧设施的基础上建立起来。如在新纽约城,教育委员会设有选择性教育办公室,它不仅支持各色各样的不循常规的磁石学校,还在实际上创造了规划、建立和扩大选择性学校的条件。

## 5. 展望

选择性学校现在和将来在现代教育中都有重要的作用。有一类选择性学校满足了不能适应系统化的、考试定向的、政府控制学校的儿童的需要。有创造力的、具有艺术潜质的、特殊的儿童被吸引到小的、个性化的和关注他们需要的学校。另一类选择性学校满足了一些需要更多学科和更高学术质量的家庭的要求。在一些国家中,家长倾向于最古老的"选择性" 教育形式:自己在家教孩子。所谓的"家庭教育" 在美国几乎有100万儿童(Ray 1988),许多人作为基督教徒由于宗教原因而选择家庭教育。

不管选择性学校的产生与消失,建立与关闭,世界将可能需要选择性学校,这种学校与为多数孩子设立的大的、政府管理的、标准化的教育系统形成对比。教育家从选择性教育哲学——杜威、蒙台梭利、赫尔巴特、卢梭——学到了许多关于儿童、教学与学习的东西。

而且,选择性学校呈现了以不同方式组织学校的有效模式。选择性学校尽管很少,但它的重要性却不能以它们的数量来衡量。主流学校可能忽略某些学生的特殊要求,因此,根本的改革、重构和新教学法常来源于实验学校。百余年来,选择性学校成为新思想的源泉,它的历史几乎和工业化社会的义务教育、政府管理学校、标准课程与成绩的历史一样长。

总之,无论标准的、被认可的、政府支持的学校什么时候失败,教育家与公众都会求助"选择性学校",用不同的思想和方法教授孩子。这些学校经常提供或者高度自由的、几乎自由主义的、"儿童中心"的课程,或者高度结构的、"刚性的"和严格控制的教育途径和方法。这个连续体的每一端都为主流学校提供了有用的观点。当然，一端是蒙台梭利、沃尔道夫和"进步主义"学校，另一端是传统预备学校或宗教的保守学校，都给予人们希望，即教育能在广泛的政府控制之外得到"改革"。

B. S. 库珀（B. S. Cooper） 著

朱科蓉 译

**附录**

Blank R K 1986 Marketing and recruiting in urban magnet schools: Implications for change in school-community relations. *Urban Educ.* 21(3):263—279

Boehnlein M M 1985 The National Montessori Teachers Association Montessori Bibliography. *The NAMTA Quaterly* 10(2):

Carper J C 1984 The Christian day school. In: Carper J C, Hunt T C (eds.) 1984 *Religious Schooling in America.* pp. 110—129. Religious Education Press, Birmingham. Alabama

Carper J C, Devins N E 1985 The state and the Christian day school. In: Wood J E Jr (ed.) 1985 *Religion and the State: Essays in Honor of Leo Pfeffer.* Baylor University Press, Waco, Texas

Cooper B S 1971 *Free and Freedom Schools: A National Survey of Alternative Programs.* The President's Commission on School Finance, Washington, DC

Cooper B S 1976 Alternative Schools and the Free School Movement. In: Goodman S (ed.) 1976 *The Handbook on Contemporary Education.* Bowker, New York

Cooper B S 1987 *Magnet Schools.* Institute for Economic Affairs, London

Dooley P 1991 Muslim private schools. In: Walford G (ed.) 1991 *Private Schooling: Tradition. Change, and Diversity.* Chapman, London

Doyle D 1989 Family choice in education: The case of Denmark, Holland, and Australia. In: Boyd W L, Cibulka J G (eds.) 1989 *Private Schools and Public Policy.* Falmer Press, New York

Duke D L 1978 *The Re-Transformation of the School.* Nelson-Hall, Chicago, Illinois

*Education Guardian* 1991 Teachers, governors, and parents: Steiner schools. *Education Guardian* 12 March: 22—23

Erickson D A 1986 Choice and private schools: Dynamics of supply and demand. In: Levy D C (ed.) 1986 *Private Education: Studies in Choice and Public Policy.* Oxford University Press, New York

Graubard A 1972 *Free the Children: Radical Reform and the Free School Movement.* Pantheon, New York

Hackett R 1991 Network of Waldorf schools grows. *Christian Science Monitor* 18 March: 32

Holt J 1964 *How Children Fail.* Putnam, London

Inbar D E 1989 A "back-door" process of school privatization: The case of Israel. In: Boyd W L, Cibulka J G (eds.) 1989 *Private Schools and Public Policy: International Perspectives.* Falmer Press, New York

James E 1988 The public private division of responsibility for education: An international comparison. In: James T, Levin H M (eds.) 1988 *Comparing Public and Private Schools. Vol. 1: Institutions and Organizations* Falmer, New York

James E 1989 Public and private education in international perspective. In: Boyd W L, Cibulka J E (eds.) 1989 *Private Schools and Public Policy: International Perspectives.* Falmer Press, London

Kahn D (ed.) 1990 *Implementing Montessori Education in the Public Sector.* North American Montessori Teachers' Association, Cleveland Heights, Ohio

Kilpatrick W H 1914 *The Montessori System Examined.* Houghton Mifflin, Boston, Massachusetts

Kozol J 1985 *Death at an Early Age.* New American Library, New York

Mac an Ghaill M 1991 Black voluntary schools: The "invisible" private sector. In: Walford G (ed.) 1991 *Private Schooling: Tradition, Change, and Diversity.* Chapman, London

Neill A S 1960 *Summerhill: A Radical Approach to Childrearing.* Hart, New York

Oswald P 1985 Montessori and Waldorf education

trans. Gebhardt-Seele P. Montessori-Werbreif Vierteljahrsschrift für wissenschaftliche Pädagogik. March 1, 1985

Ray B 1988 Home schools: A synthesis of research on characteristics and learner outcomes. *Educ. Urb. Soc.* 21(1):16—31

Raywid M A 1985 Family choice arrangements in public schools: A review of the literature. *Rev. Educ. Res.* 55(4):435—467

Shapiro D 1992 What if Montessori education is part of the answer? *Education Week.* 12(9):44,37

Walford G (ed) 1991 *Private Schooling: Tradition, Change, and Diversity.* Chapman, London

## 教育机构中的权威与权力(Authority and Power in Educational Organizations)

对教育权威和权力安排的建构及再建构是学校管理和政策分析中的关键要素。作为建立和控制社会秩序的基本机制,权威和权力是政治实践与理论分析词汇系统中的普遍概念。这些术语被概念化、被定义、被实施过程中的差异,显著地影响着学校组织及其运作过程中所产生的社会和政治层面冲突的性质及其结果。本词条探究了这些议题并说明了它们对于教师职业专业化、授权、革新型领导以及学校领导的性别差异等方面问题的实践意义。

### 1. 权力和权威的性质

权力和权威是如何被用来建立社会控制系统,进而建构角色关系并影响学校绩效的问题,是众多全球性学校改革议题中的核心内容,例如校本管理、教师授权及教师职业的专业化、有效的组织领导以及不同信仰、语言、民族和性别群体的平等机会等议题,莫不与此有关。这里根本性的问题是如何建立这样一套社会秩序和控制的系统,它不仅尊重个体的权利与自由,并且支持和维护有效的教与学,而不会导致个人的疏离或组织的刻板、低效。

为了明确这些问题,必须澄清讨论权力和权威时一些容易产生矛盾和混淆的地方。虽然所有的分析者都一致认为权威是一种激励下属的机制,能使他们的行为表现符合社会的和组织领导人的期望,但关于这种机制是如何与权力、劝说、交换以及其他社会控制和影响手段相区分的,认识上仍然存在着很大的分歧(Mitchell and Spady 1983)。回顾了这个问题在概念层面上的复杂性之后,一本有名的书将权力和权威的关系总结为"微妙的"和"模糊不清的"(Sergiovanni et al. 1992 P. 232)。理清这些关系是建立完善的学校组织和深刻的政策理论的先决条件。

#### 1.1 两种权威理论

在组织理论中,关于权力、权威之间的关系可以找到两种不相容的概念体系。占主导地位的理论将权威理解为基于权力影响的社会合法性——这种影响通过"全局控制和有效地使用某种资源"而起作用(Kimbrough and Nunnery 1988 P. 423)。此观点最终是由弗里德里奇(Friedrich 1958)建立和发展起来,并由多恩布斯和斯科特(Dornbusch and Scott 1975)运用于教育组织。这派理论家宣称对社会的全局性影响是以对权力资源的操纵为基础的。他们以社会环境为参照而下的定义是:权威是在一定社会环境下,对以权力为基础的影响的运用。霍依和米斯克尔(Hoy and Miskel 1986 P. 109)采纳了这种理论并将它归纳为:权威是权力的合法性质……当一所学校的人们的普遍观念(标准)将使用权力合法化视为"正确且恰当的",那么权威便产生了。

而相反的理论则认为权威迥异于社会权力。持这种观点的理论家常常追溯一些历史的概念(Arendt 1968, Nisbet 1975)。例如他们指出英语中的词语"权威"来源于拉丁语"auctor",而不是来源于早些时候的希伯来语或希腊语词根,后者指向现代的关于权力的观念(Arendt 1968, Mitchell and Spady 1983)。

第二种观念宣称权威是一种独特的、人性化的社会影响的方式。当个体提供了某种核心的社会经验——安全、亲密、自我价值以及个人潜质——足以吸引他人时,权威性的影响便产生了。正如米切尔和斯佩迪（Mitchell and Spady 1983 P. 12）所指出的那样，"个体朝着允诺提供经验的社会关系靠拢，并逐渐接受能创造经验来指导他们行为的人所拥有权力的合法性"。这些作者更进一步地争辩道，权力事实上起源于权威并通过"置换"的心理过程而实现，这种"置换"即用客观的、可操作的符号来代替受影响者自己的权威经验，而这些符号能代表他们的意愿。权力资源由可操作的符号组成，这些符号影响行为的力量来源于它们的能力——能使下属感受到由于服从权力行使者的控制而获得安全、个人能力发挥、自我价值实现、亲密感的机会。

理解关于权威这两种对立理论之间的差异对于建立管理控制系统有决定性意义。如果说第一种理论是正确的，那么管理性控制便来源于获得并明智地使用关键性的权力资源。基于权威的控制是建立在因为行使权力而获得普遍支持的基础之上的，它只有在作为保持影响力和降低维持组织的控制所需经费的手段时，才显得重要。塞尔吉瓦尼等人（Sergiovanni et al. 1992 P. 332）简洁地阐释了这一观点："使用权威而非权力的优点就在于花费很少或不花费。"

然而如果第二种理论是正确的，那么那些试图通过运作权力资源而取得影响力的管理者便无法调动其下属的个人经验，而这些个人经验可以激发下属为实现组织目标而认真工作的热情，并能使下属服从于管理者的要求。更为核心的是，关于权威的第二种概念认为合法的社会影响力来自个人的形体和品格，并来自领导者为下属创造有积极意义的关系的能力和意愿——而不是来自符号或物质资源的积累或能够实施奖惩的能力。

### 1.2 权威的四种模式

理论家们不管是从自身经验还是社会赞同的权威概念出发，实际上都认为存在着多种权威模式，并认为居高位者个人影响力的性质取决于正在发挥作用的特定权威模式。20 世纪早期，韦伯（Weber）就深入研究了这一问题，他将权威分为三种模式：世俗的权威、神授超凡魅力的权威以及理性—法定的权威（Weber 1946）。他认为现代社会组织（官僚模式等同于现代的社会机构、政府、军队及私营企业）是在理性—法定权威系统的基础上建立起来的。封建制度的世俗权威系统与重要却不稳定的领导者超凡魅力权威系统为现代性的体系所取代，这个体系建立在劳动分工、正规化以及精英统治的基础上。

以后的研究证明韦伯的关于权威的观念在两个重要方面存在瑕疵：首先，他的"理性—法定"的权威模式没有将术语"理性"的两种差别较大的含义区分开来。可能这个术语最经常使用的含义是，理性行为是指那种建立在专家的知识基础之上，并与手段和结果相联系的行为。第二种常见的含义是将习俗性的或有意安排的秩序强加于一种情形中去，如果不这样，这种情形就会陷入无组织状态。行政官员的或公众的决策而非专家的知识用来为这类秩序提供内容和逻辑依据。在这种用法中，"理性"意味着可测量、惯常或标准化的行为，习俗化的秩序通过一致的公众意见和便利的途径来创建。从这个角度看，韦伯术语的两层意义是迥异的。使用"理性"这一概念，第一层含义的权威是"专家的"权威，然而"合法"权威的产生则依赖于社会关系的建立进而为行为提供可接受的指导。总之，存在着四种而不是三种权威的基本模式：世俗的权威、神授超凡魅力的权威、法定的权威以及专家的权威。美国社会学家帕森斯（Parsons 1937，1947）是第一个发现韦伯思想中这个重要问题的人。他指出韦伯的官僚理论假定一个组织中最重要的专业知识总是在最高层正规（法定）权威中发现的，这使得对职业化的专家的管理不可能由那些似乎无所不能的管理者进行。

韦伯对权威模式的讨论中存在的第二个问题是，他倾向于将神授超凡魅力的权威以及在较小的程度上将世俗的权威视为可畏的、非同寻常的和脱离人类经验的。事实上，这些权威模式在日常的各种社会环境下都影响着人们的行为。所有人类群体自组成以后都形成了自己的传统，有经验的人将这些传统的规范解释给新来者，前者的权威由于后者认可正确指引而形成。神授魅力也是常见的，个人的魅力、友谊、同志之爱、款待他人以及自发的领导都或多或少依赖于神授魅力权威的简便应用。任何人，通过人格的力量帮助他人塑造精神或行为都依靠神授魅力的权威或由它派生的心理支配力量。

1.3 劝说和交换

在社会影响中交换和劝说的机制产生于这样的一种事实:权威(和权力)的多样形态在影响特定领域的人类行为时最为有效,认识这一点很重要(Mitchell and Spady 1979)。例如,法定的权威适于创建行为准则和常规秩序,但是世俗的权威在建立文化的价值和规范或对人们进行承担社会责任的教化方面则更为有效。法定的权威和它所衍生出的权力模式、官方准则,被用于建立组织性常规,但它们对发展自我价值和个性就不那么有效了。世俗的权威传递给下属一种群体身份感,但它也可以通过对操作性问题及改革时机的理性批评来获得。专家性质的权威在领导者和普通成员都关注有效行为时发生影响。超凡魅力型权威则在亲密和温馨的社会关系成为达到特定结果的必要前提时产生影响。专家的权威及其衍生的权力模式和技术操纵,是在下级意识到有知识性问题或是需要帮助来克服技术障碍时,出面对其进行行为指导。超凡魅力型权威及其由权力衍生的心理支配作用,在社会性的孤立、疏离或者离析成为合作的主要障碍时更为有效。

说服是一种社会影响的机制,它运用一种模式的权威来指导他人行为的形成。举个例子来说,如果老师的专门知识技能得到认可,就能说服学生经常遵守课堂纪律,实现有效教学,即使他们不能提供给学生秩序感及个人安全感,而这种感觉是负责制定条例的法定权威获得直接支持的基础。同样,有经验并有人格魅力的教师,能够说服学生努力学习,并建立起对学生参与课堂活动的初步控制,即使他们最初并未给学生提供发挥个人潜能的经验,这种经验来自对学科专门技能的深度分享。

与放弃权威交易的说服不同,交换是一种依靠交易权力资源的能力来运作的影响机制,尽管一些权力关系以下级的完全服从为特征,而更多的则包含交易。一个在技术上领先的个人或团体,可能面对另一个具有强大公众号召力的个人或团体;或者一个具有法律权力的个人或团体可能反对具有心理优势的统治人物。最终解决问题的方式通常是权力的交换,而非力量上的简单较量。在以权力为基础的社会环境中,除了一些权力资源过大的地方,交换心理的、道德的、法律的或技术的权力资源,是干预社会影响的手段。

## 2. 当代的争论

权威、权力、说服以及交换的各种组合发展出不同社会影响的模式。当多种影响机制在所有的社会机构中产生一个复杂而微妙的影响体系时,当代的领导者和政策制定者所面临的最棘手的控制问题,就是要回答权威或权力是否是最基本的影响机制。把社会所赞同的权力视为权威的人,会对认为社会权威根植于领导特质和直接社会经验的人提出的教育改革所涉及的基本框架、特定的想法和关注的问题产生误解。许多关于权力和权威的关系如何在教育中重构的重要议题,已经在20世纪80年代和90年代讨论过了,三个特殊的题目描绘了这种误解的根源和重要性:(a)教师的专家地位和分权;(b)组织文化和行政领导;(c)性别对组织目标制定和管理的影响(其他关于平等议题,如民族、种族、小语种民族及有身体障碍困难——与性别条件不同,在上述条件下生活和工作的人们将长期处于权威混乱和以权力为基础的社会的控制之中)。

2.1 教师的专业地位和分权

在20世纪前50年中,教师的专业地位被认为是依赖于长期的培训及教育者控制学校组织。当许多教师缺乏进一步培训,以及学校组织受到政治控制的情况下,将导致职前和在职教师培训的要求迅速增加,并导致制定法律保护教师对课堂活动的控制。专业地位的概念在20世纪60年代及70年代受到了激进的教师的猛烈冲击,他们指出中世纪的教师专业地位意味着将学校从社区控制和家庭干涉中分离出去,而致力于个人工作成就和职业机会。教师职业内容结构依然相当枯燥,由此助长教师离开课堂去争取社会地位的行为。校长及高层管理人员倾向获得专业地位,而教师则至多仍保持职业上的"半专业化"。我们有理由充分相信专业管理人员是教师需求和利益的忠实代表。

这个关于专业地位的早期定义被一些教师所

打破。他们为了解决疏远、挫折及在工作中的低地位等问题而转向工会主义。在传统观点上，这些新兴的激进派教师是反专业化的。他们利用组织性权力来改善工作条件而非取得合法的社会地位。他们采取组织性战术和产业劳力的契约性观点（与手工业及艺术联合体所采用的不相同），同时也采用传统蓝领工会主义者的政策战术——热情的公众团体以及对喜爱的政党和候选人的公开支持。

奇怪的是，当新的工会战略成功地提高了教师的政治权力时，却丝毫未能提高教师专业权威地位或增加对普通教师个人的授权。客观地说，加入工会的教师权力地位提高很快。例如，在美国，无论是在公共还是私营部门，教师职业工会化最彻底。基于早期的任期法规，劳动合同增加了工作保证，并给教师组织提供有效接触学校政策和事务决策的机会。但是在20世纪80年代，当企业和政治领导者迫使学校改进其业绩表现的时候，针对提高教师水平和责任能力的政策比那些提倡更高教师权威和地位的政策赢得了更多的支持。事实上，最早强调的将专业地位的含义解释为完成复杂任务的熟练表现的观点，促使合理的教师考核及培训改革恢复了生机。另外，基于表现的教师资格标准也提出了为一线教师创造多层级事业发展阶梯的观点。

从教师的角度讲，20世纪80年代的许多改革都强调教师政治方面及在工作场所的责任，而非专业地位。改革旨在强调对教师能力及成就意愿的检查和确认，而非扩大其自主和控制权。尽管这些政策时常被界定为发展公众对学校的信任和教师职业声望所必需的，从而保证对教师的专业授权，而教师及相关公众都意识到了这些政策产生了相反的效果。显然，专业地位不能用基于权力的责任机制来制造，它必须被一个职业群体认可为一种前提条件，确切地说，是决定能否向承担权威性专业工作的个人及组织授权的前提。

那些认为权威是合法权力的观察者，为了扩大对工作及其条件的控制，期待在更广泛的社会支持下给教师授权。对那些认为权威来源于人的品格并通过直接经验得到证实的人来说，工会主义—专业主义的争议的演化表明，社会对基于权力的社会控制的支持不能创造可靠的专业地位。因此，也不能产生向教师授权这个概念所提及的扩大影响及社会控制的效果。从权力的角度上讲，首先是控制，然后社会接受这种控制，进而产生了权威性授权。从直接社会经验的角度上讲，权威性的教师—学生关系在先，而授权则在这些关系提供安全、自我价值、潜质以及亲密感的能力的增长中产生。

### 2.2 变革型领导和组织文化

领导研究提供的另一观点揭示了解决权威概念理解中矛盾的重要性，这种理解的争议是：权威来自直接经验还是合法权力。领导研究着眼于校长和其他管理人员如何建立健全的学校文化来巩固社会价值，指导学校员工、学生、家庭和关注学校的市民的信念和行为。在伯恩斯（Burns）著作基础上讨论的问题，集中于领导与下属的关系是“变革的”，而不仅仅是“执行的”。

变革的领导要在下属引起信念以及承诺，而不仅仅是控制其行为。在学校等机构里，它们成立的主要原因就是改变成员的认识和感情，改革的领导越来越被视为一种基本要求。学者们对改革领导关注的重点在对关系性质的分析和组织文化的解释上。如米切尔所指出的：“真诚的教育领导者，通过全身心的奉献，为本地区的教育对象而忙碌。”

这个新的领导结构鼓动以权力为基础的资源控制体系的分权——减少与正式组织相关的行为调节和等级地位制度。这种观念最普遍的形式是校本管理的发展，同时强调将地方的决策与外部的规制和高层上级的领导相分离。

各种争论的权威理论为领导改革问题提供了许多完全不同的解释，并为它将来的发展指出了不同的路径。对于那些把权威视为社会性合法权力的人，改革的目的是从那些不合法地掌握权力的人们手中拿走权力。从将权力视为直接经验的角度看去，改革的目的是要使权力资源掌握在被证明为权威的人们手中。前者是要转移权力资源，而后者则鼓励产生权威的经验的发展。

### 2.3 教育领导中的性别差异

管理定向和行为中的性别差异为复杂的管理权力和权威问题又提供了一个研究视角。校长研究提供的文献证明男性和女性在工作中存在着极大的差异(Kanthak 1991)。女校长更为关注教学事务和对教师员工的直接指挥。与之相对,男校长更为关注工作的环境和政治维度。此外,女性管理者将一个群体建设视为她们工作任务的核心,而男性则更依靠独立的行为和群体的规则。谢克萨夫特(Shakeshaft 1987)认为管理观念和培训存在着瑕疵,因为它们忽视了女性的经验,提出要重写文献并重构为管理者进行培训的经验。

在学校管理和政策中的男女性别差异当然不会自动地导致任何一个性别群体的成功或失败。然而这种差异容易改变教育项目和学校运作的整体品质。女性在教育领导中持续地居于次要的地位,因此公众和专业支持的天平已经自然地倾向女性。这种转变与一种有广泛基础的社会反思密切相关,其内容是关于合法社会影响和控制的正当基础是什么。

几百年来——大约从封建社会开始直至法国和美国的大革命——西方社会建立在氏族和宗教信仰系统基础之上。这种社会组织的形式被韦伯称为习俗社会或者社群组织,它在人类步入现代文明的初期被官僚体制所支配的基于权力、正规化的社会组织所取代。西方社会的人们起而反抗世俗皇权和宗教权威的劣行,并建立起一种新的社会秩序,它被韦伯称为法理社会组织。这种社会组织的特点是劳动分工、权力资源的民主分配,以及用决策的民主化、合法化取代其公共的、情感的基础。

事实上,西方社会已经中止了对关系的信任,并坚信使用结构化的安排和物质资源去指导社会行为是最有效的。对资源的竞争和由此产生的冲突是合法的,并被纳入新的资产阶级的企业经济中。在法理社会中,男性的责任是控制社会秩序——在积累权力资源时,他们减少了对直接经验的关注或不再依赖于这些经验。女性在很大程度上远离了新的社会化过程,社会期待她们采用那种基于社会经验的途径去影响和控制习俗社会的秩序。这个结果使得男性和女性走近社会组织的方式大相径庭。男性通常很难意识到经验化的社会关系的重要性,并且把他们的影响力归因于对资源的管理而不是个人特质。当正规组织的发展成为主导的时候,这些个人特质是相当有用的。但是,当生产率和绩效更多地遭受疏离和冷漠而不是结构不良等因素的阻碍时,这些个人特质便产生了盲点。通过对直接经验的关注,女性比男性更经常地利用对关系的密切管理来促进组织化的发展。她们对基于权力的关系感到不甚适应,但她们有效地从个人化权威中创造直接经验的能力却是天生的。

### 3. 总结

对学校组织及其运作差异明显的说明,产生于关于社会权威和权力两种对立的定义。那些把权威视为社会性法定权力的理论专家和教育工作者忽视了个人的重要特质,并且把领导等同于社会交往和资源管理。而那些把权威视为社会控制唯一的人性化方式的人,其观点则建立在基本社会品质的基础上——包括安全、自我价值、胜任能力以及亲密感,强调个人特质以及在建立和维持社会权威系统中的人际经验的重要性。

这两种观点的显著差异不仅仅表现为理论的复杂性。相关的事件包括对教师的授权、组织领导和社会公平性等都通过对两种理论的选择而得以重铸。

在第一类观点中,授权是资源控制的结果,领导是为组织结构和规则提供社会支持的事件,公平是以平等的途径获得资源和机会的事件。

在第二类观点中,对教师的授权开始于自我控制、个人品质和技术,并通过支持他们发展和行动的结构而得以制度化。授权机构包容并培养这些品质而不仅仅是控制或规范。个体差异不是被简单地看成不公平的来源或亟待解决的问题,而是被视为理想社会秩序特征的本质方面。从这些角度看去,领导表现为对在组织中生成的人的经验的质量的验证。

D. E. 米切尔(D. E. Mitchell)<br>J. E. 特赖曼(J. E. Treiman) 著<br>孙 奕 译

### 附录

Arendt H 1968 *Between Past and Future: Eight Exercises in Political Thought*. Viking, New York

Brandt R S (ed.) 1992 Transformational Leadership.

Educ. Leadership. 49(5):(whole issue)
Burns J M 1979 *Leadership.* Harper and Row, New York
Dornbusch S, Scott W R 1975 *Evaluation and the Exercise of Authority.* Jossey-Bass, San Francisco, California
Etzioni A (ed.) 1969 *The Semi-professions and their Organizations: Teachers, Nurses, Social workers.* Free Press, New York
Friedrich C J (ed.) 1958 *Authority.* Harvard University Press, Cambridge, Massachusetts
Hoy W K, Miskel C G 1986 *Educational Administration Theory, Research and Practice*, 3rd edn. Random House, New York
Kanthak L M 1991 The effects of gender on work orientation and the impact on principal selection. Doctoral dissertation, University of California, Riverside, California
Kerchner C T, Mitchell D E 1988 *The Changing Idea of a Teachers' Union.* Falmer, London
Kimbrough R B, Nunnery M Y 1988 *Educational Administration: An Introduction*, 3rd edn. Macmillan, Inc., New York
Mitchell D E, Spady W G 1983 Authority, power and the legitimation of social control. *Educational Administration Quarterly* 19(1):5—33
Mitchell J G 1990 *Re-Visioning Educational Leadership: A Phenomenological Approach.* Garland, New York
Nisbet R A 1975 Authority. In: Monahan W G (ed.) 1975 *Theoretical Dimension of Educational Administration.* Macmillan Inc., New York
Parsons T 1937 *The Structure of Social Action.* Free Press, New York
Parsons T 1947 Introduction. (trans. and ed. Henderson A M, Parsons T) In: Weber M 1947 *The Theory of Social and Economic Organizations.* Macmillan, New York
Sergiovanni T J, Burlingame M, Coombs F S, Thurston P W 1992 *Educational Governance and Administration*, 3rd edn. Allyn and Bacon, Boston, Massachusetts
Shakeshaft C 1987 *Women in Educational Administration.* Sage, Beverly Hills, California
Shedd J B, Bacharach S B 1991 *Tangled Hierarchies: Teachers as Professionals and the Management of Schools.* Jossey-Bass, San Francisco, California
Spady W, Mitchell D 1979 Authority and the management of classroom activities. In: Duke D (ed.) 1979 *Classroom Management.* Seventy-Eighth Yearbook of the National Society for the Study of Education, Part Ⅱ. University of Chicago Press, Chicago, Illinois
Weber M 1946 *From Max Weber: Essays in Sociology* Oxford University Press, New York

## 学校中种族隔离的废除(Desegregation in Schools)

本词条所说的“废除种族隔离”是指小学和中学少数民族学生与非少数民族学生的共同就学。更具体地说,多数讨论关注的是把黑人学生和非西班牙白人学生置于同一学校的计划或安排的实施及其效果。废除学校中对少数民族学生的种族隔离是在全世界都受到关注的重要话题。然而,除了以色列和美国(Wirt 1979,Suarez-Orozco 1991),其他国家相对较少采取措施用来改变“普通”学校的入学模式,以废除少数民族及非少数民族学生之间的种族隔离。而且,多数关于废除种族隔离的实施与效果的研究涉及了美国的黑人和白人学生。因此,本词条主要以美国的研究为基础。

首先应该指出,关于学校废除种族隔离的话题除了它的实施与效果外还有重要的问题与视角。例如,拉·贝里和怀特(La Belle and White 1980)提出了群体间关系的国际类型学,这有助于在更大的社会背景中理解学校废除种族隔离。布拉多克(Braddock 1985)和一些其他研究者调查了学校废除种族隔离对以后的经济与社会发展的长期影响。而且,法律、道德与哲学问题在理解废除种族隔离中无疑很重要。由于文章容量有限,本词条只能简短地讨论废除种族隔离及相关的问题。

### 1. 废除种族隔离的效果

多数关于废除种族隔离的研究集中于它对少数民族学生的学术成绩影响,以及对种族间和群体间态度与关系的影响。在这两个问题上都存在相当的不一致与混乱。有些熟悉文献的研究者坚信废除种族隔离的学校提高了少数民族学生的成绩并有助于形成积极的种族间态度。而有些研究者确信废除种族隔离要么没有对成绩与态度产生积极作用,要么积极作用还没有表现出来。由于研究的选择与解释不同,结论也不同。

#### 1.1 少数民族学生的成绩

评价废除种族隔离对少数民族学生成绩的影响很难,问题包括控制社会经济地位的影响、测量经过一年或两年时期相对较小却有意义的变化、比较参与不同形式废除种族隔离活动和背景(如自愿转变课程或强制性分配,在城市里或在农村环境中)对学生的成效以及评估不同学科领域如阅读与数学的收获。在这些及其他许多方法问题中,大概最重要的是对两种情形的结果进行比较,一种情形是废除种族隔离的措施得到很好的实施,另一种情形是(可能占大多数)不同种族与民族的学生混合在一起,但是教师妥善对待不同成绩水平与社会背景的学生方面的准备却很少真正取得进步。

在这种情况下,难怪学者关于废除种族隔离对成绩的影响得出了不同的结论。圣·约翰(St John 1975)回顾了主要的研究后总结道,由于方法上的不足与资料解释方面的问题,不可能认定废除种族隔离是成功的或是不成功的。温伯格(Weinberg 1977)也分析了这些研究并得出结论:从整体来看,废除种族隔离的政策确实对少数民族学生的成绩产生了积极影响。A. 布拉德利和 W. 布拉德利(Bradley A and Bradley W 1977)分析了大量同类文献得出结论,有些研究是"设计得好的",既有支持又有驳斥,并把学校废除种族隔离作为一种干涉战略。他们的普遍结论是,自 1959 年以来,关于学校废除种族隔离的资料收集是"不一致与不充分的"(P. 444)。克罗尔(Krol 1980)回顾了 129 项研究,同样也对废除种族隔离的效果提出了质疑。克罗尔认为即使在废除种族隔离环境中学习的少数民族学生取得的成绩收益要大于那些受种族隔离的学生,但是这些收益普遍较小,并不具有统计学上的意义。

然而,克雷恩和马哈德(Crain and Mahard 1982)也评价了研究文献并得出了一些不同的结论。在回顾了关于 323 个黑人学生样本的 93 项研究报告后,克雷恩和马哈德挑选了 45 项符合他们的研究设计与分析标准的报告。他们推断废除种族隔离确实对少数民族学生的成绩产生了成效,而且,当少数民族学生较少时(但不能太少),废除种族隔离最有效。在这些研究中,可归功于废除种族隔离的成效数量在评论过这些资料的几个研究者中存在着争论。

此外,克雷恩和马哈德(1982)发现,成功废除种族隔离的小学对教授少数民族学生阅读与语言方面明显有效。他们还推断大概不能把成绩提高归功于废除种族隔离本身,而应归功于社会经济方面废除种族隔离,包括把经济上处于不利地位的少数民族学生分配到高地位的非少数民族学生聚集的学校中。后面的结论与研究是一致的,研究表明低地位学生在学术上受益于进入混合的或中等地位的学校,进入种族隔离学校的少数民族学生并不一定有低自尊与低期望,有大量贫穷学生的学校普遍不能有效经营(Orland 1990, Levine and Havighurst 1992)。

其他研究表明,只有伴随着提高教学的重要措施时,废除种族隔离才能导致成绩提高,这是对几所以色列小学进行广泛研究(Klein and Eshel 1980, Klein and Eshel 1984),以及在美国的全国研究的主要结论(Coulson 1976)。克莱因(Klein)和埃谢尔(Eshel)发现当社会经济的废除种族隔离与改进教学方法相结合时,才导致贫穷少数民族学生成绩提高,尤其是在数学方面。卡尔森(Coulson 1976)发现,当资源集中于合适的目标,管理者很果断,家长参与课堂教学活动以及教师鼓励积极的种族间交往时,废除种族隔离会对成绩提高产生积极影响。

有一点应该强调,即很少(如果有的话)学者相信学校废除种族隔离本身能完全地废除低地位少数民族学生与高地位非少数民族学生之间的成绩差异(Miller 1984)。佩蒂格鲁(Pettigrew 1973)提供了关于废除种族隔离潜在影响的有代表性的估计,他认为废除种族隔离本身大约只能缩小少数民族学生与非少数民族学生之间成绩差距的1/4。另一方面,这种量级的收获是指一年或几年时间的标准化成就测验的成绩。对许多学生来说,这种收获构成了有文化的人与文盲之间的差异。应该记住,废除种族隔离与教学水平提高以及减少社会经济分层相结合,可能导致学术成绩及相关的方面(如学生的期望)产生很大的变化。

### 1.2 种族间态度与关系

关于废除种族隔离对群体间关系的影响的研究,还没有呈现出一致的积极结果的趋势。有些研究者报道说废除种族隔离往往与积极的种族间态度有关(Scott and Mcpartland 1982),但也有研究者(Pascal 1977)报道说废除种族隔离很少引起种族间态度与关系产生积极的变化。

然而,随着有关成绩效果的研究,有一点是可以肯定的,即这个结论低估了废除种族隔离在改善种族间态度与关系的潜在效用。由于废除种族隔离还没有很好地实施,因此它通常没有效果是不奇怪的。在那些废除种族隔离政策得到很好实施的例子中,似乎对种族间关系有些积极影响。例如,福汉德等人(Forehand et al. 1977)进行了一项全国研究,发现当管理层方面引导较强且很专注、教师态度是积极的与支持性的、课程与教学集中于获取消除种族隔离的目标时,废除种族隔离对种族间态度与关系有积极影响。

社会科学家早就认识到,当交往群体地位平等地接触以及为了获得更高的目标而一起完成共同任务时,种族间态度与关系最可能得到改善(Allport 1954,Schofield 1991)。遗憾的是,总的来说,学校废除种族隔离的活动,没有依照这些研究成果来采取系统的措施。然而,通过实验与示范项目,研究者发现改进教学的具体方法,可改善种族间关系与提高学术成绩。尤其是斯莱文(Slavin 1989,1990)和他的同事发现合作学习技术(鼓励学生作为具有各种意义和性质的团队的一部分参与学术工作)对种族间态度与成绩有积极影响。斯科菲尔德(Schofield 1991)回顾了大量这方面的文献并推断,为建设积极的群体关系,理论研究应特别重视对预见的问题采取主动的行动。

## 2. 废除种族隔离的实施

正如上面所提到的,实验研究表明在废除种族隔离的学校与课堂中,可安排某些课程与教学以改善种族间关系及提高少数民族学生的成绩。一般来说,当不同种族或民族的成员间能够地位平等地交往时,似乎更可能产生积极效果。斯莱文(1989,1990)、W. 约翰松和 T. 约翰松(Johnson W and Johnson T 1990)设计的合作学习方法和其他方法是用来引起个人交往的,每个学生在交往中为了共同目标而做出贡献。用于提高教学效果、关注人际关系以及引进多民族课程的措施,部分目的也在于加强在比较平等基础上的交往与互动。例如,科恩(Cohen 1980,1986)和她的同事提出了一种"多种能力课堂"方法,这种方法强调合作学习、多样化成功学习的渠道与机会、个人化、"私下"评价以及减少竞争排名,目的是为了提高废除种族隔离班级中低成就少数民族学生的参与程度和成绩水平。

在回顾了关于废除种族隔离的可利用的研究中关于地位平等交往理论的含义之后,默瑟等人(Mercer et al. 1980)和琼斯(Jones 1988)确定了一些程序与实践,可能使学校与班级中那些无效的地位排名行为最小化。加强建设性地位平等交往的建议包括如下:团体评价与合作;种族混合的教学团体;多元文化课程;最小限度地使用正式参考的标准化考试;所有家长与教师员工权利平等并平等参与;把所有群体当作"内部人";资源分配平等;学生平等参与学校活动。研究表明这些政策与实践有助于学生产生大量教育者期望的结果,包括高自尊、低上学焦虑、高个人效能感、种族间或不同种族间友好、低种族成见以及高学术成绩。

除了考虑上面提及的以外,研究者确定了大量似乎与稳定有效的废除种族隔离计划有关的政策与实践,也就是计划好的废除种族隔离的活动安排,这些安排导致:(a)非少数民族或中等地位学生退校相对少;(b)学术成绩/种族间态度有改善。基于仔细阅读与回顾赫诺瓦和沃尔博格(Genova and Walberg 1980)、霍利等人(Hawley et al. 1983)、琼斯(1988)和斯科菲尔德(1991)的研究,下面的建议与结论在设计与实施一项废除种族隔离计划时应予特别关注:

(a)在尽可能早的年龄开始废除种族隔离。

(b)在学校内或学校间提供教育选择的机会。

(c)在整个学区实施强制性计划的背景中,磁石学校的措施最有效。

(d)丰富与提高所有学校的教学,而不仅仅是磁石学校。

(e)考虑到不同种族和民族群体的特殊需要。

(f)提供安全的学校环境。

(g)在规模有限的学校内设立教学分组,以提供一种支持的环境。

(h)通过清楚的规则及其一致、公平的实施来维持纪律。

(i)最大限度参与课外活动,提高种族间交往。

(j)建立多元文化课程。

(k)保证在教师组成中种族与民族的多样化。

(l)尽可能避免或最小化分轨与能力分组。

(m)建立与维持不伤害少数民族的参与模式。

关于废除种族隔离的实施效果的研究所支持的其他结论包括以下两点。第一,强调提高课程与教学水平的教师培训似乎比关注态度改变的教师培训更有效(Mercer et al. 1982)。第二,有效的废除种族隔离并不仅仅是把来自不同群体的学生带入同一学校或班级(Grain et al. 1982)。如果不采取有足够资源支持的强有力的措施来提高学术成绩与种族间关系,就不能期望废除种族隔离教育的目标获得什么进步。

D. U. 莱韦恩(D. U. Levine) 著

朱科蓉 译

**附录**


Allport G W 1954 *The Nature of Prejudice.* Addison-Wesley, Reading, Massachusetts

Braddock J H Ⅱ 1985 School desegregation and black assimilation. *J. Soc. Issues* 41(3):9—22

Bradley L A, Bradley G W 1977 The academic achievement of black students in desegregated schools: A critical review. *Rev. Educ. Res.* 47(3): 399—449

Cohen E G 1980 Design and redesign of the desegregated school: Problems of status, power, and conflict. In: Stephan E G, Feagin J R (eds.) 1980 *School Desegregation: Past, Present, and Future.* Plenum Press, New York

Cohen E G 1986 On the sociology of the classroom. In:Hannaway J, Lockheed M (eds.) 1986 *The Contributions of the Social Sciences to Educational Policy and Practice.* McCutchan, Berkeley, California

Coulson J E 1976 *National Evaluation of the Emergency School Aid Act* (ESAA). System Development Corporation, Santa Monica, California

Crain R L, Mahard R E 1982 *Desegregation Plans that Raise Black Achievement: A Review of the Research.* Rand Corporation, Santa Monica, California

Crain R L, Mahard R E, Narot R E 1982 *Making Desegregation Work: How Schools Create Social Climate.* Ballinger, Cambridge, Massachusetts

Eshel Y, Klein Z 1984 School desegregation and achievement. In: Amir Y, Sharan S (eds.) 1984 *School Desegregation. Cross-cultural Perspectives.* Erlbaum, Hillsdale, New Jersey

Forehand G, Ragosta M, Rock D A 1977 *School Conditions and Race Relations.* Educational Testing Service, Princeton, New Jersey

Genova W J, Walberg H J 1980 *A Practitioner's Guide for Achieving Student Integration in City High Schools.* US Government Printing Office, Washington, DC

Hawley W D (ed.) 1983 *Strategies for Effective Desegregation: Lessons from Research.* Lexington Books, Lexington, Massachusetts

Johnson D W, Johnson R T 1990 *Cooperation and Competition: Theory and Research.* Erlbaum, Hillsdale, New Jersey

Jones J M 1988 Racism in black and white: *A Bicultural Model of Reaction and Evolution.* In: Katz P A, Taylor D A (eds.) 1988 *Eliminating Racism.* Plenum

Press, New York

Klein Z, Eshel Y 1980 *Integrating Jerusalem Schools.* Academic Press, New York

Krol R A 1980 A meta analysis of the effects of desegregation on academic achievement. *Urban Review* 12(4):211—224

La Belle T J, White P A 1980 Education and multiethnic integration. An intergroup-relations typology. *Comp. Educ. Rev.* 24(2 Pt. 1):155—173

Levine D U, Havighurst R J 1992 *Society and Education*, 8th edn. Allyn Bacon, Needham Heights, Massachusetts

Mercer J R, Iadicola P, Moore H 1980 Building effective multiethnic schools: Evolving models and paradinms. In: Stephan W G, Feagin J R (eds.) 1980 *School Desegregation: Past, Present, and Future.* Plenum Press, New York

Miller N 1984 Israel and the United States: Comparisons and commonalities in school desegregation. In: Amir Y, Sharan S (eds.) 1984 *School Desegregation. Crosscultural Perspectives.* Erlbaum, Hillsdale, New Jersey

Orland M E 1990 Demographics of disadvantage: Intensity of childhood poverty and its relationship to educational achievement. In: Goodlad J I, Keating P (eds.) 1990 *Access to Knowledge.* College Entrance Examination Board, New York

Pascal A 1977 *What Do We Know About School Desegregation?* Rand Corporation, Santa Monica, California

Pettigrew T F 1973 Busing: A review of the evidence. *Public Interest* 30:88—118

Schofield J W 1991 School desegregation and intergroup relations: A review of the literature. In: Grant G (ed.) 1991 *Review of Research in Education 17.* American Educational Research Association. Washington, DC

Scott R R, McPartland J M 1982 Desegregation as national policy: Correlates of racial attitudes. *Am. Educ. Res. J.* 19(3):397—414

Slavin R E 1980 Cooperative learning. *Rev. Educ. Res.* 50(2):315—342

Slavin R E 1990 *Cooperative Learning: Theory, Research, and Practice.* Prentice-Hall, Englewood Cliffs, New Jersey

St John N H 1975 *School Desegregation: Outcomes for Children.* Wiley, New York

Suarez-Orozco M M 1991 Migration, minority status, and education: European dilemmas and responses in the 1990s. *Anthropol. Educ. Q.* 22(2):99—120

Weinberg M 1977 *Minority Students: A Research Appraisal.* US Government Printing Office, Washington, DC

Wirt F M 1979 The stranger within my gate: Ethnic minorities and school policy in Europe. *Comp. Educ. Rev.* 23(1):17—40

## 学校纪律(Discipline in Schools)

纪律完全与一个社会系统的文化有关,无论是国家的还是社区的。规范与道德深刻地影响着教育系统以及它们的学生。决定合意行为的价值来源于文化规则,这些规则被用来培养年轻人(和其他人)的行为。实际上,什么行为被看成是守纪律的行为,以及用来养成这种行为的方法,大概比学校中的其他因素能更好地衡量学校教育与社会价值的关系(Montagu 1978)。

关于学生行为以及学校纪律的研究,忽视了那些对人类细微的、缄默的和难以测量的行为的影响。研究者由于受到西方传统中过于狭隘的科学方法的训练,回避了一些内生的规则性概念,如纪律。因此,哲学(形而上学的)对这个主题的关注要多于科学调查研究,对它的理解不得不使用来自人类学家与行为科学家(他们不会对人类交往的复杂性感到沮丧)的不纯的方法与研究。

### 1. 学生行为问题的起因

纪律与学生行为一直是学校人员所密切关注的,家长与普通公众则较少关心。然而,自20世纪60年代初以来,纪律与学生行为成为公众讨论的主要问题。这种关注似乎是全世界的,虽然了解更多的是美国与西欧的情况。

全世界都关注这个问题有几个原因。第二次世界大战之后,似乎稳定与统一的社会系统开始瓦解,这揭示了价值与规范的差异和冲突。现代工业化国家开始经历冲突,这种冲突是在经济与物质财富高度发展之后出现的,这种冲突在有充分的时间与精力来感受(如果没能理解)财富的有限以及现代化的非人性影响的人群中变得相对普遍。不发达国家寻找捷径迅速实现现代化,它们抛弃了那些古老的给个体及团体行为带来稳定与意义的行为模式。战争、经济需求以及其他动机导致个人与家庭在国家内或国家间迁移,他们被抛进需要新行为方式的环境中,而几乎没有有能力的指导者帮助他们学习这些行为。即使在发达国家也出现出生率飞涨。社区和更大的团体试图容纳比以前更多的年轻人,但使用的方法仍然依仗于过去建立的家庭及社区规范与结构。技术上的进步数量更多而且速度更快,淘汰旧职业和引入新工作要求的速度要快于培训与再培训发生的速度。所有这些变化以不协调的形式一起到来,给那些难以迅速与独特适应的机构带来了一系列不知所措的要求。

随着教育人数对于学校系统来说前所未有的扩张,对纪律的关注成比例地增长。关注似乎主要集中在学校教师对学生行为问题的恐惧。在美国,随着种族隔离学校废除种族隔离,以及中学课程提供给那些表现较差的学生——而按照1960年之前的标准,这些学生本应辍学或开除,对破坏性行为的关注显著增加。

当英国把非殖民地少数民族学生合并到它的学校系统中时,似乎正在经历与美国同样的问题,虽然使学校系统民主化的尝试对培养社会处境不利的学生是有价值的。新兴国家,如以色列,决定让不同的人群完全参与其系统,同样试验了不同的方法来使学生社会化。苏联的教育,出于支持它的意识形态的需要,强调对群体的责任,重视正规课程内外的积极学习,采取多种方法有效地使其他民族学生适应文化。

### 2. 对维持学校纪律感到混乱的起因

如果讨论者不能对纪律这个术语的不同含义及其对行为的各种影响进行区分,那么讨论可能变得虽然热烈但是无意义并产生混乱。更多的混乱植根于纪律这个单词的英语语源。一方面,纪律意味着通过实施外部控制来纠正行为。另一方面,纪律意味着发展对自己行为的内部控制。对这两种含义的极端解释通常排除了对外部环境与个性在形成合意行为中的关系的探索。

混乱的另一个来源是试图从许多例子中进行过度的概括。所有学校(除了低质量学校)在任何确定的时间里,不良行为只发生于少量的学生中,不良行为如此少以至于它们构成了难以捕捉的研究样本。

有些西方国家混淆了学校纪律的讨论,把犯罪行为包括进来并夸大了它们的频率。来自美国与英国的研究清楚地表明,犯罪行为构成了纪律问题的极小部分,甚至在最糟糕的情况下。多数严重犯罪发生于放学后,并且是那些既不在学校上班也不在学校上课的人。

对纪律讨论感到混乱的另一个来源产生于观点的不一致,即纪律能否在学校教授或是否应该在学校教授。主张纪律应该在家中或教会教授或普遍从社会吸取的观点,都倾向学校放弃培养遵守纪律的学生的责任。

在美国,除少数情况外,一般来说学生在学校中的社会化是微妙而潜移默化的。在英国,对培养遵守纪律的行为态度很明确,尽管它仍然受到一些教育家的排斥,认为它危及"更合适"的教育目标。在苏联和一些第三世界国家,公开地把这种过程表达为教育的一种结果,并有意识地追求,无论是在教师培训中还是在课程传授中。

### 3. 关于行为是如何学习的理论

几乎所有关于纪律的研究及建议都可追踪为三种范式之一,这些范式覆盖了对儿童合意与不合意行为的原因的解释。一种范式认为不良行为的原因存在于个人中,不良行为的出现是由于不好的习惯、天生品质或任性而导致的适应不良。第二种范式认为行为是由外部力量造成的,外部力量通过对个体的撞击而引起不合要求的行为。在另一种范式中,行为被看成个体与环境力量之间交互作用的结果。这里把个体特征与环境特征都看作行为的重要决定因素。范式影响了改善学校纪律的措施，并限定了试图理解、预测和控制纪律的研究内容。

**4. 教育中的纪律与行为研究**

对学校纪律的研究包括状况研究，这种研究试图描述教育机构中存在的纪律问题；研究能帮助或控制个体的技术，研究课堂战略与策略以及学校特征对纪律的影响。

4.1 状况研究

大量有关学校纪律的文献，至少是美国的文献，描述了学校中的纪律问题的现状。这种研究提供的统计表呈现了停学的数量、各种类型的违规、教师意见或者——如果调查暴力与犯罪的话——袭击、故意破坏艺术品、偷窃、伤害的发生率或财产遭受破坏的成本。他们试图用说明问题的性质与严重程度的方法来描述学校的情形。如在伦敦，首都警察局资料表明学校或大学遭到偷窃的次数要多于住宅38倍。美国的研究表明学校的财产容易受到攻击。麦金那和雷诺兹（McKinna and Reynolds 1978）对澳大利亚所做的状况研究表明逃学是一个相当大的问题，并由于非个人的和过度正规化的管理而日益恶化。

多数研究表明典型的纪律问题相对少。如偷窃，通常是很小的，如“拿走”一块橡皮。澳大利亚教育部一个委员会的报告表明，教师所报道的最常发生的纪律问题包括没有准备好功课来上课、不服从学校规则、无法完成有能力完成的课堂作业、扰乱课堂和迟到。美国课堂出现了同样的问题，这些自20世纪初就报道了，但现在出现得更多。

美国及前英联邦国家的决策者与管理人员对状况研究的反应是采取更严格的规章制度和更严厉惩罚的规则，经常应用停学与体罚，以期望能够威慑不适当的行为。美国教育者经常对各种程度的违规都运用体罚（Hyman and Wise 1979），尽管公众对法院宣布这种教育措施为非法很不理解。澳大利亚的教育者报告说主要依靠鞭打处理违规行为（McKinna and Reynolds 1978）。伦敦《泰晤士报教育增刊》（1982年5月3日P.10～11）指出英语国家的学校经常体罚。执行体罚的权力受到欧洲的人权法庭的质疑，这是对两个苏格兰母亲提出的抱怨的反应。法院规定家长有权为他们的孩子拒绝体罚。英国的许多组织如反对体罚教师协会，以及全国家长—教师团体联盟欢迎这项规定。苏格兰教育研究理事会在13个学校进行了600小时的观察，其中5所学校废除了或将要废除鞭打。已经废除体罚的学校似乎有一致的纪律政策，师生关系很多得到改善。校长在成功地停止鞭打过程中往往是个关键人物。

随着波兰在1883年领导那场运动，多数欧洲国家要么从未实施过体罚，要么已经废除了。替代体罚的措施在不同国家是不同的。在意大利，教师采用不同层次的制裁，从私下警告到国内所有的学校不予接受入学。在德国，采取的制裁办法是攻击行为被记录在案和家长被叫来与学校共同教育孩子。在法国，学生的不良行为会导致停止家庭津贴。

学生维权组织如儿童保护基金（1974，1975），调查表明美国的学生经常被停学，虽然停学率在学校间非常不同。当学校实施废除种族隔离时，更多的学生被停学：黑人、穷人、男性和低成就学生被停学的比例大于其他人。只有少量的停学是因为严重侵犯行为，而所有停学中大约有25%是因为逃学和对教师要求不积极照办。让逃学者与扰乱课堂者停学似乎奖励了停学的学生，让他们从学校中解放出来，这种解放似乎是他们想要得到的但按照制度又很难做到的。在美国，为了对反对停学的批评做出反应，学校管理人员采取“校内停学计划”，这个计划允许学生留在学校里的一个替代的环境如学习室。停学的替代做法超越了惩罚，它致力于改变学生及学校双方的原有行为取向。

4.2 个体干预方法

美国的共识是必须把不正常的行为看成个体的过失来对待。因此，可以想像，大量关于纪律与学生行为的研究将集中于对待个体的异常行为，或者通过直接干涉，或者通过群体劝告。斯金纳（Skinner）和他的拥护者深刻地影响了学校关于美国所谓的“异常”学生的实践，而且行为改造对一些大力宣扬的方法产生了影响，这些方法混合了美国教育者的不同反应。由威廉·格拉瑟（William

Glasser)、鲁道夫·德雷屈尔(Rudolf Dreikurs)和托马斯·戈登(Thomas Gordon)开发的交互式策略在美国的一些教育者中得到了认同。库尔特·列文(Kurt Lewin)和他的弟子的观点影响了美国的教育(由于他们有国际管理体制),他们超越把缺点完全归因于学生个人的假设,把学生与现实世界的互动看成行为(包括不良行为)的原因。

许多亚洲和欧洲教育家似乎特别关注社会对个体的影响。帕里-琼斯和加伊(Parry-Jones and Gay 1980)从几个来源描述了他们的发现,包括许多美国学者的研究,他们为教师描述了审视课堂中的破坏性互动行为的方法。他们的方法可能被其他学校仿效。所有研究共同的特征是强有力的管理领导、高期望和相信学生能学。

4.3 课堂管理策略

大量研究探索与检验了教师在课堂中用于阻止或处理破坏性行为的策略与方法。库宁(Kounin 1970)的研究是美国许多此类研究的基础。布罗菲(Brophy)和埃佛斯顿(Evertson)把纪律与大量的教学实践相联系,如计划、组织与管理。

库明(Cumming)在日本学校的调查(1980)表明教师行为,如设置有许多活动的快速教学、宣布课堂规则、监督学生以确信他们遵守纪律,都能减少纪律问题。日本的教师还应用复杂的小组策略来帮助学生学会共同工作。

威洛韦(Willower)和其他人(Licata and Willower 1975)把教师行为与关于学生、教师的角色以及控制的性质等基本思想相联系。纪律与教育者(以及学校文化)的信仰有密切关系,即人(包括学生)的本性是好的还是坏的,这与麦格雷戈(McGregor)的X理论和Y理论中对工人的信念相似。

4.4 对学校影响的研究

越来越多的研究认为学校环境或"风气"对学生行为的影响要多于个体特征的影响。关于"有效"学校的研究表明,运用系统方法来控制和指导学校内的复杂社会模式将会影响学生与教师产生遵守纪律的行为。布鲁克欧乌尔(Brookover)和莱扎特(Lezotte)、埃德蒙兹(Edmonds)和费雷德里克森(Frederiksen)、费·德尔塔·卡朋(Phi Delta Kappa)(D'amico 1982)所做的研究收集了成绩与工作效率都很高的学校的描述性资料。每组研究者都试图把资料综合成一系列能减少此类问题的特征。费·德尔塔·卡朋纪律委员会(Wayson et al. 1982)发现,美国和加拿大的学校似乎通过提高八个领域的管理来减少纪律问题:

(a)人们共同工作来解决问题和作决定的方法。

(b)权力与地位分配的方法。

(c)学生在学校中的归属感程度。

(d)规则提出、理解与执行的方式。

(e)正规课程与教学风格。

(f)对教师和学生的个人问题的处理方式。

(g)与家长和社区的关系。

(h)教学楼与操场的外貌、组织与使用。

无论是安全学校研究,还是关于"有效"学校的文献,都表明校长在形成支持积极性与自律性行为的学校风气中的重要性。好学校并不采取新的实践或流行的补救办法,而是有效地实施受到赞成的实践,即使学生和教师个人较深地参与教育活动。

W. W. 韦森(W. W. Wayson)
G. S. 平内尔(G. S. Pinnell) 著
朱科蓉 译

**附录**


Children's Defense Fund 1974 *Children Out of School in America: A Report.* Children's Defense Fund, Cambridge, Massachusetts

Children's Defense Fund 1975 *School Suspensions: Are They Helping Children? A Report.* Children's Defense Fund, Cambridge, Massachusetts

Cummings W K 1980 *Education and Equality in Japan.* Princeton University Press, Princeton, New Jersey

D'Amico J 1982 Each effective school may be one of a kind. *Educ. Leadership* 40(3):61—62

Education Department of Western Australia 1978 Nature and extent of the discipline problem. In: D'urso S, Smith R A (eds.) 1978 *Changes, Issues and Prospects in Australian Education.* University of

Queensland Press, St. Lucia

Hyman I A, Wise J H (eds.) 1979 *Corporal Punishment in American Education: Readings in History, Practice, and Alternatives.* Temple University Press, Philadelphia, Pennsylvania

Kounin J S 1970 *Discipline and Group Management in Classrooms.* Holt, Rinehart and Winston, New York

Licata J, Willower D 1975 Student brinkmanship and the school as a social system. *Educ. Admin. Q.* 11 (2):1—15

McKinna C, Reynolds A 1978 Truancy: The size of the problem and some suggestions. In: D'urso S, Smith R A(eds.) 1978 *Changes, Issues and Prospects in Australian Education.* University of Queensland Press, St. Lucia

Montagu A (ed.) 1978 *Learning Non-aggression: The Experience of Non-literate Societies.* Oxford University Press, New York

Parry-Jones W L, Gay B M 1980 The anatomy of disruption: A preliminary consideration of interaction sequences within disruptive incidents. *Oxford Rev. Educ.* 6(3):213—220

Wayson W, DeVoss G, Kaeser S, Lasley T, Pinnell G 1982 *Handbook for Developing Schools With Good Discipline.* Phi Delta Kappa, Bloomington, Indiana

**其他参考文献**

Francis P 1975 *Beyond Control? A Study of Discipline in the Comprehensive School.* Allen and Unwin, London

Lunacharsky A V 1981 *On Education: Selected Articles and Speeches.* Progress Publishers, Moscow

Makarenko A S 1951 *The Road to Life: An Epic of Education.* Progress Publishers, Moscow

Rutter M, Maughan B, Mortimore P, Outson J, Smith A 1979 *Fifteen Thousand Hours: Secondary Schools and Their Effects on Children.* Open Books, London

United States Department of Health, Education, and Welfare 1978 *Violent Schools—Safe Schools: The Safe School Study Report to the Congress.* Report No. HE 19. 202 Sch. 6/3/v. 1. US Government Printing Office, Washington, DC

## 辍学、逃学与旷课(Dropouts, School Leavers, and Truancy)

地方规范普遍把无法在校完成学业的学生叫作“辍学者”或“早期退学者”。那些没有理由自己旷课但仍在学校注册的学生叫作“逃学者”。本词条讨论了那些把它当作从学校解脱的简单过程的现象，并考虑了这个过程的定义、它的前因后果以及对辍学问题做出的程序性的反应。

### 1. 辍学与逃学的定义

随着国家建立正规的教育制度以及提出入学的要求，逃学与辍学(或退学)问题变得越来越突出。只有当正规入学达到一定的程度时，即教育制度变成了规范或法律要求时，个体没有遵守规范才被界定为问题。在这之前，儿童离校现象更多地被看成仍在发展中的教育制度的常规特征。因此，随着正规教育制度的发展以及国家为普及小学或中学而制定目标与标准，社会对逃学与辍学的兴趣发生了改变。

#### 1.1 定义

人们对逃学与辍学的定义并没有普遍一致的看法。虽然一般把逃学理解为没有可接受的理由(如生病)而从学校旷课(Berg et al. 1988)，但用于决定什么是以及谁来决定可接受的理由的标准还不清楚。家长与学生对入学与旷课的理由的看法非常不同。学校员工同样对入学与旷课有不同的态度，尤其是一个人从一个学校转到另一个学校或从一种系统转到另一种系统。

辍学的定义比逃学的定义更复杂，如莫罗(Morrow)建议的定义：

> 辍学是指任何学生，先前在一个学校注册，无理由连续旷课15天表明他们不再积极上学，他们没有达到当地的毕业标准，没有收到表示在另一个政府批准的教育机构中注册的正式要求。学生死

亡不属于辍学。通过证明在一所政府批准的教育机构注册或出示认可的中学毕业证书不属于逃学。(Morrow 1987 P. 49)

根据把一个学生划分为辍学之前需要的旷课时间、完成学业的标准、可接受的用于继续教育的其他教育机构的性质、学生在另一个可接受的机构注册后通知所离开的学校的程序,各地显示的辍学标准是不同的。

1.2 计算辍学率

辍学率的计算比辍学的定义更多样。莫罗(1987 P. 43)指出有三个因素影响了辍学率的计算:(a)计算辍学量的时间结构;(b)所挑选的代表可能辍学的学生群的年级范围;(c)用于计算学生数的方法——平均每日出席或平均每日成员人数。时间结构的延伸、将代表可能辍学的学生群的年级限制在多数辍学可能发生的范围(如美国的7~12年级),并以平均每日出席来计算学生群都会提高辍学率。

在文献中至少有三种显著不同的辍学率报告(全国教育目标专门小组 1991 P. 219)。第一,结果率测量的是在一年内没有完成一定水平教育而辍学的学生比例(如尤其是发达国家的中学)。第二,状况率测量的是特定年龄所有人口中没有完成一定水平教育并目前还没有注册的学生比例。由于状况率包括那些在任何时候辍学的人,因此状况率要高于任何一年的结果率。最后,群体率测量的是特定时期内一个单独群体或学生群体中的辍学。

1.3 逃学与辍学的发生

各种报道的逃学率与辍学率是非常不同的——就像测量它们的方法一样。由于方法不同,很难对国内或国家之间不同系统的比率进行比较。而且,一方面由于教师与学生都往往保护学生免受旷课所带来的消极后果,另一方面当学校财力是以平均每日学生出席人数为基础计算时,学校出席可能被系统地夸大以保护学校的财力,这两方面都会使学校出席记录膨胀(Meyer et al. 1971)。

通常把出席率作为逃学的指标,虽然很多的旷课是有生病理由的。例如,伯尔曼和纳托罗(Birman and Natriello 1978)指出了美国城镇学校的大量旷课,在20世纪70年代,旧金山所有中学生中有22%在一年内积累了10次或更多次无理由的旷课,接近于同一时期纽约中学的一半,纽约中学平均每日出席率在50%至70%之间。韦拉格等人(Wehlage et al. 1989)报道说,在20世纪80年代的波士顿中学,1/5的学生在学年内旷课时间多于15%,5%的学生旷课时间超过一半。根据英国资料,贝格(Berg)等人注意到在利兹所有13~15岁的学生当中,2%的学生在1982~1983学年间旷课时间超过一半。这些相同的资料报道被收集起来,成为全国儿童发展研究与剑桥犯罪调查的一部分。在全国儿童发展研究中,教师估计小学儿童的逃学占学生人口的1%,在14~16岁,逃学大约占10%。在剑桥犯罪调查中,发现在8岁、10岁和12岁学生中逃学大约占5%,在14岁学生中大约占10%。罗伯茨(Roberts 1984)报道伦敦综合中学在典型的上课日中有25%的5年级学生旷课。美国的一项选择性学校计划在对危机中的学生进行的调查中,克罗尼克和哈吉斯(Kronick and Hargis 1990)发现学生旷课一个星期平均有1.15天。

辍学率比逃学率受到更多问题的影响。那些对两个或更多管辖范围的辍学率进行比较感兴趣的人肯定知道存在着辍学定义的不同、学年中收集辍学数据的时间不同、数据收集的方法不同、追踪不在校学生以确定他们是否在别的地方完成的教育的程序不同以及用于计算辍学率的方法不同(美国统计办公室 1987)。

考虑到这些问题,这里所关注的辍学率最好是解释性的。对美国来说,1990年的结果率是4%,1990年的状况率是12%,最近的全国群体辍学率(1980年的10年级学生到12年级结束时的辍学率)是17%(全国教育目标专门小组 1991)。当然,辍学率有相当的不同,美国城市的辍学率要更高些。伦贝格尔(Rumberger 1987)注意到在20世纪80年代中期的芝加哥的63所中学中,辍学率从10%至62%不等。

在加拿大安大略省中学进行的一项研究报道称,7所学校的年辍学率从1983~1984年的平均10.6%上升到1986~1987年的15.3%。在中学几乎没有普及的地方，辍学现象甚至应关注更低年级。对中国广州市区初级中学 1984～1985 学年的辍学率进行调查的报道称，辍学占总体学生的 4.17%（联合调查队 1988）。在印度卡纳塔克邦（1961 年实施初等义务教育），来自 20 世纪 80 年代的数据表明大约 35% 的学生在 1～2 年级辍学，在 4 年级结束时辍学率超过了 70%（Seetharamu and Ushadevi 1985）。

**2. 逃学与辍学的原因**

逃学与辍学的明显原因有许多。这里至少引述了三种不同的原因：个别学生的特征、他们的学校的特征以及学生与学校所在环境的特征。

2.1　单个学生与家庭特征

关于逃学与辍学的研究经常集中于不来学校的单个学生的特征。在美国被确认为与逃学和辍学相联系的学生的特征中有少数民族、低社会经济地位、学校成就不良、低自尊、与学校中的同伴及成人缺乏积极的关系、犯罪、有物质浪费的历史、怀孕、非说英语家庭、单亲家庭以及很少接受教育的家庭（Ekstrom et al. 1986，Rumberger 1983，Rumberger et al. 1990）。

在安大略学校进行的一项辍学率研究发现，来自父母离婚、低收入家庭及父亲的职业地位很低的家庭中的学生更可能发生辍学（Sullivan 1988）。对印度教育模式的分析发现来自低收入、父母接受的教育水平低以及父亲的职业很低的家庭中的学生更可能离开学校。而且，女孩可能比男孩更早离开学校，对那些父母收入低、父母本身接受的教育很少或没有接受过教育的学生来说尤其是这样（Chernichovsky and Meesook 1985）。

有几个理论解释了学生特征与逃学和辍学的关系。有些调查者认为加速角色变换或过早接受新的成人角色（如工人或父母）会导致增加辍学的可能性（Pallas 1986）。这些新角色被看成与个体能力相冲突，即学生的能力只能完成与学生角色有关的责任。其他调查者认为把学生在学校中的参与和成就与学生的未来相联结是使学生继续在校的重要决定因素。当学生发现他们在校的参与和成就与他们重视的成人的未来相联系时，他们更可能继续留在学校（Stinchcombe 1964，Natriekko and Dornbusch 1984）。这种解释有两个关键方面。第一，必须把成功的学校成就看成进入成人生活中的某种职位所必需的。第二，必须把这些职位看成是有价值的。凯利克乌斯基和米苏克（Chernichovsky and Meesook 1985）正是用这两个方面来解释学生性别在印度尼西亚辍学模式中的不同。他们认为印度尼西亚女性每小时收入低应该对女孩更高的辍学率负责，因为父母认为女孩的教育获得相对更低的收益率。

2.2　学校特征

研究者日益对导致学生辍学的学校及学校课程的特征感兴趣。有些分析家认为，把早期辍学归咎于学生是过于强调了个体特征与辍学的关系，事实上，学生可能是无法满足教育体制需要的牺牲品（Wehlage et al. 1989）。

影响学生持续在学校学习的最基本的特征是它的可用性。凯利克乌斯基和米苏克（1985）发现在印度尼西亚，乡村学校的可用性对学生完成的教育时间有积极的影响。在发展中国家很明显的学校可用性问题在发达国家表现出一种更微妙的形式，如美国，有些人发现在拥挤的城镇学校中教职员工把学生推出学校。

除了学校的可用性外，还与辍学、学校组织的特征及学生在校内的经历有关。这些特征可从两个方面来考虑。第一，学校经常向学生提供有限的学术成功的机会。实际上，对学生的研究发现与辍学有关的强烈因素之一就是在学校中缺乏学术成功。那些经常得低分、学科不及格和留级的学生在中学完成之前更可能离开学校。很难满足学校的学术要求的学生往往会辍学，而不是继续面对他们在试图获得好分数时经常经历的挫折。

学生的学术困难有三个来源：学校制定的学术标准的不同方面，学生自己目前在每个学科领域的能力，以及学生努力学习和完成学术任务的意愿。而且，对经常造成学生辍学的一系列事件的研究指出，学校要求与学生行为之间的错误匹配会随着时间的推移而增长。因此，成功的机会变得越来越遥远，留在学校的动机越来越弱（Ekstrom et al. 1986，Natriello et al. 1990）。

学校组织与学生在校经历(与辍学有关的)的第二个方面是可用的积极社会关系的有限以及缺乏关心与支持的环境。师生之间和学生之间积极的支持关系以及分享目标与关怀的氛围被确定为努力把学生留在学校的关键要素。正如勒格特斯等(Legters et al. 1992)指出的,组织特征有益于这些积极的关系,如学校规模小、不同教师与学生间有限的接触、被培训成关注学生需要的教师,研究发现这些特征在小学要多于中学。中学的特征经常是规模大、部门化结构(把学生交给每门学科的不同教师)、根据学科专业而不是学生的兴趣来界定教师角色、学生家庭和社区的参与少、以学术准备为基础对学生分轨。所有这些特征都给建立与维持积极的社会关系以及共享目标与关心的氛围设置了障碍。

### 2.3 环境方面

除了学生及其在学校组织中所遭遇的环境外,逃学与辍学还受到学生与学校所处的更大环境的影响。可从两个角度来考虑这种环境方面:(a)把教育看成与学生目前以及未来校外生活有关的程度;(b)外部环境对学生继续在校的支持程度。

教育与学生目前以及未来生活的相关性是教育内容以及学生校外生活的性质两方面因素的产物。当学生发现学校课程与他们的家庭及周围的文化没有联系时,当学校呈现的价值及所要求的价值不同于那些同伴群体价值时,当他们发现他们在学校中的学术学习与未来的经济前景没有联系时,教育就会被看成没有什么意义的(Legters et al. 1992)。

校外环境没有为学生进入正规学校和继续留在学校提供支持。有助于逃学与辍学的环境包括大量的个人、家庭和社区问题如青少年怀孕、酗酒和吸毒、犯罪团伙成员、家庭暴力和虐待孩子、家庭社会性和财政性需要要求学生在家或工作、犯罪率高的混乱社区(Natriello et al. 1990)。

## 3. 辍学的后果

辍学后果的不同取决于许多因素,包括学生辍学后从事的活动的性质以及全国的社会与经济环境的性质。在一些国家中,辍学并不自动地阻止某人在以后继续接受教育的可能性;在其他国家,这种机会受到更多的限制。而且,在有些国家中,为那些没有完成正规基础教育的人提供了大量的机会;在其他国家中,那些机会更稀少。然而,人们日益认识到随着经济的发展,辍学者在劳动力市场中越来越不利(国家科学院 1984)。

### 3.1 认知后果

虽然适当加以条件控制的关于辍学对认知发展影响的研究很少,但有经验证据表明辍学对其有消极影响。一项美国研究先测试了中学辍学前的10年级学生,然后跟踪和测试了那些留在学校的学生以及那些在毕业前辍学的学生,发现如果控制以前的成绩差异,留在学校的学生的认知要比辍学学生提高更多。而且,那些留在学校的学生的优势可发现于更广泛的技能领域(Alexander et al. 1985)。

### 3.2 经济与社会后果

辍学学生认知发展水平低导致他们在劳动力市场中更少成功。辍学者不仅比那些完成了学业的人更可能失业,而且当他们被雇用时,他们的工资可能更少。在劳动力市场中更少成功的模式导致个人收入以及国家收入和政府财政的下降。而且,辍学者更可能进行犯罪活动,健康更差,政治参与率低,同时需要政府更多的服务如福利与保健补助(Rumberger 1987)。

## 4. 预防辍学的程序疗法

由于认识到辍学带来的人的以及经济的代价,由此产生了一系列防止学生辍学的措施。这些措施主要涉及辍学的多重原因,这些原因与学校以及学校和学生活动的更大环境有关。

### 4.1 校本疗法

校本疗法设计的课程与实践包括提高学生学术成功,以及加强积极的社会关系和支持与关怀的学校氛围两方面。前者的例子包括:提高学生技能与能力以及使教学适合个别学生的需要;改变评价程序以认识学生的努力;重构学校任务以涉及更广泛的人的能力;加强调整课程以充分利用整个学年及暑假;增加使用辅导与技术以指导那些常规课堂无法满足的学生。加强积极的社会关系以及支持与关怀的氛围的措施包括：把单个教师与学生相连的导师计划；在规模大的学校中实施划分师生活动团体的“家庭计划”，以创造更小的环境，在这种环境中限量的学生与教师完全致力于学术课程；让年长的学生作为年幼学生的同辈导师（Natriello et al. 1990）。

4.2 环境疗法

有人提出了改善影响学生在校持续性的消极环境因素的计划。由于学校与学生目前及未来的生活缺乏相关性，为了减少这方面问题，采取的措施包括：更新职业教育课程，把学术与职业技能融合，并与工作领域清楚联结；多元文化课程，包括来自学生自己的种族或文化背景的资料与角色模式；激励课程，许诺工作或支持那些致力于学校工作的学生进一步接受教育。用于解决非支持的外部环境的措施包括发展家庭与学校之间的新关系，融合教育与人类服务以通过学校来解决阻碍进步的社会与经济问题（Legters et al. 1992）。

G. 纳托罗（G. Natriello） 著
朱科蓉 译

**附录**

Alexander K, Natriello G, Pallas A 1985 For whom the school bell tolls: The impact of dropping out on cognitive performance. *Am. Sociol. Rev.* 50 (3): 409—420

Berg I, Brown I, Hullin R 1988 *Off School, In Court: An Experimental and Psychiatric Investigation of Severe School Attendance Problems.* Springer-Verlag, New York

Birman B, Natriello G 1978 Perspectives on absenteeism in high schools. *J. Res. Dev. Educ.* 11 (4): 29—38

Chernichovsky D, Meesook O A 1985 *School Enrollment in Indonesia.* World Bank, Washington, DC

Ekstrom R B, Goertz M E, Pollack J M, Rock D A 1986 Who drops out of high school and why? Findings from a national study. *Teach. Coll. Rev.* 87 (3): 356—373

Fine M 1991 *Framing Dropouts: Notes on the Politics of an Urban High School.* State University of New York Press, Albany, New York

Kronick R F, Hargis C H 1990 *Dropouts: Who Drops Out and Why—And the Recommended Action.* Thomas, Springfield, Illinois

Joint Investigation Team 1988 Importance of updating educational thinking as seen from the problem of junior high school dropouts in Guangzhou City districts. *Chinese Education Society Bulletin* 21 (3): 80—87

Lawton S B 1989 *Student Retention and Transition in Ontario High Schools: Policies, Practices and Prospects.* Ontario Department of Education, Toronto

Legters N, McDill E, McPartland J 1992 *Responses to the Challenge of Educating At-risk Youth.* Center for Research on Effective Schooling for Disadvantaged Students, Johns Hopkins University, Baltimore, Maryland

Meyer J, Chase-Dunn C, Inverarity J 1971 *The Expansion of the Autonomy of Youth: Responses of the Secondary School to the Problems of Order in the 1960s.* Laboratory for Social Research, Stanford University, Stanford, California

Morrow G 1987 Standardizing practice in the analysis of school dropouts. In: Natriello G (ed.) 1987

National Academy of Sciences 1984 *High Schools and the Changing Workplace: The Employers' View.* Report of the Panel on Secondary School Education for the Changing Workplace, National Academy Press, Washington, DC

National Education Goals Panel 1991 *The National Education Goals Report: Building a Nation of Learners.* US Government Printing Office, Washington, DC

Natriello G, Dornbusch S M 1984 *Teacher Evaluation Standards and Student Effort.* Longman, New York

Natriello G, McDill E, Pallas A 1990 *Schooling Disadvantaged Children: Racing Against Catastrophe.* Teachers College Press, New York

Pallas A 1986 *The Determinants of High School Dropout.* Center for the Social Organization of Schools, Report No. 364. Johns Hopkins University, Baltimore, Maryland

Roberts K 1984 *School-leavers and Their Prospects: Youth in the Labour Market in the 1980s.* Open University Press, Milton Keynes

Rumberger R 1983 Dropping out of high school: The influence of race, sex, and family background. *Am. Educ. Res. J.* 20(2):199—220

Rumberger R 1987 High school dropouts: A review of issues and evidence. *Rev. Educ. Res.* 57(2):101—122

Rumberger R, Ghatak R, Poulos G, Ritter P, Dornbusch S 1990 Family influences on dropout behavior in one California high school. *Sociol. Educ.* 63(4): 283—299

Seetharamu A S, Ushadevi M S 1985 *Education for Rural Areas: Constraints and Prospects.* South Asia Books, Columbia, Missouri

Stinchcombe A 1979 *Rebellion in a High School.* 2nd edn. Quadrangle Books, Chicago, Illinois

Sullivan M 1988 *A Comparative Analysis of Drop-outs and Non Drop-outs in Ontario Secondary Schools.* Ontario Department of Education, Toronto

US General Accounting Office 1987 *School Dropouts: Survey of Local Programs.* US Government Printing Office, Washington, DC

Wehlage G, Rutter R, Smith G A, Lesko N, Fernandez R R 1989. *Reducing the Risk: Schools as Communities of Support.* Falmer Press, London

### 其他参考文献

Bryk A, Thum Y 1989 The effects of high school organization on dropping out: An exploratory investigation. *Am. Educ. Res. J.* 26(3):353—383

LeCompte M, Dworkin A 1991 *Giving Up on School: Student Dropouts and Teacher Burnouts.* Corwin Press, Newbury Park, California

Natriello G (ed.) 1987 *School Dropouts: Patterns and Policies.* Teachers College Press, New York

Pallas A 1989 Conceptual and measurement issues in the study of school dropouts. In: Corwin R, Namboodiri K (eds.) 1989 *Research in the Sociology of Education and Socialization*, Vol. 8. JAI Press, Greenwich, Connecticut

Wagenaar T 1987 What do we know about dropping out of high school? In: Corwin R (ed.) 1987 *Research in the Sociology of Education and Socialization* Vol. 7. JAI Press, Greenwich, Connecticut

Weis L, Farrar E, Petrie H (eds.) 1989 *Dropouts from School: Issues, Dilemmas, and Solutions.* State University of New York Press, Albany, New York

## 教育法与教育管理(Law and Administration in Education)

教育在每个国家都是有争议的,即使在那些不能公开讨论有争议的社会问题的国家。在任何国家,教育管理必须处理冲突,而法律是用于解决问题的主要机制之一。许多国家的宪法中都包括教育目标与教育管理组织的条款。在社会主义国家,宪法称颂社会主义教育,而在西方民主国家,基本宪法权利保证多元的教育体系。有些宪法是集权的,其他是分权的;有些规定司法保护个人权利,其他阻止法院干涉教育过程。在所有的国家中,教师寻求学术与教学自由,学生与家庭为他们的权利而斗争,学校法保护学生、家庭和教师的权利并约束教育管理行为。教育合法化是一个持续的过程。

### 1. 决策与法

从广泛的管理角度看,法律在组织的决策过程中有双重作用:

(a)决策过程本身必须是有组织的。谁来决策,决策什么?如何作决策?法律决定资格与程序。

(b)组织中的决策是一个非常复杂的过程。组织的目标是什么?如何能达到目标?法律限制了目标与方法的自由选择。

大体上,可把教育系统看成一个决策过程,管理只是其中一部分。与帕森斯(Parsons)将组织区分为技术、管理与制度三种水平相一致(1966),可把教育行政置于管理的层次。通过决定目标、方法、资格以及程序,法律既把这三个层次分开,同时又把它们联系在一起。因为管理层次必须为教育以及制度层次服务。如果法律能够完成这些服务职能,就能对教育管理做出重要贡献,但如果它没有完成服务职能,就会产生很大的破坏作用。

**2. 集权化与分权化**

在所有国家中,制定详细的法律条文的目的是划分管理机构和进行办事资格分配。这些国家的教育管理要么实行集权化,要么是分权化。集权化的教育管理有许多理由:

(a)国家统一,如传统的法国教育管理。

(b)民主集中制,如一些社会主义国家。

(c)非殖民化与经济发展,如大多数发展中国家。

分权化的理由也是多方面的:

(a)适应国内地区与文化差异。

(b)适应地方社区的教育利益。

(c)通过教师与学生的参与以及利用传统的大学自治权建立机构自治。

2.1 联邦制度

联邦国家中的政治权力在州与联邦之间划分。联邦制度的最初思想是在不破坏地区差异(尤其是文化事务)的情况下建设国家。这种思想证明在瑞士、美国、西德建立的经典的联邦是正确有效的,并激励了苏联、南斯拉夫等社会主义国家的创始人以及亚洲与非洲的新兴国家(如印度与尼日利亚)。

2.2 地方主义

联邦制度与地方主义是分权化的不同方式。有些联邦国家的教育权在地方(美国与瑞士),其他联邦国家(西德和奥地利)的地方权力很少,还有一些非联邦国家(英国与日本)有地方权力。地方主义的组织基础是社区。在历史上,教育中的地方主义起源于农村的教区。随着工业化的出现,教育中的地方主义变得对经济—官僚政治社会结构下的各种城市利益群体很重要。在20世纪70年代,地方主义为反对教育中的经济与官僚政治权力而再度复兴,尤其是通过社区权力与“选择性社会”运动。

分权化的影响取决于地方社区所拥有的权力。地方主义对于那些仅仅负责维护教学楼的地方社区来说是不合适的称呼,多数西方国家就是这种例子,因为没有承担真正的教育权。但是,如果地方社区决定教师的任命与解雇,如果它们有征税权力,以及如果它们能够影响学校课程,就可说地方社区参与了对教育的控制。美国(Hudgins and Vacca 1979)、英国(Hart and Garner 1973)、瑞士(Poltke 1979)和日本(Cummings 1980)就是这样。在这些国家中,地方主义的分权化意味着政府与地方社区共同承担教育责任。

2.3 机构自治

大学自治在欧洲有很长的历史,它起源于保护学术自由免受教会的控制。学术自由在20世纪受到政府与利益团体的威胁要多于宗教权力的威胁。保护大学中一定的机构自治的思想已经扩展到全世界,不仅在西方民主国家,而且在发展中国家与社会主义国家。以比利时1831年宪法为榜样,许多宪法保证把学术自由当作基本权利。这种规定往往阻止了所有外部因素对学术事务的干扰,然而,许多政府一直侵犯这项基本权利。真正的学术自由不仅仅需要政府对学术事务的不干预,它还意味着大学控制课程、员工的任命以及预算。世界上没有一个国家保证了这种学术权利。在许多国家,政府与学术团体分享权力,以至于大学只有一定的机构自治。然而,即使这种自治也受到集权化以及大学“日益与社会融合”的威胁(Van de Graaf 1978)。

机构自治的概念近来变成了一些国家组织学校系统的模式。教师、学生与家长民主参与管理意味着减少政府与地方对教育的影响(Salisbury 1980,Niehues 1976)。然而,在几个国家(如西德)进行的实验得出的结论是,这种参与并没有导致真正的机构自治。

**3. 教育管理的法律程序**

合法化似乎是教育领域的世界趋势。教育者与管理人员抱怨越来越多的立法限制了管理行为。

据说法院通过控制教育决策而获得教育权（Greenberg 1979，Feeley 1979）。这在一些西方国家可能是真的，但在发展中国家可能并非如此。在发展中国家，教育法律规范确实存在。在东德（和其他地方），有大量的成文教育法（东德教育科学研究院 1979）。但是，由于一些发展中国家既不允许对法律规范进行司法检查，也不允许对法院在管理事务中的权限进行检查，这就意味着只能由政府自我检查。仅仅由自己决定办事程序是否合法的组织并不能提供真正的控制。发展中国家就是这种例子。多数发展中国家已经采用了西方法律制度，包括规定权限。但是政治权力的集中化阻止了法院有效地检查与纠正政府管理行为。

在西方民主国家以及日本，每个公民都可采取法律行动来反对政府。因此，法院能够控制政府。然而，控制的密度与牢固程度在国家之间是相当不同的。美国、西德、奥地利和瑞士是教育管理合法化的国家，而在其他西方国家，通过诉讼反对政府仍然仅仅是例外。在美国，请求者可宣称政府立法或地方学校委员会的政策侵犯了宪法权利，如第14条修正法案（遵循适当程序与保护平等）或联邦法律如民权法案（Hudgins and Vacca 1979，Kirp and Yudof 1974）。在西德，制定了一项特殊的政府与宪法事务权限法律条文以控制政府行为，特别强调要符合联邦宪法的规定。家长权利与学术自由是主要的控制方面（Heckel and Seipp 1976），它们受到同等的法律保护。奥地利与瑞士在教育事务中的权限与西德相似。

在多数其他欧洲国家，司法情况是非常不同的。法国和意大利同样有特殊的政府与宪法权限，并且它们的宪法提供了基本的权利。然而，法院在教育管理中并不重要，原因是司法权限在教育事务中受到限制。在英格兰与威尔士，情况与美国相当，因为在盎格鲁撒克逊法系中并没有规定政府与宪法事务的特殊权限，保护民权的法律责任由普通法院来履行。然而，不像美国法院，英格兰和威尔士的法院对教育管理不能实施任何有效的控制，缺乏成文的宪法可能是原因之一。

## 4. 目标与方法

政府无法自由地选择教育目标与方法，因为有法律制度限制着这些选择。

### 4.1 课程——封闭与开放系统

在封闭大系统中，教育系统必须服务于社会系统的目标，通常是由宪法保证教育系统的这种社会职能。在传统社会中，教育扮演着维护社会的宗教价值的职能，教会控制学校就是事实的证据（Hudgins and Vacca 1979），国家中除了成文宪法外，政府与教会没有分离，如意大利、西班牙、普鲁士和日本就是这样。

由美国和法国宪法规定的教会与政府分离原则最终扩展到整个西方世界，并打开了传统封闭的教育系统。这些国家建立了多元的教育系统。政府与学校在意识形态冲突中必须保持中立，但这种中立并不意味着宪法不能决定政府行为。宪法保证自由行使宗教与言论自由这样的民权，这一点对教育尤其重要（Hudgins and Vacca 1979）。这些国家还保证所有人受到法律的同等保护，制定了一系列关于种族、性别和阶级方面的反歧视条款（Kirp and Yudor 1974，Hudgins and Vacca 1979）。尤其是在西德，保护教育系统多元结构以反对反民主思想成了教育管理的一项主要任务（Niehues 1976）。在这方面，开放的教育系统可以说是有边界的。

东欧社会主义模式是一种相对封闭的教育系统模式。在社会主义国家，宪法决定教育系统的目标，如在东德的宪法中规定："统一的教育系统保证每个公民接受永久的社会主义教育。"由于东欧社会主义国家的政治体制是相对集权的，管理必须致力于完成这种使命。苏联经过半个多世纪的社会主义教育后，证明封闭的教育系统并没有按照他们所期望的那样去做。这些国家的法律没有有效地决定教育管理。很明显，一些发展中国家也是这种情形，也试图去建立封闭的教育系统，使经济与社会发展成为教育的中心目标，但它们中大多数——大概除了古巴——不得不认识到法律并不能保证封闭教育系统成功。

### 4.2 人事——专业人员还是雇员

在多数国家中，教师的法律地位并不很清楚。教师既不是真正的专业人员也不是典型的雇员。在教师队伍中地位差异也是很大的。例如，乡村小学的女性兼职教师与一所声望最高的大学的全职终身教师之间就是这样。当然，国家之间由于传统不同，也存在很大差异，从东西方国家的公务员传统到发展中国家的传统传教士教学与现代媒体学习混合。然而，全球趋势是导向教育人事的更专业化组织。

专业组织意味着进入教学职业需要特殊的资格以及由工作拥有者自己自主地决定工作资格。第一点几乎已经成为普遍的标准。现在，教师必须有学科和教育资格。一个教授可能是一个优秀的科学家，但不是一个合格的大学教师。因此，需要教育资格成为一种趋势，即使是大学。护士可能有大量处理婴孩的经验，但不一定适合幼儿园教育工作。因此，幼儿园需要学术资格也成为一种趋势，例如，在心理学或母语教学中。但教授与护士都不是有代表的教学专业人员。很久以来，学校教学准入资格已经专业化了。然而，新的趋势使外行教学的传统又复苏了，如在许多发展中国家，小学的家长们实行合作教学，在群众教育中也有外行参与。

由于需要特殊的资格，如果教师身份可叫作专业人员，通常不存在第二个标准，即教师自治地决定工作要求。成为教师所必需的培训与考试不是由教师及其组织而是由政府法律与行政规定决定的（如西德的教师培训法和美国的资格证明要求）。英格兰与威尔士是个特例，那里由校长和督导人员决定教学上的人事安排，而他们本身也是教学专业人员的一部分（Hart and Garner 1973）。另一个特例可存在于大学教学中：大学自治并不意味着完全的学术自由，而是指大学教授的任命要求由大学团体本身决定。大学最初是专业人员团体，有权决定成员资格。这种传统的组织要素生存下来并且基本上得到世界上所有国家的接受（Van de Graaf 1978）。

如上所说，教师是一类特殊的雇员，他们融合在公务员等级中，但在许多方面有特殊身份。这种身份的特征是学术自由与有限的集体谈判。作为一项普遍原则，对教学的管理要受到专业规范的约束（Hudgins and Vacca 1979，Mosher and Purple 1972，Hopf et al. 1980）。另一方面，集体谈判并不普遍。许多国家不允许教师集体谈判。不仅社会主义国家禁止集体谈判，在多数西方欧洲国家也是如此（Niehues 1976，Plotke 1979）。当集体谈判被允许时，如在美国，其主题也受到法律的限制。罢工的权利（这在许多国家是雇员的宪法权利）没有给予教师。

### 4.3 财政——市场还是福利体制

如果教育支出由学生或他们的家长而不是公共拨款支付，这就叫市场体制。教育价格于是可能由供求关系决定。然而，世界上没有国家是在纯粹市场原则基础上组织全部教育系统的。在西方国家有部分教育系统似乎是市场体制，它们是私立学校与大学以及私人企业内的职业培训。私立学校与大学由个人或私人团体经营，学生必须为他们的教育支付大学所有者要求的费用。然而，私立学校与大学并没有建立教育的市场体制。在许多国家，如美国、法国和西德，大多数私立学校由宗教组织（由于宗教目的而资助的学校）控制。在法国、西德以及其他地方，政府承担了私立学校支出中相当大的部分。在所有国家中，私立学校与大学通过考试与信誉整合进政府控制的教育系统中去，包括英格兰与威尔士，那里的私立学校声誉是最高的。

如果整个教育系统由政府加以组织，并且如果所有支出通过税收来支付以至于教育对每个人都是免费的，这就叫作福利体制。社会主义国家就是用这种方式来组织教育系统的。

西方民主国家在政府普遍监督的范围内建立了混合的公立与私立学校及大学。私立学校与大学并不仅仅在市场原则的基础上组织，公立学校与大学也不是真正的福利机构。在许多国家，学生必须支付一部分费用，没有哪里的教育对每个人都是完全免费的。奖学金并不给每个人，而只给有天才的学生以及在社会上处于贫困状况的学生。市场原则在20世纪70年代以凭证计划的形式应用于公立学校系统中（Coons and Sugarman 1978），但这种思想是有争议的。

**5. 法与管理**

教育者通常对教育管理有复杂的感觉。他们希望有一个高效率的管理,但不希望管理限制他们的学术自由。政治家通常也对教育管理有复杂的感觉。他们希望有效率,尤其是以最少的成本获得高质量的产出,以及下一代在现存的社会秩序的基础上社会化。这同样是一个有争议的话题。

教育管理无法完成所有这些期望,法律通过组织决策过程与减少教育管理决策的复杂结构来帮助实现这些期望。目前,教育法的发展方式并不能满足这些期望。因此,教育管理的合法化是必须积极发展的方向。

I. 里奇尔(I. Richter) 著

朱科蓉 译

**附录**

Akademie der Pädagogischen Wissenschaften der DDR 1979 *Das Bildungswesen der Deutschen Demokratischen Republic*: *Gemeinschaftsarbeit*. Volk und Wissen, Berlin

Academic für Staats-und Rechtswissenschaften der DDR 1979 *Verwaltungsrecht*: *Lehrbuch*. Staatsverlag, Berlin

Coons J E, Sugarman S 1978 *Education by Choice*: *The Case for Family Control*. University of California Press, Berkeley, California

Cummings W K 1980 *Education and Equality in Japan*. Praeger, New York

Feeley M 1979 *Schools and the Courts*, Vol. 2. University of Oregon, Eugene, Oregon

Greenberg J 1979 *Schools and the Courts*. Vol. 1. University of Oregon, Eugene, Oregon

Hart W O, Garner J F 1973 *Hart's Introduction to the Law of Local Govermment and Administration*. Butterworth, London

Heckel H, Seipp P 1976 *Schulrechtskunde*. Luchterhand, Neuwied

Hopf C, Nevermann K, Richter I 1980 *Schulaufsicht und Schule*: *Eine Empirische Analyse der Administrativen Bedingungen Schulischer Erziehung*. Klett-Cotta. Stuttgart

Hudgins H C, Vacca R S 1979 *Law and Education*: *Contemporary Issues and Court Decisions*. Michie, Charlottesville, Virginia

Kirp D L, Yudof M G 1974 *Educational Policy and the Law*: *Cases and Materials*. McCutchan. Berkeley, California

Mosher R L, Purpel D E 1972 *Supervision*: *The Reluctant Profession*. Houghton Mifflin, Boston, Massachusetts

Niehues N 1976 *Schul-und Prüfungsrecht*. Beck, Munich

Parsons T 1966 *Some Ingredients of a General Theory of Formal Organization*. Macmillan, New York

Plotke H 1979 *Schweizerisches Schulrecht*. Haupt, Bern

Salisbury R H 1980 *Citizen Participation in the Public Schools*. Heath, Lexington, Massachusetts

Van de Graaf J H 1978 *Academic Power*: *Patterns of Authority in Seven National Systems of Higher Education*. Praeger, New York

**其他参考文献**

Cramer J F, Browne G S 1965 *Contemporary Education*: *A Comparative Study of National Systems*. Harcourt, Brace, New York

Heller V, Zeizinger H (eds.) 1978 *Das Schulunterrichtsgesetz*. Manz, Wien

## 公立学校与私立学校的研究之争 (Public versus Private Schools: Research Controversies)

对公立私立学校之间学生的学术成绩进行比较可以了解公共政策与学校改进策略。如果私立学校在提高学生成绩方面更有效,对贫穷学生尤为有效的话,那么决策者就可能通过扩大招生而使所有学生受益。同时,找出这些学校成功运转过程的规律,将对水平低的学校的管理者与教师有指导作用。然而,为了保证对公立私立学校进行比较的有效性,必须采用有代表性的资料、可靠的测量、充分的设计和正确的统计方法。更重要的是,对成绩差异的评价必须注意选择性偏见:如果在私立学校就读学生的成绩普遍都很高,那么这种优势真的反映了学校教育过程更有效吗,还是这仅仅由于这些学校招收了更有能力的学生?在这个问题的争论中,对公立私立学校的相关效能进行比较可以理解教育研究中内在的一些重要问题(和解决方案)。在此过程中,他们已改进了教育研究行为并获得了有益的发现。本词条评论了在说英语的国家与发展中国家的教育研究之争,讨论了政策与管理的关系。

## 1. 争论的背景

在20世纪80年代初,对私立学校的研究兴趣得到复兴。主要问题是与公立学校相比,私立学校是如何公平地、有效地培养它们的学生。私立学校的倡导者把它们看作一种社会与教育资源。然而,批评者认为它们在迎合特殊人群需要的过程中进行社会分层与分裂,包括分成宗教群体(宗教教派学校)和社会经济精英(独立学校)。然而,成本与人口的流动威胁着许多私立学校的生存,从而产生了另一个问题:公众应该关心私立学校在经济上的生存能力,甚至它们的生存吗?

为了从实验中比较公立私立学校,美国的许多研究者应用了"中学及以上阶段"(HS&B)的研究资料。在1980年,美国全国教育统计中心采用了中学及以上阶段,即对美国中学及其学生进行全国性、代表性的纵向研究,提取了两个阶段概率的样本,第一次抽取了1 015所中学,故意去除了天主教学校和少数民族学生比例很高的学校。第二阶段抽取了58 000名学生、36所初级中学、36所高级中学。中学及以上阶段包含了广泛的学校与学生资料,包括学生的背景、态度与行为。由教育考试服务中心开发的测验测试了阅读、词汇、数学、写作、公民与科学。

### 1.1 "中学及以上阶段"基础年的发现

科尔曼(Coleman)等人的两个早期研究(1981,1982)用中学及以上阶段资料重新点燃了关于公立私立学校效能之争。他们发现天主教学校学生的平均成绩在相应的公立学校之上,研究者宣布了私立学校在效能方面所具有的优势。由于中学及以上阶段研究的非天主教私立学校规模小和多样化的特征,这些学校不在此后的分析范围内。在他们的研究设计中,科尔曼等人不得不面对第一次中学及以上阶段研究中内在的局限:横断资料缺乏比较评价的先决条件——前测与后测结构。而且,如果公立学校与天主教学校招收不同类型的学生,就违背了最初等价群体的假设,继而发生选择性偏见。

因此,为了测量学校类型对高年级成绩的影响,科尔曼等人采取了补偿性措施:(a)他们加入了对学生社会经济地位、种族、民族与家庭结构方面的差异的多元统计分析;(b)他们采用了高中二年级匹配组的考试成绩作为高年级前测分数。他们发现了背景特征与成绩之间的关系在每个部分学生中是不同的,作者还用独立的回归分析检验了公立学校与天主教学校对学生成绩的影响。在多元比较分析中,科尔曼等人发现天主教学校在阅读、词汇与数学测验中有一致的和统计学上显著的优势。把分数差异转换为年,天主教学校比公立学校的中学成绩高了一年。来自少数民族和低社会阶层背景的学生在天主教学校中表现尤其好(Greeley 1982, Keith and Page 1985)。这些研究者声称学校关于家庭作业与纪律的政策对天主教学校的优势有很大贡献。

### 1.2 关于天主教学校优势的争论

在这些早期的结论之后,人们对中学及以上阶段资料展开了一系列的批评与再分析(Alexander and Pallas 1983, Goldberger and Cain 1982, Noell 1982, Willms 1983)。选择性偏见成为反对意见的根本所在。尽管科尔曼等人引进了17组统计对照标准,学生(而不是学校)特征仍然能说明明显的成分差异。由于没有一个预测成绩来解决最初的认知水平差异,这些研究者宣称这些天主教学校的明显优势可能只是人为选择的结果。

批评者还挑剔科尔曼等人忽视了课程分轨对高年级成绩的影响,由于学生上中学前的因素影响对分轨课程的选择,这些批评是有理的,对分轨的控制将有助于纠正选择性偏见(Alexander and Pallas 1983)。而且,对课程分轨的调整可能使各种成分学生完成任务的效果平等,因为天主教学校可能比公立学校更专注于学术表现(Willms 1983)。科尔曼等人反驳他们的批评说,把课程分轨考虑进来将过分修正选择的影响。他们指出,分轨编班政策区分了各个部分的学生,并非常有助于天主教学校的成功。而且,同样的学生在天主教学校的学术分轨课程中可能成绩更高(Kilgore 1983)。在科尔曼等人最初的研究之后,研究者间的争论非常激烈,而最终结论到1982年第一次中学及以上阶段的跟踪研究资料出笼后才能得出。到那时,最初的高中二年级群体已经成为高年级学生,他们成绩的前测与后测对于分析将是有用的。

### 1.3 "中学及以上阶段"的第一次跟踪研究

1983年,第二次公开发表中学及以上阶段资料的浪潮中,人们看到同一批研究者进行的许多新的分析。黑特尔(Haertel 1987)在评论他们的调查时,报告了亚历山大(Alexander)、威尔姆斯(Willms)、胡佛(Hoffer)、科尔曼和格里利(Greeley)等人进行的三个研究的细节,这些研究者最初承诺以年为基础进行观察。黑特尔建议从五个关键领域来区分研究者的分析:预测分数的使用,对成绩结果进行选择,选择学生与学校因素作为控制的机制,将组合或独立的模型应用于各个部分学生的分析,以展示他们发现的方法。

尽管采取完全不同的分析策略,研究者的结果却非常相似——如果所有的研究者都采用同样的数据就不足为奇了。胡佛等人(1987)在报告他们在同样年级进行研究的结果后,接着发现天主教学校学生在阅读、词汇、数学与写作成绩方面高出公立学校一个年级水平。由于天主教学校仍然被证明对少数民族与低社会经济地位学生尤其有效——因此使社会根源对成绩的影响最小化——胡佛等人认为天主教学校反映了19世纪美国学校的"公立小学(也有包含中学的)"理念(Coleman et al. 1981,1982; Greeley 1982)。

亚历山大和帕拉斯(Palas)同意胡佛等人的研究结果(虽然不在结论中),指出天主教学校几乎在所有学术领域的影响都是积极的(1983)。然而,当他们比较背景对天主教学校与公立学校学生成绩的影响时,这些研究者发现支持公立小学假设的证据很少。由于质疑天主教学校对某些课程领域没有影响,威尔姆斯(1983)认为各个部分学生的差异是微不足道的,并拒绝关于天主教学校提供了"公立小学经验"的说法。

詹克斯(Jencks 1985)提供了关于天主教学校效能问题之争的有力的总结。在对这三类研究进行比较中,他得出的结论是天主教学校的初中与高中比公立学校相对应的年级所学的东西更多一些。而且,他声称:"关于天主教学校尤其有助于初始条件不利的学生的证据是非常有启发的。"(P. 134)

虽然有利于天主教学校的差异很小,但黑特尔(1987)和詹克斯(1985)认为它们还是很系统的。黑特尔支持科尔曼等人的早期解释,说明了通过上课方式、家庭作业的数量、课程分轨以及学校的课程标准等因素而对各部分学生造成的差异。亚历山大(1987)建议研究工作应该从对学校整体差异的比较(掩盖的东西要多于揭示的东西)转向实质上更有益的研究,即研究学校的"内部工作"。

### 1.4 内部工作:公立学校与私立学校

关于公立私立学校效能的争论焦点发生了转变,研究者试图解释为什么各种因素对学生的影响不同。一些研究者采取了田野研究的方法,观察天主教学校的每日活动——交往的模式、管理评价、课程、教与学(Bryk et al. 1984, Lesko 1988)。在调查公立私立学校内的社会组织中,中学及以上阶段数据仍然被用作定量分析的主要来源。而且,有些研究应用了新开发的统计技术——等级线性模型——来解释公立私立学校问题(Lee 1985, Raudenbush and Bryk 1986)。方法的改进为重新考虑"公共学校"之争与解决某些难解的困境提供了方法(Lee and Bryk 1989)。

在20世纪80年代后半期,研究开始把天主教学校组织作为地方自治的代表,与大城市和郊区公立学校中的官僚等级形式相对比。在地方自治组织的学校中,共同的价值观、公共的议程以及人道的关系既提高了教师的责任水平又促进了学生对学习的承诺(Bryk and Driscoll 1988, Bryk et al. 1993)。科尔曼与胡佛(1987)从另外一个角度来看社区,他们认为围绕天主教学校的功能社区能够说明学校的部分功效。功能社区使学生与他们的家庭处于相对受到限制的社会网络中,从而加强了积极的规范,产生了社会资本。

为了从公立私立学校之争的第一个回合中寻求未解决的问题,李和布雷克(Lee and Bryk 1988, 1989)研究了天主教学校是否确实为处境不利的学生提供了公立小学的经验。他们调查了公立学校与天主教学校中学生的学术经历,他们发现了对公立小学假设的强有力支持。虽然分轨与学术课程的选择把学生的背景与高年级数学成绩联结在一起,在天主教学校中,这些学生的经历证明更少依赖于家庭的背景与先前的成绩。天主教学校把多数学生置于学术课程分轨,而不考虑家庭背景与学术准备。追求普通或职业课程的少数学生也把学术课程作为核心。通过把这些学校的学术组织与标准化环境考虑进来,这些研究者能够解释天主教学校与公立学校在成绩方面的差异以及更公平的社会分布。

**2. 国际比较**

关于公立私立学校的国际比较相对来说引起的争论更少,主要是因为学校分化的界限没有美国明显。美国之外几乎所有的国家都为私立教育提供政府支持。科尔曼等人的研究最先把它们纳入研究之内,许多国际比较通过合并控制学生背景差异/应用前测—后测设计来解决选择偏见问题。

2.1 *说英语国家*

关于澳大利亚政府与非政府学校(包括天主教学校与独立学校)的多数比较反映了对公平的关注。由于澳大利亚人把私立教育看作更高级的、受到政府资助的、有利于现存的有特权的精英,因此争论还在发展(Boyd 1989)。威廉姆斯和卡蓬特(Williams and Carpenter 1991)参加了同样的选择偏见之争,他们调查了私立学校是否确实提供了更高级的教育,或者只是吸引了更有能力的和更有动力的学生。在对一些经验研究的评论中,作者注意到有利于澳大利亚私立学校的、显出成绩差别的模式,它表明私立学校学生在词汇、阅读与数学的标准测验中有小的优势,但在统计上有显著的优势。

在应用美国学校人口的代表性资料进行纵向分析中,威廉姆斯和卡蓬特发现私立学校有一定的成绩优势。他们把这些归结为同类学生群体的"社会经济的种族隔离"。作者认为,除了成绩,私立学校还有其他影响:提高了教育成就,进而间接地提高了低社会背景人们的职业与经济地位。

在英国,教育研究者很少对政府拨款学校(可能不是教派的或宗教的学校)与私立学校(可能是新的独立学校或传统的精英独立的"公"学)中的学生进行比较。虽然选择性偏见同样在英国教育研究者中引起争论,但这个问题与各种类型的政府拨款学校间的学生的比较性评价有关,如语法学校、综合中学与现代中学(Goldstein 1984)。对政府拨款学校与私立学校中的学生进行比较的几个研究中,调查了它们在A级考试(大学入学必需)中的相对成功率。在一项研究评论中,他承认可用数据的不充分,并注意到现存研究之间缺乏一致性,沃尔福德(Walford 1990)认为通过A级考试可能与学生而不是学校有更大关系。A级成功率在私立学校中的分布是不平均的,而且,更差的私立学校的学生与一般的政府拨款学校的学生一样境况不佳。

虽然两个国家间对学生成绩的测量不同——澳大利亚用标准的成绩测验,英国用A级考试通过率——但对公立私立学校的比较关注了同样的问题:一个系统的学校比另一个系统的学校更有效吗?尽管澳大利亚私立学校学生在标准测验中有轻微的优势,对澳大利亚与英国研究的评论者一致把学生成绩的差异更多地归结为学生中的差异而不是他们的学校的影响。这样做,这些研究澳大利亚和英国的评论者就背离了美国的研究者——他们既承认私立学校(尤其是天主教学校)中的学校在成绩上的轻微优势,又试图把优势解释为学校内部工作的差异的结果。

2.2 *发展中国家*

对发展中国家的公私立学校的相对效能进行比较,呈现了某些不同的方面。如果不考虑它们财政上的约束,发展中国家通常指望私立学校来扩展中等教育。然而,政府学校有更多的特权,因为它们设备更好、教师更好。在非洲国家进行的两项研究说明了这种观点。在对肯尼亚政府学校与私立学校中的学生在O级或较低级的中学毕业考试中获得高分的可能性进行比较时,阿米蒂奇和萨博特(Armitage and Sabot 1987)发现私立学校的学生境况更不好。虽然公立私立学校学生在他们的认知能力方面没有显著差异,作者认为政府学校中那些学生受益于更好的小学教育和学术上更具支持性的家庭环境。在1981年对坦桑尼亚的一项研究中,公立学校的学生在学术考试中得分更高,普萨卡罗普洛斯和洛斯利(Psacharopoulos and Losley 1985)把结果归结为精英式的选拔程序,即让更好的学生进入更受关注的公立学校。

在泰国(1981～1982)和多米尼加共和国(1982～1983)进行的两项研究呈现了不同的观点,研究包括公立私立学校中的八年级学生,应用了第二次国际数学研究(SIMS)的前测与后测资料,估计各种因素对数学成绩会有影响。在泰国研究(Jimenez et al. 1988)与多米尼加共和国研究中(Jimenez et al. 1991),作者通过包括影响学生在公立私立学校间初次选择的因素(这类型的其他研究中没有包括)来修正选择性偏见问题。泰国与多米尼加研究都证明进入私立学校对学生成绩有积极的影响。同时,私立学校比政府举办学校更有成本效率。

因此,在发展中国家对公立私立学校的比较没有一致意见。选择性偏见问题仍然是非决定性的。在肯尼亚与坦桑尼亚,学术上有优势的学生进入政府学校,政府学校被认为是更好的。这类学生更成功就不足为奇了。多米尼加共和国的研究结果更值得反思,那里的私立学校学生比政府学校的同类学生成绩更好。泰国研究更清楚地表明私立学校尤其有效。尽管实质上先前的学术成绩水平更低,泰国私立学校学生在国际数学研究所考试中比公立学校的同伴群体表现更好。

希门尼斯等人(Jimenez et al. 1988)认为能够说明泰国私立学校积极影响的因素包括它们的规模更小、学校所在地是更富裕的地方。虽然私立学校教师中只有10%拥有数学资格证书,他们可能年龄更老(因而更有经验),多是女性,更多参与在职培训。私立学校环境更传统与保守:教师强调秩序和经常性的管理考试与测验。

### 3. 总结

科尔曼等人在20世纪80年代初,在美国所做的研究之后的10年中,学术之争点燃了关于公立与私立学校(尤其是天主教学校)相对效能的广泛的技术之争。由于公众仍然对形成报告(在美国,学校改革与对私立学校进行直接或间接的联邦支持)背景的公共政策问题争论不休,教育研究继续比较公立私立学校中学生的成绩。随着研究者花时间在学校并在调查中应用更准确的分析技术,区别公立私立(尤其是天主教学校)学校的组织因素变得明显。由于天主教学校使学生先前背景对他们成绩的影响最小化,学校似乎达到了公立小学理念——使少数民族出身及社会处境不利的年轻人与那些在社会上与学术上有优势的同伴都获得平等而有效的培养。

在美国之外,关于公立私立学校比较的争论被社会分层(英国与澳大利亚)与成本效率(发展中国家)问题取代。除了泰国与多米尼加研究外(在方法上更高级),其他非美国研究受到持久稳固的选择偏见的影响,尽管对学生入学时的差异进行了一些统计上的控制。遗憾的是,在试图确定学校层次效果的研究中,除了一些美国天主教学校研究,总体上讲,对多元分析技术的使用仍不普遍。

### 4. 政策的含义

与日本、澳大利亚和多数欧洲国家的政府不同,美国政府并不资助私立学校,无论是直接拨款给学校还是通过学费免税或学费凭证来间接资助。美国政府不资助私立教育的政策来源于宪法关于教会与国家严格分离的思想。虽然政府不提供资助使美国私立学校免受随之而来的管制,但一些私立学校(严重依赖学费作为资金)年年为生存而挣扎。许多美国私立学校无法通过提高学费来满足支出而面临关闭,因为它们是为穷人或更不富裕的客户服务,天主教学校与其他教派学校就是这样。私立教育部分逐渐缩小(如1990年天主教学校招生数是1965年的一半)。因此,决策者必须考虑到更广泛的社会与财政对美国教育的重要性。

尽管许多私立学校财政来源有限,但私立学校已经受益于试图统一学校社区的核心价值与教育目的而形成的一致意见。在欧洲与亚洲的许多国家,政府学校也给教育过程重新建立价值的统一性(Cummings et al. 1988)。如在瑞典,1980年课程法要求教授平等与团结。在荷兰,对传统与有争议的价值进行讨论是很普遍的(Torney-Purta and Hahn 1988)。在1958年,日本规定道德教育必须贯彻整个课程与课外活动中,给道德与伦理行为教育分配教学时间(Luhmer 1990)。然而,美国公立学校流行的是价值中立原则,反对统一的学术责任和限制学校在学生中培养社会价值的作用。虽然美国社会是多元的,学者们意识到需要重新界定学校在教授核心道德价值中的作用(Devins 1989)。

除了通常服务于选择性很强的客户这个因素以外,其他许多因素也可解释私立学校的效能。共同的信念为社区组织(以私立学校为代表)提供了重要的基础。还有整体上相对较小的规模与地方自治。与这些特征相类似的公立学校改革战略,如校中校与校本管理,在减少官僚阻碍方面表现突出。而且,在天主教学校,不管社会与学术背景或期望如何,所有学生的学习都以学术课程为核心,而这些保证了学校相应的组织效能,与此相反,公立综合中学则有细致的分化。

### 5. 管理的含义

学生与教师能够在安全与有秩序的环境中进行有目的的交往,是许多私立学校的另一个特点。行为标准是清楚的,互相尊重是基本价值。在这些学校中,传统与简单的礼仪说明了学校的文化和给予了共同的身份。每个人知道他们的归属和他们的责任:他们对自己负责,互相负责,对学校负责。

几乎在所有的私立学校,管理者与教师花费相当的时间在学生成绩的进步上,也在学校环境如何支持学生学习以及价值的发展上投入不少精力。良好的合作关系与灵活的学校结构使员工容易对新的需要做出反应。

### 6. 结论

在20世纪80年代,为了解决围绕公立私立学校相对效能的争论,教育研究者之间的竞争最终导致补充调查方法的使用,包括在学校中进行观察研究和使用越来越尖端的统计技术。虽然早期的争论在寻求解决方法上和解释上(围绕如何正确分离来自不同效能情况中的选择偏见)存在不一致,但后期的比较研究更有用——关注学校组织的影响与它们的政策含义。由于研究者逐渐评估美国学校再造运动的改革动机,他们可从20世纪80年代的研究之争中得出教训。而且,国际比较更多发生在20世纪90年代,可能丰富教育研究与实践。

H. M. 马克斯(H. M. Marks)<br>V. E. 李(V. E. Lee) 著<br>朱科蓉 译

### 附录


Alexander K L 1987 Cross-sectional comparisons of public and private school effectiveness: A review of evidence and issues. In: Haertel E H, James T, Levin H M (eds.) 1987 *Comparing Public and Private Schools. Vol. 2: School Achievement*. Falmer Press, New York

Alexander K L, Pallas A M 1983 Private schools and public policy: New evidence on cognitive achievement in public and private schools. *Soc. Educ.* 56(4): 70—182

Armitage J, Sabot R 1987 Efficiency and equity implications of subsidies to secondary education in Kenya. In: Newberg D, Stenson N (eds.) 1987 *The Theory of Taxation for Developing Countries*. Oxford University Press, New York

Boyd W L 1989 Balancing public and private schools: The Australian experience and American implications. In: Boyd W L, Cibulka J G (eds.) 1989 *Private Schools and Public Policy: International Perspectives*. Falmer Press, London

Bryk A S, Driscoll M E 1988 *The High School as*

*Community: Contextual Influences and Consequences for Students and Teachers.* National Center on Effective Secondary Schools, University of Wisconsin, Madison, Wisconsin

Bryk A S, Holland P B, Lee V E, Carriedo R 1984 *Effective Catholic Schools: An Exploration, with a Special focus on Catholic Secondary Schools.* National Catholic Education Association, Washington, DC

Bryk A S, Lee V E, Holland P B 1993 *Catholic Schools and the Common Good.* Harvard University Press, Cambridge, Massachusetts

Coleman J S, Hoffer T, Kilgore S 1981 *Public and Private Schools. An Analysis of High School and Beyond: A National Longitudinal Study for the 1980s.* Final Report to the National Center for Educational Statistics, Contract No. 300—78—0208. National Opinion Research Center, Chicago, Illinois

Coleman J S, Hoffer T, Kilgore S 1982 *High School Achievement: Public, Catholic, and Private Schools Compared.* Basic Books, New York

Coleman J S, Hoffer T 1987 *Public and Private High Schools: The Impact of Communities.* Basic Books, New York

Cummings W K, Gopinathan S, Tomoda Y (eds.) 1988 *The Revival of Values Education in Asia and the West.* Pergamon Press, Oxford

Devins N E (ed.) 1989 *Public Values, Private Schools.* Falmer Press, Basingstoke

Goldberger A S, Cain G G 1982 The causal analysis of cognitive outcomes in the Coleman, Hoffer and Kilgore report. *Soc. Educ.* 55(2—3):103—122

Goldstein H 1984 The methodology of school comparisons. *Oxford Rev. Educ.* 10(1):69—74

Greeley A M 1982 *Catholic High Schools and Minority Students.* Transaction Books, New Brunswick, New Jersey

Haertel E H 1987 Comparing public and private schools using longitudinal data from the HSB study. In: Haertel E H, James T, Levin H M (eds.) 1987 *Comparing Public and Private Schools, Vol. 2: School Achievement.* Falmer Press, New York

Hoffer T, Greeley A M, Coleman J S 1987 Catholic high school effects on achievement growth. In: Haertel E H, James T, Levin H M (eds.) 1987 *Comparing Public and Private Schools, Vol. 2: School Achievement.* Falmer Press, New York

Jencks C 1985 How much do high school students learn? *Soc. Educ.* 58(2):128—135

Jimenez E, Lockheed M E, Luna E, Paqueo V 1991 School effects and costs for private and public schools in the Dominican Republic. *Int. J. Educ. Res.* 15(5):393—410

Jimenez E, Lockheed M, Wattanawaha N 1988 The relative efficiency of public and private schools: The case of Thailand. *World Bank Econ. R.* 2(2):139—164

Keith T Z, Page E B 1985 Do Catholic high school students improve minority student achievement? *Am. Educ. Res. J.* 22(3):337—349

Kilgore S B 1983 Statistical evidence, selectivity effects and program placement: Response to Alexander and Pallas. *Soc. Educ.* 56(4):182—186

Lee V E 1985 Investigating the Relationship Between Social Class and Academic Achievement in Public and Catholic Schools: The Role of the Academic Organization of the School. Doctoral dissertation, Harvard University, Cambridge, Massachusetts

Lee V E, Bryk A S 1988 Curriculum tracking as mediating the social distribution of high school achievement. *Soc. Educ.* 61(2):78—94

Lee V E, Bryk A S 1989 A multilevel model of the social distribution of high school achievement. *Soc. Educ.* 62(3):172—192

Lesko N 1988 *Symbolizing Society: Stories, Rites, and Structure in a Catholic High School.* Falmer Press, New York

Luhmer K 1990 Moral education in Japan. *J. Moral Educ.* 19(3):172—181

Noell J 1982 Public and Catholic schools: A reanalysis of "Public and Private Schools." *Soc. Educ.* 55

(2—3):123—132

Psacharopoulos G, Loxley W 1985 *Diversified Secondary Education and Development: Evidence from Colombia and Tanzania.* Johns Hopkins University Press, Baltimore, Maryland

Raudenbush S W, Bryk A S 1986 A hierarchical model for studying school effects. *Soc. Educ.* 59(1):1—17

Torney-Purta J, Hahn C H 1988 Values education and the Western European tradition. In: Cummings W K, Gopinathan S, Tomoda Y (eds.) 1988 *The Revival of Values Education in Asia and the West.* Pergamon Press, Oxford

Walford G 1990 *Privatisation and Privilege in Education.* Routledge, London

Williams T, Carpenter P 1991 Private schooling and public achievement in Australia. *Int. J. Educ. Res.* 15(5):411—431

Willms D 1983 Do private schools produce higher levels of academic achievement? New evidence for the tuition tax credit debate. In: James T, Levin H M (eds.) 1983 *Public Dollars for Private Schools: The Case of Tuition Tax Credits.* Temple University Press, Philadelphia, Pennsylvania

## 教育中的宗教问题(Religious Issues in Education)

教育中的宗教问题包括这样一些基本内容,如政府对宗教教育的支持与防范,查禁教会附属学校,以及次要一些的内容如政府学校的教师能否穿宗教服装去学校。本词条关注比较大的问题,即政府支持或压迫宗教教育。

20 世纪的教会与政府关系模式有四种:世俗控制占优势、神权控制、共存模式与分离模式。在这些模式背后,本世纪的教会与政府关系和以往历史上的一样变化不定,然而,教会与政府关系的总体趋势是走向更多的宗教信仰自由。

### 1. 世俗控制

在世俗控制的国家中,政权事务高于教会事务,政权保持着利用、容忍或压制宗教的权力,以纳入政府政策的秩序。世俗控制并不总是意味着宗教与宗教教育将被压制。但它确实意味着政府的世俗目标引导与影响着政府与宗教的关系。即使是在国家宪法宣布“宗教信仰自由”或“信教的自由”的国家都如此。

政府为了自己的目的而利用宗教与宗教机构的历史可回溯至几个世纪前,它们把支持与认可单一宗教作为提高社会凝聚力与稳定性的方式,这可以举出政府政策来说明。在 20 世纪,最生动的世俗控制例子是马克思列宁主义意识形态国家,如苏联。在 1921 年,苏联禁止对孩子进行宗教教育,宣布对进行宗教教学的人施以强迫劳动的处罚。教会学校被关闭,要求政府学校向孩子们灌输反宗教观点。然而,严厉镇压宗教与宗教教育的行为被及时废除,从而在 1975 年,家庭或朋友之间能够合法地提供宗教教育。这种允许私立宗教教育的模式同样流行于铁幕背后的国家,如东德和波兰。在社会主义之下的波兰公立学校甚至允许在政府学校中进行宗教教育。然而,波兰的教会与政府的关系在第二次世界大战后是非常不稳定的。

德国的国家社会主义(即纳粹)政权(1933 ~ 1945)采取的政策是,既镇压宗教又利用它来为自己的目的服务。镇压宗教的最明显的牺牲品是犹太人,他们的教堂与财产被破坏,在大屠杀中被屠杀了数百万人。罗马天主教会得以保留继续提供宗教教育的权利及其他特权,目的是换取罗马教廷对纳粹政权的外交承认。然而,巴伐利亚的纳粹主义成功地迫使学生离开教会学校进入各派融合的学校,而天主教牧师受到纳粹官员的骚扰。实际上,随着教会官员坚持批评某些政治政策,以及政府坚持通过压制天主教出版物(还有其他方法)来镇压教会,政府与天主教牧师之间的关系仍然是充满危险的。

第三帝国的公立学校中仍有宗教教育,但只能由政府特许的牧师与世俗的教师教授。特许被证明是一种限制这些教师的学术自由的有效工具。用于宗教教育的时间减少到一星期 1 小时——1941年后,14 岁以上的孩子不再接受宗教教育。学校甚至禁止唱圣诞节颂歌和纪念基督降临活动,

"圣诞节"这个词在战争期间受到官方禁止,用"圣诞季节"来代替。这些变化是使大量的宗教仪式世俗化以及把圣诞节转换为异教徒最高节日的措施的一部分。

学校宗教内容被调整以适合纳粹主义政府的政治与种族主义的议程。为此,从基督教的《旧约全书》中精心选取的文章是为了实现国家社会主义"揭露犹太人"的目的。向孩子们灌输耶稣是救世主——英雄与领导——他抨击了犹太教并带领人们走向上帝。然而,宗教领袖们通常拒绝这些大规模的以局部内容曲解《圣经》的措施,用这些措施是以宗教教育来为世俗目的服务的。这种情况导致在世俗与宗教权力之间持续的紧张状态。

墨西哥呈现了另一种世俗控制景象。墨西哥的1917年宪法体现了1911年革命胜利者联盟中的各团体间的妥协。它为社会主义、资本主义、民主、独裁、社团主义与利益团体自由主义提供了条件,推进了始于19世纪的政策,这一政策明确提出削弱罗马天主教会的影响。在其他条款中,1917年宪法使教育世俗化并禁止宗教团体提供小学、中学与教师教育;禁止建立宗教秩序;保证宗教在寺庙或私人住所的自由,但所有宗教活动仅限于在教会建筑内部进行;禁止宗教团体拥有不动产;禁止政府支持与压制宗教;牧师无权投票、参与政治组织或公开评论或批评公共法律与政府官员。

这些条款的各项规定从未完满实现,但照此去做的努力导致持续的紧张、动荡与流血,最终在教会与政府间达成暂时妥协。在这期间,反对教会影响政治事务的各项法律规定既没有实施也没有废除,私立天主教学校继续经营,但伪装了它们真正的本质。然后,在1991年,政策发生了戏剧性的逆转,政府修改了宪法,正式终止了教会与政府的对抗。在新的条款下,允许教区的教育,允许牧师投票,允许由于法律禁止而受到蔑视的女修道院与男修道院正式存在,允许教会有自己的财产,以前非法开设的教会服务合法化。可以用证据说明,这些正式法律变化的最重要结果是教会学校系统的繁荣。

随着第三帝国的瓦解,墨西哥宪法的改变,以及其他一些国家体制的变化,世界获得了更多的宗教自由。

**2. 神权控制**

世俗国家的神权控制可追溯到中世纪神圣的罗马帝国和16世纪加尔文的神权政治。神权在20世纪90年代对国家与教育的影响只限制于相对较小比例的世界人口,如在伊朗与以色列。

1979年的伊朗革命推翻了伊朗王朝并创立了伊朗共和国。在新伊朗,最高权力属于法理家——公正而尽责的法理学家,他被大多数人认可为最有资格领导国家的人。他的权力延伸到任命大量的重要官员,包括那些组成监督委员会的官员。这个委员会被授权监督所有的由选举产生的国会通过的法律以确保其与伊斯兰的法律一致。

革命后的公立教育立刻被去世俗化了。认为诽谤伊斯兰的课程与教科书被清除了。宗教研究被引入从小学到大学的教学中,教师队伍被整肃,以确保只有那些理解伊斯兰真义的教师留在学校。确保行为规范、学生着装与伊斯兰原则相符合。

革命同样唤醒了在伊朗受迫害的大量的非穆斯林少数民族巴哈派教徒。以前他们的学校被关闭,还采取其他措施反对他们。然而,1979年起草的共和国的宪法,认可了基督教亚美尼亚人和亚述人为正式的宗教少数民族。这给予他们一定的政治与法律权利,包括维护他们自己的学校。然而,教育部坚持认为亚述人学校的校长必须是穆斯林;所有的宗教课程都要用波斯语教;文学课要获得政府批准;少数民族女学生与穆斯林女性一样在公共场合遮住自己。犹太人与索罗亚斯德教的教徒也是官方认可的宗教少数民族。

以色列是犹太议会民主制共和国,从条款意义上讲,它没有成文的宪法。替代的是,议会制定的某些法律被称为"基本法"并将及时组成成文的宪法。因此,议会在理论上是一个强有力的机构,能够随意地改变政体与政策性质。这里没有权利法案,因此,宗教与政府的关系的界定只是政治联合的产物。由于许多最有影响的斗争团体把犹太教作为他们的基础和起始点,以色列的教育政策受到宗教因素的强烈影响。

以色列教育系统包括有两个分支的公立学校系统与几个私立学校系统。公立系统中的世俗或非宗教部分，虽然避免公开的宗教教育，却通过适当的课程与内容提高犹太人的意识。阿拉伯与其他少数民族进入的学校经过调整在一定程度上适应了他们的宗教选择。例如，教学人员或牧师教授学生特定的信仰。公立学校系统的宗教部分提供了宗教上的正统教育。公立教育系统的这个分支几乎自发地脱离了世俗分支。由任命官员的管理结构与方法可知，对这个分支的有效控制掌握在宗教政党的手中。

除了公立系统的两个分支外，还有一个非常正统的私立学校系统，这个系统从政府接受各种形式的财政资助。以色列的集体农场运动的学校（一个独立的系统）也接受政府资助。最后，还有获得认可的基督教学校，也接受一些政府资助。

政府给私立学校系统资助但没有相应的广泛的控制。极正统的私立学校，很少受到控制，因此，这些学校提供的课程主要是传统宗教研究，而不是现代世俗课程如数学、自然研究、外语和物理。教育部只要求这些学校的教师与公立学校的教师一样有正式资格，以及教学媒体——除了犹太法典——必须是希伯来语，而不是某些没有犹太复国主义倾向的欧洲犹太人学校中传统使用的依地语。

通过宗教政策影响教育政策并不自动地意味着压迫宗教少数民族学校。然而，伊朗的少数民族阿拉伯人学校与犹太人学校相比，在许多方面地位低下且资金不足。

### 3. 融合的多元论政治

许多现代国家是多元的，根据几条线来划分。一条线把国家分为两边，一边是世俗的或对宗教漠不关心的人口，另一边是宗教人口。其他分法是在宗教群体内部划分，这也可反映额外的种族和人种划分。因此，多元主义是用来处理公开冲突的。然而，用融合政策来代替冲突更流行，尤其是如果竞争团体规模非常相当，以至于通过一个团体来统治另一个团体不可能成功并且在生命与资源方面的代价将非常昂贵时，融合的愿望可能通过自由主义传统与自由意识而得到加强。

倾向于融合的国家采取不同的实现方式。有些政府支持与提高那些为国家中不同群体服务的私立学校。有些允许在公立学校系统内建立为少数民族人口服务的独立学校系统。其他提供宗教教育并把它作为公立学校课程的一部分，服务于那些希望接受宗教教育的学生。虽然融合的模式不同，但它们有两个显著特征：不压迫宗教和政府支持宗教教育。

荷兰与丹麦代表了更不寻常的融合形式之一。在丹麦，任何28位家长可在政府支出的基础上建立一所宗教私立学校。荷兰使用类似的政策，那里2/3的学龄儿童进入公共拨款的私立学校。丹麦政府的政策是通过提供启动资金与经营预算金额来鼓励这些学校的发展。政府的支出包括把私立学校预算与公立学校预算加在一起的金额，给每个家庭发放一张与地方公立学校人均经费相等的凭证。这些私立学校会收取补充费用（不是学费），但这些权力是有限的。为了交换所提供的这些支持，政府施加了某些控制，如教师员工的规模、教学资格证书、解雇教师以及课程。这些私立宗教学校的毕业生同样面临着国家考试。

法国采取了不同的政策，但同样允许政府拨款流向私立宗教学校。至少已经存在五年的私立学校可与政府建立契约关系，以同意遵守某些规章制度来交换财政支持。两种最重要的契约安排类型是合伙与简单契约。在合伙契约下，政府为课程承担全部的财政责任，而学校同意采取公立学校系统的方法、日程安排与课程。然而，学校保留它的宗教道德教育。上这些课的教师要么是公立学校的教师，要么是通过契约与政府有关的私立学校的教师。契约课程教师的任命由政府与学校官员共同决定。合伙学校中的教师实际上和公共代理人一样受到政府的限制。

简单契约安排给私立学校的教师工资提供财政支持，并降低了控制的程度。课程不用符合国家课程，只要不与公立教育的基本原则相对立。然而，学校必须培养它们的学生准备官方考试，以及不允许使用国家教育部禁止的课本。这些学校的教师不像合伙学校中的教师那样受到政府限制。简单契约学校中的空缺由私立学校的主管与教师填充，一旦雇用，向政府提供该教师的资格证书。

英国采取了相似的妥协政策，建立了不同类型的自愿学校,这些学校宣布以不同程度的自治来交换各种数量的政府财政资助。

战后德国在政府与宗教教育之间采取了有些不同的融合政策。德国宪法明确地承认私立学校存在的权利,德国最高法院裁决这些规定的含义是政府有财政支持的权利。因此,所谓的“替代学校”,但不是“补充学校”,享有拨款维持它们的权利,但政府不为新建这类学校拨款。这是整个私立学校系统享有的权利,而不是任何特定类型私立学校享有的特权。

像丹麦的公立学校一样,许多其他国家如英国、法国、荷兰、挪威、瑞典、德国公立学校同样也提供宗教教育。在许多政府学校系统中(如德国、丹麦、挪威和瑞典)的课程是“忏悔的”课程,提高了对特定宗教的信仰。在佛朗哥(Franco)统治年代的西班牙,天主教信仰教育是公立与私立学校的必修课程,父母是非天主教的儿童可写书面申请予以免除学习此类课程。

根据1988年教育改革法案,英国的所有拨款学校(英国农村的自愿直接拨款学校)都要求有宗教礼拜与宗教教育。这个法案并没有应用于独立的学校。在法案应用的学校中,要求所有的学生参加单独的礼拜活动,或者不同年龄或不同群体的学生参加单独的礼拜活动。在农村学校中,礼拜仪式是“基督教各种道德力量中最神圣的或最主要的”。允许学校选择不同形式的决定因素很多,包括学生的家庭背景。在校长认为不应该实施每日参加基督教礼拜的学校可要求免除。关于宗教教育,农村学校必须遵照批准的大纲实施与宗教宗派无关的课程。制定这些大纲是宗教教育常设顾问委员会的责任,它反映了英国的宗教传统,主要是基督教传统,同时考虑英国其他主要宗教的情况。

公立学校系统内宗教多元主义的融合在加拿大的安大略省与魁北克省采取了不同的形式。那里的少数民族宗教人口——天主教徒与新教徒——各自在公立学校机构中选举自己的学校委员会,委员会可运用来自天主教或新教赞助者的资金来管理公立宗教学校。

无论用哪种方法,在世俗与宗教两方面以及宗教团体之间都达到了融合,应用融合政策的国家似乎同意宗教自由有两方面的含义。第一是不受控制的权利,这体现了自由概念的消极的一面。第二是积极的一面,即拥有不受限制的宗教自由是不够的,真正的自由还包括有办法实践和落实宗教信仰。因此,应用融合政策的国家既避免了压制,又为宗教提供了政府支持。

**4. 教会与政府分离**

教会与政府分离的原则意味着不故意遏制宗教信仰与实践,政府不支持或不认可宗教,政府不干涉(或很少干涉)教会的内部事务与宗教教育,政府不利用宗教于世俗目的。这种政策在概念问题上充满困难并很难完全实现,因为完全的分离等于敌视宗教。

教会与政府分离的原则在美国比较明显,但是这个原则直到20世纪中期才适度地完整实施。迈向实现这个原则的起步始于1791年,作为对1787年宪法的第一次修正,新成立不久的美利坚合众国采纳了这项原则,条款禁止国家政府制定任何法律“尊重宗教的建立或禁止实施它的自由”。宪法制定者说的这句话的主要意思是,在历史上宗教一直是一个有争议的问题。很明显,修正案只限制了美国国会的权力,因此,只要遵守美国宪法,个别州可继续建立单一的或多种教会作为州的官方教会。各州建立教会的实践并不相同,但主要特征是以州内居民的税收来支持。然而,与当时英国的实践不一样,教会的成员(除了已建立的教会)并不排除在公共部门之外。然而,自采纳第一修正案后,各州自愿终止了建立教会的实践,马萨诸塞州是最后停止建立教会(1833)的州。

正式终止建立宗教教会并不意味着停止对宗教和宗教教育的政府支持。在1800年至1947年间,当美国最高法院第一次建立对宗教的宪法资助时,政府对私立宗教教育的资助是许多政治争论的主题,有些人对天主教深恶痛绝。尽管这样,某些形式的资助仍然流入这些私立宗教教育学校。免除教会财产的财产税是各州政策的共同特征。尽管许多州在19世纪末颁布法令或宪法规定禁止使用政府经费资助教会学校,但某些形式的资助仍在继续。因此,在20世纪30年代,15个州给宗教学校提供了免费的公共交通。到1945年止，有6个州借教科书给私立学校的孩子。

在上述150年间，政府对宗教的支持在公立学校中甚至更明显。特别是在19世纪中期的学校中，与宗教宗派无关的新教提高了在学校中的地位，这是通过背诵《圣经》和使用其他严重受到新教意识影响的课程内容来实现的。这些新教的文献组成了一个完全的基督教体系，涉及人类、上帝与国家的关系。在20世纪中期，基本课程的福音派新教会的特征衰落了，变得更世俗化了，但公立学校继续以宗教仪式开始一天的学习，包括诵读《圣经》与祈祷。

在20世纪初，美国最高法院发布了一系列判决来处理私立学校存在的权利、私立学校不受到政府过度控制的权利、资助私立宗教学校以及公立学校中的宗教实践等问题。在20世纪20年代，最高法院发布判决保护私立学校免受立法废除和广泛的政府控制，因为控制将导致它们失去与众不同的种族特征。

在20世纪中期，最高法院第一次决定第一修正案中的反建立条款应用于政府政策。法院的理由是1868年通过的美国宪法的第14次修正案，至少符合了最初10次修正案的一部分，并把它们直接应用于政府政策。因此，司法开始努力充分认识教会与政府分离的概念。法院的第一次裁决涉及给予私立宗教学校的资助问题并宣布“不给这些学校任何资助”的原则。然而，它决定给进入这些学校的儿童提供免费的公共交通，因此这并没有违反无资助原则。在1947年决定后，法院采取了迂回路线，禁止给予私立宗教学校的许多资助形式，但支持其他非直接的资助形式。然而，实际问题是，私立宗教学校即使获得很小份额的政府资助，也必须生存下去。据有人估计，私立宗教学校大约只有9%的经常性预算来源于政府资助。然而，最高法院确实裁决教会与私立宗教学校可免除财产税，而这种免除对这些学校来说是一种明显的和重要的财政收益。

在20世纪60年代初，最高法院发布了另一系列的意见有效地把宗教从公立学校中排除。美国的公立学校不能再提供忏悔的宗教课程，不能以祈祷或诵读《圣经》开始一天的学习，不能由于宗教原因选择或排除某些学校课程内容。结果公立学校课程世俗化在基督教徒中引起了相当大的波动与愤怒，他们于是通过许多政治的与法律的措施来寻求把宗教内容重新引进学校，并使他们的孩子免于接受他们反对的世俗内容。所有这些措施受到司法的阻碍。因此，美国公立学校仍然是一个完全世俗化的机构。美国最高法院宣布的教会与宗教严格分离仍然是许多美国人的原则。然而，采取的政治与法律措施使法律与政府政策进一步妥协，包括给私立宗教学校寻求更多的资助以及把祈祷重新引进公立学校。

T. 范格尔(T. van Geel) 著

朱科蓉 译

## 附录

Bereday Z F, Brickman W, Read G H (eds.) 1960 *The Changing Soviet School.* Houghton Mifflin, Cambridge, Massachusetts

Blair A G 1986 The policy and practice of religious education in publicly-funded elementary and secondary schools in Canada and elsewhere: A search of the literature. Ontario Department of Education, Toronto

Boyd W L, Cibulka J G (eds.) 1989 *Private Schools and Public Policy: International Perspectives.* Falmer Press, London

Cremin L 1980 *American Education: The National Experience 1783—1876.* Harper & Row, New York

Cremin L 1988 *American Education: The Metropolitan Experience 1876—1980.* Harper & Row, New York

Curry T 1986 *The First Freedoms: Church and State in America to the Passage of the First Amendment.* Oxford University Press, New York

Goodson I F (ed.) 1985 *Social Histories of the Secondary Curriculum: Subjects for Study.* Falmer Press, London

Grunberger R 1971 *The Twelve Year Reich: A Social History of Nazi Germany.* Holt, Rinehart and Winston, New York

Healey R M 1974 *The French Achievement. Private*

*School Aid*: *A Lesson for America*. Paulist Press, New York

Helmreich E C 1959 *Religious Education in German Schools*: *An Historical Approach*. Harvard University Press, Cambridge, Massachusetts

Kleinberger A F 1969 *Society*, *Schools and Progress in Israel*. Pergamon Press, Oxford

Limberg J W 1987 *Iran At War With History*. Westview Press, Boulder, Colorado

Maclvre S 1992 *Education Re-formed*. Hodder & Stoughton, London

Mathews M 1982 *Education in the Soviet Union*: *Policies and Institutions since Stalin*. Allen and Unwin, Boston, Massachusetts

Metz H C(ed.)1989 *Iran*:*A Country Study*,4th edn. US Government Printing Office,Washington,DC

Pfeffer L 1953 *Church*, *State*, *and Freedom*. Beacon Press, Boston, Massachusetts

Rudolph J D (ed.) 1985 *Mexico*: *A Country Study*, 3rd edn. US Government Printing Office, Washington, DC

Safran N 1978 *Israel*: *The Embattled Ally*. Harvard University Press, Cambridge, Massachusetts

Tulasiewicz W, Brock C (eds.) 1988 *Christianity and Educational Provision in International Perspective*. Routledge, London

van Geel T 1987 *The Courts and American Education Law*. Prometheus, Buffalo, New York

Walford G (ed.) 1989 *Private Schools in Ten Countries*: *Policy and Practice*. Routledge, London

## 学校的选择及其私营化(School Choice and Privatization)

本词条关注的是家长从公共经费中获得全部或部分学费支持以及能够为他们的孩子选择学校的政府政策。本词条从教育、宗教或其他世界观、文化的或语言的角度来讨论选择的可行性。但这里并没有讨论选择性的职业中学,因为这种基本决策通常由教育系统而不是由家长做出的。

本词条评论的是:(a)目前支持家长选择的公共政策;(b)关于选择的程度与影响的研究;(c)关于把这个问题延伸为公共政策工具的争论。讨论的重点放在教育制度发展很完善的发达国家,政府为所有人举办学校的教育体系。

### 1. 目前支持家长选择的政策

每个民主国家都允许家长在付费的情况下为他们的孩子选择别的学校来代替政府举办的学校,一些国际条约已经把这一点认可为一种权利。世界人权宣言(1948)声称:“家长有优先权为他们的孩子选择学校类型。”国际经济、社会与文化权利条约(1966)签字国承诺“尊重家长……为他们的孩子选择学校的自由,除非那些由公共权力建立的学校……保证孩子接受与他们自己的信仰相一致的宗教与道德教育”。欧洲理事会(1950)和美洲政府组织(1969)通过了类似的决议。

家长选择作为政策问题出现于20世纪80年代。在大多数情况下,关于教育自由的更早的争论是指教会和其他团体提供与政府举办学校不同的学校的权利。直到进入20世纪,多数西方国家都把由政府提供的普及初等教育(通常与确定的教会合作)作为使全体国民社会化的一种方法,把初等教育与中等教育分离,中等教育由那些有支付能力的人选择与支付,真正的学校选择只应用于后者。中等学校的普及本来是为了扩大政府的作用,反而鼓励更多的家长坚持选择学校。目前最根本的问题是学校应该首先为政府的利益服务(就像过去为全体国民服务一样),还是为家庭利益服务(就像过去为精英团体服务一样)。

当然,政府很少完全放弃对非政府学校的监督。例如,瑞典要求私立学校传授的价值观应与政府学校相一致,而法国、荷兰和西班牙则认为决定学校与众不同的特色是私立学校举办者的根本权利(Riu 1988)。值得注意的是,随着中东欧国家的体制变换,举办非政府学校或把孩子送入这些学校成为公众的基本权利。

从允许选择性学校的存在到为这些学校提供全部或部分经费,或在政府举办的学校系统中提供选择,跨出了实质性的一步。人们日益感觉到只允许有财力的人到私立学校付费择校的限制性教育是不公平的,民主国家已经在一定程度上做出了相当的改变,即它们用公共经费为选择性学校提供部分或全额补助金。

根据动机可把支持选择的公共政策分为:(a)允许家长把他们的孩子送进反映他们自己信仰的学校;(b)为少数民族学生提供废除种族隔离的学校;(c)支持在语言与文化方面的少数民族群体在代际间延续有价值的特性因素;(d)允许家长在教育或质量的基础上选择学校。

### 1.1 通过选择来支持道德自由的政策

政府举办的初等教育系统以及自18世纪末以来中等教育的扩展的显著特征是两种目标之间的冲突,一种是通过学校教育来促进国家统一与社会凝聚力,另一种是各种团体强烈地希望在它们自己的信仰的基础上建立与众不同的学校教育(Glenn 1988)。

罗马天主教会以及荷兰与英国的新教徒是宗教教育始终如一的促进者。许多国家在家长选择的基础上,通过与公立学校平行的准公立状态学校系统,实施了支持宗教教育的公共政策(如在澳大利亚、比利时、加拿大、德国的大部分、英国与荷兰)(Glenn 1988)。这种系统也存在于以色列,即在政府系统中有平行的犹太学校。在荷兰,在20世纪80年代末,穆斯林与印度教学校开始接收公共资助。同时,英国需要为穆斯林学校提供更多的公共支持。

在20世纪70年代和80年代,欧洲的教会往往减少了对独立学校教育的倡导,家长群体变成了给非政府学校提供资助的主要倡导者,他们提供支持的程度通常以政府举办的同类学校的支出为基础,或者全额资助或者部分资助。

美国是西方民主国家的一个例外。之所以不去做这件事,历史上与国家宪法第一修正案(在严格的意义上,直到20世纪60年代才应用)禁止用公共经费资助宗教学校有关,而与州政府建立公立教育系统期间存在的反移民和反天主教情感无关。

### 1.2 通过选择来支持废除种族隔离的政策

美国的做法事实上很独特,把促进家长选择作为实现废除种族隔离的方法,避免了把学生强制分配到种族混合的学校所带来的冲突。这种实践出现于20世纪60年代末,并受到联邦经费与州经费的支持。在多数情况下,以选择为基础的废除种族隔离计划是在命令下实施的,这些命令来源于法院或负有责任的州或联邦政府机构。

在废除种族隔离计划之下的最通常的选择形式有:(a)鼓励某一种族的家长自愿把他们的孩子送入多数学生属于另一种族的学校的政策;(b)创办所有学生自愿参加的“磁石学校”,它服从于坚持无种族界限的入学标准。马萨诸塞州开发了第三种方法,即通过废除入学限制和通过家长选择程序招收所有学生来使选择普遍化(Glenn 1991)。

除了高达(荷兰的一个城市)和克鲁费尔德(德国的一个城市),在美国之外几乎没有哪个国家采取措施来废除学校的种族隔离,但随着西欧少数民族孩子集中于城市学校,产生了越来越多的教育问题,于是开始了能否通过鼓励不分种族的家长选择来减少隔离的政策争论(Dors et al. 1991)。

### 1.3 通过选择来支持维护语言的政策

我们应该在以下两者间做出区分:(a)有一定领土自治的、有民族语言的本土少数民族群体;(b)外来的少数民族群体。家长可以在两种学校之间做出选择,一种是把少数民族语言作为教学的主要语言,把国家语言作为必修课来教授,年级越高国家语言应用越多,另一种是把国家语言作为主要语言。加泰罗尼亚和巴斯克郡(西班牙)、弗里斯兰省(荷兰)、丹麦和德国的更为广泛的地区、苏联的多数共和政体都采用第二种模式。保加利亚的土耳其人强烈反对在强迫同化政策下取消选择。

然而,在比利时(除了布鲁塞尔)、瑞士和威尔士部分地区是不允许家长选择语言的,那里教学的主要语言是在领土的基础上决定的。同样,魁北克严格限制选择英语作为学校的主要教学语言。

美国支持纳瓦霍人和其他土著民族的美国学生用家乡语言作为教学语言。

在家长选择的基础上为移民的孩子提供主要用家乡语言来教授的过渡性的课程(很少独立为此设置学校),不可能在整个教育系统都实施。瑞典和美国就是这样,倡导者把它作为提高认知与语言技能以成功获得主流语言的有效方法;巴伐利亚也把它作为一种选择以促使移民回到祖国。

1.4 在教育基础上支持选择的政策

直到20世纪80年代,一些国家的公共政策才在学校特征的基础上提供优先选择,但学校特征比宗教、种族与语言更难界定。在荷兰,选择性教育的支持者(蒙台梭利、沃尔道夫、施太纳、道尔顿、弗雷内)在宗教的基础上曾采取支持选择的政策来为他们的学校获得公共经费。

英国撒切尔政府的教育改革试图使家长选择学校更容易(家长可在质量、学校风气、教学、设施的基础上进行选择),同时通过校本决策来鼓励学校的更加多样化和提高质量,学校通过家长投票成为独立拨款学校来"独立于"地方教育当局的控制(Ashworth et al. 1988)。

瑞典联合政府推翻了不鼓励非政府学校的政策,规定给公立学校系统之外的学校提供公共经费。斯德哥尔摩和其他地方的教育官员通过促进公立学校之间的多样化来对此做出反应。

自1989年以来,作为激励改革与复兴的一种方法,波兰政府允许教师与家长群体应用部分公共经费来建立新学校。到1991年9月,已有439所独立学校,超过31 000名学生。捷克斯洛伐克和匈牙利在一定范围内也实施了同样的政策。1992年生效的俄罗斯教育法清楚地承诺"教育的自由与多元","政府认可的私立教育机构所得的公共经费不能低于政府或自治政府机构的标准"。到那年年底举办的独立学校超过了300所。

## 2. 关于选择学校的程度与影响的研究

### 2.1 选择学校的普及

私立学校(非政府学校)的注册人数并不能决定家长从资助选择学校政策中的受益程度。在英国,独立的"公共"学校是私立的,但教会自愿资助的英国与罗马天主教学校在政府学校系统中一定程度上独立运作。与此相反,荷兰和比利时的教会学校被认为是私立的,尽管它们在广泛的政府管制体制中运作。

由于概念界定问题,各个国家不可能确定有多少学生是在家长选择的基础上入学。在入学选择很普及的体制中,如比利时、荷兰和马萨诸塞州(美国)的多数城市(目前只考虑政府学校),所有的家长都进行选择。达林-汉蒙德和科比(Darling-Hammond and Kirby 1988)在明尼苏达(美国)的一项研究中发现,政府学校中62%的孩子家长认为他们对学校进行了积极的选择,多数是在决定住所时把它加以考虑。

盖洛普舆论调查所对美国的民意测验表明,强烈支持给予家长在政府学校之间进行选择的权利(1991年62%赞同,33%反对),少数回答者和那些正在抚养孩子的人更加赞同选择。当问题包括实施选择中为私立学校提供公共经费时,赞同和反对的比例是50%与39%。

家长以什么标准来选择学校呢? 换种说法,为什么有些家长选择了别的学校而不是最近的学校?在比利时、荷兰与苏格兰的研究发现,比起学校的宗教特征,家长们始终更多提及的是可见的教育质量以及与学校风气和安全有关的因素(Adler et al. 1989),但毕里特(Billiet 1977)指出许多在规范的社会环境中成长起来的家长会把宗教教育考虑进来。

另一项研究发现,与选择天主教或新教学校的家长相比,更喜欢政府经营学校的荷兰家长所受的教育要更好,更可能成为社会民主人士(Boef-van der Meulen et al. 1983)。在另一项对荷兰人的研究中,50%的回答者希望选择天主教或新教学校,虽然只有35%的人承认他们自己是忠诚的基督徒(van Eck et al. 1986)。

当学校选择不会带来无法接受的成本时,所有社会阶层的家长都会认可与实施选择学校。在苏格兰的一项研究中,为了避免他们所居住区域的问题充斥学校,向上流动的工人比其他社会阶层的成员更有可能需要选择性学校(Macbeth et al. 1986)。

社会学家罗伯特·巴利翁(Robert Ballion 1982)发现,法国处于中产阶级下层的家长与那些更高阶层的人相比,更少为自己孩子的利益而操纵公立学校系统,他们把私立学校看成摆脱讨厌的学校或班级的唯一选择。选择缺乏正规化与清晰性给那些有亲属关系和强词夺理的家长带来了不正当的好处。

### 2.2 选择学校的效果

以选择为基础来招收学生的学校更有效吗？没人能给出确定的答案，很难把学校质量与学生和家庭动机分开。虽然一些研究表明美国的磁石学校比同一社区的其他学校成绩更好，但选择学生与学生的自我选择在这些结果中的作用是难以计算的。

荷兰的研究提供了间接的证据，即由于选择促进了教育目标的清晰，选择可能导致更有效的学校。凡·马杰克－库伊（Van Marwijk-Kooy 1984）发现新教和天主教中学比政府中学产生了更好的认知结果，教师与学生也更满意，他认为这与学校目标与定位的清晰度有关。

科尔曼（Coleman）及其同事对美国“中学及以上阶段”研究（从1980年到1986年对1 015所中学的60 000名学生进行跟踪调查）资料进行分析，结论是天主教中学比政府中学更有效，尤其是对高危的学生群体更为有效，这主要归功于前者以共享的假设与价值为基础的一致性（Coleman and Hoffer 1987）。

丘布（Chubb）和莫（Moe）分析了同样的资料，在一项研究中引起了一场重要争论（Chubb and Moe 1990），即政府与私立学校之间的决定性区别是学校运行所处的环境：通过家长选择的市场环境来控制的学校比受到官僚政治控制的学校，更可能拥有导致高效能的“一致、强有力领导、有学术抱负、以专业为基础和团队工作的组织”。

## 3. 关于选择学校的政策争论

### 3.1 限制目前安排的措施

西欧越来越把教育从宗教中分离出来导致对教会学校支持的下降，对教会的影响要明显于对家长的影响。仿效罗马教廷保罗二世的做法，罗马天主教要求家长负责送他们的孩子去天主教学校的态度变得缓和了。然而，部分家长的要求仍然很强烈。在法国和西班牙，通过他们的努力，政府资助的相对独立的私立学校得以保留。

这种冲突在1981年的法国变得很强烈，当时政府试图通过减少对员工任命与课程的控制，把政府资助的私立学校作为“统一的和世俗的大公共教育服务系统”的一部分。反对者声称这样做将使学校不可能保留它们与众不同的特色。他们组织了一系列的抗议，最后上百万私立学校的支持者在1984年6月示威，迫使政府退却（Leclerc 1985，Glenn 1989）。西班牙也发生了同样的冲突。

### 3.2 进一步支持选择学校的措施

家长选择学校作为一项主要的政策争论出现于20世纪80年代，虽然原因各异。在美国和英国，扩大选择已经成为通过市场压力的冲击使学校变得更有效的一种方法。与此相反，在西方和东欧，支持选择学校是家长自由所必需的。

在美国，研究证明选择学校争论的一个显著特征是竞争与学校层次的自治普遍提高了处于病态的学校系统的办学水平。政府官员把在政府学校间进行选择作为1986年教育改革计划的一项关键要素，布什政府的“美国2000”计划的显著特征是把选择扩展到非政府学校，并给予同样的重视。在这些改革中，与其把学校由于独特的价值观与信仰而吸引学生的可能性作为选择的原因，不如把它看作被忽视的困窘事情。对市场力量的同样信仰导致英国选择学校的扩展。然而，关于选择能够导致更好地提高学校质量的争论在其他地方还没有这样普遍。法国的马德林（Madelin 1984）所写的一本书以及切泽奇（Czech）和奥尔德里奇·博特利克（Oldrich Botlik）的一篇未发表的论文是个例外，它们同意这种观点。

虽然多数现存的非政府学校教育系统是考虑到为信教和其他群体的子女提供教育而建立的，但也制定了一些条例规定，为了尊重家长的权利，选择是必要的，不管他们的动机或信仰是什么。美国经济学家米尔顿·弗里德曼（Milton Friedman）主张用教育凭证制度代替政府提供学校教育的制度，所有家长都能用凭证来购买所选择的学校教育。阿龙斯（Arons 1982）认为政府对教育的垄断代表了对选择教育形式的自由的限制，违背了美国人权法案。

最复杂的凭证条例是由法学教授孔斯和苏格曼（Coons and Sugarman 1978 P. 27）制定的，他们指出民主政治“在食物、衣服与住所方面，所有家庭都能够选择，而涉及基本的忠诚、智力与根本价值方面——简而言之就是孩子的人性所在之处——政府必须占领孩子一天中的主要时间”，这是有悖常规的。他们建议加利福尼亚政府机构进行改革，以提供在政府与私立学校之间使用的凭证。德国宪法法院在1987年发现，政府对选择性私立学校的资助对于在本质上保证学生个性的自由发展是必要的。

弗里德曼的影响有助于使保守党用选择学校来引发英国教育的根本变革。立法禁止地方教育当局限制家长选择，并允许学校通过家长投票“独立于”这些机构的控制，成为独立的由公共经费资助的学校。

虽然美国把广泛的学校选择计划作为实现废除种族隔离的一种方法，但选择计划为本身目的的改革却落后于英国。明尼苏达州在1987年颁布了一项引人注目的法律，允许学生进入其他社区的政府学校而由公共经费支出。在接下来的5年多，30多个其他州颁布了法律或对学校选择的立法问题进行过争论。教师工会领导奥尔博特·尚克尔(Albert Shanker)建议允许教师组织半独立的“特许学校”。明尼苏达州在1991年同意在家长选择的基础上建立独立的公立学校。

由于许多州宪法规定禁止向不受公共机构控制的学校提供公共资助，美国各个州的学校选择计划几乎没有包括非政府学校。威斯康星州在1991年实施的一项计划是个例外，在这项计划中，1 000多名市区孩子能够接受资助进入非宗教独立学校。

3.3　反对选择学校

在美国，选择学校的反对者认为：(a)只有高层家庭的孩子才能够受益，而其他孩子的学校教育将受损；(b)家长对选择学校没有兴趣，也没有条件；(c)有些学校将会教授危害社会或与主流不一致的思想；(d)并没有发现市场力量能够改进教育。欧洲左派反对者也反对把选择作为通过教育系统来限制改造社会的可能性。

支持者认为上面提及的因素(a)和(b)，可能是没有设计好的选择政策的问题，但好的计划与实施将会把问题最小化；(c)是自由社会不可避免的风险，但比通过学校来施加单一的正统的思想的危险更小；(d)不公平地把举证责任放在选择上而不是目前教育的官僚控制体制。

**4. 结论**

家长选择学校是一种普遍现象，其在西方民主国家中发生了重大变化，并成为苏联和东欧国家的一种需要与现实。多数民主国家允许在政府管理的学校之间进行某些选择，并且至少给非政府学校提供部分公共支持。

虽然多数现存的公共资助的选择学校反映了早期对宗教与语言的多元的融合，或努力实现废除种族歧视(在美国)，部分家长越来越多地要求在教育与其他可见的质量因素的基础上进行选择。在越来越多的国家中，以美国和英国为榜样，相信选择能够激励根本的教育改革的信念不断扩展。

虽然日益把选择学校看作家长的权利，目前的挑战是制定政策确保个人选择确实无害于整个社会，尤其是弱势群体。

对于既有利于所有孩子又有利于整个社会的选择学校制度来说，有三个方面尤其重要：(a)鼓励在公共资助的教育供给之间有意义的多样化，对教育结果负责，但教学思想与方法自由；(b)向家长提供有效咨询，了解这些选择以及如何在他们之间做出选择；(c)鼓励为贫穷和少数民族的孩子以及残疾的孩子服务。

C. L. 格伦(C. L. Glenn)　著

朱科蓉　译

**附录**


Adler M, Petch A, Tweedie J 1989 *Parental Choice and Educational Policy.* Edinburgh University Press, Edinburgh

Arons S 1982 *Compelling Belief: The Culture of American Schooling.* McGraw-Hill, New York

Ashworth J et al. 1988 *Increased Parental Choice?: An Economic Analysis of Some Alternative Methods of Management and Finance of Education.* Institute of Economic Affairs, London

Ballion R 1982 *Les Consommateurs d'école.* Stock/Laurence Pernoud, Paris

Billiet J 1977 *Secularisering en verzuiling in het onderwijs.* Leuven University Press, Leuven

Boef-van der Meulen S et al. 1983 *Schoolkeuzemotieven en meningen over onderwijs*. Social Cultureel Planbureau, Rijswijk
Chubb J E, Moe T M 1990 *Politics, Markets and America's Schools*. Brookings Institution, Washington, DC
Coleman J, Hoffer T 1987 *Public and Private High Schools: The Impact of Communities*. Basic Books, New York
Coons J, Sugarman S 1978 *Education by Choice: The Case for Family Control*. University of California Press, Berkeley, California
Darling-Hammond L, Kirby S 1988 Public policy and private choice: The case of Minnesota. In: James T, Levin H (eds.) *Comparing Public and Private Schools*, Vol. 1. Falmer Press, London
Dors H et al. 1991 *Etnische segregatie in het onderwijs: Beleidsaspecten*. Stichting Centrum voor Onderwijsonderzoek, Amsterdam
Glenn C 1988 *The Myth of the Common School*. University of Massachusetts Press, Amhurst, Massachusetts
Glenn C 1989 *Choice of Schools in Six Nations: France, Netherlands, Belgium, Britain, Canada, West Germany*. US Department of Education, Washington, DC
Glenn C 1991 Controlled choice in Massachusetts public schools. *The Public Interest* 103:88—105
Leclerc G 1985 *La bataille de l'école: 15 siècles d'histoire, 3 ans de combat*. Denoël, Paris
Macbeth A, Strachan D, Macaulay C 1986 *Parental Choice of School in Scotland*. Department of Education, University of Glasgow, Glasgow
Madelin A 1984 *Pour libérer l'école: L'enseignement à la carte*. Robert Laffont, Paris
Organization international pour le dévelopement de la liberté d'enseignement 1990 *Liberté d'enseignement: Les textes*. Organization international pour le dévelopement de la liberté d'enseignement, Geneva
Riu F 1988 *Todos tienen el derecho a la educación*. Consejo General de la Educación Católica, Madrid
van Eck M. Groot Antink W M J M, Veraart P W V 1986 *Gewenst basisonderwijs in de tweede helft van de jaren 80 in de Provincie Utrecht*. Tangram, Utrecht
van Marwijk-Kooy L 1984 *Scholen verschillen*. Wolters Noordhoff, Groningen

**其他参考文献**

Boyd W, Walberg H (eds.) 1990 *choice in Education: Potential and Problems*. McCutchan, Berkeley, California
Nathan J (ed.) 1989 *Public Schools by Choice: Expanding Opportunities for Parents, Students and Teachers*. Institute for Learning and Teaching, St Paul, Minnesota
Raywid M A 1985 Family Choice arrangements in public schools: A review of the literature. *Rev. Educ. Res.* 55(4):435—467

## 学校规模和小学校(School Size and Small Schools)

决定学校的最优规模是一项重要而复杂的工作,有关政策制定必须考虑经济、教育和社会因素。本词条就此三种因素进行讨论。

### 1. 学校规模的经济因素

有关决定学校规模的经济因素的可靠研究证据非常少。部分原因是这里面涉及政府做预算的方式,要鉴别具体教育机构的各项成本通常是一件复杂的工作。研究人员在对教育机构之间进行比较时也会遇到问题,因为要划分出只影响学校规模的成本变量是很难的。尽管如此,一些重要的研究成果还是很突出的。

其中最好的一项研究由苏格兰地方当局财政委员会实施,具有普遍意义。委员会测试了招生人数规模从 8 人到 457 人不等的 85 所学校。这项研究表明,当一个学校招生人数低于 25 人时,单位成本将急剧上升,但同时也显示出不同学校间存在的巨大的差异性。例如：一些拥有 20 个学生的教育机构，其单位成本是其他拥有 20 个学生的教育机构的 2 倍。这种巨大的差异性在规模较大的学校同样存在，一些拥有 200 个以上学生的学校发现，它们之间的成本差异最多的超过 65%，这些差异说明，一些小学校的单位成本比许多较大规模学校的单位成本实际上要低一些。

有三个基本因素可以解释这种现状。

第一，因为教育是一个相对劳动密集型行业，每年学校需用经常性经费的 60% 来支付教师的工资。英格兰工资等级制度允许教师之间工资收入有显著差距。持最高薪水的老师的工资比一个新员工高出近 3 000 英镑。由一位新上任的校长和一位年轻助理组成的两人教师学校，他们所获工资将比一个同样规模却有丰富资历的教师的工资低 5 500 英镑。

第二，差异是由临界点制度引起的，超过这个临界点时学校有资格拥有额外的教职员工。一个由 2 位老师组成的学校且有 50 个以下的学生时，它们的师生比接近于平均水平，而一个规模较大的学校有权有 3 名教师及一个更低的师生比。在英国的另一地区这一特征也得到证实。在诺福克郡的一次调查显示（Bell and Sigsworth 1987），40 ~ 50 个学生规模的学校的平均单位成本比较小的由 2 名教师组成的学校或者 3 名教师组成、学生人数不超过 60 人的学校的平均单位成本实际上要低。

第三，各个教育机构和社区固有的特定因素造成单位成本的变化。由于人口密度及其地理特性的不同，交通费用会呈大幅度的变化。许多学校由于拥有大面积的娱乐场所及由于学校建筑物本身特质也致使它们要承担较多的费用。这种情况在全世界学校系统中普遍存在。

美国学者关于单位成本的研究会给我们带来进一步的启示。其中之一是由里瓦（Riew 1966）提出的。他试图通过控制学校的质量来开始这项研究。因为缺乏对学校质量的控制，学校成本的变化很难反映学校质量的变化。尽管里瓦研究方法的一些方面还存在问题（Fox 1981，Bray 1988），但其为控制学校质量所做的尝试使得这项研究格外重要。

里瓦发现当学校招生人数从低于 200 人上升到 701 至 900 人时，生均费用会平稳地从 531 美元下降到 374 美元。在另一个规模组中，招生规模在 901 至 1 100 人之间，则生均费用上升至 433 美元。这里伴随着费用的上升而来的是学校中拥有硕士学位的教师比例上升及学校课程设置的扩大。里瓦指出，由于这些伴随而来的因素，规模大的学校的资金投入是否仍在提供价值是存在争议的。

密苏里州的奥斯本（Osburn 1970）做了进一步的研究。他也说明了明显的成本节约的情况，甚至证实成本比里瓦指明的还要低。他发现学校拥有 500 名学生时的单位成本比拥有 200 名学生时低 12. 74 美元。相应的，学校拥有 1 000 名学生时低 16. 74 美元，学校拥有 1 500 名学生时低 11. 14 美元，学校拥有 2 000 名学生时低 5. 53 美元，学校拥有 2 244 名学生时低 0. 66 美元。这次研究显然有些符合正在进行的规模经济理论，即当学校学生人数达到 1 500 人时，节约了大半成本。奥斯本认为有一个因素可以解释他和里瓦的研究在数字上的差距，那就是里瓦的分析中忽略了交通的因素。

道森和当斯伊（Dawson and Dancey 1974）在加拿大的工作也提供了有用的证据，并试图去控制学校质量。研究者得出中学里经济的学校规模是招生人数为 4 000 人以下。过了这个点之后，基于一些有关学校质量的设想，计算结果显示了规模不经济。尽管这在所有的学校里都是不一致的。研究者基本没有找到证据说明何为经济的规模。

由于篇幅所限，不能详细回顾有关的研究成果。读者可参阅有关福克斯（Fox 1981）、贝尔和西格斯韦尔斯（Bell and Sigsworth 1987）以及布雷（Bray 1988）所做研究的文献回顾。研究成果可概括如下：

（a）在他们的调查结果中研究结论是不一致的。有些研究找到了规模经济的证据，而其他的研究者没有找到。有的发现当学校规模超过某一点时会出现规模不经济，而另外的人没有发现。无论如何，规模小的学校（例如招生人数在 50 人以下）一定会比规模大的学校有较高的成本。

（b）来自苏格兰的一项研究，通过详细的图表解释了为什么合计的数字经常呈现出令人困惑的结论。学校工资等级的结构及超过临界点学校有资格聘额外的老师这两种因素导致了教育机构之间巨大的成本差异。个别的小学校的单位成本也可以大大低于个别大学校。

(c)苏格兰的研究突出了个别学校特性产生的影响。这些特性包括拥有大的运动场地或需要昂贵费用来维护的老建筑物等。

(d)研究者已经指出通过成本估算来控制学校质量的差异是必要的,虽然这说起来容易做起来难。测量质量差异大小及判断多少投入差异造成这些质量差别都是困难的。如果不能以一种令人信服的方法来控制学校质量,则研究结果的效度是让人质疑的。

(e)一些学校的合并方案(例如在欧洲和北美)无疑能够降低单位成本,但这并不必然意味着合并总能降低成本。在一些案例中,由于学生们每天往返于家庭和学校之间的距离很长,合并的成本反而增加了。一些关于单位成本的研究结果由于没有将交通的因素考虑在内,所以会产生误解。

总之,研究显示成本与规模的关系不是直截了当的,根据经验是不可靠的,在大多数案例中管理者必须考虑具体教育机构的特有条件。

## 2. 学校规模的教育内涵

学校规模的教育内涵也比最初看上去的要复杂得多。规模大的学校被许多人认为其质量是优良的,因为它能够有丰富的课程并且给予教师更多的支持。这种观点有一定的合理性,但也必须慎重对待。

### 2.1 课程

小学校往往只能提供有限的课程,这种现象在中学阶段尤为重要。事实如下:

(a)小学校有很少的教师,即少有人才。最小的学校只有一位教师。因此只能提供教师所能教的课程。

(b)即使小学校的有些教师确实拥有特别的技能,但感兴趣的学生却可能很少。例如,一个小规模的中学,有一位既能教法语又能教俄语的教员,但是也许只有极少的学生认为进行这两门课程的学习是合理的。

(c)小的学校几乎不可能大量投资于图书馆、计算机、科学仪器等等。

(d)很小的学校甚至没有足够的学生组成一个足球队。因此,小学校在进行体育活动时也会遇到困难。

不过,这些问题还是可以经常避免的,有时甚至可以完全避免。许多政府机构通过无线电及电视广播等手段提高教师技能,并且鼓励学校间结成学校组群来分享教师和仪器资源。

### 2.2 内部环境

小的学校常会被指责为有一个不对外开放的内部社会环境。他们声称这种学校的学生缺乏竞争,与同龄人之间缺少联系,甚至学生整个学校学习期间只与同一些教师在一起。如果再存在学生与老师间个性方面的冲突,那么就会显得更为不幸。在一个规模大的学校中,当学生每升一个年级时,学生和老师都会在这一个学年中有一个新的开始,但这在小的学校中很少发生。

事物总有另外的一面。无论如何,大的学校经常缺少人情味,并会遭受纪律上的问题。相比而言,小学校的老师了解他们的学生会更容易些。小的学校经常会有更加合作的氛围。这对那些缺乏自信的学生来说尤其重要,并且有助于学业课程及课外活动更好地完成。例如:学生们可从他们的同伴那里学习如何做算术及背诵诗歌,而且他们有更多的机会参与到学校的篮球队及学校剧团中。

### 2.3 教师和教学

由于教育的质量主要依靠正规教学质量,一定会有人问小学校提供的教学与大学校相比更好还是更糟。当然,答案尽管要依靠各个学校的特定环境,但一些因素是普遍存在的。首先,在许多国家,边远地区多是有小学校的地方,而那里的教师有正规教师资格的很少。这是因为:(a)有抱负和良好技能的教员能够在一个令人满意的环境中获得职位,而这类学校所在的地区经常在郊区和市区;(b)郊区和市区社会有更多的政治权利,行政者发现他们面临巨大压力,不得不将优秀老师输送到市郊和市区;(c)教师不称职或者难管理经常是被输送到边远地区的理由。

其次,边远地区小学校的老师与大规模的教育机构相比职业方面更为隔离。他们只有很少的同事可以交流思想，行政者很难给予他们职业上的支持。

第三个因素是小学校不能把学生分成能力小组。事实上，教师会面对多年级班级和年龄差别很大的学生。这使教师的教学更具挑战性，但使全校教师对这些问题给予足够的重视却是难得的。

无论如何，小学校不总是遭遇这些问题。当行政者确保好的教师输送到小学校，当学校教师得到很好的支持，则教师的质量和他们的工作至少能和大学校的教师做得一样好。事实上，许多教师注意到他们的努力在小学校中更容易被注视到。在一个更为个人化的氛围中，他们更加努力工作。

### 2.4 教育成果

从这个讨论中，我们清楚地看到大学校有资源优势帮助提高课程的广度。无论如何，许多分析家认为这不应当被过分强调。研究者认为小学校仍能够提供更高的教学质量，通过加大深度从而弥补课程在广度上的不足。

例如，在美国的一次研究表明：大学校的学生接触到大量的学校活动，他们中最优秀的学生达到的标准与小学校的学生是不可比的。无论如何，小学校的学生们参与到更多的活动中，包括课内的和课外的活动。小学校中多才多艺的学生人数一直都是较高的，在学校活动的各个方面学生有更高的满意度，更强的积极性。

这次调查结果与来自英国的研究相符。例如，哈维尔斯（Hawells 1982 P. 8）在调查剑桥郡的一所小学校后得出的结论是："没有任何证据支持这样的观点：小学校比大学校缺少教育的生机。"而且，在伯明翰阿斯顿大学的一个研究组的记录如下：

> 我们收到一些报告，中学学校发现来自边远地区小学校的学生在学业上不仅与来自其他学校的学生一样优秀，而且他们总体上对待学习的态度更好。他们已经习惯了长时间的独立学习，他们对学习更有责任心。

由莱斯特大学整理的一次谨慎而真实的项目强烈支持小学校（Galton and Patrick 1990）。它表明，小学校遇到了教育资源有限的问题，尤其在中学阶段，但是，它们仍有很强的优势，而且支持教育的当局政府也能帮助这些学校克服它们的困难。通过它们自己的努力，关于教育质量的争议从来没有强大到要论证是否拒绝开办小学校或者决定关闭小学校的问题。

## 3. 政策制定中的社会考虑

1980 年以来，决策者倾向于更加重视政策形成中的社会因素。社会因素往往支持开办小学校。学校一直以来都是社会发展的主要中心。有尽可能多的中心是令人鼓舞的，这对边远地区那些缺乏可供选择的中心，以引起社会注意来说显得更为重要。这样，如果选择是在以下两项间进行：有一些小学校并允许每个村庄有一所小学校、在一个村庄里有一所大学校但是其他村庄没有学校，社会肯定会赞同前者。

当然，这不能认为是几个小学校总会比一个单独的大学校更可取。例如，假如一个村庄有两所学校，它面临着社会分割问题，如果仅有一所的话，它们将更统一。而且大学校可以开阔学生和家长的视野，帮助他们认识除邻居之外的其他人。

结论是，每个社区拥有它们自己的学校是重要的。最近由于对这一事实的认可而导致意义重大的有关决策转向的国家有：澳大利亚、芬兰、挪威和英国（Bell and Sigsworth 1987）。

## 4. 结论

适用于所有国家或者单独一个国家中所有地区的具有普遍意义的最佳学校规模是不能确定的。不同国家的政府在考虑它们特有的环境及个人偏好后会制定不同的政策。这篇文章建议制定政策时应当分别考虑经济、教育和社会因素。

最初看来，经济和教育因素有利于中等规模和大规模学校，而社会因素有利于小学校。但是，实践中问题并不是这样简单。小学校的单位成本可以和大学校的一样低，对教育质量做出决定在很大程度上取决于个人对质量这一含义的解释。社会更愿意支持小学校，但甚至这一点也不具有普遍意义。

一个可能的结论是：中等规模学校和大学校的优越性在中学阶段比在小学阶段更为强大。首先，中学阶段学生开始分专业,如果一个学校足够大,提供一个更大的课程选择空间就更容易。其次,因为图书馆、实验室和车间这些满足专业化需求的设备十分昂贵,充分地利用就显得很重要。

得出这个结论在很大程度上依靠个人对具体因素孰重孰轻的判断。而且,建立中等规模和大规模的教育机构也不是件容易的事。在一些有合理的人口密度和良好的道路网络的地区,学生可乘坐特定的学校巴士上学,但是,在另外一些地区由于其自身的社会和财政因素,引进寄宿制就变得很重要。因此,这里再次重申,形成一个普遍适用的经验是不可能的。它可能在一个地方适用,在另外一个地方就不那么适用。

M. 布雷(M. Bray) 著

楚红丽 译

## 附录


Barker R G, Gump, P V (eds.) 1964 *Big School, Small School: High School Size and Student Behavior.* Stanford University Press, Stanford, California

Bell A, Sigsworth A 1987 *The Small Rural Primary School: A Matter of Quality.* Falmer Press, London

Bray, M 1988 Small size and unit costs. International evidence and its usefulness. *Res. Rural Educ.* 5(1): 7—11

Campbell, W J 1980 School size: Its influence on pupils. In: Fitch A, Scrimshaw P (eds.) 1980 *Standards, Schooling and Education.* Hodder and Stoughton, London

Dawson D A, Dancey K J 1974 Economices of scale in the Ontario public school sector. *Alberta Journal of Educational Research* 20(2):186—197

Fox W F 1981 Reviewing economices of size in education. *J. Educ. Finance* 6(3):273—296

Galton M, Patrick H (eds.) 1990 *Curriculum Provision in the Small Primary School.* Routledge, London

Howells R A 1982 *Curriculum Provision in the Small Primary School.* Institute of Education, University of Cambridge, Cambridge

Osburn D D 1970 Economics of size associated with public high schools. *Rev. Econ. Stat.* 11(1):113—115

Riew, J 1966 Economics of scale in high school operation. *Rev. Econ. Stat.* 48(3):280—287


## 其他参考文献


Bray M 1987 *Are Small Schools the Answer? Cost-effective Strategies for Rural School Provision.* Commonwealth Secretariat, London

ERIC Clearinghouse on Educational Management 1982 *School Size: A Reassessment of the Small School.* Research Action Brief No. 21, Eugene, Oregon

Forsythe D (ed.) 1983 *The Rural Community and the Small School.* Aberdeen University Press, Aberdeen

Gregory T B, Smith G K 1987 *High Schools as Communities: The Small School Reconsidered.* Phi Kappa Delta Educational Foundation, Bloomington, Indiana

Hind I W 1978 Estimates of cost functions for schools in rural areas. *Australian Journal of Agricultural Economics* 21(1):13—25

Keane M J 1978 Economics and the size of rural schools. *Canadian Journal of Agricultural Economy* 26(3):47—52

Lewis J R 1989 *The Village School.* Hale, London

Marshall D G 1985 Closing small schools, or when is small too small? *Education in Canada* 25(3):10—16

Monk D H 1990 Educational costs and small rural schools. *J. Educ. Finance* 16(2):213—225

Tonigan R F (ed.) 1980 *Small Schools Bibliography.* Bureau of Educational Planning and Development, New Mexico University, Albuquerque, New Mexico


# 城市教育:变化的生态、政治与改革(Urban Education: Changing Ecology, Politics, and Reform)

在许多西方工业化国家,城市学校周围的生态系统已经愈来愈成问题了。城市生态是以人口流失、贫困增加、经济下滑、财政困难和政府失灵为特征的。结果,城市学校不再被认为是有吸引力的学习和工作的地方,它们受到官僚化、消极的学术氛围、管理的不足和有限的资金的困扰。尽管存在诸多问题,但城市学校的问题在许多国家的改革尝试中一直广泛地受到忽略。本词条分析那些已经对城市学校产生影响的重要改革方案——分权化、择校、私有化、目标项目投资和财政改革。然而,每个方案都只涉及了复杂的"城市"问题的一小部分,因而都只肤浅地触及到问题的生态根源。另外,没有一个规范的学校改革强调哪个可能成为我们城市学校的核心生态特征的东西:对许多中心城市的个人和家庭来说正在下降的生活质量。这个不小的生态力量系统,一定要被当作任何试图从根本上改善城市学校的策略的一个部分。

## 1. 城市学校的背景

自20世纪70年代以来,教育改革就已经被世界上几乎所有的地区所提倡(Ginsburg et al. 1990)。城市学校已经成为这些改革政策中的重要焦点,这主要是因为这些学校被认为包含了许多改革者们想去纠正的问题。当然,除非在特定的国家背景中去讨论,否则很难用任何一般的方法去谈"城市学校"。世界上任何地方的城市学校反映了它们所在的城市和国家的多样环境,因此,在一些国家,城市学校的改革被限制在较大的国家改革的框架内,未得到特别的关注。在另外一些国家,城市学校被认为引起了特殊的问题,而这些问题是需要特殊的政策来干预的。

在许多国家,因为在城市学校的周围的"社会生态"环境不断恶化,问题百出,城市学校的改革已经十分迫切。在本词条中,生态是指城市中的社会的、政治的和文化的力量对城市学校的影响。而学校和社会之关系是相互的,也包括学校对社会发展的影响。这里,第一种模式被检验了:城市生活的变化如何改变城市学校的社会生态(Bidwell and Kasarada 1987)。

简单地说,城市学校在许多国家被困扰在一个环境网络中,这个环境直接影响着城市学校作为公共机构的能力。同时,公众的不满和将教育政策作为经济发展手段的兴趣不断增长,导致开始对学校的传统组织和管理提出质疑。为了恢复它们的合法性和有效性,人们提出了各式各样的策略。

本词条首先描述了变化中的社会生态,紧接着是对已经进行的改革的恰当性的评估。由于本词条容量有限,我们将比较多地讨论美国和英国的情况。

## 2. 变化的城市环境

在技术发达的国家,城市已渐渐使教育者们的任务极大地复杂化。在早期,城市是许多社会中人口增长和经济扩张的主要源头,也是文化中心和行政中心。城市学校从这种生态财富中获益,依靠在城市内外部交汇点发现的复杂、多样的事物而生存。既然增长和进步是城市生活的主要特征,那么城市学校也享受了同样的益处。相反,农村学校是问题最集中和社会发展最滞后的地方。

近段时间,城市发展的轨迹已经变得多样和复杂了,城市学校的声誉也在受损。这种作用上的颠倒——从榜样到问题,反映了发达工业社会的深刻变化。在接下来的几节中,我们将回顾在城市环境中生态影响的最重要的因素。

### 2.1 环境:城市人口的流失

在欧洲、北美和其他地方的大城市已失去了它们作为人口增长中心的突出地位。城市的中心地区在20世纪的大部分时间已经流失并还将流失人口,这种趋势反映在中产阶级长期持续地从大城市迁移出去,新迁入地区被称作"卢里塔尼亚"(作家安东尼·霍普笔下的浪漫王国——译者注)。在美国,1980年到1990年之间,大部分的人口增长在城郊、小城市和偏远地区。美国60%的大型中心城市,许多处于"霜冻地带",1970~1980年失去了10%或更多人口。在大不列颠,25万以上人口的城市中除了一个以外,几乎所有城市都流失了人口。

城市人口和中产阶级的流失,已经对城市学校造成了连锁反应。城市学校在与边界以外的其他学校竞争中,失去了许多顾客和有力的政治支持者。

### 2.2 环境:城市贫困和瓦解

中产阶级的迁移给许多城市留下的是"依赖

性”个体的高度集中，这些人有着不同寻常的需求。这可由高贫困率、失业和人均收入低增长反映出来。在美国，“城市下层阶级”正在变得更加稳定并远离了中产阶级和有影响的美国人所能获得的机会结构（Jencks and Peterson 1991）。在大不列颠，同样的“人口不平衡”现象能够在许多城市的部分地区被发现，在那些城市，老年人、少年、无能力的人和移民人口都陷入了贫困居民的圈子（Alcock 1986）。

在一些发展中国家，大量的城市贫民反映了偏远地区的贫民迁入城市寻找美好生活的传统迁移，其他地方如西德，政府政策直接导致了城市贫困，“外来工人”政策把大量贫穷少数民族人口带入了德国城市，并造成了许多城市学校的新问题（Hill 1987）。因此，由于各种各样的环境原因，全世界的城市都必须应付贫困的高度集中问题。

2.3 环境：变化中的城市经济基础

许多城市贫困原因之一是高失业率。城市已被它们经济基础的巨大变化所打击。制造活动已经从欧洲和北美洲转移到了其他大陆。多国合作服从于为了寻找效率和利益而自由转移资本，而不顾被它们撤资的城市经济的不利后果。服务业经济已经取代制造业经济。

这些趋势的结果是，在许多国家，城市不能再被称为整个国家的经济增长中心。工业城市已经开始匆忙地再发展它们的经济基础，而一些成长中的城市，很大程度上依靠捕捉流出老城市的资本和工作建立起它们的经济，多数城市已经见证了工作岗位流向了市郊、小城市和国外。结果，在20世纪70年代和80年代，美国的中心都市郊区的就业增长率落后于全国的平均水平。白领工作岗位的增加速度并未与制造业工作岗位的减少速度保持一致。

而且，新的服务部门经济比制造业经济拥有更大比例的低工资工作，许多美国城市的居民面临着进一步恶化的情况——市中心有许多新兴的、有前景的办公室经济工作，它们是令人渴望的，但是居住市郊的往返上班族占据了大多数这类岗位。因而，城市中的经济重构已经导致了收入不平等和社会问题的增加（Squires 1989）。

这些经济问题的影响，集中而沉重地落在了处于不利地位的人群身上。比如，在美国，美籍非洲人过去被制造业工作的减少严重地伤害了。结果，20世纪80年代，在美国的许多城市，白人和美籍非洲人的个人收入之间的差距加大了。

2.4 环境：城市财政困难

这些长期的人口、社会和经济趋势导致城市财政收入和支出的因果关系。在美国，大多数城市发现它们自己在20世纪70年代和80年代被增长的财政需求和下降的财政能力所压抑（McGeary and Lynn 1988），这种情况反映了经济基础和人口增长的缓慢或收缩。由于地方经济的下滑和城市经济与国家经济相对紧密的结合，城市很容易受到经济萧条的影响。

城市在对多样性的情况和转变这些趋势做出反应的领导能力方面有很大的不同（Judd and Parkinson 1990）。随着多种力量混合的成功，一些城市已经使用公共的或私人的再投资，来重新确定它们的经济基础。一些城市已经削减了（政府）服务、把费用转嫁给消费者、增加税负或者通过会计手腕来掩盖财政窘况。许多美国城市为了维持基本的服务，被迫把高税赋加在市民和企业身上。

2.5 环境：城市治理

20世纪80年代，美国学者争论城市寻求社会再分配政策的能力是否受到限制。彼得森（Peterson 1981）认为城市受限于经济增长中的整体利益，因此如果没有更高一级政府的实质上的协助，城市行动的水平将受到严格限制。斯通与桑德斯（Stone and Sanders 1988）和其他人回应道：城市政权能够控制增长的规律和它的利益，因而赞同这样的观点：归根结底城市政治起重要作用。

国家之间的差异在解释城市政策方面十分重要。在大不列颠，许多城市在由当地工党控制的政权指导下，已经为它们的市民寻找到了社会再分配的政策。这些政策常常和中央政府的政策相抵触，国家政府还没有寻找到一致性的国家政策。在美国，由于在城市中政治力量下降，20世纪80年代共和党人控制的白宫反对联邦预算赤字，排除了任何资助城市的国家政策（Kaplan and James 1990）。

### 3. 环境对城市学校的生态影响

这些社会趋势,在组织能力和对城市学校的政治支持方面有着深刻的影响,主要影响概括如下:

#### 3.1 学校作为工作场所

首先,城市学校对于许多教师和管理者来说不再是指导他们的专业工作的理想场所了。尽管城市学校系统曾一度被认为是创新和良好实践的模范,然而现在则被看作是任何地方的学校都有的某种最差的教育环境。例如:普卡伊和拉特(Purkey and Rutter 1987)比较了城市教师和郊区教师的报告,发现在城市学校中的教学是项更困难的任务。在对密尔沃基都市地区学校的分析中,威特和沃尔什(Witte and Walsh 1990)把城市学校和郊区学校描述为"两个截然分离的教育世界"。

#### 3.2 官僚化

在城市学校中,教师听到的主要抱怨是过多的官僚文件和非教学职责,这些影响了他们的创造性和与学生们有效的合作。这些官僚约束在城市学校中最为严重,它们包括集体谈判合同、委员会或当地教育权力机构的规定、州或联邦法规、法院裁决等等。

城市学校的组织框架是不稳定的。成堆乱七八糟的新政策已经施之于这些学校,而它们的效率已似乎下降了。在美国,20 世纪 60 年代有各种各样的强迫和修正的计划出台,它们主要始自于 1965 年设立联邦政府基金。这些计划是通过发展"磁石"学校和专门学校以及汽车接送(用公共汽车接送不同种族儿童到对方种族儿童聚集学校上学)而得以实施的。接下来的努力是在一些学区实施分权以便促进社区参与学校管理,学校领导者则转向了"学校效能"运动。后来,在 80 年代和 90 年代采取了新的方法,如现场本位管理、集中性学校、扩大的选择和整合的服务给付。

当这些实验的产物可能被视为一种活力的象征的时候,在学校层次上,总体效果已经导致极大的不稳定。当学校董事会和督学制定一连串的新政策去尽力巩固旧的政策时,官僚的束缚就在学校层面上堆积起来了。教师和管理者通过象征性的回应或不准备实施的改革来缓解外部的有效变革的压力。随着权力中心和核心教育工作结构与行政结构相脱离,城市学校体制演进为"制度化"的组织结构(Meyer and Rowan 1977)。

20 世纪 80 年代英国撒切尔政府对教育官僚作风的批评,促进了伦敦市区教育局的解体。当撒切尔政府指责伦敦市区教育局无效率和反应迟钝时,它也以左翼工党的意识形态反对伦敦市区一些自治市镇和伦敦市区教育局本身的支配地位。因此,分权的呼声被激起,部分是出于政党政治的考虑。

#### 3.3 学术风气

关于城市学校维持秩序的要求也损害了有效教学和学生学习。有些教师和学生们达成了默契,以减小相互之间的这种要求。城市学校教授的许多内容强调死记硬背的技能而非充满智力挑战的内容和方法(Haberman 1991)。

城市学校中的教师很难激发学生的积极性。通常,大量的学生尤其是高年级的学生旷课。这种旷课现象反映了学生消极的态度、糟糕的健康、承担家庭责任以及担心人身安全。即使学校的领导能在校园内创造一个安全的天堂,然而学校周围的居民区可能滋生着暴力团伙活动、毒品交易、随机的暴力事件。学生及其家庭的未被满足的社会服务需求影响了教学任务,但是通常教师们无法获得有助于他们学生的信息及相关人力服务。由于缺少工作、服务及生存条件,使得城市贫民往往在一个地方住一段时间就走,留给教师每月变化的学生,并剥夺了穷孩子连贯的教育。

城市年轻人中的高辍学率反映了城市学校没能激起许多城市年轻人的学习热情。辍学率在少数民族学生群体中最高,奥布(Ogbu 1986)把他们描述为"非自愿"就业者。不充足的工作机会降低了高中文凭可得到的回报(在美国,尽管过去一段时间这些回报对那些幸运找到工作的人一直增长)。威尔斯(Willis 1977)对英国工人阶级家庭的学生的研究描述了同样的现象。而且,少数民族和主流文化人群之间持续的地位差距阻碍了少数民族学生的成就获得,甚至对于少数民族群体的中产阶层成员来说也是如此。

由于所有这些原因,许多城市学校的学术风气并不令人满意。

### 3.4 治理与政治化

到20世纪90年代初期,美国城市学校的不稳定的治理结构已成争论问题。20世纪初,进步主义的改革者们模仿公司董事会组建了学校董事会,在集权官僚制度的顶峰,管理避开政治的压力而实施专业人员的自治。企业模式恶化了城市学校系统对第二次世界大战后环境变化的适应能力,这种环境变化包括:种族变化、贫穷、郊区化、财政紧张以及其他使城市学校系统不知所措的问题(Cibulka and Olson)。

对于城市学校董事会的批评已经有所升温。这些董事会似乎日益被从狭窄的选民中选出的"单一家系"成员所控制。他们致力于日复一日的操作性细节,而不是董事会的战略上的问题。社区中高度组织化的雇员群体和流动的特殊利益群体,比如纳税群体,将城市委员会置于他们的政治交叉火力影响之下,而对这些委员会都要做出反应。

在这个政治大熔炉中,董事会和管理者的关系变得更加冲突了。美国的城市管理者的任期已经被减少到两年半。

### 3.5 资助城市学校

城市学校的资金受到质疑,关于城市学校是否资金不足的争议一直在继续。城市学校系统的教师工资趋于更高的同时,费用也趋于更高。而且,当考虑到学生的更多需求时,许多城市学校系统是资金不足的(Cibulka 1991,Kozol 1991),在城市异常贫困学校中出现了可圈可点的"原始不平等"现象。

对于美国城市学校,财政拨款不公正的祸根一直是地方财产税。然而,法院对州财政系统的挑战通常对城市无益。而且,来自更高层政府的政府间资助,因为可以撤回而被证实是好坏参半的事情。当里根政府成功地削减了许多联邦项目时,许多城市学校系统已经习惯于来自联邦的资助。在加利福尼亚,一系列完全州政府资助的制度从20世纪70年代晚期因纳税者拒绝纳税而发展起来,学校已经学着习惯于"均等数量的少"。

尽管改善绩效的公众压力不断增加,在20世纪90年代早期,许多美国城市的学校系统依然发现它们面临资金不足的困难,预算危机和紧缩管理很普遍。由于城市学校工作制度的局限,管理好这种不利环境的能力就显得较为有限。结果,克劳森和博依德(Crowson and Boyd 1992)发现,随着强烈的集中化趋势以及伴生的将权力移交给学校的其他努力,城市学校系统具有了组织下倾的政治特征。

## 4. 城市改革与重构

当城市学校(一般是讲美国学校)的改革在过去的几十年里已成为连续的主题,惹人注目的促进国家学校改革的公众压力也加大。同样在英国,在玛格丽特·撒切尔和约翰·梅杰的政权控制下,教育改革已经成为一项主要的国家议题。然而,在英美两个国家,城市教育都没有成为改革议程的中心。事实上,对一些改革方案提出的许多批评的人认为,指出的改革将损害城市学校的利益。在这一部分,将对一些主要的改革策略加以回顾,特别强调的是它们对于城市学校教育的启示。

### 4.1 解除管制与分权

对于学校管理解除管制并分权,英国做出的努力先于美国。在1988年教育改革法案(ERA)通过之前,每个学校管理委员会已被授予扩大的权力。1988年的法案包括了一系列其他旨在解除管制并分权的规定。比如,学校的地方管理要求地方教育机构依据入学情况通过预算直接分配给学校,从而扩大学校对预算的控制,但是相应地增加学校关于入学方面的义务。1988年法案的其他相关特点旨在加强责任原则,尽管法案在伦敦执行的最后期限因伦敦市区教育局的解散而推迟,但这些规定同样适用于城市当局。

在美国改革之初,尽管有强大的集中化趋势(如加强毕业标准、课程规定等),但随着1986年全国州长协会的报告《时不我待》发表,分权的兴趣增长了。它呼吁联邦政府解除管制并且给予校方决策更大的分权作为交换,使学校承担更多的改善绩效的责任。与英国不同,美国转移的重点包括尽力促进教师专业化。

城市中出现了一些显而易见的分权试验。在美国的芝加哥出现了最具戏剧性的、伴随地方学校委员会的产生的政治分权试验。尽管早期研究成果显示这些实验提高了士气，但没有证据表明实验触及到教师的表现，这可能是因为改革注重校长的责任，而不是教师的专业化。

在盐湖城（Malen et al. 1990）和迈阿密等大城市中，校本管理的试验也遇到了实施上的困难。另一方面，纽约市的小区学校体系宣称取得一些与分权有关的巨大改进（Fliegel 1990）。

这些令人失望的结果常令人想起美国早期城市学校的分权。在底特律，地区委员会没有足够权威发挥效能。纽约市的分权因明显的无效率、贪污受贿和其他问题而被削弱。

在英国，校本管理的实施始于 1992 年，有些评论已经关注到中央政府提供资金将如何影响城市学校的资金充裕，因为资金转移到学校层面上需要开发一个从中央政府到每个学校的资源配置系统（Ball and Whitty 1990）。

总之，在 20 世纪 90 年代早期，放松管制和分权的多种策略虽然被作为困扰城市学校病痛的解毒药而呼唤出来，但是这种补救措施的有效性并没有被最后证明。

### 4.2 择校和私有化

在英国，1988 年教育改革法案包含了一些旨在增加父母的学校选择权的规定。例如，开放学校注册，给单个学校脱离地方教育体系的权利、资金与入学人数挂钩和发展城市技术学院。批评认为选择权像其他一般的分权策略，实际上是一种新形式的社会控制，它给不断增加的社会不平等戴上假面具。这些批评也指向了与此政策有关的许多实施问题（Whitty and Menter 1991）。例如一个在苏格兰实施的择校制度就产生了模棱两可的后果，它既没有完美地实现赞成者的高深宣言，也没有成全批评者的悲观预言（Adler et al. 1989）。

在美国，自 1986 年州长们要求给公立学校更大的选择权以后，围绕选择的兴趣和争论也增加了。因此，近来美国的改革意图看起来与英国十分相似（Boyd 1992）。一些最早的公立学校选择计划是在城市，原意是通过提供磁石学校和专业学校以便促进反种族隔离。尽管有许多这些学校取得优异成绩的证据，但是批评指责它们是一种新的“分类机器”（Moore and Davenport 1990）。

有些城市（如密尔沃基和圣路易斯）有联结城市学校和郊区学校的跨区选择计划。尽管一项受到高度关注的研究宣称：私立学校比公立学校更有效率，因为私立学校是通过市场而非政治力量来规范的（Chubb and Moe 1990），但是在密尔沃基只有一个公共基金选择计划（包括私立学校）被建立起来。布什总统把同时允许在公立和私立学校中选择，作为“美国 2000”教育改革策略的核心，但充满了争议。结果，他没能赢得国会的支持。选择计划在美国，失去了两党的政治支持，像英国争论的特点一样，它受到了意识形态斗争的威胁。然而，在美国，对选择计划日益增加的公众支持，可能会导致这种观念的进一步的试验。选择权包括特许学校和为了低收入家庭的学生能进入特权性的私立学校，而设立的私人奖学金，后者的原意是给公立学校施加压力以促其发展。还有就是公立学校与社区性机构签订教育儿童的风险协议。这些方式模糊了公立和私立之间的界限，并可能意味着出现带着进一步分权和消费者选择的名义的混血儿。

### 4.3 目标项目性投资

多年来的许多城市学校的改革都是项目性的。在美国，这些项目受到资助是作为反贫困项目、补偿教育或作为一个国家策略（如职业教育），而不是从根本上作为一种城市援助。尽管效能学校项目强调学校范围内的变化要求，但是这些项目性改革通常关注到教育项目的特殊客户或部分。最近几年，改革已经在许多项目领域被提倡，如早期儿童干预、防止退学、青年创业和合作儿童服务。这些项目领域中没有一个在美国城市学校中广泛地实施，以至于它们的有效性应该受到评估。那些已经接近这个目标（有效率的学校和补偿教育）的项目，至多导致了学生成绩的中等程度发展。

实际上，通常在教育领域内，非常少的研究和发展资金被用于试验新的学校教育模式，联邦和州对特定试验创新的支持与其他各领域的投资相比（如防御、医学研究或私人赞助的产品开发），就显得相形见绌了。1992 年，布什政府创办的，由私人赞助的研究公司没能达到其募集资金的目标。与此相似，在英国，城市技术学院（CTCs）被设计为中等教育中的研究和发展的创新。许多新学校是为城市而设立的。然而公司的赞助任务并没有达到政府的期望,这项改革在争论中陷入困境(Walford and Miller 1991)。结果,新建城市技术学院要比期望的少,并且这项研究发展的成果,很难将效果转移至现存的中等学校。这些令人失望的政策结果提出质疑:为什么项目性革新一直缺乏谨慎选择的投资目标,而这些投资应该有着很高的成功可能性。

### 4.4 财政改革

有人争辩说,如果没有更多资源,城市学校就不能被更新。发生在美国的这种事情需要更多的州和联邦政府的资助。在州一级层面上,挑战州财政系统的新一轮诉讼可能回避过去的立法,但是将会要求特别的城市资助,而过去这样的法律挑战很少导致什么结果。资助似乎不可能导致联邦预算赤字,但必须强调不管谁控制政府,资助都必须进行。在英国,城市资助的前景不仅依赖于哪个政党控制着中央政府,而且还依赖于地方政府对再分配经费的支持倾向。

## 5. 结论

城市社会生态的变化对城市学校有不利的影响。城市人口的流失、城市贫困和社会紊乱、变化的经济基础、财政困难和管理失灵都提出创新城市学校教育生态系统,而目前这个系统的问题日益突出。

一种似是而非的说法坚持认为:城市仍继续是大多数国家创新和进步的主要中心,即使像英、美这样的后工业化国家也如此,虽然它们的人口和经济发展已不再主要局限于城市。这两个国家政府已承认,总的来说国家在发展学校方面有着明显的利益,但它们却反对这样的主张:城市学校需要特别的注意和帮助。

本词条重新回顾了四个会影响城市学校的主要改革策略。能期望这四个中的任何一个对城市学校发展产生巨大影响吗?刚刚开始出现的城市学校生态前景有助于提供一个推测性答案。构成"城市问题"的这张环境的网络不可能被单一策略甚至复合策略所解决,除非正确的干预组合策略指向该问题。例如,分权部分地解决了权力方面的问题,但只转移权力只能使政策注意力偏离城市危机的其他方面。择校和私有化会提供给消费者选择的余地,但是他们知道如何评价这些选择吗?他们获得的选择权能应对问题的复杂性吗?项目投资将会指向最有效的起作用的东西,但是项目性的改革对城市学校孩子们只带来了有限的改进,现在的组织体系存在着阻碍,妨害城市教育工作者去改善有效行事的知识基础,阻碍他们广泛采取成功的策略。最终,城市学校的财政改革,即使能从政治上管理,也将不可能深入而充分地渗透到城市学校的传递系统,去排除组织障碍,以便改革和转变城市学校较差的表现。简而言之,城市学校教育问题的生态维度,要求一个超越以上讨论的四个特殊改革策略的综合改革策略。

此外,还有城市危机的另一个方面不属于以上几个改革策略范围。必须坦白承认贫民和非白人集中的中心城市的生存机会和生活标准在降低。改善城市教育将要求出台更宽的城市重建政策,重建的目标是让受保护的城市下层阶级数量增长有所降低。在美国和英国,对于城市学校教育的重要改革来讲,出台资助城市居民的国家政策行动的失败带来了很大障碍。类似的失败也发生在许多其他城市。只有当城市学校与城市环境间的生态联系被重视时,才有望使城市学校得以复兴。

J. G. 齐布尔卡(J. G. Cibulka) 著

楚丽红 刘 扬 译

## 附录

Adler M, Petch A, Tweedie J 1989 *Parental Choice and Educational Policy*. Edinburgh University Press, Edinburgh

Alcock P 1986 Poverty, welfare, and the local state. In: Lawless P, Raban C (eds.) 1986 *The Contemporary British City*. Harper and Row, London

Ball S J 1990 *Politics and Policy Making in Education: Explorations in Political Sociology*. Routledge, London

Ball S J, Whitty G (eds.) 1990 English education in a new era: Urban schooling after the Education Reform Act. *The Urban Review* 22(2):77—83

Bidwell C E, Kasarda J D 1987 *Structuring in Organizations: Ecosystem Theory Evaluated.* JAI Press, Greenwich, Connecticut

Boyd W L 1992 The politics of choice and market-oriented school reform in Britain and the United States: Explaining the differences. Paper presented at the Annual Meeting of the American Educational Research Association, San Francisco, California

Chubb J, Moe T 1990 *Politics, Markets and American Schools.* Brookings Institution, Washington, DC

Cibulka J G 1991 Urban school finance: Diversity in urban schools. In: Ward J G, Anthony P (eds.) 1991 *Who Pays for Student Diversity? Population Changes and Educational Policy.* Corwin Press, Newbury Park, California

Cibulka J G, Olson F I in press The organization and politics of the Milwaukee public school system 1920—1986. In: Rury J(ed.) in press *Seeds of Crisis: A History of the Milwaukee Public Schools 1920—1986.* University of Wisconsin Press, Madison, Wisconsin

Crowson R L, Boyd W L 1992 Urban schools as organizations: Political Perspectives. In: Cibulka J G, Reed R J, Wong K K (eds.) 1992 *The Politics of Urban Education in the United States.* Falmer, London

Fliegel S 1990 Creative noncompliance. In: Clune W H, Witte J F (eds.) 1990 *Choice and Control in American Education: The Practice of Choice, Decentralization, and School Restructuring.* Falmer, London

Ginsburg M B, Cooper S, Raghu R, Zegarra H 1990 National and world-system explanations of educational reform. *Comp. Educ. Rev.* 34(4):474—499

Haberman M 1991 The pedagogy of poverty versus good teaching. *Phi Del. Kap.* 73(4):290—294

Hill A C 1987 Democratic education in West Germany: The effects of the new minorities. *Comp. Educ. Rev.* 31(2):273—287

Jencks C, Peterson P E (eds.) 1991 *The Urban! Underclass.* Brookings Institution, Washington, DC

Judd D, Parkinson M (eds.) 1990 *Leadership and Urban Regeneration: Cities in North America and Europe.* Sage, Newbury Park, California

Kaplan M, James F 1990 Introduction—a response to urban distress: Challenge and opportunity. In: Kaplan M, James F (eds.) 1990 *The Future of National Urban Policy.* Duke University Press, Durham, North Carolina

Kozol J 1991 *Savage Inequalities: Children in America's Schools.* Crown, New York

Malen B, Ogawa R, Kranz J 1990 What do we know about school-based management? A case study of the literature—A call for research. In: Clune W H, Witte J F (eds.) 1990 *Choice and Control in American Education: The Practice of Choice, Decentralization, and School Restructuring.* Falmer, London

McGeary M G H, Lynn L E Jr (eds.) 1988 *Urban Change and Poverty.* National Academy Press, Washington, DC

Meyer J, Rowan B 1977 Institutionalized organizations: Formal structure as myth and ceremony. *Am. J. Sociol.* 83:340—363

Moore D, Davenport S 1990 Choice: The new improved sorting machine. In: Boyd W L, Walberg H J (eds.) 1990 *Choice in Education: Potential and Problems.* McCutchan, Berkeley, California

Ogbu J 1986 The consequences of the American caste system. In: Neisser U (ed.) 1986 *The School Achievement of Minority Children: New Perspectives.* Erlbaum, Hillsdale, New Jersey

Peterson P E 1981 *City Limits.* University of Chicago Press. Chicago, Illinois

Purkey S C, Rutter R A 1987 High school teaching: Teacher practices and beliefs in urban and suburban public schools. *Educ. Policy* 1:375—393

Squires G D (ed.) 1989 *Unequal Partnerships.* Rutgers University Press, Brunswick, New Jersey

Stone C N, Sanders H T (eds.) 1988 *The Politics of Urban Development.* University Press of Kansas, Lawrence, Kansas

Walford G, Miller H 1991 *City Technology Colleges.*

Open University Press, Milton Keynes

Whitty G, Menter I 1991 The progress of restructuring. In: Coulby D, Bash L (eds.) 1991 *The 1988 Education Reform Act: Conflict and Contradiction.* Cassell, London

Willis P E 1977 *Learning to Labour: How working Class Kids Get Working Class Jobs.* Saxon House, Farnborough

Witte J F, Walsh D J 1990 A systematic test of the effective school model. *Educ. Eval. Policy Anal.* 12: 188—212

**其他参考文献**

Boyd W L 1991 What makes ghetto schools succeed or fail? *Teach. Coll. Rec.* 92(3):331—362

Lawton D 1992 *Education and Politics in the 1990s: Conflict or Consensus?* Falmer, London

Logan J R, Swanstrom T 1990 *Beyond the City Limits: Urban Policy and Economic Restructuring in Comparative Perspective.* Temple University Press. Philadelphia, Pennsylvania

McLean M (ed.) 1989 *Education in Cities: International Perspectives.* Institute of Education, University of London, London

Parkinson M, Foley B, Judd D 1988 *Regenerating the Cities: The UK Crisis and the US Experience.* University of Manchester Press, Manchester

## 城市学校(Urban Schools)

世界上的城市地区尤其是内城区(市内贫民住宅区)的公立或州立学校,面对着巨大的挑战——向它们所服务的不同文化、民族、种族、经济、社会背景的学生提供成功的学校教育体验。这是一项艰巨的任务,受到学校所处的环境和教育状况的深刻影响。在本词条中,对城市学校研究是从普遍特征的角度开展的。本词条考虑了已经进行的学校改革的多样性、减少教育不平等及提高学生成绩的各种计划。

当世界上所有国家迈向21世纪的时候,教育与经济的联系受到极大关注是不足为奇的。在世界经济的信息和技术背景下,获得和保持国家繁荣的程度与劳动力的素质、社会和教育的风气紧密相关,这种风气是指支持继续教育或终身学习、并使之有效。因此,确保所有学生都获得积极学校教育成果,是国家的利益所在,这尤其是对城市学校学生而言,因为许多新生将成长为未来的劳动力(Boyd 1991)。

在世界广大的城市地区,当公立学校努力为它们的学生提供成功的学术经验时,它们面临着巨大的挑战。在这些位于人口众多的大都市地区的学校里,传统的学校教育的范式对许多学生都不奏效,要求改革的呼声不绝于耳。

大城市——对于少数民族和贫困家庭,它曾经代表着就业的希望、改良的公共服务和提高生存机会——已经成为令人失望的地理上的中心。在工业化国家的城市,应该作为文化多样性而加以赞美的东西,却常常是造成敌意、冷嘲热讽、种族主义的原因之一。原本应成为促人向上的乐观主义的东西,将被低落的期望、失去希望和抱负、代际间连续的贫穷所代替。在城市核心或市中心,居高不下的失业率、无家可归、人情淡漠、滥用毒品和犯罪侵袭都影响着生活的质量。因此,城市学校的研究必须考虑它们所处的更宽的环境背景因素。在本词条中,要讨论三个方面的主题:城市学校的普遍特征;影响城市学校的改革;在这些学校中提高学生成绩的计划。在这些讨论中并不试图呈现一般的理论观点,相反,选取了一些国家的例子来说明和支持所提出的各种观点。

### 1. 普遍特征

城市学校尤其是那些内城区的学校的特征是往往背离人性的需要。在这里,由于身体和心理原因而导致学生辍学的比率很高,并且社区和学校之间的信任很成问题(Maeroff 1992, Reed 1991)。它们可进一步地定义为:相对优势地区的学校,它们在可获得的财政和人力资源方面处于不平等的地位(Kozol 1991)。因此,它们能提供的教育项目的质量和范围常常受到限制。

许多内城区学校的建筑正在恶化而且勉强维

持,它们的继续使用降低了教育的质量(Maeroff 1992)。正如在美国、英国、中国、巴西的城市中所见,学校资金决定了学校的物质空间和条件。学校所提供的指导材料和经验、愿意前来任教的教师才干,间接地决定着学生和教师的士气及动机(Ball and Whitty 1990, Hawkins and Stites 1991, Kozol 1991, Plank 1990)。另外,常常存在合格教师短缺的现象,短缺的是那些能向学生示范职业技能、具有敏感性、能鼓励学生参与学习的教师,即使这些学生处于城市地区的多民族、多元文化和经济处境不利地位。

进入内城区学校的学生是数量上高度集中的贫困和少数民族的群体成员,他们几乎与积极的角色模式无关,这种模式证明了优异的学习成绩与自我实现、报酬丰厚的就业、较大范围的职业选择之间的联系。这并不令人奇怪,因为,由于他们所处的环境和社会状况,他们承担着学校教育失败的风险。这些学生遭遇的成功的挑战既不是来自课程和结构化的课程安排,也不是来自教学。由于多民族、多元文化、多语言的和经济上处于不利的学生而失败的学校范例,不仅在美国而且在其他许多国家也被发现,如英国(Ball and Whitty 1990)、澳大利亚(Dimmock 1990)、拉丁美洲国家(Plank 1990)。因此,城市学校必须参与根本性改革和采用新的、更有效的计划和实践方式。学校教育的传统范式对许多学生尤其是内城区学校的学生已经不奏效了,必须被替代。

**2. 教育改革创新**

在全世界的教育体系中,学校改革创新处于起步之中(Ginsburg et al. 1990)。教育改革可以聚焦于投入(如教师的质量)、过程(如教师和学生的互动)或产出(如学生知识测验的成绩和技能获得),但是驱动改革运动的最强大的动力似乎是结果变量,尤其是那些在全球社会中与国家经济利益和社会福利相关的结果变量。

英国和美国的教育改革有许多的相似之处,并代表了工业化国家的国际趋势。在美国,可以在地方、州和国家层面看到教育改革。由于美国学校系统的分权特点,改革主动性是在地方政府和州政府层面推进的,并通过联邦政府的各种基金和激励计划来刺激。布什政府的创新《美国2000:一项教育战略》(美国教育部 1991)号召赋予更大的学校责任、实施国家考试以及建立学生在英语、自然、数学、历史、地理方面成绩的高标准。也提倡在公立和私立学校之间建立竞争性和市场驱动的选择体制。此外,这项计划强调尽量让学生进入愿意去的学校去学习,在学校中寻求更多的家长参与和社区的参与,并强调终身学习。

在美国教育改革中,另一个主要突破体现在校本管理模式里,这种模式要求关于课程、员工选择和预算的决策由当地学校社区委员会或董事会去做(Crowson and Boyd 1991, Reed 1991)。校本管理的方法对于大城市地区尤为重要,这些地区由于在体制层面过分的官僚主义和缺乏居民或社区控制而经常被人们抱怨,芝加哥的激烈的分权改革计划是这种模式的例证。

在英格兰和威尔士,1988 年教育改革法案(ERA)继承和发展了较早的 1980 年和 1986 年的教育法案,这个法案提出了校本管理(被称为"学校本地化管理"),并随之附了一个家长择校的体制。该法案具体化了核心科目的国家课程和州立学校年龄为 7、11、14 和 16 岁学生的考试体制,废除了伦敦市区教育局,给家长投票权去决定服务于他们的国立学校是否退出当地教育局的管辖(Ball and Whitty 1990)。教育改革法案既有热情的支持者也有强烈的批评者,他们争论着这些策略在改善城市学校困境方面的能力(Ball and Whitty 1990)。

在日本,以优秀和适用为目标的教育改革是通过关注民主和非限制性的平等来推动的,这种平等确保所有学生将获得同样的教育体验,而不是参照他们能力和素质特征加以区分(Menacker and Tanabe 1991)。人们已经特别地关注到日本的一个少数民族,这个部落民族在教育成果和机会上遭遇过歧视、隔离和不平等(Menacker and Tanabe 1990)。

巴西提供了另一个同期基础教育改革的例子,但是对于那些最需要教育的学生来说,一个不稳定的政治结构和经济问题挫败了教育中有意义的变化。对于教育改革的支持已被政府的"全民教育"计划所证明。1985 年公布的这项计划旨在以减少文盲和确保普遍入学来提高基础教育水平，具体措施包括增加和改善学校设施、提高学校教育的毕业率、提高教师地位和后备力量、改革学校财政。然而华丽的词藻已经远远超越现实，城市和偏远地区的基础教育只得到一点点改善（Plank 1990）。

2.1　择校

在英格兰与威尔士以及美国，选择或市场导向的计划在改革日程中是主流思想，并且这样的计划在中国台湾已得到实施。在英格兰和威尔士，在1988年的教育法案下，学校入学责任区域被废除了，学生可以选择任何他们想进入的州立学校，如果学校的学位足够的话。在这一体制下，政府拨款成了招生层面的功能，强化了教育市场哲学理念，一些英格兰和威尔士学校发现它们需要公共关系和广告宣传技巧去吸引学生（Ball and Whitty 1990）。

有批评认为英国政府所宣称的改革创新将有利于内城区的学生（受援地区计划、城市技术学院、津贴支持学校和择校），但在很大程度上未能针对内城区学校的教育问题并最终可能损害这些学校（Ball and Whitty 1990）。开放招生和家长择校可能把资金和资源从内城区学校拉走，造成内城区学校面临更为明显的不利和结构的不平衡。虽然一些英国城市学校在择校计划下可能会繁荣起来，但是它们可能是以其他学校失败为代价来达到成功的，后者将失去财政、物资和高质量的人力资源（Ball and Whitty 1990）。

在美国，择校计划被激烈地争论着，这些计划已求助于大量的赞助者：政客、私立学校、商业团体、研究人员。政客们想方设法使选民相信他们正在强调教育成绩下降的问题；私立学校会通过从它们吸引的学生那儿获得资金而获益；商业团体关注为劳动力和竞争性的世界经济而培养着的学生的质量；研究人员认为学校间的竞争将导致教育成果的改善（Chubb and Moe 1990）。反对者认为不平等将会加剧，那些现在从学校教育中获益最少的学生，尤其是内城区的学生，将会继续受到不符合标准的教育服务（Reed 1991）。

2.2　为成功而作的学前准备

在大多数欧洲国家，提供高质量学前教育计划被视为所有孩子未来学术成功的必要条件。欧洲的幼儿园因而被期望服务于所有的孩子，而不管他们社会和民族的背景如何或有什么残疾，同时幼儿园也被期望提供照看儿童的服务（Kamerman 1989）。有些美国研究人员证明，学前准备对于改善学校内经济上不利的儿童的成绩尤为重要，因而联邦政府的支持已经付诸计划，如“从头开始”项目。然而，计划的资金不足以支持所有适合这个计划的经济标准的学生。

在欧洲，学前儿童的保育和教育一体化作为公共责任被广泛接受，甚至在财政较为困难的那些年里，给学前计划提供资金就已经成为现实（Kamerman 1989）。在巴西也一样，学前教育有广泛的群众支持，对立法机构而言，普遍、免费的公共教育制度被视作教育改革建议的一个部分（Plank 1990）。

2.3　课程与教学

课程与教学在学校改革的拼嵌图中也是重要的因素。例如，提倡国家课程者认为这样的课程将会带来教育公平，并提高教育水平。例如，在英国，1988年教育改革法案要求给所有孩子（年龄5~16岁）的课程提供一个英语、数学、科学、技术、历史、地理、艺术、音乐和物理教育上的学习基础。当孩子们到了11岁，就要求给予现代语言上的教育，然而，国家颁布的课程的价值被政治争论和教育理论争论中的不同观点赋予不同权重（Chira 1992，Ball and Whitty 1990）。

日本的课程努力教育“全人”，除了学生的学术成绩，教育者还被期望监督学生的社会技能、审美能力、体能和人际关系技能的发展，这个目标是通过同辈人的社会化、监督和教学活动进行尝试的，这些将发展和增长学生的人际关系技能（Sato and McLaughlin 1992）。日本的教学体制比美国的体制有更长的学日和学年，教师参与孩子的全面教育也更宽泛，包括对孩子的道德与伦理发展负责和对闲暇时间的精心计划。这并不奇怪，在被控制得更严的日本学校，比起美国的教师来，需要日本教师处理的教室混乱情况更少（Sato and McLaughlin 1992）。

基础课程和科目修完所需的时间是由日本中央政府设定的，地方政府控制得很少。然而，日本教师可以自由决定完成课程目标的教学方法(Menacker and Tanabe 1991)。教室中,注册的人数很多,日本教育模式是一种"全体教学"与"个性化教学"相结合的模式,以给不同能力和经历的学生提供最有利的教学方法。学生被期望通过构建来获得知识,教师在此过程中作为辅助者(Sato and McLaughlin 1992)。

中国城市小学的班级规模也很大,学校存在按孩子的能力分组的现象。在低年级和国家数学计划上,课程强调较快地获得读写技能。学生在很小的年龄,数学课程就提出很复杂的运算内容,并要求学生具有以很快的进度掌握知识的能力,一般比美国学校数学课程进度快得多。与美国教育制度相比,中国教育制度中的学生要求花更多的时间在教学之中,并且中国教师有更多时间备课和准备个性化教学(Hawkins and Stites 1991)。

正如以上提到的,在美国,联邦倡导的学校改革计划"美国 2000",要求突出英语、科学、数学、历史和地理等课程。虽然这些核心科目非常重要,但对于一些学者来说这份课程单是不完全的,他们认为还应包括美术、注重创造力、幸福健康和社会公正的内容(Giroux 1992)。学者们提倡一种课程,这种课程聚焦于生活在城市学校中的不同种族群体和文化的群体上面(Ogbu 1988,Giroux 1992)。

### 3. 责任与结果评价

在英国,随着新颁布的国家课程,一个全国范围的评价体系已经作为一种在学生和学校中推动改善学生成绩的方法而得以实施。英格兰和威尔士已经转向通过档案袋、表现、展品和论文等方法来测量学生在学习国家课程方面的进步。英国政府已经表示要开始把学生成绩的提高与教师薪水的增加相联系(Maeroff 1992)。然而许多教师支持这个新的以表现为本的测试,因为他们比使用的标准化纸笔测试更能精确地评价学生的能力,尤其是对少数民族的孩子。第一轮的使用提出了关于测验可行性的效度问题。教师们把工作中增加多少时间报告给管理者并评价测验,然后,测验被修订,以使教师消耗更少的时间(Chira 1992)。

对教育制度功效的不满,导致美国的改革者提出了国家考试或测试方案。在教育的和政治的层面上,这种考试的目的和有效性被热烈地争论着。然而,当前已建立的全国教育进展评价小组将不断起到监督的作用,并且有可能实施一些其他形式的国家测试(Shepard 1991)。

许多欧亚国家利用国家考试为特殊性质的教育(如职业的或学术的)鉴别学生的能力,而不是强调学校的责任(Kellaghan and Madaus 1991)。通常,在执行外部测验的地方,各种测验为那些追求学习学术性课程的人所采用,而不是被追求职业教育的学生采纳。外部测验的形式和数量在欧洲的不同国家有所不同,并且没有一个国家像"美国 2000"中提出的那样,所有的学生在 18 岁时接受同一测试。

一系列关于外部测试的问题不断提出,包括对它们的使用可能过窄地限制课程;测试形式可能因时间和资金而受限,因而限制了它们检测不同技能和类型学生(值得注意的是城市中少数民族)的合理性;由于低水平技能很容易被测试,因而外部测试可能促使教师偏向低水平技能的教学;它们可能降低教师作为专业人员的作用可能性。随着外部测试体系的执行,对那些控制测试系统的人来讲,也存在间接地投资学校课程控制的风险(Kellaghan and Madaus 1991)。

### 4. 干预与减少不公平

各种各样的计划或干预已被倡导以改善城市学校中贫穷的少数民族孩子们的表现。在美国,对城市学校学生的最成功的干预之一就是由詹姆斯·科默(James Comer)设计的发展性计划(Ansen et al. 1991)。这一计划需要由教师、家长、心理学家、社会工作者、特殊教育教师、法律顾问和其他相关的支持服务团体组成的校本团队,他们广泛关注学校计划与管理、精神健康和家长参与。另一个干预是由列文(Levin)倡导的"加速学校",这个计划认为,传统学校课程没有认识到少数民族的和贫穷的城市学生的潜力,不能以鼓励积极学习的方式向他们提出挑战性的任务。因此,这些学校在学生低年级就提供了高水平的教育主题,这些主题是通过丰富的课程、完全高水平的教师预期和家长的参与来实现的(Levin 1986)。

如同在美国一样,英国学校对于城市学校中不同种族学生的做法是不同的。一些教育工作者对课堂上不同种族学生的潜在能力的重视是这样体现的:认识到学生所讲语言的不同,从而鼓励双语儿童用他们的母语和英语准备他们的功课,鼓励高水平的学生去给缺乏知识的同伴作指导。然而,课堂上教师对少数民族和有残疾的学生的不敏感和不接受还是屡见不鲜(Ball and Whitty 1990)。另外,在英国城市地区的许多努力是用于服务民族和文化上不同的学生的,社会处境不利的学生可能会因1988年实施的控制集中化改革而受到威胁(Ball and Whitty 1990)。

尽管日本的人口在民族上和种族上相当类似,基于地区来源、职业和社会阶层不同的多样性在日本的学校和社会中还是很普遍,这会阻碍平等的机会。更宽地设想,在这个国家的背景中,公平的机会指对于群体的公平。因此,促进个体差异的发展就遭到反对。而日本课堂里的能力或表现的多样性,被视作一种学生可以从其中学到社会互动和合作的条件。日本社会已经减少了教育不公平,这种教育不公平是作为种族和民族隔离的结果,解决不平等也是通过"分离但是平等"的方式来进行的。

日本政府通过增加资金尽力改善少数民族教育,但还没有实现民族学生和主流人口学生的融合,来作为一种改善部落民族学生的教育体验和机会的方法(Menacker and Tanabe 1991)。在日本教育中,性别歧视也很明显,尽管有性别限制的课程已经开始变化,但课程对于男性和女性的要求是不同的。实现公平的总途径就是强调老师应当避免偏爱学生,对所有的学生公平(Sato and McLaughlin 1992)。

在巴西,和全拉丁美洲一样,对于那些不论是地理上、社会上还是政治上从主流社会中独立出来的人口,缺乏学校教育的有效途径是教育的首要且最重要的障碍(Plank 1990)。在这里,通向公平的途径必须从对所有的学生提供学校物质条件开始。

### 5. 结论

学校面对最大的挑战是为内城区学校的学生提供有效教育和体验。在这些学校和那些处于较有利的地区的学校之间的不平等,往往在于学校资金、设施、教育资源、教育质量、期望和成功的机会以及学校和社区对学生的支持。结果,城市学校的显性、隐性课程和教育结果(要求满足个人、社会、国家和经济的需要)通常并没有紧密结合。

在覆盖全球的教育改革的巨大伞翼下,有效地处理城市学校窘境的各种努力正在协同起来。这些努力的体现是通过改革学校财政和治理策略、建立国家课程和国家评价计划以及改善多民族、多元文化和经济上不利的学生的课程和教学策略。

城市学校的最终目标应当是确保所有学生的积极的学习成果。民族未来的成功在很大程度上依赖于开发他们最普通资源——他们的孩子和青年一代——的程度。学校应当有效服务于这些孩子和青年,不管他们的地理、经济、种族状况如何。

R. J. 里德(R. J. Reed) 著

楚丽红 刘 扬 译

### 附录

Ansen A R et al. 1991 The Comer School Developmental Program: A theoretical analysis. *Urban Educ.* 26(1):56—82

Ball S, Whitty G (eds.) 1990 English education in a new ERA: Urban schooling after the Education Reform Act. *The Urban Review* 22(2):77—83

Boyd W L 1991 What makes ghetto schools succeed or fail? *Teach. Coll. Rec.* 92(3):331—362

Chira S 1992 A national curriculum: Fairness in uniformity? *New York Times* 141, No. 48839, pp. A1, B7

Chubb J E, Moe T M 1990 *Politics, Markets and America's Schools.* Brookings Institute, Washington, DC

Crowson R L, Boyd W L 1991 Urban schools as organizations: Political perspectives. *Journal of Education Policy* 6(5):87—103

Dimmock C 1990 Managing for quality and accountability in Western Australian education. *Educational Review* 42(2):197—206

Ginsburg M B, Cooper S, Raghu R, Zegarra H 1990

National and world-system explanations of educational reform. *Comp. Educ. Rev.* 34(4):474—499

Giroux H A 1992 *Educational Leadership and the Crisis of Democratic Government.* University Council for Educational Administration, Pennsylvania State University, University Park, Pennsylvania

Hawkins J N, Stites R 1991 Strengthening the future's foundation: Elementary education reform in the people's Republic of China. *Elem. Sch. J.* 92(1):41—60

Kamerman S B 1989 An international overview of preschool programs. *Phi Del. Kap.* 71(2):135—137

Kellaghan T, Madaus G F 1991 National testing: Lessons for America from Europe. *Educ. Leadership* 49(3):87—93

Kozol J 1991 *Savage Inequalities: Children in America's Schools.* Crown Publishers, New York

Levin H M 1986 *Educational Reform for Disadvantaged Students: An Emerging Crisis.* National Education Association, Washington, DC

Maeroff G I 1992 Focusing on urban education in Britain. *Phi Del. Kap.* 73(5):352—358

Menacker J, Tanabe S 1991 Education law and policy: An American – Japanese comparison. *Educational Forum* 55(3):215—231

Ogbu J 1988 Diversity and equity in public education. In: Haskins R, MacRae D (eds.) 1988 *Policies for America's Public Schools.* Ablex, Norwood, New Jersey

Plank D N 1990 The politics of basic education reform in Brazil. *Comp. Educ. Rev.* 34(4):538—559

Reed R J 1991 School decentralization and empowerment. *Journal of Education Policy* 6(5):149—165

Sato N, McLaughlin M W 1992 Context matters: Teaching in Japan and in the United States. *Phi Del. Kap.* 73(5):359—366

Shepard L A 1991 Will national tests improve student learning? *Phi Del. Kap.* 73(3):232—238

United States Department of Education 1991 *America 2000: An Education Strategy.* United States Department of Education, Washington. DC

**其他参考文献**

Cibulka J G, Reed R J, Wong K K 1991 The politics of urban education in the United States. *Journal of Education Policy* 6(5)

Comer J P *School Power.* Free Press, New York

McLean M (ed.) 1989 *Education in Cities: International Perspectives.* British Comparative and International Education Society and Institute of Education. University of London, London

## 官僚制度与学校效能(Bureaucracy and School Effectiveness)

事实上,在每一个国家,官僚制度长期以来一直是公立学校组织的主要模式。为了给千千万万的孩子提供日常服务,学校系统往往采取官僚制度结构——决策的集权化、任务执行的常规化以及资源收集与分配的标准化(Webwe 1964, Bidwell 1965)。官僚权力在公立学校系统中执行了重要的机构功能:它处理了利益的竞争、使后勤服务常规化、拨付学校相应的资源贯彻实施了国家和州或省对基本的学术标准与公平问题的规定,最重要的是,给复杂的管理(服务于不同的客户)提供了组织稳定性(Boyd 1983, Wong 1992b)。尽管它的成就很多,但集权的官僚机构日益被认为过多地干涉学校和课堂层次的教学与课程活动——培养学习者的任务。

在20世纪80年代至90年代,在席卷东西方的激烈的政治与经济的变革的大气候下,公众对学校官僚制度日益产生的不满,撒切尔主义在英国大选中再次获得支持,里根经济学在美国的实施,以及在20世纪80年代其他工业化国家普遍对保守派联盟越来越多的支持,产生了对"社会福利国家"的传统以及过于膨胀的政府机构的质疑。苏联的解体,东欧国家引入市场经济,以及拉丁美洲国家经济的广泛自由化,使人们产生了新的希望,即认为市场能够有效地解决社会与经济问题。在这种政治背景中,公立学校系统成为反官僚制度情绪的目标。决策者、企业领导和家长越来越抱怨集权的官僚机构降低了学生的成绩。同时,人口分布的改变和经济结构的调整也加强了公众对公立学校未来成就的关注。在全球经济中,中学毕业生能获得足够的技能与其他国家的同龄人进行竞争吗?所反映出来的劳动力缺失是否意味着雇主在将来必须雇用技能更少的人?新的劳动力在技术复杂的世界中能干得很出色吗?公众似乎对官僚制度的学校组织能否有效地迎接这些挑战感到疑惑不定。

本词条评论了有关官僚组织与学校效能之间关系的文献。应该明确的是,关于这个复杂而有争议的问题,在文献中存在不同的观点。为了分析的目的,本词条研究了两种相互对立的方法:"退出"或选择学校的观点和"发言权"或校本授权的观点(Hirschman 1970)。选择的观点期待市场方法使家长与学生能够在公立与私立学校间进行选择;发言权的观点支持在公立部门内实施权力共享制度,在学校层面上授权给家长与专业人员。

**1. 选择学校的观点**

虽然多数国家有私立学校,但公立或州立学校系统通常是教育服务的主要提供者。当然,在私立学校的入学方面,各国存在相当大的不同。根据联合国教科文组织在1988年开始做的调查(UNESCO 1991),私立学校占相当数量的国家(通过测量私立学校中的小学入学比例)包括爱尔兰(100%)、津巴布韦(87%)、荷兰(69%)、比利时(56%)、智利(37%)、西班牙(34%)、澳大利亚(25%)和新加坡(24%)。与此相反,私立学校很少的国家包括日本(1%)、土耳其(1%)、瑞典(1%)、挪威(1%)、卢森堡(1%)、瑞士(2%)、奥地利(4%)、加拿大(4%)、英国(5%)、希腊(6%)、墨西哥(6%)和葡萄牙(7%)。这个调查没有区分私立学校系统内部的不同类型学校(如天主教学校或独立学校)。在这次调查中,社会主义国家的教育主要由政府教育部门管理。在东欧社会主义国家解体之后,宗教机构在东欧组织学校方面起了积极作用。

在美国,私立学校的人数略大于整个入学人数的10%。虽然公立学校系统在教育服务中继续占统治地位,但美国越来越多的实验研究表明,官僚权力及其调整功能在所有影响和决定学校政策的组织层次中,都成为提高学生成绩的主要障碍(Friedman 1962, Coons and Sugarman 1978)。美国教育部的全国教育统计中心在1980年初对公立与非公立系统的高中二年级及更高年级的学生进行全国抽样调查。利用中学及中学以上阶段的调查,研究者能够比较公立与非公立系统间的学生成绩。这项研究对可能带来更好结果的机构变量进行了更系统的调查,因此在早期的投入与产出研究(把学校效果限制在学校层次的学生成绩上)之外采取了重要的步骤(Coleman et al. 1966, Hanushek 1986)。

首次如此大规模的跨系统比较是由美国芝加哥大学的社会学家詹姆斯·科尔曼(James Coleman)领导的研究小组进行的。在分析第一组中学及中学以上阶段的调查资料中(收集于1980年),科尔曼等人(1982)发现天主教与独立私立学校中的学生比公立学校中具有同样社会经济背景的学生在基本技能的标准化测试中胜出一个等级。根据研究得出的这些不同结果与收入差异关系较少,因为只有很少的私立学校保留了中上阶层客户(学生)的信息。相反,公立学校与非公立学校之间组织模式的差异被认为是关键的。虽然公立学校主要是以地域为基础组织入学,并由讨厌的命令过度地控制着,而教会学校是围绕宗教身份来组织的并相对自由,不受外部规则的约束。教会学校能更自由地执行学生课程标准与施加更多的学术要求。选择教会学校的家长被要求进一步认识所选择学校的教育目标。与此相反,公立学校是在官僚体制中经营,并缺乏向它们的客户提出学术与课程要求的权力。

科尔曼的研究引起了大量的争议。除了学生自己选择非公立学校及其他与样本特征有关的问题外,怀疑者指出需要对起始成绩水平相似的学生进行比较,以及考虑除标准测试分数之外的结果的重要性。应用1982年中学及中学以上阶段的研究,科尔曼小组能够测量学生在公立、私立与天主教学校中的学术水平的提高。科尔曼(1987)的第二次研究发现,实际上公立与独立学校之间的学生测试结果没有差异。然而,天主教中学继续显示了学生在阅读与数学技能中学术进步的速度最快,虽然学生在科学与公民课程中的成绩与其他公立学校的成绩相当。研究发现贫穷学生在天主教学校中取得了相当大的进步。天主教学校的辍学率仍然保持最低,并且它们的学生更可能进入四年制学院。在解释天主教学校中的学生所取得的这些成就时,科尔曼和霍弗(Hoffer)认为是受益于在宗教身份基础上成人与小孩的社会融合。他们认为教会学校中年轻人、家长与教师之间的密切社会关系可能产生“社会资本”,即一种非正式的价值转换与社会支持系统,而公立与独立的私立学校中大部分缺乏这种传统。通过经常花时间开展很多加强孩子的智力发展活动,家长、祖父母和其他更广泛社区(宗教)的成年人为教育目标提供了集体支持。与此相反,公立学校主要是以规则和命令为基础,年轻人、家庭与教师之间的经常互动通常缺乏社会的与合乎规范的基础。

为了把政治与官僚机构清楚地和学校效能相关联,美国政治科学家丘布和莫(Chubb and Moe 1990)研究了学校自治(反对直接选举与官僚控制)与学生成绩的关系。他们发现公立学校对外围的政治要求反应太快。这种结果是由于“公立学校受到机构的直接民主控制”(P. 67)。这些机构“天生地破坏了学校自治,并天生地有益于官僚机构”(P. 47)。在他们的观点中,教育管理是一个开放的系统,在这个系统中,政治利益成功地扩展了官僚机构,并增强了保护官僚机构利益的程序化规则。

丘布和莫运用1982年与1984年中学及中学以上阶段的调查以及1984年管理人员与教师的调查资料,他们发现公立学校中的政治与官僚机构无助于形成与高学术成绩有关的学校组织的合意形式。与此相反,市场取向的非公立学校更可能产生他们所说的有效组织。这些高成绩学校(主要是非公立学校)与低成绩学校(主要是城市学校)有显著区别,“非公立学校的目标更清楚且在学术上更有抱负,它们的校长是更强有力的教育领导,它们的教师是更专业与更和谐的人员,它们的教学工作在学术上更强有力,它们的课堂更有秩序并更少官僚主义”(P. 99)。因此,丘布和莫认为教育中的家长选择是一种根除民主政治与官僚制度的不利影响的方法。

丘布和莫的观点像科尔曼的研究一样,引起了大量的争议。怀疑者指出他们的主张严重地依赖5组考试(花63分钟完成)的116个项目(Kirst 1990)。实际上,他们的分析集中于学校里成就的变化(在高中二年级与更高年级之间所有23个项目中)。而且,学校组织——在丘布和莫的分析中是一项建设性的指数——解释了高中二年级与三年级之间的学生成就变化中的很小部分。如格拉斯和马修斯(Glass and Matthews 1991 P. 26)指出的:“人们期待一个从5%组织自治发展成95%组织自治的学校……仅用一个月时间就使标准化学术测试达到与自治水平变化程度相同的成绩。”首先,他们批评上述研究仅仅依靠学校层次的特征,忽视了学校内部课程分轨与班级之间的大量差异。实际上,学校内部组织与培养学习者的任务有重要关系。根据巴尔和德雷本(Barr and Dreeben 1983)的观点,学校层次的特征只能为学生学习提供环境,但不能直接培养学生。从官僚制度干预中分享权力是一方面,教师如何决定对学生实施教学策略(分组、课程分轨、课程范围、分配教学时间和使用其他教育技术)则是完全不同的另一方面。很明显,在学校与班级生成的内部组织是学校效能的关键。

丘布和莫关于把公立教育转变为市场定位的建议引起了更多的争议。反对这种选择的人关注的是教育机会平等与精英主义。选择方案往往从附近学校“提取”更好的学生并拿走其他资源。地方居民可察觉到,随着附近学校采用选择方案,剥夺了他们直接进入以社区为基础的服务机构的机会。考虑到要将学校信息通知到所有家长、上学交通费用、服从民权法案等方面的要求,在实施选择方案时,就会引出许多问题。简而言之,选择方案与公立学校中的其他重构措施会产生冲突,并动摇了学校管理。

同时,选择学校的例子似乎得到了美国对为数不多的“磁石”学校研究的部分支持，“磁石”学校是有着特殊的学术课程的公立学校，接收来自整个系统的学生（通常是选择性的）。应该提到，早期在加利福尼亚的阿拉姆·罗克斯（Alum Rocks）的“凭证”实验对选择与非选择方案中的学生的学术成果并没有产生可辨别的差异（Capell and Doscher 1981）。然而，对后来小规模的磁石学校计划的评估提供了一些证据，证明选择与教育水平提高有关。更好的学校成绩被认为与更多的学校自治、更高水平的种族融合以及更有效的教学实践有关（Raywid 1985，Wong 1992a）。然而对密尔沃基的小规模选择实验（第一年后）的评估对参与者产生了不同的结果（Witte 1991）。

真正的挑战是当小规模的选择方案变成系统范围（或国家）的政策时，学生的收获能否维持。在这方面，来自欧洲多元主义教育实验的教训并不具有决定性。例如，荷兰广泛的学校选择实践，以损害社会融合为代价加强了学校的责任（Glenn 1989）。苏格兰在实施1981年教育法案（保证家长的学校选择）6年后，90%的学生仍然留在他们居住地附近的学校。高教育背景与高社会经济地位的父母更可能把他们的孩子转出指定的附近学校。实际上，选择导致了许多较老的、以前就实施选择政策的学校的入学人数增加。而且，“虽然1981年法案导致了某些来自多方面条件不利地区的学生融入临近地域学校，但可能增加了那些仍然留在原来地方学校学生的种族隔离程度”（Adler et al. 1989 P. 215）。

然而，在对1988年教育改革法案（ERA）（影响了3.3万所英国公立学校）实施的最初3年进行评估中，丘布和莫（1992）宣布学校自治产生了积极的结果。教育改革法案使得对学生的评价以及给“直接拨款”学校设立的国家课程标准化，它允许家长与个别学校的管理委员会选择“脱离”现存的官僚体制，“拥有学生、经费以及所有相关的决策权力”（Chubb and Moe 1992 P. 28）。在改革的最初3年期间，大约100所学校独立，另有140所学校正在变成“直接拨款”学校。选择切断与官僚系统的联系的地方学校在保守党统治时期可能是工党统治时期的2倍。虽然“独立”学校在全国的3.3万所学校中只占微小部分，丘布和莫（1992）相信，“如果有足够的学校选择这条道路，现存的体制将会瓦解，一个新的不同的体制将代替它——这个体制的特点是……学校自治”（P. 28）。他们与几个学校领导的访谈表明，如果独立学校配备很强的领导，这些领导可能加强与地方社区的工作关系，招募更好的教师，对其特殊需求做出反应（如屋顶修理），形成吸引超过班级座位数的学生申请人后备库，并控制学生的课程。丘布与莫最重要的结论是选择并不歧视贫穷学生。相反，独立学校吸引“所有能力层次”的学生，并满足它们的客户的教育利益，客户被看成“以班级为标准的普通人”（Chubb and Moe 1992 P. 41）。

**2. 校本授权的观点**

与选择学校相反，把更多的权力给予家长和学校管理中的专业人员，代表了一种不同的容忍官僚制度影响的方法。与试图拆除公立与私立之间的界限不同，许多学校改革者支持在公立系统内重新分配权力的观点。

分享学校政策的决定权在不同国家有不同的缘源并采取不同的形式。在挪威，几十年来，教师组织以及在广泛的政治范围内的其他“联合团体”推动了教育政策的分权化。在学校拨款、课程与学生评价方面的分权化自20世纪80年代以来得到完全实施。自1986年以来，中央政府收集了用于其他社会项目的拨款，形成了整块拨款，但分配优先由地方政府决定。在修正1974年“模式计划”（为小学设计的）的基础上，1985年和1987年的改革授予教师在课程设计、教育实践和评估标准方面更多权力。因此，挪威的教师对学校生活有相当大的影响，促进了“不同的且更个性化的教学风格与独特的学习方法”（Rust and Blakemore 1990 P. 52）。

在西班牙，1978年的新宪法基础放在重构后佛朗哥政体的公立教育。17个自治地区代替了先前的集权化体制，在自治区内，地区的与地方的官员对教育事务实施相当大的控制。自1985年以来，每个学校由一个地方学校委员会管理。委员会的1/3成员是选举的家长，1/3是教师员工，剩下的包括管理人员与政治家（Hanson 1990）。委员会享有广泛的权力,包括预算分配和雇用与解雇学校主管。在与委员会成员访谈的基础上,汉松(Hanson)认为教师已经控制了委员会,因此使决策过程带有政治性——“友好团体、权力集团和联盟通常支配着投票,选举与教育的相关较少而与联盟的关系更多”(Hanson 1990 P. 535)。

在瑞典,民主参与的政治文化促进了公立学校中“民主会谈”的实践(Ball 1988)。公民教育被认为是公立学校的主要职能。为达到这个目标,学生参与“课程谈判与决策”。学科与学科部门的重要性减弱,突出了教师与学生以工作团体的形式去行动(Ball 1988 P. 80)。例如,1980 年的国家课程指导方针(LGR80)要求学生与教师代表平等参与由校长组织的教育计划会议。因此,在瑞典,学校层次的管理观点似乎与社会民主中的政治平等观一致。

在美国,在 1954 年决定废除学校的种族隔离之后以及 20 世纪 60 年代的民权运动,使改革家开始关注官僚制度对少数民族的责任。从 20 世纪 60 年代至今,人们对学校层次决策的兴趣增加了,因为校长和教师被视为具有知识与技术从而能够提高学生成绩。同样,从 20 世纪 60 年代至今,联邦政府要求公民顾问团体做出对特殊教育的补偿议案。在 20 世纪 80 年代,家长参与学校层次管理得到了改革利益群体、企业与选举的官员的广泛支持。政府要求以学校为基础报告成绩,进一步促进了社区的参与。到 20 世纪 90 年代,实际上所有的主要城市学区都有某种共同的管理模式,家长与社区代表参与学校层次的决策结构。这种管理安排的例子包括纽约市的社区控制,在达德郡(佛罗里达)、罗切斯特(纽约)与盐湖城(犹他州)的校本管理,以及芝加哥所做的在每个学校建立一个地方选举的家长委员会的实验。

关于美国的分权化政治的研究主要考察了两个问题:(a)家长在学校层次的主要决策中是否有实质性的权力;(b)校本管理对教育提高的影响——如果有影响的话。至今,第一个问题的证据远多于第二个问题。

学校专业人员在分权化的管理中几乎一直是主要决策者。分权化的过程并不必然导致向家长授权。家长参与学校事务与学校选举的比率通常是很低的,尤其是那些来自低收入与少数民族群体的家长。纽约 31 个分权化学区的学校选举通常吸引很少的出席者。即使学校管理中包括社区与家长,但社区与家长在员工问题上的权力也受到教师工会的严重挑战。纽约市的大洋山 - 布朗斯威尔(Ocean Hill-Brownsville)实验学区在 20 世纪 60 年代期间,在工会与社区管理委员会之间的紧张冲突中,这种情况最明显。当地方选举的委员会解雇了 10 名教师时,工会的反应是开始了一系列效果重大的罢工。在几次罢工以及许多事件后(提升了社区内的种族冲突),建立了州管理委员会以保护教师工会的权利免受社区委员会的不利判决。在修正的纽约社区治理意见中,与集体谈判有关的员工事务处于地方管理委员会权限之外。

尽管工会权利与选举人的潜在障碍能发挥如此作用,但通过制度安排还是能够进一步限制家长参与。马伦和奥加瓦(Malen and Ogawa 1988)提供了近来家长在学校层次决策中的影响受到限制的一个最好例子。在对美国盐湖城的八所学校进行深入分析的基础上,这两个研究者总结道,分权化的管理并没有“真正改变校长与家长之间的相对权力关系”。他们的研究认为家长权力受到几个约束。第一,学校层次的合作包括两个结构:一个结构是校长与员工,另一个是专业人员与家长。自然的,专业人员支配着决策,因为他们控制着议程,保持优先获得有关学校经营的信息,并拥有专业知识。第二,家长没有获得决定学校支出的权力。他们没有参与雇用(或解雇)校长,只是有时评价学校员工的成绩。第三,家长不能被选举,但可收到校长要求参与的“邀请”。因此,家长成员与校长享有同样的价值,并主要作为“维持机构”的支持者。

芝加哥公立学校的地方学校委员会最近采取措施以确信家长实际上是主要的决策者。在经过很长的立法程序之后,1988 年芝加哥学校改革法案要求进行综合改革,即重构芝加哥所有 530 所公立学校中的管理。这次改革使家长、学校员工与社区团体有机会共同致力于教育改进。通过授予家长对学校的相当的“所有权”来恢复家长对公立学校的信心。为了加强责任和能力,中心办公室把决策权分化到地方选举的家长委员会和每个学校的校长。由 11 名成员组成的委员会包括了 6 名家长(也就是主要部分)、2 名社区代表、2 名教师以及校长。在中学层次还有 1 名学生成员。地方委员会的成员有相当的权力——他们能雇用和解雇校长,分配学校经费和提出学校改进计划。通过培训和来自企业与公共利益团体的支持,地方委员会已经制定了其规章制度(也就是规则),批准学校预算,顺利地评论与批准校长的契约。

现在转到学校效能问题上来,关于民主管理与城市学校改进的联系的实验研究很少,尤其是家长取得实质的权力时。在美国的研究提供了很好的例子。那些研究社区控制的人通常描述一幅令人不快的景象——恩赐态度、投票出席率很低、高低间杂的员工士气和政治化的领导。与在大洋山－布朗斯威尔社区控制实验中观察到的多数情况非常不同的是,凡蒂尼等人(Fantini et al. 1970)看到了积极的结果。他们发现学区能够用少数民族人士担任领导职务,能够把社区的改革环境引入学校,能够实施用来提高教育成绩的改革计划。而且,在对纽约市的分权化实验的纵向研究中,罗杰斯和张(Rogers and Chung 1983)总结出地方选举的委员会(那些反映了社区的种族与民族构成的委员会)在处理少数民族人士连任中更有效,因为这些委员会在政治上更稳定并享有更多的合法性。最后,他们的 8 个案例研究同样表明,分权化委员会能够处理教育规划与员工发展(包括提高员工士气)。

芝加哥关于向家长授权的实验能否导致更好的学生成绩很快就能得知。学校仅处于改革的早期并仍处于和新的管理机制磨合的过程中。初步的研究表明,校长、家长、教师及其他主要行动者了解了更多的新的组织活动,并在寻找互相合作的方法。这种机构建立的过程是费时的,并可能是不平坦的——受到附近社会经济资源的差异、能否聘任到能干的和有献身精神的校长、家长的承诺以及少数民族教师的供给的限制。最后,新的管理实践足以形成学校内的组织生活,例如,教师、家长、社区在课程设计中的联合。家长参与地方选举委员会甚至会激发参与学校生活的积极情感,这应该导致更好的参与率与更高的学生与教师士气。如果成功,芝加哥改革可复兴附近市区的公立教育,并可在国家层次提高学校效能方面提供可行的选择。

### 3. 结论

减少公立教育中的集权化的主要策略有两种——选择学校与发言权机制或共享学校层次的决策权。文献表明这些改革策略的特殊性与范围随国家而不同,并且在美国内部,各个学区也不一样。自 20 世纪 80 年代初以来,公立学校已经逐步地从很强的官僚控制中转移开来。学校系统越来越多地采用一系列的权力分享策略——瑞典的民主教育模式,在挪威、西班牙和美国几个大城市的学区中的教师控制,在芝加哥的家长授权。与此相反,公立学校把私立学校的家长选择作为真正的选择而广泛地采用。然而,目前在美国的争论以及在英国的改革清楚地表明,随着对"社会福利国家"的政治支持下降,选择可能变得越来越突出。总之,管理结构的多样性——不仅在公立学校与私立学校之间,而且在公立学校系统内部——将会保留一段时间并将继续影响我们对学校组织及其效能的理解。

K. K. 王(K. K. Wong) 著
朱科蓉 译

### 附录

Adler M, Petch A, Tweedie J 1989 *Parental Choice and Educational Policy.* Edinburgh University Press, Edinburgh

Ball S J 1988 Costing democracy: Schooling, equality and democracy in Sweden. In: Lauder H, Brown P (eds.) 1988 *Education in Search of A Future.* Falmer Press, London

Barr B, Dreeben R 1983 *How Schools Work.* University of Chicago Press, Chicago, Illinois

Bidwell C 1965 The school as a formal organization. In: March J G (ed.) 1965 *The Handbook of Organizations.* Rand McNally, Chicago, Illinois

Boyd W L 1983 Rethinking educational policy and management: Political science and educational administration in the 1980s. *Am. J. Educ.* 92(1):1—29

Capell F, Doscher L 1981 *A Study of Alternative in American Education. Vol. 6: Student Outcomes At Alum Rock 1974—1976.* Rand Corporation, Santa Monica, California

Chubb J, Moe T 1990 *Politics, Markets, and America's Schools.* Brookings Institution, Washington, DC

Chubb J, Moe T 1992 *A Lesson in School Reform from Great Britain.* Brookings Institution, Washington, DC

Coleman J S et al. 1966 *Equality of Educational Opportunity.* United States Department of Health, Education and Welfare, Washington, DC

Coleman J S. Hoffer T 1987 *Public and Private High Schools: The Impact of Communities.* Basic Books, New York

Coleman J S, Hoffer T, Kilgore S 1982 *High School Achievement: Public, Catholic, and Private Schools Compared.* Basic Books, New York

Coons J, Sugarman S 1978 *Education By Choice: The Case for Family Choice.* University of California Press, Berkeley, California

Fantini M, Gittell M, Magat R 1970 *Community Control and the Urban School.* Praeger, New York

Friedman M 1962 *Capitalism and Freedom.* University of Chicago Press, Chicago, Illinois

Glass G V, Matthews D A 1991 Are data enough? *Educ. Researcher* 20(3):24—27

Glenn C L 1989 *Choice of Schools in Six Countries: France, Netherlands, Belgium, Britain, Canada, and West Germany.* United States Department of Education. Washington, DC

Hanson E M 1990 School-based management and educational reform in the United States and Spain. *Comp Educ. Rev.* 34(4):523—537

Hanushek E 1986 The economics of schooling: Production and efficiency in the public schools. *J. Econ. Lit.* 24(3):1141—1177

Hirschman A 1970 *Exit, Voice, and Loyalty: Responses to Decline in firms, Organization, and States.* Harvard University Press, Cambridge, Massachusetts

Kirst M 1990 Review of "Politics, markets, and America's schools". *Politics of Education Bulletin* (Fall issue)

Malen B, Ogawa R 1988 Professional-patron influence on site-based governance councils: A confounding case study. *Educ. Eval. Policy Anal.* 10(4):251—270

Raywid M A 1985 Family choice arrangements in public schools: A review of literature. *Rev. Educ. Res.* 55(4):435—467

Rogers D, Chung N 1983 *110 Livingston Street Revisited: Decentralization in Action.* New York University Press, New York

Rust V D, Blakemore K 1990 Educational reform in Norway and in England and Wales: A corporatist interpretation, *Comp. Educ. Rev.* 34(4):500—522

UNESCO 1991 *World Education Report 1991.* UNESCO, Paris

Weber M 1964 *The Theory of Social and Economic Organization.* (trans. Parsons T, Henderson A M). Free Press, Glencoe

Witte J 1991 *First Year Report: Milwaukee Parental Choice Program.* La Follette Institute of Public Affairs, University of Wisconsin-Madison, Madison, Wisconsin

Wong K 1992a Choice in public schools: Their institutional functions and distributive consequences. In: Wong K (ed.) 1992 *Politics of Policy Innovation in Chicago.* JAI Press, Greenwich, Connecticut

Wong K 1992b The politics of urban education as a field of study: An interpretive analysis. In: Cibulka J, Reed R, Wong K (eds.) 1992 *The Politics of Urban Education in the United States.* Falmer Press London

## 教育改革的实施(Educational Reforms, Implementation of)

广义的“改革”是指任何有意朝着积极方向的变化。因此,狭义的教育改革可指一节单独的数学课中一项单独的教学技能的提高，广义的教育改革可指国家的整个学校系统的主要革新。

近来才出现对影响改革计划实施因素的详细分析。虽然改革家很久以来一直思考为什么有些改革措施比其他的更成功，但直到20世纪80年代，研究者才认识到实施过程的极端复杂性（Firestone and Corbett 1988）。有重要影响的因素的数量以及它们相互作用的方式如此多，以至于对一个被提议的改革将会在一个特定的教育背景中成功的预言只是一个相当大的错误的冒险。结果，教育计划者发现小心监督实施过程的每一步是有用的，因此，可定期应用补救措施来处理未预料到的困难。

对影响实施计划的全部变量进行考察将远远超过本词条的有限空间。然而，因素所呈现的不同形式可以简单地描述为如下10种变量：（a）规模与复杂性；（b）承诺程度；（c）环境的适宜性；（d）环境的稳定性；（e）设想的结果；（f）领导职能；（g）决策参与；（h）可利用的专门技术；（i）政治策略；（j）成本—收益率。这些变量并不是作为独立的实体起作用，认识到这点很重要。相反，它们以复杂的模式来互动。

### 1. 规模与复杂性

“规模”是指期待一项改革会产生多大的变化。规模的范围从目前的实践只有一点轻微的变化到经营模式的根本改变。“复杂性”是指多少教育系统的不同要素卷入了变化。美国的研究表明，简单的小规模计划在提高教学方面实现更多的目标，但更有抱负的复杂的计划在教师行为方面导致更大的变化（Berman and McLaughlin 1975）。

### 2. 承诺程度

人们贡献于改革实施的时间与精力，以及面对反对与操作困难时，对他们的角色保持信心的程度，反映了人们对一项改革的承诺程度。

教育系统中所有层次的承诺对于改革计划的成功都很重要。然而，在每一个管理结构中，无论是一个单独的学校还是国家的整个教育系统，高层次的员工有很强的责任心尤其重要。高层代理人，无论是校长还是教育部长，支配着权力与资源给班级层次改革的实施提供所需要的服务及物资。高层管理人员还有方法来实施制裁——无论是奖励还是处罚——鼓励较低层次的员工与改革措施齐心协力。

国家层次深度承诺的例子可见于坦桑尼亚，朱利斯·尼雷尔（Julius Nyerere）（以前是教师）在1962年独立到来时成为了国家的第一任总统。随着新政府展开国家发展规划，尼雷尔提出了教育系统的规划，即课程集中于乡村生活而不是前英国殖民地统治下的教育内容。现在期望大多数坦桑尼亚学生读完小学，然后留在乡村。在“为自力更生而教育”的格言的指导下，课程强调技能，教育学生要“快乐而舒适地生活在社会主义的和占主导地位的乡村社会中”（Nyerere 1967 P. 282）。只有很少数量学生能够进入中学，在乡村他们将“自食其力，而学校的功能是经济共同体以及社会与教育的共同体”（Nyerere 1967 P. 282）。在总统的超凡魅力的领导下以及在大家一致的贡献下，新的体制在接下来的20年中被传播，结果在1961～1986年间，小学学校的数量由3 100所增加到16 255所（Nyerere 1985 P. 47）。

坦桑尼亚的例子还表明有实际的灵活性，允许一项改革计划适应难以预料的和无法控制的事件，却仍然努力保持着主要计划的推进。在英国殖民主义统治下，基督教传教士在有些地区发展了远远多于其他地区的学校。在尼雷尔统治下，新的政府企图通过给不发达社区（相对于学校建设得更好的社区）投入更多的资金来平等分配教育机会。然而，更发达地区的社区领导通过增加私立学校（包括中学机构）数量来展示他们社区的自给自足。为了对大众的高级教育的需求做出反应，政府领导人于是把官方政策扩展到小学后教育，这项扩展需要的员工人数超过了原来计划的规定。

### 3. 环境适宜性

个别学校内部设计的改革比较容易适应一些环境条件，如可利用的资金、学生人口的特征、社区的语言模式、教师能力、家长期望、文化价值等等。然而，为一个重要城市、地区或国家设计的改革计划,不可避免地会碰到由个别学校的自然与社会环境的不同而引起的实施问题。

在一个国家的界限之外,把教育计划从一个国家输送到另一国家的惯例已有很长的历史了。入侵的军队和传教士把他们祖国的教育传统传播到别的国家,旅游者带着他们在别国经历的教育实践回来了。在整个20世纪,国内的教育传播与国家间的教育传播一样,在数量与正式组织中迅速增加。专业书籍与杂志、教育会议、工场、大学项目、研究与发展机构有助于加强本地改革的实施,而胜过实践的发源地。对改革运动的调查表明,进口的计划很少在所有环境中都同样起作用(Huberman and Miles 1984)。因此,负责实施迁移计划的官员注意不合适的信号是有用的,并做好准备接受变更,即适应新的文化背景的计划。

**4. 环境稳定性**

一旦一项改革计划已经开始实施,它的发展与传播在一个稳定的环境中将进展得更好。显著的社会变化通常会破坏已经进行的改革计划。然而,社会剧变,虽然阻碍了目前计划的实施,但通常鼓励产生新动机。

前面讨论过的坦桑尼亚的例子呈现了几十年来本质上稳定的政治环境,从而提供了一种允许改革继续实施的社会稳定性。第二次世界大战后40年来,东欧与苏联也获得了类似水平的政治稳定,从而允许教育改革的传播在相对无干扰的情况下前进。例如,东德官员能够把一所有10年校史的理工学院调整为面向所有学生的免费学校,要求家长组织帮助学校,重新组织高等教育以使教师与学生比以前受到政府更严密的监督(Shafter 1992)。然而,随着20世纪80年代结束时社会主义阵营在整个东欧地区的解体,这些计划的实施受到猛烈的干扰。社会剧变的结果导致实施一系列新的改革。随着德国的统一,原东德地区的学校被迫采用西德的教育实践。1991年,伴随着苏联的解体,教育结构划分为多样化的学校与管理形式。到1991年,估计50%的地区学校第一次提供了选择的机会并允许学生选择专业。新建立的独立共和国同样允许个别学校修订它们自己的时间安排并制定它们自己的记分方法。同时,许多独立的付费学校不断扩展以吸引各国日益增多的客户,而它们以前多被宣布为不合法的非政府学校。

不仅重要社会变化会干扰改革计划的执行,而且很小的政治事件同样影响计划实施。在某些国家,所有的课程指示都由中央政府以国家要求的教科书与考试的形式发行。希望教师改革教育实践以符合教科书内容的变化,内容的变化可能由于每年的政治事件而发生,在这种情况下,在一个人口众多的国家中,课程的统一传播在实际上变得不可能。

**5. 设想的结果**

每一项改革计划都有包括对目标或设想结果的陈述。设想结果的反映形式会影响计划实施能否成功。

在一项改革开始时,为了避免夸大这个计划设想的结果,计划者把他们的建议定位为实验,在改革传播前,计划的可行性可先用有限范围的实验计划来检验。然后可以给试验的每个阶段设定目标,而设想的结果与紧接着阶段的时间表保持灵活,从而可在关键时刻做出调整以适应未预料到的情况。如果陈述的目标更像对结果的许诺而不像能验证的可能性,实施中的任何不足都可能被看成失败。与此相反,如果把目标陈述为可能的结果,就可把实施中的不足解释为给调整实施计划提供有用的信息。

有时实施在开始时就注定要失败,因为计划的提议者夸大了改革将要取得的成就。当计划的发起者被迫用生动的词汇来描述设想的结果时,即他们的提议在资金充分与官员支持的情况下能够完全成功时,就会发生这种情况。印度尼西亚在20世纪70年代与80年代初进行的学校发展计划就是这种例子。

印度尼西亚计划包括自我指导模块,即学生在教师监督下完成学习。这个计划要求为1~12年级的所有学科领域建立学习模块,这个计划的实施最初是为8个实验学校设计的。为了证明计划的高成本是正当的,教育部官员向政府的中央计划委员会的成员保证这项改革:(a)使学生更积极而不是被动地学习;(b)调整教学以适应学生的个别学习速度；(c)提高成绩测试分数；(d)通过允许一个教师一次监督100或150个学生来提高成本效果，而不是目前的30个左右的学生。当在20世纪80年代中期测量实施的成果时，很明显班级规模没有增加，因为监督30个学生就需要一个教师所有的时间。当把实验学校中的学生的成绩测试结果与正规学校的结果进行比较时，结果表明模块指导的学生所取得的成绩稍微高于正规学校的学生的成绩，但这不足以弥补模块方法所要求的额外支出。这项改革由于没有成本效果而被废弃(Thomas 1991)。

**6. 领导职能**

费尔斯通和科比特(Firestone and Corbett 1988)在对一系列的学校改革研究进行调查后总结出，任何教育变化都受到四项领导任务的推动：(a)获取资源；(b)保护计划免受外界的干扰；(c)鼓励员工；(d)调整操作程序标准以适应计划需要。领导提供的资源包括设备、供给、培训教师应用新程序、员工支持以及自由的会议与工作时间。保护任务是为了防止员工在计划发展阶段开会与解决问题时不受干扰。因此，有效的领导能够保护计划成员免受改革反对者的袭击，和不用在竞争性要求中进行选择。

最令人烦恼的分心通常来自学校系统本身的竞争性计划。校长过于频繁地修改学科政策并修改课程计划形式；主管使课程标准化，同时在所有学术学科中提出特殊的阅读计划；政府机构改变毕业要求与课程标准的同时推出新的考试计划。每一个查看了这一系列来自系统高层的活动以及“优先权”的人都很难决定什么是最重要的(Firestone and Corbett 1988 P. 330)。

改革措施中非常重要的任务是得到人们的鼓励并得到同辈、专家与监督者的认识。认识通常有助于强调改革目标，加强实施目标的企图，以及重新点燃员工处理变化带来的困难的动机。

最后，如果任何一项指导学校经营的标准规则与尝试的改革相冲突，那些规则需要在改革过程的早期进行调整以推动计划的发展。休伯曼和米莱什(Huberman and Miles 1984)提议，一旦一项改革作为教育系统的永久要素而加以传播，管理应该把新的实践作为规则加以整理，调整课程以适应改革，为新来者制定员工培训计划，制定与改革一致的评价程序，以及通过系统的日常预算来资助计划。

**7. 决策参与**

教育改革机构往往遵循严格的自上而下模式。中央教育部或地区学校办公室的职员设计了新的方案，通常获得大学教授或来自研究与发展中心的专家的帮助。地方学校校长和教师直到计划完成后才参与。在那时，地方员工被告知如何实施新的方案。然而，越来越多的证据证明地方员工(如教师)参与有关提高学校的决策能促进改革的更有效的实施。早期参与增加了教师在最初的动机冷却后继续新的实践的意愿。让教师参与计划过程还有助于训练教师掌握改革所需要的技能以及提高改革适应地方环境的可能性(Berman and McLaughlin 1975)。

非专业人员如家长与公众试图影响学校经营的程度在各国是不同的。一般来说，公民的正规教育水平越高，社区成员越可能感到有资格参与有关学校实践的决定。结果，在社区成员认为影响教育实践是他们的权利与责任的环境中，让他们参与改革过程能加强改革的实施，只要他们相信改革是合意的。鼓励广泛参与能够揭露改革变化的反对者，允许改革的倡导者对反对者做出反应，并对未预料到的困难做出适应性调节。

来自美国的一个例子说明了这种方法。弗吉尼亚的费尔法克斯县(Fairfax)是全国的第十大学区，为60 000名学生服务。1990年，学区听取了公众意见，设计重构计划，以让学生能够有更多的学习时间和更广泛的课程选择。地区的主管报道说，为了保证最大可能地讨论建议：

> 我们提供了广泛的公众论坛时间表，包括学校员工会议与家长教师协会，在社区电子会议中我回答来访问题和冗长的全国范围的公众意见……学校委员会的最后行动是一种妥协。他们投票批准延长中学层次的课时，推迟小学层次的行动直到第二个财政年。(Cetron and Gayle 1991 P. 124)

几个国家的管理分权化运动背后的一个主要动机是希望改革实施的规划更接近真正实施教育服务的地方——地方社区与个别学校。例如，在20世纪80年代末，新西兰的分权化计划试图把决策权从中央教育部转移到新建的地方托管委员会。每个学校委员会将包括：(a)由学生家长选举的五名成员；(b)校长；(c)一个选举的教师；(d)中学有一个选举的学生；(e)“其他共同推选的成员，如托管委员会认为他能保证委员会正确地反映社区成员意见，或保证代表了特殊专家的意见”(Lange 1988 P. 7～8)。学校校长现在不仅负责指导教学，而且承担了许多以前由国家管理结构中更高层机构执行的任务，如选拔教师、制定预算和设计如何陈述学校使命。把权力转移到地方层次被期望能够提高学校效能，提高学生成绩，满足个体与群体需要以及节省资金。

**8. 可利用的专门技术**

无论什么时候，都需要一部分实施改革的员工掌握新的技术，负责计划的官员有三种选择来提供所需的专门技术：(a)雇用已经掌握技术的额外员工；(b)培训现存的员工；(c)两者各使用一部分。新的技能包括许多职能，如指导团体工作，开展教师家长大会，开设计算机课程，示范科学实验等。

培训现存员工的任务可采取几种形式。最普遍的实践是提供书面指导来解释新的方法。例如，为了实施新西兰的分权化计划，中央教育部发行一种期刊(《托管委员会时事通讯》)，详细解释成员在执行他们的责任时将采取的具体步骤。

在许多学校系统中，无论何时，课程改革都包括采纳新的课本，与课本相随的教师参考书，通常包括详细的课程计划，描述如何实施课程的特定方法。虽然这些书面指导是有帮助的，但它们既无法适应特定班级的学生情况，也无法适应一个特定教师的技能与价值。结果，试图提供“教师试验”的课程只取得了有限的成功。

其他培训员工的流行方法，包括现场或录像带报告和示范，在职培训以及岗位监督。在教学过程的改革中，岗位监督包括一个有经验的专家视察课堂并指导教师实施改革。

总之，当变化所需要的新技能能够通过雇用额外员工或再培训现存员工而引入时，改革的实施能取得最大的满意。当学习者了解所需要的技能的具体特征时，培训最成功，通过示范及在岗位专家指导下的实践是更适宜的方法。

**9. 政治策略**

一项最终失败的改革，在它首次被提出时可能被证明在政治上是成功的。决策者把预想的改革，当作维持政权的直接政治支持的工具。例如，为消除关于目前的领导对扩展教育机会做得太少的批评，许多国家设计的社会经济发展五年计划通常包括服务于这个政治目标的教育规定。贾利勒和麦克金(Jalil and McGinn 1992 P. 9)在回顾了巴基斯坦自20世纪50年代以来发布的一系列计划后说：尤其是社会部门，它们的计划被写成政治的许诺，好像花言巧语与企图的价值和政府实施的真正能力一样或更多……政府坚持制定计划范围内明显无法达到的目标。计划把继续服务于直接的政治目标与合理分配资源以实现长期的增长目标放在同等地位。

**10. 成本—收益率**

计算成本—收益率的目的是为了判断改革实施所带来的收益超过成本的程度，反之亦然。这项计算任务被下列因素搞得困惑不堪：(a)成本的多重类型；(b)收益的多重类型；(c)很难把这些不同的类型转化成普通的钱来计算计划的总体成本收益率。改革的成本有许多类型——钱、员工的时间与精力、日常工作的破坏、采用新的方法时遇到的波动、旷课、失去受过专门训练的员工以及其他许多。收益也是不同的——财政节约、学生成绩提高、家长更满意、教师更少抱怨、更准确地记载成绩、减少员工、改善沟通等等。无论何时，当不同的人选择不同的成本与收益来评价改革的实施时，对教育改革的成功就会出现不一致的看法。

整体评估改革的措施经常包括试图以货币的形式计算所有的成本与收益。然而，试图把学生成绩水平、家长满意与教师勤奋表现为货币数量，包括了太多的个人意见,以至于很容易导致对一项计划整体价值的不一致看法。换句话说,人们给予不同类型的成本与收益的权重是不同的,而这会影响他们对改革的判断。结果,评价成本—收益率的过程是一项不精确的艺术,装载着太多的个人意见(Boyd 1988)。当人们对哪些因素被看作成本,哪些因素被看作收益,如何测量每个因素,如何衡量每个因素在计算整体的成本收益率中的权重这些问题达成一致时,这个过程最接近科学。

### 11. 结论

改革实施是一项极端复杂的过程,这一点在更早的时候就提到过。所以,前面讨论过的 10 个变量只代表了影响这个过程的因素的小部分。其他重要的因素包括:(a)经费的可利用性;(b)人们对改革的需要的冲突意见;(c)对在岗员工安全与权利的威胁;(d)受过专门训练的员工的流动频率;(e)变化过程需要的特别的精力与时间;(f)新领导表现出对改革的冷漠;(g)未预料到的设备破坏等等。

未来有希望的标志是,研究所提供的对改革实施的认识以及这个领域日益强大与成熟的调查,似乎很好地预示着教育者在未来对教育改革的实施取得了很大的控制。

R. M. 托马斯(R. M. Thomas) 著
朱科蓉 译

### 附录


Berman P, McLaughlin M W 1975 *Federal Programs Supporting Educational Change. Vol. 4: The Findings in Review.* Rand, Santa Monica, California

Boyd W L 1988 Policy analysis, educational policy, and management: Through a glass darkly? In: Boyan N J (ed.) 1988 *Handbook of Research on Educational Administration.* Longman, New York

Cetron M, Gayle M 1992 *Educational Renaissance.* St Martin's Press, New York

Firestone W A, Corbett H D 1988 Planned organizational change. In: Boyan N J (ed.) 1988 *Handbook of Research on Educational Administration.* Longman, New York

Huberman A M, Miles M B 1984 *Innovation Up Close: How School Improvement Works.* Plenum, New York

Jalil N, McGinn N F 1992 Pakistan. In: Thomas R M (ed.) 1992 *Education's Role in National Development Plans.* Praeger, New York

Lange D 1988 *Tomorrow's Schools: The Reform of Education Administration in New Zealand.* Government Printer, Wellington

Nyerere J K 1967 Education for self-reliance. In: Nyerere J K 1968 *Freedom and Socialism: A Selection from Writings and Speeches 1965—1967.* Oxford University Press, London

Nyerere J K 1985 Education in Tanzania *Harv. Educ. Rev.* 55(1):45—52

Samoff J 1987 School expansion in Tanzania: Private initiatives and public policy. *Comp. Educ. Rev.* 31(3):333—360

Shafer S M 1992 The German Democratic Republic. In: Thomas R M (ed.) 1992 *Education's Role in National Development Plans.* Praeger, New York

Thomas R M 1991 Curriculum development in Indonesia. In: Marsh C, Morris P (eds.) 1991 *Curriculum Development in East Asia.* Falmer Press, London

Yeung W Y W A 1991 Curriculum dissemination in the People's Republic of China. In: Marsh C, Morris P (eds.) 1991 *Curriculum Development in East Asia.* Falmer Press, London


### 其他参考文献


Corbett H, Dawson J A, Firestone W A 1984 *School Context and School Change: Implications for Effective Planning.* Teachers College Press, New York

Lehming R, Kane M (eds.) 1981 *Improving Schools: Using What We Know.* Sage, Newbury Park, California

March C 1991 Implementation. In: Marsh C, Morris P (eds.) 1991 *Curriculum Development in East Asia.* Falmer Press, London

## 有效学校的管理(Effective Schools, Management of)

自1980年以来,国际运动主要确定和回答了教育上的有效学校特征。这里回顾了学校所面临的管理任务以及被认为在教育上是有效的学校特征。然后呈现了一种独特的正版的有效学校“五因素”模型,这个模型被证明过于简单和概括。在讨论了产生有效学校实践所必需的管理步骤后,本词条结论部分列出提高这个领域的知识与实践所需要的主要研究。

在20世纪80年代,出现了大量关于似乎是“有效的”和“无效的”(根据学校增加了孩子进入时的价值)学校特征的研究(Reynolds et al. 1989, Baxhi and Sass 1992)。除了许多研究采用国际案例外(Postlethweite 1992),这项研究呈现出越来越国际化的特征,如英国(Reynolds 1982, Rutter et al. 1979)和美国(Brookover et al. 1979)的早期研究结合了来自荷兰(Creemers 1992)、加拿大(Sackney 1976)、澳大利亚(Chapman and Stevens 1989)和新西兰(Ramsay et al. 1982)的广泛研究成果。

这项研究大部分使用定量的方法,收集的实验数据包括学校投入、学校产出(学术的和社会的)以及课堂与学校的教育活动过程(似乎与比所期望的学生成绩更低或更高有关)。为了使变量与对比最大化,研究通常由学校选举的局外人组成(Stringfield and Teddlie 1989),并日益采纳不同类型的多级模型,如艾特肯和朗福德(Aitken and Longford 1986)提议的。

本词条首先考虑了学校管理任务的特征,以及学校管理与其他组织管理的不同程度。第二部分接着研究了有效学校内部的管理过程以及这些学校的特征。第三部分呈现了一种独特的正版的“有效学校”原始模型。为了提高无效学校的有效性,第四部分考虑了有关教学与学校运作过程的有效性(前面已列出)的知识,它们可能与学校进步或学校发展规划有关。为满足有效学校管理领域所需要的知识与政策,结论部分提出了简单的未来研究、政策与实践议程。

### 1. 学校管理任务的特征

一般在教育领域中,尤其在学校内,学校的组织与管理和学校内部的教学或课堂层次之间是有区别的。学校组织关注的是作为一个组织的学校的组成部分以及它们之间的关系。学校管理可被看成动态的,它决定了组织的构成。管理可把学校作为一个整体来加以不同的处理,还可处理学校内部的不同组织层次、学校活动以及学校运作过程。

在日常教育生活中,人们所说的“学校管理”是指组织中不同层级的正式人员负责管理。然而,这里讨论的“学校管理”是指所有的活动与所有的管理过程(或“操纵”),换句话说,学校全部的计划、监督与控制将产生学校组织的形态和形式(Van Wieringen 1989)。

教育管理理论一般都是实践取向的理论,往往能够使实践者提高学校组织的功能。在这种理论中,建立管理体制不应该是目标本身,它的目的一般在于为高质量的教学与高质量的教育提供环境(Hoyle and McMahon 1986)。在这方面,如果把教育定义为计划、执行、评价教与学的过程及其结果,管理体制与教育体制也应该有很密切的关系。

在教育中,无论是在过去还是现在,人们可看见管理体制与教育体制之间关系的不同形式。在某些环境中,组织中的同一个人负责管理与教学。在一些大的教育组织如大学中,不同的部门负责教学与管理,而且二者之间关系松散。有些学校也是松散地联结(Weick 1982)。实际上,某些国家的学校要比其他国家联结得更松散。事实可能是这样,例如,美国的学校,它们为天才儿童或贫穷儿童“增加”的特殊课程保持相对独立。然而,有效学校研究的文章主张学校管理与教学水平关系紧密,而这种紧密的联系表现为组织的、文化的、象征的和社会的。有效学校的研究者相信管理应该提供使实践者提高组织效能的环境。

在组织理论中,对于学校(作为一个组织)的目标存在不同的观点,如有些关注员工的满意程度或获得资源的能力,但在有效学校的支持者看来,学校的主要任务是实现教育目标,如学习收获和给学生在原有水平基础上增加额外的教育价值。一般来说,教育组织与其他组织的不同表现在四个方面。

第一,学校有多样的、有时是对立的目标。一个学校往往在学术上教育学生,但同时必须给教师提供好的工作环境和为学生提供积极的学校"风气"。

第二,学校有不可预测的技术。对一个学校的一个班级有用的技术并不一定在另一个学校的另一个班级有用,在一个国家中的一个学校有效的方法并不适用于另一个国家的另一个学校。教育方法与结果之间并没有很好的联系:学校是一个人的机构,是一个复杂的"造就儿童"的组织,部分产出是不可预料的,这个事实必须认识到。

第三,参与者的变化是学校的特色。学生是暂时的,他们的家长的参与也只是临时的。

第四,学校展示了扁平的组织结构。如在荷兰的教育机构,校长必须应付许多人,因此必须努力争得一致同意。由于他或她在文化传统上是"一群平等的人的首领",他们必须在他们的员工中寻求对教育目标的统一。然而,在英国和美国,校长在管理职能的等级链上享有尊崇的地位,通过普及"整体学校计划"(Hargreaves and Hopkins 1991)和员工对学校决策过程的"所有权"(Fullan and Steigelbauer 1991),通常会产生比工商业管理中的常规组织更扁平的组织结构。

这里没有余地来考虑大量可利用的旨在解释学校内管理任务的特征的理论。明茨伯格(Mintzberg 1979)提出了把学校看作专业官僚机构的观点,培训与招募政策把教育组织结合在一起。韦克(Weick 1982)对学校(在组织上是"松散联结")的分析在上面已经提及。和这种观点有关的还有科恩等人(Cohen et al. 1972)提出的组织决策的"垃圾罐"模型。

情境理论,与经典组织理论相反,认为并没有"最好的"方式来组织或管理机构、学校和其他类型的组织。在这种观点中,组织结构的有效性取决于"环境"或"偶然的"因素,虽然重要的确切的环境因素随着这些著作的观点而改变。

公共选择理论是人们近来感兴趣的并在教育管理文献中流行,该理论的假设是消费者与供给者交换机制的不完全,以及公共官僚机构对客户需求的不充分反应。公共选择理论用于解决不良的学校管理的方法包括使学校更像私立部门机构,改变学校的奖励结构而更关注目标成就,改进外界评论学校成绩的机制。

**2. 有效学校的特征**

产生与管理有效的学校明显不是件容易的工作,但研究提出了许多主要过程,这些过程可能对学校培养高质量学生"产出"(给学生"增加价值")有益(有效性的定义应用于有关这个主题的所有研究中)。

最早企图使有效学校概念化的大概是由埃德蒙兹(Edmonds 1979)和许多其他美国研究者与实践者(Lezotte 1989)提出并普及的五因素理论。这五个因素是:(a)对儿童潜在成就的高期望;(b)校长是个专心的和负责的教育领导;(c)经常监督学生和评价他们的进步;(d)有秩序的和安全的学校环境;(e)学校强调获得基本技能的重要性。布鲁克欧乌尔等人(Brookover et al. 1979)提供了普遍支持五因素理论的强有力的研究基础。还有"七因素"理论,它把学校家长之间的紧密关系加到原先的五因素中。

由于这些早期的美国研究,一股真正的研究潮来自美国、英国和其他国家如澳大利亚、新西兰、加拿大,尤其是荷兰。对这些研究的评论可见于克里默斯(Creemers 1992)和学校效能与进步国际大会的每年的会议记录中(Reynolds et al. 1989, Bashi and Sass 1992)。下面详细描述在文献中强调的五因素。

2.1 领导

实际上,所有的效能研究,无论用这种方法还是那种方法,都承认领导在保持学校朝着正确方向发展的重要性。领导的最重要的供给者往往是校长。虽然有些研究(Mortimore et al. 1988)强调校长作为领导比其他员工更重要,所有的研究都认识到需要强有力的领导,无论来源是什么。例如,一项加拿大的评论把校长的角色看作清晰的学校愿景的开发者,在这个过程中他使用权力(但不是过度的权力)与动机(Sackney 1976)。前面提到的来自英国的研究表明,为了减轻一些校长的压力,应该增加副校长的领导作用(Mortimore et al. 1988)。

2.2 员工稳定性

在学校的组织结构中,通常做得好的学校是那些员工特别稳定的学校。高流动率往往降低学校效能和影响员工士气。根据武尔连米(Vulliamy)来自新几内亚的研究,员工士气的水平对学校的质量有相当大的影响。教职员工的稳定有助于提高"多年来连续教学的可能性"(Vulliamy 1987)。临时教师和替补教师往往对学生成绩有消极影响,相反,稳定的员工更少干扰学生。

多数研究表明提高员工稳定性的过程包括招募那些表示愿意对学校和他们的职业负责的员工。一项研究注意到员工选取与保留政策与选择合格的员工(即理解学校目标是什么)一样重要(Mortimore et al. 1988)。员工以小组形式工作的学校通常导致更低的员工流动,而员工的稳定性反过来促进了好的学习环境的形成(Mellor and Chapman 1984)。

2.3 课程与教学的清晰说明和组织

一个有效学校的课程是以学校目标和期望为基础,反过来又支持了学校目标与期望。课程应该是目标取向的,并加以清楚地界定与协调,从而产生每年和每年级期望的技能。学校组织中好的计划有助于提供反映学校目标的课程。来自荷兰的研究注意到建构清楚的学科内容的需要,并主张把学科内容分为一系列可实行的小步骤。

在小学阶段,多数研究强调教授基本技能与基本知识的重要性,如阅读、写作与算术。家庭作业在有效学校的课程中扮演了重要角色,布置更多的家庭作业往往对学生成绩产生积极效果。家庭作业的数量与阅读 IQ 分数强烈相关,而与数量 IQ 分数相关较小。在一项荷兰的研究中,在所有的学校特征中,家庭作业的布置似乎与考试分数的相关性最高(De Jong 1987)。

2.4 对学术成功的广泛认识

如何认识学生的成功对于培养学生的自豪感与自尊心非常重要。赞扬学生和教师的成就是提供激励的好途径,通过这种方法,两个群体都认识到他们的努力将会被承认(Rutter et al. 1979, Reynolds 1982)。

2.5 家长的参与与支持

关于家长的参与,有效学校往往强调与家长更多的交流。这些学校定期与家长交流,把他们孩子的进步告诉家长。这些学校还向家长通报给他们的孩子设定的目标与期望,鼓励家长承担责任,保证他们的孩子达到这些目标与期望。多数成功的计划都让家庭与社区参与教育过程,如学校在班级中列出家长的资助与支持。澳大利亚的一项研究注意到,积极的家长态度是能够培养的,可通过班级和年级家长会,在每年开始时个别家长与教师会面以及提供进步报告等(Mellor and Chapman 1984)。

**3. 对"有效学校"模型的批评与修正**

很明显,学校效能研究者提倡的某些观点,虽然在全球范围内影响了学校管理,但对于更复杂的教育现实来说过于简单。

第一,关于学校效果的大小,早期认为有效学校的影响和家庭或社区的影响一样大的观点似乎是错误的,因为 20 世纪 80 年代,大量的研究表明学生成绩中只有 8% ~15% 的变量受到学校影响(Bosker and Scheerens 1989)。

第二,关于学校效果的原因,早期认为学校影响不同于教师或班级影响的观点似乎是将两者的作用大小倒置了的,因为大量应用多层次模型进行的研究表明,学校之间大部分变量实际上是由于班级的不同而表现出来的(Scheerens et al. 1989)。因此,似乎更多的研究应该致力于有效班级的管理而不是有效学校的管理(Scheerens et al. 1989)。

第三,关于学校效果的连贯性,早期认为"有效的"学校能够保留很长一段时间:5 ~7 年,这种观点在某种程度上是无效的,因为现在学校成就似乎在 2 年或 3 年以后就会改变(Nuttall et al. 1989)。

第四,关于通过一系列的产出测量的学校成就的相对偶然性,过去常常认为"有效学校"在所有的学术与社会产出方面都有效。现在大量的证据表明学校不可能"全部"有效或无效。例如,英国的初级中学计划(Mortimore et al. 1988)表明,学校在不同产出测量方面实际上完全独立,学术效能并不一定与社会的或“情感的”效能有关。现在设法创立一所有效的学校(即在所有产出方面都是有效的学校)似乎比以前所想像的要更复杂。

第五,关于对不同群体学生进行管理的学校效能问题,传统观点认为有效学校对学校内所有学生群体都是有效的,这种观点不能再维持,因为证据表明对同一学校中有不同的种族群体、能力范围和社会经济背景的儿童来说,学校效能是不同的(Aitken and Longford 1986,Nuttall et al. 1989)。

第六,关于什么因素使学校更有效或更无效,传统观点(反映在上面的目录中)认为有一幅独立于学校历史、背景或员工之外的蓝图,这种观点不像它曾出现时那样能够维持下去了,因为什么是有效的会随着学校所在地域的社会环境而不同(Hallinger and Murphy 1986)或随着学校本身的发展阶段而改变(Stringfield and Teddlie 1989)。即使有效学校的特征在不同背景中相似,在学校每日管理的层次上真正产生的这些特征是不同的,这一点出现于布鲁克欧乌尔等人的著作中(1979)。来自美国以及被忽视的加罗威(Galloway 1983)在新西兰进行的研究表明,四所表现出破坏行为率很低的学校展示了相似的“有效学校”特征,但同样包括两个独裁的校长,一个民主校长,一个“混合风格”的校长。所有校长都生产了有效学校,但他们采取了完全不同的方法,以适合他们自己的个性、变动的地方环境以及学校的发展阶段。因此,如何对有效学校进行管理令人惊讶地与环境有关。

第七,关于什么使学校有效的问题,很明显,不同文化对这个问题的一致看法比最初期望的要少。校长在教育领导方面的自信因素重复地出现在北美学者提出的影响学校效能的五因素、六因素或七因素理论中,并得到美国近来的学校效能研究在经验上的证明(Lezotte 1989)。然而,在荷兰多数有关有效学校实践的研究中,这并不是一个决定学校效能的重要的因素(Creemers 1991)。经常监督学生成绩是多数美国的有效学校研究的另一个特征(Lezotte 1989),但英国的小学并不是这样,且在初级中学计划中,经常监督学生成绩是无效学校的一个特征(Mortimore et al. 1988)。

**4. 设法产生有效学校**

在学校的“微观”层次,试图产生有效学校的管理更多是思考的主题,而不是清晰的研究发现的主题。在学校改进范式中,如富兰(Fullan 1991)或哈格里夫斯和霍普金斯(Hargreaves and Hopkins 1991),很少有证据证明不同策略的效能。然而,关于如何产生有效学校因素(以前提到)的可利用的证据表明,应该遵循下面的实践原则:

(a)很明显,改进计划应该是以学校为本,以学校为中心和“整体学校”取向的,因为如果改进的目标只是部分,由于受到学校中没有改进和没有变化的那部分的持续影响,将会冒失败的危险。

(b)学校变化需要外界在资源上的支持,无论是咨询式资助(Murgatroyd and Reynolds 1985),还是更直接的提供建议与资助,前伦敦市区教育当局(ILEA)的校内督导(IBIS)方法就是这种例子(Hargreaves and Hopkins 1991)。

(c)变化必须包括学校的组织结构以及非正规的文化世界(员工关系、期望、情感等等)两方面。文化将部分地独立于正规的学校结构之外。改变正规世界而没有同时改变非正规世界会降低增加效能的前景。

(d)如果以校本评论或学校评估为基础,学校变化将会更完善,因为对任何校内问题的补救直接与对它们的确认有关,还因为通过评论揭示的对学校组织某些方面的不满意将成为变化过程的激发因素。

(e)如果学校组织的变化在某些方面与课程的变化以及教学方法的变化相联系,将引起更满意的变化,因为教师在工作中参与最多、责任最大的正是后者。组织的变化必须与教师关注的焦点相连。

(f)变化应该是行为取向的,因为员工行为的改变更可能改变学生与其他教师的态度,这是变化能够得以成功地长期实施的保证。

(g)变化的过程应该是长期的,包括评论、改进、评价、进一步改进的周期,至少三年,可能是五年。

(h)变化的过程需要有效的管理。这明显不应该是“自上而下的”方式,因为教师本身“拥有”变化过程是很重要的，虽然群体或教师个体完全变化是不可能的，因为在群体动力中没有足够的力量来保证学校内部持续的和真正的变革。因此，变化必须既有内部动力，同时也应有一定程度的外部指导。

**5. 未来需要**

在前面评论有效学校的管理时，应该清楚学校效能研究仍然是一个极其新的研究与实践领域，在产生有效的、可靠的和在国际上可用的知识基础方面还有许多未解决的问题。还应该清楚的是，把学校效能理论应用于学校内的管理结构是一项艰难的任务。实际上，虽然有些建立在学校效能知识基础上的学校管理计划确实表现出提高了学校功能(Reynolds et al. 1989)，但其他计划却令人失望(Maughan et al. 1990)。

将来需要的知识概括如下：

(a)多了解学校"过程"(态度、价值、关系等方面)，而不是简单地研究有效学校中的组织因素。

(b)动态地考虑有效学校在一段时间的变化，而不是"简单快照式"研究(在一个特定点及时地反映学校及管理)。

(c)通过学区或地方教育当局层次的校外组织安排可更多地了解有效学校的管理方法。

(d)更多地研究20世纪90年代复杂的教育世界，该时期对教育提出了新的要求，并且与成功有关的过程因素不同于20世纪70年代和80年代的学校效能研究中所报道的因素。

(e)更多地研究国内不同文化背景中影响有效教育的可能变量，还有国际上不同国家之间的变量。

B. P. M. 克里默斯(B. P. M. Creemers)<br>D. 雷诺兹(D. Reynolds) 著

朱科蓉 译

**附录**

Aitken M, Longford N 1986 Statistical modelling issues in school effectiveness studies. In: *Journal of the Royal Statisical Society Series A* 149(1):1—43

Bashi J, Sass Z (eds.) 1992 *School Effectiveness and Improvement: Proceedings of the Third International Congress for School Effectiveness.* Magnes Press, The Hebrew University, Jerusalem

Bosker R J, Scheerens J 1989 Issues in the interpretation of the results of school effectiveness research. *Int. J. Educ. Res.* 13(7):741—751

Brookover W B, Beady C, Flood P, Schweitzer J, Wisenbaker J 1979 *School Social Systems and Student Achievement.* Praeger, New York

Chapman J, Stevens S 1989 Australia. In: Reynolds D, Creemers B P M, Peters T (eds.) 1989 *School Effectiveness and Improvement.* RION, Groningen

Cohen M D, March J G, Olsen J P 1972 A garbage can model of organisational choice. *Adm. Sci. Q.* 17(1):1—25

Creemers B 1992 School effectiveness and effective instruction: The need for a further relationship. In: Bashi J, Sass Z (eds.) 1992

Creemers B, Lugthart E 1989 School effectiveness and school improvement in the Netherlands. In: Reynolds D, Creemers B, Peters T (eds.) 1989 *School Effectiveness and Improvement.* RION, Groningen

De Jong M J 1987 *Herkomst, Kennis en Kansen.* Swets and Zeitlinger, Amsterdam

Edmonds R R 1979 Effective schools for the urban poor. *Educ. Leadership* 37(1):20—24

Fullan M, Steigelbauer S 1991 *The New Meaning of Educational Change.* Cassells, London

Galloway D 1983 Disruptive pupils and effective pastoral care. *School Organization.* 13:245—254

Hallinger P, Murphy J F 1986 The social context of effective schools. *Am. J. Educ.* 94:328—355

Hargreaves D, Hopkins D 1991 *The Empowered School.* Cassells, London

Hoyle E, McMahon A (eds.) 1986 *World Yearbook of Education* 1986: *The Management of Schools.* Kogan Page, London

Lezotte L 1989 School improvement based on the effective schools research. *Int. J. Educ. Res.* 13(7):815—825

Maughan B, Ouston J, Pickles A, Rutter M 1990 Can schools change, 1:Outcomes at six London secondary *schools. School Effectiveness and Improvement* 1(3):188—210

Mellor W, Chapman J 1984 Organizational effectiveness in schools. *Educational Administration Review* 2(2):25—36

Mintzberg H 1979 *The Structuring of Organizations.* Prentice Hall, Englewood Cliffs, New Jersey

Mortimore P, Sammons P, Ecob R, Stoll L 1988 *School Matters: The Junior Years.* Open Books, Wells

Murgatroyd S J, Reynolds D 1985 The creative consultant. *School Organization* 4(4):321—335

Nuttall D, Goldstein H, Prosser R, Rasbash J 1989 Differential school effectiveness. *Int. J. Educ. Res.* 13(7):769—776

Postlethwaite T N 1992 *The IEA Study of Science, Ⅱ: Science Achievement in Twenty Three Countries.* Pergamon Press, Oxford

Ramsay P D K, Sneddon D G, Grenfell J, Ford I 1982 Successful and unsuccessful schools: A South Auckland study. *Australia and New Zealand Journal of Sociology* 19(1)

Reynolds D 1982 The search for effective schools. *School Organization* 2(3):215—237

Reynolds D, Creemers B, Peters T (eds.) 1989 *School Effectiveness and School Improvement: Proceedings of the Second International Congress, Rotterdam, 1989.* Swets and Zeitlinger, Amsterdam

Rutter M J et al. 1979 *Fifteen Thousand Hours: Secondary Schools and Their Effects on Children.* Open Books, London

Sackney L 1976 The relationship between organizational structure and behavior in secondary schools. Doctoral dissertation, University of Alberta, Edmonton

Scheerens J, Vermeulen C J, Pelgrum W J 1989 Generalisability of instructional and school effectiveness indicators across nations. *Int. J. Educ. Res.* 13(7):789—799

Stringfield S, Teddlie C 1989 School improvement effects: Qualitative and quantitative data from four naturally occurring experiments in Phases 3 and 4 of the Louisiana School Effectiveness Study. *School Effectiveness and School Improvement* 1(2):139—161

Van Wieringen A M L 1989 *Bestuur en Management van Onderwijsinstelling.* Wolters-Noordhoff, Groningen

Vulliamy G 1987 School effectiveness research in Papua New Guinea. *Comp. Educ.* 23(2):209—223

Weick K E 1982 Administering education in loosely coupled schools. *Phi Del. Kap.* 63(10):673—676

## 有效学校研究的方法论问题(Effective Schools Research: Methodological Issues)

自20世纪60年代以来,研究者一直试图确认有助于成功的学校政策与实践。几个国家的研究表明,即使考虑到进入学校的学生特征,学校结果也是不同的(Gray 1989, Raudenbush and Willms 1991)。但研究为什么学校效果不同的努力成效甚少。在这个领域中,有些早期研究认为学校资源与组织因素的影响很小,大量研究提出了不一致的或没说服力的结论(Bridge et al. 1979)。这个领域的研究伴随着几个复杂的方法问题,这可能导致无法确认有效学校的特征。这里讨论了教育测量、研究设计和有助于研究者解决这个问题的统计技术的发展。

关于有效学校研究的理论基础是,认为教育结果受到学生能力、学生的家庭背景以及学生在学校中的经验的影响。研究的目标是在考虑了学生能力与背景之后,判断学校教育的结果是否不同,如果不同,特殊的学校政策与实践是否能说明这些不同。这种研究被批评为非理论的,因为它无法使特殊的学校政策与班级教学的关系具体化(Barr and Dreeben 1983)。还有,研究把许多复杂的教育过程看成一维概念,只考察它们对结果的直接影响。一些因素如“校长领导”或“教师士气”是多面的并很难界定与测量(Anderson 1982, Boyd 1983)。有些因素对教育结果的直接影响相对较弱,但却很重要,因为它们创造了有助于学习的学校环境(Rosenholtz 1989)。对教育过程的研究需要多层次的陈述,因为教育系统不同层次的因素都会影响结果,并且它们的影响在不同层次间是互相作用的(Meyer 1980),由此对教育结果的确认也是有问题的。有些教育者认为强调学术成绩阻碍了教育者用钻研的眼光检查教育目标,以及他们如何能最好地完成这些目标。因此,这个领域研究的有效性程度,首先取决于有充分的关于学校如何操作的理论。有效测量、优秀设计以及强有力的统计技术需要牢固的理论基础。

几乎所有学校效果的研究在本质上都是半实验性的,学生在各自的学校中受到不同的“处理”。有些设计是嵌套的,一组学校中每所各自应用某种处理方式(如公立或私立学校用不同的学校组织方法)。研究者调查了处理后的学生结果,并思考结果的不同是否与不同的处理有关。这种设计是半实验性的,因为学生不是被随便地分配到学校。库克和坎贝尔(Cook and Campbell 1979)描述了这种或那种半实验的有效性所受到的一些批评。学校效能研究的有效性所受到的最重要的指责是关于学校教育结构的界定与测量,把不同基础的学生选拔到不同类型的学校,以及教育系统的嵌套式结构。在20世纪80年代,研究者提出了减轻这些指责的有希望的技术。这些技术将在下面讨论。

**1. 学校教育结构的界定与测量**

许多学校效能研究把学区或政府机构作为它们的总的监测系统的一部分,把这些机构收集的资料当作分析基础。这些资料通常来源于为许多机构设计的多目的的调查。这些调查通常强调背景与环境变量,如学校规模、师生比、种族平衡以及员工的教育水平。一般来说,与学校过程有关的资料太“稀薄”了,因而不能解释为什么有些学校比其他学校做得更好。研究者已经认识到需要收集一个学校的环境或文化的详细资料。最近的研究试图描述学校生活的内部运转:如何把学生组织起来教学,课程与教学活动的关系,影响行为的正式与非正式规则,学生与教师间的互动,以及他们所持有的价值观、期望与态度。有些研究者不再收集微薄的资料代表大量的学校与学生,而是试图获得一两个学校过程的详细资料来代表少量的学生与学校。

普莱温斯(Plewis 1991)对42个英国小学课程所做的研究就是一个例子。来自某些国家研究的结果表明,预期的课程与规定的课程间的匹配是最重要的学校过程之一(Lee and Bryk 1989, McKnight et al. 1987)。普莱温斯和他的同事要求教师确认每个六年级学生(P. 6)在一年当中涉及了书面语言与数学中的哪些课程项目。普莱温斯对测试前后的数学分数进行了分析,结果表明当运用学生以前的成绩对孩子进行分组教学时,以及当课程与最初的成绩水平紧密匹配时,学生取得更多的进步。因为研究者收集了关于这个过程的详细资料,表明学生成绩的进步不仅仅是课程涉及面的结果。

大量的研究表明还需要控制学校的社会构成(Willms 1986)。一所学校的整体特征,如学生的平均社会经济地位(SES)对学生成绩的影响要高于学生的个体特征。这种影响(叫作“背景影响”)还没有被完全理解。研究者正试图认识高能力或高平均社会经济地位是否是积极的背景效果所必需的,以及这种效果是否被其他学校因素如纪律氛围或教师期望所破坏。

改进学校教育结果的测量工作正在进行。以前多数的研究把教育结果的测量限制在基本技能的成绩测试,通常都是测试阅读与计算,很少研究适合测量社会、个人和职业目标的实用方法。许多教育者认为,常用于学校效能研究的多项选择测验强调的是脱离广泛背景的低层次技能。这些批评者指出,要建立以长期的成就为基础的更“可信的”评价形式(Woff et al. 1991)。这些形式包括:全面深入方案、日志法、文件夹、叙述、讨论与口头表达。研究者所面临的挑战是,如何收集到与学校在教什么和学生在学什么更直接相关的资料。收集这些资料不可避免代价会更高,因此,研究者需要强有力甚至是小规模的学生与学校样本的设计。

**2. 有希望的设计方法**

学校效能研究的有效性所受到的另一个主要指责是存在选择偏见。当学校的输入不同时选择偏见就会发生,对特定学校出勤率的结果的评价因入学的学生的背景与态度不同而产生偏差。对特定政策或实践的效果的评价也受到学校输入不同的影响。

### 2.1 真正的实验

控制群体间差异的最好方法是把学生随意分配到学校,学校视情况对待他们。然而,对教育政策与实践的效果进行的"真正的"实验是一种例外,而不是常规。政治的因素通常压倒了效度与信度测试的意图。虽然在有些情况下,研究者能够进行真正的实验。在美国,一个著名的例子是田纳西研究班级规模对小学生的成绩、自我概念和学术动机的影响(Finn and Achilles 1990)。研究者随意地把学生分配到三种班级类型之一:小班(13~17名学生)、正常班(22~25名学生)和有教师副手的正常班。教师也是被随意地分配到三种班级类型中。他们的设计保证了教师与学校效果不受到班级规模的破坏。一年级结束时的测验结果表明班级规模对成绩有很大的具有统计学意义的影响。而且,这个设计足以发现班级规模对少数民族与白人学生的不同影响。

### 2.2 纵向设计重复测量学生

如果没有随机分配,研究者能够通过收集学生能力与家庭背景的资料,并对学校输入进行统计学的调整,从而解决选择偏见问题。调整技术有多种(Anderson et al. 1980),回归分析,特别是协方差分析技术是最常用的。研究者表示他们自己对家庭社会经济地位(如家长职业的声望、家长的教育水平、家庭收入)的测量是不充分的,对学生入学时的学术成绩或一般能力的测量也是不够的。跨部门资料往往对学校效果产生有偏差的测量(Willms 1992)。纵向资料(包括对能力或成绩进行预先测量)的必要性意味着大多数早期学校效能研究提供了有偏差的发现。它还意味着运用跨区的学校成就资料在学校间、地区间或国家间进行比较是一种误导并且无效。

在对预先测量的成绩或能力进行统计学的调整中,研究者试图思考学生获得知识与技能的速度是否不同,以及学校间的不同是否会影响政策与实践。测量学习速度的更直接的方法是收集同组学生至少三次的资料(Bryk and Raudenbush 1987, Willett 1988)。用这种设计,每次用同样的或平行的测验来测试学生。研究者也可用一组纵向等值测验来替代这类测验,把好几年的教育分数描绘成一条很长的连续值。

测量个体成长速度的设计要优越于横断法或双时点设计。例如,布雷克和劳登布什(Bryk and Raudenbush 1988)在持续效果研究中,测量了600多个学生样本,检验那些学生从1年级到3年级在阅读与数学方面的成长速度。他们的研究表明,在特定的年级水平,学生成长速度在学校间的差异要远大于学生背景状况在学校间的差异。威尔姆斯和雅各布森(Willms and Jacobsen 1990)用同样的设计,测量了4年级至7年级之间的学生在数学技能的3个独立领域的成长。研究表明男性与女性在每个领域的成长模式是不同的,即使性别间的平均差异是很小的。成长速度的差异与学生进入小学时的年龄、他们的认知能力以及他们进入的学校有关。两项研究都表明如果研究涉及三年或四年的纵向资料,他们试图揭示学校政策与实践的效果可能会更成功。

### 2.3 纵向设计测量学校

另一种加强半实验设计的方法是,用资料描述连续进入同一学校的各学生群体的教育投入、过程和结果。这种设计的目的是为了决定学校成就的变化是否与学校政策与实践有关。纵向设计是更强有力的,因为每所学校在本质上都是自我控制的。

学校每年的成就变化有许多原因。有些变化是由于学校组织的变化,学校员工的参与和努力的变化。但有些变化是由于所处的更大社区的社会与经济环境的变化,或由于测量错误,或与特殊学生群体的利益和能力有关的随意波动。在更早的研究中,研究者展示了一种设计,这种设计把由政策与实践引起的变化与其他变化来源分开(Willms and Jacobsen 1990)。这种设计测量了每个学校在每个时期的效果以及学校的长期平均效果。它还测量了政策与实践对学校成就变化的影响。这种设计被用于描述苏格兰教育当局的一所中学的学生成绩。结果表明,当局采取措施降低学校间平均社会经济地位差异,导致学校间在成绩方面更小的差异。

### 3. 多元分析

影响教育结果的政策与实践被用于组织的安排中(如班级和学校),这些组织嵌套在等级结构中(如学区或教育当局),系统的一个层次的教育者与决策者的行动会影响其他层次的过程。研究者一直在争论,在测量学校效果中,学生、班级或学校是否是正确的分析单位。多数分析忽视了教育资料的等级结构。然而,统计学与计算的发展提供了适当的分析等级资料的多元统计方法(Aitkin and Longford 1986, Goldstein 1987, Raudenbush and Bryk 1986)。

新的统计技术和方法产生了另一轮学校效能研究(Raudenbush and Willms 1991)。威尔姆斯(1992 P. 178)所设计的研究直接回答了四个主要问题:(a)学校在结果方面的差异程度如何?(b)不同背景状况学生的结果差异程度如何?(c)什么学校政策与实践能提高教育结果水平?(d)什么政策与实践能降低高地位与低地位学生群体间的结果不平等?

同一组问题也可问及其他组织单位,如学区或班级。最初的两个问题关注的是质量与公平。它们只需要描述性技术,然而,它们会进一步问当学生的家庭背景调整后,学校效果的变化有多大。最后两个问题考虑的是质量与公平的原因。

多元模型的潜在逻辑是一个层次的资料(如学生)适合众多第二层次单位中的每一个单位(如学校)的回归模型。对第一层次回归的参数测量于是变成了第二层次回归(适合资料描述第二层次单位)依靠的变量。测量技术把两个层次的回归模型结合为一个单独的多元模型,同时测量参数。

洛克希德和朗福德(Lockheed and Longford 1991)在泰国所做的小学效能研究提供了一个基本的两层模型例子。他们运用的资料来自国际联合会对第二次国际数学研究的教育成绩的评估,资料涉及4 000多名学生。在第一层次,他们把学生的数学分数回归为许多学生层次的背景变量(数学预备考试、年龄、性别、父亲的职业、母亲的教育以及许多态度变量)。预备考试是最重要的控制变量。在进入任何学校层次的变量前,他们解决了前面提到的最初的两个问题。多元模型测量了背景调整后学校间的平均分数差异的程度,以及各学校间结果与预备考试回归斜率。背景调整后的平均分数是质量的一种指标:它们是对学生(有平均的原始成绩和平均的背景)期待的分数。斜率是公平的一种指标:它们表明学校是否夸大或缩小在成绩方面的原始差异。洛克希德和朗福德(1991)发现学校在背景调整后的平均分数方面差异非常显著:在一次学生层次标准偏差大约为9的测试中,最高背景学生调整后的平均分大约高于最低背景学生平均分8个点(标准偏差 = 2.224)。然而,研究者没有发现学校间在结果与预备考试斜率方面的显著差异。

研究者为了解释背景调整后的学校的平均分数的显著差异,把描述大量学校层次特征的变量加入模型,包括许多描述学校背景的变量(如学校规模、师生比、员工资格)、描述学校组织的过程变量(如学校是否实施能力分组、教师用于管理的时间)以及教师实践(如用于维持秩序的时间、课堂作业时间、资料的使用)。他们的模型考虑了几乎所有的学校间变量。最重要的解释性变量是有资格教授数学的教师比例、教师是否使用了丰富的课程以及教师仅讲授教科书而不进行练习的情况的多少。

同样可构建三层模型来描述三个层次的效果,如学生层次、班级层次和学校层次的效果。而且,多元模型可用来描述学生的成长速度,或学校成绩在一段时间的变化。纵向设计与多元技术的结合可提供一种强有力的方法,克服一些与教育研究有关的方法问题。

### 4. 解释

许多学校效能研究发现某些学校因素具有统计学的意义,但研究者们还没有使效果的大小具体化。为了方便解释,把结果报道为标准化的"效果实情"(Hedges and Olkin 1985)和未调整的结果变量单位是有用的。这种做法同样可用于测量学校间或学区间结果的不同。

### 5. 结论

大多数有关学校效能的研究是以半实验的或相互关联的设计为基础的。因此,关于教育过程与结果之间关系的因果陈述的有效性很容易受到挑战——通常有许多对立的假设。测量问题与选择偏差是一定会有的。然而,测量学校效能问题的新方法给因果推论提供了更强的基础。

这个领域的进步将会首先经历更大的理论发展,即关于系统的每个层次的过程如何影响其他层次的过程与结果。检验这些理论所需要的资料要多于通常用于检验大规模国家研究的资料。近来描述学校文化与环境的研究有助于我们理解有效学校的构成。

研究者现在提供了一些强有力的方法来分析教育资料。这些方法使研究者能够研究学生获得技能与知识的速度,并决定学校成就的变化与学校政策和实践的变化之间的相关程度。这种技术还提供了一种系统方法来检验学校在成绩方面是否不同,以及它们对不同状况的学生是否有不同的影响。

J. D. 威尔姆斯(J. D. Willms)
S. W. 劳登布什(S. W. Raudenbush) 著
朱科蓉 译

### 附录

Aitkin M, Longford N 1986 Statistical modelling issues in school effectiveness studies. *Journal of the Royal Statistical Society* A 149(1):1—26

Anderson C S 1982 The search for school climate: A review of the research. *Rev. Educ. Res.* 52(3): 368—420

Anderson et al. 1980 *Statistical Methods for Comparative Studies: Techniques for Bias Reduction* Wiley. Ney York

Barr R, Dreeben R 1983 *How Schools Work.* University of Chicago Press, Chicago, Illinois

Boyd W L 1983 What shool administrators do and don't do: Implications for effective schools. *The Canadian Administrator* 22(6):1—4

Bridge R G, Judd C M, Moock P R 1979 *The Determinants of Educational Outcomes: The Impacts of Families, Peers, Teachers, and Schools.* Ballinger, Cambridge, Massachusetts

Bryk A S, Raudenbush S W 1987 Application of hierarchical linear models to assessing change. *Psych. Bull.* 101(1):147—158

Bryk A S, Raudenbush S W 1988 Toward a more appropriate conceptualization of research on school effects: A three-level linear model. *Am. J. Educ.* 97(1):65—108

Cook T D, Campbell D T 1979 *Quasi-experimentation: Design and Analysis issues for Field Settings.* Rand McNally, Chicago, Illinois

Finn J D, Achilles C M 1990 Answers and questions about class size: A statewide experiment. *Am. Educ. Res. J.* 27(3):557—577

Goldstein H 1987 *Multilevel Models in Educational and Social Research.* Griffin, London

Gray J 1989 Multilevel models: Issues and problems emerging from their recent application in British studies of school effectiveness. In: Bock D R (ed.) 1989 *Multilevel Analyses of Educational Data.* Academic Press, San Diego, California

Hedges L V, Olkin I 1985 *Statistical Methods for Metaanalysis.* Academic Press, San Diego, California

Lee V E, Bryk A S 1989. A multilevel model of the social distribution of high school achievement. *Sociol. Educ.* 62(3):172—192

Lockheed M E, Longford N T 1991 School effects on mathematics achievement gain in Thailand. In: Raudenbush S W, Willms J D (eds.) 1991 *Schools, Classrooms, and Pupils: International Studies of Schooling from a Multilevel Perspective.* Academic Press, San Diego, California

McKnight C C et al. 1987 *The Underachieving Curriculum: Assessing U. S. School Mathematics from an International Perspective.* Stipes, Champaign, Illinois

Meyer J W 1980 Levels of the educational system and schooling effects. In: Bidwell C, Windham D (eds.)

1980 *The Analysis of Educational Productivity*, Vol. 2. Ballinger, Cambridge, Massachusetts

Plewis I 1991 Using multilevel models to link educational progress with curriculum coverage. In: Raudenbush S W, Willms J D (eds.) 1991 *Schools, Classrooms, and Pupils: International Studies of Schooling from a Multilevel Perspective.* Academic Press, San Diego, California

Raudenbush S W, Bryk A S 1986 A hierarchical model for studying school effects. *Sociol. Educ.* 59(1): 1—17

Raudenbush S W, Willms J D 1991 The organization of schooling and its methodological implications. In: Raudenbush S W, Willms J D (eds.) 1991 *Schools, Classrooms, and Pupils: International Studies of Schooling from a Multilevel Perspective.* Academic Press, San Diego, California

Rosenholtz S J 1989 Workplace conditions that affect teacher quality and commitment: Implications for teacher induction programs. *Elem. Sch. J.* 89(4): 421—439

Willett J B 1988 Questions and answers in the measurement of change. In: Rothkopf E Z (ed.) 1988 *Review of Research in Education*, Vol. 15. American Educational Research Association, Washington, DC

Willms J D 1986 Social class segregation and its relationship to pupils' examination results in Scotland. *Am. Sociol. Rev.* 51(2):224—241

Willms J D 1992 *Monitoring School Performance: A Guide for Educators*. Falmer Press, Lewes

Willms J D, Jacobsen S 1990 Growth in mathematics skills during the intermediate years: Sex differences and school effects. *Int. J. Educ. Res.* 14(2):157—174

Willms J D, Raudenbush S W 1989 A longitudinal hierarchical linear model for estimating school effects and their stability. *J. Educ. Meas.* 26(3):209—232

Wolf D, Bixby J, Glenn J Ⅲ, Gardner H 1991 To use their minds well: Investigating new forms of student assessment. In: Grant G (ed.) 1991 *Review of Research in Education*, Vol. 17. American Educational Research Association, Washington, DC

## 公共机构的自我评价与更新(Institutional Self-evaluation and Renewal)

自我更新的学校及为了实现自我更新而采取的策略是学校改进措施的一个主要焦点。学校改进作为教育改革的一种方法,关注的是通过加强教与学的过程以及支持教学过程的环境来提高学生成绩。它是关于提高学校高质量教育的能力的策略。自我更新学校的概念近年来成熟了,并通过一系列国际研究措施如经济合作与发展组织(OECD)的国际学校改进计划,以及有关学校效能研究而加以发展。它还是许多地方和国家层次的政策改革的目标。

由连续过程组成的学校自我评价(SSE)或校本评价(SBR)是最经常提倡的实现这种理想的方法。这种评价措施有助于确定优先发展目标和监督实施过程,并通过正在进行的更新周期来维持教师的专业发展和再生学校文化。

自20世纪60年代以来,评价的实质与实践发生了微妙但却具有决定性的变化。这种演进可通过公共机构自我更新策略的四个发展阶段来反映。第一阶段是20世纪60年代和70年代末,组织发展对教育的影响。第二阶段是20世纪70年代末和80年代初,对学校责任提出了越来越高的要求。第三阶段始于20世纪80年代中期,强调校本发展以及对学校层次复杂的变化与多重改革的管理。第四阶段暂时叫作“整体学校改进”。该阶段的特征是试图通过使用特殊的教学策略来提高学生成绩,教学策略也会对学校的组织与文化产生冲击。对每个发展阶段的讨论构成了本词条的结构与内容。

### 1. 阶段一:组织的发展

自我评价作为公共机构更新的一种方法,可追溯到组织发展的开始和库尔特·列文(Kurt

Lewin)在第二次世界大战刚结束时期所写的社会心理学著作。然而,教育发展合作计划以及《学校中的组织发展》(Schmuck and Miles 1971)的出版最早成熟地表达组织发展对教育的影响。基于组织发展技术,并且得到开发的公共机构自我评价与更新的方法的例子可见于《学校中的组织发展手册》(Schmuch and Runkel 1985)。

在文献中描述的许多组织发展策略中,调查或资料反馈是"唯一与实质改进有关的策略"(Bowers 1973 P. 21)。当用于教育背景中时,多数倡导者建议使用调查反馈(SF)、问题解决(PS)和集体决策(CD)方案(Mohrman et al. 1977)。这种方法通过提供有关学校员工如何理解目标的信息,使目标清晰化。它的方案改善了信息流动与沟通,鼓励适应,创造了一致同意的决策环境。最后,接下来的阶段提供了一种问题解决模式,这种模式能够内化并作为未来使用的资源。正是这种学校中的组织发展方法,成为后来许多对公共机构进行校本评价工作的基础。

在这个阶段,与组织发展技术的具体应用与发展相并列的是,开始广泛研究与理解改革过程与作为组织的学校。经济合作与发展组织的国际学校改进计划,反映了教育改革案例研究与兰德公司改革机制研究的成果。例如,突出了外界施加的改革的有限性,强调把学校作为改革单位,也是严肃对待改革过程的需要。同样,把学校作为组织的研究,萨拉松(Sarason 1982)的《学校文化与改革问题》是一个杰出的例子,展示了把课程改革与组织变化相连的重要性。

正是这种特殊和普遍的背景,为更详细地研究校本评价策略奠定了基础。

**2. 阶段二:校本评价**

虽然阶段一与阶段二之间的转变并不像一些刻意区分所描述的那样生动,但公共机构更新措施的特征在20世纪70年代末与80年代初发生了显著的变化。至少应强调三种可解释这种变化的因素。

第一种因素是对学校责任的要求日益增多。如在英国,对责任压力的反应是许多地方教育当局(LEAs)实施了针对学校的自我评价计划。

第二种因素是在20世纪80年代初,日益强调学校领导者的发展。学校自我评价在那时被看作学校领导用来引进改革与"更新"学校组织的几项策略之一。瑞典的学校领导者培训计划是这种发展的一个主要例子(Bjornemalm and Ahlstrom 1987)。

第三种因素是国际趋势,在20世纪80年代流行非常普遍的大规模全国教育改革。许多人把校本评价看作实施外部改革的一项策略。如比利时的更新小学计划(RPS),在校本评价原则的基础上设计了一种"进入"程序(Depoortere et al. 1987)。

因此,由于以上原因,这个阶段把学校自我评价看作一种策略,不仅能提高学校发展与自我更新的能力,还能为责任目标提供证据,为管理改革过程提供结构。经济合作与发展组织的国际学校改进计划,在形成校本评价概念和传播许多相关计划的例子中尤其发挥了领先作用(Bollen and Hopkins 1987;Hopkins 1987,1988)。

下面列举的三个例子体现了学校自我评价在这个发展阶段的"技术水平"。这些方法虽然建立在组织发展的基础上,但更有意识地与学校的组织和文化结盟。所有方法都被广泛地用于起源的国家,其中有两种方法被用于世界上许多其他国家。

在英国,学校理事会在学校评价与内部发展指导方针中的设计是用来帮助教师评价与发展学校的课程与组织的,两本实用手册——一本是小学的,一本是中学的——是为这个目标产生的。在第二个阶段,为了认识外部的责任需要、扩展评价者的作用、帮助确认在职需要和管理改革,对学校评价与内部发展指导方针做了修改。在帮助教师建立效能标准和中学管理层次使用内部发展指导方针的过程中,同样开发了新的信息(Abbott et al. 1988)。

公共机构发展计划起源于面向教育改革的国际运动,挪威的教育基金会作为国际协作的结果,1974年始于斯堪的纳维亚。公共机构发展计划的基础是调查反馈方案,方案把重点放在标准化问卷、顾问支持与系统的反馈—发展过程方面(Dalin and Rust 1983)。公共机构发展计划使用了一系列的工具，其中公共机构学习指导问卷是最著名的。公共机构发展计划建立在非常清楚的学校特征概念结构的基础上，假设改革发生的基础是可确认的真正的需要，这些需要可用一个三角结构来加以概念化，三角结构的参数是领导、物主身份、员工安全(技术的与心理的)。面向教育改革的国际运动中的顾问概念包括强调最初的合同谈判、对参与者进行技能培训、发展学校层次的所有权。所有这些活动都建立在一种认识的基础上，即虽然公共机构发展计划是普遍的，但公共机构发展过程的真正现实在不同学校是不同的(Dalin and Rolff 1993)。

学校改进系统分析计划是以乌得勒支大学教育系的工作为基础的。学校改进系统分析在本质上是一种诊断工具，把学校组织与员工发展以及学校改进联系起来。在荷兰，教育政策由政府通过改革方案与实验计划来提出。学校由于和这种计划合作而获得额外的资源与外界资助。学校改进系统分析评价有助于学校确定优先目标与设计行动计划，以作为参与特殊的改革方案的基础。学校改进系统分析要依靠计算机分析以及外界对资料反馈、解释与进一步行动的支持。由于荷兰的改革支持结构有一种全国网络，允许所有学校进入学校改进系统分析数据库，学校能够把自己与全国的一般学校进行比较(Voogt 1988)。

在这个阶段，校本评价或评估，尽管在目标上存在混乱，但其本身仍成为管理改革过程与机构更新的一种主要策略。然而，经验支持至多是混杂的(Clift et al. 1987)。许多学校已经证明，确定未来发展的优先目标要比在特定的时间内实施选择的目标更容易。由于这个原因，以及没有实施整个评价过程，比如缺少对反馈与贯彻的培训，校本评价(尽管很普遍)对许多学校的日常生活的影响是有限的。

### 3. 阶段三：校本发展

尤其是从20世纪80年代中期以来，期望学校改革的数量急剧增加，随之管理与控制学校方式发生了根本变化。虽然这种变化在不同的国家有不同的名字——自我管理学校、本位管理、学校的地方管理、重构——但让学校对自己的管理更负责任这一主要思想是一样的。这些思想的共同愿望是“更新学校”，把自我评价看成达到这种目标的一种主要策略。在多数方法中，评价不仅仅是一个周期中的特殊阶段，而是作为一项完整的系统改革策略的一部分，扩展到整个过程。然而，这些措施的特征比阶段二描述的那些措施有更广泛的基础(这一点将会看到)，把它们的创始归功于许多不同因素。

“自我管理学校”的概念提出于20世纪80年代澳大利亚的塔斯马尼亚岛和维多利亚省，并被许多学校系统改编与仿效。这种方法的提出最初是为了对财政资源转移到学校层次做出反应，它本身并不保证学校改进。只有财政计划反映了教育计划，以及资源被分配用于支持学校设置的优先发展项目，对这种方法的期望才能实现。这种方法，它的创立者考德威尔和斯平克斯(Caldwell and Spinks 1988)把它描述为“合作性学校管理”，期望把目标设置、决策、预算、实施与评价在决策环境(包括员工、学生、社区与学校的管理机构)中结合为一体。

美国的“重构”用同样的途径(Elmore 1990，Murpgy 1991)试验更根本的教育改革方法，即在提高学生成绩的要求下通过改造学校组织来进行教育改革。重构现象一般可追溯到1986年发布的两个有影响的改革报告，“赫尔姆斯小组”发布的《明天的教师》和卡内基论坛发布的《有准备的国家》。有些人把它当作实施学校效能研究成果的方法，或继承了学校效能研究。

埃尔莫尔(Elmore 1990)认为重构有三个普遍一致的方面：(a)改变学校中的教与学的方法；(b)改变学校组织与内部特征——所谓的“工作环境”；(c)改变学校与客户之间权力的分配。如果这三种情况或变化不同时发生，根据埃尔莫尔主张的逻辑，学生成绩与学校的核心目标的成就很少能取得显著的进步。像许多其他思想一样，重构(表面上似乎很有吸引力)将停留在修辞的水平，除非实施了它的“深入结构”。

英格兰和威尔士的教育与科学部设计的学校发展计划方案希望提供一种策略，这种策略(在其他策略中)将帮助管理者、校长与员工改变学校的文化。发展计划提供了学校改进策略的范例说明，即把课程改革与学校管理安排的调整结合。随着教师与学校领导为争取控制改革过程而斗争，这种策略越来越广泛应用于英国学校（Hargreaves et al. 1989，Hargreaves and Hopkins 1991）。

评价是发展计划过程的完整的一部分，以不同的形式反复出现于整个周期。第一，最初的稽核包括以系统的和自我批评的方式询问目前的规定与实践。第二，通过把实施与评价联结，自我评价活动有助于影响与指导学校计划，而不是对学校计划的事后剖析。第三，通过评价与修改管理安排，学校能够开始转变它的文化以支持更新过程。第四，通过回顾不同的评价标准（由一群教师在一年中每隔一段时间就做），学校领导以良好的状态准备下一年的发展计划。

这些机构更新的方法的特色在于，自我评价不仅仅是周期的初始步骤，而是反复出现，通常以不同的形式贯穿整个过程。它们超越了传统方法对技术的强调。然而，遗憾的是，仅仅转移预算、放宽学校管理或应用计划并不能保证学校改进。为了成功，学校管理与发展的模式需要取得根本的和持续的组织变革。采取的策略需要直接解决学校的文化（Fullan 1991）。

**4. 阶段四：整体学校改进**

对学校改进的评价与计划策略的演变的简单回顾一直是分类的、分析与描述的，而不是过度批评的。然而，主要问题仍然存在：评价与更新策略和学生成绩有什么关系？简单的回答是这些策略能够，而且确实为学生成绩创造环境，但它们本身对学生进步的直接影响甚少。

在所有目前给出的例子中，自我评价与更新措施都在为课程改革创立条件。它们是必要的，但不是提高学生成绩的充分条件。如果结果是为了提高学生成绩，它们必须联合（或导致）课程或教学的特殊调整（Joyce and Showers 1988）。

在许多国家，学校现在面临许多改革——自我评价、发展计划、员工发展政策与实践的改革以及教师评价——它们都是“内容自由的”。虽然它们都有谨慎说明的过程或结构，但每项改革的内容由教师与学校来决定。在改革组合中，这些策略在学校层次形成“基础结构”，有助于实施特殊的课程改革或教学方法，这些都对学生成绩有直接的影响。

乔伊斯（Joyce 1991）确认了许多不同的能够打开或关闭学校改进过程的“通道”。他描述了五种不同的方法，所有方法都被证明对学校文化有影响：（a）共同掌权；（b）研究；（c）本地特殊信息；（d）课程改革；（e）教学改革。

最初选择哪一个通道通常由学校需要与目前状况决定，不论怎么选择，保证这些通道的联结是很重要的，虽然这种看法对于整体学校改进策略的需要以及对明晰各类活动之间的恰当平衡程度的要求来说，仍然显得有些不够充分。然而现在有些研究文献从不同国家的角度说明了建立支持性学校文化的过程。这种研究的例子有：哈尔伊尔（Hameyer 1991）在德国基尔的整体学校课程发展计划；乔伊斯等人（1989）在美国佐治亚州建立的教学模型；埃克霍尔姆和普洛乌·奥尔森（Ekholm and Ploug Olsen 1991）在瑞典的学校改进方法；英格兰的 IQEA 学校改进计划（Hopkins et al. 1994）；多伦多的中小学—大学—学区在“学习联盟”中的合作项目（Fullan et al. 1990）。

本词条所提到的这些例子表明需要的是强有力和综合的实施策略，直接涉及教学的特征与学校的文化。用于教育改革的学校改进方法似乎集中于三方面：（a）以确定学校优先目标的形式实施教育改革；（b）创立能够维持与管理学校改革的环境；（c）把优先目标与环境包含在一个整体策略中。

虽然有区别地考虑这三个方面在概念上和策略上是有益的，但实际上它们是结合的。优先目标或课程焦点、策略以及它们对学校规范与组织的影响，日复一日地在教师的头脑中结合，呈现出统一的现实。在这种情况中，更新是以大量因素为基础的，因素间的互动方式是微妙的但却是自觉的和有意义的，它们互相结合创造了学校层次（评价是一个必要的部分）的基础。

**5. 结论**

人为地把这些分析按年代顺序划分为四个阶

段是为了引人兴趣并给予启发,但必须认识到阶段间有许多流动性。例如,许多组织发展思想与学校自我评价活动目前在世界的很多地方都获得了成功。还有,许多策略随着时间的过去而发展,现在超越了所有的四个阶段。如公共机构发展计划(IDP)和面向教育改革的国际运动(IMTEC),它虽然作为学校自我评价的一种策略而出名,但在早期严重地依赖组织发展的技术,并且目前的形式整合了诊断活动、能力发展以及为了调整学校文化的课程与教学改革(Dalin and Rolff 1993)。

这些分析提出了许多有关评价与公共机构更新之间关系的问题,本词条在结论部分概括了正在出现的趋势与进一步研究的领域。

第一,很明显,如果评价足以支持公共机构更新,评价必须有多维的特征,并成为学校每日生活的一部分。在改革开始时进行大规模、"大爆炸"评价,或在结束时把评价作为剖析的观点是不够的。如果是这样,评价应该采取什么样的不同形式?外部评价如何补充内部评价?

第二,自我评价与公共机构更新之间不再有不言而喻的一对一关系。成功的或"更新的"学校是那些已经建立支持管理改革活动的基础结构的学校。评价(以不同的形式)、计划与员工发展都成这个"编织物"的一部分。但"编织物"或基础结构在不同的学校像什么?对这些基础结构的描述与分析必须提供它们是如何建立的线索。

第三,当学校评价最初与公共机构更新联结时,学校大体上处于稳定状态。学校现在必须在一种不稳定的与分权化的环境中处理许多改革。并非所有的改革都能同时实施。如果在竞争性改革间进行选择,它们该如何做以及用什么来联结竞争性的改革(如果有的话)。最先开哪个"通道"?通道是相联结的吗?评价如何支持实施?简而言之,更新过程在不确定与变化时期像什么?

第四,需要描述学生成绩与公共机构更新的经验联系。研究基础是分离的与不平均的,因此,太多的政策建立在信仰或政治私利的基础上。然而,学生成绩分数与课堂过程之间的高度相关性已经得到了很好的证明。还知道某些学校文化维持了教师的专业发展。但它们之间的联结是什么?同样,需要综合前面三点提到的其他要素间的联结。

学校改进很久以来一直运用一种支离破碎的方法。虽然研究与评价了不同的策略,但一般来说还没有系统关注它们之间的关系。公共机构更新、提高学生成绩以及评价在支持中的作用仍然只是一种理想,直到实践者、研究者与决策者开始把学校改进作为一个整体。

D. 霍普金斯(D. Hopkins) 著

朱科蓉 译

**附录**


Abbott R, Steadman S, Birchenough M 1988 *GRIDS School Handbook*, 2nd edn. Longman, New York

Bjornemalm B, Ahlstrom A 1987 School based review as a basis for a local working plan in Sweden. In: Bollen R, Hopkins D 1987

Bollen R, Hopkins D 1987 *School Based Review: Towards a Praxis.* ACCO, Leuven

Bowers D G 1973 Organizational development techniques and their results in 23 organizations: *The Michigan ICL Study. Journal of Applied Behavioral Science* 9(1):21—43

Caldwell B, Spinks J 1988 *The Self Managing School.* Falmer Press, Lewes

Clift P, Nuttall D L, McCormick R 1987 *Studies in School Self-evaluation.* Falmer Press, Lewes

Dalin P, Rolff H-G 1993 *Changing the School Culture.* Cassell, London

Dalin P, Rust V 1983 *Can Schools Learn.* NFER-Nelson. Windsor

Depoortere J, de Stete M, Hellyn J 1987 School based review as an innovation strategy: *The Belgian Renewed Primary School.* In: Hopkins D 1987

Ekholm M, Ploug Olsen T 1991 *Forbattringar av Skolar.* Nord, Kopenhamn

Elmore R 1990 *Restructuring Schools: The Next Generation of Educational Reform.* Jossey-Bass, San Francisco, California

Fullan M 1991 *The New Meaning of Educational Change.* Teachers College Press, New York

Fullan M et al. 1990 Linking classroom and school improvement. *Educ. Leadership.* 47(8):13—19

Hameyer U 1991 The self renewing school, lecture given at University of Karlstad. (mimeo)

Hargreaves D H et al. 1989 *Planning for School Development.* HMSO London

Hargreaves D H, Hopkins D 1991 *The Empowered School.* Cassell, London

Hopkins D 1987 *Improving the Quality of Schooling.* Falmer Press, Lewes

Hopkins D 1988 *Doing School-based Review: Instruments and Gurdelines.* ACCO, Leuven

Hopkins D et al, 1994 *School Improvement in an Era of Change.* Cassell, London

Joyce B 1991 The doors to school improvement. *Educ. Leadership* 48(8):59—62

Joyce B et al. 1989 School renewal as cultural change. *Educ. Leadership* 47(3):70—77

Joyce B, Showers B 1988 *Student Achievement Through Staff Development.* Longman, New York

Mohrman S, Mohrman A, Cooke R, Duncan R 1977 A survey feedback and problem solving intervention in a school district: "We'll take the survey but you can keep the feedback." In: Mirvis P, Berg D (eds.) 1977 *Failures in Organizational Development and Change.* Wiley Interscience, Toronto

Murphy J 1991 *Restructuring Schools: Capturing and Assessing the Phenomena.* Teachers College Press, New York

Sarason S 1982 *The Culture of the School and the Problem of Change*, 2nd edn. Allyn and Bacon, Boston, Massachusetts

Schmuck R, Miles M 1971 (eds.) 1971 *Organizational Development in Schools.* University Associates, LaJolla, California

Schmuck R, Runkel P 1985 *The Handbook of Organization Development in Schools.* National Press, Palo Alto, California

Vogt J 1988 Systematic analysis for school improvement. In: Hopkins D 1988

## 教育中的组织发展与咨询(Organizational Development and Consultancy in Education)

组织发展是一种鼓励从基础改进的理论与技术,它使组织成员进行系统诊断,并有计划地改变他们的文化规范、群体结构和正式程序。它的目标是确定问题、解决问题和改进组织效能。这种技术对于学校与学校系统是有用的,尤其是在北美与北欧。它对尊重民主和有效合作价值的地方非常有意义。由于技术发达国家中生产企业的现代趋势支持这些价值,组织发展的应用可能会继续增长。这里概括地叙述了组织发展在国际上的历史与应用。

组织发展一般依靠中立的、无偏见的顾问,顾问在整个有计划的改革中扮演着设计者、促进者和培训者的角色。他们一般把自己叫作"顾问"或"经理",这取决于他们是在组织之外还是组织之内。组织发展顾问,或称为变革的经纪人,他们通常受过社会心理学专门训练,负责设计改革,而组织的成员(叫作"客户")则负责实施改革。典型的组织发展程序必须经过非正式的预诊断、签订合同、正式诊断、资料反馈与验证、培训、界定问题、解决问题、行动计划、试验性行动和自我评价等几个环节。

在教育中,组织发展的目的是帮助学生与教育者提高解决教学和管理问题的能力,但在不同国家它的做法是不同的。贝格(Berg 1984)注意到虽然在美国多数组织发展把学校看作目标系统,但在瑞典组织发展关注更多的是教育个别管理人员或教师。很难说出欧洲的组织发展传统是什么,因为受美国的影响太强烈了。实际上,除了在丹麦、荷兰和挪威,很少有典型的组织发展曾在欧洲实践过。在瑞典,多数组织发展通过学校管理人员职前或在职培训来实现。在德国,虽然组织发展还处于起始阶段,但已出现在全国许多地区流行的迹象。然而,实际上欧洲的所有组织发展都建立于北美的早期研究的基础上(Schmuch and Runkel 1988)。

### 1. 历史背景

#### 1.1 企业中的组织发展

教育的组织发展是从企业中的组织发展借鉴

过来的。企业中的组织发展的主要先驱有泰勒的科学管理（美国），彼翁（Bion）的团体治疗实验（英国）和列文（Lewin）的行动研究（美国）。泰勒使外部顾问的角色合法化，组织的科学研究对他们的经理是有用的。彼翁揭示了当成员一起参与变革时群体行为的变化。他的研究鼓励了特斯特（Trist）和其他人（Patten 1989）进行社会技术干预的发展。列文创立了组织发展的基本工具，如反馈、力场分析和团体自学，并培养了一群组织发展思想家和实践者，包括阿吉里斯（Argyris）、本恩（Benne）、布拉克（Blake）、布拉德福德（Bradford）、利皮特（Lippitt）、莫顿（Mouton）、麦格雷戈（McGregor）、沙因（Schein）。

在1947年列文死后，他的同事，包括罗纳德·利皮特（他的主要学生）创立了团体动力研究中心。在1948年，他们加入了利克特（Likert）的研究中心，在密歇根大学创立了社会研究所（ISR）。就在同一年，企业中的组织发展开始繁荣。

在20世纪40年代末，社会研究所的组织发展研究人员与塔维思托克研究所（伦敦）经常联系，共同努力出版了一本有关组织发展的学术杂志，名字叫《人类关系》。在20世纪50年代，团体“问题—解决”作为组织改进的一种方法处于中心地位。在20世纪60年代，企业中的组织发展在工作设计、权力均衡和参与管理方面的研究非常活跃。在20世纪70年代，企业管理被利润的缩小问题所包围，迫使组织发展专业人员证明他们强调的人类关系如何有助于提高利润。在20世纪80年代，组织发展仍然主要关注盈利，但越来越多的组织发展介入成功表明，改善工作生活的质量能激励工人在降低组织支出方面发挥积极的作用。那时，全世界的组织发展的专业人员已增长到5 000名，他们多数人集中于帮助生产线经理推动改革。实际上，到20世纪90年代初，外界的组织发展顾问更多的是起培训者和教练的作用，而内部经理作为促进者，反过来被期望发动、维持与促进组织发展。

### 1.2 教育中的组织发展

直到20世纪60年代，当组织发展在企业中已经很活跃时，它开始流行于教育中。迈尔斯（Miles 1963）在纽约与匹兹堡附近的乡村地区实施了一个三年组织发展计划。他的设计特征是调查资料反馈。从1962年到1967年，施穆克（Schmuck 1968）在利皮特的指导下，培训教师在他们的班级中使用团体发展技术，从那次试验开始把班级发展技术转变为学校员工的组织发展培训程序。在1967年，施穆克和伦克尔（Schmuch and Runkel 1988）在联邦拨款中心为俄勒冈大学的教育管理高级研究中心（CASEA）制定了“组织改革项目的策略”。在1967年至1982年间，那个项目通过与美国50多所中小学的2 000多名教育者合作，获得了资料、理论、实践与技术。它集中于组织培训、调查资料的反馈、建设性的观点交流、过程观察与评价，以及在学区内培养组织发展的咨询骨干。俄勒冈项目在教育管理大学委员会（UCEA）的赞助下在20世纪90年代得以坚持。

在教育的组织发展的最初10年，所有的项目都在美国进行。在1971年，施穆克和迈尔斯出版了第一本有关学校中的组织发展的书。在1972年，俄勒冈项目出版了第一本组织发展手册，施穆克和迈尔斯在1975年修改了1971年版的书（Schmuck and Miles 1975）。

5年后，富兰等人（Fullan et al. 1980）报告了选定的76个学区的情况，在这些学区中，组织发展至少坚持了18个月，他们估计有150名教育顾问在北美从事组织发展。然而，他们断定在研究文献中很少描述那些项目或顾问。

从1969年到1971年，澳大利亚、加拿大、英格兰、德国、荷兰、挪威和瑞典的教育者来到俄勒冈，学习有关学校组织发展的第一手资料。从1971年至1974年，施穆克在经济合作与发展组织（OECD）赞助下的几个欧洲会议上提交了来自俄勒冈项目的结果。在同一时期，佩尔·达林（Per Dalin）（经济合作与发展组织的一个成员）在奥斯陆开始了面向教育改革的国际运动（IMTEC）。面向教育改革的国际运动（现在仍很活跃），在“机构发展”（ID）的名义下具有组织、发展、干预的特征。在1980～1981学年中，施穆克是利弗（Leuven）的天主教大学的富布莱特（Fulbright）教授时，他与达林（挪威）、马特斯·埃克霍姆（Matts Ekholm）（瑞典）、汉斯－甘特·罗尔夫（Hans-Gunter Rolf）（德国)和罗兰·范德伯格(Roland Vandenberghe)(比利时和荷兰)合作把学校组织发展的概念与技术传播给欧洲的教育者。在20世纪80年代初期的欧洲,启动了八个组织发展计划,到1991年,其中七个还在继续。1991年秋天在德国索斯特(Soest)召开了一次国际会议,会议报道说组织发展在荷兰与挪威很活跃并开始在德国展开。

虽然到20世纪90年代初,组织发展对澳大利亚、欧洲与北美的教育者产生了重要的影响,但它经常以不同的名字实施,如"气氛改善"、"机构发展"、"校本在职培训"、"学校发展"、"校本管理"、"员工或课程发展"甚至"战略规划"。还有,与企业中的组织发展咨询的影响相比,组织发展对教育的影响是极小的。

**2. 教育的组织发展的特殊性质**

由于教育环境中组织性质的特殊性,学校中的组织发展咨询不同于企业中的组织发展。学校是非赢利的、为人类服务的官僚机构,它的目标是多样的、无形的、模糊而难以测量的。教育管理人员也很难在哪些教育目标应当优先的问题上获得公众的一致同意,甚至在许多国家已经实施了十多年并且已经成为学生日常行为的公民品德目标,也很难获得一致同意。

学校在组织的分化与整合方面也不同于企业。多数教师的教学活动是不为其他教师所知的,中学的隔离是由学科的专业化造成的,无论是教学自治还是课程专业化都不支持积极合作或同事合作的规则。与企业组织相比,学校更容易受到短期的社区攻击的压力,而不是与其他学校竞争的压力。

英国的组织发展专家格雷(Gray 1985)进一步叙述了英国的教育环境的许多其他特征。他指出:(a)学校规范不支持使用外界顾问;(b)学校独立于当代共享经理人网络之外,无论它们是财政性的还是政治性的;(c)高等教育中为中小学管理人员设计的课程并不关注组织发展;(d)支持实施自上而下控制的专制规则在许多英国学区中仍很突出。

作为对学校的这些特殊特征的反应,有些组织发展学者,如卡林(Kalin)、富兰、格雷、迈尔斯、伦克尔、施穆克为组织发展应用于学校提供了以下专门指导:(a)当大量起重要作用的教师希望找到合作工作的改进方法时,应当提供咨询;(b)当学校根据法律、条例或政策有义务进行结构性改革,如废除种族隔离,特殊教育实施回归主流政策,推行选择性学校、社区学校、综合高中或中等学校等政策的时候,提供咨询服务;(c)当教育者希望解决沟通问题,减少员工冲突,改进教师会议或希望获得更多的同事间依赖与合作的时候,提供咨询;(d)在一段时间内把组织发展设计的重点放在有限教育目标上,或者把它们整合进学校发展战略规划里去;(e)设置新的高等学校的研究生课程,教授未来的中小学管理人员以组织发展概念与技术;(f)建立由本地教育者组成的学区组织发展咨询骨干队伍,他们临时担任学区内各个子系统(除了他们自己的)的内部组织发展顾问的角色。

**3. 20世纪80年代和90年代的趋势**

组织发展在教育中的应用已从经典设计(由卡林、迈尔斯、伦克尔、施穆克在20世纪60年代和70年代提出的)转变为更折中和灵活的干预,组织发展正被结合到更大的学校改进策略中去。

3.1 北美当代的组织发展

在美国和加拿大,组织发展的一个例子是学校改进计划(由管理人员和教师进行的本位管理是其中的焦点),它可能包括共同决策的观念和资料反馈与目标设置的技术,同时员工资源开发者更注意在学术部门建立小组和应用有效的会议程序。学区内的组织发展促进者,如前面提到的组织发展骨干,可能通过培训同事们的沟通技巧和掌握解决问题的程序帮助他们处理结构变化。学校心理学家可能帮助建立起特别的教师小组,同时学校顾问可能在操场上训练学生扮演好解决冲突的协调人员。

学者们越来越主张把组织发展策略结合到更大的学校改进计划中。例如,施赫耶(Schroyer 1990)提供了20项指导,帮助员工开发者把组织发展结合到他们的全部技能中,莫(Moo 1991)提供了两项实用策略,把组织发展与战略规划综合。康韦(Conway 1990)说明了当地区范围的效能学校计划显示出不同层次部门和人员间的冲突时,它是如何变为组织发展计划的。他解释了如何使用组织发展的方法,如诊断、问题解决、行动计划和形成性评价来把团体间的冲突,转变为管理人员与教师之间的合作来解决问题。

其他两个经验研究展示了组织发展咨询如何变成更大的学校改进措施的一部分。罗森巴克等人(Rosenbach et al. 1983)提供的资料展示了美国科罗拉多州的一个区(包括六所小学、一所中学和一所高级中学)如何把组织发展合并到由主管提出的学校改进计划中。由于社区可能迅速扩展,主管希望建立关于区内改革清楚的沟通渠道。管理人员与教师共同为扩展制定规划。通过调查资料反馈与团体解决问题,改变了某些地区官员的角色,发展了新的地区官员与学校员工交换信息的程序,建立了新的教师委员会。

在描述一个更大的计划时,沃尔特斯和亨克尔曼(Walters and Henkelman 1990)解释了马里兰州教育部如何把组织发展观念与技术整合进入:(a)"全面(中等)学校干预计划"的协作协议;(b)"(小学)教师决策计划"。前者在中学教师小组中使用了调查资料反馈和问题解决技术;后者给同样年级水平的群体教师培训了沟通与会议技巧。

### 3.2 欧洲当代的组织发展

欧洲多数教育组织发展咨询在北部国家进行,尤其是在荷兰与斯堪的纳维亚,组织发展在那里通常是指"机构发展"。在1991年的索斯特会议中,机构发展的创立者达林报告说,在荷兰大约有100名机构发展顾问,在挪威大约有50名,德国大概有25名。他还报告说,在丹麦与英格兰也出现了机构发展顾问。达林的机构发展设计中的主要技术是调查资料反馈。主要的工具是"机构学习指导"(Dalin and Rust 1983)。达林把机构发展看作一种组织学习形式,这种形式给予在同一学校工作的教育者"更好的机会来理解自己和互相理解,从而使他们能够组织新的实践活动来发现学校的真正需要是什么"(Dalin and Rust 1983)。

由于巴伯·克莱肯普(Bab Kleekamp)在阿姆斯特丹大学的努力,机构发展得以在荷兰延续。机构发展在20世纪80年代末与90年代初流行于荷兰,那时学校被迫变得更以客户为中心。荷兰的国家政策要求学校把自己推销给家长和学生,更自治但也更少受到政府保护。因此,实际上要求学校教师在塑造学校实力的形象时互相合作,这样才能吸引家长与学生。

由于潜在的民主思想,机构发展咨询流行于丹麦与挪威。如耶格(Jaeger 1986)认为组织发展在斯堪的纳维亚进行较好,因为那些国家的文化价值与组织发展的民主价值一致。斯堪的纳维亚的教育决策者强调学校中工作场所的民主、学生的要求、教师合作以及社区参与的重要性。虽然支持民主教育的规范在德国并不如在斯堪的纳维亚强烈,德国有些州的教育决策者创办了学校内更多的民主工作场所,并为来自不同社会经济背景的青少年建立了更多的综合中学。对德国的机构发展咨询的主要智力支持来自汉斯-甘特·罗尔夫领导的多特蒙德大学的国际科学基金。国际科学基金出版了《学校发展年鉴》,在年鉴中报道了关于学校有计划的改革中的发现(Philipp and Rolff 1990)。

在英格兰,斯特福德(Stratford 1987)根据格雷开创工作形成的传统,在一所聋人寄宿学校指导了一处小型的组织发展专题研究小组。斯特福德帮助教师详细清理了在管理一所有效学校中的最重要的问题,并提供了沟通与团体解决问题的技巧。来自教师成员的口头与书面反馈表明,他们认为咨询在帮助他们规划学校发展中是实用和有效的。

## 4. 展望

组织发展咨询有助于建立学校中更多有效的民主规则、结构和程序。它在支持民主价值的文化背景中最有效。因此,教育的组织发展在澳大利亚、北美和北欧发展得相当好。在这些地区中,那些受到文化力量或教师渴望重构影响的学校尤其成功。虽然组织发展在独裁的和等级的文化中没有取得成功,但很难说是从未给组织发展开始的机会,还是组织发展与流行的主要规范不一致。无论如何,对教育组织发展未来的合理期望是,只要世界趋势是继续朝着民主前进的,组织发展将会继续增长。

即使世界范围的民主价值没有扩大,教育的组织发展也一定有合适的环境。技术发达国家中的生产性企业鼓励工人负责任，工人在工作中有效地互相合作。例如，韦斯伯德(Weisbord 1987 P. 156～157)认为在技术发达时代，21世纪将建立在"开放系统思考……民主价值……每个人的尊严和每个人对共同利益的责任的基础上。(那就需要)广泛的学习策略，包括自我意识、人际关系、团体、技术技巧、经济知识和社会责任"。如果韦斯伯德是对的——有许多人赞成他——那么企业领导将希望学校培养在社会上有效能的学生，在适应迅速变革的过程中能够合作。而且，教师、学生和家长将希望在管理他们自己的学校与班级中发挥整体统一的作用。

随着学校参与者——管理人员、教师、学生、家长、社区成员和支持员工——变成他们自己的组织发展促进者，未来的组织发展观念与技术将更加活跃。一个很好的例子是学区内培养组织发展骨干的计划，如1971年在俄勒冈州尤金(Eugene)地区的成功。这种类型的骨干既有外部的又有内部的。他是内部的，是因为成员在自己的区内进行组织发展咨询；他是外部的，是因为骨干成员不在他们自己的学校内进行咨询。骨干成员鼓励其他人发展完成有规划的改革所必需的组织发展技巧、规则以及结构。在1988年，利特(Leatt)和施穆克发现北美与欧洲的学区中有14名组织发展骨干。到21世纪初，数目应该有相当大的增长，尤其是随着人们更多地强调学校中的参与和本位管理的价值。

R. 施穆克(R. Schmuck)
E. 佩里(E. Perry) 著
朱科蓉 译

## 附录


Berg G 1984 *OD in North American Schools: A Scandinavian View.* Department of Education. Uppsala University, Uppsala

Conway J 1990 Lessons for staff developers from an organization development intervention. *Journal of Staff Development* 11(1):8—13

Dalin P, Rust V 1983 *Can Schools Learn?* NFER-Nelson, Windsor

Fullan M, Miles M B, Taylor G 1980 Organization development in school: The state of the art. *Rev. Educ. Res.* 50(1):121—183

Gray H 1985 The problem of OD in education. In: Gray H (ed.) 1985 *Organization Development (OD) in Education.* Deanhouse, Stoke on Trent

Jaeger A 1986 Organization development and national culture: Where's the fit? *Academy of Management Review* 11(1):190

Leatt D, Schmuck R A 1988 *Cadres of Organization Development Consultants in Schools.* UCEA Center on Organizational Development in Schools, Eugene, Oregon

Miles M B 1963 *Organizational Development in Schools: The Effects of Alternative Strategies of Change.* Teachers College, New York

Moo G 1991 Toward a synthesis of strategic planning and organization development. (Doctoral dissertation, University of Oregon)

Patten O T 1989 Historical perspectives on organization development. In: Sikes W, Dreeler A, Gants J (eds.) 1989 *The Emerging Practice of Organization Development.* Institute for Applied Behavioral Science, Alexandria, Virginia

Philipp E, Rolff H G 1990 *Schulleiter Handbuch.* S. L. Verlag, Braunschweig

Rosenbach W et al. 1983 Survey feedback as an organization development strategy in a public school district. *Education* 103(4):316—325

Schmuck R A 1968 Helping teachers improve classroom group processes. *Journal of Applied Behavioral Science* 4(4):401—435

Schmuck R A, Miles M B(eds.) 1975 *Organization Development in Schools*, 2nd edn. University Associates, La Jolla, California

Schmuck R A, Runkel P J 1988 *Handbook of Organization Development in Schools*, 3rd edn. Waveland, Prospect Heights, Illinois

Schroyer G 1990 Effective staff development for effective organization development. *Journal of Staff Development* 11(1):2—6

Stratford R 1987 Helping schools solve problems. *British Journal of Special Education* 14(3):123—126

Walters P, Henkelman J 1990 Organization development and the process of school improvement in Maryland. *Journal of Staff Development* 11(1):14—19

Weisbord M 1987 *Productive Work Places: Organizing and Managing for Dignity, Meaning, and Community*. Jossey-Bass, San Fransisco, California

## 作为工作场所的学校:对改革的启示(School as a Workplace: Implications for Reform)

自从20世纪70年代到80年代的改革运动以来,学校作为工作场所的概念已经吸引了学者们和实践者们的注意。本词条借助波尔曼和戴尔(Bolman and Deal 1985,1991)提出的四种分析框架检验了学校作为工作场所的概念。一些包含在"学校作为工作场所"概念之下的具体问题有:当局的分权和授权,教学工作,教师的压力和过度疲劳,教师职业化和微观的政治问题。这部分内容的结论讨论了在评价教育改革问题中利用一种复杂的规范方法的价值。

### 1. 介绍

自从德雷本(Dreeben 1973)的经典著作中将学校描述为一个工作场所之后,许多有关这一主题的文献相继出现(Conley and Cooper 1991, Corwin and Borman 1988, Mitchell et al. 1987, Rosenholtz 1989)。这些文献反映了研究学校组织的多种模式和框架。波尔曼和戴尔(1985)提出,对组织的研究有四种潜在的模型:结构的、人际关系的、政治的和象征的。

除了一些重要的例外,学者们一般都从结构或人际关系的观点将学校作为工作场所来检测。研究利用一种结构化框架,它的重点在于组织结构提供的功能,例如实现组织目标、分配权力、使个体差异对组织的影响最小化(Hall 1982)。教育文献已经检验了类似于权力集中化和工作正规化这样的维度(Bishop and George 1973)。与结构框架相反,人际关系模型基本上依据结构如何影响个体需要而对学校进行了定义。利用这种方法进行的研究的重点是诸如教师压力和过度疲劳等现象(Friesen et al. 1988)。

20世纪80年代以来,越来越多的研究者开始从政治的和象征的观点来审视和研究学校。政治的方法将学校定义为冲突、竞争和谈判的场所(Iannaccone 1991),在那里,权力的本质是多维度的,包含正式的权力和非正式的影响(Bacharach and Lawler 1980)。象征的框架将学校定义为建立在一致的和令人鼓舞的主题和传统之上(Clark 1972)。例如科恩和马奇(Cohen and March 1974)就展示了战略性计划如何使一个组织的引领性价值观得以象征化。

如果文献中固有的优缺点被理解的话,任何关于学校工作场所的讨论必须包括对各种观点的认识。因此,本词条讨论了那些阐释这些分析框架的一些显著特征的文献。特别着重于深入分析在与结构框架对比时替代的框架和范式。

### 2. 结构的方法

结构的方法为学校工作场所的大部分研究提供了分析的基础。20世纪80年代和90年代的国际改革运动的重点就在于权力集中化和教学工作分析。

#### 2.1 权力的集中化

集权化是与正式权力分配有关的组织结构的具体特征:高度中央集权的组织其决策权力保留在组织顶层或接近顶层(Hall 1982)。这一概念可以被用于分析的不同层次中(例如,国家水平的学校组织系统、州水平的或地区水平的)。

正如韦勒(Weiler 1990)所指出的,许多国家的教育系统倾向于以相当集权的方式行使决策权。在一些国家中确实有一个"制定政策的单一的中心"(如墨西哥),联邦系统中中层政治系统实施教育政策的地方也是如此(如美国各州)(Weiler 1990 P. 435)。尽管有这样的趋势,分权的意识依然有着广泛的吸引力和某种"国际周期"(Weiler 1990 P. 433)。

例如,在美国,集权化运动是跟随着20世纪80年代的分权运动而来的。即使在一些有着悠久的集权传统和国家设定标准的国家(例如,法国、德国、日本和瑞典),分权问题依然引起了广泛关注(Noah 1989)。

将学校作为分析的单元来审视将会揭示出分权的动力,而这种动力在整个教育系统水平的检测中不是很明显的。与日本的国家政策形成对照,单个日本中学的分权是很多的。教师从属于强有力的工会,校长们大多数像傀儡一样活动。教师对学校日常事务有很大影响,比如惩罚学生(Rohlen 1983)。因此,集权和分权的倾向在教育系统中是可以同时存在的。

不考虑系统和学校水平,更小的分析单元就是教学工作。在许多国家,要求教育系统应该更为集权化的政治和教育领导明确地或含糊地提议,教学工作可以标准化或程序化,手段可以是教学技术的工作描述和说明书。相反,要求教育组织应变得更为分权的领导倾向于认为教学工作是很复杂的,不可能进行程序化、标准化。下面将着重讨论这一问题。

### 2.2 教学工作

在结构的框架中有一种考虑是组织的技术,"原材料"(人或别的东西)转化为组织产品的过程。在教育领域,大部分工作技术的分析集中于界定教师对学生所做工作的不确定性程度和缺乏常规的程度上。更具体地讲,学者们追求解释工作中不确定性的内涵,从而决定学校应该如何建构和管理(Rosenholtz 1989)。

门勒等人(Menlo et al. 1990)从五个国家的问卷分析中发现,不同国家的教师扮演着许多不同的角色,比如向学生提供咨询,设计教室管理技术和评价教学。另外,研究发现,教师认为不同教学目的和目标的整合是有问题的。教师们一直认为教学和咨询的目标(例如,依据学生的不同能力设计课程)的整合是困难的。最后,日本和英国的教师普遍认为他们的工作角色比起美国、德国、新加坡的教师更难实行。

这样的对比数据与相关研究是一致的(Rosenholtz 1989),研究指出教师的经历很难平衡多种角色和期望。一些学者(Gallagher and Tobin 1987)强调教学和管理目标的整合,指出教师必须解释和规定课程,同时也解决秩序问题。其他人(Mitchell et al. 1987)则强调教师提供的教学符合学生个体需要是十分必要的。对比的研究表明在一些国家整合多种角色的需要比另一些国家明显得多。然而,在国家之间,在一个高度互动的学生背景中追求多目标的需要也使教师的工作变得高度复杂和令人烦恼,并且没有确定性。

一种假设认为在任务的不确定性和组织结构之间存在密切关系,一个随机模型在学校中的应用突出了对该假设的观察(Tyler 1985)。这种模型在中学的应用不太规则和完整,但在小学的研究却是"严密的、被认可的,并且在理论上成立的"(Tyler 1985 P. 23)。20世纪70年代在斯坦福大学进行的研究(Meyer et al. 1971),显示了在组织结构和教学技术(如开放教室)方面改变带来的影响。罗恩(Rowan 1990)在他对改革议事日程和管理策略的分析中运用了一种随机模型,他提出,控制策略(如官僚主义的工作评价)与教师工作的复杂性和非常规性这一当代概念是不符合的。这样的问题是依据结构范式分析的。以上讨论的研究(如随机方法、工作角色分析)考虑到了控制组织中角色和职位的一致性,减少任务的不确定性。事实上,到目前为止占统治地位的范式还是结构模式的观点,在某种程度上持续发挥着作用,因为它指出了结构和产出的重要关系(Corwin and Borman 1988)。在改革日程中,致力于以结构化解决所面对的教育问题的办法,特别是新的工作责任(如美国的职业等级)或组织结构(如澳大利亚的授权),都将持续发展下去。

## 3. 人际关系的方法

学校作为工作场所的结构化的讨论常常不能考虑到个体。相应的,人际关系观点认为组织中的成员是有着个人"精神"和感觉的、受工作场所条件影响的个体。因此,人际关系范式从基础上考虑了个体与组织的关系是如何发展和维持的(Bolman and Deal 1985)。许多国际学者采用这一范式研究作为工作场所的学校。例如,研究者们寻求为重新设计工作场所提供基础，从而使教师保持更持续的满意度（Ninomiya and Okato 1990）。这部分内容检测了三个人际关系主题：压力、过度疲劳和不满；专业化；教师参与。

3.1　压力、过度疲劳和不满

在20世纪80年代改革的讨论中，组成工作条件的因素（有益的或有害的）影响到了教师对他们的工作和职业生涯的态度（Louis and Smith 1990，Rosenholtz 1989）。事实上，尼诺米亚和奥卡塔（Ninomiya and Okata 1990）指出人际关系是日本当前教育政策制定时最先考虑的因素。

依据这种国际趋势，弗里森等人（Friesen et al. 1988）研究了工作和组织条件对教师压力和过度疲劳的影响，运用了加拿大两个学区1 200名教师的调查问卷。问卷检查了过度疲劳的三个方面：情绪耗竭、人格破裂（如发展对别人的敌对态度，特别是对学生）和个人成就感的缺乏。他们的研究发现这些变量可以很好地预言不同的工作和组织所带来的结果。如果一种充满压力和过分要求的工作负担是情绪耗竭的预示指标，工作设计的变量（如认可、反馈以及工作对抗）就可以对人格破裂和个人价值的实现做出预言。

对工作场所中的离职、角色压力和不满足感的预示指标的国际研究是一致的。在对澳大利亚西部124所中学的一项研究中，布鲁斯和卡奇欧普（Bruce and Cacioppe 1989）发现对一些无关紧要的教学责任的知觉促使教师做出离开工作岗位的决定。在处理学生违纪问题上缺乏管理层的支持，以及得不到管理者总体上的充分支持也是至关重要的离职因素。男性教师对于觉察到管理者分配大的班级和额外任务时的歧视是非常敏感的。相似的，在加拿大的安大略，不一致的学校政策导致了教师角色模糊的感觉（Ball and Stenlund 1990）。最后，日本的一弥和大北（Ninomiya and Okato 1990）发现对工作条件（如大的工作负担）的知觉引起了人们对工作的不满意。然而，同澳大利亚西部进行的研究相比较，日本的教师几乎没有经历过由于教育管理而带来的困难（比如管理者的态度和预算）。

其他的研究支持了这些一般的发现，这些研究指出了教师工作满意度的工作设计变量（而不仅仅是教师—管理者之间的关系）是非常重要的。洛尔蒂（Lortie 1975）的很多与此有关的研究指出，教师对于来自影响学生和帮助学生学习所带来的物质的或“精神的”回报是很看重的。比如巴尔和斯腾劳德（Ball and Stenlund 1990）发现，“教室内的工作环境”（比如决定如何工作的自由、学生的回应、充足的教学设施与设备以及教室的大小）是加拿大教师工作满意度的重要预测指标。最后一个例子来自曼洛等人（Menlo et al. 1990）的著作，他指出，在对1/5的国家的研究中，与学生发展良好的人际关系与教师的工作满意度和其他工作态度是密切相关的。

3.2　人际关系和职业化

教师专业化是把教师作为整体来研究的，而人际关系模型则把教师作为个体的分析单元来考察（Louis and Smith 1990）。研究学者指出，作为一种专业，教师期望在他们的工作中发挥判断和创造力，并且从阶层控制中解放出来：“在官僚组织中的专业工作者拒绝官僚权力，对水平的关系而不是垂直的关系更为关注。”（Pitner 1986 P. 40）然而，这些期望与官僚组织的特征是相违背的（Corwin and Borman 1988，Louis and Smith 1990）。

在这样的背景下，考虑到在不同国家教师对专业化的知觉就变得日益重要。在日本，教师认为他们的专业化是建立在诸如发表文章的记录、与同事的合作的关系、对学校日常管理的影响之上的（Rohlen 1983）。在英国和法国，专业化的概念更多地建立在教学哲学的基础之上（Broadfood and Osborn 1987）。布罗德富特（Broadfood）和奥斯本（Osborn）的研究利用对400名法国和400名英国小学教师的调查，同时包括深入访谈和对原始样本二次抽样结果的观察，布罗德富特和奥斯本发现，英国教师认为他们的行动更多地受到诸如专业化意识、阅读和独立的研究、教师领导者和同事的影响，而专业联合会的监督和成员身份对他们的影响并不大（在法国教师中则存在相反的方式）。另外补充一点，英国的教师比法国的教师更关注他们的职业自治权所受到的侵蚀。在法国，课程和教育目标的集体的性质提高了教师对于权威影响的接受能力。然而在以儿童为中心、个人主义盛行的、教育更为发达的英国,教师依据抵制高层官员的影响对同事的开放性和专业化进行定义。因此,专业化代表了对官僚控制的挑战。这些不同表明,在教师专业化期望和官僚组织的工作进程之间存在着冲突(Bruce and Cacioppe 1989)。

3.3 学校决策中教师的参与

在许多国家要求教师参与学校决策的建议在很大程度上弥补了人际关系模型所提出的不足。具体来说,研究者和实践者指出,教师参与决策机会的稀缺引起了他们的不满足感和对工作的逃避(Schneider 1984)。通常研究者进行改革实验的目的就在于为教师创造一个更有参与性的角色。实践者可以参与到教育系统的不同决策水平中来。

查普曼(Chapman 1988)研究了澳大利亚维多利亚州教师在决策中的参与,那个地方政府政策将权力从州分配到了学校。查普曼发现真正的教师参与的程度被一些关键因素决定:教师的个体特征(比如年龄、经历和职业资格)、在管理中的信任和自信、有效的时间以及其他的资源。这些发现与相关研究是一致的——那些研究指出在个体(Alutto and Belasco 1972)和组织(Scheider 1984)两个水平的变量有助于教师参与的意愿(Rosenholtz 1989)。

总之,人际关系框架解决了结构模式的主要缺陷——也就是,构造重建计划有时没有充分考虑到个体的需要和关注。因为人际关系方法弥补了这一缺点,只要重构在国际教育议程中依然是一个主要问题,它很可能一直有意义。

**4. 政治和象征的方法**

有关工作场所的文献利用政治和象征的方法并不少见。尽管这一领域中文献广泛,这部分内容只包含对两种方法的一致性的讨论。

政治方法小的、但却在增长的普及性通过学校工作场所的微观政治分析得以阐释。这种方法依据组织内部和外部子系统之间权力的争夺来考察工作场所。亚那科内(Iannaccone 1991)认为,内部子系统包括教师、管理者、学校中的学生,外部子系统包括专业和非专业的外行子系统。在这样的背景下,他认为教师和管理者是两个持续参与"为他们相关的市民权利和义务进行斗争"的组成群体(P. 468)。

布拉斯(Blase 1991)以他研究的美国教师在与校长的互动中应用日常政治策略的情况,阐释了这种微观政治的观点。该研究发现,领导者采用的封闭的政治倾向(比如一种权威的风格)促进了教师中相对封闭的倾向(如保护性的、反射的和间接的、隐蔽的策略)。将布拉斯的结论与巴尔(1987)在英国对学校领导的微观政治研究进行对比,我们可以发现两个国家权力管理系统的相似性(Blase 1991)。这些管理者在应对教师时依靠他们职位的正式权力,而不利用非正式的权力资源(如领导气质和专长)。在微观政治过程中的不同也被提到,英国教师在对付当局的管理者时采用集体的、公开的或非公开的形式进行对抗(比如谈判),而美国教师的特征则是个人主义的、自我倾向的、非公开形式的对抗。

在政治的框架中,另外的一些著作(运用了相当有批判性的或新马克思主义的口吻)也在一个倾向于"日益分化和集中化的劳动"的历史进程的背景中为工作场所的改革设置了日程(Altenbaugh 1991 P. 170)。在分析那些宣称教育分权或对教师授权的改革计划中,像阿尔腾伯夫(Altenbaugh)这样的批判性的理论家认为,学校管理者日益增长的权力是随着中央集权的增长而发展的,有效地使教师与工作进程分离。教学的程序化和剥夺个性,"有效消除了对技术的需求,使之与工厂蓝领工人的工作相似"(Altenbaugh 1991 P. 171)。美国的阿波尔和容克(Apple and Jungck 1990)指出,目的在于增加教师专业化的改革事实上促进了劳动力的技能弱化。

与政治的模式对比,象征模式将学校这一工作场所视为能给参与者创造一种意义的感觉的、隐含的象征或主题。学者们提出所有的组织,包括学校在内,都有"不同强度与广度的神话和传奇"(Bolman and Deal 1985)。克拉克(Clark 1972)发现教育组织的成员拥有同一种文化下的一般信仰和对博爱的领导的与生俱来的忠诚。

布鲁伯格和格林菲尔德(Blumberg and Greenfield 1980)指出领导者如何建构一种共同的意义。与此相类似,有关私立学校研究的文献列举了传统、仪式和传奇的重要性(McPhee 1966)。其他观点假设神话和象征符号帮助公立学校保持一种"逻辑的信心",从而帮助它们远离教育过程中严密的外部监管(Meyer and Rowan 1977)。

学者们运用象征观点解释学校这一工作场所的计划内改革的失败。例如,科比特等人(Corbett et al. 1987)指出,学校组织中的成员都非常关注维持作为意义来源的学校文化的象征。他们以两种形式区分开来:不能被改变的"神圣的"形式以及可以被改变的"世俗的"形式。对学校中这两种形式的认识帮助理解和解释了关于组织中和专业中教师角色的时常变换的争论。

总之,政治和象征的方法给教育组织中的学生提供了很多东西。借助于改革运动,政治方法提出结构的重组可以重新创造出结构的不平衡,而不仅仅是改变它。补充一点就是,象征方法有助于人们理解为什么组织在没有达到计划产出时依然可以保持繁荣的局面。

### 5. 结论

这部分内容回顾了国际上有关学校作为工作场所的研究所使用的四种分析方法。不幸的是,当对一些国家进行研究时,几乎没有几种分析方法同时使用的现象。我们可以看到,关于教师不满足感的国际研究重点使用了人际关系方法,明确地或隐含地假设不满足感是一种需要学校领导者或教师自身治疗的疾病。与之相对应,政治方法认为教师的不满足感是改变的必要前提。在这样的背景下,不满足感和角色冲突将给教师提供机会,让他们努力改变工作条件以适应自己的利益。在运用单一的分析作为基础时这些不同的观点可能就被忽略掉了。

内涵是明显的:工作场所的广泛的变革需要对多种观点从整体上加以理解。然而多种观点的运用可能使改革的现实变得更为复杂和难以解决。比如说,如果工作的重新设计承诺了更高的效能和教师满意度,那么其结果的评价就会依赖于评价者所选用的方法。更多的是,因为一个简单事件就可以有数种说明,那么分析者就可能得不出成功或是失败的结论。但这种两难的境地对实践者和学者们也有有利的一面。摩根(Morgan)解释说,达到对组织拥有全面的理解能力依赖于看到事情的不同方面以"互补的甚至逆论的方式"同时存在:当一个人用新的"角度"看一本书时经常会产生新的观点,广泛和多样地阅读能够创造出广泛和多样行动的可能性(Morgan 1986 P. 12~13)。

S. 科里(S. Conley) 著

姜 红 译

### 附录


Altenbaugh R J 1991 Teachers, their world, and their work: A review of the idea of "professional excellence" in school reform reports. In:Shea C M, Kahane E, Sola P(eds.) 1991 *The New Servants of Power: A Critique of the 1980s School Reform Movement*. Greenwood, New York

Alutto J A, Belasco J A 1972 A typology for participation in organizational decision-making. *Adm. Sci. Q.* 9(1):27—41

Apple M W, Jungck S 1990 You don't have to be a teacher to teach this unit: Teaching, technology, and gender in the classroom. *Am. Educ. Res. J.* 27(2):227—251

Bacharach S B, Lawler E E 1980 *Power and Politics in Organizations: The Social Psychology of Conflict, Coalitions and Bargaining*. Jossey-Bass, San Francisco, California

Ball C J, Stenlund V 1990 The centrality of work, working conditions and job satisfaction of teachers in Canada: An Ontario study. *Comp. Educ.* 26(2/3):319—330

Ball S J 1987 *The Micro-politics of the School: Towards a Theory of School Organization*. Methuen, New York

Bishop L, George J 1973 Organizational structure: A factor analysis of structural characteristics of public elementary and secondary schools. *Educ. Administration Q.* 9(3):66—80

Blase J 1991 The micropolitical orientation of teachers toward closed school principals. *Educ. Urb. Soc.* 23

(4):356—378

Blumberg A, Greenfield W 1980 *The Effective Principal: Perspectives on School Leadership.* Allyn and Bacon, Boston, Massachusetts

Bolman L G, Deal T E 1985 *New Approaches to Managing and Understanding Organizations.* Jossey-Bass, San Francisco, California

Bolman L G, Deal T E 1991 *Reframing Organizations: Artistry, Choice, and Leadership.* Jossey-Bass, San Francisco, California

Broadfoot P, Osborn M 1987 Teachers' conceptions of their professional responsibility: Some international comparisons. *Comp. Educ.* 23(3):287—301

Bruce K, Cacioppe R 1989 A survey of why teachers resigned from government secondary schools in Western Australia. *Australian J. Education* 33(1):68—82

Chapman J D 1988 Decentralization, devolution and the teacher: Participation by teachers in the decision making of schools. *J. Educ. Adm.* 26(1):39—72

Clark B R 1972 The organizational saga in higher education. *Adm. Sci. Q.* 17(2):178—184

Cohen M D, March J G 1974 Leadership and ambiguity: The American college president. McGraw-Hill, New York

Conley S, Cooper B (eds.) 1991 *The School as a Work Environment: Implications for Reform.* Allyn and Bacon, Boston, Massachusetts

Corbett H D, Firestone W A, Rossman G B 1987 Resistance to planned change and the sacred in school cultures. *Educ. Administration Q.* 23(4):36—59

Corwin R G, Borman K M 1988 School as workplace: Structural constraints on administration. In: Boyer N J (ed.) 1988 *Handbook of Research on Educational Administration.* A project of AERA. Longman, New York

Dreeben R 1973 The school as a workplace. In: Travers R M W (ed.) 1973 *Second Handbook of Research on Teaching. An AERA report.* Rand McNally, Chicago, Illinois

Friesen D, Prokop C M, Sarros J C 1988 Why teachers burn out. *Educ. Res. Q.* 12(3):9—19

Gallagher J J, Tobin K 1987 Teacher management and student engagement in high school science. *Sci. Educ.* 71(4):535—555

Hall R H 1982 *Organizations: Structure and Process*, 3rd edn. Prentice-Hall, Englewood Cliffs, New Jersey

Iannaccone L 1991 Micropolitics of education: What and why. *Educ. Urb. Soc.* 23(4):465—471

Lortie D C 1975 *Schoolteacher.* University of Chicago Press, Chicago, Illinois

Louis K, Smith B 1990 Teacher working conditions. In: Reyes P (ed.) 1990 *Teachers and their Workplace: Commitment, Performance, and Productivity.* Sage, Newbury Park, California

McPhee J 1966 *The Headmaster: Frank L. Boyden of Deerfield.* Farrar, Straus, and Giroux, New York

Menlo A et al. 1990 Teaching practices in the United States in the context of comparison with practices in four other countries. *Comp. Educ.* 26(2/3):227—247

Meyer J, Cohen E G, Brunetti J, Molnar S, Lueders-Salmon E 1971 The impact of the open space school upon teacher influence and autonomy: The effects of an organizational innovation. Center for Research and Development in Teaching, Stanford University, Stanford, California

Meyer J, Rowan B 1977 Instiutionalized organizations: Formal structure as myth and ceremony. *Am. J. Sociol.* 82(7):440—463

Mitchell D E, Ortiz F I, Mitchell T K 1987 *Work Orientation and Job Performance: The Cultural Basis of Teaching Rewards and Incentives.* State University of New York Press, Albany, New York

Morgan G 1986 *Images of Organization.* Sage, Beverly Hills, California

Ninomiya A, Okato T 1990 A critical analysis of job-satisfied teachers in Japan. *Comp. Educ.* 26(2/3): 249—257

Noah H 1989 An international perspective on national

standards. *Teach. Coll. Rec.* 91(1):17—21

Pitner N J 1986 Substitutes for principal leader behavior: An exploratory study. *Educ. Administration Q.* 22(2):23—42

Rohlen T P 1983 *Japan's High Schools.* University of California Press, Berkeley, California

Rosenholtz S J 1989 *Teachers' Workplace: The Social Organization of Schools.* Longman, New York

Rowan B 1990 Commitment and control: Alternative strategies for the organizational design of schools. In: Cazden C B (ed.) 1990 *Rev. Res. Educ.* 16:353—389

Schneider G T 1984 Teacher involvement in decision making: Zones of acceptance, decision conditions, and job satisfaction. *J. Res. Dev. Educ.* 18(1):25—32

Tyler W B 1985 The organizational structure of the school. *Annual Review of Sociology* 11:49—73

Weiler H N 1990 Comparative perspectives on educational decentralization: An exercise in contradiction? *Educ. Eval. Policy Anal.* 12(4):433—448

## 学校的风气和文化(School Climate and Culture)

风气和文化是在学校研究中两部分可以用来互相转换的内容。在20世纪80年代开始的学校发展、改革和重组的浪潮中这两部分内容变得非常普遍,不管是支持或反对的观点都有所发展。支持的观点潜在地承认所有的学校运作的背景对于这些过程的质量都有很大的影响。反对的观点认为将风气和文化耦合的做法,倾向于将学校环境中所有复杂和微小的方面简化为一系列可预测和可管理的"操作变量",使人们产生一种学校行为可以很容易地改变的虚假信心。

因此,本词条对"学校风气"和"学校文化"进行了区分,并对它们各自领域所做工作的优缺点进行了检查。许多描述学校风气的文章都着重于学校的结构维度,文化则超越了结构因素,其含义就在于参与者掌握的那些不管是正式还是非正式的特色,以及他们如何对特色加以利用。这里的目的更经常地是为了使人们注意文化概念的丰富,以及在学校研究和学校改进过程中运用这一框架的好处。这样的应用,让思想超越了学校中现存的特殊成分这一内涵,这些成分在学校中可能被评价,也可能不被评价。因此我们可以进一步了解到,学校教育参与者是如何构建、参与以及如何从他们的社会现实中抽象出内涵的。

### 1. 风气

一些学校环境对于正面的教育经验比其他的环境有益得多。描述学校组织环境的最常用的标签就是"学校风气"——在20世纪80年代可以见到用来评估这一现象的定量化工具激增。在这段时期,风气走出了研究者的基础研究领域而成为实践者活跃的应用领域。这种增长与风气是一个操作性的概念的观点相一致,它与学生的绩效有关,它的这个方面可以通过调查方法很容易地进行评估。伴随着对学校决策过程和决策过程中数据的重要性的越来越多的注意,这种发展将学校风气放在了学校改革发起过程中的重要位置。

然而,关于学校风气的含义是什么以及如何测量,人们还是没有达成相当程度的一致性。事实上,这个问题包含了一系列背景特征,从学校的日程安排表到职业发展的形式。所有这些潜在的因素都是尝试获取一所学校怎样"感觉"的本质,也就是拉特等人(Rutter et al. 1979)所指的学校的"特质"。

安德森(Anderson 1982)给出了风气这个概念的最清楚的解释。她指出,学校风气是组织中整个的环境质量。塔朱雷(Tagiuri 1968)首先运用了象征性含义,他将风气概念化为四方面的内容:生态、社会环境、社会系统、学校文化。

学校的"生态"包括学校所有的物理的和物质的东西(等同于建筑特征、财政、学校规模)。"社会环境"指的是各个教师和学生的特征(等同于经验、教育、收入、人种和士气等背景特征)。许多早期的"学校效能"研究(Coleman et al. 1996)对生态和社会环境变量进行了很深入的运用,比如学校建筑的年龄、教科书的有效性、生均教育消费、教师工资、教师国际化、人种的不同和家庭社会经济状况。

"社会系统"这个范畴着重于学校角色群体的模式化关系——学生、教师、管理者和家长。这个范畴从学校的内部程序揭示出人们是如何彼此合作的。重要的变量包括组织任命、教学方法、领导、沟通、决策、人际关系、参与者的水平和卷入程度(Bacharach and Mitchell 1992)。

这些社会系统变量成为了"效能学校"运动关注的重点。实际上,布鲁克欧乌尔等人(Brookover et al. 1979)和埃德蒙兹(Edmonds 1979)发起的效能学校的研究,提供了经验性的组织条件和产出(等同于学生绩效)之间的联系,而这在早期的学校风气的研究中是被忽略的。而且,被测量的概念(等同于安全和有序的环境、高期望、学习的机会和学生完成任务的时间、对学生进步的时时监督、良好的家庭—学校关系)对实施者来说表面上更有效。也就是说,教育者看到了改变这些条件的潜力,而且让这些改变影响到了学校的学习质量。这些研究(Connecticut 1984, Van der Sijde 1988, Vermeulen 1988)作为一种确定改革目标领域的方法在全世界提供了很大数量的指导。

在安德森风气的概念中最后的部分是一个学校的"文化"。当然,每个学校有不同的文化,这个观点并不新。退回到 1932 年,沃勒(Waller)认识到"学校都有属于它们自己的文化。也就是在学校人际关系中复杂的仪式、一系列的习俗、亲近的方式、不合理的处罚以及建立在此基础上的道德准则"(Waller 1932 P. 103)。被塔朱雷和安德森定义的文化,指的是信仰系统、价值观、认知结构和学校中人们的目标。戴尔(Deal 1992)将文化描述为组织具有象征性的一面,它在仪式、庆典和故事中被人们所规定。像约束、同等的规范、合作的重要性、期望、学术倾向性、奖励和表扬、持续性和目标一致性这些变量都是文化内涵的各个方面。

在 20 世纪 80 年代早期,在一些商业书籍中,文化这个概念重新出现,例如乌奇(Ouchi 1981)、彼得斯和沃特曼(Peters and Waterman 1982)写的书中就有。这个概念在商业组织中的运用对学校组织文化概念的应用有着深远的影响,因为商业组织的利益与教育改革是日益紧密相连的。

斯奈德(Snyder 1988 P. 41)提供了一个定义普遍性概念的好例子,他提出:"这个国家最好的公司成功的事例同样也可以发生在最好的高校中。"这些特征包括:被拓宽的目标和表征系统,群体分享和合作,奖励和赏识制度,授权和创业的机会。她得出结论:强有力的领导可以积极地操纵一个学校的文化。这种方法假定,通过有影响力的实施者借助对个别事件(比如成功的仪式庆典)的引入,文化是可以被"创造"的,或者至少是可以被引导的。例如一些学校要学生穿统一的制服,就是尝试创造一种统一的仪式,从而通过改变学校文化强化学校的风气(Stevenson and Chunn 1991)。

然而在描述学校风气的文献中有一些弱点。首先,几乎没有考虑学校风气这个概念的应用背景差别巨大。最明显但却被忽略的背景差异就是小学和中学的差别。例如,帕拉斯(Pallas 1988)指出,在小学中已经做了许多有效的研究,这些包含风气在内的研究是学校环境中相对没有区分性的特征(也就是说,更多人对于学校风气是否有利持有一般性看法),在学校风气和学校绩效水平之间有着明显的联系。然而,在中学水平越来越多的证据表明,对于一个学校内的风气,人们持有不同的观点(Pallas 1988, Wilson et al. 1991)。因此,由于在改革的需要中没有对风气达成一致意见,试图提高"风气"的努力在学校的绩效方面可能不会产生伴随而来的提高。

第二,关于学校风气的定量研究表明了它与其他变量有限的经验性关系。学校效能研究将更好的学校风气和学生更高的绩效水平联系了起来,然而,许多这样的研究设想不断遭到人们的批评。举个例子来说,许多研究用的学生绩效的指标只是很小的一部分,对于数学和阅读的综合、标准化测验分数有着很强的依赖性,这就使许多学生在学校中获得的成绩没有被考虑进去,这样就可能从知觉上缩小了教育的目标,也有可能错过受学校风气影响的学校运作的重要方面。但更重要的是,这些研究指出了在风气和学生绩效之间关系的方向性问题。也就是说,是好的风气对学校绩效有贡献呢?还是好的绩效导致了更高水平的学校风气?能够解决这一问题的仔细的纵向设计由于在此没有被文献论述到而变得更引人注目。

第三，也是在许多定量研究中都没有涉及的，即对于如何改变风气的一种清晰的理论解释，至少是那些采用调查手段进行评估的方面。例如，证明社区卷入学校的程度或者在学校运作中学术领导的权力的大小是相对容易的，但是对于这些现象的任何一种，帮助学校从比较不理想的状态到比较理想的状态，在文献中没有任何有研究依据的指导。正如路易斯和米尔斯（Louis and Miles 1990）所指出的，从认识到实践是一条“不可靠的道路”。知道当前的风气是不好的和计划将它改变为理想的状态是两种非常不同的事情。富兰（Fullan 1991 P. 354）的研究是最有说服力的：“解决方案存在于高度参与的员工不断地更新和创造出的条件之中，而又被这些不同的条件所塑造，这是非常关键的因素。”

最后，人们越来越认识到，从示范性场所中总结出特色并不是很有帮助。例如，帕里奇和克鲁格（Parich and Krueger 1987）从他们对成功实施学校转变的 28 所学校的调查中列举了普通学校的文化特质。该列表采用参与者的言语作为标签，包括诸如学生的高绩效和用于教学的学生信息这样的条件，强有力的社区支持相互关心的团队，作为关键因素的教师，还包括一般的教学哲学。他们的结论是这项列表不能得到重复验证：“这些条件和关系不能作为项目在列表中表现出来，同样不能交给别人，然后说‘就去这样做吧’。这些条件和关系在一定程度上是有意而为的，它们发展了很长时间，和参与的人员以及他们之间协同的关系一样成为一个因素。”（Parich and Krueger 1987 P. 103）

因此，很明显，试图去证明、测量和分离对学校的“感觉”因素，从而作为一种理解和提高学校的方法是很困难的。

**2. 文化**

学校文化——价值观、信仰系统和人们赋予他们学校中组织经验的意义——其数量化的可检测程度不如风气。因为要想简明地描述价值观、态度和信仰是很困难的，因此这些维度不像更容易测量的因素那样得到严肃的对待。然而越来越多的证据表明在解释学校活动时文化条件的力量。

作为一个科学名词，文化来源于人类学，它已经不再被人们简单地认为是研究者的建议，而被作为一种社会现象来对待。戴尔（1992）认为人类学的传统是“最纯洁的传统”，这种传统在自然主义的、人种学的研究中得到发展，并在主流文献中得以显现。在克罗伯和克鲁克汉（Kroeber and Kluckhohn 1952）对待它的定义问题上显示了该概念的复杂性，他们给这个概念赋予了很多含义——并没有成为一个广泛接受的定义。这个概念至今仍然有着广泛的含义。

佩奇（Page 1990）对文化概念含义的分类既与学校的共同文化有关也与不同学校的文化差异有关。撒拉森（Sarason 1971）和塞泽（Sizer 1984）对学校的一般文化研究集中在被所有学校认可的规律性的模式上。教师工作群体一般使学校带有维持现状的保守性特征。对不同学校研究工作着眼于学校之间的差异，这方面的研究者包括古德拉德（Goodlad 1984）、莱特富特（Lightfoot 1983）、梅茨（Metz 1986）和拉特（1979）等等。

佩奇对学校文化采用一种附带现象、一种整体的意义或作为一个操作性变量的观点，他的进一步的分类工作将重点放在它们的不同上。作为一种附带现象，学校运作可以承受的结构——那些使一个学校被认为是学校，而区别于其他任何组织的东西——为学校文化提供了基础，文化仅仅被用来解释那些千篇一律中的微小的不规则变化。历史上很大数量的对学校文化的研究都拒绝提出文化因素的“清单”或评价性的方法，反而去追求描述学校内外的行为和意义之间的关系。那些将学校文化视为操作变量的研究倾向于并且与学校风气的研究最为接近——将学校文化评价为好或坏，有效或无效，以及在此评价基础上推动学校发展。

浏览其他的学校文化概念，还有埃里克森（Ericson 1987）将文化视为信息的集合（Goodenough 1987），将文化视为概念性的结构或象征（Geertz 1973），视为政治斗争中的意义传递（Giroux 1981，McDermott and Goldman 1983，Willis 1977）。所有这些观点都包含着对“学校的有区别性的特色和风格”的考虑（Ericson 1987 P. 11）。建立这些风格是学校日常生活的一部分。然而,挑战超越了学校的"举止"或行为,而指向正在进行中的活动的含义。

所有这些概念都立足于这样一个推论,即通过行为表现出来的文化不是行为本身,而是解释行为意义的机制——也就是在这个世界中的个体看待这个世界和自己的解释性的透镜。正如埃里克森(1987)所指出的,这就是现今的概念化——文化作为政治斗争中意义的传承——采取了一种文化传承可以忍受的形式,同时它强调了介入的可能和创造新的模式的可能。

对于参与者在学校中赋予他们的生活的意义的调查,其重点在于教室中的模式以及在整个学校和学区的模式。研究集中于在教室、学校和学区中的特殊人群,同时也尝试着捕捉到学校和它所服务的社区之间的关系。随着这一问题进一步复杂化,人们越来越重视学校内外的多重文化背景。对文化的参与——也就是参与者将它们带入到学校环境中,不管他们是教师或学生、家长或管理者——成为学校研究中的焦点,这是由于对文化概念的力量的越来越多的认识和学校服务的多文化社区越来越多的缘故(Bottani 1989)。正如怀纳(Wyner 1991 P. 15)指出的:

> 有多少学校,就会有多少学校文化。在每个学校文化中,亚文化群增多——合作的文化、变革的文化、教学的文化和反抗的文化。如果我们想很好地解释和改进学校,我们就必须倾听和理解在学校文化中创造出来的规则。在任何个别学校的文化中,人们在复杂的和互相联系的关系中工作,它植根于语言、传统、习俗、历史和被知觉的社会状况——形成一个包括可能性、失望、未显现的或显现的暗示和意义的复杂的方程式,而这依赖于参与者的价值观和态度。

当富兰(1991)注意到条件和行为、结构和文化之间的关系时,他解释了这些看似毫不相关的应用之间日益整合的趋势。

富兰(1991)所描绘的和吉登斯(Giddens 1979)所提倡的"结构化"进程是很相似的。组织中的人类(这种组织可能是学校,也可能是工厂),创造出自己的结构和文化并生活于其中。根据吉登斯的理论,这两者之间的相互作用影响了人类的理解力和行为。因此,吉登斯(1979)承认在结构和行为之间存在着相互影响。也就是说,社会行为不能仅仅解释为无计划的或是宿命论的复制品,相反,反映的能力和行为的自觉性也在它的考虑范围之内。由此兴起的运动聚焦于研究文化的"人类代理者",更多反驳那些认为人们不能构建他们的世界的束缚性观念,也就是吉登斯所指的"帕森(Parson)的结构化的麻醉剂和阿尔都塞(Althusser)的文化的麻醉剂"(1979 P. 52)。吉登斯指出,按照惯例,"对社会的再生产发生在那些其行为构成社会的代理人的'背后'。行为者本身有目的的、有理性的行为的卷入处于缺失状态"(1979 P. 112)。超越宿命论视野的人类行为使采取路易思和米尔斯(1990)的"不可靠的道路"有了可能,同时在现存结论和文化中发现一条道路,从而创造出新的"在这里做事的方法"也成为可能。

社会学家和人类学家以社会生活如何被建构的现实描述的理论为基础,开始把这种理解应用到对组织行为的研究中去。在撒拉森(Sarason 1971)的著作中对这种倾向的需要比较早地加以确认,他将学校中的参与者描述为,对于他们每天接触的文化规则是无意识的,不是因为他们没有能力认识,而是因为他们没有参与到反思这些现存事物的活动中去,并考虑另外的选择。因此,文化是可以改变的,尽管存在着困难,如果"代理人"即文化中的参与者,能够有意识地参与到转变之中。当学校中要发生文化的转变时,学生作为基本的参与者,一定也会卷入其中。关于学校文化的一种多维度的观点的内涵也就是,人们持续地精简那些对组织共有的文化特征的描述,设计展示学校变革过程的工作必须更直接地聚焦于帮助参与者探讨那条"不可靠的道路",认识到他们各自真正的文化和他们与之共同工作的人的文化。而且,文化变革过程的发生具有社会性,并在交流和共同的行为中被规定,由此唤起更为民主的参与的需要。

**3. 结论**

当学校中的参与者致力于计划的改变,风气研究可帮助他们开始思考他们在哪里和他们是什么,突显需要注意的结构安排。然而文化分析呈现出对于"我们在这里做事的方式"(Deal 1985)的一种更具深度的、"厚重的描述"(Geertz 1973)。更为重要的是,对学校文化的研究尝试着了解参与者赋予他们做事的那些方法的内涵。开始了解学校的文化,或者说其运作的文化或周围的文化,对于有效地变革是一个必要的步骤。进一步来讲,不仅仅是研究者们需要了解,而且参与者本身也要了解。这种意识是集体研究的原动力,集体研究邀请参与者加入到对他们的学校和社区的研究,从而不仅使工作本身,而且使工作的敏感性和反映性都得到加强。

学校文化的概念的平庸化是通过对简单定义的采用,把这个整体性的复杂的术语降低为学校生活不连续碎片的"仓库"来实现的。如此,"改变"学校背景中的社会一面,也不过是在这里或那里增加一个庆典或采用一种象征性的短语或行动。然而,如上所述,文化概念的重要性不在于它参与了人们的行为,而在于它意味着人们用于理解他们的世界和讨论文化过程的方法这样一种解释性框架。

B. L. 威尔逊(B. L. Wilson)
H. D. 科比特(H. D. Corbett) 著
J. 韦布(J. Webb)
姜 红 译

**附录**

Anderson C S 1982 The search for school climate: A review of the research. *Rev. Educ. Res.* 52(3): 368—420

Bacharach S B, Mitchell S M 1992 School as a workplace. In: Alkin M C (ed.) 1992 *Encyclopedia of Educational Research*, 6th edn, Vol. 3. Macmillan Inc., New York

Bottani N 1989 *One School, Many Cultures.* OECD、CERI, Paris

Brookover W B, Beady C H, Flood P K, Schweitzer J H, Wisenbaker J M 1979 *School Social Systems and Student Achievement: Schools Can Make a Difference.* Praeger, New York

Coleman J S et al. 1966 *Equality of Educational Opportunity.* Department of Health, Education, and Welfare, Washington, DC

Connecticut Department of Education 1984 *Handbook for Use of the Connecticut School Effectiveness Interview and Questionnaire.* Connecticut Department of Education, Hartford, Connecticut

Deal T E 1985 The symbolism of effective schools. *Elem. Sch. J.* 85(5):601—620

Deal T E 1992 Organizational climate and culture. In: Alkin M C (ed.) 1992 *Encyclopedia of Educational Research*, 6th edn, Vol. 4. Macmillan Inc., New York

Edmonds R 1979 Effective schools for the urban poor. *Ed. Leadership* 37(1):15—23

Erickson F 1987 Conceptions of school culture: An overview. *Educ. Admin. Q.* 23(4):11—24

Fullan M G 1991 *The New Meaning of Educational Change.* Teachers College Press, New York

Geertz C 1973 *The Interpretation of Cultures: Selected Essays.* Basic Books, New York

Giddens A 1979 *Central Problems in Social Theory: Action, Structure, and Contradiction in Social Theory.* University of California Press, Berkeley, California

Giroux H 1981 *Ideology, Culture, and the Process of Schooling.* Temple University Press, Philadeophia, Pennsylvania

Goodenough W H 1981 *Culture, Language, and Society.* Benjamin/Cummings, Menlo Park, California

Goodlad J I 1984 *A Place Called School: Prospects for the Future.* McGraw-Hill, New York

Kroeber A L, Kluckhohn C 1952 *Culture: A Critical Review of Concepts and Definitions.* Papers of the Peabody Museum, Harvard University, 47(1). Harvard University Press, Cambridge, Massachusetts

Lightfoot S 1983 *The Good High School: Portraits of Character and Culture* Basic Books, New York

Louis K S, Miles M B 1990 *Improving the Urban High*

*School: What Works and Why.* Teachers College Press, New York

McDermott R, Goldman S 1983 Teaching in multicultural settings. In: van Der Berg-Eldering L, de Rijke F, Zuck L (eds.) 1983 *Multicultural Education.* Foris, Dordrecht

Metz M 1986 *Different by Design: The Context and Character of Three Magnet Schools.* Routledge and Kegan Paul, New York

Ouchi W 1981 *Theory Z: How American Business Can Meet the Japanese Challenge.* Addison-Wesley, Reading, Massachusetts

Page R N 1990 Cultures and curricula: Differences between and within schools. *Educ. Foundations* 4 (1):49—76

Pallas A M 1988 School climate in American high schools. *Teach. Coll. Rec.* 89(4):541—554

Parich R, Krueger J 1987 The face of change. *Planning and Changing.* 18(2):98—105

Peters T J, Waterman R H 1982 *In Search of Excellence: Lessons for America's Best-run Companies.* Harper and Row, New York

Rutter M, Maughan B, Mortimore P, Ouston J, Smith A 1979 *Fifteen Thousand Hours: Secondary Schools and Their Effects on Children.* Harvard University Press, Cambridge, Massachusetts

Sarason S B 1971 *The Culture of the School and the Problem of Change.* Allyn and Bacon, Boston, Massachusetts

Sizer T 1984 *Horace's Compromise: The Dilemma of the American High School.* Houghton-Mifflin, Boston, Massachusetts

Snyder K J 1988 Managing a productive school work culture. *NASSP Bulletin* 75(510):40—43

Stevenson Z, Chunn E W 1991 *Uniform Policy Dress Codes: School Staff and Parent Perceptions of Need and Impact.* District of Columbia Public Schools, Washington, DC

Tagiuri R 1968 The concept of organizational climate. In: Tagiuri R, Litwin G H (eds.) 1968 *Organizational Climate: Exploration of a Concept.* Graduate School of Business Administration, Harvard University, Boston, Massachusetts

van der Sijde P D 1988 Relationships of classroom climate with student learning outcomes and school climate. *J. Classroom Interaction* 23(2):40—43

Vermeulen C J 1988 The effectiveness of seventeen elementary schools in Rotterdam. *West. European Educ.* 19(4):5—21

Waller W 1932 *The Sociology of Teaching.* Wiley, New York

Willis P 1977 *Learning to Labour: How Working-class Kids Get Working-class Jobs.* Saxon House, Farnborough

Wilson B L, Herriott R E, Firestone W A 1991 Explaining differences between elementary and secondary schools: Individual, organizational, and institutional perspectives. In: Thurston P W, Zodhiates P P (eds.) 1991 *Advances in Educational Administration, Vol. 2: School Leadership.* JAI Press, Greenwich, Connecticut

Wyner N B 1991 *Current Perspectives on the Culture of Schools.* Brookline Books, Cambridge, Massachusetts

## 学区管理和学校改进(School District or Regional Management and School Improvement)

本词条研究学区管理部门(地方当局)在学校改进中所起的作用。它开始于询问为什么地方当局的这种作用在许多方面都被打了折扣。为了回答这个问题,它检验了分析问题的单位,权力下放运动,地方当局影响学校质量的实例,以及一些关联事务,通过这些关联,地方当局实际上可以影响学校改进。

关于学校改进出版了大量文献,这在一本由英国和荷兰合编的国际性刊物上有所反映,它的名称是《学校效能和学校改进:研究、政策和实践工作的国际刊物》。

致力于"学校效能"的学术性研究(Good and

Brophy 1986)描述了学校状况和学生结果之间的关系,主要的范式就是:一些学校要优于其他学校;这些成功学校的特质可以被界定出来;这些特质可被用作一个蓝图去改造其他学校。

在这一领域主要著作是由英国学者拉特和莫尔蒂默等人(Rutter et al. 1979, Mortimore et al. 1988)撰写的。这些有影响的学校组织研究(包括中学和小学)发现了影响各种学生结果的学校特质。在美国主要研究是古德拉德和塞泽(Goodlad and Sizer 1984)所做的。这些研究都使用了个案调查法。以上研究都强调共性的发现,并认为这些结果是学校重建的基础,但是它们都忽视了地方当局的影响和作用。

**1. 分析单位和学校改进**

学校改进研究已经对实践人员产生了影响,尤其是在美国,但却受到了来自学者的批评,特别是关于分析单位的问题更多。老练的统计学家批评道,正确的分析单位是学生个体,而在大多数研究中所使用的集成技术却得出了不恰当的群体结果数据(Raudenbush and Bryk 1988)。这些批评者推荐使用层级线性模型技术(HLM),它允许在班级和学校水平上进行成绩提高材料的集成分析,这种分析往往会证实其他分析。目前,这些技术都没有考虑分析的第四层——地方当局。

基于来自各国的大量研究,人们逐渐清楚地发现学校是一个合适的分析单位或分析层面,它独立于其他层面,有助于学生的发展(Good and Brophy 1986)。这一结论给政策制定者改进学校的努力提供了一个新的视点。埃尔莫(Elmore 1990)指出了这些政策关注的范围:教师工作场所,与课程有关的问题如按成绩或能力分组、分层流动以及家长参与学校活动等都被认为与学校效能有关。有时班级作为一个分析单位的重要性和课程内容的重要性都被忽视了(McLaughlin 1990)。但学校在这个"嵌套"系统中处于中间联系地位,这个系统包括四个同心圆(Coleman and Collinge 1991):学生、班级、学校以及一些更大的社会环境因素,比如家庭或地方当局。这些行动领域有一个相互作用的关系:每一层的特质都会影响学生的最终结果。

这些相互作用、相互渗透而形成的影响力被描述为"文化"或"风气"(Rutter et al. 1979, Coleman and LaRocque 1990)。更为普遍的是,"关联"常被用于指代一个领域对另一个领域正在形成的影响机会(Coleman and Collinge 1991)。

**2. 地方当局和学校改进:权力下放运动**

一个研究机构认为,非常明显,地方当局在学校改进中所起的作用很小。20 世纪 90 年代初发生在英国、澳大利亚和新西兰的管理变革促进了学校的自治。学校自我管理的支持者认为,政府当局的职责仅仅应该是构建一个政策的框架,在这个框架内学校是自主的(Chubb and Moe 1990)。他们利用美国中学资料库进行分析后认为这种自治权和学校效能有关,肯定赋予学校自治权的做法确实是坚决果断的。但在总的公立学校政策框架内运行的学校比起私立学校来说效能就差一些,因为私立学校可以自由地制定和有效地运作相关的决策,不受政府部门制定的行政规章制度的束缚。

1988 年,英格兰和威尔士《教育改革法案》所提供的政策有:(a)赋予学校层面更大的权力,实施学校本地管理;(b)国家课程,它描述了对于教育计划学生所应享有的权利;(c)国家评估,它意在确认那些在传授国家课程中相对成功的学校。这些变化都与地方教育当局(LEAs)的工作有关。

政府监督机构——检查委员会(1989)在关于地方视察团作用的报告中认为,在地方教育当局大规模变革的情况下,它的一些机构要对学校改进负责。一篇论文(1989)对这些进行了评论,并把题目定为《丧失了一个王国,获得了一种职责》,而这种职责很难鼓舞地方教育当局在制定学校改进计划时树立信心。

权力下放常常只是在观念层面上进行,就像澳大利亚的明显例证那样(Chapman and Boyd 1986)。到目前为止,在自治的学校中要进行自我更新则是不被鼓励的:在新西兰,罗宾逊(Robinson 1984)报告中提到,很大程度上学校自我审查过程是不成功的。克里夫特(Clift 1987)在英国也得出了类似的结论。

美国重塑运动的支持者把进展中重塑运动描

述为"来自未开发学区的作业"(David 1990),这表明了他们与地方教育当局的敌对态度,而这种敌对态度在澳大利亚、新西兰和英国都推动了权力下放运动的发展,但在美国还没有取得这样的效果。权力下放可以被视为对学校效能研究中分析单位问题错误的政治反应:通过忽略第四个层面即学区,研究者给政策制定者一种暗示,即学校可以自主地达到或维持高的效能水平。在一些没有证据表明地方当局在学校改进中起重要作用的辖区内,权力下放的努力可能是很成功的,但在情况相反的辖区则是软弱的。

**3. 地方当局和学校改进**

在北美洲,学区的重要性在最新的研究中进行了重新评估。拉罗克库和科尔曼(LaRocque and Colman 1990)描述了成功学区里的一种"注重成效的风气",这种风气形成了学校标准和实践模式,把学校表现归结为在学区测量成绩排名的高低上。麦克劳林和普费弗(Mclaughlin and Pfeifer 1988)研究发现重要的教师评估只是在有评估氛围的学区发生。"给教师进行合法的评估完全取决于学区的领导,除非地方教育主管需要教师评估,教师评估才能有重要作用"。

罗森赫尔兹(Rosenholtz)评估了学校水平和学区水平对教师工作场所的影响。她发现"在学区因素和教师行为之间存在许多重要的变量",学区的各种特征都会影响教师,包括地方教育主管的管理策略。

这些实际情况与科尔曼及拉罗库克所描述的是一致的。比如,在加拿大成功的学区管理者和教师有"可以共享的工作知识"(Coleman and LaRocque 1990)。罗森赫尔兹认为给校长和教师提供多少学习机会,是区分不断提高的学区和故步自封学区的主要标准。

科尔曼和拉罗克库、麦克劳林和普费弗以及罗森赫尔兹合作的"注重成效的风气"研究,可以把学校和学区紧密地联系在一起。这种主题和结论都很集中的研究与迈肯齐(Mackenzie 1983)所描述的早期学校效能研究非常相似。

**4. 从关联看地方当局如何影响学校**

至少一些在地方当局重要部门工作的教育家们会对改进施加"从上至下"的压力(Coleman and LaRocque 1990)。压力和支持力常被描述为外部影响的来源,它们对于学校改革的制度化起着非常重要的作用。

但地方当局的政策机制似乎控制力相对较弱。然而,在教育管理研究领域已经发生了范式的变换,从过去的控制倾向转变到如何协调(McPherson et al. 1986),重点已经不是放在规定他人的行动而是放在如何通过合作的努力来保证所期望结果的实现。

这些新的研究重点,以及上面提到的三项对北美洲学区的观察研究结果都表明了学校和学区最重要的联合形式就是一种"注重成效"风气,这种风气是协调的一种形式。

**5. 学校对影响的抵抗**

教师的职业性的隔离(他们"有同伴却没有同事")阻碍了团体责任感的形成。但"教师隔离的另一面是一定程度的自由"(Fiman-Nerre and Ftoden 1986)。塞泽(1984)所说的"最小化的阴谋"(在中学学生和教师之间达成把教和学限制在最小范围内的共识)表达出了使用那种自由来抵制学校的改进势力。但好的学校中教师之间则有更广泛的相互作用:他们共同遵守的标准强调专业性的同事关系和改进的倾向,这种互动发生于已经存在的教师专业网络之中,并都支持学校为改革所做的努力(Mclaughlin 1990)。这些专业文化或注重成效的风气就会形成团体的责任——学校是每个人共同的事业。

在正在改进的学校中,校长加强形成"注重成效"风气的工作显得至关重要。关于教师对校长领导方式态度的研究,肯定了校长"形成风气"工作的重要性。校长通过影响教师们归为核心问题的事件的意义而达到此目的。

北美的研究结论比较一致:尽管学校中对外部影响有抵制的情绪,但好的校长会克服这种抵制情绪,并将共同的价值观转变为合作的行动(共同地关注成效的风气)。而且会将共同的价值观念导向为建设更美好的学校而共同努力:"如果校长不能在学校文化的转变中起领导作用,那么改进将不会发生。"(Fullan 1991)但在荷兰,"校长似乎与其说是使变化发生的管理者,倒不如说是变化的守门人"(van de Grift and Houtveen 1991)。

### 6. 地方教育主管(RA)和学校校长

不幸的是,有强有力领导者的学校很容易成为不受他人控制的"独立王国",他们能够公然反抗地方教育主管的命令。有效的地方教育主管会说服校长与其合作:"在我们这个高水平的学区内,为了形成共同的责任而采用的发展性手段是要培养'学区至上'的管理者,他们是'团队成员'而不是仅仅为了保护自己的领地的人。这些手段都强调学校应适应服从学区。"(Coleman and LaRocque 1990 P. 112)

为了获得成功,校长自身就会要求建立一个强大的合作关系网络。地方教育主管会以类似于有效能的校长一样的方式来行动,他们在学区层次上致力于形成一种"合作"的氛围,在这种氛围中"学区至上"的校长们会获得更大的利益(Coleman and LaRocque 1990)。

总之,地方当局想要促进学校改进,管理者们必须把重点放在合作以及团体责任上,这包括在学校范围内和学区范围内的合作与团体责任。

### 7. 结论

支持学校改进是地方当局管理者的职责,经常以提供培训机会的形式给学校改进施加一致的压力并辅之以支持力是非常重要的行动。地方教育主管与学校之间最重要的联结方式就是一种"注重成效"的风气(共同的标准和实践),由于这种风气的作用,双方在教育质量上承担共同的责任。

P. 科尔曼(P. Coleman) 著

孙 奕 译

### 附录


Audit Commission for Local Authorities in England and Wales 1989 *Losing an Empire, Finding a Role: The LEA of the Future.* HMSO, London

Blase J J 1987 Dimensions of effective school leadership: The teachers' perspective. *Am. Educ. Res. J.* 24(4):589—610

Chapman J, Boyd W L 1986 Decentralization, devolution and the school principal: Australian lessons on statewide educational reform. *Educational Administration Quarterly* 22(4):28—58

Chubb J E, Moe T M 1990 *Politics, Markets, and America's Schools.* Brookings, Institution, Washington, DC

Clift P 1987 LEA initiated school-based review in England and Wales. In: Hopkins D (ed.) 1987 *Improving the Quality of Schooling: Lessons from the OECD International School Improvement Project.* Falmer, Philadelphia, Pennsylvania

Coleman P, Collinge J 1991 In the web: Internal and external influences affecting school improvement. *School Effectiveness and School Improvement* 2(4): 262—285

Coleman P, LaRocque L 1990 *Struggling to be "Good Enough": Administrative Practices and School District Ethos.* Falmer, London

David J 1990 Restructuring in progress: Lessons from pioneering districts. In: Elmore R et al. (eds.) 1990 *Restructuring Schools: The Next Generation of Educational Reform.* Jossey-Bass, San Francisco, California

Elmore R 1990 Introduction. In: Elmore R et al. (eds.) 1990 *Restructuring Schools: The Next Generation of Educational Reform.* Jossey-Bass, San Francisco, California

Feiman-Nemser S, Floden R E 1986 The cultures of teaching. In: Wittrock M C (ed.) 1986 *Handbook of Research on Teaching* 3rd edn. Macmillan Inc., New York

Fullan M 1991 *The New Meaning of Educational Change.* Teachers College Press, New York

Good T L, Brophy J 1986 School effects. In: Wittrock M C (ed.) 1986 *Handbook of Research on Teaching* 3rd edn. Macmillan Inc., New York

Goodlad J H 1984 *A Place called School: Prospects for*

*the Future.* McGraw-Hill, New York
Mackenzie D E 1983 Research for school improvement: An appraisal of some recent trends. *Educ. Researcher* 12(4):5—17
McLaughlin M 1990 The Rand Change Agent Study revisited: Macro perspectives and micro realities. *Educ. Researcher* 19(9):11—16
McLaughlin M W, Pfeifer R S 1988 *Teacher Evaluation: Improvement Accountability, and Effective Learning.* Teachers College Press, New York
McPherson R B, Crowson R L, Pitner N J 1986 *Managing Uncertainty: Administrative Theory and Practice in Education.* Merill, Columbus, Ohio
Mortimore P, Sammons P, Stoll L, Lewis D, Ecob R 1988 *School Matters: The Junior Years.* Open Books, Wells
Raudenbush S W, Bryk A S 1988 Methodological advances in analyzing the effects of schools and classrooms on student learning. In: Rothkopf E Z (ed.) 1988 *Rev. Res. Educ.* 15:423—476
Robinson V 1984 School reviews: A New Zealand experience. In: Hopkins D, Wideen M (eds.) 1984 *Alternative Perspectives on School Improvement.* Falmer, London
Rosenholtz S J 1989 *Teachers' Workplace: The Social Organization of Schools.* Longman, New York
Rutter M, Maughan B, Mortimore P, Ouston J 1979 *Fifteen Thousand Hours: Secondary Schools and Their Effects on Children.* Harvard University Press, Cambridge, Massachusetts
Sizer T R 1984 *Horace's Compromise: The Dilemma of the American High School.* Houghton Mifflin, Boston, Massachusetts
van de Grift W, Houtveen T 1991 Principals and school improvement. *School Effectiveness and School Improvement* 2(1):53—70

## 学校改进(School Improvement)

20世纪,社会在不断发生变化。每过几年,知识总量就会以两倍甚至三倍的速度增长。但与此同时,公共教育却几乎没有发生什么变化。在今后的几十年里,学校将持续感受到重组、更新(特别是课程方面)以及学校对社会要求进行反应和适应方面的压力(Schlechty 1991)。本词条探讨了有关此问题的一些重要方面,这些方面决定了压力是否能够推进学校的改进。这些问题是:有关学校改进的政策、学校改进政策的焦点、学校变化过程的特点以及为支持学校效能提高而提出的发展性策略的本质。

### 1. 学校政策和质量提高

研究表明,成功的变革应该以学校为单位,以教师为变革方向的控制者(van Velzen et al. 1985, Fullan and Stiegelbauer 1991)。马克斯(Marx 1987)认为这要求学校层面的政策形成过程具备这样一种能力——学校必须能够将大家公认的学校概念转化成一种比较明确的、时时接受评估和调整的策略。确切地说,进行这样的变革就意味着一种合作和共同的努力——除了教师个人分别在课堂中完善各自教学工作的努力之外,还要求集体的力量共同参与其中(Lieberman and Miller 1984, Jansen 1987)。

#### 1.1 定义

典型的教育变革源自对现实状况的不满。当有足够的压力存在时,对现状的不满就会导致学校某种内部力量的积聚,这种力量会改变教学状况从而直接指向完成既定目标或者产生新的教育目标(van Velzen et al. 1985 P. 34)。

当一所学校的全体教师决定向着某种目标共同努力并且公开讨论这种意图时,实际上已经形成了一种清晰的发展政策。但是,实际状况常常是学校的发展政策不甚明晰,仅仅能够从行为上来推断战略决策。而且,如果学校内部对学校发展方向这一问题有一些共同假设的话,我们就可以认为校本发展政策是存在的。

##### 1.1.1 究竟要改进什么

学校发展的目标是提高教育质量。对质量的操作性定义并不是一成不变的,质量的定义与社会对教育目标的看法紧密相关。同时,社会如何看待教育事业相对于其他国家事业的重要程度,也会影响人们对教育质量的看法。

大多数学校发展政策将焦点集中在教育过程上面。教育过程包括教学(学习过程和环境)和学科内容。学校发展还可以瞄准组织功能的其他方面——与学生学业成绩不直接相关但关系到组织成员的问题,如学校气氛、职工安置、学校的机构组织等。教学过程和组织功能都被视为可以促进学生学业成就的策略。对学生学业成就的大规模测评更多的是国家或州的政策行为,而在很多国家(如英国、荷兰、比利时和美国),学校对提高学生学业成就问题(与其他学校相比较的相对结果)越来越关注,其推动因素就是家长自由择校的政策。

1.1.2 制定改进政策

各个学校政策形成的过程都不相同。概括的或者推理性的过程包括明确政策目标、实施方式,形成一个相对较细的政策实施计划。大规模国家改革中的典型假设是,此模式是最合适的,但是大量的研究机构都对这种假设的可信度提出了质疑(van den Berg et al. 1980)。

渐进的过程反映出的是逐步发生的、引导性的变化,这些变化以运用现行政策解决实际问题为基础,以基于积累的信息而形成新方向的过程为基础。在一些国家,如丹麦,已经建立了这样一些政策来支持另外一种学校发展。这种发展是以个别教师实践新思想并在全体教师中加以推广为途径得以实现的(Olsen and Anderson 1990)。但是,这些策略被指责为速度太慢、效果不显著。

这两种形式的融合被定义为"混合扫描"或"进化型计划"(Louis and Miles 1990)。"进化"过程更适合重大的校本改革,因为它鼓励以分权为特征的教师创新以及对所做努力的集体检验,这种努力是针对更具内在一致性的发展政策和对发展目标的共同看法而做出的。

1.2 影响学校发展的因素

实证研究允许对影响教育组织变革的因素做出合理的肯定结论。这些重要因素主要是:(a)革新的特性;(b)学校的内部环境;(c)学校的外部环境。

1.2.1 发展计划的构成要素(特点)

发展项目的向心性和质量高低与实施和变化的实际情况紧密相关。与那些不和教学目标紧密相关的变革相比,那些与核心教育活动(即课程与教学实践或者为优化学习环境而进行的组织重构)紧密相关的发展项目更倾向于被保留下来。那些被认为会产生显著效果的发展措施也容易持续更长的时间(Firestone and Corbett 1998)。

革新的范围和复杂性也是非常重要的。那些要求学校成员发生显著变化并且包括一大部分班级在内的发展项目常常对以下活动产生实际影响:对现存状况的微小调整或者比较小的、互相独立的活动(Berman and McLaughlin 1977)。但是,因为大范围的变革所产生的问题是渐进式的,因而如果希望为变革付出的努力更容易得到控制或者获得成功,就要把大变革分成小步子来走(Rosenblum and Louis 1981)。

研究结果还支持对一种融洽度的强调,即现行学校实践与理念和革新之间的融洽度。从定义上来说,如果以产生变革为目的,发展项目必须与过去的实践有所不同。同时,如果期待变革措施可以产生实际的效果,发展项目还必须与学校的深层价值观念存在一致性,必须是可解释的(Posch 1987)。伯曼和麦克劳林(Berman and McLaughlin 1977)对有效变革项目中的融合过程做出了界定,称为"相互适应",但是休伯曼和迈尔斯(Huberman and Miles 1984)提出警告说,如果不加以仔细管理和控制,融合过程会导致变革目标的"缩水和钝化"。

1.2.2 组织特点

学校被认为是一种"松散联系"的组织(Weick 1976),但是各个学校并不完全相同,各个学校组织结构上的不同会影响变革过程。这里需要考虑一些重要因素。

第一,来自上层管理者、针对实质变化的组织压力是决定革新是否能够发生的主要因素。这种压力常常被冠以"战略眼光和领导能力"的名号,因为后者更容易被接受。这种压力还常常是"强制性"和"标准化、可重复、教育性"变革战略的联合(Huberman and Miles 1984)。通过一位"理念领导者"展示出变革措施可以带来的实体化利益,这也是很重要的。

第二,拥有下列条件的学校更容易在政策形成和实践的过程中获得成功，即强有力的团队和学校领导对变革的管理控制能力（Stegö 1987，Marx 1987）。把对初等学校变革有很大影响的管理能力分为五个维度：过程计划、过程评估、沟通、决策、学校的领导能力。

第三，组织文化也很重要。那些已经进行过有效变革学校的成员更容易产生一种对更深入变革的期待情绪，那些官僚制组织结构相对不严格的学校也是一样。一种包含志愿性和同事互助的组织文化（Huberman and Miles 1984，Little 1984）与成功的革新也是有关联的（Rosenblum and Louis 1981）。那些以鼓励冒险（比如对变革努力的奖励，对怀有良好革新意图的失败行为不施以惩罚）为组织文化特征的组织，也更容易推进个人和集体的变革项目（Louis and Miles 1990）。

第四，罗森布拉姆和路易斯（Rosenblum and Louis 1981）提出组织结构，特别是那些影响教师工作的部分，将会决定变革的持久力。特别需要说明的是，教师工作不自主的程度、个体工作与其他教师被整合的程度，会影响教师在变革中所承担责任的大小。人们常常发现，只要允许上层领导发挥积极影响的"松散连接"得以存在，分权会促进革新和组织效能的增加。那些允许更多决策参与的组织会促进教师间工作的整合，也会维持这种"松散连接"。通过这种方式，这些学校促使个体教师承担了为变革做出集体努力的责任。

其他组织特性也很重要。通常来讲，初等学校比中等学校更具有变革性，这是因为中等学校的组织结构更为分散。在对学校和其他组织的研究中，人们发现规模与革新行为有正相关——较小的组织明显缺乏推进显著革新所需的资源。

#### 1.2.3 学校的外部环境

成功的发展计划要求整个教育系统中不同层次参与者的共同作用：政府、外部支持系统、学校管理机构、学校管理者以及教职员工。为革新而做出的努力会因地方取向和决策的不同而有所不同，与此同时，社会对学校变革的需求却很少被视为推动学校发展的内在动机。

危机，包括外部认定的危机和失败行为的公开，或者是财务问题，都能够导致一种环境，一种有利于变革发生的环境（Roberts 1985）。同时，环境在一定程度上的稳定也很重要。外部政策的重大变化、学校资源方面的巨大变化、罢工或者环境方面的其他变化，可能导致发展项目偏离正常轨道。虽然不稳定性为变革提供了机遇，但也可能导致进行中的变革计划流产（Huberman and Miles 1984）。

来自社会和社区对变革的支持是一个经常被忽略的因素，这个因素对主流变革尤其重要（Roberts 1985）。当一种在国家或州层面制定的变革战略与社区文化和对学校的期待很不契合的时候，实质上的变革就很难发生，即使这样的战略是由教育专家制定出来的。地方参与者而非教育专家才是在变革实施、持续进行的反复过程中真正起作用的因素（Farrar et al. 1980）。那些价值观念破碎不成体系的社区无法为教师提供各种积极的成人理性反馈，而这种反馈是支持革新变化的重要因素。

社区结构也会导致不同后果，但这方面的问题很少被关注。比如，罗森布拉姆和路易斯（1981）发现社区越靠近农村，社区中的学校越难进行全面变革。结构对变革的影响在发展中国家的很多研究中都有记载（Rogers 1983）。当然，除非学校积极且有效地使用了可供利用的人力和财力资源、教育机遇，否则结构也产生不了什么大的影响。学校常常依靠本身的能力从社区赢得和使用额外资源，借此来导致革新需要的"松散状态"。

国家性教育政策和价值观会影响可供学校利用的教育资源，也会影响与社会成员所接受的观念相一致的广泛的文化期待（Meyer and Rowan 1977）。如果学校政策与这些外部现实条件不相符的话，主流性的发展就不会发生。路易斯和劳克斯－豪斯利（Louis and Loucks-Hoursley 1990）使用了多个国家的数据来说明基础性的文化价值观会影响学校发展政策形成和获得支持的方式。

### 1.3 变革过程

有效的学校发展过程要求所有被包含的方面都能够做出规划并取得一致意见，随着变革过程推进的实际情况能够按照自己的意愿对计划进行修改。以上因素以一种动态且不稳定的方式交互作用。并且，形成一个学校的发展政策需要时间和资源的大量投入。对荷兰、瑞典、比利时以及美国的学校变革的一些个案研究表明,不应将学校发展仅仅视为单个事件,而应将它看作一个持续多年的过程(Miles et al. 1987)。

1.3.1 变革的阶段

通常变革发生在这样的阶段——重要因素和其他地方性的个别因素共同发生作用的阶段。当大家接受了对变革的需求,针对某一特定变革项目的先行政策形成之后(一般被描述为"采纳"或"开端"),可以预期,行动阶段或"实施"就会紧跟其后。实施是最重要的阶段,也是真正变革发生的基础(Fullan and Stiegelbauer 1991)。为了其后发生的真正变革,先前的政策实施必须持续进行,并被制度化、实体化为学校的暂时特性(Miles et al. 1987)。这些阶段在实践中并不一定是割裂的,有可能互有重叠,甚至可能在一个复杂的变革过程中不断重复进行。

1.3.2 对变革的控制

对学校发展政策结果表述的研究(Fullan and Stiegelbauer 1991,van Velzen et al. 1985)表明真正的发展是由实施过程的效果好坏决定的。路易斯和迈尔斯(Louis and Miles 1990)提出了学校层面成功变革的五个主要方面:(a)视野;(b)变革计划与形成过程;(c)采取行动与授权;(d)资源和对支持力量的发动;(e)问题处理。这些方面为实施过程的复杂性提供了一个清晰的图景。

很多人认为对变革过程的管理控制至多能成为一个"顺利的"过程,而研究提出了很多指示条件,这些条件对形成内部或外部的学校发展政策有重要意义。至少有四项因素在有效的变革管理过程中起作用。

第一是学校领导者在政策实施过程中扮演的角色,这非常重要,"领导者对系统运行的方式特点能够达到一定程度的理解,他们可能就有相当大的力量对系统施加影响"。施特革等人(Stegö et al. 1987 P. 23)提出,提高学校实施变革的能力要求先实施这样一些项目,这些项目训练和支持学校领导以使他们能够理解变革过程本身的进取性、复杂性的本质。此外,他们还必须接受对控制变革的需求,以便将之视为个人变化的过程,在这样的个人变化过程中任何参与者都有可能遭受损失和面对不确定性(Hall and Hord 1987)。

第二,视野的发展及与视野相关的价值观、标准等问题上的一致性也很重要。为了了解成员对发展项目的反应,需要组织内相当程度的互动和沟通,并且需要写入学校的议事日程。

最后,应该通过计划和制定实施战略方面的集体行为来鼓励参与和唤起大家的责任感。作为计划内部过程的一部分,形成一个自我诊断的系统是必要的(Hopkings 1985,Voogt 1989)。因为这增加了学校成员制定有效计划时可用的资源。这个过程进入了教师自治的传统领域,要求对教室之外的教师专业性进行严格的界定。一定意义上这是一种损失,但同时也减少了教师之间的相互隔离并因此得到好的效果。

伊斯特伍德(Eastwood)和路易斯(1992)对一些管理战略做了回顾和总结,这些战略会指导校本人员在某一主要发展项目中的行动。除了上文谈过的内容,还有以下要点:

(a)开始焦点应该是制定一个设计良好、表述清晰、有效监控的计划,以便对组织的特定方面继续"战略解冻"。学校发展的合理原因也应得以明确表述,这样才能制造出一种对发展的要求。此时的学校发展应该反映那些关注学校发展的教职工们对特定问题的看法:什么是教育中的正确,什么是教育中的"好",而且可以帮助去除那些不以语言形式表现的情感障碍。

(b)重组必须以"怎样会更好"的理念为开端。开始阶段的模棱两可往往会成为一种威胁,这种威胁会引起焦虑并导致对变革过程产生潜在威胁的行为。

(c)另一方面,在变革早期,远景目标形成过程中的弹性和合作会为那些持怀疑态度因而不接受变革目标的组织成员提供对话的机会。适应和调整是很重要的,这样才能通过合作而使前景目标融合到个别学校的整体环境和学校文化中去。

(d)学校内部和外部都会有固定的支持者。这就加强了活动的重要性,也使信心不足时的倒退更不容易发生。

(e)当计划制定过程中有广泛基础的参与受到阻碍时(特别是在比较大的学校),参与者需要获得公开的机会来肯定和支持变革,即使他们并不参与计划制定的全过程。

(f)支持,以技术性支持和训练的形式存在,应该在变革和发展的全过程中存在。在发展中期,常常会出现停滞不前的情况,人们会有挫败感,此时的外部支持可能是最重要的。

(g)早期实施过程中对原始设计只进行有限的调整,成功的变革才能发生。过多的弹性意味着比较低的利用率,意味着弱点和非制度化。

(h)在雄心勃勃的重组项目中,可见的变化只能缓慢出现。因此,对组织和项目人员来说,早期反馈就很重要。反馈应该是从持续进行的监控过程中获得的,并由此采取矫正性行为,而不能从某一点的评价获得。

**2. 政府政策与学校政策:一些两难问题**

当需要采取变革措施的压力增大的时候,学校的反应各有不同。有些觉得恼火,有些采取抵制态度,还有些学校非常热心。在变革过程中,参与者还必须做出冒险的选择并亲身参与进去。这种存在于学校和政府之间的张力可能会影响决策制定,并对发展过程产生持续影响。

2.1　*究竟是谁的创新*

一方面,学校成员必须逐渐感受到对变革目标的归属感和主人翁感,否则他们就无法产生冒险改革的动机。另一方面,在绝大多数国家,政府一直是制定学校发展政策的主体。多数情况下,学校会同意参与政府政策制定过程,而同时除非必须对政府政策予以确认,否则,学校会尽可能完全忽略它。通过这样的方式,学校缓解了与政府之间存在的那种张力。另一些情况下,学校选择参与政府制定的核心革新项目来提高自身质量,但采取的是一种不同于政府(但也不是截然相反)的程序安排(Berman and Mclaughlin 1977)。

2.2　*互相学习,从做中学习*

从政府的角度来看,积极参与政府项目的学校会起到多种作用(Lagerweij 1987)。首先,当学校积极参与教育实践中的新方法时,学校会有发展。第二,当某些学校被要求去具体实践政府的政策意图时,它们能够起到示范作用。第三,这是一种刺激,这种刺激包括使用新教育概念,促使其他学校将貌似平常的事务纳入讨论范围。比如说,在挪威,政府为学校提供资金支持以促使它们提出自己的政策来与政府政策竞争(Hauge 1989)。

以上的观点以这个假定为基础——假定一所学校进行的变革可以移植到另一所学校去。但实际上这样的假定并不一定正确(van den Berg et al. 1989)。学校很少欢迎外部力量的参与,常常是独自进行探索和发现。全国性组织可能会制造另一种障碍。比如说,在荷兰和比利时这样的国家,教派的不同会导致特定地区学校间的竞争。

2.3　*分权化管理—集权化责任*

在20世纪70年代和80年代,教育变革的形式有一个大的转变,从60年代和70年代早期大范围的集权制教育变革转变为强调以学校为焦点的战略。全国性偶发事件在这样的变化过程中起了作用。但是,国际潮流也起到了很重要的作用,譬如世界经济复苏,还有对下列内容的关注——结果评估,建立衡量学校责任的标准,提高对学校发展复杂性的认识。

20世纪70年代到80年代很多西方国家学校发展政策有下列特性:基本上是迂回的,基于这样的假设在实践中运作——系统功能将因集权约束的减少和单个学校自主权的增大而得到优化。但同时对学生在不同年龄段、不同科目的学业成绩都建立了统一标准。以瑞典为例。瑞典过去是北欧集权体制的代表,但后来废除了国家教育委员会,另外组成了一个人员不同、机构精干的组织。此外,预算权力被下放到市政当局,而人员任命权下放到了学校层。而同时,学校被要求认清地方任务和发展目标(Lander 1991)。相似的情况也发生在荷兰和美国的部分地区。

2.4　*资源减少——对外部支持的需要*

大多数学校表现出很高的稳定性。教师独立完成各自的任务,既不与管理者发生联系,也不与其他教师发生联系。学校规范在很大程度上决定了教学事务的选择和顺序,也决定了教室内的事务,同时在学校委托权力的范围内,教师们运用各自的创造力对学校事务进行"精心加工"。

虽然对发展的需求是存在的,但无论是学校主动进行的还是管理上层发起的,改革的范围依然有限。大多数学校缺乏理念,也缺乏内部资源,因而难以应对改革带来的基本挑战。它们需要内部和外部的支持。不应惩罚那些行动迟缓的学校,相反,对一些组织状况进行检验才是有用的,这样才能保证大多数缺乏基本资源的学校参与到系统重构中来。

大多数学校很少允许教师长时间地共同工作和研究问题。自20世纪80年代早期以来,学校在预算方面承受着越来越大的压力。同时,由于越来越多的在校学生社会化程度不够、处理学校材料的准备不够和来自家庭的支持不足,教师工作的难度增加了。在很多国家,教师队伍老化,且常常由于资源的不足而士气低落。事实上,每个国家的教师都在抱怨官僚作风的日益严重,对来自政府当局经常而迫切的改革要求感到不满,即使在那些推进分权政策的国家也是如此。

研究还表明:在这样的情况之下,得到外部机构和个人提供的培训和技术支持会促进学校的发展。比如,对农村高中的一项研究发现外部支持对于困难环境下重要变革的成功是非常重要的。这里的外部支持被定义为:(a)支援或帮助学校发展活动的过程;(b)学校组织之外的个人提供的帮助(Louis and Miles 1990)。这一发现得到了美国和其他国家很多个案研究和评估结果的支持(Louis and Loucks-Horsley 1990,Miles et al. 1987)。

外部支持,比如培训和技术支持,并不是这些问题的唯一答案,但不同国家的许多研究表明,外部支持的确是解决问题的途径之一。在20世纪70年代,美国实施了大量以向学校提供支持为目的的项目。但自那以后,无论是联邦还是州,为学校发展提供的系统外部支持都有所减少。在其他国家,比如荷兰,预算的削减导致了为学校发展提供外部支持的资源减少了。

### 3. 结论

学校政策发展是一个复杂的过程。在分权背景下,学校要自己制定本校发展的政策而不仅仅是简单地执行国家教育部的规划和命令。本词条并不以为学校层面制定成功策略提供任何规则为目的,而是致力于勾画出种种可能情况。而且,应用这里所做的结论或推断时,应该注意学校之间的不同,为变革而做的努力必须是灵活多样、因地制宜的。此外,本词条认为在学校层面制定学校发展政策时,要充分理解变革过程本身的复杂性。很多证据表明制定学校发展政策并不是一个线性的理性过程。它要求对个体的需要、对集体理解力及技能的发展都给予足够的重视。如果学校的发展将要发生了,那么有一个问题必须得到确认,那就是足够的支持与充足的时间——这可能会导致学校日程安排的变更。只有当学校团队已经掌握必要的技能并对此有了充分理解之后,期望中的变革才能够实施和制度化。

K. S. 路易斯(K. S. Louis)
N. 拉格尔韦基(N. Lagerweij) 著
J. C. 沃格特(J. C. Voogt)
姜 红 译

### 附录


Berman P, McLaughlin M 1977 *Federal Programs Supporting Educational Change. Vol 7: Factors Affecting Implementation and Continuation.* Rand Corporation, Santa Monica, California

Eastwood K, Louis K S 1992 Lasting school improvement: Exploring the performance dip model. *School Leadership* 2(2):212—225

Farrar E, DeSanctis J, Cohen D 1980 Views from below: Implementation research in education. *Teach. Coll. Rec.* 82(1):77—101

Firestone W A, Corbett H O 1988 Planned organizational change. In: Boyan N (ed.) 1988 *Handbook of Research on Educational Administration: A Project of the American Educational Research Association.* Longman, New York

Fullan M G, Stiegelbauer S 1991 *The New Meaning of Educational Change*, 2nd edn. Cassell Educational, London

Hall G, Hord S 1987 *Change in Schools: Facilitating the Process.* SUNY Press, Albany, New York

Hauge T 1989 Transferability of knowledge about

school improvement: A case study from Norway. In: van den Berg R, Hameyer U, Stokking K M (eds.) 1989

Hopkins D 1985 *School Based Review for School Improvement: A Preliminary State of the Art.* ACCO, Leuven

Huberman M, Miles M 1984 *Innovation Up Close: How School Improvement Works.* Plenum Press, New York

Jansen J 1987 Open project education institutionalization in a conflict setting. In: Miles M B, Ekholm M, Vandenberghe R (eds.) 1987

Lagerweij N 1987 Theorie van de onderwijsvernieuwing. In: van Kemenade J A, Lagerweij N, Leune J, Ritzen J (eds.) 1987 *Onderwijs Bestel en Beleid 3: Onderwijs in Ontwikkeling.* Wolters-Noordhoff, Groningen

Lander R 1991 Decentralization: The case of Sweden. Paper presented at the annual meeting of the American Educational Research Association, Chicago, Illinois

Lieberman A, Miller L 1984 School improvement: Themes and variations. *Teach. Coll. Rec.* 86(1): 4—9

Little J W 1984 Norms of collegiality and experimentation: Conditions of school success. *Am. Educ. Res. J.* 19(3):325—346

Louis K S, Loucks-Horsley S (eds.) 1990 *Supporting School Improvement: A Comparative Analysis.* ACCO, Leuven

Louis K S, Miles M B 1990 *Improving the Urban High School: What Works and Why.* Teachers College Press, New York

Marx E 1987 Vermogen van scholen tot het voeren van bestuurlijk beleid. In: Genemans L (ed.) 1987 *Autonomie van Scholen en Deregulering.* ITS, Nijmegen

Meyer J W, Rowan B 1977 Institutionalized organizations: Formal structure as myth and ceremony. *Am. J. Sociol.* 83:340—363

Miles M, Ekholm M, Vandenberghe R (eds.) 1987 *Lasting School Improvement: Exploring the Process of Institutionalization.* ACCO, Leuven

Olsen T, Anderson H 1990 Responsiveness, cooperation and school development: A Danish model. In: Louis K, Loucks-Horsley S (eds.) 1990

Posch P 1987 The assimilation perspective. In: Miles M, Ekholm M, Vandenberghe R (eds.) 1987

Roberts N C 1985 Transforming leadership: A process of collective action. *Hum. Relat.* 38(11):1023—1046

Rogers E M 1983 *Diffusion of Innovations*, 3rd edn. Free Press, New York

Rosenblum S, Louis K 1981 *Stability and Change: Innovation in an Educational Context.* Plenum Press, New York

Schlechty P 1991 *Schools for the Twenty-First Century: Leadership Imperatives for Educational Reform.* Jossey-Bass, San Francisco, California

Stegö N E, Gielen K, Glatter R, Hord S (eds.) 1987 *The Role of School Leaders in School Improvement.* ACCO, Leuven

van den Berg R, Hamayer U, Stokking K M (eds.) 1989 *Dissemination Reconsidered: The Demands of Implementation.* ACCO, Leuven

Van Gennip J 1991 *Veranderingscapaciteiten van basis scholen.* ITS, Nijmegen

van Velzen W, Miles M, Ekholm M, Hameyer U, Robin D (eds.) 1985 *Making School Improvement Work: A Conceptual Guide to Practice.* ACCO, Leuven

Voogt J C 1989 *Scholen doorgelicht: Een studic over school-diagnose.* ABC, De Lier

Weick K E 1976 Educational organizations as loosely coupled systems. *Adm. Sci. Q.* 21(1):1—19

## 学校组织对学生成绩的影响 (School Organizational Effects on Student Outcomes)

近年来多数有关学校影响的研究(Bossert

1988,Good and Brophy 1986)都回顾了20世纪90年代以前的几十年间提出的争论,即学校是否会对学生的成绩产生决定性影响。而这些争论都预先假设学校确实会产生影响。与通常的看法一样,争论的结果表明这种假设是有根据的。但是,学校是如何产生这些影响的呢?为什么有的学校对学生的影响要比其他学校大得多?这就是本词条所要解决的基本问题。为了回答这些问题,本词条将会提到一些有关班级和学校对学生产生影响的代表性研究成果,地区或体制层面对学生产生的影响将不再作评论。

本词条用于考察组织对学生影响的架构,是略加改动的加尔布雷斯(Galbraith)1977年提出的组织设计的概念。根据这个架构,学校教师能够为学生树立集体目标。在学校内部,五个密切相关的因素保证了这些目标(它们也可能发生改变)的实现:(a)为了实现目标所必须完成的任务;(b)人们工作于其中的组织结构;(c)人事政策及程序;(d)收集信息和做出决策的方法;(e)广泛存在于学校中的文化、习惯、价值和信仰,它们非正式地影响人们去做和去想他们认为重要的事情。上述任何一个因素都被认为在某种程度上是可选择、可控制的。然而,没有对这五个因素的关系结构作唯一最佳的排列。假定任务的选择能够潜在地帮助实现目标,那么实现目标的可能性的大小就取决于选择的各个因素间相互支持(一致)的程度。这也同时取决于对学校规模、发展阶段、外部环境和教育"技术"的恰当选择。

介绍这个框架后,后面将评论与学校系统设计中每个因素相关的研究。重点将谈到"有效能的"学校和班级对相关的设计问题提出什么要求?如果选择一种因素将对其他因素选择有何影响?

## 1. 组织文化

学校文化主要是通过教导文化对学生成绩产生影响的。反过来说,当这种文化被学生直接体验到时,它就形成了物质和社会环境。费曼-纳姆斯和弗洛登(Feiman-Nemser and Floden 1986)将传统的教导文化描述为学生、教师、校长和家长之间相互影响的模式。这种与竞争需要相关联的权威和纪律的模式,要求体现出教师和学生之间紧密联系的特征。典型的这类模式隔离开各个教师,使得同事之间无法交流专业见解。当学校的管理者生硬地靠外部压力来维持学校的纪律时,教师们就会表现得对他们很尊重,但仍会根据自己的判断做出日常活动或教学的决策。家长们被认为应该是教师计划和实践的支持者,但同时又不应"干涉"这些计划。作为一个整体,这些互相影响的传统模式产生出一种高度自治的专业文化。在某些状况下,如对学生的成绩有传统的期望值,管理者却不能有效地行使教学领导,或有效指导方面的技术知识非常有限的情况下,这种文化就体现出很强的适应性。

由于在许多学校里这些情况已不多见,出现一种不同的教导文化就不是一件令人惊奇的事情了(Litte 1982)。这种文化建立在教师与学生之间支持性的和积极的互动模式基础之上,建立在教师之间形成的共享、专业性的互动模式基础之上,建立在合作规划和持续发展模式的基础之上。这其中,教职工和学生群体具有一种强烈的团队意识。管理者应提供有效的指导,家长也应尽可能地参与到学生的教育中去。当对学生的成绩出现新的和复杂的期望时,管理者如果能够提供有效的教学领导,并迅速发展教学的专业技术团体,这种文化就显现出它对变化环境的适应性。

## 2. 任务

学校所完成的工作比我们这里所考察的要多得多。我们所选择的只是一些对学生的学习产生巨大的、证据充分的影响的工作。

### 2.1 学校—社会关系

通常认为,学生的社会经济地位是对学生在校成就的极具预见性而又难以改变的影响因素。然而,有关学校—社会关系方面的研究已经突显家庭对学校教育的影响,并鉴别出了家庭中对学校有用的可选变量。这项研究考虑传统家庭特征如家长收入、职业身份和受教育水平对家庭教育文化的影响。这种文化可能包含他们所培养的工作习惯、对学习的支持、所提供的激励和培养的教育热情。在这些变量方面做出积极努力的家庭的教育文化提高了学生在学校中学习的能力(Scott Jones 1984)。

学校可以在许多方面加强指导能力，培养有建设性的家庭教育文化：帮助家长掌握如何做好家长的技巧，为家长提供帮助学生在家里学习的知识。可以建立清晰的学校与家庭之间的双向沟通，使家长了解学校的教育计划和学生的进步。学习也会对家长参与支持学校教育和管理工作有所帮助（Epstein and Becker 1982）。

2.2 课程内容和材料

尽管学生学习的科目类型和内容不同，年级水平有差异，但是他们所接触的内容都是与达到目标紧密相连的（Cooley and Leinhardt 1980）。对这些内容的选择建立在教师所能够获取的材料的基础之上。据估计，学生大概花费75%的学习时间来学习这些材料。并且，教师获取课程材料的选择权常常被限定在一个严格的范围内。据说，效率高的教师使用非常广泛的材料（包括"课堂外"的材料）。效率高的学校则努力保证教师能够方便地获取这些材料，同时保持教育目标、材料和考试的一致性（Gamoran and Dreeben 1986）。

2.3 教育时间的数量及使用

可支配的所有时间（指每年的教学天数）、教学时间（指可支配的时间减去假期等）和真正花费在学习上的时间（学习时间）对取得的成绩有至关重要的影响。这种影响的程度大小是由使用时间的效率所决定的。学校通过诸如保证学生出勤率等手段保证教育时间。由于各个教师的行为不同，据估计，可获取的教育时间与学习成绩的比值是0.4，在不同的课堂中其变化可以达到70%。任务目标时间——分配给学习的最大时间份额——运用权力几乎都在教师和学生手中。据称它占所有教育时间的40%～85%（Everston et al. 1980）。考虑到广泛的个体差异，据估计，任务目标时间的最佳百分比是80%。

2.4 教育方式

教师之间不同的教育方式造成了学生成绩的巨大差异（Walberg and Fowler 1987）。据称效率高的学校的教育计划制定得非常严格。其中包括：一节课围绕一个有限的中心；有目的地设计和指导课堂活动；为分主题的、分小组的或单独的活动建立一个清晰的架构；强调胜任工作和达到目标的机会；为学生提供不同的体验机会。明确的师生互动关系反映了一种言之成理的学习原则，包括清晰的目标交流，促进班级中广泛的互动，以实际的问题为基础引导出更高层次的、需要更多解释的问题以及使讨论具体并且能够体现学生学习的课程材料之间的联系。

**3. 结构**

学校体系中这部分内容探讨的是学校规模（物质的和财政的）、学生团体和物理环境特征对学生成绩的影响。

3.1 规模

就组织而言，很明显，越小就意味着越好，对学校和班级也是如此。在促进学生更好地参与课外活动、树立更强的自我观念和进一步降低疏远感等有关学生成长的重要方面，小学校比大学校做得要好，这样的学校也更易培养学生的合作态度（Haller and Monk 1988，Hamilton 1983）。

学生在小班级中比在大班级中能取得更好的成绩（Hedges and Stock 1983）。40人的班级和1个人的班级之间存在30%的成绩等级差别。规模差别处于低端（例如1～10个学生）的班级非常容易取得较好的教育成果。规模差别处于高端（20～40个学生）的班级只能取得很小的或许是无意义的教育成果。

3.2 学生分组

在班级、年级、学校里把学生按能力进行分组（同类划分）的行为最早可以追溯到19世纪的北美（Kulik C and Kulik J 1982）。这在中年级和高年级十分普及，在低年级也很常见（Braddock 1990）。这样划分的原因包括：期望有更高的教育目标，有关教师作用和学生智力遗传的传统观念和在"真正的学校"的状况下教师管理班级时的实用主义价值观念。

学生按能力分组的实践会产生不同效果的证据随处可见（Slavin 1990，Berends 1987）。根据这些证据，不同班级的学生按能力分组对学术能力强的学生影响最大，取得适当的成绩并为未来制定更有雄心的计划，是这些学生由此获得的最大成果。而对学生来说，班级内能力分组作用非常有限，只是在数学或许还有阅读方面，可能有一些好处。对这些学生而言，大部分时间处于由不同水平的同学组成的班级中可能最有益处。在为开展教学而进行学生分组时，应该具备以下条件：(a)减少所教授知识技能的异质性；(b)经常进行再评估和实施灵活的分组安排；(c)在重新分组的班级里调整教学的速度和水平，以适应学生的水平和学习效率。

按能力分组主要在教学、课程和环境资源方面对那些能力并不特别强的学生产生中性或消极的影响。与有钻研精神的学生(能力强的学生)相比，能力弱的学生所接受的教育进度慢，经常受课堂管理的干扰，缺乏交流，在单独的、低水平的、重复的学习上花费更多的时间。教师们对这些学生小组的教学通常缺少变化、不够连续和统一，而且很少布置家庭作业和进行反馈。

与有钻研精神或能力强的同学的课程相比，能力相对弱的学生应侧重水平较低、实用性较强的课程。能力分组后，对这些学生的教学宜采用理论性不强和尽可能少地运用其他课程知识的课程。此外，要尽可能少地给他们提供理论性强的内容，如果生硬地要他们学习这些内容会导致他们产生违犯班级秩序和团结的行为。

对在低能力分组班级中学习的学生来说，家长更可能对学生的行为及学习成绩态度消极和期望不适当。而且还可能有班级结构松散和秩序差(更加混乱)、学生对班级活动的目标认知模糊和学生与学校的联系不紧密等特点。

对按能力分班的学生成绩及其原因的研究表明班级分组政策不仅要考虑成绩问题，还要考虑教育公平这个因素。

### 3.3 物质环境

影响学生成绩的学校和班级的物质环境的特点已经被找到。从学校层面来看，地理位置、建筑式样和质量都会对学生的学习成绩产生影响。研究表明，地理位置(郊区和市区)与提高学校教育成果之间存在关系。这种影响被解释为主流文化价值与融入学校文化的改革相结合的程度——在接近大城市地区的学校里表现更为明显。

在研究中，建筑设计已经受到了相当大的关注(Weinstein 1979)。这种关注的大多数都集中在作为与传统学校建筑相反的“开放”的相关价值上。从以下资料看这种说法似乎是合理的：

(a)开放的建筑对学生学习成绩的影响水平如何，在相当程度上对学生性格有很强的依存性(比如说，意识水平很高和毅力强的学生可能学习好，但对建筑环境依赖性强且易分心的学生可能学习不好)。

(b)开放的建筑设计对学生的许多非学习性成果产生积极影响(比如自主的感觉、冒险、完成任务的坚持性以及参与活动的数量)。

(c)开放的建筑设计更可能促进教师采取那些对学生有长期帮助的方式去行动(例如增加与其他教师的交流，更强的自治感、满足感和抱负感)。

以上所有的影响都不是建筑设计单独作用的结果，而是建筑设计增加学生和教师这样而非那样行为的可能性。还有少量的证据表明建筑的装修和维护对学生也会产生积极效果(Rutter et al. 1979)。但是，这些特征似乎更能影响学生的行为而非学习成绩。从班级层面看，安全和秩序、噪音水平和座位安排都能对学生的学习产生影响。对学生来讲，一个安全而有秩序的班级环境是非常重要的——而一个秩序混乱的环境则会压制学生的行为。班级里的个人空间也很重要，在那里学生可能偶尔从教育常规活动的间歇中得到自由，能够打电话并在这种休息中恢复精力。学生不大会受学校常规噪音的影响。例如，虽然背景音乐会抑制记忆性工作，它也对学习更高层次的认知性技能、减少焦虑和更好的相互交流有着积极的意义。通常只有长期的、极度的机械噪音通过打断交流、中断授课，影响学生对教学相关信息的注意力，从而影响学习效果。

学生在班级中的座位安排与学习成绩有着相当大的关系。证据表明：(a)在方形的座位排列中，学生们通常会选那些坐在前排的同学作为活动的负责人；(b)当两个学生相邻但相背而坐着时，他们的交流就会受到影响；(c)将一大群学生划分为可以互视的独立小组，能够增进合作行为。

## 4. 人事背景特征、政策和程序

### 4.1 背景特征

校长至少对学生的基本认知技能、对学校的态度、逃课行为、破坏行为、遵守纪律和可能的其他行为有巨大的影响(Leithwood et al. 1991)。然而,这种影响来自贴着“教育领导能力”标签的特殊行为模式。这种行为模式是越来越多的校长的共同特征,但它们仍然只来自少数人。校长的背景特征通过他们的行为模式对学生发挥影响。有证据表明那些成为校长之前具有较长班级工作经验,教育态度更倾向于学生的校长的领导能力可能更强。教育领导能力与更好的正规教育、特定的课程或相关政策知识、在当副校长期间受到良好的在职训练和思想开放等因素有关。

与同事相比更有经验的教师对学生成绩的影响更大。但是这种影响也是有限的,有证据表明这种影响随着学生的能力水平变化而变化(Central and Potter 1980)。能力强的学生可能从有经验的教师那里受益最大而能力低的学生可能从充满热情的、年轻的、缺乏经验的教师那里获益最大。一些教师可能比另外一些人更适合从事教育工作。例如,据观察,在班级中,初中学生(11 ~ 14 岁)彼此拉帮结派且互相敌视的趋势更明显。这种情况就需要教师掌握处理消极影响和消解冲突的特殊技巧。更高的社会层次、更好的受教育水平(一般的和专业的)、更强的语言表达能力是教师影响学生的能力特征。

### 4.2 人事政策和程序

这部分是关于选择与评估学校教职工的政策和程序。一般来说,与其他一些更加成熟的组织相比,这些政策和程序在大多数学校中还停留在一个相对原始的阶段。它们对学生的影响通常很小而且在有些情况下是消极的(Leithwood 1989),但确实不应该如此。

选拔和提升政策可能导致选择那些工作有重要的特点,且对学生学习作用很大的人员。这些政策十分明确,并被想像成对所有适用的人都很公正。它们以直接衡量工作表现的标准为基础。为此,就需要经常使用可靠的方法收集有关标准的证据。例如,这种方法包括通过多种渠道获取证据。在校长的管理和评估作用发挥得好的地方,这种标准清楚明确,与教育发展密切相关,注重班级、学校、社区目标的协调,并为管理者的反馈与积极参与提供帮助(Murphy et al. 1985)。

类似的特征与那些高效教师的管理习惯紧密相关。洛森霍特兹(Rosenholtz 1989)指出,学生的成绩受教师对自己教育习惯的自信和基于这种自信的行为的影响。反过来说,这种自信来自指导教师行为的评价形式、为教师关注的重点提供清晰的指导方针、经常的观察和反馈、有效易懂的标准和为评估提供任何形式的帮助。

## 5. 信息收集和决策制定过程

### 5.1 信息收集

信息收集对学生成绩的作用主要依赖于这些信息的质量和数量,它与教育体系中最直接影响学生的各个方面因素的关系以及对信息的最终利用。无论从社会、学校还是班级的层面来看,在收集充分有效的输入(如教职工表现)和输出(如学生成绩)信息并使用这些信息帮助决定未来如何做得更好时,信息收集产生的影响最大。为日常的班级管理进程提供系统的方法是高效率的学校工作的重要组成部分。在效率高的学校中教师运用多种方法收集信息。例如教师进行的测试和检查学生作业的样本。突击检查的方法被经常使用,给家庭作业打分也很常见。由于记录和管理这样的信息悄然地消耗了教师的大量时间,讲求效率的学校会帮助教师把这些时间压缩到最少。

所有的教师都或多或少地使用教育系统本身具有的渠道收集信息。但是,效能更高的教师对经常出现的如学生对班级事件的反应等情况更加敏感,并根据教育的进程调整对学生的反应。

信息收集有两个主要目的,高效能的教师对它们都很熟悉。第一个目的是教师对教育计划的设计和修订。这些信息向教师显示教育的进展情况、哪些地方需要修正、教育的节奏是否合适等。教师的教育目标清晰和明确是实现教育目的的中心因素,需要经常收集有价值的信息。收集信息的第二个目的是加强学生的学习,有证据表明这对学生的成绩产生极其巨大的影响。

### 5.2 决策制定过程

对高效能的学校的研究表明,教职工对学校决策的适当参与,使得学校管理权威在一种强有力的、集中的发展框架中更具有代表性。这种框架可能是一个学校的发展规划。教师也参与到如学生分班这样的政策决定中。高效的学校经常有许多学校一级的办法,以决定如何提高学校成绩的问题。高效能的中学则为体现学校教育理念的课程和教育需要提供组织和管理支持(McNeil 1988)。

**6. 结论**

上述对学校和班级的分析探讨了与学校计划有关的、对每个学生的成绩有重要价值的几个因素。然而,如果不承认在许多研究文献中指出的,学校中存在为许多人所诟病的性质含糊的社会成果,那么对于学校影响的分析也是不完全的。根据这些文献剖析,学校通过在不同的学生群体间采取不同的课程,而这种做法加强了不平等。学校并且通过隐性课程,教授一种不平等社会的标准和价值,从而再生出社会不平等。本词条所分析的学校比现实中的要自治得多。学校从来不能独立于社会压力、经济和性别观念或者不同的利益集团之外。社会团体,包括学校,都不是独立的实体,而是与其所在的社会紧密联系在一起的,学校具有对一定范围内的别处发生的社会问题做出反应的可能性。

K. 莱特伍德(K. Leithwood)
D. 扬茨(D. Jantzi) 著
姜 红 译

**附录**

Bloom B 1984 The search for methods of group instruction as effective as one-to-one tutoring. *Educ. Leadership* 4(8):4—17

Bossert S 1988 School effects. In: Boyan N (ed.) 1988 *Handbook of Research on Educational Administration*. Longman, New York

Braddock J H 1990 Tracking the middle grades: National patterns of grouping for instruction. *Phi Del. Kap.* 71(6):445—449

Centra J A, Potter D A 1980 School and Teacher effects: An interrelational model. *Rev. Educ. Res.* 50(2):273—291

Cooley W W, Leinhardt G 1980 The instructional dimensions study. *Educ. Eval. Policy Anal.* 2(1):7—26

Epstein J L, Becker H J 1982 Teachers' reported practices of parent involvement: Problems and possibilities. *Elem. Sch. J.* 83(2):103—113

Everston C M et al. 1980 Relationships between classroom behaviors and student outcomes in junior high mathematics and English classes. *Am. Educ. Res. J.* 17(1):43—60

Feiman-Nemser S, Floden R E 1986 The cultures of teaching. In: Wittrock M C (ed.) 1986 *Handbook of Research on Teaching*, 3rd edn. MacMillan Inc., New York

Galbraith J R 1977 *Organizational Design*. Addison-Wesley, Reading, Massachusetts

Gamoran A, Berends M 1987 The effects of stratification in secondary schools: Synthesis of survey and ethnographic research. *Rev. Educ. Res.* 57(4):415—436

Gamoran A, Dreeben R 1986 Coupling and control in educational organizations. *Adm. Sci. Q.* 34(4):612—632

Good T L, Brophy J E 1986 School effects. In: Wittrock M C (ed.) 1986 *Handbook of Research on Teaching*, 3rd edn. MacMillan Inc., New York

Haller E J, Monk D H 1988 New reforms, old reforms and the consolidation of small rural schools. *Educ. Adm. Q.* 24(4):470—483

Hamilton S F 1983 The social side of schooling: Ecological studies of classrooms and schools. *Elem. Sch. J.* 83(4):313—334

Hedges L V, Stock W 1983 The effects of class size: An examination of rival hypotheses. *Am. Educ. Res. J.* 20(1):63—85

Kulik C, Kulik J 1982 Effects of ability grouping on secondary school students: A meta-analysis of evaluation findings. *Am. Educ. Res. J.* 19(3):415—428

Leithwood K A 1989 School system policies for effective school administration. In: Holmes M, Leithwood

K A. Musella D (eds.) 1989 *Educational Policy for Effective Schools.* OISE Press. Toronto

Leithwood K A, Cousins B, Begley P in press The nature, causes and consequences of what principals do. *J. Educ. Adm.*

Little J W 1982 Norms of collegiality and experimentation: Workplace conditions of school success. *Am. Educ. Res. J.* 19(3):325—340

McNeil L M 1988 *Contradictions of Control.* Routledge, New York

Murphy J, Hallinger P 1989 Equity as access to learning: Curricular and instructional treatment differences. *J. Curric. St.* 21(2):129—149

Murphy J, Hallinger P, Peterson K D 1985 Supervising and evaluating principals: Lessons from effective districts. *Educ. Leadership* 43(2):78—82

Rosenholtz S 1989 *Teachers' Workplace.* Longman. New York

Rutter M, Maughan B, Mortimore P, Ouston J 1979 *Fifteen Thousand Hours: Secondary Schools. and Their Effects on Children.* Harvard University Press, Cambridge, Massachusetts

Scott-Jones P 1984 Family influences on cognitive development and school achievement. *Review of Research* 11:259—304

Slavin R E 1990 Achievement effects of ability grouping in secondary schools: A best-evidence synthesis. *Rev. Educ. Res.* 60(3):471—500

Walberg H J, Fowler W J 1987 Expenditure and size efficiencies of public school districts. *Educ. Researcher* 16(7):5—13

Weinstein C S 1979 The physical environment of the school. *Rev. Educ. Res.* 49(4):577—610

## 中学的效能(Secondary Schools: Effective)

尽管学校效能的定义已随着时间发生了变化,但是关注学生的成果,尤其是学生的成绩却是恒久不变的。在定义了"效能"一词后,本词条主要探讨影响学校组织效能的内外部因素,包括学生和在这里工作的老师。这篇概要建立在李(Lee)等人对学校组织效能所做的广泛评论的基础之上。

### 1. 研究中学有效性的背景

在概念框架上,本词条认为学校既受内部也受外部力量的影响。学校在受到外部因素塑造的时候,学校组织也要调节这些因素对教师和学生经验的影响。研究主要集中在中学的内部组织和这些外部因素是如何影响教师和学生工作的。在定义了"效能"之后,本词条区分了两个关于学校组织的不同的研究流派:(a)理性的官僚主义;(b)社会集体主义。运用对比的观点,分析了与效能有关的学校组织的内、外部特征。

研究学校效能的历史很短,从科尔曼(Coleman)等人1966年的著作《教育机会均等》出版开始,早期局限于投入与产出的研究。这些研究令人失望,因为它们不能解释投入(主要指图书馆图书和生均费用)对学生成绩的影响与家庭背景的影响同等重要这一事实。接下来的研究潮流又集中在受教育情况(通常由受教育年限来衡量)中的社会分层(按种族和阶级)问题。没有一种研究探讨学校的内部组织。比较有前途的研究当属20世纪70年代末80年代初"效能学校"的研究,该研究试图从学校内部来解释学生表现的差异,特别是那些处境不利的学生。这些主要以小学为对象的研究成果,集中体现在两个比较有影响的评论中(Rosenholtz 1985,Purkey and Smith 1983)。

很不幸,过去关于学校效能研究,"使用各种方法收集和分析数据,它们忽略的东西比揭示的东西更多,在许多研究中那些既定的方法产生了错误的结论"(Cronbach 1976 P.1)。像比德威尔和卡萨达(Bidwell and Kasarda 1980)所说,大部分关于学校效能的研究都没有对作为组织的学校和作为教学过程的学校进行关键的区分。幸运的是,先进的统计学与社会学的透视相结合,进一步推动了对学校效能的研究。李等人1993年就总结了过去研究中所遇到的困难并对新研究做了阐述。本词条内容是从经过评论的研究中选择出来的,因为那些有方法缺陷的研究比使用新方法的研究缺乏可信度。简而言之,关于学校效能的有效研究必须允许:(a)对组织效能进行适当的统计估计;(b)检验学校的分配作用。过去的研究,尤其是那些集中于学校间条件差异的研究,低估或忽略了这些重要的因素。

## 2. 关于学校的社会学观点的比较

### 2.1 正式组织与小团体

学校作为组织可以通过两个对照的视角来概括(Bidwell 1965)。从理性官僚主义观点来看,学校是一个"正规的"组织,其中,权威是由角色而不是人界定的,工作细分为专门化的任务,教师被认为是学科问题的专家,规则详细说明了行为规范并不需要个人再进行判断。当代社会很普遍的公立综合中学(Powell 1986),科南特(Conant)于1959年第一次做了描述,它成了理性官僚主义观点下的学校教育的典范。与此极端不同的是那些社区观点,它把学校看作"小型社会"。这样的概念强调非正式的社会关系,学校在所有成员都支持的价值观体系下(而不是规则)运作。成人角色分散化而不是专门化,工作是最小限度的分工。现代天主教中学是学校的"小型社会"观点的代表(Bryk et al. 1993)。

在这两种定义中,作为"好的"或"有效的"学校显示了非常不同的特征。第一种观点认为效率是极为重要的,而建立密切的社会关系是第二种观点的特征。直到20世纪80年代末,学校组织本身和学校效能研究才在官僚主义观点中占主要位置。然而,一些关于学校的著作开始对学校教育的真正目的以及作为这些目的基础的社会价值、学校中的老师和学生工作的意义提出质疑。这些质疑进一步支持了选择性的观点。

### 2.2 "有效能中学"的定义

针对"小型社会"的观点,本词条广义地界定了"效能"。不可忘记学生是学校的主要顾客,同时,工作在那里的成人(主要是教师)也应该被视为学校组织的重要成员,为了他们,学校及其工作应当是有意义的。尽管学术成就被公认为是"效能"的主要部分,但是这个定义被扩大到包括学生对学校工作的参与。进一步说,这个操作性定义也包括对每所学校中这些成果的内部分配的关注。谁获得了?谁参与了?换句话说,除了高水平的成就和参与外,有效能的中学应该包括这些成就在具有不同社会和智力背景的学生之间进行公平的分配。一般而言,这样的一个定义预示着,学校不应该完全为同一类的客户(种族的、社会的或者智力方面的)服务。

## 3. 影响组织效能的外部因素

### 3.1 学校规模

一个学校的规模如何影响它的效能,依赖于人们的观念。许多关于学校规模的研究支持官僚主义的观点,假定规模比较大的学校是更有效能的。历史上曾经发生的学校因规模扩大而带来经济上的节约,为学校或学区的合并提供了主要的论据(Conant 1959,Guthrie 1979)。规模的扩大也会很明显地导致程序的专门化和人们的分化(Lee and Bryk 1989)。大规模的学校在学习机会和学术成就方面有社会分层的特点,同时潜存着教师和学生疏远学校及其目标的可能。可以肯定的是大规模的学校里,更有可能提供一系列较为宽泛的课程,但宽泛的课程是否必然有利于学生却不清楚(Powell 1986),至少和城区设置较大规模学校的趋势相比,可以看出较小规模的学校更有优势。这和古德拉德的建议(Goodlad 1984)是一致的,即理想的中学规模是500~600名学生,比现在的综合中学小得多。

### 3.2 入学者的多样化

组织的一个基本挑战是学校应该对入学学生的多样化做出反应。关于学生团体成分的有限研究集中在三个独特的方面:种族或种族背景、社会阶层、学生能力。这里关注的焦点是:学生是学习活动的资源。一个学校的学生决定了课程和使学生与课程相协调的政策。很明显,学校对具有相似的入学素质的学生做出了不同的反应。一个学校的学术结构和支配它的关于谁能学什么的信仰体系,决定了学生的学术经历、他们对学习的参与和以后的成绩。

美国进行的关于种族因素的研究主要集中在

学校废止种族隔离产生的效果上。马哈德和克雷恩(Mahard and Crain 1983)以及斯科菲尔德和塞格尔(Schofield and Sagar 1983)做出的评论,分别分析了废止种族隔离对学习成绩和人际关系影响的效果。简而言之,在白人学生居多的学校里,少数民族的学生获得了一些学术上的收益。同时,那些学校的人际关系方面却孤立了少数民族学生。更重要的是,废止种族隔离的学校一般不会产生多民族学生合作的学习体验,因为多数情况下,学生总是根据学习能力分组的,这样导致了种族分离的学习经历(Eyler et al. 1983)。

处境不利学生的高度集中会影响到社会秩序,经常助长积极反对学习的同伴文化。社会等级结构经常被认为是财政资源和人力资源的一个代名词,很少从种族和种族背景角度独立地进行考察。李和布雷克(Lee and Bryk 1989)发现,各个学校里平均的社会等级与学生较高成绩之间是正相关关系,这也更加证实了学生社会等级和成绩的关系。学校中的社会等级在公立学校里比在教会学校中发挥了更强大的作用,因为数量巨大的公立学校强有力地分化了社会环境。

最重要的因素研究集中在能力上。拉特等人(Rutter et al. P. 178)发现,在处境不利学生占很高比例的中学,"入学者学术获得均衡"对于营造一个积极的风气来说是至关重要的。这种观点在"空缺理论"中得到了展开论证(Sorensen 1987)。学校内部的资源(教师、物质、时间)通过能力分组得到分配。由于每个教学组容纳的人数有限,所以在学校里能力分组的结构不一定和学生能力分布相匹配。

3.3　管理结构

无论用多少控制措施来调整入学差异,公立学校和私立学校的对比研究总是趋向于指责存在的选择偏见。然而,一系列关于宗教学校和公立学校的对比研究显示,两类学校间的许多组织差异是造成宗教学校里良好的学生和教师成就的原因(Brky et al. 1993)。严格控制进入与退出(如挑选和开除学生与教师的能力)被认为是私立学校的一个内在优势,对这个问题只有一项进行了实证研究(Bryk and Driscoll 1988),该研究发现选择权确实造就了很大的组织优势。很明显,20 世纪 70 年代公立学校对破坏性学生行为的法律反应,以及它们在处理这些最棘手问题的无能为力,都成了学校顺利运行的一个主要障碍(Grant 1988)。

3.4　父母和社区

制约学校运行的大的社会背景是不能忽视的,但是本词条有限的空间限制了对这个主题的充分论述。家长参与学校活动主要包括三个方面:(a)家长本人对学校以及学校目标的支持;(b)通过家庭生活方式提供教育支持;(c)更具体的是,父母直接帮助他们孩子的学业。所有这些都是重要的,但是这些方面很少能在有大批处境不利学生的学校里发生。如果贫困学生要寻求进入美国主流社会的机会,那么向这个目标发展的社会化过程就一定要在学校和家庭里发生。

通常情况下,家庭环境被认为是一个潜在的问题(尤其是在官僚主义观点下),这个问题可以通过父母教育得到"解决"。根据这种观点,对教育的控制仍然是专业性的,它没有直接分析家庭与学校价值观的分离。这个观点现在面临着挑战,证据是贫困社区代表更多地参与该地区学校的管理。另一个选择——功能性社会(Coleman and Hoffer 1987)则是结合了官僚主义观点和社会集体主义的观点。当强调家庭和学校间生产性社会关系时,学校被看作是一个专门于教育目的的有限社会,学校雇员中的专业人员,扮演了受到家庭尊重的特殊角色。

**4. 影响组织效能的内部因素**

学校的外部因素大多是通过他们对学校内部组织的作用而间接影响教师和学生的成就的。这里从四个大方面讨论内部组织,其中最重要的是关于一个学校的正式组织:学校作为教师和学生的工作场所是如何组织起来的。

4.1　学校文化

学校的信仰体系是什么?学校为它们自己设立的目标是什么?这些文化信仰和目标是怎样在教职工和学生间分配的?这项工作大多研究"学校风气"——教师责任、同伴规范、对学术的重视与成就期望以及目标的一致性。有两种典型的研究类型:(a)基于经验的而理论薄弱的研究;(b)更多人种学的和人类学的研究。学校文化的研究趋向于强调每所学校的独特性,而不是暗示某个具体的信仰结构。官僚主义观点关于这个主题的研究集中在组织目标上,有效学校研究运用了一个目标模式观点。然而,这个研究更适合小学而不是中学,因为它经常伴有同时发生但相互冲突的目标。

包括教学和文明举止规范在内的共享的价值观受到了关注(Bird and Little 1986),这样的类型研究的好范例包括对学校的人种学解释,像格兰特(Grant 1988)和莱特福特(Lightfoot 1983)所做的那样。总的来说,大多数的学术观点和社会规范赞同社会集体主义胜过官僚主义。关心他人的福利代表了这些目标的共同倾向。

### 4.2 管理

基于中学管理的研究是很多的,但是很少有研究在学术期刊上公开发表。这些研究根据作用分类为:

(a)管理作用(分配资源,制定并执行规则,指导和评价员工发展)。

(b)中介作用(推动学校和外部支持者之间的交流,在骨干教师之间充当矛盾缓冲器,在政策决定和政策问题之间进行沟通)。

(c)领导作用(形成和界定个人及组织的目标,进行教育指导和监督)。

这样的研究多数有一定的官僚主义倾向。一般来讲,作为社区性组织的学校倾向于拥有一个细小而淡化的管理结构,而在高度官僚主义的学校,像"只告诉我,你想让我做什么"的态度是司空见惯的,这些反对风险的行为不利于发展高质量的教学和比较好的学校教育。教学内在的模糊和不确定性致使教师的成功感依赖于学生的努力,以及来自同事和家长的强大支持。社会集体主义观点和一般的官僚主义方法形成了鲜明的对比。

学校的规模和它的学术目标的多元化使得中学领导问题更加复杂。许多关于有效学校领导问题的研究集中在了小学。在这方面,官僚主义观点和社会集体主义观点形成强烈对照。学校领导的官僚主义概念主要通过简洁描述教育目标而表现出来。从社会集体主义观点来看,更为重要的是组织文化而不是领导的管理维度。一种看法强调规则、政策和程序,另一种看法重视情景、个性和发展了的规范体系及其理解。把领导特征直接和师生成就挂钩是有不足的,但是任何一个学校组织中领导的重要性是不容置疑的。

### 4.3 正式工作组织

和小学相比,中学有一个重要特征:教学组织属于部门性的亚组织。部门在教师生活中扮演了一个重要的角色,是形成他们最初的社会和专业联系的场所。案例分析表明,关于提供什么课程、谁来任教以及谁教哪门课程这些重要决定都是由部门做出的。在官僚主义理论中,部门化是一个成熟地用来加强学术学习的组织策略,尽管我们对由此产生的社会后果知之甚少。这看起来似乎是合理的:中学里一致性目标、计划的整合以及社会结构方面的特点可能是强烈的部门化的后果。重要的是部门化是否减损了教师对学校群体的忠诚,因为在有社会性组织的学校里,教师更满意他们的工作,体验了更高的员工士气(Bryk and Driscoll 1988,Lee et al. 1991)。

专业分工是中学组织作为官僚机构的核心方面。现代综合中学有一批专业分化很大的员工来满足学生的特殊需要(Powell et al. 1985)。在官僚主义理论中,员工的专门化可以让学校用有效的方式提供服务。然而,纽曼(Newmann 1981)提出了另外一个观点,他认为过多疏远只能形成师生之间短暂的互动,而不是相互接纳的成人—学生关系。交替的角色赋予了教师超出了课堂职责和学科专家范围的更广阔的责任。一个延伸的或者弥散的教师角色认可学校影响学生的社会性和个性发展的责任,同时也促进他们的学术能力的发展。在课堂之外发展融洽和谐的个人关系促进了学生在课堂上的参与。这些个人关系也有利于教师,它提供了对他们而言很重要的一个内部奖赏的来源(Lortie 1975)。多样化的教师角色是教会中学的特征(Bryk et al. 1993)。

有效学校区别于无效学校的一个关键特征是:学校如何为学生组织学术活动。20 世纪 80 年代的一系列研究这样描述中学的一般气氛:学生是僵化的、死气沉沉的被动接收者(Goodlad 1984,Grant 1988,Powell et al. 1986)。这些解释也描述了高度满意的教育,在具有激励性教学和学生参与的小课堂上,优秀学生更易被发现。然而,这个一般模式也有例外(Lighfoot 1983),尤其是教会中学领域的解释(Bryk et al. 1993)。

这项关于中学具体组织特征的研究建立在已确定的工作基础上,讨论学校如何通过按学习能力分组的机制来调控学生的学习机会。20 世纪 70 年代到 80 年代间,传统的能力分组结构发生了改变,课程被组织成很小的容易界定的具体的课程计划,学生通过课程计划熟悉课程。伴随着中学课程爆炸性增长,学生在挑选学习课程时面临着更多的选项,甚至在同一所中学里学生计划也呈现出多元化。所以,研究开始转向现实的选课注册,而不是能力分组。然而,一项对选课和课程分组两个方面进行的研究指出它们有相似的主题:揭示学术科目的差异并探讨这种差异的后果。

来自这项研究的各个结论很相似,它们多数采用了 20 世纪 80 年代美国中学大量的纵向数据,这些学生被称为"中学及以上阶段"。很简单,学生选课和能力分组是学业成就最有力的预言者,超过了个人背景和广泛的个人态度行为的影响效果(Gamoran 1987,Lee and Bryk 1998)。这项研究的政策启示很明显:任何试图影响学业成就的努力必须以决定学生接受学科影响的政策和实践为目标。

前面讨论过的关于教师劳动专业化问题,从"学生方面"来说就集中在学校组织发挥了创造不同学习机会的作用。在这方面有三个显著的研究。加里特和德莱尼(Garet and Delaney 1988)指出,在学生平等地接受高级课程的可能性方面,学校之间存在很大的差异。结果显示,导致学生学习机遇分层的原因,部分归咎于学校的课程决策以及所提供的课程。通过对宗教学校和公立学校间学生的平行分析,李和布雷克(1988)考察了学生的背景和能力如何影响学术经历,这些经历如何又反过来影响学业成就。若学生背景不变,他们发现教会中学里占很大比例的学生被安排在学术课程方向,而在教会中学里背景和学习方向安排几乎不相关。实际上,教会中学和公立中学在课程开设方面的最大差异是非学术方向。换句话说,由于教会中学采取为所有学生开设学术课程的主动政策,所以他们在选择课程(以及接下来的成就)方面很少有内部差异。

李和布雷克(1989)出示了一个直接的经验证据来说明课程组织在影响成就平均分布方面的作用。教会中学强制性的学术结构使得通常发生的学生成绩分化减小到最低点,而这种分化是与广泛的选课自由相联系的。规模较小的学校在这方面发挥了重要的作用,因为大学校自身更容易创造一个有差异的学术结构。而且,学校规范环境的其他方面也很重要。例如,学业成就(尤其是少数民族的)在有秩序的安全的学校环境里是比较高的。成就也受到学校里较低的教师旷工率和较高的教师责任感的积极影响。特别需要指明,这项研究采用了一个新的方法步骤,学校对学生的影响是用统计的方法取得的,这些方法考虑了等级结构。

### 4.4 社会关系

社会关系问题是研究中学的一个重要主题,这方面研究受沃勒(Waller 1932)和杜威(Dewey 1966)工作的强烈影响。从官僚主义观点来看,全体教员分授权力是一个促进组织内平行交流的媒介,旨在引导全体技术专家承担具体的学校问题。

从学生角度看,同伴因素促进或者抑制了积极的教育成果(Epstein 1983)。学生交往的社会结构或者与学校方向相反,或者与学校方向同步,这与一些组织特征有很大关系,例如能力分组、文化环境、师生间的交往。学校也能有意识地组织共同的活动和仪式,以形成积极的成人—学生关系。而且,学生在参与很少有选择权(课程长时间内几乎没有改变)的公共课程的过程中形成了某种礼仪,学生彼此交往正如和过去的伙伴交往一样,它成了学校传统的一部分。

中学相差甚远的质量引起了注意(Grant 1988,Newmann 1981),尤其是城市学校的一系列问题。教师和学生相互依赖,但是作为学科专家的教师承担了过于官僚主义的角色,不利于形成两个群体发展所需的重要关系。有几个因素可能会打破疏远的循环:学生认识到他们所学习的东西与其生活有紧密联系,师生间的相互尊重,教师对学生成功的高期望,教师对专业事务的重要决策发挥影响。

**5. 结论**

本词条介绍的两种观点为学校发展提供了不同的方向。在官僚主义观点中,内部组织因素被认为是手段,它有效率地组织并确定了以实现学术成就为目的的学校活动。而从社会集体主义那里人们得到的观点是,社会关系是比目的更需要加以管理的组织特征。

很明显,这次回顾偏好于培养了更有效中学的社会集体主义的观点。这种取向主要跟改变综合中学的历史发展有直接关系。较大的学校规模、更大的课程复杂性以及密集的外部政策网络看起来导致了具有不信任、社会冲突和缺乏有意义的人类关系特征的组织环境。这个趋势在城市公立学校地区很明显,这里的需求很大,而所需的资源却受到了更大的限制。

与这个趋势相对照的是一个强调社区合作、有效交流和共享目标的学校教育观点。这个观点看起来可能是一种将过去理想化的反映,包括了特殊化的危险(指跟外界隔离的封闭性),美国的现代教会中学具备了这里描述的有效学校的许多积极方面。现场研究指出这些学校有与其宗教信仰相联系的强有力的制度规范,这些信仰包括维护每个人的尊严和为建设一个公平的、关怀的社会而分享责任。很明显,从宗教基础来看更容易支持这些理想,同时,这些规范和基本的民主理想完全一致。

简而言之,有效中学应该相对较小,所有学生有一个有限的学术计划而不考虑他们的家庭背景、他们的学术准备或者他们的未来志向。这些学校的教师应该把他们自己作为个性的开发者而不仅仅是学科专家。在涉及关注个人责任,以及这些责任怎么建立在具体的信仰、价值和理解基础之上的问题时,社会集体主义观点对当代学校教育的批评是很重要的。如果不重视这些基本的课题,那么当前的一些改革运动(如"择校"、"学校自治"和"社区管理")要想在这些学校获得重要改变的努力将会失败。

V. E. 李(V. E. Lee) 著

姜 红 译

**附录**


Bidwell C E 1965 The school as a formal organization. In: March J G (ed.) 1965 *Handbook of Organizations.* Rand-McNally, Chicago, Illinois

Bidwell C E, Kasarda J D 1980 Conceptualizing and measuring the effects of schools and schooling. *Am. J. Educ.* 88(4):401—430

Bird T, Little J W 1986 How schools organize the teaching occupation. *Elem. Sch. J.* 86(4):493—511

Bryk A S, Driscoll M E 1988 *The High School as Community: Contextual Influences, and Consequences for Students and Teachers.* National Center on Effective Secondary Schools, University of Wisconsin, Madison, Wisconsin

Bryk A S, Lee V E, Holland P B 1993 *Catholic Schools and the Common Good.* Harvard University Press, Cambridge, Massachusetts

Coleman J S et al. 1966 *Equality of Educational Opportunity.* National Center for Educational Statistics/US Government Printing Office. Washington, DC

Coleman J S, Hoffer T 1987 *Public and Private High Schools: The Impact of Communities.* Basic Books, New York

Conant J B 1959 *The American High School Today: A First Report to Interested Citizens.* McGraw-Hill, New York

Cronbach L J 1976 *Research on Classrooms and Schools: Formulations of Questions, Design, and Analysis.* Stanford Evaluation Consortium, School of Education, Stanford University, Stanford, California

Dewey J 1966 *Democracy and Education: An Introduction to the Philosophy of Education.* Free Press, New York

Epstein J L 1983 The influence of friends on achievement and affective outcomes. In: Epstein J L, Karweit N (eds.) 1983 *Friends in School: Patterns of Selection and Influence in Secondary Schools.* Academic Press, New York

Eyler J, Cook V J, Ward L E 1983 Resegregation:

Segregation within desegregated schools. In: Rossell C H, Hawley W D (eds.) 1983 *The Consequences of School Desegregation*. Temple University Press, Philadelphia, Pennsylvania

Gamoran A 1987 The stratification of high school learning opportunities. *Sociol. Educ.* 60(3):135—155

Garet M S, Delaney B 1988 Student courses and stratification. *Sociol. Educ.* 61(2):61—77

Goodlad J I 1984 *A Place Called School: Prospects for the Future*. McGraw-Hill, New York

Grant G 1988 *The World We Created at Hamilton High*. Harvard University Press, Cambridge, Massachusetts

Guthrie J 1979 Organizational scale and school success. *Educ. Eval. Policy Anal.* 1(1):17—27

Hoy W K, Ferguson J 1985 A theoretical framework and exploration of organizational effectiveness of schools. *Educational Administration Quarterly* 21(2):117—134

Lee V E, Bryk A S 1988 Curriculum tracking as mediating the social distribution of high school achievement. *Sociol. Educ.* 61(2):78—94

Lee V E, Bryk A S 1989 A multilevel model of the social distribution of high school achievement. *Sociol. Educ.* 62(3):172—192

Lee V E, Dedrick R F, Smith J B 1991 The effect of the social organization of schools. on teachers' efficacy and satisfaction. *Sociol. Educ.* 62(3):190—208

Lee V E, Bryk A S, Smith J B 1993 The organization of effective high schools. *Rev. Res. Educ.* 19:171—267

Lightfoot S L 1983 *The Good High School: Portraits of Character and Culture*. Basic Books, New York

Lortie D C 1975 *Schoolteacher*. University of Chicago Press, Chicago, Illinois

Mahard R E, Crain R L 1983 Research on minority achievement in desegregated schools. In: Rossell C H, Hawley W D (eds.) 1983 *The Consequences of School Desegregation*. Temple University Press, Philadelphia, Pennsylvania

Newmann F M 1981 Reducing student alienation in high schools: Implications of theory. *Harv. Educ. Rev.* 51(4):546—564

Powell A G, Farrar E, Cohen D V 1985 *The shopping Mall High School: Winners and Losers in the Educational Marketplace*. Houghton Mifflin, Boston, Massachusetts

Purkey S C, Smith M S 1983 Effective schools: A review. *Elem. Sch. J.* 83(4):427—452

Rosenholtz S J 1985 Effective schools: Interpreting the evidence. *Am. J. Educ.* 93(3):352—388

Rutter M, Maughan B, Mortimore P, Ouston J 1979 *Fifteen-Thousand Hours: Secondary Schools and Their Effects on Children*. Harvard University Press, Cambridge, Massachusetts

Schofield J W, Sagar H A 1983 Desegregation, school practices, and student race relations. In: Rossell C H, Hawley W D (eds.) 1983 *The Consequences of School Desegregation*. Temple University Press, Philadelphia, Pennsylvania

Sorensen A B 1987 The organizational differentiation of students in schools as an opportunity structure. In: Hallinan M T (ed.) 1987 *The Social Organization of Schools*. Plenum. New York

Waller W 1932 *The Sociology of Teaching*. Russell & Russell, New York

## 社区教育与社区学校(Community Education and Community Schools)

在过去,社区教育通常被视为是“将学校或学院转变成为各年龄段的人服务的教育中心和娱乐中心的过程”(Fletcher 1985 P. 845)。在 20 世纪 90 年代,虽然学校仍然是进行社区教育的主要场所,但现在为适应当地的实际需要,社区教育的场所和实践活动更加多样化了。一些新概念正迅速发展,如联结教育和工业或使街道成为那些无家可归的孩子们学习的场所。在第三世界国家,成人文盲率和人口都居高不下,这也说明了确立社区教育的必要性,因此社区教育不能与社区发展和社区活动相分离。本词条将概括社区教育的历史、最近的发展情况以及在这一领域内最近的发展方向。

**1. 社区教育的起源**

社区教育可以追溯到20世纪30年代,这是一个能够产生引领时代的巨人的时代,如美国弗兰克·曼里(Frank Manley)和与他同时代的朋友、博爱家莫特(Charles Stewart Mott)(Young and Quinn 1963)、英国剑桥郡教育委员会的秘书亨利·莫利斯(Henry Morris)。这一时期也确实比较特殊,由于英国和美国这两个西方强国经济衰退,导致了大范围的失业、农村人口流失、犯罪率升高、人们特别是年轻人的失望与挫折感等一系列问题。

社区教育最初从福林特(Flint)、密歇根(Michigan)等一些相对小规模的项目开始,用来将学校的工作扩展到社区这一新的维度。在接下来的40年中,社区教育获得迅速发展,这在很大程度上是莫特基金会的资助的结果,那些曾经对学校广泛的免税政策也给了很大帮助,现在这些政策不仅仅局限于为年轻人服务,还涉及环境、家校关系、年长者、领导能力的发展等领域以及其他全国性的创新事物。这些在联邦立法(1974年社区学校发展法案)中达到的高潮,法案授予各州建立有关社区教育局或教育部。

社区教育在英国的发展与美国相比较缓慢一些,且类型不同。1939年第二次世界大战开始之时,莫利斯试图建立四所"乡村学院",正如他所说,这四所学校是专门为了满足周围临近乡村地区的中学教育适龄人口(11~14岁)和成人的教育需求而设的,他的关于成人教育的观点十分全面,包括成人识字、继续教育、娱乐和各类艺术。这类学校与那个时期的正规学校建筑的实际相似点很少,沃尔特·格洛皮斯(Walter Gropius)和马克斯威尔·弗莱(Maxwell Fry)设计的埃坪托(Impingto)学院就是明证,直到今天它仍然是学校建筑中的杰出典型。

直到20世纪50年代,社区学院运动才蓬勃发展开来。不论是专门的还是仅仅为那些超过法定年龄的人提供教育的各种社区学校,在英国的教育机构中现在占到了一半以上,主要是中间学校(11~16岁或者11~18岁),但小学(5~11岁)也越来越多。

奇怪的是,美国和英国的社区教育工作者们对彼此社区教育所采取的路线和取得的成绩一无所知,这种情况直到做了跟踪社区教育国际发展情况的尝试后才有所改变。美国新泽西州的社区教育受英国模式的影响,美国社区教育的模式又影响了澳大利亚和加拿大。在所有这些国家中,对成年居民学习型社区进行的较早的革新中,当以19世纪60年代由尼古莱·格兰特威格(Nikolai Grundtvig,1783~1872)领导的对"丹麦民间中学"(Rordam 1980)的改革为先锋,很遗憾,丹麦民间中学在20世纪70年代或80年代以前鲜为人知。随着1974年国际社区教育协会的成立以及20世纪80年代社区教育的迅猛发展,人们才有了一个理解和评价世界范围内的社区教育发展的机会。

波斯特(Poster)和克鲁格(Kruger)的著作(1990)提到了欧洲、北美和澳洲一些国家社区教育实践的多种形式。那些联结教育和工业的新概念不断涌现和传播(经济合作与发展组织1989,Shuttleworth 1993)。东欧国家摆脱了最初的孤立状态,这就为更多的国家发展它们的社区教育的概念提供了可能。

1983年以来处于社区教育发展最前沿的国家毫无疑问就是西德,这不仅仅是因为柏林和兰德(Lander)州的一些地方采取了显著的、主动的措施,更是缘于德国对第三世界国家的人力资源和资金考察的结果。

**2. 第三世界的社区教育**

发展中国家的社区教育在很大程度上依赖于当地的环境和实际需要,并随之变化。在这些国家,很少使用"社区教育"这个术语。比如在拉丁美洲国家,"通俗教育"用得更普遍。在非洲,"非洲读写能力和成人教育协会"(AALAE)是社区运动的核心。在所有这些国家中,社区教育随着当地社会条件变化而自然而然地发生变化。

比如说,特立尼达和多巴哥1970年的暴乱是一场灾难,在杰勒德·潘廷(Gerard Pantin)神父看来,犹太人地区令人震惊的条件是暴乱的根本原因。核泄漏、数代同堂的大家庭、滥用药品、大规模的失业率和辍学率、缺乏终身学习计划以及忽略残疾人,这些都是社会弊端的表现。

潘廷创立了一所幼儿园,它吸引父母和那些在一个街区玩耍的孩子们,实际上,这些孩子是社会中被剥夺受教育权的青少年的典型。学校变成了一个开放论坛,人们在这里说出关于他们自己、他们的地区、领导、希望、失望以及将来的打算(Montrichard 1980)。在这个早期实验以后又诞生了为所有人的志愿服务(SERVOL),它建立和转化了许多教育中心,用来进行学前教育、职业培训、娱乐消遣、成人教育和社区参与活动。

在泰国的乡村地区经历了一场迅速转变,它已经威胁到了农村社区的存在。作为一个第三世界国家,比较例外的是它有足够的土地来养活它的3 000万人口,现代农业已经破坏了农村经济。农业产业的成功很大程度上都依赖于单一栽培,这种单一栽培又使农民们完全依赖于国际市场。当市场波动时,原来能自给自足的小户农民就会负债累累,情况好的变成佃农,最糟糕的还会失去土地。泰国政府对这种愈演愈烈的糟糕情况提出的解决办法是,基于社区发展的基本概念——自我满足。它的根源是"所谓佛教的经济学概念。依靠自己使得农民必须限制自己的贪欲和对财富的渴望。他必须满足基本生理需要,去寻找更有意义的精神财富而不是物质财富"(Puntasen 1992 P. 103)。

泰国的这个概念是全盘性的,并且认为森林是所有人类基本需求(食物、医药、衣服和住所)的源泉。通过精心设计的种植政策和保存古老的社区技能与知识,还通过他们所在社区的历史上遗留下来的物物交换制度,泰国的农民可以维持他的家庭。从全世界范围来看,考虑到要为那些人口过度增长、面临生态灾难的民族提供帮助,泰国的造林技术或许可以成为其他新兴国家采纳和改造的一个模式。

菲律宾和巴西这两个国家试图通过社区教育来解决孤儿和无家可归孩子的复杂问题。在菲律宾,这个问题主要源于20世纪七八十年代的内乱,这场内乱最终以1986年推翻了弗尔蒂南德·马科斯(Ferdinand Marcos)的统治而告终。许多孩子由于家人被谋杀、监禁、重新发配而无家可归,或者是沦为贫民窟的居民。儿童的堕落极其普遍,而且在大一点的城市,孩子们甚至在垃圾中觅食。在马尼拉最大的垃圾堆——"臭气熏天的垃圾山"周围,儿童在捡一切可以回收的、可以穿的以及可以吃的垃圾。这些儿童们还有受伤或者死亡的危险,因为推土机一直在这里工作。

在海岛靠近军事冲突中心的地方,成百上千的儿童饱受战争的创伤。很多人都目睹了整个村庄由于被怀疑窝藏或者支持叛军而被毁灭的情况,而且通常是在没有警报的情况下和在夜间发生的。在对立武装的交火中和雷区中,许多儿童都受伤或是死亡了。有些人被"回收"了,这是官方报道对被敢死队谋杀的人的婉约之词。

1985年,伊丽莎白·普若特西欧·马塞里娄(Elizabeth Protacio Marcelino),一个大学心理学家,在马科斯执政时期曾一度入狱,她是受虐儿童国际组织的杰出成员,在奎松城(菲律宾的政府公务首都)建立了一个病残儿童康复中心(CRC)。马塞里娄与她的学生、工人、志愿者一起,想出一切办法提供教育机会,当然首先是要给那个地区的儿童以心理上的和治疗上的支持。现在除了原来的国家中心以外还有四个地区中心,分别在达沃(Davao)、比科尔(Bicol)、怡郎(Iloilo)和尼格罗(Negros)。该中心于1991年8月举行了首次国家大会。关于病残儿童康复中心的使命,在下面这本书的概要里是这样陈述的:

> 康复中心首先是促进战争中儿童心理结构的康复,其次是关心那些在基层或社区的自然和社会灾害中幸存的儿童,这些基层社区是人们主动性、创造性和责任感的源泉。(Marcelino 1991)

像一些拉美国家一样,巴西的城市街道上站满了贫穷的儿童和年轻人,按照格拉西亚尼(Graciani)这个巴西杰出的社会工作者和理论家的观点,造成这一现象的原因很明显:

> 他们不得不通过在街边做生意、洗车、擦玻璃、

擦鞋等来维持家庭生活。而且街边工作的结构是按照现存的社会关系确立下来的,这种社会关系是与公认的规范相冲突的。相应的,这又证明了社会控制机制的压制模式(警察和那些儿童为之工作的成年人)是正确的,大部分儿童目前的工作逐渐发展成后来的工作,工作中充满了剥削、残忍和暴力。(Graciani 1992 P. 45)

格拉西亚尼制定了一套精心构思的专门针对工作的教育实践,这种教育实践承认传统的学校教育不够中肯,也在寻求提高整体收入的策略。工作被看作是一个集体项目,还被看作是一个发生在道路边教室中的教育过程。通过产品的成本核算、确定原材料的来源、规划生产过程、对设备折旧及维护和修理的会计核算、市场开拓、寻求新的机会等等确立课程。所有的年轻人都会在某个时间参与到企业的每一个环节,有些人又会成为其他街区的成员。这种针对工作的教育体制代表了一种社区教育,这种社区教育可以代替成年人口中不法分子和不道德的人对儿童和青少年进行的可怕的剥削。

**3. 社区教育与成人文盲**

社区教育是一种赋予人民而非领导者权力的运动,但是如果不提保罗·弗莱雷(Paulo Freire)对全球社区教育的深远影响,那么这一部分将是不完整的。在弗莱雷的许多有影响的著作中,《被压迫者的教育》(1972)可能是最著名的,无论是在欧洲流亡还是后来在巴西圣保罗当教育部长,他的主要活动都集中在成人文盲领域。他认为有文化和解放是联系在一起的,他的座右铭"一个人教一个人"在第三世界国家里已广泛实现。

在印度,为了应对下级地方出现的两个紧急问题——人口控制和成人扫盲问题,很快提出了一项根植于地方社区的国家政策。可以从政府统计表中看出人口控制和扫盲这两个问题的相互关系:在从1955年到1985年的30年中,成人文盲率翻了一番,占人口的36%,与此同时,成人文盲的实际人数增长了1.4亿人。

由于印度3/4的人口生活在农村,印度成人教育组织将大众教育的责任向下转移到行政区、次级行政区和地方水平上的全国规划就很重要。这就意味着要建立10万个乡村社区教育中心。印度的公民和宗教文化要求那些从高等教育中受益的人们,通过为缺乏足够教育和相对贫困的人服务来报答他们所享受的财富。在印度大学联合会的资助下,学生和讲师将乡村传统学院转变成社区学院,并提供职业教育和文化教育。

在南太平洋地区,人们越来越意识到殖民主义对土著人口的不公平待遇,与澳大利亚人相对,这些土著居民包括波利尼西亚和美拉尼西亚人。社区教育者希望他们能够传承自己的文化,来取代或者补充西方价值观的影响。现在人们意识到他们的信仰、决策的方法、立法等是值得尊重和考虑的。因此,新西兰一些社区学校在有本土人口的地方接受这些传统社区的价值观念,并且采纳和适当改变它们以适应土著居民和白人的需要。

**4. 社区教育的管理**

为了真正变成社区教育的中心,学校将要经历一场管理上的根本变革,有效的双向沟通是迈向开放决策过程的重要步骤,"社区教育不是将教育分配给社区,而是社区从内容和教育风格上的参与"(Poster 1982)。学校应该变成一个开放的机构:有开放的入学机制,对专家、父母以及社区的各种观点开放。

教育也常常等同于学校教育,但是一年中传统的学校与学童接触的时间还不到20%,因此最重要的是对其他影响力的认同,其中最重要的是家庭和同辈团体对儿童和青少年的影响。社区教育也不能与社区发展和社区活动相分离,很多时候社区教育并不是一个可塑、易控和安全的活动。管理结构和管理策略必须基于灵活性和响应度。管理是一个松散的概念(Weick 1976),其中的组织系统有很高的自由度,这个松散的概念与社区教育紧密相关,它对组织的使命、目标和对象做了清晰而一贯的阐述。

所有的学校都具备成为社区教育扩展中心的潜力。但是如果把它们看作走向称之为"教育"的、参与人数众多的、具有广泛性和多样性的事业的唯一甚至是最好的路径,这种看法是危险的。很多学校仍然受传统限制而墨守成规,或者被自己是否过多地介入了别人关心的事物这样的问题所困扰。教育在发达的世界里不是自然成长的,而是受国家的影响。大部分老师被社会化了,脱离了大部分学生及其家长的文化(Musgrave 1973)。如果教师要服务于社区教育,显然就需要重新建构教师角色和对教师进行培训。

各国教师的理想角色就是促进源自社区本身的主动性,要达到这一点需要很长时间。甚至要达到教师根本不发挥作用,只是成为倾听者而非行动者的地步,这也需要时间。社区教育中很多方面需要自发而敏感地反应,这表面上是一种本能,但实际上却是对基本法则深刻理解的结果。各个国家的社区教育者们正在逐步发展这些技能。

C. D. 波斯特(C. D. Poster) 著

姜 红 译

**附录**

Fletcher C 1985 Community education and community development. In: Husén T, Postlethwaite T N (eds.) 1985 *International Encyclopedia of Education*, 1st edn. Pergamon Press, Oxford

Freire P 1972 *Pedagogy of the Oppressed*. Penguin, Harmondsworth

Graciani M S S 1992 Brazil: Children of the streets. In: Poster C D, Zimmer J (eds.) 1992 *Community Education in the Third World*. Routledge, London

Krüger A 1990 West Berlin: The youth and culture centre, Schlesische 27. In: Poster C D, Krüger A 1990

Marcelino E 1991 *C R C First National Conference on Treatment and Rehabilitation*. Children's Rehabilitation Center, Quezon City

Montrichard R 1980 SERVOL Faces the Eighties. SERVOL Printing Services, Port of Spain

Musgrave P 1973 A comparative study of the statutory links between school and community. In: FitzGerald R (ed.) 1973 *Community Participation and School Policy*. Australian National University, Canberra

Organisation for Economic Co-operation and Development 1989 *Towards an "Enterprising" Culture: A challenge for Education and Training*. CERI Paris

Petry C 1990 RAA: An innovation agency in the Ruhr. In: Poster C D, Krüger A 1990

Poster C D 1982 *Community Education: Its Development and Management*. Heinemann, London

Poster C D, Krüger A 1990 *Community Education in the Western World*. Routledge, London

Puntasen A 1992 Thailand: Agro-industries and self-reliance. In: Poster C D, Zimmer J (eds.) 1992 *Community Education in the Third World*. Routledge, London

Ree H 1985 *Educator Extraordinary: the Life and Achievement of Henry Morris*. Peter Owen, London

Rordam T 1980 *The Danish Folk High Schools*, 2nd edn. Det Danske Selskab, Copenhagen

Shuttleworth D E 1993 *Enterprise Learning in Action*. Routledge, London

Weick K E 1976 Educational organisations as loosely coupled systems. *Adm. Sci. Q.* 21(1):1—9

Young C, Quinn W 1963 *Foundation for Living: The Story of Charles Stewart Mott and Flint*. McGraw-Hill, New York

## 中小学远程教育(Distance Education at the School Level)

远程教育,是指教师和学习者相分离的那些课程和计划。它在儿童教育中的运用并不如在高等教育和成人教育中运用得那么广泛,但是远程教育会随着强大媒体的日益发展而发展。这些强大的媒体不仅可以将高质量的讲授从中心地方传输到边远学校,还可以实现学校与学校之间以及学校和教学机构之间的即时交流。然而在发展较落后的国家,远程教育的主要媒体依旧是印刷品、广播或者电视,在美国、澳大利亚和其他一些发达国家,远程教育的媒体是交互性越来越强的电脑会议、电话会议以及通过卫星、电波和光缆传播的闭路视频会议系统。本词条主要通过引用发达国家和发展中国家的事例来介绍远程教育的状况。

**1. 起源和内容**

远程教育是一种学习课程和学习计划，它的主要特征就是教育者和学生的关系在地理上是分离的。教师和学习者之间的交流是通过印刷品或者电子媒介来进行，这就对教学设计、教学过程和教学机构的组织以及学习者的职责产生了深刻的影响。双向电子交流系统的不断发展引起了人们对远程教育的新的兴趣点。

对儿童的远程教育可以追溯到 1906 年首批 4 个学生被马里兰州巴尔的摩(Baltimored)卡尔弗特(Calvert)学校录取，学习相关课程；1914 年澳大利亚墨尔本教师学院应一个边远内地父母的要求开始教授远程教育课程；在加拿大，1918 年灯塔看守人的呼吁鼓励英属哥伦比亚教育部开设了第一门远程教育课程。

从这以后的几十年里，许多国家儿童的全部或部分课程教学依靠函授或广播、电视节目来进行。当然，总的来说，远程教育在儿童中间被接受的程度还不如在成人教育中的状况。根据联合国大学远程学习中心的资料，全球大约有 1 000 万人参加远程学习。大约只有 7% 在远程小学注册，25% 在中学注册(Penalver 1990)。国际远程教育理事会在 1992 年召开了国际会议，所提交的 250 篇论文里，只有 12 篇论述儿童的学校教育。很明显，中小学水平的远程教育和研究尚未发展起来。

当在教室上课的教师经常准备用印刷物作为课堂讲授的交流工具，或把电子媒介仅作为传统教学方式的补充手段时，他们就已经养成把教学看成个人活动的思维方式，并决心把教学过程控制在自己个人手中。相比之下，在远程成人和高等教育中，许多国家建立的远程教育组织不在地方上安排教师。决定课程和控制教学的是相关小组而不是教师个人，而且是在离学习者很远的地方进行的。开放大学等组织的经验表明，教学的重新设计和组织，可以在花费比以前要少的成本的情况下，为更多人提供高质量的教学。

在 20 世纪 90 年代，越来越多的教育者和决策者考虑在教育中使用沟通媒介的可能性。但是只有很少人在那种给传统教学增加媒体的模式以外考虑教学的重建，他们设想使用以前给远程教育带来效率的新媒体大刀阔斧地重组教育。

**2. 对学校水平上各国有代表性的远程教育的回顾**

在澳大利亚的大部分州都有中小学远程教育形式。在新南威尔士教育部的函授学校，1987 年经法律授权，可以向 6～15 岁的学生提供由政府资助的远程教育，远程教育可以提供一整套小学课程和 46 门单独的中学科目，总共有 243 门课程。空中学校使用双向无线电已经多年了，而且也有电子邮件服务。随着教学计划的修正和一些空中学校的合并，澳大利亚正在制定各种新政策，空中学校通常与函授学校合并成更大的远程教育学校。在维多利亚州，教育和培训部指出，州技术和继续教育部(TAFE)将向高中学生提供教学，函授学校将会减少或者重新调整(Stokie 1991)。

远程教育的一条基本原则是教学计划的每一个部分都应该由最有效的媒介传播，并且由一种媒介传播的部分应该与其他部分有机结合。在决定一门课程的组成情况时，设计者必须考虑印刷、录音和交互式媒介的各自的力量，以及使用人力进行面对面交流的可能性。例如，录像工具在用形象描绘某类信息和思想的时候要比其他媒介好，任何一个看过“国家地理专题”自然历史节目的人都会感到赏心悦目。然而，电视播放的节目很难提供某些重要的教学过程，这包括在努力理解过程中学生们提问和被提问的机会。因此澳大利亚的函授不仅以录音带和录像带为补充，而且还辅以一些服务，如指导者的家访、团体工作和露营等。关键是远程教育不像传统的教育那样也可以设计面对面的学习机会。但在与其他传输系统竞争的过程中，只有当面授课是最好的选择时才能提供这种面对面的学习经历。

对远程教育的发展有重大贡献的是音频、视频和计算机会议系统的持续发展，这些会议系统能够实现即时的双向交互活动。加拿大阿尔伯达(Alberta)函授学校在这一领域的发展很典型。这所学校开办于 1923 年，于 1940 年首次使用无线电波，在20世纪80年代使用电视,1971年引入了听众热线电话直播安排,使得学生能够对广播中的陈述有所反应,接着加拿大视频文本系统又把印刷的课本作为补充,并且将简单的电话热线系统发展成可视化的会议系统。目前该校雇用了81位全职教师,向全省将近28 000名学生开设了98门高中课程、59门初中课程和21门小学课程。在过去的3年中,高中学生中大概15%的学生(15 000名)都选了远程学习课程(Balay 1983)。

在诸如印度这样的大部分发展中国家,在人的年龄和教育需求水平之间没有一个清晰的分界。大约60%的人口(4.57亿人)都是文盲,据估计在1987年11~14岁年龄组中,总共5 470万人中有2 870万人在学校学习,这些人中一半以上将会辍学。因此不同年龄的印度人都要求提供中级水平的远程教育。在1979年,中央中学教育部(CBSE)建立了一个向全国传输中级远程教育的开放学校。1989年这所学校变成了国家开放学校(NOS)。国家开放学校是教育部人力资源发展部下的一个自治实体,它对14岁以上学生提供中级课程指导。国家开放学校有在校生40 000余人,所使用的主要媒介是印刷课本、学习指导和函授,有时候也辅以广播和音频、视频、磁带等。学习中心的网络已经建成,可以提供指导、咨询、图书馆、考试和管理服务。1988年至1989年的国家开放学校,27%的学生在14~16岁之间,44%的学生在17~21岁之间,28%的学生在21岁以上(Bhardwaj 1991)。

整个非洲,对中级教育的需求也是供不应求。20世纪40年代很多国家都建立了私立的函授学院。在赞比亚,1964年建立了一个政府中级函授机构。那个时候小学毕业的儿童中只有12%的儿童能够在中学找到一席之地。国家函授学院入学人数有3万多人,对成人和儿童的中级水平的教育提供指导,以函授为主,并以广播和学习小组为补充(Siaciwena 1985)。在尼日利亚,负责三级以下水平远程教育的机构是在卡杜纳(Kaduna)的国家教师学院,它建立于1978年。与其他一些发展中国家很相似,尼日利亚的策略也是发展远程教育以提高教师的职业技能和资格而不是直接向学生传输课程(Osuala 1991)。这些努力中最好的证明之一就是肯尼亚奈洛比大学的远程学习学院,它创建于1967年,在1969年至1972年,有10 000名注册学习的不合格教师,也就是注册学生的82%都成功完成了提升计划。1992年后,该学院每年对3 000名小学教师提供内部培训服务。

津巴布韦中小学教育部长说:“津巴布韦中学教育的学生人数从1979年的66 000人膨胀到1989年的70万人,10年后只有通过一套基于中学的远程教育体制才能满足需要……这已经影响到中学教育的民主化,这种中学教育是人们能够负担得起的、一种不平行的速度,是依靠传统正规教育的方法很难达到的。”(Chung 1990)

在中国,1986年建立了一个全国范围的通过卫星传输的教育计划。教育网的卫星电视有400多个转播站和30 000多个接收站。一个频道每天广播17个小时,其中11个小时是针对教师培训的,第二频道主要面向职业技术教育、特殊工艺学校和职业高等学校播放课程(Gao 1990)。

布洛菲和达德里(Brophy and Dudley 1982)确认有53个发展中国家已使用远程教育用作教师培训,这其中除了肯尼亚和尼日利亚,还包括科特迪瓦、坦桑尼亚、哥斯达黎加、委内瑞拉、泰国和斯里兰卡等。

在欧洲,远程教育在教育孩子方面的地位不像在加拿大、美国、澳大利亚这些新型发达国家和许多发展中国家那样重要。最典型的是在意大利和德国,意大利“目前没有可以引用的重要经验”(Vertecchi 1991),德国的“学校中不存在教育孩子的远程教育模式”(Bartels 1991)。也许这些国家悠久而保守的教育观念和它们提供的相对高质量的传统教育可以解释上述现象,这使得对儿童教育新途径的需求既不像少数发达国家那么明显,也不像那些不太保守的、新型的、地理上面积更大的、位于西半球和南半球的发达国家那样容易被接受。挪威被认为是欧洲在学校中使用函授指导的领导者,在1975年至1985年之间,有10 000多名儿童,占儿童总数的10%,每年在50多个不同学科中上课,这些课程是由私立的函授学校传送到市政资助的学校,并且这笔市政花费由中央政府偿还。在20世纪80年代,出于政治上的考虑,资助体制发生了变化,向学校提供的函授指导崩溃了(Rekkedal 1991)。

美国没有任何水平上的国家远程教育系统,其他国家所使用的通讯技术在美国也同样使用,而且在远程会议技术上比其他国家还有更大的突破。大部分节目都是由单一的媒介传输,比如说电视、函授,或者音频、视频系统,再或者是计算机远程会议系统,很少有真正整合的多媒体途径,而这种多媒体方法正是其他国家大规模传输系统的标志。由通讯媒体传输的大部分教学并不是真正的远程教育,而是对传统课堂教学中教师的一种补充。但是随着人们对传统学校教育弊端的不断认识,教育政策的决策者们对在传统教育中引入一些远程教育形式,以此来提高和扩展中小学教育的可能性产生了兴趣。

美国宪法规定教育是各个州政府的特权,因此产生了各种各样的政策问题,这包括:如何调整和管理教育节目,尤其是那些从一个州传送到另一个州的节目;如何鉴定这种节目,如何资助这种传送;在不同学院和不同州之间如何实现资源共享;哪种课程设计和传送的合作方式比较可行;提供报告和说明需要哪些程序;需要哪种形式的员工发展计划以及如何实施等等。关于这些和其他远程教育问题的政策陈述继续阻碍着新兴远程通讯技术的发展和教育者运用这些技术的尝试。同样严重的问题是,大部分政策制定都比较滞后,因为缺乏程序和资金来研究政府认为重要的问题、他们已经执行或者想要执行什么政策以及这些决策者们对学校未来远程教育的观点。

### 3. 美国中介计划的案例

下面的例子代表了美国典型的远程教育计划(Congress of the United States 1989, Moore et al. 1990, Moore 1990)。

在北达科他州、阿拉斯加州和内布拉斯加州建立了监督学校的函授学习系统。在内布拉斯加大学的林肯分校有一个函授高中,有来自全美及国外的注册学生6 000多人。一些私立的函授学院也提供高中水平的课程。内布拉斯加的函授学校有一个外语计划,它与相应的学习研讨会和电话会议相结合。在路易斯安那,电话转播也提供高中的数学教学和科学教学。

在许多用计算机会议教学的例子中,美国电话电报公司(AT&T)的"远程学习网"与6个国家的300多个教室有连接。在一个国家地理学会资助的项目里,国家科学基金和苹果电脑公司的"儿童网"通过电子邮件使4 000多个小学儿童参加了一个收集酸雨数据的项目。教育研究技术中心的"卫星学校项目"使用一个商用计算机会议网络与18个州、400多个学校中学习数学和自然科学的学生联系。农业教育网络是一个农业数据库,它与18个州的学校有联系,向50个州的28 000多名农业职业学校的学生开设1 200多门课程。

音频会议系统与计算机绘图结合,成为音频绘图系统。特拉华一冰渍平原合作教育服务局(BOCES)的远程学习计划使用音频绘图系统与10所乡村学校联系,使它们收到了原本不能收到的先进的高中课程(Benson and Hirschen 1987)。另一个使用音频绘图网络的例子是宾夕法尼亚州远程教育网,它与宾夕法尼亚州、犹他州、南达科他州、北达科他州以及墨西哥州的48所学校相连。

公共电视台和商业电视台都向学校播放教育节目,包括教师支持材料和我们常说的"远程课程"。学校可以收到全国的公共广播服务和公共电视台的课程,这些学校为2 900万名学生服务。这类课程通常是用光纤传输的,全美国的2万所学校和1 700万个家庭可以收到学习频道,这个学习频道提供许多学校的专业课程。

电视交互定点服务(ITFS)是一个专门为教育文化节目保留的微波频率波段,电视交互定点服务使用低频可视电视,这种电视被限制在一个半径大约32公里的范围内。通常电视节目是一种用电话才能实现互动的单向视频传输,弗吉尼亚州28个学区通过电视交互定点服务和开放广播的连接已经互相联网,南加州的14个电视交互定点服务中心为380所学校服务,得克萨斯州的理查森和休斯顿的2个学校系统就可以为80所学校提供服务。

使用卫星向学校传播教学过程在1988年获得了巨大的发展,那时候美国教育部向三个协会出资支持使用卫星的示范项目,这也称为"明星学校"

项目(第四个项目主要针对计算机网络)。这个需5年内完成的1亿美元的项目中的第一笔钱1 900万美元,花在使39个州的近500所学校都能收到课程信号这个项目上了。专门负责卫星的协会也得到了资助,包括:得克萨斯州的TI-IN联合卫星网(SERC)、南加州的卫星教育资源协会、俄克拉荷马州的中部地区协会。TI-IN每周5天向32个州的700多所学校通过电视频道发送超过24门的课程。卫星教育资源协会使用卫星、微波和光纤技术向19个州的中学传输以下课程:日语、俄语、概率与统计、离散数学、经济学、自然科学、技术学以及社会学。3 400多所学校使用碟形卫星天线,而且在不久的将来会有其他24 000所学校希望得到这种服务。

关于美国中学中远程教育的研究很少。埃塞曼和威廉姆斯(Eiserman and Williams 1987)发现,在503个关于远程教育的文件中,只有46个文件是关于它在中学的使用情况的。尽管所有的报告都声明中学的远程教育是有积极作用的,但是很少能提出实际的证据来支持他们的结论。在犹他州教育办公室所做的一个全国调查中奎因(Quinn)和威廉姆斯(1987)评述道,被调查的学校中38%的学校没有评价他们所描述的课程,51%的学校声称它们做了评价,但是只有20%的学校能够举出例证。他们所报告的有效性包括:提高了乡村小学校和大学校之间的平等性;通过其他学习经验和与名人效应的使用扩展了课程;提高了学生、家长和老师们的接受程度。有一个文献评论(Moore et al. 1990)报告了关于远程教育有效性的一些研究。对美国远程教育研究和发展的综合性回顾可以在摩尔的研究文献(1990)中找到。

M. G. 摩尔(M. G. Moore) 著

姜 红 译

**附录**


Balay E E 1983 Sixty years of distance education in Alberta. *International Council for Distance Education Bulletin* 4:8—12

Bartels J 1991 Personal communication

Benson G M, Hirschen W 1987 Distance learning: New windows for education. *Technological Horizons in Education* 15(1):63—67

Bhardwaj R 1991 Personal communication

Brophy M, Dudley B 1982 Patterns of distance teaching in teacher education. *Journal of Education for Teaching* 8(2):156—162

Chung F 1990 Strategies for developing distance education. In: Croft M. Mugridge I, Daniel J S, Hershfield A (eds.) 1990 *Distance Education: Development and Access.* International Council for Distance Education, Caracas

Congress of the United States, Office of Technology Assessment 1989 *Linking for Learning: A New Course for Education.* Government Printing Office, Washington, DC

Eiserman W D, Williams D D 1987 *Statewide Evaluation Report on Productivity Project Studies Related to Improved Use of Technology to Extend Educational Programs. Sub-report Two: Distance education in Elementary and Secondary Schools. A Review of the Literature.* Wasatch Institute for Research and Evaluation, Logan, Utah

Gao F 1990 Speeding up the development in China by distance education. In: Croft M, Mugridge I, Daniel J S, Hershfield A (eds.) 1990 *Distance Education: Development and Access.* International Council for Distance Education, Caracas

Moore M (ed.) 1990 *Contemporary Issues in American Distance Education.* Pergamon Press, Oxford

Moore M et al. 1990 *The Effects of Distance Learning, A Summary of the Literature.* American Center for Study of Distance Education, Pennsylvania State University, University Park, Pennsylvania

Osuala J 1991 Personal communication

Penalver L M 1990 Distance education: A strategy for development in distance education: Development and access. In: Croft M, Mugridge I, Daniel J S, Hershfield A (eds.) 1990 *Distance Education: Development and Access.* International Council for Distance Education, Caracas

Quinn D W, Williams D D 1987 *Statewide Evaluation Report on Productivity Project Studies Related to Improved Use of Technology to Extend Educational Programs. Sub-report Three: Survey of Technology Projects Throughout the United States.* Wasatch Institute for Research and Evaluation, Lognan, Utah

Rekkedal T 1991 Personal communication

Siaciwena M C 1985 Correspondence study as an alternative route to formal education: The Zambian experience. *International Council for Distance Education Bulletin* (7):11

Stokie M D 1991 Personal communication

Vertecchi B 1991 Personal communication

## 学校设施和设备(Facilities and Physical Plant)

教育上的物质设施(有时指物资设备)由学校占地、建筑、家具等组成,它包括用于教学的用房和辅用房屋。本词条讨论的范围包括小学、中间学校、中学和其他非正规学校的设施。

在不同经济发展水平的国家,教育上的物质设施含义差别很大,可能是质量上的(教室可能是仅仅能遮阳避雨的简单掩蔽物,也可能是精心装修的空调房间),也可能是数量上的(一所学校也许只有普通教室,但是另一些可能除此之外还有科学实验室、音乐教室、图书馆、教员休息室、小卖部、体育馆等等)。教育设施领域的基本目标是提供适合教育活动需要的特定规格的环境。创造这样的物质环境的规划中的问题大部分是因为与经济发展水平以及经济制度相脱节。

### 1. 物质设施建设操作过程

物质设施建设存在着一个计划、创造和改进的运动过程。这个过程可以被图1的循环所展示。这四个领域中的每一个通常都会发生一些特定的活动。

(a)对现存学校占地、建筑和家具进行调查,画出设施的位置图,鉴定存在问题的领域,制定可

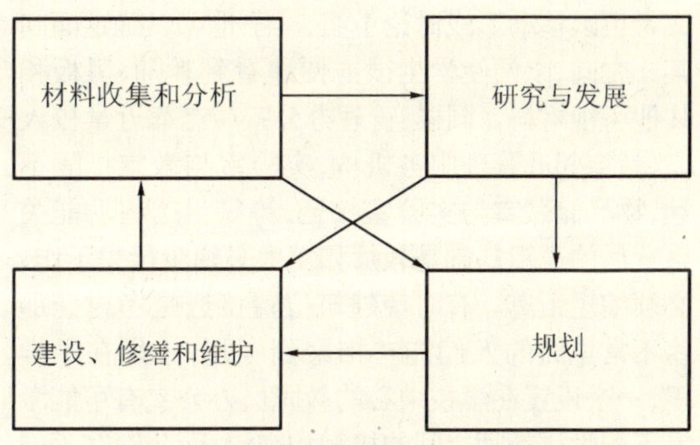


**图1 物质设施建设操作流程**

以选择的教育政策。

(b)撰写教育需求摘要(空间使用的规格要求);决定各种设备的参数;确定包括温度、座位视野、声学、墙壁开口、光线等物理感受舒适的标准;制定安全标准;空间的标准;从已有的模式中选择最好的建设方法;规定建设费用的限制;对各种空间做出明确概念界定;设计、制造和评价建筑模型。

(c)根据教育水平和地理特点确定优先考虑事项;绘制新建、扩展和改造建筑的方位图;计划资金来源;设置管理组织;制定国家关于学校建筑发展的政策;制定新建、扩展和翻新建筑的建设年度计划。

(d)对新建设施地址的要求;建筑师准备对于各个建筑项目纲要;估算费用;最后,开始建设或维修。

以上是新建和维护学校建筑过程的总的认识。它可以用于一个地方,也可以用于全国教育系统。但是在一些情况下,特别是对于有关研究和发展项目而言,并非需要全部执行。

### 2. 物质设施对教与学的支持

用于教育的建筑和设备一般被看作教学与学习的支持手段。美国和加拿大进行了大量研究,揭示物质环境对学生学习的影响(King and Marans 1979)。

建筑和设施支持教育活动的一种方式是它们的方便性。这通常是通过建立各项设施之间的功能联系来实现的。比如椅子可以放在桌子的后边,

或者可以移动形成讨论小组,桌子也可以确定面向某一方向,以便使学生很方便地看到教师、黑板和其他可视材料。同样,管理办公室应当靠近学校入口,教室邻近管理服务机构,实验室与教室相隔不远,物品储藏室与实验室相通,等等。这些功能关系背后的逻辑基础是教师和学生必须步行去工作,必须缩短距离。有时使建筑位置接近是考虑让那些不常见面的人们能够相聚到一起,比如在中学里,一个设置在学校中心的教职员办公室有可能激发不同学科教师之间的接触和交流,而分散在不同地点的学科教师办公室设置将导致部门内教师间的紧密合作。

在大的和复杂的机构中,每一个空间也许和几个其他空间相连。既然一个空间被两个或四个具有直接关系的空间所限制,那么哪一组空间的功能关系最好就很难判定了。这一点可以通过图 2 描绘的关系图来加以解决。从这个图中可以看出艺术教室最需要接近成人教育办公室,其次需要靠近视听中心,再次要方便去普通教室。

物质环境促进学习的第二种途径是提供舒适的条件。有几种因素可以在教育人类工程学这个名词之下集合起来(Virochsiri 1977)。

最重要的因素是照明。表 1 给出了完成一定条件下的任务所应具备的照明水平标准。一般来说,照明水平越高,学生完成阅读或操作性任务越容易。但是,高标准的照明在自然光线是主要光源的情况下需要大窗子,而在电灯是主要光源的情况下需要消耗大量能源。要充分利用自然光源,建筑设计中就需要了解大气中日光因素、太阳光线的射角、设计空间的内部和外部反射系数等方面的知识。人工照明基本取决于用于照明的设备和室内表面反射系数。

温度舒适也是保障学习的重要因素。在一些国家(如美国和法国)的寒冷气候中进行的研究表明,在气温增长到 20℃ 到 27℃ 以至更高的时候,学生学习的表现水平下降(King and Marans 1979)。虽然这样的结论还没有从生活在炎热条件下的学生身上得出,但是一般假定这些地区适宜学习的气温要高于寒冷地区适宜学习的温度。尽管如此,为了使炎热气候中依靠自然空气流通的建筑显得更舒服些,在制定建筑计划时就应该做出特别考虑,建筑物主面应该与经常性风向垂直,面向南或北的窗户应该遮阳,把直射进教室的阳光减少到最低程度。在某些情况下,折中是必要的。在气候寒冷地区,依靠自然通风的建筑也许设计得允许阳光进入教室来温暖内部空间。在经济发达国家,用太阳能或燃油来取暖,用空调来降温。

建筑和家具的设计要与使用者的身体尺寸紧

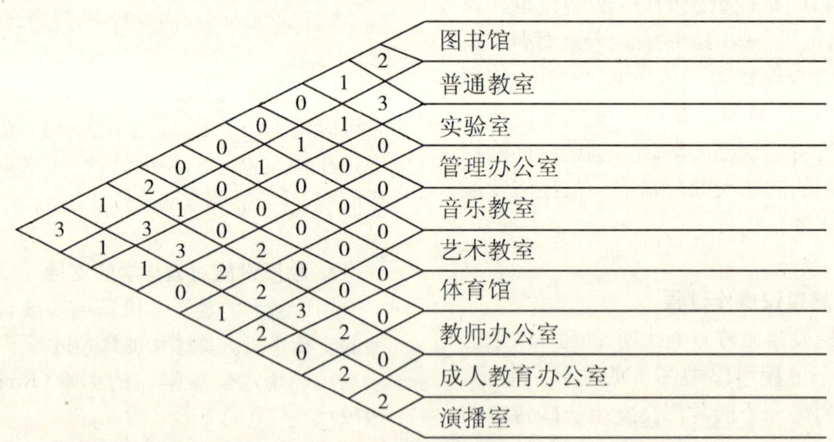


**图 2　联系表例**

标号说明:0 没关系;1 有些关系;2 需要的关系;3 必需的关系

表 1　　建议照明水平

| 活动/空间 | | 建议在不同国家里教室照明(以 lux 为单位)水平 | | | | | |
|---|---|---|---|---|---|---|---|
| | | 1 | 2 | 3 | 4 | 5 | 平均 |
| 教室 | 上课 | 753 | 215 | 300 | 200 | 215 | 337 |
| 教室 | 讲授 | 1 604 | 215 | 400 | 500 | 215 | 587 |
| 实验室 | | 1 076 | 215 | 400 | 200 | 215 | 421 |
| 刺绣和缝纫 | | 1 064 | 323 | 600 | 1 000 | 323 | 527 |
| 艺术教室 | | 753 | 323 | 600 | 500 | 323 | 500 |
| 车间 | 粗活 | 1 076 | | 200 | | 108 | 461 |
| 车间 | 中等 | 1 076 | 215 | 400 | | 215 | 476 |
| 钳工 | 细活 | 1 076 | 323 | 900 | 900 | 323 | 640 |
| 木工 | 刨活 | 1 076 | 215 | 200 | | 215 | 436 |
| 木工 | 锯活 | 1 076 | 323 | 400 | 500 | 323 | 452 |
| 图书馆 | 书架附近 | 323 | | 随机 | 200 | | 261 |
| 图书馆 | 大阅览桌 | 753 | 323 | 600 | 200 | 215 | 418 |
| 办公室 | | 753 | 215 | 400 | 100 | 215 | 337 |
| 员工工作间 | | 108 | 108 | 200 | 100 | 215 | 129 |
| 楼梯和厕所 | | 215 | 108 | 100 | 50 | 32 | 101 |

这些推荐标准取自于:1、2——美国;3——英国;4——日本;5——苏丹

第 2 列和第 5 列标示的水平一般日光中就可以得到满足

密相关。通过收集对儿童身体发展尺寸的资料可以获得相关人体测量学数据,计算出许多家具项目最适宜的高、长、宽标准尺寸。通常,每个年龄阶段儿童的站姿平均身高数据都是要测量和收集的,然后这些材料根据教育的分段结构或后勤的问题被分为 3、4 或 5 个不同的尺寸分组。教室的大小可以在对家具尺寸、每个学生座位占据的空间、适当的人员流通区域计算的基础上得出。

要为学生完成各种学习任务提供尽可能好的听觉环境。在报告厅,离教师最远的学生应当没有困难地听到讲课的声音,并且受到相邻地方活动的干扰最小。在图书馆,声音水平应保持尽可能的低。教室的听觉环境应当介于上述两种情况之间,学校中传统的 30 ~ 50 人一班的教学方式仍然被使用,教室设计应当使教师讲课的声音达到每一个角落。小组教学经常被使用,声学处理应当减少一个小组的讨论声音传到另一个小组。那些设置了在班级之间没有永久性墙壁的开放大厅或开放空间的学校,在两种情况下需要做出建筑调整:一般来说,天花板、墙壁和地面使用水泥、砖块、玻璃和金属等材料时,硬质表面易于反射声音,如果它们构成的环境需要控制声音集中投射到某个方向,或者环境需要安静,这时使用声学瓷砖、纺织物和毛毯吸收声音效果最好。为保护视觉私密同时又适当减少两个空间中声音传递,用轻质隔离物部分隔开空间是一种基本措施。使用砖块或水泥建造坚实的隔断会使声音彼此隔绝。

**3. 计划因素**

必须在地区或全国的范围内评估使用者(教师和学生)的需要,以便在恰当的地方提供适当的教育设施(Educational Facilities Planners, International 1982)。

典型的做法是,规划者第一步要初选校址,这要考虑人口统计因素如人口增长和流动。教育政策和地区性问题如最佳学校规模、相邻的建筑、学生上学行走时间(步行或乘车)等也是选址决定因素。进一步说,学校选址还要考虑地价、便于达到主要公路、所需土地的面积以及土地适宜建设校舍的程度。

其次,教育工作者通常要提供具有普遍性的教育活动的细致描述。这种描述通常称为“教育说明书”或者“教育大纲”,包括课程目录、学生数量和学校的人事结构、使用的设备、各种活动功能之间关系的图表以及标明各项活动所需空间顺序的“设施进度表”。

所提出的使用要求必须与拥有的资金和其他资源数量相匹配。这要求确定最大费用的控制限度。这笔费用限制最通常的计算方法是将用一所学校提供的学位数量乘以由权威认可的每个学位所需单位费用。单位费用包括两部分:每个学位占有的建筑面积和每平方米面积所需费用。对这两个因素公认标准决定着建筑项目的最终投资总量。

为了减少每生所占建筑面积,教育管理者已经创造了以教与学活动为目的的“空间利用”这个概念。它是指在学习日应该尽可能延长学校空间使用时间。空间利用率是用一周内以小时为单位的空间实际使用时间除以学校正常情况下开放使用的时间。如果学校教室每周开放40小时,实际使用30小时,那么利用率就是0.75(1周40小时的概念来自联合国教科文组织和世界银行)。密度高的教室利用率标准是0.90或以上,实验室是0.80或以上。如果某处两个空间的利用率合计小于1.00,如果它们的功能是兼容的,那么这两个空间大概就可以合并成一个独立的多目的空间。

一些学校采用了延长学校日这个概念,平日里学校建筑从早上用到晚上,在周末和常规放假时间里也被使用。采用同样的办法,学校器材的使用率最高可以达到一周90小时。额外增加的时间或者被用来提供给二部制中的另一组学生使用,或者用来增加学生在不同时间里上课的时间,或者用来增加非正规的教育活动。在这些情况下,学校建筑和设施的使用效率可能大于1.00。例如,在一所二部制学校中,一个教室被两个班级每周使用30小时(比如,一个班从早晨7点用到12点,一个从下午1点用到晚上6点,一周上6天课),晚上每周有6个小时用于成人教育。在这种情况下,教室的使用率是:

$$\frac{30+30+6}{40}=\frac{66}{40}=1.65$$

另外一种控制生均建筑面积的做法是把各种空间的建筑面积缩小到最低程度。这可以通过减少非学术活动的建筑,只为某种功能的需要提供最低限度的建筑面积。这些最小面积标准一般是通过建筑模型研究和开发而得到的。各个国家为相似功能的建筑采用的标准是非常不同的。例如,在发展中国家,生均1平方米的建筑标准都被看作是非常慷慨的,而在发达国家,规定的标准是生均2.5平方米甚至更多。走廊、楼梯和阳台的面积是建筑的组成部分,那些地方的减少可能影响不到教育活动。一个有效率的建筑设计用在阳台和走廊上的面积要少于25%。英国的许多学校都低于这个标准,这是通过开发走廊空间的教育活动功能而获得的。经济实惠地建设这些空间是建筑师要考虑的。

**4. 设计因素**

建筑设计是由建筑师进行的创造过程,在这个过程中,许多先前获得的材料被综合成一个包含各种建筑和设备的设计思想。虽然教育建筑的设计过程与其他类型的建筑设计相似,但是对于教育建筑设计,以下几点特别重要。

为了取得协调的视觉效果和满意的资金控制,教育建筑设计必须利用关于本地情况的全部知识,包括气候、建筑材料、建筑专家和建筑地点。如果缺乏这些知识,那么建起来的东西将是不好看的、不适用的、费钱的和不好维护的。

地点条件例如地形和植被状况需要进入设计视野，这样能为校舍、运动场、生产食物或进行生物实验的田园提供恰当的空间，并且，能为水井和厕所选择恰当的位置。有斜坡的地点需要治理以减少土壤滑动，对草木丛生的地点要很好规划，以便最大限度保留自然植被。其他重要的因素还包括学校门的位置、电力连接、水源、污水管线和路面积水的排泄等。

建筑技术在迅速变化，建筑师需要仔细选择适应各种具体情况要求的技术。对于大型工程，用于建筑特殊部分的预制件技术已经出现。更典型的是，建筑师使用本地的建筑材料和熟悉的技术，以适应一些特殊建筑的特殊需要。在许多国家，专门的建筑研究机构向设计者提供各种建筑技术和建筑材料的技术信息。

建筑设计是决定建筑经济性的主要决定因素。拥有充分的本地知识的建筑师一般可以通过正确的设计决策而使建筑经济适用。在一些国家里，节约可能来自应用预制技术成熟的建筑体系。在这种情况下，费用的节省主要是因为缩短工期而不是减少原来规划的单位建筑材料费用。在另一些国家，节约来自使用大量的义务劳动的村民。

学校建筑的外部形式除了取决于上述因素，还受到教育项目特点和气候的影响。教室在走廊一边的直线形设计是为了取得充足的自然光线和良好的通风；双侧教室的直线形设计是为了减少为人员流通占用的空间而节约建筑费用；有许多内部空间的"紧凑型"设计通过减少机械使用的费用而变得经济节约；多层建筑可以充分利用土地资源或者可以在坡度大的地点进行建设。建筑的外形设计可以表现出学校承担传播社会观念的永恒使命，从而吸引学生和其他社会公众。如果学校建筑使用了本地的材料和体现了传统风格，那么它就能够有效地与环境融合在一起。如果新技术和新材料被加以应用，那么它可能与周围环境形成反差而被人们所识记，这种外观设计对于把学校作为社会改革的标识是非常有用的。

教室内部空间的设计和桌椅的安置基本反映着使用者的需要。在一个良好的设计中，建筑师要提供草图，按尺寸标明每间教室的设备的摆放安排，在这些设备安放布局图中，每一件都要编号，以便建立新建筑的家具、设备的管理表册。

教室的设置和安排反映出教育活动规范提出的功能要求。教室可能向公共交通空间领域（走廊）敞开，也可能通向其他空间。无论在哪种情况下，两三个以上空间紧密联系在一起是必然的。在许多房间通向一个公共空间，比如通向信息中心的情况下，画出"集中建筑群"布局图是必要的。在一些学校，教室内场地改变形式常常是将桌椅围成圆圈，满足教学活动的需要。还有一些学校制定了"开放大厅"设计规划，方便人们在建筑空间之间流动。在开放大厅中，需要对地板、天花板、墙壁做好声学处理，还要恰当装置隔断。

好的设计师对特殊需求者群体的要求很敏感。如果成人在晚上使用小学教室，那么课桌椅就要设计得同时适用于孩子与成人。同样，建筑的设计要适宜残疾人使用，这要求另外添加或代替台阶建设坡道，使用不滑的地面，安装宽阔的门便于轮椅进出等，这叫作"无障碍设计"。

教育建筑的使用时间一般在 20 年以上，个别甚至使用到 100 年以上。在存续期间，使用者要对建筑进行大量改造，这就要求设计师在设计时就应该使建筑有一定灵活性，可以调整，能够兼顾满足现在和未来的需要。为了适应短时间内的变化（比如一节课或一个星期），家具要设计得使教职工和学生可以迅速重新布置。还有，一些建筑分割开来的部分要轻一些，或者机械化，以便于移动。

长远的变化要求建筑进行改造。柱子按常规间隔排列的结构框架建筑，比起有承重墙的建筑，隔断清除以后更容易重新安排空间或建设一个新的结构（OECD 1976）。

要满足不断增长的入学要求，就要提供新的教育空间。如果确定需求是长期增长的，那么学校建筑就要扩建。如果预测到增长是短期的，那就可以修建一些可移动建筑，在它们完成使命以后，可以提供给那些急需的学校使用。那些预期存在时间不长的临时建筑也用于这个目的，但是它们可能带来难看的外观和很高的维修费用问题。

**5. 建筑的使用**

一旦校舍建成和投入使用,有创造精神的管理者就要竭力从巨大的建筑投资里争取实现尽可能多的回报。除了上面所说的那些常规学校教育活动用途之外,还可能鼓励各种社会团体加入使用者的行列,包括开展非正规教育,或者开展社会活动(Kennedy 1979)。

像前面提到的,教育建筑也会在使用中耗损,也必须维修以适应新的需要。在学校建筑处于持续的充分利用的情况下,不断维护和修理是必要的。这项工作需要专门的维护人员以及购买材料和支付工资所必需的资金。制定这样的计划和资金预算的工作可以由一个中心管理机构为一批学校提供服务,在学校规模很大的情况下,也可以委托给学校管理者。学校建筑的修理、维护、运行和替换的费用变成了建筑使用期成本的构成部分。为了充分理解某个建筑的经济学意义,所有花费项目——不只是始建成本——都需要详细地研究。

**6. 未来的趋势**

从1945年到1980年这个时期里,有大量的学校建筑和设施的研究与开发项目涌现。在一些工业化国家里,这些活动或者获得本国直接资助,或者通过经济合作与发展组织的教育建筑计划获得支持。在发展中国家,这类帮助通常来自联合国教科文组织或其他双边援助协议。在20世纪70年代,当在校生数量在工业化国家下降的时候,对教育建筑研究的兴趣仍然不减,活动在继续进行,但是范围缩小了。在发展中国家,许多问题也在等待解决,研究和开发的资源减少甚至消失了。一些重要问题在等待研究,包括学校的物质环境与学生学习的关系、降低建筑造价,还包括提高学校建筑的使用效率的方法问题。在那些学生数量减少的国家,主要趋势是关闭一些学校以及将教育建筑移作他用。

一些国家还没有成功地向所有青少年普遍提供义务教育的条件。这些国家在进一步满足教育建筑要求方面还有许多欠账,相当多的学校需要建设和维修。卫生设施、水的供应、娱乐空间以及树木绿地都是不足的。解决这个问题的有效办法之一是更多使用自助式建设,这种办法是在训练有素的建筑专家的指导和监督下,社会组织免费的劳动力去建造校舍(国际建筑师联合会 1978)。

在工业水平较高的国家,高额的能源费用导致人们瞩目太阳能的利用,以及设计消耗能源较少的建筑。在20世纪70年代占据优势地位的开放大厅设计模式让位于更适中的开放空间与封闭教室的混合模式。还有,一些国家有一种意向,在建筑材料上使用木头、石料、砖,配上鲜亮的色彩,取代使用钢铁、铝、水泥,以及偏暗的涂色。这些做法使得学校建筑对于师生更具吸引力,消除许多学校典型存在的缺少人的感情、枯燥乏味的问题。

J. 比耶恩(J. Beynon) 著

高鸿源 译

**附录**

Almeida R, El Jack K 1980 *Planning Educational Buildings: Basic Concepts.* UNESCO, Paris

Council of Educational Facilities Planners, International 1982 *Guide for Planning Educational Facilities.* Council of Educational Facilities Planners, International, Columbus, Ohio

International Union of Architects 1978 *Self-Reliance in Educational Facilities.* International Union of Architects Working Group on Educational Spaces, Athens

Kennedy M I 1979 *Building Community Schools: An Analysis of Experiences.* UNESCO, Paris

King J, Marans R W 1979 *The Physical Environment and the Learning Process.* University of Michigan, Ann Arbor, Michigan

Organization for Economic Co-operation and Development (OECD) 1976 *Providing for Future Change: Adaptability and Flexibility.* OECD, Paris

UNESCO 1979 *School Furniture Handbook.* UNESCO, Paris

Virochsiri X 1977 *Design Guide for Secondary Schools in Asia.* Educational Building Report No. 5. UNESCO, Paris

## 信息技术在教育管理系统中的运用(Information Technology Use in Educational Management Systems)

信息技术(IT)的革命同样存在于教育系统中。整个教育系统各个层面迅速大规模实现计算机化的过程,使得信息技术在许多国家教育管理方面成为一个不可缺少的部分(《关于教育领域的计算研究杂志》1991)。在教育管理的实施上,对于信息技术的依赖与日俱增。在越来越多的富有国家,电脑将出现在每一位管理者的工作台上。在这些国家,20 世纪 90 年代末管理者和教师所在的学校将不同于现在的学校。本词条可以使我们纵览信息技术在教育管理系统中的作用。

信息技术加入学校和学区的日常活动,实际上对学校和学区管理过程的每一方面都有着强烈的影响。学校处理着大量的资料,而资料处理的电脑化和流动化对雇员的日常活动是很好的支持,可以改善其效能和效率,有助于达到教育目标。它也可以向雇员提供连续不断的、最新的和可靠的学校内部、校际间和学区的信息。这有助于他们做出更精明的决定,尤其在那些包含着诸多变量以及诸多变量中又包含着更多复杂关系的事情上。它有这样一种潜力,为教育系统的各个层面的雇员提供目前难以达到的服务,帮助他们去设计和落实学校教育工作,使工作和学生成绩得以改进和提高。因此,它有助于更新教育观念和促成优秀教育的形成,提高专业化程度和加强学校的领导能力。

### 1. 信息技术和教育管理信息系统(MIS)的定义

尽管对信息技术没有统一的定义,但"信息技术"一词包含了三个主要的成分:管理信息系统或决策支持系统(DSS)、硬件和人的因素(Hipgrave 1985, Chartrand and Morentz 1979)。管理信息系统有各种各样的解释,在本词条中,戴维斯和奥尔森(Davis and Olson 1985 P. 6)提出的一般可接受的定义是:管理信息系统是"一种整合的使用者机器系统,用来提供信息去支持组织中的操作、管理和做出决定的功能"。如果采纳这一定义,通常所列出的管理信息系统和决策支持系统的区别就不太合适了(Keen and Scott Morton 1980)。如果要对管理信息系统特性和操作步骤进行讨论,可查看管理信息系统。

教育管理信息系统(EMIS)是一种设计好的 MIS,与教育系统的构架、管理的任务、教育的过程和特殊的需要相匹配。作为一个动态的 MIS 系统,它在其综合的资料库中处理所保存的资料,将其转化成输出即计算结果,在其每个战略性计划、管理控制和操作控制等层面使用多种模式做出决定性的方案(Anthony 1965)。然而,教育管理信息系统不是本身运作的系统。它是一个以电脑为基础的人工技术系统(Simon 1969),该系统为组织管理规则部分,即决策系统部分提供支持。

首先,也是最重要的是,教育管理信息系统必须集中于制定教育决策上。这应该由应答性的和规范化的支持所组成,旨在提供"以规范的决策观点为基础的工具,而不是告诉人们决策事实上是怎么做出来的,从而拓宽决策合理性的范围"(Keen 1987 P. 257)。为了确保储存在教育管理信息系统资料库中个人的和特别的学术资料的机密性和安全性,必须制定适当的操作原则和安全规定。

教育管理信息系统综合的资料库包括以下资料:学生、教师、雇员、教室、年级、科目、学生成绩和行为表现、咨询服务、指导和健康教育、食品服务、学校空间、课程、体育设备、财政、财产清单、运输和课外活动。

教育管理信息系统为教育管理者提供新的服务,在制定决策、计划和控制活动、分析和扼要地描述复杂的教育过程和教育结果方面提供支持,也为多种多样的其他活动提供帮助。例如,在学校这一层面,所有学校的雇员包括管理者、教师和助理阶层人员(如指导咨询者、心理学者、社会工作者和护士),在他们改善各种决策的过程中,诸如分配任务、资源支出、人事决定、招生、制定时间表、学生成绩、预算和结算账目等方面,都应该得到支持。

在地区和中央层面,教育管理信息系统可以对地区和中央明确地决定教育目标和标准提供帮助;可提供可靠的地方和国家标准去改善财务的指导和资源划拨;提供履行职能的情况(Telem 1990a)。对于以上提及的方面来讲(例如,学校财政、图书馆、教室、学校班车表和人员），软件包已很好地得到改进并正在被使用。它们应被当作教育管理信息系统整体的一部分在学校、地区或别的层面加以操作。

**2. 办公自动化**

信息技术的实施被诸如以下的办公自动化工具所鼓舞：文字处理、电子邮件、电子档案、自动拨号、决议自动追踪调查、电子预约簿、桌面出版系统和电子数据表格等等。它们中的许多环节已迅速成为教育系统各个层面管理系统的常规组成部分。

**3. 教育管理信息系统的结构框架**

教育系统的每一个层面都应该有自己的信息管理系统，并且每个层面的综合数据库都可以当作整个国家复杂的教育管理信息系统数据库的一部分（Telem 1982）。这使得每一个层面的雇员和各层面之间的雇员都能协作起来，也使得一体化的学校内部、校际之间和国家教育获得的教育成果诸如课程的进展、评估、监督、新编制等方面，统一标准并更新现有的标准。此外，教育管理信息系统更有效地推动了对当地、地区和国家资源的使用。

如图1所示，学校的管理信息系统由管理、指导和协助系统组成。指导系统又分为电脑管理指导（CMI）和传统的管理指导，前者服务于在电脑为基础指导下教授的学术课目，后者用常规的资料去处理那些不使用电脑管理指导的科目。

**4. 教育管理信息系统的主要服务**

上述结构框架对一个学校或一地区的有效运行是非常重要的。它建立了各种各样教育系统层面之间多方位的信息流动并且能够实现以下所要描述的多种服务，其中的一些还不能利用，或只有部分被利用。

4.1　信息服务的各种类型

信息服务可分成四种类型。第一是分析积累的历史信息从而鉴别趋势或成绩（如研究各种教学技术对学生成绩的影响；研究教师采用不同课堂教学结构所取得的成就；对同一地区不同学校学生的成功率作比较）。

第二种类型可以称作“已发生的”信息，可涉及个案（如学生、教师和课程）、群体（如班级、年级

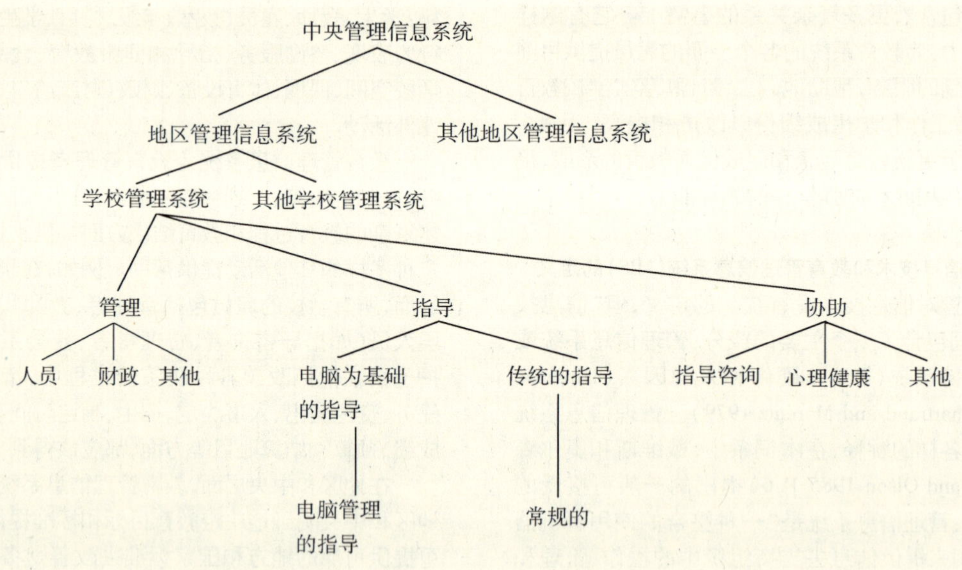


**图1　EMIS是具有三层面的一个教育系统——一个关于学校的详尽细节的示意性例子**

资料来源：Telem 1990a P. 67

水平、学校学生群体、教师群体和学科组合），也可涉及不同变量间的横断研究（如已经执行的某种改革在日常活动中是怎样影响学生成绩的？课堂教学结构变化的结果是什么？调查学生在各种学习目标指导下是如何进步的？哪些教师的学生一贯取得高分或一贯不及格？在该地区中哪些学校偏离了预算）。

第三种类型是“为何发生的信息”，用来鉴别引起某种现象的因素（如什么原因使得新的课程在一个班能获得成功而在另一个班失败？为什么旷课会出现在地区的某些学校？为什么某一课程在一个州或一地区的一群或单个特殊类型学校能成功，而在别的类型的学校则不能）。

第四种类型是“一定条件下会发生什么”的推测性信息，用来预报计划内的变化（例如，如果一个班级学生的背景或学习基础从参差不齐变化到程度相近会发生什么？改变指导方法会导致学生特定学科成绩的提高吗？如果采取一定的措施，一个地区的预算会怎么样）。这种服务——当前在学校中并未用到的服务——也需要整个教育管理信息系统中的其他学校的信息积累。

### 4.2 模式结构

在与教育系统之内/之外的专家合作中，各种各样的活动都可以被模式化。例如，学校预算的计划、执行和控制；基于社会测量成绩水平和其他标准的学生分专业、分班和课程分轨；中央/地区预算和资源的再分配情况等。

### 4.3 专家系统

来自学校或地区的专家小组/来自教育系统以外的专家们，可以为地区开发各种专家系统，诸如：分级后的学习选择指导；鉴别学生的学业水平或行为困难；协助特殊教育的安排；地区的教师分配；地区或州预算规划/资金的分配。

考虑到学校雇员专业化水平的低下，面对挑战，专家系统可以在教育管理中显示出革命性的效果。它们可以通过结构化的对话，引导非专家型的教育者解决问题和做出决策。以这种方式，专家系统可以显著地提高效率，导致改进的、一致的、省时的决策。

### 4.4 其他潜在的服务

以下三种服务处于其发展初期。鉴于它们在制定教育决策中具有很高的潜在作用，因此当时机成熟时，它们应当被教育系统所采纳。

第一项服务是对文本的处理（例如，编制阅读理解考试；社会问题课程的数据库，诸如民主和平等；人文科学的读物，包括文学和历史）。

第二项服务是文件的处理（例如，储存和处理完整的文件，如教学委员会对学生的评估；心理学家或咨询指导师对接受治疗的学生所做的行为评估和建议）。

第三项服务是“软”信息处理（例如，利用非事实性的信息，如写作中表达的观点）。举例来说，年级指导教师或学科协调员对一个教师的评价，教师对学生的评价，对学生旷课的解释。

## 5. 硬件

关于硬件，学校的电脑网络可以采取各种组合中的两个“极端”形式：一种是在一个地区设立为所有学校服务的中央处理器；另一种是由微型/小型计算机在学校建立独立处理器。学校当地的网络（LANs）正在迅速形成。它们使得收发电子邮件成为可能，加速了资料的传送，并且使得所有的雇员可以共享学校综合、全面的数据库。此外，网络外部的联络正迅速地形成，将学校的管理信息系统与其他层面教育系统的网络相连接，并与外部环境的其他组织和服务活动相连接（如公共图书馆、家长之家、公共数据库和电子邮件服务）。

## 6. 人的因素

人当然扮演着和软件及硬件一样的角色。学校是特别小的组织，缺少资料处理专家（如系统分析员和程序员）。信息技术文盲和长期缺乏信息技术专家削弱了管理信息系统作为学校管理支持工具的地位，不能充分发挥介绍、吸收信息的有效作用。因此，在管理信息系统的使用上，无论是对硬件的操作，还是对软件包的使用（如总分析表、应用系统程序、办公自动化工具），对职员进行培训都是至关重要的。学校或地区的管理者应该被培养成为“独立”的使用者而不是对别人的“依赖者"(Telem 1989)。他们应该学会理解由教育管理信息系统提供的整个的服务范围,用信息的观点而不是以资料的观点去思考问题,既使用定量的又使用非定量的方法。培训应该努力针对"改变当前提供信息的状况(即信息是提供给被动的学校雇员),应当形成信息需要的形势,雇员会积极地寻找信息,使得学校的决策制定得以改善"(Telem 1990 P. 76)。

**7. 结论**

所有教育管理信息系统服务的联合和有效使用对教育系统提出了有意义的挑战。一旦教育管理信息系统成为学校和学区日常活动中经常的组成部分,实际上学校管理任务的每一个方面都会强烈地受到影响,诸如计划、组织、人员配备、指导、协调、预算和评估(Mackett et al. 1986)。教育管理信息系统是一种不可缺少的管理工具,它为教育管理者提供了强大的、完善的资源,提高学校和学生的成绩和加强教育的领导。学校的改善应植根于信息技术,教育管理中信息技术的基础知识应得以提高(Telem 1991)。应广泛地致力于这一目标的研究,也应致力于信息技术可能给教育系统带来的各种层面组织和管理新形式的研究。

M. 特莱姆(M. Telem) 著
姜 红 译

**附录**


Anthony R N 1965 *Planning and Control Systems: A Framework for Analysis.* Harvard Business School, Boston, Massachusetts

Chartrand R L, Morentz J W 1979 *Information Technology Serving Society.* Pergamon, London

Davis G B, Olson M H 1985 *Management Information Systems.* McGraw-Hill, New York

Hipgrave R 1985 *Computing Terms and Acronyms.* Library Association, London

*Journal of Research on Computing in Education* 1991 Vol. 24 (1) (Issue devoted to Computer Assisted School Administration and Management: An International Analysis)

Keen P G W 1987 Decision support systems: The next decade. *Decision Support Systems* 3:253—256

Keen P G W, Scott Morton M S 1980 *Decision Support Systems: An Organizational Perspective.* Addison-Wesley, Reading, Massachusetts

Mackett M, Frank F, Nowakowski J, Abrams P 1986 Preparing educational administrators. In: Gooler D (ed.) 1986 *The Education Utility: The Power to Revitalize Education and Society.* Educational Technology Publications, Englewood Cliffs, New Jersey

Simon H A 1969 *The Sciences of the Artificial.* MIT Press, Cambridge, Massachusetts

Telem M 1982 CMI and the MIS: An integration needed. *AEDS Journal* 16(1):48—55

Telem M 1989 Managing information growth and integration in small organizations. *Information Processing and Management* 25(4):443—452

Telem M 1990a DSS in educational organizations. *Comput. Educ.* 14(1):61—69

Telem M 1990b Educational DSS: Potential services, benefits, difficulties and dangers. *Comput. Educ.* 14 (1):71—80

Telem M 1991 A knowledge base for information technology in educational administration. *Journal of Research on Computing in Education* 23(4):594—610


**其他参考文献**


Bluhm H P 1987 *Administrative Uses of Computers in Schools.* Prentice Hall, Englewood Cliffs, New Jersey

Bozeman W C, Spuck D W 1991 Technological competence: Training educational leaders. *Journal of Research on Computing in Education* 23(4):514—526

Frank F, Muriel M, Abrams P 1989 Alternative roles for school business managers in school district information systems. *School Business Management* 1(3): 5—16

Telem M 1987 School administration computerization: A process approach. *Program. Learn. and Educ. T.* 24:334—341

Telem M 1989 Managing information growth and integration in small organizations. *Information Processing and Management* 25(4):443—452

Telem M 1990c MIS possible impact on educational organizations as loosely-coupled systems. *Comput. Educ.* 14(6):463—473

Visscher A J 1988 The computer as an administrative tool: Problems and impact. *Journal of Research on Computing in Education* 21(1):28—35

## 教育中的人事管理(Personnel Administration in Education)

人事管理的目的是吸引、维持、激发和发展员工来实现组织目标。由于教育是一种劳动密集型产业,教育领域中有效的人事管理就显得尤为重要。本词条的目的就在于勾画出人事管理的一般功能和目的,为读者提供一个人事管理历史性的概览,揭示人事管理的理论和规则的来源,通过对案例研究阐释影响人事政策和实践的因素类型。

### 1. 教育中人事管理的功能和目标

管理的功能通常意义上与人事管理——包括人力资源计划、员工聘用、选择、安置、入职或定向、表扬、报酬和发展——是有关联的。在教师与雇用者之间已经确立对等的决策权的教育组织中,建立良好雇员关系和集体谈判也成为人事管理的重要功能。

虽然具体的人事政策和实践在不同的国家或地区可能会有所不同,但人事管理的目标和功能看起来却是普遍适用的。所有的国家都面临着这样的问题:(a)什么是理想的教师;(b)如何雇用和鉴别理想的教师;(c)如何最好地训练和发展教师;(d)如何评价有效的教学;(e)为保持一支有质量的教学队伍,如何提供合适的薪水和工作条件(Thomas 1990)。像公平、质量和责任,控制教育中的雇佣权、效率、经济条件以及劳动力供应条件,这些问题和价值观念影响多数聘用政策和实践,在教育领域中是应该考虑的因素(Thomas 1990, Wirt 1987)。

举个例子来说,英国和其他的欧洲国家,由于政府中央集权努力的结果,教师的聘用和评价领域中都面临着改变(Earley et al. 1990, Mortimore P and Mortimore J 1991)。这种改变是对由谁掌握教育和聘用中的决策权争论的一种回应。简单地说,许多加拿大的学区已经创造性地发展了一种应对传统的"缩减劳动力"政策的替代物(Jacobson and Kennedy 1991)。这一替代物旨在减少地方学区的经济资源。像美国的一些地区一样,印度因为面临教师供应短缺的问题而发展了替代性方法来准备未来师资(Thomas 1990)。而且,全世界的教育系统持续地发展教育和人事政策,从而改善了工作条件、物质和非物质的刺激以及教师的地位,使一个高质量的教师队伍得以保持(Thomas 1990)。

### 2. 教育中人事管理的历史演变

人事管理的功能与目标已经进化和发展了很多年,在20世纪的最初10年里,"科学管理"着重于效率和任务具体化,一系列的人事规则、程序和法规由此确立。人事管理的功能包括工作分析、说明和分类以及人员聘用、考核、选拔和任用。在20世纪40年代,人际关系运动使人事管理更加着重于人力资源发展加强员工的沟通,通过员工参与来激励他们。到了20世纪60年代,行为科学的发展使人事管理的职责转变为一个在组织的角色期望和员工的需要与倾向两者之间进行平衡的机构。这样人事管理就包括了对环境和社会的关注,例如员工的工作环境,在雇佣活动中的公平和公正,工作的精神意义,以及员工在人际关系上的努力,比如集体谈判。人事管理者对教育组织管理的独特贡献在于帮助确立针对员工需要的人事政策和实践,从而有效地达到组织的目标。

### 3. 人事管理的理论和规则的来源

人事管理作为一个特殊的研究领域,时间是相对较短的。而且,因为人事管理覆盖了很广泛的领域,人事问题可能会受到社会和行为科学理论很大的影响,包括社会系统理论、组织理论、突变论、沟通理论、领导理论、价值理论、决策理论、动机理论、群体动力学、经济理论等等。许多有关教育领域中人事管理的研究都源于社会心理学、工业心理学和组织心理学、企业管理和产业关系等领域的研究。

只有在20世纪的70年代和80年代,研究者才开始专门关注学校和其他教育组织中的人事问题,甚至很少有人正规研究教育组织中人事管理的国际比较工作(Boyd and Smart 1987, Reymond and Mallick 1985, Thomas 1990)。这种研究缺乏的原因在于人事管理事务的范围太大、太复杂。因此,尽管有许多因素影响人事管理,聘用政策和实践还是由于受到法律的、社会的、文化的、政治和经济的压制而被束缚。遗憾的是,在北美以外的地区关于教育领域中的人事管理的研究可谓是凤毛麟角。

### 4. 案例的研究

虽然人事管理政策和实践在模式和优先权上在各个国家和不同类型的教育组织中有着实质上的不同,但美国在这一研究上的重点和成果大致上代表了许多工业化民主国家的情况。进一步来讲,美国学校的人事管理反映了共同的问题和价值——公正、质量以及责任感;在决策上的控制权;当被法律的、社会的、文化的、政治的和经济的条件限制时的效率。

20世纪60年代以来,在美国几种全国性倾向影响和重塑了学校人事管理。这些倾向包括联邦公平法案,公务部门集体谈判,以及在1980~1990年间的国家和联邦教育改革创新。这里的讨论在于反映公平法案和集体谈判对教育领域的人事管理政策和实践的影响,以及探究20世纪80年代的教育改革运动可能对人事管理产生的影响。

#### 4.1 美国的公平法案和人事管理

从20世纪60年代持续到70年代,联邦雇佣公平法案中一些主要的部分在美国得到推行(Webb et al. 1987)。这项法案旨在保护不同阶层的个体免于在雇佣中因为人种、国籍、宗教、性别、年龄或其他不利条件而遭到不公正待遇。与美国宪法第十四修正案中正当进程和平等保护条款相联系,这些法案在学校人事管理政策的制定者、执行者和研究者中产生了很大的影响。

自然的,公立学校中的董事会和管理者对聘用政策和实践在目的或效果上可能存在的歧视性日益感到紧张。员工的聘用和选拔、对员工的奖励以及报酬政策得以结构化和标准化,从而减少形成带歧视性实践的可能性。这些领域的研究,使政策制定者和执行者对发展与执行有效的和具防御性的人事政策与实践有所了解并受到引导。

#### 4.2 员工聘用和选拔

很显然,许多研究致力于员工选拔,特别是选拔面试,而对聘用的研究则相对较少。工业心理学、组织心理学和企业管理这些领域中的研究发现并提供了大量人事选拔的基本知识(Arvey and Campion 1982)。这些研究验证了以往选拔面试的较低的信度和预见度。依据认知心理学,包括归因理论和行为改造理论(Stewart et al. 1979),研究者们发现选拔面试在很大程度上是面试考官寻找他心中的"理想候选人"的过程。

关于面试程序的研究提供了提高选拔决策的信度、产生较低预测效度的方法。这些方法包括对多维度的工作相关性问题、排序标准、结构化面试指导和利用多个专业面试评价者。

后来有些文献提出选拔方法需要依据实际工作行为的表现(而不是工作行为的代表性措施),这样才能提高选拔决策的可预见性(Pounder 1988a)。这些选拔方法还没有得到广泛验证,但是其中的原则已经被运用到了国家教师资格考试中,一些学区运用这些原则,通过录像教学、观察简单教学或者替代教学来找出实际教学行为的准则。

另外补充一点,计划严谨的招聘新员工的行为也能加强选拔行为的可防御性和有效性。通过检测员工的构成,有目标地为特殊工作和组织的需要进行招聘,使一些阶层成员通过鉴别。

#### 4.3 对员工的奖励

大部分学区对于绩效奖励都有不同的意图。包括给员工发展的机会、保留员工的人事决策、教龄、提升、减轻压力、才能报酬等等。为加强评价政策与实践的有效性和防御性,绩效奖励的标准和方法必须紧紧地与评价员工的目的和具体的工作要求联系起来。

美国公立学校的教师评价不仅受到联邦公平法案的影响,而且受到教育改革运动和责任要求的影响(Webb et al. 1987)。一些州发展和实行了大范围教师评价系统以顺应这一发展趋势(佛罗里达、佐治亚、路易斯安那、田纳西)。

对教师奖励系统的研究表明,与那些在员工选拔研究中已经证明了的方法相似,教室观察法能加强评价政策与实践的有效性和预见性。这些方法包括对多维工作相关评价指标、多个专业评价者、多次观察、有信度和效度的评价工具等(Cangelosi 1991)。最近发展的许多教室观察的工具都聚焦在与学生学习成果有密切相关的教学行为上,这不仅是对法律的防御性考虑的回应,也适合了责任的要求。

学区需要使用不断发展的标准评价方法,从而避免承担歧视对待和侵害教师正当程序权的指控(Webb et al. 1987)。而且,随着教师的卷入和承担发展与执行教师奖励系统的责任,教师奖励系统的有效性可能会得以加强(Cangelosi 1991, Webb et al. 1987)。

4.4 员工报酬

虽然在私营部门有许多关于有效的、防御性的报酬政策和实践的研究,但对公立学校的报酬实践意义不大。这种不同有一系列的原因。

首先,在学校系统中教师是最大的报酬群体。传统的教师报酬受到两个因素的影响:学历水平和教龄。这种制度被认为是非常公平的。第二,公立学校教师的薪水典型的是由教师工会和当地的学校董事会双方协调的结果,学区偶尔需要合法地防止这种报酬行为差距过大。第三,几乎没有学区是根据教师的绩效付给报酬的。结果,在K—12(从幼儿园到中等学校)学校或报酬系统不是那么依靠薪酬制度或谈判合同的其他教育组织,比如大学中,对公正和法律防御性的考虑似乎越来越多。

然而,在公立学校员工报酬系统中有一些更宽泛的公正(和效率)原则值得注意(Wallace and Fay 1983)。首先,内部公平——在同一组织的不同工作中的薪水比较——在确定管理者、教师、专业支持人员和不同类型的服务人员的报酬的时候应该得到应用。以工作评价方法确定合适的报酬因素(以工作需要为基础),以及评定组织中每一个主要的工作群体报酬价值,这样保证学区分析报酬结构的内部公平性。

学区可能面临像薪酬压缩这样的内部公正问题,也即相当数量的老师可能获得比负更大责任的管理人员更高的薪水。这样的情况也存在于传统的女性工作,比如秘书工作,通常她们比传统的男性工作,比如维修工作所获得的薪水要少,尽管他们的价值对组织来说是相似的。即使在同一个工作群体中,内部的不公正也可能发展并表现出来。例如,由教师工会(通常被更有经验的教师控制)协商后的教师薪水制度可能会不合适地将报酬增加到一个新的水平,从而使那些年轻教师能够受到诱惑并继续留在原位(Jacobson 1988)。那些薪酬是经个别协商而确定的工作可能由于性别或其他受保护群体的歧视对待而变得更加脆弱(Pezzullo and Brittingham 1979, Pounder 1988b, Pounder 1989)。

第二,外部公平——在不同组织相似工作中进行的薪水比较——暗示着一个组织(或职业)有利用有竞争性的工资水平吸引和留住员工的能力。由于集体谈判在大部分公立学校广泛传播,工会通常利用与其他相关地区的工资比较而要求加薪。这种影响经常导致教师报酬在邻近校区之间的竞争。那些没有教学工作或不存在集体谈判的地方,这种影响就不存在,那么教育性组织就可能需要进行工资市场调查,从而在不同的工作群体的关键岗位上使工资具有竞争性,这些工资数据在组织内部可能用来调整工资水平从而吸引和保留员工。

在所有的教育职业中,人们把教师工资与其他有等级之分的职业群体的报酬相比较,来要求提高教育领域工资水平。市场上的工资比较也显示应该给那些供应短缺的专业学科领域支付有区别性的报酬,例如科学和数学教师。虽然在这些比较中可比较价值很少得到广泛的认可,然而这些数据表明了教育职业吸引和留住人才的相对能力。

最后,教师工资中的绩效报酬在20世纪80年代的改革中得到了广泛关注。虽然这一实践仍然有很大的争议,在大多数学校报酬系统中也没有得到很好的发展,但绩效报酬确实是一种公正的最终形式:个人公正。个人公正会引起雇员对其投入—产出比的感知。在一个天才教师的报酬—绩效比与其他教师的报酬—绩效比的比较中,人们可以看出存在于一些员工之间的不公正。绩效报酬试图去改变这种潜在的不公正，而传统的教师报酬制度却没有注意到这一点。

4.5 美国的集体谈判和人事管理

20 世纪 60 年代早期同样见证了发生于美国公共部门的运动——集体谈判，特别是在 K—12 学校的教师们。大部分公立学校开始与地方的教师工会进行集体谈判。因为人事管理者在谈判过程中负有许多责任，集体谈判戏剧化地影响了人事管理工作中所需要的优先地位和技能。同时由于双方协议可能包括员工工作中的很大范围，集体谈判实际上也影响到了所有人事政策和实践的发展与实施。

研究表明，教师薪酬和物质方面的福利由于集体谈判而开始日益增多(Webb et al. 1987 P. 101 ~ 102)。然而，因为谈判学区和未谈判学区工资增长的"溢出"效应，集体谈判对教师的影响并不能独立出来。而且，在教育领域中似乎同时表现出三种重要倾向：(a)教师工资增长；(b)更多男性从事教学；(c)更多学区开始与教师联合会谈判。因为这些倾向交互作用，这些变量的因果关系很难确定。

其他的关于教育领域集体谈判的影响被证明包括：生师比的降低，教师准备时间的增加(相应的，教学时间减少)，教师经验和教育水平的增加，一些学生的高产出(Eberts and Stone 1984，Webb et al. 1987 P. 102)。埃伯茨和斯通(Eberts and Stone 1984)得出结论说，教师工会对这些因素的实际成果就是使联合起来的学区，比未联合的学区在教育一般学生上稍微有效。然而，联合各学区的高额费用远远超出了它所产生的好处。

集体谈判带来的在教育组织中的最后一个(可能最为有害)影响是教师群体和学校管理者或董事会群体的普遍对立(Cresswell and Murphy 1980)。这种对立不仅在协商合同的谈判期间出现，而且在学区试图改变有关教师工作的政策和程序时都会经常出现。这种对立虽然源于正式谈判过程中，但仍然会影响到学校的日常工作。结果，有些人提议，集体谈判模式应从"胜—败"的模式转变为双赢模式(Fisher and Ury 1981)。许多人表示赞同，新的谈判过程的成功就在于模型中双方共同的约束。

4.6 美国教育改革运动和人事管理

20 世纪 80 年代国家和州的教育改革运动发起引起了教育领域人事管理又一轮大范围的变革趋势。然而，这种变化有一定程度的缺点并且缺乏规律。所谓的 20 世纪 80 年代教育改革运动的"第二次和第三次浪潮"对于人事管理来说有着深远含义。包括目标和建议在内的许多改革倾向于吸引与保留在教育专业中"最好和最聪明的教师"，因为吸引和保留有质量的员工是人事管理最基本的目的，这样就开始影响到学校的人事实践。例如，职业等级计划，以及程度低一些的，按才能录用教师模型也在许多州和学区开始被考虑和采纳。在一个人的职业等级中除了经常伴随不同等级而出现的赞赏和回报外，优秀教师的工作责任也会有所改变。教师们会发现他们有越来越多的领导责任，例如课程协调、人员发展、新教师的监督和管理或其他的专业性任务或作业(Hart 1988)。由于这些角色和责任的变化改变了一项工作的定义和描述，选拔和评价的标准与方法、职位占有者的报酬也必须相应地改变。

另外的改革倾向，例如校本管理和参与决策，对学校的等级结构、该结构中的教育者的角色和责任都有影响(Malen et al. 1990)。人事政策和实践在学区的确立可能变得更多种多样，因为它要适应当地的学校。例如，如果地方学校在资源分配方面得到了更多的自主权，从而可以更好地进行员工激励或者员工选拔和发展工作，那么学区的人事程序的标准化就会丧失。"谁对此负有责任?"是分权努力中的核心问题。组织分权也可能减少教师工会的目标和策略的凝聚力。在一个学校的教师中有吸引力的合同条款或者谈判策略，放到另一个学校中就失去了吸引力。最后，改革倾向也影响到了教育研究的样式(Boyd 1992)。关于人事管理的研究可能要更多地依赖于经济理论而不是心理理论。

## 5. 结论

人事管理，作为教育管理中的一个专业领域，它围绕一系列的问题展开研究，是一个非常年轻和有活力的领域。人事管理的基本目的——吸引、保留、发展和激励员工实现组织目标——是由一系列复杂的人事程序、政策和实践促成的。为加强对有效的人事管理的理解,必须对人事政策和实践的国际比较及其影响因素给予更多的注意。

D. 庞德尔(D. Pounder) 著

姜 红 译

## 附录

Arvey R D, Campion J E 1982 The employment interview: A summary and review of recent research. *Personnel Psychology* 35(2):281—322

Boyd W 1992 The power of paradigms: Reconceptualizing educational policy and management. *Educ. Adm. Q.* 28(4):504—528

Boyd W L, Smart D (eds.) 1987 *Educational Policy in Australia and America: Comparative Perspectives*, Vol. 5. Falmer Press, New York

Cangelosi J S 1991 *Evaluationg Classroom Instruction.* Longman, New York

Cresswell A M, Murphy M J 1980 *Teachers, Unions, and Collective Bargaining in Public Education.* McCutchan, Berkeley, California

Earley P, Baker L, Weindling D 1990 *Keeping the Raft Afloat: Secondary Headship Five Years On.* National Foundation for Educational Research in England and Wales (NFER), Slough

Eberts R W, Stone J A 1984 *Unions and Public Schools: The Effect of Collective Bargaining on American Education.* Lexington Books, Lexington, Massachusetts

Fisher R, Ury W 1981 *Getting to Yes: Negotiating Agreement Without Giving In.* Houghton Mifflin, New York

Hart A W 1988 Work redesign: A review of literature for education reform. In: Bacharach S B (ed.) 1988 *Advances in Research and Theories of School Management*, Vol. 1

Jacobson S L 1988 The distribution of salary increments and its effect on teacher retention. *Educ. Adm. Q.* 24(2):178—199

Jacobson S L, Kennedy S 1991 Deferred salary leaves for teachers. *The Canadian Administrator* 31(3)

Malen B, Ogawa R T, Krantz J 1990 What do we know about school based management? A case study of the literature. A call for research. In: Clune W H, Witte J F (eds.) 1990 *Choice and Control in American Education. Vol. 2: The Practice of Choice, Decentralization and School Restructuring.* Falmer, New York

Mortimore P, Mortimore J 1991 Teacher appraisal: Back to the future. *School Organisation* 11(2):125—143

Pezzullo T, Brittingham B (eds.) 1979 *Salary Equity: Detecting Sex Bias Among College and University Professors.* Heath, Lexington, Massachusetts

Pounder D G 1988a Improving the predictive validity of teacher selection decisions: Lessons from teacher appraisal. *J. Personnel Evaluation in Education* 2(2):141—150

Pounder D G 1988b The male/female salary differential for school administrators: Implications for career patterns and placement of women. *Educ. Adm. Q.* 24(1):5—19

Pounder D G 1989 The gender gap in salaries of educational administration professors. *Educ. Adm. Q.* 25(2):181—201

Reymond H, Mallick S 1985 *International Personnel Policies and Practices.* Greenwoods, New York

Stewart R A, Powell G E, Chetwynd S J 1979 *Person Perception and Stereotyping.* Saxon House, Farnborough

Thomas M R 1990 Teacher supply systems. In: Thomas M R (ed.) 1990 *International Comparative Education: Priorities, Issues and Prospects.* Pergamon Press, Oxford

Wallace M J Jr, Fay C H 1983 *Compensation Theory and Practice.* Kent, Boston, Massachusetts

Webb L D, Greer J T, Montello P A, Norton M S 1987 *Personnel Administration in Education.* Merrill, Columbus, Ohio

Wirt F M 1987 National Australia – United States education: A commentary. In: Boyd W L, Smart D (eds.) 1987

## 学校—企业合作(School – Business Partnerships)

从20世纪80年代以来,学校—企业合作剧增。结果,在许多工业发达的国家,尤其在美国,这一合作变得越来越普遍。本词条将研究学校—企业合作是怎么形成的,怎样去衡量它们的功绩?最后还要讨论学校—企业合作在国内和国际上的未来走势。

### 1. 为什么存在学校—企业合作?

#### 1.1 起源

20世纪70年代以后,在许多发达的工业国家(AICS),学校承担了特别的经济和社会压力,这是学校和企业进行合作活动的原因。在今天,形成了学校与企业的合作运动。这种西方的模式很少发生在发展中国家。

发达工业国家的国内教育体制和它们所服务的经济和劳动力市场进行了再结盟。其结构性的原因很复杂,需要继续深入研究。分析家对这些过程中的一些主要因素达成了共识。具体地讲,它们包括:

(a)由于世界市场的国际化和技术更新速度的不断加快,业务组织的模式("福特制危机")开始了重大的转变。

(b)随之而来的高技术水平工作的增加。

(c)在大部分西方经济体系中,高新技术、高工资和低技术、低工资的劳动力市场分割的加剧。

(d)1973~1980年石油危机之后,西方国家的经济大萧条使得政府部门对教育的投资有所减少。

这些激烈的动荡导致发达工业国家的教育系统产生如下部分或全部变化:

(a)需要重新设计课程,以反映工作场所技术和技能需求的变化。

(b)由于前所未有的年轻人高失业率,导致了从学校到工作的过渡的中断。

(c)政治气候也发生了变化,以前笃信教育和培训投资的"人力资本"模式,在教育支出上进行资本扩充,现在则转变为以考虑效率和节省成本为基础做出投资决定。

学校—企业合作正是基于这个大背景产生的。国家的中等教育和后义务教育组织的变化,以及雇主介入职业教育和训练传统方式的变化,对学校—企业合作的本地化发展产生了巨大影响。这里只能对工业发达国家的学校—企业合作各种不同形式的相似性作总体上的勾勒。然而,在学校和社会的联系(这里指学校—企业合作)的发展中仍然存在四个趋势,下文将对其进行深入分析。

(a)教育制度建立在"学校教育"的模式上的国家里,学校—企业合作得到了巨大的发展。然而日本显然是一个例外。

(b)美国和英国经济问题,政治环境和学校体制相类似,使得这两个国家站在新生的国际性的学校—企业合作"运动"的最前沿。

(c)虽然政府和咨询委员会在学校—企业合作的发展上扮演一定的角色,但新的学校—企业合作通常是基于各学校和当地企业的创意,在当地社区里产生的。

(d)学校—企业合作模式从处境不利的城区的社会的、教育的、经济的和雇佣的状况中获得了特别的力量。

在一些国家,例如德国、奥地利和瑞士,它们保持着一整套完善的学徒式培养制度,企业要求改变普通学校教学内容的做法的压力就不是很明显。在这些国家,主要的学校—企业合作形式就是改良雇主和职业学校的长期关系。因此,雇主对更广泛意义的学校改革兴趣不大。此外,在那些有着从学校到工作平稳过渡的教育体制的国家里(如德国的双轨制、日本的广泛参与制),学校—企业合作的影响范围比较小。如果将来这些国家的学校—企业合作想获得显著的发展,突破点就在于不满足于学生在主流学校学习方式中接受的有限的学习内容。

#### 1.2 定义和范围

学校—企业合作可以有一个广阔的自愿合作的范围。合作学校和当地的社会团体(企业、慈善团体、自愿者组织和本地政府组织)共同努力以求达到共同的目标。合作的范围在一个连续统一体中不断地变化,可从一个学校、一门学科适当的职业或课程开发,到基于私营企业参与的全市或者地区的教育发展项目。地区这种合作的范围与合作者寻求教育改变的紧迫感正相吻合。

很多合作起源于个别企业和学校之间的特殊关系,在美国把它叫作"收养一个学校",在英国叫作学校—企业"孪生",在法国叫作双生。很多合作已经完整无损地存在了15年或者更长的时间,并且这些小的、当地的、基础的模式将继续成为学校—企业合作的主流模式(经济合作与发展组织1992)。另外一种合作模式是沿着合作项目的轨迹发展起来的,这些合作强调特殊的课程或社会问题。例如,支持学校的科学发展已经成为制造业与学校合作的基本出发点。在1989年,英国石油公司选了14个欧洲国家,主动支持它们的科学课程项目(英国石油1989)。另外一种关注即对学生学习动机的关注已经成为合作行为的主题,在美国,这种合作集中在企业员工对高危学生学习的指导。

学校—企业合作的最高级形式就是双方通过书面的章程达成正式的合作。章程规定双方达成共识的贡献和承诺。例如,一个老板,有优先考虑雇用本地合作学校毕业生的义务,或者在一些指定的学时内支持学校教师的工作。相应的,学校应该为当地的组织提供专家意见或设备,或者与公司雇佣的需要相协调,通过特定的方式,改善学生的学业成绩。相应的,一些国家本地的合作迅速扩大,形成了更广泛组织参与的制度化的合作,例如城际间的合作,或者服务于城市或乡村的教育—企业合作联盟。在运行上,英国政府动用中央财政雇用一些人员,他们的职责是,一面支持地方学校—企业合作的工作,另一面监察对广大范围合作的管理情况以及相关的政府与独立机构之间的关系。无论政府扮演的特定角色是什么,这些合作都有一套共同的可清晰定义的结构性元素:正式的成员数、合作双方间的关系、承担的职责及其保证机制、合作章程和法定的地位、资金来源(Woolhouse 1991)。

### 1.3 合作的基本原理

相对于对学校—企业合作潜在的经济和社会起源的分析,我们稍稍忽略了一个研究主题,那就是学校—企业合作双方的特定原理,尤其是来自企业领域的合作伙伴参加合作的基本原理。

在企业团体中,对劳动力短期或长期供给的质量的关注,已成为一个明确表达的主题。一些发达的工业国家已经再三指出了这个问题。他们经常引用对国家经济繁荣带来威胁的一系列因素,并将其作为关注的焦点——经济全球化、技术革新速度的加快、工厂技术水平的降低(美国商业委员会1982,澳大利亚教育研究委员会1991,Schoppa 1991,英国工业联盟1988,荷兰经济事务部1990)。然而,根据进一步观察,企业对教育的态度远比仅仅专注于劳动力的供应要更为复杂。例如,在美国和英国(都是"最好学校"的教育体制),企业对教育的态度被形容为"爱恨交集的矛盾关系":

> 一方面,企业领导因为学校没有传递基本技能和灌输核心社会价值观念而惩罚它们;同时,另一方面,(面对)……深入的文化和社会问题,他们感觉有支持教育系统的需要。(McGuire 1990 P.110)

这些观察是概括化的。在出版物中,对单个雇主参与教育的动机的研究比较少。然而,一份英国的研究指出,一些大企业老板把对教育的支持看作长期的投资(尤其是这种社会关系有利时),大部分老板参与合作是对别人——政府或者企业家联盟——拟定的议程的应付,或者是对短期雇用需要的反应。这些反应的姿态尤其体现在小公司身上。并且,公司的部门间行为也有明显的差异(Finegold and Richardson 1991)。在美国,同样的动力也很明显,虽然一些企业人士充当"组织变化代理人"(就是坚决要求各种学校改进目标)的动机比欧洲更为强烈(McGuire 1990,OECD 1992)。单个公司对"它们能从合作中对教育投资取得多少回报"很审慎。然而,瑞典企业家联盟会的一份调查表明,仔细检验一下,如果先前和学校建立有效的联系,公司的雇用成本将会降低(瑞典企业家联盟1991)。

和企业进行合作的学校方的原理也一样复杂。20世纪70年代中期以来，在大部分发达的工业国家，国家的学校系统趋于承受经济衰退的压力，使得教育者转向与企业联合，以取得替代性的资源支持——贷款或者通过直接的资助。通过传统的资金渠道学校得不到现代学校生产所需的足够数量的技术设备，这引起了特别的关注。这种趋势由于对教育活动规律的理性思考而得以增强。起初是一小部分，后来越来越多工业发达国家的教育工作者相信：和学校教育系统相适应的大部分课程，只能通过学生获得广泛的学校之外的社区支持来实现，这些支持包括技术支持、技能训练支持和具有专业素质的成人的指导。我们可以通过1978年第一版的《英国学校课程的工业合作》项目(SCIP)来对上述的争论和其教育学的意义进行深入的研究。

**2. 学校—企业合作的意义**

2.1　合作的推广和影响

20世纪80年代中，最著名和被广泛效仿的学校—企业合作，就是波士顿契约。在这个合作项目中，波士顿(马萨诸塞州)的城市企业领导为本地高校毕业生确保了成百上千的工作机会，以换取学校教育管理的改革，其中包括一个帮助低成就水平的学生达到特殊成就的承诺。波士顿契约的特别意义在于：

(a) 建立了学校—企业合作原则，作为共同签署人改进具有某种特殊目的的学校。

(b) 展现企业参与城市学校部门管理事务中的公开模式。

(c) 正视学校、社会和就业问题的严重关系，这种关系曾威胁到美国和海外城市，几乎导致崩溃。

(d) 在美国城市通过国家企业联盟(NAB)的示范项目，在英国城市通过由劳动就业部出资创立的政府契约计划，学校—企业合作得到了广泛的推行。

虽然波士顿契约声名在外，但是到1989年，我们发现国家企业联盟项目中波士顿采纳的量度指标，并不能很好地适用于美国的其他城市。结果是，波士顿的标准——尤其是学生的长期可测量的学习成绩的增长——就不再被强加到国家企业联盟所资助的合同里。并且，1992年的第一个(共五个)年度评估报告(关于英国政府资助的62个合作契约的评估报告)，在“将学校取得的独特的改进成就归功于合作契约而不考虑不同合作方(商业界人士、教育者、家长)的不同信念”方面是审慎的。结果是，不同的合同将会对低成就水平学生的成绩带来不同的影响(国家教育研究基金 1992)。

虽然现在问题主要围绕在波士顿契约的长期成果上，但它还是国内和国际单个合伙企业模式所能模仿的最好例子。此外，波士顿契约的影响也证明了新组织在解决难应付的公共政策问题时，所能带来的普遍利益。因此，这种正在成功效仿的地方首创的知识在第三部门(奥斯本和盖布乐在1992年提出“第三部门”)里有重要的意义。

在美国，学校—企业合作改革的发动机——国家教育合作协会(NAPE)，在传播合作实践中起着领头的作用。在国际效仿方面，形式更为复杂。在20世纪80年代初期，美国国家教育成就委员会提出了有广泛影响的报告《国家处于危机之中》(1983)，大部分工业发达国家也正处在多种与报告类似的争鸣之中。同样，上面提到的那种雇主和教育者的动机，在很多国家促成自发的学校—企业合作。在这种气候下就需要一些有意义的干涉来推动合作的国际效仿的进程，这种效仿将形成一股清晰可辨的国际合作运动潮流。

参加1984年在华盛顿召开的国家教育合作协会关于合作的国际研讨会的英国代表团，是国际合作实践的积极推动者。这个得到英国政府强有力支持的大西洋彼岸的代表团，之后每年都要与会，相应也就极大地影响了英国的合作政策。1987年，代表团赞同并参与了英国政府集中一段时期的“借鉴美国教育和培训领域”政策的活动(Finegold et al. 1992)。这种借鉴推动了由英国政府发起的合作契约计划(1989～1993)和学校—企业合作计划(1991～1993)的拟定和施行。另一个学校—企业合作迅速扩展的证据是各种各样的跨国组织关于合作发展的一系列描述报告(欧洲共同体委员会1987,1988,1990)，更显著的是经济合作与发展组织(1992)通过对9个国家、24例合作案例的比较研究,总结了学校—企业合作实践的研究报告。1992年的夏天,首届国际合作大会在英国伯明翰召开,有来自19个工业发达国家的560名代表参加。

2.2 学校—企业合作的有效性

在美国和英国,关于学校—企业合作存在最明显争论的中心问题就是:学校—企业合作通过什么途径能够使合作对学校有效呢? 特别是英国的观察家已经批评了美国的合作缺乏精密细致的评估。例如,英国代表团在1988年的国家教育合作协会合作研讨会上作如下评论:

> 最初英国小组没有找到我们所严格理解的评估的证据——然而仔细研究后,就会发现几乎所有的(美国)方案,都非常重视评估,但是评估总的意图是找出一些有用的学习课程,避免一些无用的学习课程。这种热情极度膨胀……(Training Agency 1989 P.3)

这里所描述的强化技术是美国学校—企业合作的突出特点和有效的动力。这种风格被新教有关合作的教义所肯定。行动主义者主张优先管理技巧的改良而非用严格分析的视角来回顾合作的有效性,主要强调在美国和英国合作训练材料中的管理观点、问题(Otterburg 1986,国家学校志愿者计划 1989,英国职业部门 1989),强调一种美国评估方法,这种方法获取数据的标准相对不严格和不精密(Otterburg and Adams 1989)。或许由于这种特性的结果,不同国家的学校—企业合作联合体中最难以达成共识的问题是:通过学校与企业合作,我们应该达到何种合理的教育效果。

英国政府出版物《教育中的合作:自我评价的工具包》(英国职业部门 1991)试图为解决这个问题提供了一些思路。由于英国政府资助合作,地方合作项目想要得到政府资助,就必须通过自我评估说明其合作进程。为了引导合作项目的管理者,自评工具包强调了合作企业"不能代替学校和老师的基本功能",并且永远是教育活动中的"辅助物"(P.77)。因此,这就意味着合作评估应该是一种测量"合作双方为达到合作学校所追求的目的(例如,学生的出席、学生的基本能力)所做出的贡献"的尝试。

除了这种自评之外,英国合作和契约计划都是政府委托的专家评估的对象。迄今为止,五份年度契约评估报告中的第一份已经出版(教育研究的国家基础 1992a)。

把学校效果的改进直接归功于合同的作用,这种做法应该很谨慎。报告的结果首先是和合作参与者认为这种合作应该取得什么样的成就理念相关的(可以从评估者所发布的问卷中得出一些可辨认的数据)。像评估者所陈述的那样,他们的初始数据所表明的模式和趋势"不能全部或部分归功于整体的或地方的合作契约的效果"。为了更直接地辨明这种效果,他们想采用一种多水平的模型技巧,把契约的结果变量(例如学生的成就、准时到校、出勤率和毕业后的目标)与背景变量(例如当地年轻人的就业趋势、学生的性别和种族划分、学生的经济背景)相比较(教育研究的国家基础 1992a P.13~14)。这种调查的全部结果只会在5年评估期(1992~1996)之后才比较明显。

英国契约评估小组所处理的这些问题,是和有关学校—企业合作的学校教育效果的一些考虑相关的。现列举这些主要观点如下:

(a)评估合作契约对合作者理念的影响是相对比较容易的,考虑到不断施加的合作管理的文化中的交易和传播的压力影响,这些理念可能是积极的。

(b)测量这些有利的观念很必要,因为在一些人看来,考虑到学生动机通常是合作的核心目标,并且和主流学校所能利用的资金相比,合作企业可用的资金水平很低,所以合作行为应该是合理公正的。

(c)在其他人看来,仅仅测量动机问题的观点,会使得合作遭受诸如此类的公然批评,如"这样的测量结果很肤浅,只限制在'主观感觉良好'的效果里"。

(d)任何对"合作项目对学生直接影响的效果"的精密评估都是极度复杂的、非决定性的,并且会使对合作的"意识提升"功能更感兴趣的学校和企业合作方丧失动力。

澄清这些观点在学校—企业合作未来的发展过程中越来越重要,尤其是因为存在这种可能:由于其他地方提倡更为基础和可示范的学校改革。美国在合作运动上处于守势地位。

**3. 未来的发展**

在1989年对美国学校—企业合作的研究中,麦圭尔(McGuire 1990)提出了学校教育中三种主要的企业介入形式:(a)作为慈善家的企业领导者;(b)作为组织变革代言人的企业领导者;(c)作为政策改革者的企业领导者。他用这些形式去预测20世纪90年代合作发展的可能进程。在对不远的将来作展望时,他感觉不得不得出如下结论:缺乏有效的研究或对合作效果的详细评估,会使企业领导者想给学校带来某些可论证性变化的热情受挫。

到1991年,熟悉美国合作情况的英国观察家指出,在美国存在对合作运动的巨大威胁。尤其明显的是,许多人批评美国并没有取得跟投入的精力相称的成果,包括美国的联邦教育部副部长。他们认为合作运动的弱点起源于过去不能严格地督导合作的效果,这样就导致在一个要求更基本的教育改革的时代,它不能指明通过自己的活动实现了哪些与教育改革目的相一致的特定的效果。随着国家对学校成就的关注回升到了1983年的《国家处于危机之中》报告所引起的水平(美国教育部门1991,美国劳动部门1991),美国的批评家越来越关注合作应取得什么样的成就。

这种发展说明在20世纪90年代,机制改变和企业介入政策改革的组合,将主导美国的学校—企业合作。如果这样的话,在某些方面,这就是对"早期波士顿契约形成的雇主介入学校教育的形式"的一种回归,那时企业领导强烈坚持在学校水平上对学校的重构(Farrar and Cippolone 1988)。在这段时期,既要求美国合作参与者考虑缺乏自评的批评,又要求他们致力于根据雇主的技能需要,为学校课程发展建立更为集中的议程(美国劳动部1991)。

放眼海外,美国的学校—企业合作实践,会继续为国际学校商业合作定下步调吗?对不同国家的合作共同体来说,可能的主要趋势是:可以保留差异,各自可以对基本的企业介入学校的概念进行改变,可以紧密反映各自国家教育改革议程(OECD 1992)。然而,这种规模和能量的美国式合作将可能继续成为其他国家加以借鉴的对象。于是,1992年,英国的第六届代表团参加了每年一次的国家教育合作协会美国国家研讨会。

关于学校—企业合作可作为发展中的国际运动的一部分的程度,至今仍有争论。正如欧洲议会的职业培训发展委员会中心的发现:即使在欧洲内部,确定共同日程也是有问题的。因为不同的成员国有不同的发展水平、不同的文化习俗、不同的区域和经济部门(Sellin 1989 P. 2~3)。相应的,工业发达国家的学校—企业合作是在各异的社会、经济、政治和教育的背景中培养的。这无疑将继续解释不同国家的合作实践的多样性。

尽管如此,在工业发达国家合作的努力实践中,仍然有许多共同的主题构成其特征。

(a)在普通教育中开发新的学习方式。

(b)改进职业教育,使其和工作的实践更相关,并且反思职业教育和普通教育之间的平衡。

(c)在学校和工作之间建立新的联系(如契约)。

(d)拓宽教师的经验。

(e)将私人企业的管理技巧运用到学校。

(f)改变商业行为,尤其是雇佣和培训行为(OECD 1992)。

要产生一场国际的合作运动,仅仅是上述的这些共识还远远不够。尤其是当合作的目标没有跟每个国家教育改革的目标紧密相连时,或者是当对合作的评估很薄弱时。只要有上述弱点存在,就会遭受到反映不同国家经济、政治发展特点的批评,各个不同国家共同的跨国合作的目标就会暗淡。然而,国际性的学校—企业合作反映的"大规模的技术和经济革新"问题仍然会对西方的教育体制产生巨大的压力。在这种气候下,学校—企业合作者还是会致力于培育国内和国际的合作网络。

W. 理查森(W. Richardson) 著

姜 红 译

附录

Australian Council for Educational Research 1991 *The Labour Market Relevance of Secondary Schooling: Summary Report.* Australian Council for Educational Research, Canberra

British Petroleum 1989 *BP in Education: European Conference Information Network.* British Petroleum, London

Commission of the European Community 1987 *Catalogue of Programmes of the EC Action Programme on the Transition of Young People from Education to Adult and Working Life.* Commission of the European Community, Brussels

Commission of the European Community 1988 *School – Industry Partnership: Trends and Developments.* Commission of the European Community, Brussels

Commission of the European Community 1990 *School and Industry.* Commission of the European Community, Brussels

Confederation of British Industry 1988 *Towards a Skill Revolution*, Confederation of British Industry, London

DeLone R 1990 *Replication: A Strategy to Improve the Delivery of Education and Job Training Programmes.* Public/Private Ventures, Phiadelphia, Pennsylvania

Farrar E, Cippolone A 1988 After the signing: The Boston Compact 1982 to 1985. In: Levine M, Trachman R (eds.) 1988 *American Business and the Public School: Case Studies of Corporate Involvement in Public Education.* Teachers College Press, New York

Fiddy R 1985 *Youth, Unemployment and Training: A Collection of National Perspectives.* Falmer, Lewes

Finegold D 1992 The low skill equilibrium: An institutional analysis of Britain's education and training failure (Doctoral dissertation, University of Oxford)

Finegold D, McFarland L, Richardson W 1992 Introduction. In: Finegold D, McFarland L, Richardson W (eds.) 1992 *Something Borrowed, Something Blue.* Triangle, Wallingford

Finegold D, Richardson W 1991 *Making Education our Business: Interim Findings of the Warwick Study of the Education Policies and Programmes of leading UK Companies.* University of Warwick, Coventry

McGuire K 1990 Business involvement in education in the 1990s. In: Mitchell D, Goertz M (eds.) 1990 *Education Politics for the New Century: The Twentieth Anniversary Yearbook of the Politics of Education Association.* Falmer Press, London

McNabb R, Ryan P 1990 Segmented Labour Markets. In: Sapsford D, Tzannotos Z (eds.) 1990 *Current Issues in Labour Economics.* Macmillan, Basingstoke

National Alliance of Business 1989 *The Compact Project: School – Business Partnerships for Improving Education.* National Alliance of Business, Washington, DC

National Foundation for Educational Research 1992a *National Evaluation of Compacts: Technical Report 1991.* National Foundation for Educational Research, Slough

National Foundation for Educational Research 1992b *National Evaluation of Compacts: The Contributions and Views of Employers.* National Foundation for Educational Research, Slough

National School Volunteer Program 1989 *A Practical Guide to Creating and Managing A Business – Education Partnership.* National School Volunteer Program, Alexandria, Virginia

Netherlands, Ministry of Economic Affairs 1990 *Education and the Labour Market: Towards a Workable Relationship.* Ministry of Economic Affairs, The Hague

Organization for Economic Co-operation and Development 1985 *New Policies for the Young.* Organization for Economic Co-operation and Development, Paris

Organization for Economic Co-operation and Development 1992 *Schools and Business: A New Partnership.* Organization for Economic Co-operation and Development, Paris

Osborne D, Gaebler T 1992 *Reinventing Government: How the Entrepreneurial Spirit is Transforming the Public Sector.* Dutton, New York

Otterburg S 1986 *School Partnership Handbook*. Prentice-Hall, Englewood Cliffs, New Jersey

Otterburg S, Adams D 1989 *Partnerships in Education: Measuring Their Success*. InfoMedia, Largo, Florida

Schoppa L J 1991 *Education Reform in Japan: A Case of Immobilist Politics*. Routledge, London

Sellin B 1989 *The Social Dialogue in the Member States of the European Community in the Field of Vocational Training and Continuing Training: Synthesis Report*. Office for Official Publications of the European Communities, Luxembourg

Swedish Employers' Federation (SEC) 1991 *Good School Contacts Pay Off*. Swedish Employers' Federation, Stockholm

Training Agency 1989 *Education – Industry Partnerships: Lessons from America*. Training Agency, Sheffield

United Kingdom Department of Employment 1989 *The Compact Development Handbook*. United Kingdom Department of Employment, Sheffield

United Kingdom Department of Employment 1991 *The Partnership Handbook*. United Kingdom Department of Employment, Sheffield

United States Chamber of Commerce 1982 *American Education: An Economic Issue*. United States Chamber of Commerce, Washington, DC

United States Department of Education 1991 *America 2000: An Education Strategy*. United States Department of Education, Washington, DC

United States Deparment of Labor 1991 *What Work Requires of Schools*: A SCANS Report for America 2000. United States Department of Labor, Washington, DC

Woolhouse J 1991 Partnership principles. In: Gibbs R, Hedge R, Clough E (eds.) 1991 *The Reality of Partnership: Developing Education – Business Relationships*. Longman, Harlow

## 教师工会(Teacher Unions)

在西方国家,学校教师组织已经存在了很多年,但是直到19世纪末期,教师才加入代表他们经济和职业利益的工会。本词条着重研究工会的成长,它们和国家及公共教育官方机构的关系,它们的政治和行业活动(包括工会的战斗性),以及工会怎么去满足西方和第三世界国家教师的复杂需要。

### 1. 教师工会的成长

#### 1.1 先驱者

最初的教师组织既是教授、管理者和校长的教育协会,也是教师联合会,他们通常由同类人控制。教师组织的目的是提高训练、公共地位、社会交际和教师的年金。一些教师联合会,或者新的分会,将活动扩展到包括与教育物质情况有直接关系的利益,以及抗议由学校董事会、督导、教会对教师工作及社会生活的过分支配。这些相助团体发展到抗议或抵抗的协会,标志着教师工会主义的胚芽开始萌发(Spaull 1984)。这种协会,明显存在于以下年代和地点的教师激进主义组织中:19世纪30年代的巴黎,19世纪40年代的柏林、布兰登堡和杜塞尔多夫(McClelland 1991),19世纪40年代的墨尔本和悉尼,19世纪70年代以及80年代中期的多伦多附近。加入工会的老师经常被当局压迫(被解雇、调动或者干脆把工会领导者关进监狱),这不仅因为担心教师中工会主义者的蔓延趋势,也担心他们悄悄参与自由政治运动。其他协会在没有得到切实的让步后,由于缺乏教师的支持而倒闭。

#### 1.2 教师工会的出现

教师工会主义第一阶段出现的原因是老师从雇主和国家那里取得了独立,并且在1870年到1910年间,在不同的地方,形成了地方工会的中心权威。要形成成功的教师工会形式,需要三个相互关联的成长变化,它们是:

(a) 改变教师的工作环境,包括物质奖励和提升部分教师到学校或上级管理部门。

(b) 出现致力于提高教师工会主义的领导阶层。

(c) 有利的社会政治气候,能为工会的形成和成长提供健全的平台。

这些因素解释了19世纪70年代德国和英联邦国家里教师工会主义的出现,也解释了同时期的德国教师工会(DLV)向斯堪的纳维亚的扩散,以及从大英帝国到澳大利亚和南非的“白人”自治殖民地的扩散。建立于1871年的全国教师联盟(NUT)成为组织的范式,并且它的名字解释了“union”这个词(是地方协会的联合,不是工会)在1886年至1896年间澳大利亚殖民地、牙买加(1895)、印度南部(1908)、马耳他(1919)、斐济(1930)和尼日利亚(1931)建立国家教师联盟时使用的含义。

缺乏有利的社会政治气候,通常伴随着缺乏对工会原则负责的有超凡魅力的领导人,这样就延误了1900年之前教师工会主义的联合形式在意大利、法国、葡萄牙的发展。在北美,同样由于缺乏有利的社会政治气候,仅在1898年,芝加哥的女教师才建立了第一个教师工会。这促进了在纽约、波士顿、丹佛、旧金山建立以城市教师为主的工会。在1916年,地方的工会形成了美国教师联盟。在同时期,加拿大对不同省的教育协会进行改造,建立了中央联盟(Spaull 1991)。

教师的工资和工作条件的相对降低,成为教师工会主义的发展动力。这种动力增强了学校的中心化,巩固了坚定的自由工会和同业工会的形成,鼓励了公共雇员,例如教师、护士、消防人员和警察加入工会。教师工会形成阶段的一个意味深长的新特征出现在美国教师联盟和1905年在法国成立的全国工会同盟身上,它们加入了各自国家的全国劳动运动组织,老的爱尔兰全国教师组织(1869)在1919年至1945年间也如此行事,加入了工会代表大会和爱尔兰劳动党。

德国的教师工会和英格兰与威尔士的全国教师联合会都坚持把“教师统一”作为它们基本的目标,或者说要联系所有地区的工会,组成一个中央工会或联盟。然而,由基础教育中主要残留的男教师工会都被校长控制。在大部分西方国家,教师作为一种职业,被性别、水平、层级和地点这些因素割裂。教师工会反映出了这种割裂。中央工会,例如德国教师工会和全国教师联合会很难吸引其他同类的工会,排他主义和割裂成为欧洲及其他地方的普遍特性。英格兰和苏格兰的教师工会不像德国被分割得那么严重。但是在教师和助教之间,男性和女性之间,全国教师联合会的教师和中学及职业教师之间,存在着严重的分裂。

### 1.3 州之间工会的合并

工会成长的下一阶段的特点是:工会成长明显,出现教师工会的州之间的合并行为。在两次世界大战之间,作为教师工会的一种合法化形式,这种情况发生在很多国家里。在这种形式最初的时候,在(大不列颠)联合王国,中央政府对一些教师工会给予官方的重视。通过1919年颁布的伯纳姆计划(教师薪金级别计划),帮助决定国家的工资水平。在这个计划里,在限制竞争对手(国家校长联盟和国家女教师联盟)时,通过州政府部长,政府有权任命教师工会作为陪审员来增强全国教师联合会的行业地位。然而,这个过程也阻碍了全国教师联合会直接与地方雇主进行谈判,尤其是限制它的很多有斗争力的分支机构。更多的工会合并发生在两次世界大战之间,那时,政府通过为教师提供职业安全保障和职业自治方法放松了对教师的直接控制,条件是工会置身劳工主义和政党政治之外,并且不再阻碍学校的改革。

其他形式的州间合并发生在澳大利亚和加拿大,在1917年至1925年间,澳大利亚的劳动政府部门允许大部分州建立教师工会参与义务的仲裁。为了在仲裁系统中得到一席之地,教师工会必须申请注册,而在每个州只能申请一个,这就要求教师放弃多元工会主义。在20世纪30年代和40年代间,在加拿大工会的努力要求下,首都以外各省政府通过了“教师职业法”,这个法律承认唯一的省际工会(除了安大略和魁北克省外),并要求所有公立学校老师参加该工会(Manzer 1969)。这种合并的结果是在这两个国家里,教师工会适应了行业环境。

这种合并的形式鼓励了在教师协会中进行公开的行业议程,这通常是和州政府的意图相抵触的。教师工会在第一次世界大战之前就制定了这些议程,并且在战争期间和两次世界大战间周期性的经济危机间,教师工会加强了这些议程。结果,在行业活动中的课程、教师培训改革和学校体制的重组之间形成了一种平衡。在这期间,普遍禁止廉价雇用城市公务员和教师,意味着大部分教师工会通过向舆论、立法会和政府施加压力来影响工资水平。这种情况在美国很明显,国家教育联盟(NEA)采用自愿接受的集体议价的限制,把工作的重点从地方的联盟转移到了州或国家的组织。相比之下,美国教师联合会的地区组织,虽然也有议价的权利,却卷入了城市学校的政治之中,由于逐渐增强的左翼意识形态,它们的影响很小。

极端形式的合并发生在意大利和德国,在这些国家里,极权主义政府逐渐把教师工会吸收到政党里,这样,工会就失去了它们独立组织的地位。

和同时期的意大利与德国对比,法国的教师工会成为了反法西斯运动的一部分,并且由于人民阵线在法国政治中开始成功,两个主要的教师工会合并成为了法国教育总联合会(FGE),并且成为了法国总工会的会员。在1940年8月,维希政府解散了教育总联合会。像大部分其他法国工会一样,教育总联合会作为战争残留物,转向地下发展。而在此10年之前,葡萄牙和西班牙的所有教师工会随着专制政权的建立而被解散。

1.4 巩固和成熟

教师工会成长的第三个主要阶段是在1940～1970年间。其特征是:巩固已经存在的老工会;在那些工会受到政府控制及不同形式限制的国家里,建立新的教师工会体系。后者的例子是在法国和德国重新出现的强大的地区和地方工会。在第二次世界大战结束时,在法国成立了全国教育联盟(FEN),它代表着所有级别的教学人员。在1948年,随着共产主义者占领了主要的工会组织,全国教育联盟决定开展独立的劳工运动。这个决定遇到一些变故,在全国教育联盟内部也存在着强烈意识形态的党派主义和地方主义。然而,全国教育联盟变得强大并对法国的教育政策发挥影响,这种作用更多取决于组织在中央集权的教育系统中的地位,而不是工会的规模、教师会员覆盖范围、与劳工的广泛关系(Declaud Williams 1985)。1949年,在西德成立了一个很大的联邦工会(GEW),但是它从属于工会联盟并且支持社会民主党。尽管存在西欧各国工会党派主义和工会内部竞争的特点,但是它们经历的会员模式像北美、日本和澳大利亚的工会一样成长。这种成长起源于20世纪50年代和60年代间,随着公立学校快速扩展,出现了教育力量的快速增长,教师要求工作条件有实质性提高的呼声越来越强,传统的社会来源和国家或联邦政府已经不能为学校提供充足的资金。这样,教师工会服务工作的重要发展,是致力于满足专业和消费者对教师提出的需要的变化。在斯堪的纳维亚半岛、澳大利亚、加拿大和大不列颠联合王国以及在美国的一些地方(直到20世纪60年代),出现了为教师建立或扩充限制形式的行业协议,这样就帮助提高了教师工会的行业方向性。

这些国家的大部分教师工会在教育系统进行政治运作,以某种形式与政府(或雇主)一起合作。教师工会第一次(除了挪威,那里发生更早)被吸收参与制定教育政策和学校制度管理的过程。咨询和参与是最常见的过程,这种参与使人确信工会变得依赖政府和管理部门了。在斯堪的纳维亚半岛、西德的部分地方和澳大利亚,由于工会参加工会联盟的运动,社会民主党政府要对工会的要求负责,所以在这些地方,工会更为活跃。在其他地方,工会作为掌握教师信息和对学校系统进行有效管理不可缺少的资源,逐渐被政府认可(Manzer 1970)。

教育政策制定中的合作模式限制了特权。例如“离群”教师工会,这种工会在英联邦和威尔士、苏格兰、新西兰和澳大利亚,是为中级老师服务的,他们通常是被排除在现存政府咨询体制之外的,这种体制是以大的“父母”工会为基础的。日本教师工会(NIKKYOSO)提供了全国联盟的最好例子,它虽然被限制参与制定教育政策,但是因为对教育部门和主流保守派政府构成了连续的挑战,它已经成为了一个巨大的联盟,它的从属机构包括60万个成员,发挥了强有力的对抗作用。它不仅对教育,而且对政府控制工会的政策(比如拒绝教师的行业权利的政策),以及防卫、军备和经济事务提出尖锐的反对意见。为了显示它的地位,日本教师工会动员广大教师开展联合抵制,举行街头抗议和非法罢工,并为社会党提供支持,因为社会党能对维持有利于教育方面的政策施加权威性的影响。

**2. 新工会的形式**

20世纪70年代出现了新工会,国家解除了对教师工会组织的限制,或殖民地时期之后国家的成立,是新工会产生的原因。葡萄牙和西班牙表明了前一种趋势,这种趋势在20世纪80年代末欧洲共产主义解体后得到了增强。在新成立的独立国家里(之前它们是欧洲的殖民地),也在重建教师工会,这样在建国和建立新的国家教育体制时,就可以为教师提供有效的角色。不幸的是,在一些非洲国家,由于一党专政国家的发展趋势,教师工会失去大部分的自主权和积极动力。在其他地方如马来群岛、牙买加和巴布亚新几内亚——建立并发展了新的组织,出现了有特色的国家工会主义。

**3. 教师工会的战斗性**

20世纪60年代末期以来,教师工会的战斗性成为全世界工会行为的特色。这可以与早期区分开来,例如第一次世界大战前后,教师工会的战斗性仅限于英联邦国家、澳大利亚和北美(Seifert 1987)的一小部分系统内。教师工会的战斗性以很多形式表达,但是通常都是罢工、示威、联合抵制和在选举过程中进行轻微的干涉。教师工会的战斗性,尤其是罢工的形式,首先出现在大都市社会,但是自从20世纪70年代后期,开始向非西方国家发展。

每个相关方面都对工会战斗性的发展有自己的解释,但是有一些共同的因素,它们导致了战斗性在大城市学校体制中的出现和持续发展。这些因素如下:

(a) 教师工会准备采取行业和政治行为来保护或改变集体议价,尤其是为在私人部门的工作人员进行议价。在很多管辖区域,一旦教师已经采取了集体议价保护,议价的过程就会鼓励他们采用威胁或者实际的行业行为来得到满意的结果。

(b) 更明显的是教师从对学校制度的基本忠诚转移到了对他们工会的忠诚。教育力量已经成为大官僚机构的一部分,并且他们感觉在这个系统中受到排斥。这对还没有完全融入职业体系的年轻教师而言,尤为真实。

(c) 教师工会开始把自己当作商业工会,因此,它拒绝这种观点:教师不应该参加商业工会的活动。这种变化是广泛过程的一部分,中产阶级雇员采取了与工人阶级行动主义有内在联系的传统策略。

(d) 在20世纪60年代和70年代,教师工会感到被逐渐排斥在教育合作伙伴之外。这在政府教育机构(在中央政府的压力下)不断忽略工会的要求的情况下尤为明显。

(e) 当公立教育在国家和州政治中找到了战略的位置,并且成为财政投资的主要部分时,学校系统变得政治化。政治化意味着对教师的情况、职业发展、学校改革和投资这些问题产生了两极分化的观点。这导致了对政府政策和管理形式的持续的争论。这种争论要求工会做出新的行业反响。

(f) 教师工会成功的行业行为(尤其是在20世纪70年代初期)使工会普遍相信斗争行为能带来好处。教师工会在其行业目标中并入了"罢工意识"观念。

在教师战斗性的成长过程中,很难辨别"争论"的模式。显然,工会经常采用斗争的策略来得到承认、议价权利或谈判机制的改变(Spaull and Ince 1986)。同样,斗争发生在为了签订新合同或决定进行的讨价还价过程中,这时问题被限制在薪水和工作条件的范围内,集体同意的数量对谈判条件做出了规定。然而,关于工会的战斗性的问题也有一些争论,例如控制学校制度、管理教师队伍(监督、评价、限制)或者企图改变收取学费和获取基金援助的优先顺序等。工会的战斗性也和一些问题相联系。这些问题包括教师的公民权和工会权利、雇主牺牲教师的利益、其他工会所进行的"一致行动"超越了更普遍的政府政策的问题。最后一种问题在西欧、日本和非洲国家里最近得到广泛的发展。

教师罢工有不同的形式并且罢工的时间期限也有变化。工会采用了多种形式的罢工,但是也经常避免那种非法的"公务员罢工"。这些罢工的形式包括街道示威、大规模的联合抵制和病假、"长期混乱的罢工"。在亚洲的一些地方,采取绝食形式的罢工、延长的罢工(3个星期或更长),这和魁北克、秘鲁、西班牙、塞内加尔有所不同,但是在北美的一些学校地区却经常被采用。20世纪70年代初期和80年代中期，在英联邦和澳大利亚出现了长时间的起伏罢工。这种罢工仅发生在离学校系统比较近的地区或地点，在其他的地方，短期罢工(1~2天)更为频繁，在对舆论和政府谈判对象产生他们期待的结果或得到仲裁后，教师重新回到工作岗位(澳大利亚)。

更少情况是在选举的时候，工会采取了党派偏见，这样行业行为就伴随或导致干预选举。因为大部分工会都会避开党派从属或认可，这种策略并不常用。在美国，党派认可在各种级别下使用(Beurbe 1988)。在英属哥伦比亚、魁北克和一些澳大利亚地区，党派性干预不时发生在省内政治中。它产生了一些策略性问题，例如：(a)它并不总是成功；(b)如果常常使用就失去了效果；(c)如果成功，不能保证新政府对教师的要求做出响应。

教师的战斗性帮助减少教师工会和商业工会运动之间的隔阂。20世纪70年代工业运动的高潮后，在英联邦和澳大利亚，大部分教师工会与商业工会联盟实现联合。国家商业工会主义特性的变化和扩大教师对国家政治影响的需要，是工会态度发生转变的原因。教师的战斗性也会对工会的行为产生意想不到的影响。长时间的行动在组织内产生了“信任危机”，这会导致在策略上的激烈争论、会员的减少和由于反罢工的态度偶尔出现脱离工会的行为(如在英联邦和澳大利亚)。

对不断扩大的教师的战斗性，官方的反应是预料中的敌视，在一些地区是进行公然的压制(Pépin 1990)。官方的反应包括：在谈判过程中撤掉工会(英属哥伦比亚)，拆除教师谈判的具体机制(大不列颠和澳大利亚的部分地区)，更为常用的是资方暂停作为让步象征的措施，即从工人工资中“代扣工会会费”支付工会费用。教师战斗性带来的牺牲包括被免职(土耳其、菲律宾)，把领导人关进监狱(魁北克、日本)，甚至折磨致死(尼泊尔、哥伦比亚)。

面对新保守派对公共教育、学校教学和教师工会主义的攻击，教师工会的战斗性并没有退缩。但是工会策略和斗争活动的数量发生了一些变化，这种变化出现在西班牙、葡萄牙和北非地区中。20世纪90年代初期，在西方国家，教师罢工和其他行为非常突出。例如在美国，尤其在全国教育协会地区，和20世纪70年代初期相比教师罢工在不断增长。在美国、西欧和澳大利亚，罢工得到了成熟的好战团体的支持，这种团体包括各种学校的男女教师，他们不再只关心教师福利和退休金问题，并且对学校教育和教师的工作的重构运动产生怀疑。

**4. 发展和展望**

20世纪80年代，作为学校教师的有力声音，教师工会的生存问题被提了出来(Adam 1982)。一些时事评论员认为工会的集体议价作用应该结束而其本身可以继续生存，并且应该在工作场所形成“专业工会”(Kerchner and Mitchell 1988)。这种观点误解了现代工会多因素的特点。西方的教师工会已经成熟，形成了大而复杂的组织。它们不仅仅为教师的广泛利益服务，并且考虑到学校教育的质量(包括教学)和一些与教育无关的公共政策。后者的领域被一度认为超过工会的合法范围。

然而，由于公共雇佣、社会服务，甚至工团主义受到公共约束，大城市社会团体(被保守主义或自由主义管理者统治)的规模和影响力已经有所下降。工会已经被迫进行防御并且有时在政治谈判中变得更为顺从。在法国和大不列颠联合王国，由于相对无效——工会不再能声称永远代表教师的观点，导致了会员数量下降。但是在其他的一些社会(新西兰、英属哥伦比亚)对工会进行挑战是非常艰难的，会员的数量得到了提高并且工会用很多办法来抵制倒退的政策。在这些和其他社会，教师工会面对重建其组织的挑战。全国教育协会就是一个很好的例子，它把自己转化为了一个课堂教师工会。在其他地方，工会朝着以学校为基础的或地方工会主义的方向发展，并且在农村教师、职业教师和女教师间形成特别的半自治核心小组。

工会分裂的问题根据地域也有所不同。1991年在瑞典，“老”工会和它的一个主要竞争对手进行了合并。瑞士教师工会的会员的人数超过了18万。随着原东德地区的教师加入全国组织的需要，德国在此动力下，也进行了类似的运动。在美国，全国教育协会检查了它与美国教师联合会的合并禁令。在此期间，英格兰与威尔士和苏格兰的主要工会也讨论了和它们的竞争对手进行合并的可能性——在英格兰和威尔士，这是一个复杂的任务，会产生不同程度的分裂和由于不同想法导致的罢工。澳大利亚走的是另一条路。1988 年，两个分别代表公立学校和私立学校教师的工会得到了联邦注册，迈出了寻求全国性地位的一步。注册的过程使两个工会联系得更为紧密，并且受工会理事会的鼓励组成了一个广泛的行业工会，这个教师工会被认为是某种形式的联盟，覆盖所有学校的教师（Spaull 1992）。

有一些例子能说明工会所做的明确反应。公共教育中同样是新保守派霸权在其他教师工会制造了严重的分裂。在意大利，1987 年主要的工会面临好斗阶层和档案教师的反抗，这些教师像其他的意大利公共雇员一样，为基层组织的行业谈判建立了群众集会本部，反对全国联盟（Bordogna 1989）。1990 年在法国，经历过教师退出工会和社会党混乱的全国教育联盟，发现它已经控制不了逐渐膨胀的好战的因素，为了减少内部冲突和维持对持不同政见者的控制，全国教育联盟把自己重建成为一个全国中央工会。这个决定增强了好战的中级教师和初级教师之间的派别竞争。在日本，日本教师工会为它与占统治地位的保守党的妥协付出了代价。

虽然在一些工会运动中的策略和内部重构发生了变化，大部分西方国家的工会还是扩张了它们在国际上的作用，支持其他国家出现的工会主义。加拿大教师联盟长期帮助非洲和哥伦比亚进行工会建设。在东欧和第三世界国家，其他工会现在也在教师职业发展和工会建设中扮演着建设者的角色。

这些工作是通过双边协议或在四个国际教师联盟中的一个或多个赞助下完成的。西欧工会对一些国家（例如保加利亚和阿尔巴尼亚）教师工会的建设和发展提供了有用的帮助。对拉丁美洲、菲律宾和新苏格兰当地工会所参与的政治运动，西方工会也给予物质支持和国际声援。国际教师工会联盟、世界教师职业组织联盟（WCOTP）持续发动运动，反对尼泊尔和土耳其对教师及其工会的迫害。这种支持通常是采取向国际劳工组织递交声明的形式。在南非，断断续续软弱的非洲教师运动已经在南非民主教师工会内开展。重组的动力来自本地的教师工会，但是其他非洲教师和商业工会、世界教师职业组织联盟、瑞典和澳大利亚教师工会也给予了支持。1990 年 10 月成立了全国联盟，该组织的目标是使所有的南非教师加入一个工会，根除南非的种族隔离，并且创建一个没有人种歧视的教育制度。

在数年的意识形态的敌对后，国际化精神已经遍及国际联盟。很多教师工会现在看到了在国际和地区事务中，教师的团结所能带来的实际好处。1993 年 1 月，世界教师职业组织联盟和国际自由教师联盟合并成为一个新的国际组织——教育国际。另一个国际组织，过去由苏联资助的国际教师工会联盟也面临着财政危机，似乎它的大部分国内会员将要选择要加入的新组织。

### 5. 总结

在保护和提高学校教师的权利和工作环境以及放宽对公共教育的限制方面，教师工会起着战略性的作用。很多时候它们的角色并不被政府欣赏，大部分政府对工会在学校系统中所带来的影响感到愤恨。在很多国家，教师工会主义成长的历史不稳定并且有所区别，但是当代大部分时期，教师工会已经开始动员起来反抗来自经济和政治的挑战。

在公共教育和学校教育不稳定的时期，在大部分教师工会（无论新的还是老的）出现了一种比较明显的新观点。20 世纪 90 年代和新世纪将检验（尤其在那些有着健全教师工会主义传统的社会里）工会是否能有效代表教师的利益。工会的发展也激发他们达到更高的境界，不仅在一个地方，还要在国际舞台，“通过教师的团结而强大”。

对教师工会角色的未来研究，将继续定位在个别工会“新”社会的历史，还要扩大对地区协会组织的特点和工会地方特色的研究（例如妇女），并且采取比较研究的方法，尤其注重研究工会对教育重新建构的反应。

A. D. 斯波尔（A. D. Spaull） 著
姜 红 译

### 附录

Adam R 1982 The future of teachers' unions. *Comp.*

Educ. 18(2):197—204

Berube M R 1988 *Teacher Politics: The Influence of Unions.* Greenwood, New York

Bordogna L 1989 The COBAS fragmentation of trade-union representation and conflict. In: Leonardi R, Corbetta P (eds.) 1989 *Italian Politics: A Review*, Vol. 3. Pinter, New York

Duclaud-Williams R 1985 Teacher unions and educational policy in France. In: Lawn M (ed.) 1985 *The Politics of Teacher Unionism.* Croom Helm, London

Kerchner C T, Mitchell D E 1988 *The Changing Idea of a Teachers Union.* Falmer Press, London

Lawn M A 1987 *Servants of the State: The Contested Control of Teaching 1900—1930.* Falmer Press, London

Manzer R A 1969 Selective inducements and the development of pressure groups: The case of Canadian teachers' associations. *Can. J. Pol. Sci.* 2(1): 103—117

Manzer R A 1970 *Teachers and Politics in England and Wales: The Role of the National Union of Teachers in the Making of National Education Policy Since 1944.* University of Toronto Press, Toronto

McClelland C E 1991 *The German Experience of Professionalization: Modern Learned Professions and their Organisations from the Early Nineteenth Century to the Hitler Era.* Cambridge University Press, Cambridge

Ozga J T, Lawn M A 1981 *Teachers, Professionalism and Class: A Study of Organized Teachers.* Falmer Press, Lewes

Pépin L 1990 The defence of teacher trade union rights. *Int. Lab. Rev.* 129(1):59—71

Seifert R V 1987 *Teacher Militancy: A History of Teacher Strikes 1986—1987.* Falmer Press, London

Spaull A D 1977 Trends in teacher militancy. In: Spaull A D (ed.) 1977 *Australian: Teacher to Militant Professionals From Colonial Schoolmasters.* Macmillan, Melbourne

Spaull A D 1984 The origins and formation of teacher unions in 19th century Australia. In: Palmer I (ed.) 1984 *Melbourne Studies in Education 1984.* Melbourne University Press, Melbourne

Spaull A D 1991 Fields of disappointment: The writing of teacher union history in Canada. *Historical Studies in Education* 3(1):21—48

Spaull A D 1992 Federal registration of Australia teacher unions. *Australian Journal of Labour Law* 5(1):40—51

Spaull A D, Hince K 1986 *Industrial Relations and State Education in Australia.* AE Press, Melbourne

Urban W J 1982 *Why Teachers Organized.* Wayne State University, Detroit, Michigan

Wishnia J 1990 *The Proletarianizing of the Fonctionnaires: Civil Service Workers and the Labour Movement Under the Third Republic.* Louisiana State University, Baton Rouge, Louisiana

**其他参考文献**

Barber M 1992 *Education and the Teacher Unions.* Cassell, London

Blum A A (ed.) 1969 *Teacher Unions and Associations: A Comparative Study.* University of Illinois Press, Urbana, Illinois

Cooper B S (ed.) 1992 *Labor Relations in Education: An International Perspective.* Greenwood Press, Westport, Connecticut

Johnson S M 1984 *Teacher Unions in Schools.* Temple University Press, Philadelphia, Pennsylvania

Lawn M (ed.) 1985 *The Politics of Teacher Unionism: International Perspectives.* Croom Helm, London

Lawn M, Grace G (eds.) 1987 *Teachers: The Culture and Politics of Work.* Falmer Press, London

## 教师和政策：对管理的启示 (Teachers and Policy: Implications for Management)

从20世纪80年代到90年代早期，一些国家的教师要求在教育政策的制定和实施方面拥有更多的自主权。这种教师权利和责任的变化对于管理者的角色和活动是有意义的。本词条讨论了这些变化背后的原因,描述了它们采取的一些形式,并且阐释了未来管理实践的内涵。

### 1. 变化的来源

有史以来,教师的职责都被认为是传授知识给学生。一种标准的课程,包含大量需要掌握和被测验的材料,是教师教什么和什么时候教的指导。学生只要顺从地学习这些知识就够了,学校只是为了学生就业才提供适用大部分经济部门需要的低水平的技能。然而,社会越来越需要应聘者具有社会需要的更复杂的技能,而不是那些用传统的教学方法提供的内容。现在的学校毕业生不仅仅要掌握不同学科领域的基本知识,而且要有关于这些知识的创造性的、批判性的想法。对教师提出的越来越多的要求就是要理解他们所教学科的知识结构,即使任务是教四年级的数学。改革者们进一步认为,如果学生被期望在自学方面承担更多的责任,教师相应地在决定教学的主旨和方法上也要承担更多责任,并被给予机会在学校管理中进行有意义的参与(OECD 1990)。

### 2. 教师工作的规则

在20世纪80年代初,当公众开始认识到学生的学校成绩下降时,分析者们首先对教师的失败进行谴责。不同国家的专业委员会批评学校,建议加紧要求、提高标准。这些研究中引起公众注意的就是美国的一个报告——《国家处于危机之中》(United States National Commission on Excellence in Education 1983)。在此影响下,教育当局引入一系列的法律机制,从而使教师做出更大允诺保证他们将成功地讲授规定课程。政府官员负有更大责任,他们开始监督教师工作并且依赖于标准化考试。这种经常被称为"第一次浪潮"的美国教育改革方法,并没有收到它的倡导者所期望的效果。美国的学生测验成绩并没有上升,有的甚至开始下降。一些有天赋的教师憎恨这种统一的标准和对工作的外部监督,开始清醒过来并离开职位(McNeil 1987)。在课程一直被严格控制的澳大利亚,教师批评督导者的行为,并提议在他们的学校由教师来发展课程(Australia, Schools Council 1990)。

### 3. 对教师的授权

改革者们渐渐认识到,如果教师受束缚于法规,那么他们的学生也不会有创造性和批判性的思考。卡耐基基金会关于教师专业化的任务团队(1986)发表的一份有影响的报告指出,教师不是改革的对象,而应该是它的代理人。经济合作与发展组织的分析者们也相应得出结论:"教师是教育过程的核心。教育作为一个整体被赋予越多的重要性——为文化传承、为社会团结和公正、为现代如此重要的人力资源发展——在教育中教师的责任就应该给予越高的优先权。"(OECD 1990 P. 9)

从20世纪80年代中期起在许多西欧国家、美国和澳大利亚,教师对课程、教学和测验拥有了更多的责任。他们在决定政策和实施政策时被赋予了更大的自主权;他们在学校中已扮演了多重角色;他们的工资不管从水平上还是结构上都有所改善。这次运动的许多目标对于教师专业化都毫无意义,而这种专业化的意义在日本已经实现。在日本,即使教育体制是中央集权,教师对他们的工作仍有很大的自主权,教师在学校管理事务中非常活跃,他们同时享受较高的地位和报酬(Stevenson and Stigler 1992)。

#### 3.1 课程和测验

扩大教师在发展课程方面的作用的提倡者认为,如果学生想在一门有更高要求和创造性的学科获得成功,教师必须参与到课程的开发中来。人们不期望他们只是发挥传递中介的作用。然而,关于教师应该实行多少的课程控制,以及课程变动多少可以被鼓励或被容忍,进一步的讨论还在进行。一些改革者,例如塞泽(Sizer 1992)指出课程在各校之间的发展应有所不同,以适应当地学生的需要。另外一些改革者,像史密斯和奥戴(Smith and O'Day 1991),他们提出教师自主权应该在州范围内或者在国家课程框架范围内实行,制定"足够长的时间和范围"(比如四年为一段的一组课程)的课程题目、主题、目标,从而使地方最大限度地发挥出弹性和创造性,同时整体上为系统确定明确的方向和目标(P. 248)。

除了在发展课程中拥有更大权力,教师在评估学生的学习方面也越来越成为积极的参与者。英格兰和威尔士的教师参与了制定中等教育一般证书的测验指南,并开始运用测验,而这以前是被外部管理的(OECD 1990)。在美国,人们对评估的替代方法越来越有兴趣,例如需要教师创制和判断的一种方法——复查学生的作业。在这里,正如课程一般,关于这场摆脱对标准化测验的依赖的运动是否应该植根于一个大的评价系统中,或者是否应该由地方控制,讨论依然存在。无论怎样,教师将会日益卷入到它的发展与实施之中。

3.2 教育政策的制定

在过去,教师几乎不能参与政策制定,他们在雇用、预算和考试方面将权利赋予管理者以换取保留在课堂里的自治权(Johnson 1990)。然而,对学校期望的转变使教师要求在制定教育政策时拥有更多的自主权。

在美国的许多学区中,传统的对手通过集体谈判的过程正式商谈学校改革,许多变化已经发生(Rosow and Zager 1989)。这种转变让教师有权评价他们的同事、发展长期计划、向学校委派员工等。澳大利亚的教师雇用者和教师联合会也开始在国家教学质量计划下紧密合作,由此引起学校管理者的疑惑——教师是否应该卷入到管理决策中,什么才是教师与管理者之间合适的关系。一般来说,赞成者的意见是:管理者和教师在这样的改革中应该分享平等的权利和责任,虽然很多人坚信最终教师将掌握对学校的全部学术控制。

重新分配决策权的努力发生在地方分权的学校一方,而地区或州则相对少些,学校成为课程、预算和人事决策制定的重点。有时分权是集体谈判或管理者单方决策导致的后果。在其他情况下,比如在维多利亚(澳大利亚)或在芝加哥,以学校为中心的管理是政治和法律行为的结果。在芝加哥,一个学校董事会由六个家长、两个社区成员、两名教师、一名无党派代表构成。它在课程、预算、人事决策包括校长的任命方面有很广泛的自主权。在迈阿密戴德县,由集体谈判而产生的以学校为中心的管理中,教师在学校董事会的席位中占有决定性的大多数。

关于分权是否导致学校更多的自主权或对教师有更多的专业影响,讨论仍在继续。一些澳大利亚分析者提出分权实际上是教育官员的一种策略,从而将责任下放给学校(Chapman and Dunstan 1990)。在美国一些大的地区,包括纽约和芝加哥,那里的教师发现,虽然权利可能已经被正式地重新分配,中央部门的管理者依然控制着学校的行为。康纳斯和麦克莫罗(Connors and McMorrow 1990 P. 84)指出澳大利亚的高层管理者为保证“他们自己的生存”而决定授权。相似的,麦克雷(McRae 1990 P. 104)观察到,一些强烈要求分权的校长并没有很好地同学校教师分享学校管理的权力。

3.3 新的角色

虽然像英国和澳大利亚等许多国家的教师一样,都有像首席教师这样的长期角色,但美国的教师作用是很少有区别的,因为他们几乎每天的生活就是在课堂中教学,而且,他们在职业生涯的开始和结束的责任是一样的。自从20世纪80年代中期以来,关于教师角色的区分一直在努力,从而使他们的工作得到加强和扩大。

通常是课程、评价和政策制定责任的重新分配,引起教师角色的转换。如果教师在课程的重新设计、使用新策略的评价实验、学校预算的发展方面比较活跃,他们的角色就一定会转变。在一些情况下,他们的工作仅仅是被扩大,在课下和假期中他们承担这些新的责任。在另一些情况下,工作的整个结构都会转变,他们拥有像领导者或顾问教师那样的职位。他们被给予时间发展课程或者评价同事,而且在一些情况下,他们成立管理委员会来代替校长运作学校。

这种角色转变,许多仍处于试验阶段,对管理者来说也有着重要启示。如果管理者相信等级性权威是学校管理的一个基本的方面,那么当教师有权评价同事的时候,在管理者和教师之间很可能会产生争议,正如罗彻斯特(纽约)事件一样。然而,证据表明,教师愿意与那些和他们分享责任的管理者合作。教师的基本兴趣集中于教室,他们很少希望掌握管理学校的全部责任。富兰与施蒂格鲍尔(Fullan and Stiegelbauer 1991)和其他人发现,在教师参与有实际领导意义的合作学校，都是依靠校长的确认和支持。

### 3.4 薪水

在日本，中小学教师和大学教授的薪水是一样多的，“是人均收入的2.4倍，而在美国却只有1.7倍”（Stevenson and Stigler 1992 P.162）。在那些寻求吸引和留住有天分、有能力的教师的国家，认为高的工资不仅使教师职业在经济上是有吸引力的，而且会提高教师职业的社会地位。因此，许多改革发起者要求付给教师高工资。

与教师报酬这一主题相关的最具争议性的问题，就是是否应该提供给教师金钱上的激励，或者根据由学生测验成绩或教师课堂行为评价来判断的教师工作绩效，从而付给教师报酬。一项经济合作与发展组织的报告指出，“不管是在国内还是国与国之间，关于这个问题的态度都是不同的”（P.59）。在法国关于这一主题有进一步的讨论。在英国，一项激励报酬法案在1987年就引入了，但到1990年还没有实行。在20世纪80年代的美国，不同的州和地方学区都试图创制一种以绩效为基础的报酬系统，但是这些努力一般都没有获得成功。一部分原因是因为教师联合会强烈反对，另外也是因为它过于强调竞争而不是合作，其他的原因还包括不完善的评价措施，同时它实施起来也非常困难。

职业等级计划得到了更多的支持，就可以依据教师的等级赋予报酬。例如，将教师划分为入门者、专业人员和专家。在一些情况下，这些职业等级上的步骤包括更多的职业责任和机会，例如成为一个顾问教师或者处理教室中的研究。在另一些情况下，这些步骤仅仅暗示着薪水和资历的不同。在一些国家例如澳大利亚和英国，首席教师的职位可以很快获得，对于这种职位的获得要比在美国容易得多，因为在美国人人平等的形式阻碍了教师之间的这种区分。不管怎样，美国还是有一些州发展了教师职业等级计划，使教师拥有不同的报酬和责任。

在决定教师工资方面，学校领导者几乎很少卷入。薪水范围的设置在很大程度上由客观规则决定。然而，由于绩效报酬和职业等级计划完全依赖于管理者的评价，因此，这些评价当被用来支持薪水的判断时很可能被更加严密地审视。有一些例子表明，到达职业等级的最高层的教师的工资可能比管理人员还要高，这就使管理阶层的合法性和管理职位的吸引力产生了问题。

### 3.5 职业认证

教育行政部门发给教师证书，教师才能执教。然而，这些证书只是最基本的证明，而不是先进的标准。一些坚信教师质量可以提高学校质量的人认为，在教师拥有几年的成功经验以后应该追求更高级的认证。在美国，1987年确立的专业教学标准国家委员会大部分都由教师组成，它设置特殊领域的专业教学实践标准，在20世纪90年代中期，它有权发放高级证书。虽然委员会的功能是独立于政府之外的，它鉴别那些有能力的而影响到学区的教学实践，这些教师日后将承担编写课程教材、准备评估或评估同事的职责。这些教师个人可能成为职业等级中最高一级的教师。因此，委员会认证的教师将潜在地成为20世纪80年代中期改革者所说的那类稀缺教师。

与之相似，澳大利亚也正在考虑教师的高级技能，这种变化对于管理者有着潜在的影响，因为这些教师很可能将会要求高工资和为实现这种目标的广泛的权利。如果教师要求在学校中有更高的职位，那么中央办公室的管理者和学校校长很可能就会发现他们的工作、影响力和工资都会降低。或者，管理者的责任可能会从课程和教学中撤除，而对更常规的管理事务，比如管理监护服务或订购物品拥有更多的责任。

## 4. 对管理者的含义

20世纪70年代晚期美国学者埃德蒙德（Edmonds 1979）和英国学者拉特等人（Rutter et al. 1979）经过研究指出，管理者在建立一个有效的学校中是非常重要的。从建设学校效能运动中锻炼出来的领导是有决断力、有信心、指导型的领导者，他们会介入并指导教师的工作。这样管理者的另一种形象又显现出来。巴思（Barth 1990）、富兰和施蒂格鲍尔（1991）号召领导者成为合作型的领导，尊重教师，参与学校事务解决问题，加强对学生的指导。

毫无疑问,在许多国家正在进行的转变加强了教师的角色,因此提高了教学质量。虽然许多领导者拥有他们的头衔是因为他们是杰出的教师,然而在国家之间,学校领导者对教学和优秀教师的理解仍然有很大不同。领导者的重要作用确实不是单个教师的努力就可以形成的。然而,这种新型管理者的角色却是很少的,管理者们只有在自己的工作事务中努力发展它。在教师享受更高的地位和报酬以及在中央决定的课程中有很大自主权的日本,领导者"把自己定位于维持与地区的良好关系,使教师排除外部影响,管理学校环境,从而使教师能够按照他们最好的专业判断行事"(Sato and Mclaughlin 1992 P. 361)。

相似的,如果教师卷入教育政策的行为持续上升,那么很有可能中央部门管理者的角色将会发生变化。如果学校运作真的是分权的,关于学校预算和事务的决策由校方的董事会投票决定,那么中央管理者们的转变则是必要的,他们会更多地为学校提供服务,而不是控制学校。

S. M. 约翰松(S. M. Johnson) 著

姜 红 译

**附录**

Australia, Schools Council 1990 *Australia's Teachers: An Agenda for the Next Decade.* Australian Government Publishing Service, Canberra

Barth R 1990 *Improving Schools From Within: Teachers. Parents, and Principals Can Make the Difference.* Jossey-Bass, San Francisco, California

Carnegie Task Force on Teaching as a Profession 1986 *A Nation Prepared: Teachers for the 21st Century: The Report of the Task Force on Teaching as a Profession.* Carnegie Forum on Education and the Economy, Hyatsville, Maryland

Chapman J D. Dunstan J F (eds.) 1990 *Democracy and Bureaucracy: Tensions in Public Schooling.* Falmer Press, London

Connors L G, McMorrow J F 1990 Governing Australia's public schools: Community participation, bureaucracy and devolution. In: Chapman J D, Dunstan J F (eds.) 1990 *Democracy and Bureaucracy: Tensions in Public Schooling.* Falmer Press, London

Edmonds R A 1979 Effective schools for the urban poor. *Educ. Leadership* 37(15): 15—24

Fullan M, Stiegelbauer S 1991 *The New Meaning of Educational Change.* 2nd edn. Cassells, London

Johnson S M 1990 *Teachers at Work: Achieving Excellence in Our Schools.* Basic Books, New York

McNeil L M 1987 Exit, voice, and community: Magnet teachers' responses to standardization. *Educ. Policy* 1(1): 93—113

McRae D 1990 Exploring trails in school management. In: Chapman J D, Dunstan J F (eds.) 1990 *Democracy and Bureaucracy: Tensions in Public Schooling.* Falmer Press, London

Organisation for Economic Co-operation and Development (OECD) 1990 *The Teacher Today: Tasks, Conditions, Policies.* OECD, Paris

Rosow J, Zager R 1989 *Allies in Educational Reform: How Teachers, Unions, and Administrators Can Join Forces for Better Schools.* Jossey-Bass, San Francisco, California

Rutter M, Maughan B, Mortimore P, Outston J 1979 *Fifteen Thousand Hours: Secondary Schools and Their Effects on Children.* Harvard University Press, Cambridge, Massachusetts

Sato N, McLaughlin M W 1992 Context matters: Teaching in Japan and in the United States. *Phi Del. Kap.* 73(5):359—366

Sizer T R 1992 *Horace's School: Redesigning the American High School.* Houghton Mifflin, Boston, Massachusetts

Smith M S, O'Day J 1991 Systemic school reform. In: Fuhrman S H, Malen B (eds.) 1991 *The Politics of Curriculum and Testing.* Falmer Press, New York

Stevenson H W, Stigler J W 1992 *The Learning Gap: Why Our Schools Are Failing and What We Can Learn From Japanese and Chinese Education.* Summit Books, New York

United States National Commission on Excellence in Education/Gardner D P et al. 1983 *A Nation at Risk: The Imperative for Educational Reform.* US Government Printing Office, Washington DC

**其他参考文献**

Chapman J (ed.) 1990 *School-based Decision-making and Management.* Falmer Press, London

Clune W H, Witte J F (eds.) 1990 *Choice and Control in American Education. Vol. 2: The Practice of Choice, Decentralization and School Restructuring.* Falmer Press, London

Darling-Hammond L. Berry B 1988 *The Evolution of Teacher Policy.* The Rand Corporation, Santa Monica, California

United States National Board for Professional Teaching Standards 1989 *Toward High and Rigorous Standards.* National Board for Professional Teaching Standards, Washington, DC

## 教育管理的理论研究(Administration of Education as a Field of Study)

本词条主要研究影响教育管理研究的各种理论。这项研究开始主要考察社会科学应用于教育管理的重要性,它们从20世纪50年代中期开始一直持续到现在。20世纪70年代和80年代一些持主观主义观点的学者和评论者开始对这些观点进行批判,最后,它要讨论在20世纪90年代形成的各种假设,虽然趋势很难预料,但是随着长期的实证研究,它们形成了一套自己的观点、理论和方法。

主要的争论是关于教育管理专业知识的一些基础问题:它应该研究哪些问题?它应该应用哪些方法?这些争论点既有科学性又有哲学性。论辩中不同立场的人都有不同的哲学定位。

### 1. 社会科学

教育管理研究将社会科学作为一些概念、理论和方法的来源,促成这一情况的事件都已经很好地记录在案(Campbell et al. 1987, Culbertson 1988),特别是在北美,教育管理作为大学预科和研究的专业不断得到加强,并进一步职业化。由于人们普遍认为,教育管理的专业知识长期受从事教育管理工作的领导者的建议和观点的支配,所以对教育管理职业化的希望更加强烈。他们认为社会科学可以为教育管理专业的研究生学习和学术研究向专业化方向发展奠定坚实的基础。而且教育管理人员通过小组、组织和社区出色完成工作的过程,相关的事实进一步揭示了这些研究的意义。

这些观点先在北美,然后在以澳大利亚为首的英联邦国家中迅速得到推广和实施。成立了一些由教育管理专业的教授组成的组织,如全国教育管理专业教授研讨会(现在是理事会)(NCPEA)、美国的教育管理专业的大学理事会(UCEA)和州立教育管理专业委员会,这些都起到了很好的宣传作用。如全国教育管理教授研讨会资助出版了由坎贝尔和戈里格(Campbell and Gregg)编写的《教育管理行为》(1957);教育管理专业大学理事会组织了第一次连续性的专家研讨会,研讨会的主题是"教育中的管理理论",1957年在芝加哥大学举行;1958年出版了由哈尔平(Halpin)主编的同名论文集(1958),一些社会科学的专家如塔尔科特·帕森斯(Talcott Parsons)、詹姆斯·汤普逊(James Thompson)和盖茨尔森(Getzelson)都在这个论文集中发表了文章。另外,创办了两个专门的教育管理期刊:澳大利亚新英格兰大学的《教育管理日报》和由教育管理专业大学理事会资助出版的《教育管理季刊》。

这些组织和机构大大促进了教育管理的专业研究,许多研究成果都收集在《教育管理研究手册》中(Boyan 1988),该手册到目前为止,是同类出版物中最全面和系统的。实证研究主要用测量工具和定量程序来测量需要调查的变量,从20世纪50年代早期开始,教育管理领域的研究也开始应用少数定量研究的方法,并且实证研究越来越受到研究者的重视和青睐(Everhart 1988)。

事实上,下述认识是不正确的:大约从20世纪50年代中期到70年代中期,社会科学对教育管理研究的影响很大，使得教育管理研究片面地侧重于定量研究和社会科学理论，而忽视了其他方法、哲学思考和管理实践。细查教育管理专业大学理事会在那个时期的关于职业的和机构的活动文件就可以发现它的项目的多样性，它们的主要精力放在实际的教材和教程上，包括案例和模拟、讨论会和出版物，它们不仅关注社会科学和教育管理基础知识，而且关注哲学、价值观和人类学，而且一些社会科学应用方面的文章也包含了很精彩的相关问题的讨论。

教育管理不是由某一种理论支配的。比如，强调文化、过程和社会结构的多种不同的社会系统的理论被广泛应用；角色理论曾经流行一时；交换理论被经常讨论；来自社会心理学的领导理论指导了许多研究；起源于政治关系的理论也应用于一些研究。在20世纪70年代，“垃圾罐”和“组织混乱”理论、“松散群体”概念、制度理论、一些来自政治经济学和公共选择的思想都应用到教育管理研究的领域（Boyan 1982，Boyd and Crowson 1981）。虽然一些批评家强烈要求，还有理论家如希尔斯（Hills 1982）反复强调其价值同教育管理的密切联系，功能主义还是没有发展成一个独立的教育管理学术流派。虽然一些研究是在某个特殊的理论指导下进行的，但是该领域的许多实证研究理论上都是折中的，什么理论可用就用什么（有的是几种理论的不同因素），后者最好的例证就是校长的“落选”决策原则的研究（Hemphill et al. 1962）。

总之，社会科学大大促进了教育管理专业研究的概念和研究方法的多样性。而且使得教育管理研究随着社会科学的发展越来越专业化。

## 2. 不断变化的社会科学

与此同时，社会科学也在不断发展变化。20世纪60年代到70年代，美国、西欧和其他地方都因政治运动引人注目，尤其是大学里的政治运动。反对战争、反对政府、抵制商业和技术的政治活动都是寻求大范围的社会和经济改革，当然还为了求得社会公平。

在社会科学领域，有两个理论流派一定程度上反映了当时的时代特色，并且在那时很流行。它们是主观主义和新马克思主义，虽然在很多方面不同，但是它们批判的对象相同。它们主要的一个批判对象是科学。主观主义认为科学失去了人性，新马克思主义认为科学是统治阶级的一个工具。

主观主义在哲学上一直以唯心主义的形式出现，尤其是在20世纪，以现象学和存在主义为代表。而马克思主义是一个思想家的思想结晶，发展出了许多版本：古典唯物主义、辩证理论和解析马克思主义的批判理论。主观主义和马克思主义的新形式对社会科学和人类学都有很大影响，例如在20世纪60年代到70年代，它们成为社会学中不可忽视的两大流派（Alexander 1988，Smelser 1988）。

## 3. 教育管理学与不断变化的社会科学

主观主义和新马克思主义都对教育管理研究有很大影响，它们把重点放在批判社会科学上，但是具有讽刺意义的是，它们在教育管理研究领域的出现和争论都如实反映了社会科学所发生的事情。

### 3.1 主观主义

虽然哈利（Harrley 1970）提出人道主义哲学比较适合教育管理，但是格林菲尔德（Greenfiled 1975，1986）极力推崇主观主义。他的观点建立在对科学的批判和实证哲学之上。他认为管理领域一直由一些科学观点统治而缺少对价值、情感和个人的苦难的考虑，而这种状况是在美国人西蒙（Simmon）的影响下形成的，因为他认为学者侧重于理性决策，并且将定量分析和描述与规范分析截然分开（Greenfield 1986）。

格林菲尔德的另外一个批判对象是教育管理领域的其他研究，尤其是定量研究，他认为定量研究无法研究意愿、意图和压力等内容。他认为，研究应该关注管理的对错得失、管理和组织的文化与社会现实。其实，他认为适合实证主义研究的研究模型含有同样多的定量研究。

格林菲尔德同时认为管理的科学方法受到描述性研究的限制，而事实上管理领域的研究对象基本上是规范性的。他自己没有提出评价理论，但是非常赞成霍奇金森（Hodgkinson）的分等级评价概念，这种概念与教育管理的认识在精神实质上是一致的。霍奇金森认为有三种类型的评价：个人喜好、理性评价和抽象的非理性评价。这种观点看起来和主观主义者赞成的唯心主义相一致。

虽然研究结果表明学校内工作人员的压力大致符合格林菲尔德的观点，但是并没有大量调查精确证实他的观点。随着教育管理的研究的来源日益多元化，重心转向同主观主义无关或相反的方向(Everhart 1988，Willower 1988)。比如，对教育管理最有影响的人种学研究是沃尔科特(Wolcott)所进行的对小学校长的研究，该研究是在主观主义开始影响教育管理之前完成的，是从传统的人类文化学的角度进行的。显而易见，不管格林菲尔德的理论对教育管理的研究方法到底有多大影响，它属于定性研究的范围。虽然卡伯特森(Culbertson)赞誉格林菲尔德的理论是"教育管理的批判研究"，其他人却不赞成。格林菲尔德的理论多少反映了主观主义者将社会科学的思维方式应用到教育管理研究，对他的批判则反映了社会科学领域反对主观主义。最重要的批评如下：他攻击的对象是一个稻草人，一种没有任何拥护者的机械的实证科学至上主义，而忽视了经验科学的开放性和自我批判性，也忽视了那些反对实证哲学而接受科学的哲学；他没有提出评价标准，所以他的认识论是相对论；他将评价同经验分割开，用相对论的方法进行评价，而且仅仅建立在个人的偏好上，或者说他采用了霍奇金森的评价体系，忽视了潜在的竞争原则。对格林菲尔德的立场最全面的分析是埃佛斯和拉可姆斯基(Evers and Lakomski 1991)，其他的资料收录在威洛韦(Willower)的著作里面(1991)。

### 3.2 批判理论

新马克思主义形成于1923年在法兰克福成立的社会研究所。该研究所在20世纪50年代被称为"法兰克福学派"。在马克思·霍克海姆(Max Horkheimer)、西奥多·阿德诺(Theodor Adorno)和赫伯特·马修斯(Herbert Marcuse)等人的著作中可以找到这个学派的马克思主义思想的内容。哈贝马斯(Jurgen Habermas)可能是该学派近来最杰出的代表，虽然他后期的著作在某些方面同该学派有些不同。法兰克福学派最主要的计划是在科技和社会不断变化的情况下复兴马克思主义。批判理论家认为马克思主义所谓的历史必然性和马克思基于历史所做出的预言是失败的，希望发展更符合时代特色的新马克思主义。

更特别的是批判理论家通过展示西方的民主制度下无产阶级的失败来唤醒工人阶层的意识和革命热情。他们着手解析一些"错误的意识"，认为这些错误的意识是在微妙的社会机制中诞生的，而且渗透于生活中的各个方面，包括最基础的人际关系和社会结构。制度化的工作地点、教育、大众传媒、娱乐、消遣和消费方式等都是在牺牲工人阶层和其他无产阶层的利益的条件下满足统治阶级的利益。英国的新教育社会学就发表了不少同样的观点，不过直到20世纪80年代才进入教育管理领域。贝茨(Bates 1980)和福斯特(Foster 1986)都是教育管理批判理论最著名的成员，他们都认为学校根据学生的阶层和影响来对待他们，学校管理者总是极力满足那些当权者的利益，而很难做到平等对待那些处于不利地位的人们。批判理论家也非常重视再生产理论，再生产理论认为学校是社会地位再生产的机器，许多非马克思主义者也赞成该理论。

一些马克思主义者认为再生产理论忽视了被压迫者的反抗热情，也忽视了学习似乎以文凭为武器阻碍工人阶级中的年轻人获得权力。最著名的是威尔斯(Willis)的著作，他记录了一些工人子弟在英国高等学府的困境：他们拒绝接受学校的价值观，直接断绝了他们向上升迁的机会。

虽然这些研究以及其他的意识形态的研究都被称为"批判的人种学"，但是新马克思主义者怀疑经验研究，普遍认为社会科学是为阶级利益服务的。相同的是，他们都反对实证哲学，认为实证哲学和功能主义，前者忽视价值取向，后者主张维持现状。大部分的批判理论的著作都是采用批判和辩论的形式。这些批判反映了马克思主义者重视现实。在哲学里将"惯例或常规"视为博学或有思想的行为，而马克思主义认为它有另外的意义——政治行为代表了代理人的观点。因此，政治争论和社会评论是他们喜欢应用的学术形式。

这种理论受到的批评之一是：它反对什么一目了然，但是它赞成什么就很难判断。其他的批评标准是：新马克思主义包括批判理论基本上是代表一种政治立场的意识形态，而不是一种需要在实践中得到检验的理论；无产阶级专政的假设不符合现代社会多元政治和多样的价值取向的现实；忽视了民主政治国家中向上的发展；社会主义国家在阶级统治的情况下也同时存在享有特权的阶级和被压迫的阶级。

对于教育管理，批判理论家被认为是乌托邦式的吹毛求疵者，他们忽视了学校生活的现实情况。他们没有认识到在民主的国家，学校管理者作为国家公务员，应该平等地对待不同的政治理论，而不能成为任何一种理论的拥护者，更不必说去支持一个在许多国家由于被认为是反对民主和拥护压迫而被广泛排斥的理论了。批判理论家的另一个错误就是实证研究已经质疑学校再生产社会现实的观点（Evers and Lakmski 1991，Willower 1991）。

### 3.3 其他影响

20世纪60年代到70年代，当主观主义和批判理论成为教育管理领域内主要的反对体制化和科学化的思想的同时，还有一些其他的理论影响着教育管理的研究。它们的作用不像主观主义和批判理论那样直接，但是也不容忽视，因为它们在一定程度上促进了主观主义和批判理论的发展。

库恩（Kuhn 1970）的关于科学历史的著作被广泛引用。库恩认为他的物理科学“范式变革”的研究表明，新理论是为了适应知识和社会的范式改变而建立的，旧的理论不是被证明是错误的，而仅仅是因为它们过时了，不再能够适应当代的思维方式。由于对“范式”的从科学理论到世界观的多种解释，同时由于没有认识到自然科学的自然累积，库恩受到了批评。然而，他的观点被一些人特别是社会科学家用来反对“科学是客观的”的观点，其他一些用来反对科学决定论的理论包括物理学家沃纳尔·海森伯格（Werner Heisenberg）的测不准原理和混沌理论。

其他的一些著作，主要是人类学的著作也同样影响着社会科学。例如，以反理性和反系统而著称的后现代主义就不断批判科学以及各种组织和管理形式。这类思想同弗里德里希·尼奇斯（Friedrich Nietzsche）的思想有一定的哲学联系，所以在法国学者雅各·德里达（Jacques Derrida）的著作中有介绍（1973）。相对来说，后现代主义（也经常被称为“后结构主义”，可以参见德里达或其他法国思想家的著作）也许是因为对语言和意义的重新构建而闻名。这种思潮在人类学尤其在文学研究中很流行又受到争议，但是还没有对教育管理产生较大的影响。

教育和教育管理领域研究的辅助影响比其他的研究更明显，它们不仅可以促进学术研究，而且可以改善某些特定人群的处境。该工作主要针对性别、种族和少数民族。一个动机就是帮助那些处于困境的人们，为他们争取应有的权利。这种类型的调查经常记述被调查人群受到的不公正待遇，但是它有时也会批判社会科学。如抨击社会科学有微妙的偏见，而且忽视一些特定类型的人群，极端的说法是不同的科学为不同的人群服务，大多数的文献是论述代表匮乏和平等等问题。

另外一类对社会科学的变化有一定影响的人是那些接受科学但是反对科学主义和实证哲学的学者（Willower 1991）。他们的观点比较接近于哲学上的实用主义、自然主义、描述性的现象学、其他形式的现实主义或经验主义。他们觉得实证哲学太狭隘，贴着一些毫无意义的标签，将价值观和科学完全割裂，所以反对实证哲学。这些学者认为科学应该强调它的尝试性、变化和自我批判的特点。他们主张公开实行多样化的理论研究的态度和方法，应该给不同的理论和方法同样的机会去显示它们的作用，就像其他科学术语一样。另外这些学者很关注社会科学同日常社会的联系，并且积极增强社会科学同社会问题的联系。

这些思想像时代精神一样影响了社会科学的学术研究，并最终影响了教育管理学。它们从另外的角度批判了科学的僵化性，当然主要的、影响比较大的、引起较大争议的攻击是那些主观主义者和新马克思主义者提出的。

## 4. 继续变化的社会科学与教育管理

从20世纪60年代以来，主观主义和新马克思主义在社会科学领域一直占据着最重要的位置，但是如果将社会学看作领头羊，那它们已经走完自己的里程，并且开始衰败。如亚历山大（Alexander 1988）就认为它们已经失去了冲击力，并且因为其片面性而开始衰败。他声明一些激进和片面的理论开始让位于那些综合性的不会引起论战的理论。而且,许多学者注意到,一些普通的社会科学家对实际的经验论研究有持久的兴趣。如斯迈尔赛(Smelser 1988)通过观察发现对社会学的经验论的批判并不成功,因为大多数学者,甚至那些现象学的和马克思主义批评家在进行事实研究的时候也会采用科学的方法。

教育管理领域也有同样的趋势。因此,卡伯特森(1988 P. 24)断言该领域的学者"仍然从科学中寻求合法化的外衣,寻求使调查简单化的方法"。格里菲斯(Griffiths 1988)在他的组织理论观中也提出了相同的观点。

如果教育管理继续跟随社会科学的发展,那主观主义和批判理论对它的影响将会减弱。然而,教育管理同社会科学(如社会学等)之间有许多不同。教育管理的学术背景较弱,而同实践联系紧密。因而在过去,教育管理领域教授的研究基本上同我们这里记录的争论没有任何联系,而是主要涉及教育和管理的实际问题。这些教授主要研究学校的人力资源管理,可想而知,他们中大多数会受到主观主义者和批判理论家的不可思议的批评。

因为教育管理的学术背景较弱,所以它很容易受到流行思潮的冲击,这些思潮可能是新的,也可能是旧的,也可能是旧的以新面孔出现。同时它很容易误解哲学的和理论的文章。例如,格林菲尔德最初用"现象学"串起自己的观点,虽然这些观点同学院派的创立者埃德蒙德·胡塞尔(Edmund Husserl)提出的哲学的现象学的联系很少。另外一个更有代表性的例子是:将实证哲学和功能主义联系在一起,而事实上功能主义"是对实证哲学的全盘否定"(Martindale 1965 P. 145)。

这些观点认为教育管理的学术研究相对来说比较不稳定。如果教育管理的学术传统不是根深蒂固、没有被人们正确理解、有时甚至被认为学术研究与改善和促进实践无关或者说作用不是很大。在瞬息万变的环境中这种表现就更加明显。

这些都没有解释为何主观主义和批判理论对社会科学影响下降的同时仍然对教育管理有很大的影响。不管怎样,在教育管理领域,对这些观点的评论同社会学领域对它们的评论没有多大的区别,正如亚历山大所说。值得记住的是:在那时,大学是学院派的庇护所,学院派在其他地方失去关注的时候仍然可以在大学里找到自己的一席之地。而且,这个理论的衰退并不意味着它的消亡。主观主义和新马克思主义仍然会在将来的一段时间内对教育管理产生影响,虽然影响会比较小。

## 5. 必然趋势

既然从20世纪50年代教育管理的学术研究就开始以论辩而著称,而论辩的主题也在不断地变化,那它将会朝哪个方向发展呢?总的来说,教育管理的理论和研究仍然会随着社会科学的潮流、发展和趋势而发展,当然还会受到教育管理的特殊环境的影响。

### 5.1 对教育管理的更广泛的影响

反映时代的变化例证包括:更加中庸、保守的政治主张和制度影响力上升;资本主义和社会主义之间的意识形态上的对立被全球化的经济和环境取代。

另外一个例子是:对平等(均等)的研究。不同的群体甚至不同的国家都在为得到承认和权力而努力,这些问题包括从获得平等到在一个更多样化的世界里得到更满意的位置。重要的问题是如何避免文化霸权主义、排外主义和矛盾,以及怎样促进文化对话、文化传统和人文价值的提升。

另外就是国际矛盾的变化。自第二次世界大战结束后,核战争的可能一直存在。而这种威胁由于西方民主国家同苏联的重新建交而有所下降。超级大国之间矛盾减少的同时,较小的政府和国家之间的矛盾增加了。按照潜在的核武器扩散的可能性,世界危机不是减轻了,而是加重了。

这些社会变革将会对社会、社会知识和学术的追求有什么样的影响呢?当然这很难预测。但是事实已经表明新马克思主义各种观点的影响和受欢迎度不断减少。也许它们中的一部分会发展成为一种没有明显马克思主义特点的社会批判理论。虽然追溯批判理论的历史,可以知道其起源于马克思主义,从表面看来,它是可以朝这个方向发展的,尤其在教育领域,因为在教育领域马克思主义作为一种哲学的和政治的理论从来没有被真正理解。如果这种改变真的发生，则它们会得到更好的传播，虽然没有明显的哲学色彩，但是并不缺乏追随者。这并非信口开河，因为许多哲学学派已经是这种情况了。

更难做出以下的预测：更加民主化和多元化的管理形式会选择杜威的实用主义哲学，因为实用主义哲学强调民主政治和社区。他的观点反映了社会和个人的成长。这类哲学反对专制和正式的体系，也许是得益于和平、宽容的时代它们才得以存在（这一点不确定）。另一方面，各种各样的主观主义理论则得益于文化独立性和相对论地位的提高。

### 5.2 展望社会科学的影响

上面已经提到了主观主义和新马克思主义的衰败，在研究中实践的经验论仍持续存在。社会学的学者已经讨论了这些趋势。这些理论通常会对教育管理产生很大的影响，同时其他社会科学和一些人文科学也是潜在的影响因素。与此同时，主观主义和新马克思主义在刚刚过去的时期对社会学的影响比对其他社会科学的影响更大，因此，它们在这些领域的衰弱有重要的含义。

亚历山大（1988）认为社会学领域正不断产生那些争议性比较小而综合性更强的理论，而这将会融合结构的和文化的分析，同时也会引起微观和宏观层次的论辩。他说这些趋势在各种理论流派的修正者的著作中尤其突出，这是对理论研究的缺点和局限的反映。他举了许多例子，如象征主义的交互行动主义者就努力加强行动者和社会系统之间的联系、宏观结构主义理论的演变，尤其是马克思主义的文化概念。

不管社会科学形成什么新的理论，当理论被用于指导研究时，那些研究者还是倾向于用实践的经验论来建立标准。这些标准是人们建立起来用于区别不同研究群体的。很明显，这些标准有助于快速地对预测做出评价并易于重复行动。不仅如此，每个专业都有各自的用来判断实证研究的合理性和必要性的标准。而普遍的学术规范如怀疑精神、非个体化的评价标准、共同交流成果等就建立在这些标准之上（Zuckerman 1988）。

显然，科学的方法对从事实证研究的社会科学家来说一直是最重要的。来自各方面的对科学的攻击提高了人们对科学的局限性的认识。然而，这些攻击并不是很有效。研究者通常会用科学向同行证明自己的研究成果。学者们都认为逻辑论证和可信的实证证据在研究中是最重要的。

可以得出这样合理的推论：在社会科学领域中，尤其在社会学领域内，理论不再像以前那样的片面和具有争议性，而是用竞争对手的优点去逐步弥补自己理论的缺陷。像以前一样，社会科学的特点是理论和方法的多样性，而这种多样性促进了新思潮的产生。既然学术成果的可说明性这一主要形式继续是公众评价的科学标准，那所坚持的标准最终就要受到评判。

### 5.3 教育管理学的趋势

在《教育管理研究手册》（Willower 1988）的小结中，在回顾主要的学术报告的基础时提出了六点趋势。这些趋势是：(a)专业研究的多样化和细化以及研究人员的专业化；(b)对真实环境中的人有代表性的定性研究将更多；(c)随着研究策略的多样化进一步意识到教育管理是很复杂的这一客观事实；(d)进一步认识到管理可以作为实现组织和社会目标的方法和手段；(e)更加重视管理中的评价问题；(f)对研究的哲学基础更加感兴趣。

如果这些趋势和前面提到的预测有待进一步论证评价的话，我们还是可以对教育管理研究的发展趋势做出一些预测。第一，比较有争议性的理论如新马克思主义的批判理论和一些主观主义学说如格林菲尔德理论的影响肯定会减小。而更具有包容性、灵活性和有洞察力的哲学会突显出来，从实用主义到更复杂的主观主义学说如现象学的或自然主义的分析学，从而避免对社会公平理论的简单化理解，而这种简单化是马克思主义教条的做法。后现代主义是否可以发展到如女权主义者估计的程度，成为一个独立的流派，而不仅仅是得到短暂的关注，这一点并不确定。然而，估计在教育管理领域哲学的作用会继续被政策、常规和评价等发挥的重要作用所遮蔽。

随着批判主义和各种趋势的发展，相信价值仍然被认为是很重要的。但是，相关的学术研究会侧重于管理者怎样决策和预测未来的选择,而不是侧重于抽象地考察价值体系。而对价值的关心会得益于一个没有提及的趋势:使教育规划更具现实性和合理性。与此相连,对价值的关注必然推动对管理者如何从被选方案中做出选择的研究,也会促进以下的一些研究:认知心理学的影响研究;被约翰·杜威等哲学家广泛讨论的一些比较成熟的理论的研究。既然许多教育管理著作对价值缺乏关注,那可以推测出未来的著作会在涉及组织、社区和社会的章节面对价值问题。这样,在日常管理中遇到困境和需要决策时,在面临当前影响教育的社会问题时,还有解决需要教育帮助解决的问题时,人们都会关注价值。

在教育管理领域,哲学论辩也许夸大了定性研究和定量研究的区别与对立,而在强调方法的实用性时,这种对立则不是很强,它们都有自己的明确目的和作用。也许许多学者都将认识到将目光放在如何提高应用各种方法的效果上比讨论方法本身的价值更有意义。

越来越多的人将注意力放在了合理化管理的研究上,这不足为奇。而这就对评价标准提出了更严格的要求,同时也需要对它们的目的进行解析。在一段时间内比较重视定性研究,但是也不断地启用一些以计算机技术为后盾的比较复杂的定量研究方法,显然,定性研究和定量研究在方法上都有很大的进步。总之,研究趋势仍然会反映出对经验论的重视。但是这种经验论只是那些从事调查研究的研究者的"试金石"。由于该领域的学术规范很少,一些学者考虑的基本问题仍然是意识形态的问题。

### 6. 总结

总之,教育管理研究的必然趋势是:争议性减少、更具有包容性、更复杂的哲学性和理论性、更关注价值、更重视对学校社区和社会目标的评价、更侧重对决策的研究、更广泛地应用各种研究方法同时提高定性研究的可信度。教育管理从 20 世纪 60 年代开始有了自己的学术争论和疑难问题。一个整合与更新的时期正在到来。

D. J. 威洛韦(D. J. Willower) 著

姜 红 译

**附录**


Alexander J C 1988 The new theoretical movement. In Smelser N J (ed.) 1988 *Handbook of Sociology*. Sage, Newbury Park. California

Bates R J 1980 Educational administration, the sociology of science and the management of knowledge. *Educ. Admin. Q.* 16(2): 1—20

Boyan N J 1982 Administration of educational institutions. In: Mitzel H E (ed.) 1982 *Encyclopedia of Educational Research.* Macmillan Inc. and Free Press, New York

Boyan N J (ed.) 1988 *Handbook of Research on Educational Administration: A Project of the American Educational Research Association.* Longman, New York

Boyd W L, Crowson R L 1981 The changing conception and practice of public school administration. In: Berliner D (ed.) 1981 *Review of Research in Education*, Vol. 9. American Educational Research Association, Washington, DC

Campbell R F, Fleming T, Newell L J, Bennion J W 1987 *A History of Thought and Practice in Educational Administration.* Teachers College Press, New York

Campbell R F, Gregg R T (eds.) 1957 *Administrative Behavior in Education.* Harper and Brothers, New York

Culbertson J A 1988 A century's quest for a knowledge base. In: Boyan N J (ed.) 1988

Derrida J 1972 *La Voix et le phénomène: Introduction au problème du signe dans la phenomenologie de Husserl*, 2nd edn. Presses Universitaires de France, Paris [1973 *Speech and Phenomena.* Northwestern University Press, Evanston, Illinois]

Everhart R B 1988 Fieldwork methodology in educational administration. In: Boyan N J (ed.) 1988

Evers C W, Lakomski G 1991 *Knowing Educational Administration: Contemporary Methodological Controversies in Educational Administration Research.* Pergamon Press, Oxford

Foster W P 1986 *Paradigms and Promises: New Approaches to Educational Administration.* Prometheus,

Buffalo, New York
Greenfield T B 1975 Theory about organization: A new perspective and its implications for schools. In: Hughes M (ed.) 1975 *Administering Education: International Challenge.* Athlone, London
Greenfield T B 1986 The decline and fall of science in educational administration. *Interchange* 17(2): 57—80
Griffiths D E 1988 Administrative theory. In: Boyan N J (ed.) 1988
Halpin A W (ed.) 1958 *Administrative Theory in Education.* Macmillan, New York
Hartley H J 1970 Humanistic existentialism and the school administrator. In: Lutz F W (ed.) 1970 *Toward Improved Urban Education.* Jones, Washington, Ohio
Hemphill J K, Griffiths D E, Frederiksen N 1962 *Administrative Performance and Personality: A Study of the Principal in a Simulated Elementary School.* Teachers College Press, New York
Hills R J 1982 Functional requirements and the theory of action. *Educ. Admin. Q.* 18(4):36—61
Hodgkinson C 1991 *Educational Leadership: The Moral Art.* State University of New York Press, Albany, New York
Kuhn T S 1970 *The Structure of Scientific Revolutions.* University of Chicago Press, Chicago. Illinois
Martindale D 1965 Limits of and alternatives to functionalism in sociology. In: Martindale D (ed.) 1965 *Functionalism in the Social Sciences.* American Academy of Political and Social Science, Philadelphia. Pennsylvania
Smelser N J 1988 Introduction. In: Smelser N J (ed.) 1988 *Handbook of Sociology.* Sage, Newbury Park. California
Willis P E 1977 *Learning to Labour: How working-class kids get working-class jobs.* Saxon House, Farnborough
Willower D J 1988 Synthesis and projection. In: Boyan N J (ed.) 1988
Willower D J 1991 *Educational Administration: Philosophy, Praxis, Professing.* National Conference of Professors of Educational Administration, Madison, Wisconsin
Wolcott H F 1973 *The Man in the Principal's Office: An Ethnography.* Holt, Rinehart, and Winston, New York
Zuckerman H 1988 The sociology of science. In: Smelser N J (ed.) 1988 *Handbook of Sociology.* Sage. Newbury Park, California

**其他参考文献**

Held D 1980 *Introduction to Critical Theory: Horkheimer to Habermas.* University of California Press. Berkeley and Los Angeles, California
Willower D J 1992 Educational administration: Intellectual trends. In: Alkin M C (ed.) 1992 *Encyclopedia of Educational Research.* Macmillan Inc., New York

## 教育管理:批判研究(Administration of Education: Critical Approaches)

当前教育管理领域已经形成了相当大的分歧,实际上,重大的争论已经在国际上展开,它们涉及能恰当指导教育管理的理论架构以及能够操作的研究计划的类型。在争论中,主要是教育管理理论家所坚持的传统观点和那些与更具批判性的见解相结合的观点之间的辩论。本词条回顾了这种论点,即对传统观点的批判有利于把教育管理作为研究领域进行反思。它关注来自批判理论、建构主义、女权主义和后结构主义的各种观点。而每个观点都是对教育管理的主导观点在某些方面的回应。

现在的主流观点倾向于接受管理的新科学观点——在一个有经验主义者,一般是实证主义哲学家参加的社会科学会议上提出的一种观点。这种观点认为科学的作用是为实践领域创造知识。批评者认为这种观点是伪科学的,它排除已知的其他方法,并且它对加深理解行政管理实践毫无建树。

**1. 批评观点的历史维度**

在这一领域的批评家看来,传统思想把教育管理理解成是实证主义哲学家感觉里的科学:渴望将它发展成像法律一样的一般化理论,在学校的管理实践中起预言作用。它被期待像20世纪50年代和60年代声名显赫的实证主义纲领那样,产生出在学校环境中关于人类行为的宏大理论。从行政管理研究人员的角度看,20世纪后半叶是管理的宏观的、统一的理论产生的时期,这些理论的一部分给予实践者有关组织管理的正确方法,这些方法有别于西蒙(Simon 1945)雄辩抨击过的行政管理实践的民间经验方法。

实证主义(它以前的支持者甚至也长期怀疑这一理论)本身也认为:"真实的"知识只能通过经验的确认,或者通过分析的逻辑获得,通过其他形式获得的真理是确实"不合理的"。实证主义认为:自然科学的方法论适合于社会科学,社会研究人员的目标是展开对人的行动给予法律般的说明,而且这些研究必须是与价值无关的和有工具性实用意义的(换句话说,研究的发现会影响控制社会制度的技术性过程)(Giddens 1978)。因此,作为实证主义的提倡者要求其支持者参与系统的实验研究,证明管理行为依赖某种被应用的定律,拒绝任何估计的管理依据。然而,我们已经看到,实证主义本身不能支持它自己的论点,它们用自己的观点证明了自己的谬误。批评实证主义的人说这些观点不会被任何一个经验确认,也不会受它们的分析推论的影响。

可是,即使在衰退,实证主义也一直保持对行政理论形成的潜在影响力量。批评的分析家认为,这一领域的历史是在泰勒(Taylor)《科学管理》基础上形成的各种模式的进步和"最好"的系统(Tyack 1974),向产生实证主义意义上科学的、具有预见性规律的理论发展。确实,20世纪50年代和60年代的"理论运动",表明了大学的教育管理期待一种全面的理论,解释在学校环境中事情是怎么运作的。这种管理行为统一理论的研究一直持续到90年代早期,那时明显的挑战出现了。

卡伯特森(Culbertson)注意到:在历时一个世纪对知识的探求以后,教育管理学者仍然指望科学以其多面性和变化性的定义,提供一件合法性外衣和研究的助推器,成为持续寻求结果、方法和非常复杂的社会过程背景等方面知识的工具。

而科学的教规(被广泛地用作提供关于社会现象解释的公共程序)可能以特别不同的方式申请作为传统的实证方法的挑战者。

**2. 批评的反应**

许多教育管理方面的理论家发起了"理论运动",但他们在稍后就给出了让位的信号。确实,人们已经承认,教育管理领域正处在"智力混乱"(Griffiths 1979)的状态中,这在某种意义上打开了更广泛听取这一领域其他观点的大门。这种状态从20世纪70年代就开始了。加拿大研究者格林菲尔德(Greenfield)是最早的理论家之一,在1974年发表的演说中,他宣称组织结构不是教育管理的理论家所假定的可研究的、具体的事实。他还进一步断言,组织结构是人的想像力的构造,是不可预测的(Greenfield 1975)。格林菲尔德继续沿着调查研究这条线索进行研究,研究表明,管理逻辑的准则正在既不特别合乎逻辑也非理智的协议基础上重新构造,各个方面人们对这些准则表示出同意,当然仅仅是同意。

在加拿大,人们开始接受这种背离主导思想的理念,并且很多机关开始怀疑对学校管理实践的标准范例进行研究的价值。大约同一时间,在澳洲发生了一个类似的运动。

贝茨(Bates)接受了这种后来标榜为"新教育社会学"的观点,这种观点强调教育的政治和社会经济效应。贝茨把这种思想应用到管理领域,同时加入他本人对民主社会中的教育和管理的本质的理论(Bates 1983,1984)。贝茨还特别展开了一系列观点彻底批判澳洲和美国的传统管理理论。并且通过许多演讲(特别是在美国的教育研究协会的年会上)吸引了很多追随者支持他的观点。贝茨同时在澳洲的迪肯(Deakin)大学组织了一个学者团,在这些概念的基础上提出真实的想法,发表了很多著作,并且做了大量的相关工作。

在同一时期，巴西的弗莱雷(Freire 1972)开始进行关于阶级社会教育本性的写作。因为他的作品不仅集中在管理方面，所以他的著作对所有国家的教育者和管理者都有特殊的意义。弗莱雷认为，第三世界社会中受压迫的穷人们是教育的“银行”模式的牺牲品。“银行”模式的教育中，占主导地位并且通常是社会统治者的想法被强行“扔”到穷人的头脑中，然而，至于这种主导概念如何在保持政体力量的同时却不去改善穷人的现况，这些穷人是没有任何机会进行积极思考的。与这种“银行”模式不同，弗莱雷认可基于加强课程政治性和提高个人觉悟的教育模式。这种模式要求行动主体承认他们的真实生活状况并且拒绝如此被动地接受那些条件。弗莱雷的工作受到了国际赞誉并充分影响了管理的批判观点。

在美国也有类似的运动。尽管功能社会学和随之而来的实证主义在美国受到比在欧洲更热烈的欢迎，而且它的原则被贯彻到教育管理领域。各种批评态度已经作为重要的代替者显现出来。福斯特(Foster 1986)提出一个反映批评理论家想法的教育管理方法。谢克萨夫特(Shakeshaft 1987)、奥茨和马歇尔(Ortiz and Marshall 1988)以及其他一些人同样采纳了另外一种基于女权主义思维的观点。其他学者采取批评的立场，从温和的评论到激进的批判都有。

这些运动证明了对管理理论抽象的形式主义的拒绝、一种教育和社会共有的危机感以及为社会的公正、平等和解放的担心。批判的观点虽然有多种表现形式，但是它们的确都将上述的问题作为基础，脱离管理理论的主体制度，提出各种概念化的管理和教育形式。

### 3. 批判方法的基础

教育管理的批判观点在很大程度上是由对新马克思主义的社会思想有着特殊信任的哲学家和社会学家提出的。批判的途径取决于各种思想中的某些根本思想，主要是以下学者提出的思想：德国的哈贝马斯(Habermas 1976,1984)、法国的布尔迪厄和帕斯龙(Bourdieu and Passeron 1977)以及福科(Foucault 1980)、巴西的弗莱雷(1972)、英国的吉登斯(Giddens 1978,1984)，迈克伦特里(MacIntyre 1984)和法伊(Fay 1987)在当代教育管理的批评思维上也曾经有可观影响。哈贝马斯(1976,1984)对现代社会结构提出了若干有影响的批判观点，特别是关于管理提出如下思想：工具主义和官僚政治的合理性在现代社会变成主导并对以前用来维系社会的标准契约有腐蚀作用。布尔迪厄和帕斯龙(1977)因为发展了“文化的资本”的想法而得到人们的赞扬。这种想法的意思是，由于优势种族的文化知识不均匀地分布在整个社会，当下层社会的人们进入仅仅标榜主流文化的教育体系时总是处于不利的地位。福科(1980)广泛地描述了权利、统治和社会形态的关系。弗莱雷(1972)论述了社会系统保持统治结构的方法。吉登斯(1984)提出一个“结构”理论来解释社会的结构是如何在时间和空间上被创建及再创建的。迈克伦特里(1984)和法伊(1987)这两位哲学家从现代哲学和现代组织的角度提出了不同的批判观点，并且找到了批判性分析管理实践和管理理论的方法。

上面提到的学者和其他一些人为批判理论做了一些基础性的工作，允许发展教育管理领域中所谓的“选择性范式”。这一范式综合了这一领域中的反对主流文化的多数思想和方法，主要由下列方面组成：建构主义的方法、批评的理论、女权主义者理论、后结构主义。该范式对所有这些方面依次做出处理。

#### 3.1 建构主义方法

尽管主流管理理论利用了功能主义社会学提供的资源，建构主义者主张像学校一样的组织是真实、具体的机构，其规律性既可以被研究也可以被预知(Burrell and Morgan 1979)。建构主义者还声称：机构是社会构造的一种现象，作为人类意愿和想像的外表而存在。这种机构以及对它们的管理本质是任意的，既不遵循任何预先注定的管理规律，也不能不对人为干涉造成的变化做出反应。所以教育机构是机构成员的自愿行为创建的，对象征学、文化和管理“逻辑”的接受使它继续作为被成员的活动和意识所支配的实体。

这种组织方法吸收了各种思想来源，特别在很大程度上利用了布吕梅(Blumer 1969)提倡的符号互动主义的方法。符号互动主义认为社会现实总是在被行为人商谈的，行为人可能会做出很多种可能的决定。这种方法对教育管理的正统标准提出了详细的批评。他们能做到这一点是因为，他们坚持认为管理的世界实际上不是关于实证主义科学教规的学科，而是在特定时间、特定地点的历史和社会的构造和重构。正如格伦（Gronon 1986）陈述的，"社会实体是一种'协商制度'，关于意义或情势冲突的定义被正在进行表演的人员建构和再建构着。交际世界的特征被认为是自发产生的、容易变化的、不断变动的"（P. 6）。因此，对格伦（1983）和其他这样传统的人来说，教育管理的本质就是交谈，也就是说，通过语言持续与他人商谈权力、地位和控制。通过理解管理者所说的话，就有可能开始去理解他们所做的事情。

已故的格林菲尔德（1975）在很大程度上被认为是关于教育管理建构主义方法的第一个也是最重要的一个支持者。正如卡伯特森（1988 P. 20）所说的，格林菲尔德"打响了震惊全世界的理论运动的第一枪"。格林菲尔德的论题主要针对机构和管理的系统模型。他认为这种模型是机构具体化，并且去除了活动的概念。他主张机构不是物质的，而是人们的构想，是个人行动。通过愿望和决心的努力，它是（并且仅仅是）每个人在组织构造中的力量和地位的区别。要理解机构首先需要理解个人是如何构造并且解释他们的世界的，格林菲尔德认为，通过现象学的尝试比通过一篇摘要和形式主义理论去理解这一问题更有意义。

格林菲尔德的工作表明，管理的准备工作和具体操作既受到自然科学方法论的指导，同时更多地受到人性知识的指导。相信社会实体是构造性实体这一观点能够让我们通过学习艺术、哲学和法律去很好地理解个体活动造成的社会历史。正是由于相信了社会实体是构造性实体的观点，我们才对人类的能力和弱点有了感性认识。而这些感性认识又对管理有了很大帮助。

### 3.2　批判理论

在创造学校里的公平、公正的社会秩序的过程中，受批判理论影响的管理方面的学者充当了管理的角色。批判理论家们在很大程度上受到法兰克福学派的德国理论家［尤其是社会哲学家和社会学家哈贝马斯（1976，1984）］著作的影响。批判理论家断言学校是在社会阶级差别的基础上建立的，这种社会阶级差别因为它们特有的结构而复制相传。因此出现了这样一种趋势，某些学校主要复制社会下层阶级，而另外一些学校则是社会精英的仆人。两者的区别在于不同阶层的学生带给学校不同数量的文化和经济资本，而学校经济再生产系统（学校机构的主要功能之一）开始创造适用工作人员并使其加入社会劳动储备库中去，以维持经济发展。

管理方面的批判理论家责难学校教育的局限性，他们中的许多人回到了杜威（Dewey）强调的学校目的，即促进形成一个民主的平民大众群体，对民主社会中的争论以及大家关注的利益问题进行反思。批判理论家尤其怀疑20世纪非常流行的管理机构的安排。他们认为在学校教育中设立官僚机构不利于政治觉悟的形成，并且流行的管理结构忽视了道德伦理问题的多样性。

特别要指出，批判理论倡导的一种管理方法会与正统方法的某些因素产生争议，正统方法在本质上是实证主义的，并且认为管理的可靠真实的知识可以被发现，并因此产生了一门管理"科学"。教育管理的批判理论家主张，那种获取特定知识的企图注定要失败，这不仅因为它们缺乏对人的事务的预见性，更因为它们不注重教育管理本质上的道德基础。

作为替代，批判理论家要求管理学学者注意社会上流行的设置政府部门分支机构的行为及工具理性。批判理论家主要关心所有人的解放，为了这个目的，他们在民主的最大允许范围内检测了官僚机构的运作过程。在管理领域，这意味着尝试用其他方法来组建学校，比如在一定程度上使作决策的过程地方化，从而使所有参与者都可能提出意见。

然而，另一种观点趋向于排除这种可能性，这种观点是工具理性发展的结果。在这里，批判理论家利用哈贝马斯（1976）的著作给出了沟通理性和工具理性的区别。沟通理性必须说明在人与人之间建立联系的原因，发展人们能互相尊重地生活在一起的联系方式。另一方面，工具理性涉及使用理性去实现目标,是为某种目标做出的理性设计。官僚主义趋于强调目的性或工具理性而损害了沟通理性。以学生成绩为目标的程序化和技术化的观点,正在逐渐代替以在学校里建立社区形式为目的的散漫方法。这种工具理性取代了管理者和教师在学校建立有意义的社团的企图,结果,管理的民主形式成为学校深思熟虑的废话。伴随着局部控制程度的降低,州和全国的制度、程序显示出优势,工具理性逐渐包容沟通行动,并且在学校内这样做会建立一种技术统治论者的优势。在管理者参与的范围内,学校教育变成了纯粹的现存阶层所建立的那些目标的交汇,而不是提高人类状况的基本方法。

因此,批判理论暗示,教育的许多基本目的,例如公民的发展和政治意识的建立等,已经屈从于资本主义国家所决定的经济利益。在这方面,正式的教育机构为公司部门进行基础训练服务。同样,这种机构也在延续阶级、人种、性别的不平等,这些不平等正是资本主义经济的特点。

然而,批判理论家仍然乐观地估计了改变的可能性。他们指出,通过对教育实践的严格评价可以发展特定的行业意识,与社会属性问题有关的管理可以通过预备程序加以改善。批判理论家在教育管理中的一个目标就变成了开发知识分子。从事管理的知识分子能够采取适当的措施进行机构改革。在批判理论的观点中,这样的管理者组织教师、学生和家长参与讨论阶级社会的教育本质,讨论在这种制度下获取民主实践的可能性。

### 3.3 *女权主义者的方法*

女权主义方法综合了女权主义理论、批判理论和社会学、心理学的各种观点,对教育管理中广泛存在的实证主义和男性统治的问题发起持续、激烈的攻击。持不同观点的研究法规的学者都忽略了一个问题:即女权运动能够帮助管理实践。正如奥茨和马歇尔(1988)提到的:

> 为什么我们看不到教育管理中女人所做贡献的潜在价值?这个问题的一个解释是:统治者想要保留某种力量,可以确定事物是否有价值、优秀、正确。如果反对统治者的人们做出了不一致的评价和行为,统治者可以简单地告诉人们这些评价和行为是人为的、不完善的、无价值的和错误的。(P. 136)

上面所说的"不同"价值在很大程度上与男性阶层以及在职业上对女性的限制有关。最初人们关心的是所谓"校友关系网"的存在和女性通过这些网络安全地达到管理职位的问题。现在的工作仍然注意到进入管理领域的重要性,更注重工作领域中的面向男性模式的根深蒂固的本性。所以,现代学校机构更多奖励个人、竞争、公平而不是社团、合作、同情,那些受肯定的特征趋向于与男性世界观一致。

女权主义观点带来了大量对管理的基础性挑战。首先,这种观点质疑将管理作为保持学校运转的"控制"机制的想法。该观点认为,作为控制机制的替代者,管理应该是"建构"的尝试,试图在学校教育活动的所有部分之间构造联系。其次,女权主义观点将挑战学校作为文化传播代理的概念,提出不同的主张:文化传播承受了男性统治的历史积累,而没有顾及其他群体的需要。再者,他们还认为,学校应该是文化迁移的地方,提高大家的管理意识和权力意识。最后,为了表现出还没有用尽挑战的能力,女权主义观点继续评论道,由于被设计成分等级的管理模式,许多国家学校教育有着中央集权的官僚主义的本性,更像是有征服特征的军国主义的"父亲"形象,而不是现在急切需要的有支持和养育特征的"母亲"形象。人们或许认为,学校和管理机构不应再是以确保世界霸权的方法和手段教育年轻人的场所,而是教育学生认识自己的价值和全人类价值的亲切的场所。例如,诺丁斯(Noddings 1984)曾经中肯地阐明了在人类关系内部的人道价值,她的著作表明学校以及它的管理机构应该发展成人与儿童之间互相尊重的关系,而不是去控制他们。

### 3.4 *后结构主义*

教育管理的另一个发展就是后结构主义或者后现代主义的思想在教育管理领域的应用。后结构主义应用到管理领域以后,就开始批判该领域的传统思想,怀疑教育管理的基本假设。后结构主义反对基本主义原则,也就是作为其他法则固有的、先验的第一定理。例如,在管理领域就有这样一个趋势:很"自然地"认可学校机构的结构特征,然后寻找连接这些结构并且使管理活动生效的潜在的"规律"。后结构主义者认为,确定管理(或其他)行为的本质规律的企图不仅是方向性的错误而且是危险的。这种企图之所以是危险的,主要因为它隐藏了这样一个问题:这些结构是从相互竞争定义"什么是真实与合适"的权力与权利的无序行为(就是言语行为)中产生的。例如,家长式的说教就企图将男人作为统治者,而把女人放在权力差异的屈从关系中。彻丽赫尔姆斯(Cherryholmes 1998)在下面的论述中揭示了这些问题:

> 现代的、分析的、结构的思想为了寻求合理性、线性、进步和控制,发现、发展乃至发明了用来定义这些东西的基本叙述、基本论述、基本评论。后现代、后分析和后结构主义思想则怀疑并且不相信那些基本叙述。(P. 11)

这些基本叙述或者基本论述提供了一个架构,管理人员、研究人员和教师在这个架构中管理自己的事务。显然,教育和管理领域的占据优势的陈述或者这个领域的内容都是受到控制的。"科学管理"的思想为早期的管理者提供了一个流行的主题,以后的管理实践中,虽然是在"有目的的管理、负责任的系统、注重成效的教学和管理"等等流行管理概念的阴影下,该主题也将是一个主要题目。后结构主义企图揭示作为意识形态最前线的控制思想,这种思想来自大量的书面演说并且建立或者支持各种不同的权力结构。控制和力量成为(不是完全隐蔽)把各种技术性的计算和行为系统加到学校系统中的原因。

后结构主义思想在哲学、建筑学、文学和艺术领域一直很流行,并且从这些领域延伸到教育和教育管理的领域。后结构主义思想试图揭示权力的主要层次,无论是语言上的还是艺术上的,它们认为正是在语言和权力关系的持续重组中发现了"真理"。实际上,"真理"变成了某种空洞的概念,它更多地依赖于支配性权力的建立而不是与之相关的任何真实的有实质性的关系。

**4. 批判方法的含义**

批判的观点赋予教育管理实践和教育管理者培训同样多的含义。其中,首先是从行政观念向领导观念的变动。行政往往意味建立基于官僚机构之上的控制体系,而领导意味着在共同目标基础上自主实现的成就。批判观点的重点经常在于建立民主社会,在民主社会中,所有成员都参与最后决定的确定。这意味着,领导去促进一些经常性困难的过程:组织各派人士参加讨论,分权特别是向那些传统上被制度剥夺的人们分权。教育管理领域占优势的理论强调对教育机构的控制,批判观点则认为领导是必需的。这两种理论提到"领导"不是说他的字面意思——管理者占据的职位,而是指布恩斯(Burns 1979)提到的"转换型的领导"的意思,它指提高追随者真实、有目的的改变意识。这种领导需要其他拥护者的主动合作,而合作的使命是领导者和追随者共同确定的。批判观点认为这种使命有可能导致公共机构的合作进程真正的、有实质意义的变化。

管理领域的另一个变动是从价值中立的信仰向价值负载的信仰的变动。这意味着对管理行为各种规律的研究应该结束了。所有这样的规律和对规律的研究,都是无意义的和没有结果的。例如,麦金泰尔(MacIntyre 1984)发现,"那些(社会)科学的显著事实是,缺乏对任何像规律一样的一般法则的发现"(P. 88)。寻找可以预知的规律和一般法则的努力都是没有效果的,因为除了一些微不足道的发现,什么也没有。最后只是努力与价值负载信仰达成妥协,专职教育人员(包括管理者)把它们带入自己的工作。支持什么样的信仰和价值观?它们如何传递给管理者、教师、学生?这些信仰以什么样的方法影响教育过程?批判观点不但对管理研究人员提出了这些问题,而且要求他们根据在现有制度下对民主实践的贡献来更进一步检查这些问题的答案。

对管理行为可归纳的、价值自由的规律进一步的研究是在一个批判的框架下寻找以前不能被发现的东西。承认每个人重视和信仰的东西与它们对每个人的影响以及人们的日常工作,就是去接受另一种观点,它认为用选择性的方法看待管理是非常重要的。当然,批判的观点认为,不是所有价值都是被平等创造的。人类从各种压力(教育的、文化的、种族的、性别的或者其他某种形式)下解脱出来的最终价值占主导地位,并且将把这种价值合并到他们的课程当中看成义不容辞的责任。

上述观点同时表明,教育管理的领域正在从一个基本主义观点向非基本主义观点转移。也就是说,这一领域的基础,或者说理解管理的知识基础不是稳固地建立了,而是随着社会力量和利害关系的转移而转移。因为教育领域没有显著的、重要的“第一定理”,所以它和法律、医学这样的领域区分开来,而且,它只有关于可能性的一般方针。

其中一个方针就是关于教育和管理的可靠知识,这些知识可以编成技术规则和程序,将是很遥远的事。因为有大量的细节要学习,这些知识不会导致通用的至理名言。对于批判理论家来说,这些都是事情的可接受状态,因为根据以前的发展,知识和权力之间有强大的联系。联系这一领域的知识不能最终确定的现实,或许权力同样不能完全确定。也许顷刻之间,随着权力广泛分布,统治集团掌握的知识变得可以评价和能够评价了。

教育管理的批判观点的更进一步接受导致第四个含义:管理者首先应该是教育家,从事增强自我意识感的工作而不是控制个人思想的工作。这意味着对如何形成管理实践的概念和如何看待教育管理者的培养两个问题进行全新的衡量。相对于哲学化的研究和流行的社会实践的批评性评价,传统的培养教育管理技术专家的课程知识变得不重要了。

**5. 结论:趋向后管理**

本词条回顾了“批评研究”应用到教育管理时表达出的各种概念和传统。包括起源于建构主义、批判理论、女权运动和后结构主义的各种观点。每个观点都表明了对管理领域传统、保守观点的批判,它们被认为方向是实证主义,实践是工具主义,并且主要致力于对社会机构和机构中人员的控制和维护。

对批评传统管理思想的考察产生了一个反管理的理论。如果管理机构认同某事物当前的、传统的定义,那么批判观点必然从相反的方面定义它。

“管理”是在有点混乱但是大部分很和谐的世界中建立秩序。它承认传统的思想和论调是正确的,而且这些基本理论无需验证,更不用说质问。“管理”假定世界的秩序是完全坚固的,待确定的问题可以通过更多的研究或者已知的更确切的应用程序来调整。“管理”为程序的技术规则给出了特殊的保证,假定人为错误和分歧可以通过在操作中运用标准化方法来调整到标准结果。

“反管理”作为批判观点或许优越些,与“管理”有不同的原则。“反管理”相信人类生活在有物质和情感两重痛苦的世界里。反管理主义存在于意识形态,并且坚定地支持意识形态,以后将会揭示这些意识形态在保持不平等制度方面的历史意义。“反管理”更坚持认为,现代社会及其管理仅仅重视人类行为的一个方面——人类的生产能力——并创造了工具系统来利用这种能力同时压制人类行为及其他方面的能力。

在“管理”和“反管理”之间,由于不同的理论立场而产生的敌对紧张情况,还是存在积极和消极的辩证统一的。每一个批判观点都对此有正面的作用。管理观点宣称,这种辩证对在一个复杂世界建立良好秩序、产生发达国家需要的生产力水平都是必需的。管理的反应是,这个世界将要达到工具理性的最高峰。

也许,来自批判理论、结构主义、女权运动和后结构主义的各种批判观点能够合成到一个连续的“后管理”的理论中去。“后管理主义”理论超越了传统管理思想和其他个人的批判言论。后管理主义将讨论在社会里对秩序创造的需要,同时也期待所有成员对这样一个社会的形成做出贡献。后管理主义同意法伊的说法,人类“不仅是活跃的生命,而且是具体的、传统的、历史的、内嵌的生命”(1987 P. 9),所以偶然发生的变革也是有成效的。后管理主义还会关注现代制度和实践的家长制度的性质,对它们进行详细的批判。最后,后管理主义会明白它们的判断有变成定律、变成关于我们的公共机构如何运作的宏大陈述的趋势,在这种情况的诱惑下，也许后管理主义者会承认他们的领导能力最终仅仅是提高人类社会地位的一个尝试。

W. 福斯特(W. Forster) 著
姜 红 译

**附录**


Bates R 1983 *Educational Administration and the Management of Knowledge.* Deakin University Press, Geelong

Bates R 1984 Towards a critical practice of educational administration. In: Sergiovanni T J, Corbally J E (eds.) 1984 *Leadership and Organization Culture.* University of Illinois, Urbana, Illinois

Blumer H 1969 *Symbolic Interactionism: Perspectives and Method.* Prentice-Hall, Englewood Cliffs, New Jersey

Bourdieu P, Passeron J-C 1977 *Reproduction in Education, Society, and Culture.* Sage, London

Burns J M 1979 *Leadership.* Harper and Row, New York

Burrell G, Morgan G 1979 *Sociological Paradigms and Organizational Analysis: Elements of the Sociology of Corporate Life.* Heinemann, London

Cherryholmes C H 1988 *Power and Criticism: Poststructural Investigations in Education.* Teachers College Press, New York

Culbertson J A 1988 A century's quest for a knowledge base. In: Boyan N (ed.) 1988 *Handbook of Research on Educational Administration.* Longman, New York

Fay B 1987 *Critical Social Science: Liberation and its Limits.* Polity Press. Cambridge

Foster W 1986 *Paradigms and Promises: New Approaches to Educational Administration.* Prometheus, Buffalo, New York

Foucault M 1980 *Power & Knowledge: Selected Interviews and Other Writings* 1972—1977. Harvester Press. Brighton

Freire P 1972 *Pedagogy of the Oppressed.* Sheed & Ward. London

Giddens A 1978 Introduction. In: Giddens A. (ed.) 1978 *Positivism and Sociology.* Heinemann, London

Giddens A 1984 *The Constitution of Society: Outline of the Theory of Structuration.* Polity Press, Oxford

Greenfield T B 1975 Theory about organization: A new perspective and its implications for schools. In: Hughes M (ed.) 1975 *Administering Education: International Challenge.* Athlone, London

Griffiths D E 1979 Intellectual turmoil in educational administration. *Educational Administration Quarterly* 15(3):43—65

Gronn P 1983 Talk as the work: The accomplishment of school administration *Adm. Sci. Q.* 28(1):1—21

Gronn P 1986 *The Psycho-Social Dynamics of Leading and Following.* Deakin University, Geelong

Habermas J 1976 *Legitimation Crisis.* Heinemann Educational, London

Habermas J 1984 *The Theory of Communicative Action: Reason and the Rationalization of Society,* Vol. I. Beacon Press, Boston, Massachusetts

MacIntyre A 1984 *After Virtue: A Study in Moral Theory* 2nd edn. University of Notre Dame Press, Notre Dame, Indiana

Noddings N 1984 *Caring: A Feminine Approcach to Ethics and Moral Education.* University of California, Berkeley, California

Ortiz F I, Marshall C 1988 Women in educational administration. In: Boyan N (ed.), *Handbook of Research on Educational Administration.* Longman, New York

Shakeshaft C 1987 *Women in Educational Administration.* Sage, Beverly Hills, California

Simon H 1945 *Administrative Behavior: A Study of Decision-making Processes in Administrative Organization.* Macmillan, New York

Taylor F W 1947 *Scientific Management.* Harper, New York

Tyack D B 1974 *The One Best System: A History of American Urban Education.* Harvard University Press, Cambridge, Massachusetts

## 教育组织中的冲突及其化解
## (Conflict and its Management in Educational Organizations)

冲突,无论是公开的还是潜在的,在被赋予了社会规范的职能而具有敏感地位的教育组织中,都十分常见。国际上根据冲突的发生、潜伏、受压制以及管理者管理它们时所采取的策略方法等方面涉及的广泛领域,简单地对冲突或对它的有争议的应用的管理进行了分类。然而,即使一次简短的讨论也会显示出差异,从而为研究不同国家和社会之间的对比关系提供了广阔的空间。这似乎把特定的教育冲突的性质与社会凝聚力、专业技术或社会流动的制度化发展程度联系起来了。

### 1. 冲突的起源

在现代国家中,教育的一个显著特点是在其创设的同时,便被赋予了规范公民良知、人力资本形成、代际流动的特权。然而,过去的其他道德整合和产生力量——如教堂、军队、行业协会——使得教育对社会大众来讲显得不太重要。现在,情况则完全不同了。相反,全世界同时代的教育管理者们都乐意宣称学校的上述正当责任,以扩大自己所在机构的边界,实现它们的目标。

冲突一般是个人或集团为最大限度地从上述的扩张中受益而产生的竞争的结果——世界性的教育冲突则以无数的组织内的权力斗争或仅仅是为扩大自身利益为特征的。很自然,在一些教育费用占政府支出最大份额的穷国里,争夺是很激烈的。然而,更重要的一点是,在被大多数国家都赋予了广泛职能和"特权"的"教育"这个名词下,暗藏着一股自我膨胀的张力。

与此相对的观点显示,在学校系统内,教育或多或少地被认为是社会流动、职业培训和社会整合的合法中介。由于这种合法性既可能获得也可能丧失,因此导致了冲突的运用或化解。特别是在社会快速转型时期,学校职责的制度化过程经常受到检验。当教育决策系统之外发生人口统计的、地缘政治的、经济的变化时,这种情况就可能发生。在组织的控制范围之外会出现如因移民或土地肥沃程度降低而发生的人口变化,本地劳动力在世界市场上的相对竞争力降低,甚至(如在东欧)国家主权的统一性发生转变等情况会促使民众重新思考教育在社会中的地位。

因此,在形成社会凝聚力、培训专业知识、增加社会流动性等方面,教育所体现出的想当然的合法性是在组织内部所不能解决的强大社会力量的产物。正是由于这个原因,事实上教育冲突经常(依管理者的看法)超出人们通常想像的教育的边界,并从侧面表现了对等级性制度的尊重。

现在,为使自己得到缓冲并把精力转向未完成的目标,学校管理者们或许正在力图调低组织的目标并缩小组织的范围。例如,在经历了20世纪60年代的扩张之后,许多工业化国家的学校领导者们开始把努力方向定位在更加"专业化",而不是宽泛地把教育界定为一种社会职责。因此,教育为受教育者提供"基本技能"的职能又开始受到关注,相应的,学校也开始根据家庭和社会的需要,从孩子发展的角度确定教育职责的范围。

### 2. 冲突的类型

冲突不仅出现在其他社会系统有势力的人员拒绝新教育组织的侵入时(如社会中的宗教组织拒绝世俗教育),还出现在学校教育提出的特定期望(如精英政治、高效率的雇佣制度或政治参与)反过来变成对教育组织自身的要求的时候。系统之外的人们通常认为自身利益是在系统的统一而非分裂时取得的。

迈耶(Meyer)等社会学家认为这种情况的存在是必然的,因为作为制度,教育是通过认证并规范专业技术和知识来保持教育的参与者与非参与者的相似性的。由于教育间接地影响非参与者,所有的社会组织在某种程度都既是教育组织潜在的部分,同时也是冲突潜在的根源。可以认为,组织化解冲突的最终力量不在于技术或工具的手段,而在于教育"制度的外部结构"(Meyer 1980 P. 49)。

因为同样具有传授知识和评估技能的功能的其他合法机构也要证明自己的存在,一个难题就出现了。例如,一旦教育被认为是一种普遍的权利,那些渴望社会流动的被认为是"专家"的人就不会轻易地认同这种说法:现行的教育不是合法实现社会流动、职业培训或政治社会化目标的特定机构。经验丰富的教育管理者宁愿放弃组织的短期政治利益,而小心避免在大众中造成"不切实际的"期望。

在非常时期,如果学校被认为失去了控制政治社会化、技术培训或社会流动的能力,期望就不会实现。例如,在中国封建社会后期,考试制度的明显腐败——通过它可以接近官僚体制——就是太平天国领袖洪秀全揭竿而起的原因之一(Ho 1962)。一些美国黑人不接受他们认为是"欧洲中心主义"的课程和学校制度,拒绝以这种教育为基础的社会化,选择了只有黑人学生的隔离制学校,因而形成了被认为是白人教育者所造成的隔离主义和种族主义的冲突(Kirp 1991)。与此同时,一些美洲白人也承认这种体制给他们强加了太多的东西,并且侵犯了他们的"传统"社会。确切地说,那是因为在这种体制下确实需要形成一种对社会的统一看法,包括对非洲、亚洲、墨西哥等地区传统的积极看法(Post 1992)。在瑞典,同类的父母有时通过恢复传统象征来加强团结,但主要还是通过教育机构来拒绝融合和同化,选择性的莱普民间高级中学(Paulston 1976),显示当社会一致性成为公共教育的目标而被制度化的时候,教育就会成为冲突的焦点。

### 3. 对冲突的反应

在一个反应灵敏的体制中,体制的合法性是在与组织中不满的元素融合并产生变化而得到保证的。当体制反应不灵敏,或融合没有伴随变化的产生,冲突就会潜伏起来甚至直接暴露在管理者面前。1986年墨西哥的学生运动证明了合作的最终结果。这两个例子都揭示了问题所在:由于管理过程对公众存在着防备状态和专业化的缓冲作用,那些善于解决组织冲突的管理者可能对来自中央政府或那些认为自己被排除在制度之外而不满的组织的要求缺乏准备(Zeigler et al. 1984)。也许因为人口的增加,也许因为减少了学校工作的经济报酬,反对组织冲突的政治问题越来越多地出现在行政官员面前,一份对美国城市管理者的研究(Wirt and Christovich 1989 P. 31)结果表明,在资金逐渐紧张的情况下,大量的冲突开始从组织外部产生。

一种预防此类冲突发生的可能措施是由那些自称是"胜算缥缈的十字军"的校领导们推行的"持续改革状态"(Meyer 1980 P. 5)。更为常见的是,作为防范冲突的方式,教育组织的界限总是被不同的参与者不断地重新界定,包括处于领导地位的集团和声称被反应迟钝的教育组织排除在外的集团。因为这种对教育组织边界的不断重新确定,实际上就没必要在正式组织里将参与者进行内外区分:不仅各种参与者会越过这个界限进进出出,而且系统界定也会以进攻或撤退的策略回应内外环境中的机会或威胁。因此,甚至克拉克(Clark 1983)这样的学者在对高等教育体制——包含的范围通常比教育事业小——进行比较研究时,也通过忽略在特定时间内内部和外部参与者的区别而融合了组织和政治的冲突。

### 4. 冲突的案例

以下四个例子可以说明冲突是与社会凝聚力、技能培训或社会流动性等理念的制度化相关联的。前两个例子是对殖民政策的案例的比较:日本统治下的中国台湾地区和英国统治下的中国香港地区。另外两个例子来自现代的拉丁美洲:1972年秘鲁未成功的教育改革和20世纪80年代墨西哥失败的权力下放政策。

#### 4.1 中国台湾地区

1895年日本通过战争分赃强占了中国台湾地区。它的殖民地教育战略接受了英国统治印度时的反面教训,当时印度教育扩张制造的是民族主义而不是对英国的忠诚。在中国台湾,日本统治者如嘉吉内田等感到,"殖民地教育体制必须与社会状况和民众的文化水平相适应。先进的课程绝对不应被提倡……台湾的民众应该被教给实用的技术以便能够生存并享受快乐"(Tsurumi 1977 P. 49)。一个日本教会的成员写信给美国读者说日本遵循了一项与法国和美国的"试图向殖民地移植该国的法律和文明,尽可能快地同化当地居民"(Tsurumi 1977 P. 82)的政策完全不同的政策。这种放任自流的方式在第一次世界大战结束前很流行。后来民族主义的种子开始萌芽，伍德罗·威尔逊总统的民族自决学说也开始在日本当时的保护国朝鲜引起骚动。

从1918年起，随着总督明石元二郎的到来，同化政策成为中国台湾教育的重要内容。但是在后来的殖民机构出现之前，一套传统的中国学校教育网络已经存在，1918年以后，强行实行了政治社会化运动，尤其是提倡使用日语。因为对中国台湾人开放的高等教育机构都在日本，因而社会流动和培训的所有渠道都与同化政策挂钩。这种政策降低了类似在印度知识分子中产生的民族主义的热度，而这正是英国允许他们接受较广和较高层次的教育的产物。但是，其他一些未曾预料的反应的发生最终也导致了同样的结果：因为能够接受高等教育的中国台湾人数量有限，人们将对机会的需求开始集中于教育体制本身合法性的问题，因此反对者逐渐将其愤怒转向殖民统治者。教育体系目标的制度化会影响到它以外的区域，并导致对机会的需求，而这种需求一旦受挫，就在殖民体系内产生对其合法性的质疑。

### 4.2 中国香港地区

在中国香港地区，1895年就设有了普通中英文中学都可以取得的公共基金，然而只有英文学校可以得到合法的赞助，原因是当教育系统中的东方人被新任命的持进步主义的和陈旧道德观点的官员取代后，政府参与教育的原则发生了改变。这些人怀着的真诚想法被香港大督学埃特尔（Eitel）表达为“欧洲的命运在于统治亚洲”。但是在强调英语教育的过程中，产生了一种未曾预料的后果，就是政府失去了对香港的乡村学校——尤其是——由衰落的清政府的支持者和反对者们在20世纪初建立起来的几十所学校的管理权。1912年的一次教育巡察中发现许多学生还存在着香港是中国的一部分的“错误”（引号是译者加的——译者注）印象。因此导致了1913年的可靠学校注册和监督条例的产生，该条例规定未能向政府登记的学校其管理者将受到处罚。

在此之后，政府又重新开始向中文学校提供资金补助。然而，它却未能赋予学校更广泛的社会化职能，以避免对立团体传播中国教育部门的思想意识。由于将官僚机构小心地从社会需求中独立了出来，使得政府能够将设立免费小学（1971）和免费初中（1977）的时间拖到相对比较晚。明智的是，当时的香港总督莫里·麦克尔豪斯（Murry MacLehose）在家长们提出要求后，在可能发生冲突之前就采取了普及初中教育的措施。此外——在维持体系的组织边界中最关键的是——麦克尔豪斯将提供义务教育作为社会改革的内容：1974年的白皮书（促进自由的中等教育）只是解释说：“这项计划应该为香港的孩子提供在未来十年里的竞争环境下自立和为他人服务的教育水平。”以非政治语言表述，从更广泛的社会议程中分离出来，不受到那些博取声誉的利益集团或政党的影响，公共教育的所有争议都是作为技术问题由专业人员解决的，他们使组织在冲突中得到缓冲。

在实行专制统治过程中，日本和英国从来不将中国台湾或中国香港等殖民地中的公共学校作为社会角色垂直流动的渠道，而这种渠道正如索罗金（Sorokin 1927）所预言，将会逐渐成为现代社会的特征。在这方面，两个殖民地的教育机构都只有有限的作用。在中国台湾，而不是1913年后的中国香港，确实试图将学校变成一种政治社会化的合法媒介。在某种意义上，因为永远不可能变成英国人或日本人，在中国香港和台湾地区，教育组织外的政治运动的领导人不能参与教育组织或完全成为组织的一员，因此，冲突就产生了。当教育机构拥有社会流动和职业训练的合法特权的理论被认为不适用于中国台湾时（倡导同化，但又限制接触），组织的特权的合法性就受到了质疑。日本施行的教育政策目的是消除潜在的民族主义的冲突，但却产生了相反的效果。另一方面，在中国香港地区，冲突通过给予教育有限权力的方法得到规避。从1913年开始，英国政府采取了一种相对柔和的手段使香港的学生更加英国化。在香港地区的中国人的身份并没有直接受到威胁，这也许归功于与中国台湾人对日本的统治者的期望相比，这里的父母对殖民统治者的期望较低。

### 4.3 墨西哥

在墨西哥，对教育的集权控制是革命的产物：公共教育的设计者及第一任秘书长（SEP）是创立现代墨西哥政治文化的领导者乔斯·瓦桑塞勒斯

(Jose Vasconcellos)。而且,公共教育成为民族主义的革命事业中至关重要的组成部分,学校的课程设置则成为在权力不平等的、多语言、多种族(Vaspuez 1975)的人民之间建立一种共存的政治文化而进行的各种努力的试验室。由于公共教育秘书长对教育进行的集权管理,它也在20世纪70年代后期石油价格下跌后成为冲突的焦点。随着国家财政的减少,比索贬值,教师薪水也减少了,并且,在通常平静的、由政府组织的工会——国家教育工作者工会(SNTE)内部,好斗分子也蠢蠢欲动。由于墨西哥由制度革命党(PRI)长期统治,在其政党或劳工联盟辛迪加之外的人则被视为是对其官僚政府完整性的威胁。扩充编制成了控制这种潜在威胁的最佳途径。这种措施在经济增长、并且对所有人有利时有效,但是在充满动荡的20世纪80年代前半期的财政危机和大萧条下,在国家教育工作者工会内的扩编却不能阻止其60万成员的骚动。

在洛佩斯·波蒂罗(Lopez Portillo)当权期间(1976~1982)曾进行过分权的尝试。为了简化协商程序,人事职能被托付给全墨西哥的31个州政府。然而,制度革命党的发展政策中的学校集权管理的思想和过分关注集权官僚政府的控制权,导致了实际分权过程效果的失衡:教师的薪水受到限制,财政收入、学校课程和(最重要的)合同谈判权还掌握在公共教育秘书长手中。在工会对于公共教育秘书长提出要求失败以后,公众对教育组织的期望突出表现出来。家长们虽然习惯了来自墨西哥城的课程和政府机关的工作方式,但从来不承认地方机构对他们孩子的学校的控制,因而相信分权是政府压制教师中斗争分子的策略。新的一场由全国教育工作者协调团发起的独立劳工运动迫使政府对制度革命党主导的国家教育工作者工会做出了让步。此后,在萨利纳斯·乔拉里(Salinas Gortrari)上任后,试图进一步降低联邦政府参与教育的程度。通过强调推行"现代化"和在世界市场中增强竞争力,萨利纳斯力图以此化解教育中存在的民族主义的潜在力量从而吸引家长和劳工组织。但是,这种对教育重新定位成功与否,很可能依赖于墨西哥是否能够保持经济的持续增长,并不断满足教师与社会对教育的需求。

### 4.4 秘鲁

发生在秘鲁的1972年教育改革(与其土地革命相继发生)是在世界暴力革命进程外重新建立一种完整体系的伟大尝试。其主要目的是为孩子提供学前的、非正式的教育,建立学区进行分权的尝试,实施双语(西班牙语—印地土著语)教育、在大学开展选择性中等教育后的技术教育。同时也包含了和墨西哥相同的强烈的民族主义内容。1972年,根据军事法令颁布的法律规定,教育应该唤醒秘鲁人民意识到自己的处境,并激励他们牢牢把握能改变依附和被统治地位的知识,并把自己改造成为能够开创国家未来的自由的人民。

为了取得改革的切实成果,军政府力求能绕过那些好斗的东方的教师工会,转而直接面向公众。和墨西哥的情况一样,由于先前的统一领导权掌握在教育部长手中——虽然在秘鲁有一个真正的反对派工会从中斡旋——因而使得改革逐渐无果而终。

许多观察家已经就1976年推翻政府的军事统治缺乏持续性的问题和关于争夺新学区控制权的派系之争的问题发表了许多评论。因为改革是自上而下推行的,因此秘鲁的大多数左翼政党非但没有相互对立,反而可能已经在斗争中结成了联盟并向教育中注入反帝国主义和民族主义的思想。更普遍的看法是,事实表明政府在重建与公众的关系方面显得极为无力。用一位主要教育官员路易斯·吉米·西斯洛思(Luis Jaime Cisneros)的话来说:"如果我说:'来吧,家长们,和我一起进行一场教育改革吧。'这场改革就完蛋了!父母们只是希望自己的孩子摆脱所处的社会经济地位。而这对教育毫无用处。"

改革未能在任何一个领域重新确立公共的教育目标的原因是在此期间产生了对以前的新自由主义领导者的期望(部分是受国际发展局势的影响)。当地学生的家长们反对双语教育,因为他们认为这将把他们的孩子引向职业的"死胡同"。非正式的学前和成人教育被认为内容太空洞。主管教育的学区被认为只是——或许这种看法是正确的——传达来自利马的指令的喉舌而已。在这种体制下培养起来并且要求得到大学教育的学生又不情愿接受任何改变。

然而,处于困境的改革所面临的问题并不仅限于军事统治一方面。1985 年,秘鲁最有组织性、纪律性、年代最长的政党当选,但是阿兰·加里亚(Alan Garia)领导的政府也同样毫无建树。其教育部长格鲁夫·庞果(Grover Pango)只得这样劝说公众:"过度期望上大学,把它看作社会角色转变的途径只会给整个社会带来负担。"庞果说,这种趋势与"广泛存在的想法"有关,这种想法"认为一个人通过在大学学习才能找到实现人生目标的唯一最佳的途径"。在庞果劝说期间,被忽视的学生们使全国的许多大学陷于瘫痪。现在,在这个西半球贫穷的国家里大学的数目已增长到 50 个。

来自教育组织外的冲突历来与受到学生们支持、以救世主自居、活跃于秘鲁乡村地区的反叛组织"阳光道路"有关——它产生的部分原因是其成员认为教育体制未能实现社会流动并为有效的就业提供培训(Post 1988)。

### 5. 结论

从世界教育冲突及其管理者对它们的反映得出单一结论的想法是有疑问的。然而,过去许多的经验和教训表明确实存在一种对国家—社会关系的看法。因为教育体系最先存在于合格参与者的意识中(如所有现代社会的成员),对其范围的重新界定也非任意或机械的。相反,组织内产生冲突的程度取决于该体制是否起初就成功地履行了其社会团结、技能培训和社会流动的职能。集权的官僚政府一旦履行了这些职能,教育的范围就会被扩大,然而回缩这种范围(如"分权"和"私有化"之类的改革)就变得很难。冲突既产生于环境作用于机构时,也产生于机构反作用于环境时。因为,一旦教育被制度化了,它就不再是一个充满活力的、可调整的并能够根据用户喜好和指令塑造自己的组织,而是有能力根据自己的需要改变周围的环境,以"发现"与它们为社会提供的解决问题方法有关的问题。被社会赋予了明确的权力的教育机构,自认为有权在其用户中"创造"社会需要的观念:价值观(如爱国主义)、技术(经资格认证的)和管理标准(才能出众)。

如果力量这个概念至少包含着迫使参与者做出与其兴趣不同(Luckes 1974 P. 34)的成绩来,那么,从字面的意义来说,教育就是强有力的。教育组织不能被明确地理解为"利益冲突的竞技场",相反,它们应该被赋予"界定"其用户的利益的权威并在这些用户中灌输规范性标准和信仰,并为这些规范的合法性辩护。

乌拉圭的改革家乔斯·佩德罗·瓦雷拉(Jose Pedro Varela)写于 1874 年的一段话就代表了这种权力论:"为了建立共和国,首先要产生拥护共和政体者……民主和共和所必需的东西,只有通过一种可能的途径才能实现:教育、教育、再教育。"(Rama 1983 P. 18)在现代民族国家里,解决冲突的希望就植根于教育的希望之中。

D. 波斯特(D. Post) 著
姜 红 译

### 附录


Clark B 1983 *The Higher Education System: Academic Organization in Cross-national Perspective.* The University of California Press, Berkeley, California

Collins R 1975 *Conflict Sociology: Toward an Explanatory Science.* Academic Press, New York

Ho P T 1962 *The Ladder of Success in Imperial China.* Columbia University Press, New York

Kirp D 1991 Textbooks and tribalism in California. *Public Interest* 104:20—36

Lukes S 1974 *Power: A Radical View.* Macmillan, London

Meyer J W 1980 Levels of the Educational System and Schooling Effects. In: Bidwell C, Windham D (eds.) *The Analysis of Educational Productivity*, Vol. 2. Ballinger, Cambridge, Mass

McGinn N, Street S 1986 Descentralization educational: politica nacional o lucha de facciones? *La Education* 99:20—45

Ng L N 1984 *Interactions of East and West: Development of Public Education in Early Hong Kong.* Chinese University Press, Hong Kong

Paulston R G 1976 Ethnic revival and educational

conflict in Swedish Lapland. *Comp. Educ. Rev.* 20 (2): 179—192

Perrow C 1972 *Complex Organizations: A Critical Essay*, 2nd edn. Scott, Foresman and Co., London

Post D 1988 Political goals of Peruvian students: The foundations of legitimacy in education. *Sociol. Educ.* 61(3): 178—190

Post D 1992 Through Joshua Gap: Curricular control and the constructed community. *Teach. Coll. Rec.* 93 (4): 673—696

Rama G 1983 Education in Latin America. *CEPAL Review* 21:13—38

Sorokin P A 1927 *Social and Cultural Mobility*. Harper, New York

Tsurumi E P 1977 *Japanese Colonial Education in Taiwan, 1895—1945.* Harvard University Press, Cambridge, Massachusetts

Vasquez J Z 1975 *Nacionalismo y educacion en Mexico.* El Colegio de Mexico, Mexico City

Wirt F M, Christovich L 1989 Administrators' perceptions of policy influence: Conflict management styles and roles. *Educ. Admin. Q.* 25(1): 5—35

Zeigler H, Kehoe E, Reisman J 1984 *City Managers and School Superintendents: Response to Community Conflict.* Praeger, New York

**其他参考文献**

Street S 1983 Burocracia y educacion: hacia un analisis politica de la desconcentracion administrativa. *Estudios Sociologicos* 1(2): 239—262

## 决策理论(Decision-making Theory)

决策理论有多种含义,包括:它是对个体做决定过程的各种模式的描述;是指排除做出决定的障碍所用技巧的总汇;是关于熟练运用理论和技术做出决策的描述;也指集体做决定的复杂情况。虽然内容不同,但是在教育中该术语的这四种意思都很重要。比如说,学校的目标之一就是提高个体做决定的能力,为了达到这一点教育者们就需要用相关理论来建设一门课程。慢慢的,许多个体决定的问题就变成了大的政策问题。比如,在大部分国家,高等教育体制的结构和规模(或者是对高等教育的需求)依赖于现在和未来一段时间高中毕业生的决策模式。很多情况下,教育机构还是一个相对民主和合作的地方,这也就意味着集体决策——以及它们的错综关系——都会取代个人决策。

### 1. 说明性的个人决策理论

偏好和选项是两个非常重要的概念。下面以学生在开学报到时所遇到的问题为例来说明。我们假定一个名叫马里恩的学生有一门选修课,她所考虑的两门课程是"现代侦探小说"(下文称之为谋杀课)和"美国幽默文学"(下文称之为欢笑课),这两门课程是马里恩的选项。每一门课程都有一些特点,正是这些特点影响着人们的选择。比如说,大部分人都认为谋杀课是一门比较容易学的课程,而欢笑课是一门比较难学的课程;另一方面,谋杀课可能会在中午上,而欢笑课在早上 8 点上;谋杀课要求读很多书,但这些书阅读起来也比较有意思,而欢笑课可能要求读那些枯燥乏味的文学作品,研究幽默的起源和含义。无论如何,马里恩最后选择哪门课将依赖于那些最吸引她的特征(比如上课晚而且较难的课程)和这些特征对这两门课程的价值。这一套针对专门特征的合意的价值观就构成了马里恩的偏好。

如果马里恩凭直觉继续下去,她会考虑课程属性与她个人偏好间的匹配。在决策理论中,据说那些与个人偏好接近的东西对决策者来说更有效用。在做决定的过程中决策理论的主要贡献在于它系统阐述了选项属性与其效用之间的关系。如果缺乏决策的技巧,马里恩也会给每一个选项指派一定的效用并以此来选择,但是她并不清楚那些特征对她的效用等级。如果有时间和工具来系统分析的话,将会发现这些靠直觉分配和通过分析所做的选择很不一样。在马里恩的案例中,这个简单决定的主要障碍就是对两门课程的难度和时间选择上的权衡。后上的课程容易,难的课程先上。如果马里恩的效用功能对难度和时间赋予一样的权重,则选择哪门课对她就无关紧要了。如果马里恩偏好其中一门课程,其必然结果就是她的效用功能不可能同等看待这两个属性。当一个决策者考虑像马里恩这样假定的选择时,观测资料是权衡分析的基础。以他们的偏好为基础,画出一套“无差别曲线”,这个曲线表明了竞争属性间的结合。如果马里恩的这套曲线表明她对时间的兴趣胜过对难度的兴趣(因为她会接受大大降低难度来换取时间的稍微推后),因此她将会选谋杀课作为她的选修课。

另一个使人的直觉判断不可靠的复杂因素就是不确定性。举例来说,我们假定另一个学生(泰瑞)对一门能使他的平均成绩最大化的课程有所偏好,然后再假设马里恩和泰瑞在同质的学院学习,以至于他们的同学都是同等聪明和同等努力的。这样课程的等级就取决于一门特殊的“化学反应”,这样的反应在学生、指导者和课程几种因素间展开。为了达到这个讨论的目的,一个重要的观察结果就是泰瑞不能预见在谋杀课或欢笑课上他能取得的等级。这次选择对泰瑞来说是唯一一门非常重要的课程。为了解决这个问题,泰瑞查了两门课的等级记录,发现了惊人的一致性。谋杀课一半的学生都得到了A,30%的人得了B,20%的人得了C;而欢笑课上40%的学生得了A,其他的学生都得了B。泰瑞必须在不确定的成绩中做出选择。

根据决策理论,如果泰瑞想要重复前人做出同样的决策,他应该以平均成绩为基础来选择个别课程。只要泰瑞满足下列三个假设,这就有可能发生:

(a) 这个决定是一组比较长期的决定的一部分。

(b) 尽管不太可能,但最坏的结果也是可以承受的。

(c) 成绩应该非常容易测量出且很接近平均分数。

在这个案例中,这些假设看似合理(如果泰瑞在试读课程时不能接受C,则第二个假设可能会受到质疑)。因此泰瑞就必须计算这两门课他所希望的平均成绩,用标准公式算年级平均成绩(A=4,B=3,等等),这些平均分也叫“期望值”,对谋杀课来说平均分是(4)(0.5)+(3)(0.3)+(2)(0.2)=3.3,欢笑课的平均分是(4)(0.4)+(3)(0.6)=3.4。这使得欢笑课优于谋杀课。依据决策理论泰瑞应该选择欢笑课。

但是如果泰瑞不仅仅考虑平均成绩怎么办?比如我们假定,他真正关心的是A等级,而不是他的平均分,这种情况下,标准平均分的价值就不能满足泰瑞的效用功能(即描述泰瑞对不同特征的偏好的数学表达式)。一个符合追求A等级这种偏好的公式会给A等级加权,权重为10,其他所有的等级权重是0。这时候谋杀课会得5分,而欢笑课会得4分,这时候的建议将与第一次相反。如果折中一下,同等看重平均分和得A的可能性,那么就会有另一套规则。但有一点很明确,那就是:即使各偏好从表面上看相似,但不同的偏好还是导致不同的选择。决策理论的价值在于,它并不是从绝对意义上使像泰瑞和马里恩这样的决策更好,而是通过决策分析使决策者的偏好和可选物体的相对魅力即效用之间的关系更加清晰。

决策理论提出了一个与选择相似的办法,其结果的测量(而不是确定性的测量)是有疑问的。在这个案例中,第一步是排列可能的结果,接下来当一个可能的选择还不能成为极端选项(即不是最好的也不是最坏的)时,就要考虑一系列假设的选择。其他可能的选择是这样一种情况:决策者有可能得到最好的选项或者最坏的选项。用决策者试图对1个蛋卷冰激凌、1支新钢笔、额外的15分钟午餐休息、2美元这四方面分配效用的例子来说明。排序可能是先午餐休息,然后是钱、冰激凌,最后是钢笔。第一个假设的选择会把冰激凌作为一个选项,不太能肯定的午餐休息和钢笔二者择一作为另一个选项。我们假设,如果午餐休息的可能性较大,则第二个选项会更吸引人;如果午餐休息可能性较低,情况则会相反。现在的问题是对决策者来说这个选择困难的概率是多少,如果这个假设的选择(这里叫“无差别点”)对决策者很困难,当午餐休息的概率是20%时,决策理论就认为冰激凌的效用是午餐休息效用的20%。通常的做法是赋予最吸引人事物1.0或者100的权重,而最不吸引人的事物的权重是0。在这个案例中,冰激凌的效用是0.2或者20,重复这种假设分析,会得出钱的效用从0.2(或者20)到100(或1.0)不等。然后这些假设的效用可以被用作更复杂的分析,比如说那些包含几项不确定性的复杂分析。

在一个理想的合理世界中,决策者的行为都会像理想化的泰瑞和马里恩一样:他们对自己的偏好有一个清楚的认识,他们知道针对他们偏好的不同相关选项的特征,他们有分析包含各种偏好和特征的复杂情况的时间和技巧。而且一段时间内,他们的偏好和选项的特征不可能发生不可预知的变化。然而,现实世界却稍有不同:人们对自己的偏好只有一个大概的认识,对选项的认识也是有限的,缺乏放弃直觉判断而采取正规分析的能力和倾向,而且偏好和选项属性的变化是可预知的,也是随机的。个人的决策结果可能与理性决策理论所描述的情况有很大不同。然而,在个人决策的集合里,可能会有一个粗略适应偏好和属性的模式,如果有特定的技术手段,从数据集合中推断出个体对选项属性的偏好也是可能的。

**2. 描述性的个人决策理论**

为了查明学生的选择是否受课程的特殊属性所驱动,学校可能会请一个职业分析师来分析一个特殊群体对选修课的选择。如果学校已经收集了关于每一个学生和该生每一门可选的选修课的数据的话,那么分析师必须从这些数据中估计出不同课程属性和学生属性对选择的作用。接下来的一部分就要归纳出一个相关的普遍原则,但是这并没有提供一个让分析师遵循的具体程序。这里有两个复杂的因素:首先,分析师暗中想估计出适合所有学生的单一的效用函数,但是并非所有的学生都有同样的效用函数;第二,由于前述的某些原因,学生的选择与他们的效用函数所要求的东西是分离的。这些原因概括如下:信息不全面、分析不充分等等。因为从某种程度上说,学生常常受一时的兴致所驱动。当然,一个更普遍的问题是分析师并不知道学生效用函数的形式——是线性的、加性的、非连续的还是推理统计的,但还必须在统计工作中假设这种形式。鉴于这些复杂因素,简单地说分析不太可能是比较诱惑人的。但是就像前面一部分所说,这仅仅代表了对课程属性重要程度的判断,这些属性是管理者直觉到的,至少获悉这些直觉判断是可能的。

简言之,我们假定分析师们的数据包括学生的智能(考试成绩或许是平均成绩)和兴趣(按数学或自然科学、人文学科或者法律、商业进行分类)、每门课的难度(按某种比例)、主题(与学生感兴趣的种类相同)和分数分布(比如说平均分)。暂时忽略其他变量的可能性非常重要。根据上述内容,每一个学生都有效用函数,它将课程属性转化成一个叫作“效用”的抽象数量,我们假设目前对于学生i和课程j来说,这个效用的作用是:$U_{ij}=f_j$(难度j+主题j+等级j)。假定不同学生有不同的效用函数$f_j$,就像他们有不同的属性,比如不同的态度和兴趣。构成描述性理论基础最主要的简化假设就是选择者(即本案例中的学生)的特征差异对效用的影响比选项特征差异对一个特定学生的影响大。具体来说就是,如果两个学生考虑同一个选项i,那么他们分配给不同选项效用的不同就在于他们态度和兴趣的作用,这就意味着:$U_{ij}=f$(态度i+兴趣i+难度j+主题j+等级j),在这里f起到将学生和选项的特征转化成权重的一般作用。

假定存在关于选项和学生结合的数据以及存在每一种结合是否导致被选和落选的数据,那么分析师的问题就简化为一个经典的统计学问题:估计一系列预测变量与二分结果的关系。解决这个问题的方法很多,最出色的要算标准最小二乘判别式分析和条件性的分对数分析。选择哪种统计技术主要取决于每个学生所考虑的选项的多少和如何使用结果。不管哪种统计技术,其结果都是列出一个方程式,计算出某个特定学生选择一个特定选项的可能性,这个选项是作为学生特征和选项属性的函数。这大致与学生们做第一次决定所使用的效用函数相适应,也可以用来预测学生特征或选项属性发生变化所带来的影响。

在分析选择问题和其他二分结果的问题时会有两个棘手的问题。第一个包含在结果的阐述中,如果适当地测量变量,运用判别式就可以算出系数,可以将这个系数解释成一个自变量在一个变化单元中其唯一结果(比如选择与不选)的概率的变化。判别式分析中的误差分布与那种最小二乘法所要求的是不同的，最小二乘法是单独的、名义上是理想化的。在分析选择的案例中，这代表着两个关键性的统计术语——系数标准差和决断系数或称 $R^2$（这不太准确）。另一方面，条件分对数分析是基于不适合二分模式的更准确的假设、标准差的测量。它的决定也更准确。结果是像物理学中不确定原则的两难境地，即一个人可以知道结果是什么或者结果是怎么造成的，但不能同时知道二者。

### 3. 应用

用这种假设的选择来介绍说明性决策理论，一部分原因是因为缺乏对这种技术在教育上应用的记载。事实上，虽然关于这类技术的非教育的（主要是商业）文献很重要，但是在教育以外记录其应用情况的文字同样也很少。其中一个大的例外就是保险业，它通常运用决策分析技巧来分析保险金设置和承担风险的不确定性（在"保险统计计算科学"这个题目下的不确定性）。

要找到教育和其他领域中的描述性决策理论的例子还是很容易的。一个长期研究的例子是美国学生对高中毕业后是否进入大学的决定。对这个抉择的早期研究是建立在这样一个基础上的，即综合统计（像平均学费和入学率）近似等于效用函数。这个决定是比较明智的，但用来分析相关政策（诸如联邦财政资助政策和州内学院扩招政策等）还不够精确。最近的一些研究依赖上文提到的那些个人水平上的数据，这些数据和统计技术从一个研究到另一个研究是变化的，但一般的描述是相当稳定的：家庭背景因素对学生高中后的决定影响最大，接下来是学术因素，然后是像地理位置、学费和财政资助这样的与大学有关的因素。这种一致性在其他关于教育政策的研究中也很明显，这就说明虽然个体的效用函数在事实上不同，但是对描述性决策研究中出现的有意义的结果来说，它们还是很相似的。

这里简单介绍了两个主要的、有代表性的决策理论，关于个人做决定和对个人决定的描述。另外两个主要的、有代表性的决策理论与此相对应，只不过它们描述集体决策而非个人决策，其中复杂的地方就在于集体的效用函数（即集体对于不同属性的偏好）不是集体成员偏好的一个简单的平均数，"平均"的效用函数通常不会选择集体大部分成员将要选择的选项，因此这就是无用的。要想获得集体的效用函数就需要集体成员要么讨论和协商偏好，要么放弃个人权利。这二者任何一个都不容易办到，因此集体决策理论从本质上说是一个组织理论——是组织行为，描述性的；是组织发展，说明性的。

C. A. 雅克松（C. A. Jackson） 著

姜 红 译

**附录**


Baird B F 1978 *Introduction to Decision Analysis.* Duxbury, Belmont, California

Brown R V, Kahr A S, Peterson C 1974 *Decision Analysis for the Manager.* Holt, Rinehart and Winston, New York

Cox D R 1970 *Analysis of Binary Data.* Chapman and Hall, London

Hanushek E A, Jackson J E 1977 *Statistical Methods for Social Scientists.* Academic Press, New York

Harrison E F 1981 *The Managerial Decision-Making Process*, 2nd edn. Houghton Mifflin, Boston, Massachusetts

Jackson G A 1980 The case of the dependent dichotomy. *Proceedings to the American Statistical Association, Social Statistics Section 1980* American Statistical Association, (ASA), Washington, DC

Jackson G A 1981 Linear analysis of logistic choices, and vice versa. In: Alvey W, Kliss B 1982. *Proceedings to the American Statistical Association, Social Statistics Section 1981.* American Statistical Association (ASA), Washington, DC

Lave C A, March J G 1975 *An Introduction to Models in the Social Sciences.* Harper and Row, New York

Luce R 1959 *Individual Choice Behavior: A Theoretical Analysis.* Wiley, New York

McFadden D 1974 Conditional logit analysis of qualitative choice behavior. In: Zarembka P (ed.) 1974

*Frontiers of Econometrics*. Academic Press, New York
Manski C F 1977 The structure of random utility models. *Theory and Decision* 8:229—254
Press S J, Wilson S 1978 Choosing between logistic regression and discriminant analysis. *J. Am. Statis. Assoc.* 73:699—705
Raiffa H 1968 *Decision Analysis: Introductory Lectures on Making Choices under Uncertainty*. Addison-Wesley, Reading, Massachusetts
Stokey E, Zeckhauser R 1978 *A Primer for Policy Analysis*. Norton, New York
Theil H 1970 On the estimation of relationships involving qualitative variables. *Am. J. Sociol.* 76:103—154

## 学校中雇员的动机和激励(Employee Motivation and Incentives in Schools)

有关动机和激励的概念长期以来一直是教育管理探索的焦点。刺激的概念曾引导这种探索,它强调学校组织的雇员所得到的奖酬是他们作为组织成员并提供劳动成果的交易。新兴的组织经济学领域提供了不同的激励观点,它强调学校组织与雇员之间完成交换或交易的成本。本词条讨论两种概念化激励类型——“激励类型Ⅰ”和“激励类型Ⅱ”——及其对理解学校组织激励的意义。

### 1. 动机与激励类型Ⅰ

在努力鉴别影响雇员表现因素的过程中,教育管理的研究者汇编了大量关于动机的文献。绝大多数研究都调查了教师的工作动机并且强调了激励的概念。豪依和迈斯克尔(Hoy and Miskel 1991 P. 168)把工作动机定义为:“复杂的力量,包括动力、需要、紧张状态或者别的启动并维持与工作有关的行为的机制,从而通向个人的成就目标。”这一定义把个人目标确定为动机的基础。换句话讲,学校的雇员被设想为受到激发以表现换取一定的激励,而这种激励与个人目标相一致或能帮助达到个人目标。因此,激励就是发生在学校管理者和其雇员之间交易的货币。这类直接的激励被认为是“激励类型Ⅰ”。

大多数关于教师动机的研究由强调激励类型Ⅰ的理论所支配(Hoy and Miskel 1991)。这类研究被四种理论所支配:需要层次理论、双因素理论、期望理论和目标理论。第一种理论拓展了激励的概念;第二种理论对激励进行了区别,即导致最小表现层次的激励和产生最高表现层次的激励之间的区别;第三和第四种理论描述了人类在选择如何行动时斟酌激励情况的过程。

#### 1.1 需要层次理论

马斯洛(Maslow 1970)的需要层次理论提出人们受驱动去实现基本的需要。他区分了人类五种普遍的需要,它们以不断攀升的顺序有层次地被安排在一起:生理的、安全的、社会的、尊重的和自我实现。波特(Porter 1991)将马斯洛原来提出的序列加以修改,在尊重和自我实现之间加入独立自主的需要。需要层次表明需要是有先天优势的,即人类首先寻找低层次的安全的需要,当低层次的需要满足之后才顺利地转向高层次的需要。

需要层次理论非常适合于工作动机的研究。如果人类受驱动去满足基本的需要,他们会被激发起来去采取适合那些需要的行动。因而,组织就可以把雇员的工作与适合雇员需要的动机相联系来提高成绩。这是动机类型Ⅰ的一个清楚的例子。焦点在于把雇员的工作与其需要的满足进行交换。需要层次理论的贡献之一在于它超越了早期工作动机理论主要关注于金钱对员工劳动的补偿,拓宽了激励内容的范围。

尽管许多教育行政管理学者和从业者在继续接受马斯洛的理论,但是研究几乎没有提供什么支持。五种类型也没有被经验所验证,需要超越其他驱力的优势也没有被清晰确立。然而,特拉斯特和塞尔吉瓦尼(Trusty and Sergiovanni 1966)的确发现专业的教育工作者在尊重、自治和自我实现需要方面最缺乏满足,这一发现基本上被后来的研究所证实。

#### 1.2 双因素理论

赫兹伯格等人(Herzberg et al. 1959)提出了工

作动机的双因素理论。他们论证了雇员的满意与不满意由两个明显的固定的因素所导致:激励因素和保健因素。前者包括绩效感、赏识、工作本身、责任和职业的发展。后者包括工作环境、技术监督、与同事和上级的关系以及报酬。根据双因素理论,前者的存在将对提高雇员行为能力起作用,后者将只导致满足最低标准的行为。

双因素理论聚焦于激励类型Ⅰ。激励因素,甚至保健因素都是作为雇员工作交换条件的货币的不同表现形式。像需要层次理论一样,双因素理论除了纯金钱的形式之外,鉴别了一系列刺激因素。然而,它走得更远,区别了激励因素,其存在可以激发雇员达到一种提高的表现水平;也区别了保健因素,其存在只可以导致满足最低标准的行为的产生。

双因素理论已经受到了教育行政管理学者的大量关注。塞尔吉瓦尼(1967)的教师研究和施密特(Schmidt 1976)的行政管理者的研究重复了赫兹伯格的初始研究。然而,尖锐的批评也对准了双因素理论。最有力的批评是发现只有当应用初始研究的程序时,初始研究的结果才会被重现——一种评断偶发事件的方法。塞尔吉瓦尼和施密特的研究都使用了评断偶发事件的方法。使用别的方法的研究就不会产生独立的固定的双因素。

### 1.3 期望理论

期望理论,最先由弗洛姆(Vroom 1964)提出,试图去解释做出决定进而行动的过程。该理论使用了三个主要的概念:期望、手段和效价。期望是指行为者对付出一定的努力会产生的特定水平绩效可能性的知觉。手段是指对当达到特定水平的绩效时可能受到奖励的知觉。效价则指对激励价值的主观感受。于是,动机就成了这三种因素的产物(或结果)。动机随着三种因素共同增高而达到最高,并且随着它们价值的下落而跌入低谷。

期望理论与以往任何一种工作动机理论相比都更清晰地具体表现了激励类型Ⅰ的理论。该理论假设人类有意识决定如何去行动,是基于其对价值的感知和激励可能性的把握。因此,激励明确地被看作是雇员与组织之间交易的货币(或等价物)。

研究还普遍发现,来自期望、手段和效价等因素水平的动机的力量肯定地和工作满意度及对工作的独立评估有联系。然而,这种关系的重要性也是有限度的。例如,迈斯克尔等人(1980)发现在中等学校和高等教育环境中教师的动机的力量肯定与其工作的满意度及感知到的绩效有联系。相似的是,迈斯克尔等人(1983)的另一项研究也表明,教师的期望动机肯定与学生的成绩并且与学生及教师的态度有关。

### 1.4 目标理论

目标理论最先由洛克(Locke 1968)及其合作者(Locke et al. 1970)所提出。该理论的基本假定是,大多数的人类行为是针对目标成就的,该目标也是人类有意识努力实现的。根据目标理论,人类在确立目标时,以对工作环境条件的了解为根据,包括可能存在的激励情况。基于他们自己的价值,每个人选择有希望满足自己需要的行为。他们预见由于自己选择的行为而造成的工作环境中的新情况,评价这些情况发生的概率和带来满意的水平,在这之后个体采取行动。

像期望理论一样,目标理论是激励类型Ⅰ的具体表现。在确定目标时个体所考虑的工作环境中情况之一是激励的存在。个体可能会选择与特定的激励有关联的目标,该目标基于对特定的激励满足自己需要的程度的评价。因此,激励又一次被认为是以特定的方式所收到的作为行为交换的货币。

目标理论没有受到教育行政管理研究者的重视。非学校环境中的研究提出的发现支持了目标理论。目标理论曾被早期的实验室实验所支持。后来,实验及现场研究倾向于支持三种从目标理论中推论出的假设:特定的目标比笼统的目标或没有目标会产生更好的绩效;若一个目标被接受,比它更困难的目标将产生更高水平的绩效;如果个体参与规划目标的话,那么他们会更乐于支持目标。

## 2. 组织经济学(OE):激励类型Ⅰ和Ⅱ

组织经济学是吸收组织理论和经济理论的成果而形成的解释组织行为的一种分析框架(Barney and Ouchi 1986)。组织经济学从组织理论中借用了“有限理性”的概念。这一概念坦率地认为人类在解决比较利益问题时存在着理性的限度：没有充足的信息，买主不能按照完美的理性去行动，而卖主则可进一步从这一情境中获利（行为投机）。利用经济学的观点，组织经济学框架承认成本作为约束条件对理性选择的影响。组织经济学关注任何交换或交易的各种有关成本，说明谁负担这些交易成本具有重要的意义，它能帮助人们理解一种简单的激励是如何影响行为的。正如本词条开始时所陈述的那样，激励类型Ⅱ指与管理激励类型Ⅰ有关联的成本问题。激励类型Ⅱ这里被描述为成本问题，但是成本象征着提高效力的机会。为使这些观点更清楚，将先讨论组织经济学的基本概念，然后讨论组织经济学对激励分析的应用。

### 2.1 组织经济学：一种分析框架

赫斯特尔里等人（Hesterly et al. 1990）宣称组织经济学既不是一种理论也不是经济学的分支。他们认为，更正确地说，“组织经济学是一种分析范式，一种指明组织形式与功能中的主要决定因素的框架”（P. 403）。组织经济学的主张作为分析框架将使用在本词条中。然而，不管人们如何去描述组织经济学，它基本上是将一些观念准确地运用到了对一定组织环境中的人类行为的分析。我们对赫斯特尔里等人（1990）所提出的基本的概念或原理讨论如下。

这些原理中的第一个是由科斯（Coase 1986）在其著作《公司的性质》中提出来的，该书最早出版于1937年。在其著作中，科斯主张组织与市场仅仅是治理和支持交易的替换形式。组织经济学的分析框架把组织看作是在利己主义指导下和信息获取不充分情况下，管理交易问题的解决方案（Hesterly et al. 1990）。的确，正好是卖主与买主之间获得信息的不对称性，以及随之发生的潜在的卖主夺取市场利益的投机行为，导致公司组织的出现（Coase 1986，Williamson 1975）。

换句话讲，当个体被允许不按规范相机行动时，控制与监控市场变化的成本也在增加。这些成本叫作交易成本。交易成本可以通过使交易在公司组织中一体化的方式加以减少。这就叫垂直一体化的市场（公司出现），它的出现是由于能够使卖主与买主双方减少控制和监管交换与交易成本，否则的话，各个方面将不得不完全承担这些成本。

第二个原理，正像赫斯特尔里等人所提出的那样，与任何特定交易相关的成本将决定必须支持这种安排的组织结构。古典微观经济学把买主与卖主之间的交易设想为没有成本的，相反，组织经济学模式清楚地承认交易成本由下列因素导致，比如，只举几个例子：交易伙伴数量的变化、资产交易的特征、交易结果的不确定程度（Hesterly et al. 1990）。根据组织经济学框架，努力减少这些交易的成本将强烈地影响管理机制的结构。

第三个原理预言在治理方式之间（市场或公司形式）二中择一的选择将依赖于对其边际成本与边际收益的比较。在许多方面，组织经济学的观点与微观经济学的功能主义相似：选择被假设为理性的和自利的。它们之间主要不同点在于组织经济学不认为存在完全的竞争市场，在这种市场里生产和服务是均匀的并且信息是完全的。在信息不完全的地方，进一步说，信息获得起来很昂贵的地方，个体才会去寻找可替代的管理形式努力减少成本并提高运行的效率。这种驱动组织结构的效率观点并不意味着“只有一种最好的管理系统出现”（Hesterly et al. 1990 P. 40）。的确，鉴于交易的特征如此多样，对效率的比较将产生广泛的多种多样的组织解决方案。组织经济学提供了用于理解策略和结构的框架并使得个体凭借它们去追求交易的效率。

这一综述简要地勾勒出了组织经济学的导向分析框架的基本理念。在下一小节这些理念将应用于对激励的分析。还没有文献很清楚地把组织经济学框架应用于对激励的分析。下面的分析将使人们关注交易成本对组织激励的效力的影响。

### 2.2 组织经济学、动机和激励

目标不仅是人类行为动机理论的基本要素，也是组织经济学分析框架的要素。个体的偏好构成了动机理论视角下的目标的基础，偏好不同，目标也不一样。因此，动机理论主要通过分析个体趣味或偏好的不同来解释行为上的差异。

一群个体的偏好可以显著地不同于另一群个体的偏好的见解受到了新古典主义经济学家的挑战。这些理论家认为，当目标以广泛的基本的方式规定好之后，就适用于所有的人（Monk 1990）。在这一理论观点看来，目标和动机被认为对所有的人都是相似的。例如，可以合情合理地设想所有的个体都想从可能获得的资源和机会中获取最多。因此，个体参加特定交易活动的意愿的差异不是通过个体的目标和偏好来解释，而是通过与交易机会有关的参与成本来说明。

一般来讲，微观经济学和组织经济学都认为激励是影响成本及对选择目标进行限制的一种方法。阿尔奇安和德姆塞兹（Alchian and Demsetz 1986）注意到经济学中的两种假设，一种认为报酬或激励促进生产力，另一种认为市场根据生产力分配回报。这样一种激励与交易的观点认为没有成本交易也会出现，“好像生产力自动创造了其回报”（Alchian and Demetz 1986 P. 131）。然而，正像这些作者提出的那样，一个组织内激励的机制并非如此简单。

组织经济学所提出的有限理性和投机行为强调了协商、签订合同和监控交易等问题。这些问题引出了与交易有关的成本问题，并对理解激励的性质有重要的启示作用。的确，任何激励都会导致很大的交易成本。例如，公司的管理者或所有者必须设计并实施激励计划，每一个这样的行动都需要时间及其他资源保证计划完成。而且，关于激励计划的信息必须宣传出去，并且关于谁将使用这些激励以及他们会怎样得到报酬等问题的合同必须完成。另外，激励的使用必须被监控以保证公平有效。上述每一个方面都指出了交易成本的一种类型。从对组织经济学观点的分析来看，对这些成本的全面说明对于理解激励类型Ⅰ的影响力来说是基本的。

零售团体非常普遍地表现出对这些激励的存在和影响的敏感性。例如，仔细考虑一下在当地一家报纸上已经打出广告的销售活动。由零售商提供的出售价格意在作为一种提供给买主的激励使其参加交易。但是，一旦零售商付钱做了广告，在这种交易没有完成之前仍然有很多交易在谈判。首先，买主必须查找商场地点和停放车辆。零售商花费大量的资金用于建设明显的标志物和停车空间。这些成本被认为是零售商为完成一项交易而减少买主寻找商店及停车的麻烦和挫折。零售商也企图在其他方面减少与买主的交易成本。例如，保持整齐和有吸引力地陈列商品，虽然花费大，但减少了买主找到这一商品的困难。数量充足的雇员减少了顾客排队付款的麻烦。接受多种付款的选择形式（信用卡、支票、分期付款），使一些人在交易时付款容易了许多。所有这些努力使得交易中的交换减少了消费者面对的复杂性和成本，都属于激励类型Ⅱ的例子，它们不是用作特别交易的激励（如购买），而是一般意义上减少交易中相关费用的激励。

激励类型Ⅰ的成功依赖于众多因素，其中许多是零售商所无法控制的。虽然如此，零售商仍热心于提供一系列激励来确保自己获得超过竞争对手的利益。零售商迅速承担激励类型Ⅱ所需要支付的成本，从而减少消费者交易选择当中的整个成本。换句话讲，个体参与一项交易的失败是不必用个体的动机来解释的。在组织当中个别交易的成功也不必要依赖于共同的目的与价值。相反，是否参与交易活动的决定依赖于与利益和个人决策者可获得的选择相关的监控与签约的交易成本。

激励类型Ⅱ在零售世界是比较容易见到的，并且对激励类型Ⅰ的影响意义重大。在下面的组织经济学的分析框架中，将用来研究激励在学校的特性及对学校的影响。

### 2.3 组织经济学：激励和学校

根据阿尔奇安和德姆塞兹（1986）的观点，一种有效的激励需要与每一个体的生产力进行强有力的和肯定的联系。这需要对一定组织内的生产技术是如何操作的问题有一个清醒的意识。教学不是一般意义上所描述的能够容易清晰界定的生产技术（Barr and Dreeben 1983）。教师可能对一些学生是有生产能力的（使学生的学习能力提高）而对其他学生则没有；在一些学科中有，而在其他学科中没有；在一些环境中有，而在其他环境中没有（Summers and Wolfe 1977）。换句话讲，很难对学校内教师对学习产品的贡献做出评估。在那里回报与生产力之间的关联性较弱（一种激励类型Ⅰ的情况），并且收集教师绩效的成本较高（一种类型Ⅱ的激励或成本），阿尔奇安和德姆塞兹认为生产力的水平实际上在降低。

为了阐述这些观点，可以考虑许多在个体团队教学中协调工作的例子（甚至更一般的，可以考虑使得个体教师作为学校组织成员充分贡献的问题）。

假设每个教师和别人一样，都在关心工作的效率，那么就有一种激励出现在教学团队的生产中，因为教学团队的产量要比个体能够单独输出的总量要大（Alchian and Demsetz 1986，Jones 1983）。这意味着在一定程度的努力下，学生学习的水平在团队教学的环境下比个别教师单独教学的环境下要高。与团队生产有关联的利益可以被看成是激励类型Ⅰ。

然而，有这样一些情况会降低集体行为中已获得的利益，这些情况与成本及被称作激励类型Ⅱ的激励联盟有关。例如，当难于评估每一个体对团队工作的贡献（当个体从事复杂和互相关联的活动时），并且对该贡献的边际生产力评估费用较大时，就会有一种动力因素使个体消极偷懒或只以部分而不是全部能力进行工作。在个体努力松懈的地方，安逸取代了高水平生产力，但他们仍然能不劳而获地享受到团队生产中的利益。如果检测消极偷懒是没有成本的，那么没有一个团队成员愿意要这一行为的激励，因为别的成员可能依靠扣除偷懒者的利益或以罚款的方式对后者惩罚。但是由于监视每一个团队成员的贡献成本很高（那些在委员会从事计划工作的人会认可这一点），那么就有一种激励使得个体在稍微高出检测的水平上减少自己的输入（时间、精力和专业技能）。检测的困难在于偷懒或逃避的真正成本产生于整个团队而不是个体，因此就创造出一种激励使得个体用安逸代替生产性的努力。

这一讨论强调了这样的预言，即缺乏对激励的测量（生产力与回报之间很少一致）可能实际上在导致生产力的减少：这是来自激励类型Ⅰ的忧虑。对这种现象的解释以三种与激励类型Ⅱ有联系的因素为基础。首先，存在着成本，该成本与监视每一个体对团队工作的贡献有关。第二，教学技术的含糊性，因此观察教学生产力指标非常困难，使得评价每一个体对团队所做的贡献成本很高。第三，个体能够剥削团队的利益，他们依靠只做到刚够好的方法来避免被觉察到，从而避免了由于这些监视而付出的个人成本（这种机会行为被称作消极偷懒）。

这些问题——信息不对称、交易成本和机会主义是组织经济学分析方法组成的基本元素。这一方法与传统的组织理论者所用的方法有很大的不同，在这里组织行为是作为一个整体研究的对象。巴尼和乌奇（Barney and Ouchi 1986）注意到对组织的研究，甚至于一项简单的交换，都趋向于集合着大量的交易。这种集中隐藏了与任何既定交易有关的真正成本。充分地估价与参加交易相关的成本，尤其与个体的资产或替换范围有联系的成本，提供了理解在组织中个体行为的框架。这么一种框架有助于解释为什么激励因素在一种环境当中而不是在另外一种环境中有影响，因为任何个别交易的相关费用和利益都依赖于个体的小环境。

### 3. 结论

组织经济学分析框架的应用表明，解决如何促使个体有效工作的问题需要对激励类型Ⅰ（工作的回报）和激励类型Ⅱ（交易的成本）给予注意。在零售领域公司的所有者和管理者长期以来对这些区别很敏感，他们关心获取市场利益，已经很认真地建立了激励类型Ⅱ，从而确保激励类型Ⅰ的效力。

但是正像阿尔奇安和德姆塞兹注意到的那样，关于团队生产，有效的激励必须强有力地和积极地与个人的生产力相联系。如果一个人承认教学技术不能够对个体的边际生产力进行评估，那么他就会料想组织避免对个体的激励，因为评估和管理这类激励成本巨大。识别特别激励的交易成本是如何影响一个公司的，能帮助解释为什么学区依赖严格的步骤制定的工资表，尽管有许多人论证了业绩工资。阿尔奇安和德姆塞兹（1986）提出包括一个组织内各种当事人在内的多边合同不会促进团体生产有效性。相应的，他们提出关心团队生产性和效率的组织将不得不发展一种合同安排，在这里团队生产力剩余的利益会交付给一个有相当权力的经理，他会用来组织公司职工的各种积极投入去提高生产力。这样一种编排是对今天许多国家教师工会以及其他管理学校合同制度的最基本的挑战。

R. 奥加瓦(R. Ogawa)
P. 加尔文(P. Galvin) 著
杨骥辉 译

**附录**


Alchian A, Demsetz H 1986 Production, information costs, and economic organization. In: Barney J, Ouchi W G (eds.) 1986

Barney J, Ouchi W G (eds.) 1986 *Organizational Economics*. Jossey-Bass, San Francisco, California

Barr R, Dreeben R 1983 *How Schools Work*. University of Chicago Press, Chicago, Illinois

Coase R H 1986 The nature of the firm. In: Barney J, Ouchi W G (eds.) 1986

Herzberg F, Mausner B, Snyderman B 1959 *The Motivation to Work*. Wiley, New York

Hesterly W S, Liebeskind J, Zenger T R 1990 Organizational economics: An impending revolution in organization theory? *Academy of Management Review* 15 (3):402—420

Hoy W K, Miskel C G 1991 *Educational Administration: Theory, Research and Practice*, 4th edn. McGraw-Hill, New York

Jones G R 1983 Transaction costs. property rights, and organizational culture: An exchange perspective. *Adm. Sci. Q.* 28(3):454—467

Locke E A 1968 Toward a theory of task motivation and incentives. *Organizational Behavior and Human Performance* 3(2):157—189

Locke E A, Cartledge N, Knerr C S 1970 Studies of the relationship between satisfaction, goal-setting, and performance. *Organizational Behavior and Human performance* 5(2):135—139

Maslow A H 1970 *Motivation and Personality*. 2nd edn. Harper and Row, New York

Miskel C G, DeFrain J, Wilcox K 1980 A test of expectancy work motivation theory in educational organizations. *Educational Administration Quarterly* 16(1): 70—92

Miskel C G, McDonald D, Bloom S 1983 Structural expectancy linkages within schools and organizational effectiveness. *Educational Administration Quarterly* 19 (1):49—82

Monk D H 1990 *Educational Finance: An Economic Approach*. McGraw-Hill. New York

Porter L W 1961 A study of perceived need satisfactions in bottom and middle management jobs. *J. Appl. Psychol.* 45:1—10

Schmidt G L 1976 Job satisfaction among secondary school administrators. *Educational Administration Quarterly* 12(2): 68—86

Sergiovanni T 1967 Factors which affect satisfaction and dissatisfaction of teachers. *J. Educ. Adm.* 5 (1): 66—82

Summers A A, Wolfe B L 1977 Do schools make a difference? *Am. Econ. Rev.* 67(4): 639—652

Trusty F M, Sergiovanni T J 1966 Perceived need deficiencies of teachers and administrators: A proposal for restructuring teacher roles. *Educational Administration Quarterly* 2(2): 168—180

Vroom V H 1964 *Work and Motivation*. Wiley, New York

Williamson O 1975 *Markets and Hierarchies: Analysis and Antitrust Implications: A Study in the Economics of Internal Organization*. Free Press, New York


## 组织理论的演化及其在当代的发展(Evolution and Contemporary Developments of Organization Theory)

指出组织的例子要比给组织下定义容易。文献中存在大量定义,但是很少有不存在争议的。幸运的是,本词条讨论的组织较容易确定,包括中小学校、学院与大学。它们可归入被称作是“现场组织”的那一类组织,这是一种包括医院、监狱和工厂在内的分类。另一种分类可称作“细分型组织”,在教育领域中包括教师工会、课程协会、考试以及鉴定机构在内。一些作者也会把诸如学区和当地教育权威的“组织”分类形式包括进来。我们的词条只集中讨论现场组织。第一部分将考虑组织及相关的概念。接下来将对组织的演变作一简要的描述。第三部分将略述用来理解组织系统的两个范式。最后一部分,回顾当前组织理论应用到学校、学院和大学的趋势及问题。为了方便起见,“学校”一词将始终被用来指代所有教育组织的形式,除非理论或研究特指学院和大学。

### 1. 组织的概念

“组织”作为术语,广泛认为是指一种社会单位,它不同于民族—国家、共同体、部落、家庭或同辈群体。帕森斯(Parsons 1960)把组织定义为社会单位是因为它们对特定目标的追求,这使它们区别于社会、部落和家庭等等,后者追求多种多样的目标。帕森斯被广泛引证的定义是有用的但是引来了许多争论,因为其组织目标的概念远未被普遍地接受。而且,虽然学校的建立是为了追求教育的目标的说法几乎没有争论,但是一旦人们超越这一断言去考虑教育本身,教育立即就在概念和经验层面上被证实为一种多样的和分散的活动,并且价值问题很快就进入辩论之中。价值也包含在社会单位如何维持自己的观点中。组织很明显的特点是它们有特殊的正式机构用于保证个体成员的活动与整个组织的利益相一致,为此应用了一种叫作“管理”或“行政”的程序。人们对组织概念有所保留是因为看到过于强调“协调”而不是“整合”,前者是自上而下的(组织管理严密的)控制,后者更多是成员自我管理而自发形成的。

许多把学校作为社会单位的作者避免提到学校是组织而更喜欢把它们当作机构。一般来讲,“机构”在社会学上是指在一个社会团体中模式化的、相对持久的完成任务的手段。一个民族—国家主要的机构是经济、政治、教育和宗教方面的。在这些主要的形式当中有辅助的机构,如中等教育。中等教育是通过中等学校来完成的,在这一意义上可以把中等学校概念化为机构。而且,在每一个学校内会存在着这样的常设机构,如课程和学生分组的模式,但是每一学校也会有其与众不同的机构,有其做事情特殊的途径。

当然,许多学校机构是正式的管理意义上的,而一些作者使用“机构”时只不过当作组织的同义词。另外一些人当提到不同于一般意义的特别学校时才使用该术语。然而,一些人有意使用它来强调学校自然的有生机的一面而不是它的正式结构。塞尔兹尼克(Selznick 1957)做了如下的区分:“术语‘组织’指某种不加修饰的、连续地按照规则合作活动的系统。它指一种可消耗的工具,被设计好的从事工作的一种理性的工具。在另一方面,术语‘机构’几乎更像社会压力与需求下的一种自然的产品——一种对环境做出反应的适应性的有机体。”他指出,这不是描述而是对同一现象的两种分析模式的区分。

“系统”的概念在组织的文献中有多种用法。其多数中性的用法是组织的替代词。第二,更特殊的用法,感觉上的“社会系统”是指人与人之间关系的模式——通常指一个组织中非正式的关系。在这一意义上,“系统”指参与者的一种创造,它可能会在正式的结构中相对独立,并且构成一个单独的社会领域(Gordon 1957)。第三种用法意味着与众不同的理论的观点,即组织作为系统,它的使命是配置好各种不断相互作用的成分,这些配置保证了整体的一致性与同一性。系统这个术语应用到组织方面有着相当广泛的范围,从比较严密的控制论到比较松散的相互作用的结构(Scott 1987)。

### 2. 组织理论的演化

本部分由组织理论的简要介绍和在学校应用当中所采取的主要形式两部分组成。它以图中简表为基础:

图 1 不是想表达一种比例,它简要说明了组织理论大量地来自社会科学理论和管理理论及其重叠部分。不用讲,其边界也不是严格的,并且也远不是直接地决定做什么或不做什么去组建“组织理论”。图中的字母表明以下要讨论的方面。

组织理论的两个最大的来源是韦伯(Weber 1947)的官僚制度模式和科学或“古典”的管理理论,对于后者,泰勒(Taylor 1911)是最有名的主导者之一。韦伯的贡献来自广泛的社会学观点。他

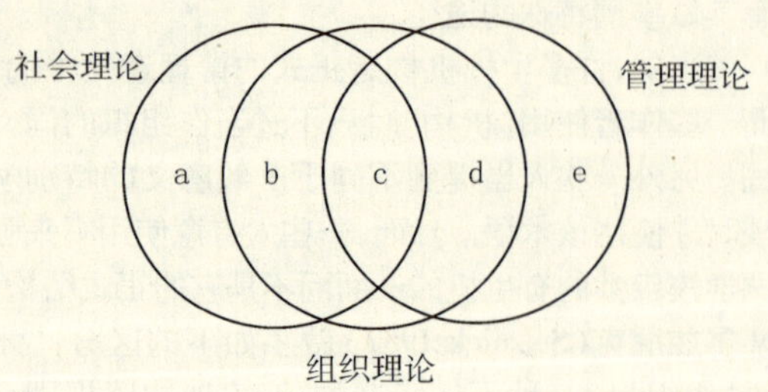


**图1　管理理论的方法途径**

把官僚制度的出现看作对大型组织协调复杂活动需要的理性反应，而大型组织是随着工业化和现代化发展而出现的。科学管理理论来自实践者为建立整套能提高组织效能的原则而做出的努力。这样，两个原始的组织理论的来源就独立地出现，并且引起一些在某种程度上保持独立的传统。

韦伯创立类型学合并了官僚制度的基本特点。在这些标准中有：法定的权力、等级、分工、变成法典的规则和程序、以非人格化为精神的应用规则和价值上的约定。许多实践来自韦伯的模式，尽管其成分之间的关系曾经是争论的问题。该模式广泛地在北美使用，并且在使用该模式过程中所进行的研究（Anderson 1968）发现，根据官僚制度化的程度（或在大多数研究中是对官僚制度化程度的感觉），这些模式是有可能在不同学校间进行区分的，并且官僚制度往往正面地或负面地与多种因素包括学校的服务区域以及创新有关。一些研究表明，对学校来说，官僚的概念不是单一的。庞奇（Punch 1969）确定了两种因素：一种是主要的官僚因素，包括等级、规则等等；另一种是次要的专业因素，其中技术能力和专业化是主要变量。这一发现与其他研究的结论是一致的，对此将在下面讨论，同时它也暗示着学校远不能成为“理想类型的”官僚机构。

传统的管理理论在北美地区得以大量发展，虽然在这个领域也有重要的欧洲研究者。它是在20世纪的前半叶被许多美国的行政管理者抱着对教育的热情加以应用（Callahan 1962）。

官僚制度与科学管理的方法优先考虑的是结构和程序而不是人。很大程度是梅奥（Mayo 1933）及其同事罗斯利特伯格和迪金森（Roethlisberger and Dickson 1939）的工作作为霍桑研究的结果，“使人回归”，展示了工人们的社会需要的重要性和工人们试图通过非正式组织实现其需要。这种创始性的人际关系传统放在图1中的c位置。这一强大的传统保留在工业、公共和教育部门当中，特别是利用了动机、团体动力、领导和组织风气等理论，最后融合成组织心理学的一个独特领域。与“官僚制度”不同的是没有“理想类型的”人际关系。然而，一些更加普遍的成分是：需要、灵活和不确定的角色、协作、表现，以及平衡任务完成及个人需要之间关系的领导。但是，应该指出的是这些理论是保留在管理的传统中，在这里人际关系的方法不仅注意到了实现个人的需要也注意了达到组织的效能。一些批评家认为这种人际关系是操纵性的。实现个人需要和集体需要的不同方法出现在20世纪60年代，它强调权利、平等、可谈判性的角色、共同掌权和选举领导者。

在对管理方面的人际关系理论做出贡献的理论家和研究者当中有麦克雷戈（McGregor 1960）、贝尼斯（Bennis 1966）和阿吉里斯（Argyris 1964），他们很少把组织概念化成一套永恒的结构，而是看作个人与团体的相互作用，他们必须集体创立合作事业，在环境约束下，制定自己的目标并想法实现它，最大限度地找出自我实现的机会。

本词条主要关注图1中“组织”圈中的成分，在这里社会理论和管理理论交叠在一起组成了组织理论。这些不同观点能够连接是因为组织是共同的分析的单位。管理理论的一些要素并没有把组织看作分析单位而是集中于其中的各种程序，例如财政控制、职员的发展、评估、工资谈判、授权。这些将包含在图1中的e中。在“组织”圈中会坐落有多种更组织化更管理化的理论，它们之间非常广泛的差别可以用三个标准划分：意图、范围和起源。

组织理论的意图是理解，管理理论的意图是行动。组织理论家在涉及尚在研究中的现象时采取一种不偏不倚的姿态，管理理论家则承诺改善现状。然而，这种差别并非绝对的。社会科学中的价值中立是一种妄想,组织理论家经常用一种含蓄的或清晰的模式说明组织是应该如何运行的。另一方面,如果管理理论家提倡变革政策而又不首先去寻求理解组织的话,那是非常奇怪的。

组织理论的范围包含一整套广泛的不同于管理领域的变量。对组织理论家来讲,在以下广泛的假设下工作是完全站得住脚的:对学校最深入的理解不是在于管理对它的核心功能即教与学活动的影响,而是在那些活动自身的性质方面,这些活动也许只是非常松散地与管理的过程相联系。然而,对这种观点有两种修改意见。一种意见是,一些管理的观点把管理过程看作是任务结构所决定的,因此过程构成了独立的变量。另一种意见认为,当前管理理论的发展倾向考虑了太多的变量,而不是传统对创建管理过程的考虑,尤其是对组织文化和微观政治的考虑。

组织理论和管理理论的社会科学的智力基础也有所不同。组织理论植根于社会学、社会心理学、政治学和经济学。组织理论因此是从广泛的理论和训练方法开始研究的,管理理论起源于对实践的关注,尽管很适当地吸取了各种社会科学的方法,但是没有接收它们广泛的理论。

包含在图 1 中 a 领域的理论和研究不会成为严格意义上的组织研究,但它们确实被特意地用公式表达为组织观点之一。然而它们利用广泛的社会理论和方法论,对学校的理解有着很深的影响。必须强调,组织理论在观察发生正式教育的社会单位的各种方法中远非处于垄断地位。还应该注意的是图 1 的这一部分在英国和欧洲的著作中会比在其他国家著作中更突出,这也许是那些国家与美国相比有着非常不同的学校教育传统的结果,管理作为教育事务的出现也稍晚。

虽然韦伯已经对组织理论有了直接的影响,另一位社会学创始人迪尔凯姆(Durkheim)的著作以不同的观点影响着学校。迪尔凯姆所关注的是,伴随着工业化的进程,在从“机械的一致”到“有机的一致”的转变中,去理解社会秩序的环境条件。在探寻中,他把价值、信念和情操放在相当重要的位置。他把教育的功能看作是转变价值和规范的核心,而价值和规范是社会秩序得以维持的中心因素。因此,在国家课程中,管理比不上文化重要,文化由教师以相对来讲比较明白的方式传播,而教师的作用主要限定在传递含有价值因素的学术上,他们的专业主义被看作其作为文化传递代理人的责任感的体现。因此法国的学校也许更容易通过文化传输的研究,而不是通过对管理结构的研究去理解,因为没有什么余地通过管理活动去“创造”一所有特色的学校。

英国的社会学家伯恩斯坦(Bernstein 1975)提出了一种有关学校的有力的和独特的观点。出于对传统组织理论的不满,伯恩斯坦集中讨论了学校作为文化传播代理人的问题以及它的固有的权力关系。他的看法基本体现了学校课程、教学法和评估几个领域关系的建构主义的观点,特别是集中在结构的“分类”和过程的“框架”之间的边界,它们的强弱不同而生成不同的模式与规则。伯恩斯坦写道:“那么在一个框架中派生出教育规则的类型就成了可能,显示了组织和知识性质之间的相互关系,从宏观的分析转向微观层面的分析,使内在的模式和教育机构相联系,和这类模式社会外部的前例相联系,并且考虑维持与改变的问题。”(P. 112)

一种使用更注重实效的英国式方法对学校进行的研究,或许更正确地说,对学校教育过程的研究,已经应用到一系列案例研究中去,探究学校生活和某些组织的、课程的和教学法的特点之间的关系。理论主要来源于事实材料,但是现存理论是对产生理论的数据进行恰当研究后,进行折中和选择的结果。已有的主要研究题目包括分组教学、适应个别差异的课程、同伴团体的关系、职员和学生亚文化群以及教室控制等等问题之间的关系。这些项目包括哈格里夫斯(Hargreaves 1967)、莱西(Lacey 1970)、巴尔(Ball 1981)和哈特勒(Hartley 1985)等人的研究。在这些研究当中,其中的一些关注的是小学,如果出现对学校管理过程的探讨,相对于对主要问题的探索来讲,它处于外围,含蓄地讲,也许它对学校教育的过程几乎没有什么影响。

这些英国的研究与某些美国的研究有相同的特点,在美国把学校作为单位,但是没有采用组织的观点,因为学校正式的结构与管理要么没有显著的特点，要么就根本没有特点。戈登（Gordon 1957）以一所高中为对象，开拓了对非正式组织结构和文化的研究，而科尔曼（Coleman 1961）在10所中学进行了学生文化的比较研究。通过分班来区分学生，研究中揭示的这一曾经很强的英国的特点，正像奇考内尔（Cicourel）和基崔斯（Kitsuse）的工作所展示的那样，也在对美国的研究中找到相似的靠咨询来区分学生的情况。

位于图1中a部分和b部分边界的一项研究是沃勒（Waller）的教学社会学（1932），它被普遍认为是经典的和具有灵感的教科书（Willower and Boyd 1989）。它在边界的位置以两个因素为条件。一方面，在性质上它处于互动理论的传统之内并且聚焦于"独立的学校文化"以及这种文化是如何建构和被解释的。但同时它和学校结构特性的价值相协调，并且因此提供了全面的和富有洞察力的解说，用沃勒的术语表达是把学校作为一个机构来说明。沃勒的研究也对外部压力对学校的影响进行了说明。在这一方面，它不同于其他传统的解释性研究，它提供了丰富的关于互动模式的资料，但是由于支持对外部因素进行研究而遭到批评。

学校经常被概念化地理解为具有独特的文化，或被看作具有学校、学校类型以及独立机构的组织气候。"文化"基本是人类学的概念，"组织气候"基本是社会心理学的概念。每一种术语都有大量的用法，因而不可能区分出普遍被认可的特点，在大部分情况下，这些问题会同样存在于组织领域以外。然而，把组织气候概念化是基于组织成员对管理方式的模式化反应，这样的研究就会位于图1的圆弧内。在这一领域最著名的研究是哈尔平（Halpin 1966）做的，他基于从小学样本收集到的资料分析创造了六种学校组织气候类型学。他使用了组织气候描述调查表（OCDQ），这是一种现在仍然广泛使用的问卷调查表。d部分也包含了不断增加的研究，该研究采纳了一种组织及其管理的文化的观点，一种被乌奇和威尔金斯（Ouchi and Wilkins 1985）重新评论的领域，特别是被戴尔（Deal）研究的与学校有联系的领域（Deal 1985）。与这一发展并行的是对学校组织的微观政治的研究兴趣，它被当作个人和组织追求其特殊利益的策略。

总之，组织理论的主流已经把学校概念化为实体，早期把组织结构放在首位，现在已经拓宽到人际关系、文化和微观政治的维度，也曾经大量地受到管理理论和多种社会科学理论的影响。然而，主流组织理论并没有垄断性地加强对学校的理解，选择的观点也提供了有价值的见识，这些观点较少聚焦于结构和职员而更多聚焦于文化和学生。

### 3. 范式、观点和理论

前述部分着力于识别主流组织理论和认识这一主流理论的演化。大量不同的范式、观点和理论被展示了出来但是没有详细地讨论。这一部分将更清晰地确定出一些基本的理解组织的方法。三种方法可以被确认，它们可以完全独立地称作"范式"：系统范式，它支配着组织理论；另外两个相互竞争的范式是解释学范式和激进的结构主义。后者是布尔雷勒和摩根（Burrell and Morgan 1979）提出的四种范式之一，这种类型范式很大程度是论述了组织理论的智力基础，并被推荐给对该观点有兴趣的读者。

系统范式用清晰的界限把组织看作可确认的单位，在该界限内各种各样的成分充分地相互影响，作为整体产生出与众不同的结构。一般系统理论的方法（GST）展现了一组非常普遍的概念（如输入、输入输出的总和、输出、反馈环、系统平衡），尽力获取完整的相互关系。在实践中，对组织来讲，一般系统理论的方法更多发挥着隐喻而不是理论的作用（Hoyle 1969）。系统平衡，这种系统应对外界变化的压力并维持其生存的能力，是许多组织功能理论的主要特点，下面将要加以讨论。

更有局限性的系统理论是那些集中讨论结构与人的相互影响的理论。其中的一个模式是盖茨尔斯和古帕（Getzels and Guba 1957）提出的，该模式具有相当大的启发性，也产生出可检验的理论。这种模式认为任何组织系统具有两个主要的成分：以法律为根据的（机构—角色—期待）和以个别特点为依据的（个人—个性—需要）。组织的特征被感知为这两个维度的相互影响。从这一模式可能会得出某些类型的组织功能平衡的假设（例如，军事组织的法律属性优先于个别属性，或各种不同类型的个别学校的各个变量在目的功能方面的平衡，或领导方式上各种变量在功能上的平衡)。其他的系统理论聚焦于任务系统和情感系统的关系，以及被广泛理解的技术和社会之间的关系，即社会技术系统，后者是某种程度上被教育组织的学生所忽视的方法。

不同的系统理论整合了关于各种因素之间关系强度的不同假设。起源于功能主义社会学的理论把组织目标当作起点，并且按照其为目标实现所做出的贡献，也按照维持系统平衡的能力来评估组织各种“成分”的功能。除了那些实现目标和保持平衡的能力以外，主要的概念就是社会化(关于人们进入角色)、边界维护和适应。由于将制定目标这个中心概念作为理论基础和过分强调意见高度一致对实现功能的必要性，这些“强大的”系统理论受到广泛的批评。目标在组织理论中是一个特别有疑问的概念。组织拥有目标是“常识”(例如，学校具有教育的目标)，但是除去这一最基本的层面，目标在许多方面是有疑问的。“教育”的主要目标可以用许多方式来解释，而其中的许多相互矛盾，由于教育的众多“目标”既多样又分散，所以这种分析对教育组织来说尤其真实。

其他的系统方法把组织概念化为结构松散和高度的协调。韦克(Weick 1976)曾经把教育组织构思为松散连接的系统，这种方法将在下一部分进一步详细讨论。以自然系统为基础的方法强调行动优先于目标，目标被认为形成于互动与谈判的过程中。最流行的观点是那种开放系统的观点，根据这一观点组织被看作具有可渗透的边界，伴随其内部的活动，由其经济、社会和政治环境所形成。

把组织当作系统的看法受到解释学范式的领军人物的挑战。这包括一系列方法，其中布尔雷勒和摩根(1979)引用了解释学、现象学、民族学和各种各样的符号互动主义的学说。在其中的一个范式中他们写道:“它观察到整个社会作为一种自然发生的社会过程，是由相关的个体创造的。社会现实，在作为个体意识之外一种存在的范围内，会被看作是一种相互主观上分享意义的网络。”(P. 30 ~ 31)

在某种意义上讲，不能有一种“解释学的组织理论”，因为这一范式挑战着组织本体论的地位。组织不是“在那边”通过自然科学的方法论被研究的一个客体。从两种意义上来看，它们是社会的结构。在历史上，一个社会的成员通过社会互动使共有的问题得以解决。在这种情况下只要解决方案是成功的，在某种意义上它们就变成了制度，这些制度在某种程度上是在组织内完成的。鉴于这些制度和组织曾经被在社会中构造，它们可能而且也确实在被社会再构造。社会构造的第二层含义是，尽管一个像学校这样的组织被制度化为一个组织，它也可以在社会中被不同群体的成员以不同的方式构造和解释。因此，即使一个人在最低限度上接受了学校作为独立客体的物质存在，它的社会现实还是在以不同的方式构造，并且因此逐渐构成了多种现实。因此，社会科学和人文科学的作用是用来理解组织成员在日常规则基础上如何处理他们的事务的，例如团体如何就定义达成共识，语言在构造中是如何展开的，以及如何传达这些定义的。

这种解释学范式的简单说明只是利用一系列理论构建出的一件东西，它不能恰当地代表任何一种单一理论的观点。在对教育组织的解释学方法做出贡献的主要研究者当中，有格林菲尔德(Greenfield)。1973 年，他向布里斯托大学的讨论会提交的一篇论文成了教育管理解释学方法和现象学方法(格林菲尔德所反对的一种标签)之间辩论的导火索。这场辩论的其他研究者包括格里菲斯(Griffiths 1979)、威洛韦(Willower 1980)和格伦(Gronn 1983)。

激进的结构主义范式关注的中心同样不是把教育组织作为实体而是作为场所，在这里发生着资本主义的广泛的社会冲突。基本的假设是学校是一个社会的缩影，在这里社会团体间在权力和威望方面发生着利益冲突，因此，社会理论家的任务就是采用批评的方法，揭露组织及其管理者服务于社会优势群体的利益这一现实。在这个范式内有许多变种，但是大多数的灵感来自马克思主义。教育被认为是一种中介，资本主义通过它再生产了自己，并且学校被认为在这一过程中扮演着一部分角色。因此是学校教育的过程和作为机构的学校而不是组织成为聚焦的中心。在资本主义的生产模式和学校教育的过程之间将保持“一致”。学校也是一种中介,通过它资本主义再生产着自己并且集中表现在这样一些特征上:如课程、学生分组和提供证书的程序以及支持这些方面的意识形态。不同于解释学的范式,该方法持有客观主义的世界观并集中关注结构和功能。这些结构基本是被学校用来再生产和强化阶级结构的,这些学校功能也基本是满足经济和社会需要的功能。

在这一范式中,作者一般对组织理论,特别是管理理论采取了批评的态度,是由于其狭窄的组织观点,该观点排除了形成组织的社会力量,这是由于它们集中于控制的问题,是由于它们将重点放在了平衡上而不是变化上——即不是一种他们乐于解释为“适应的管理”的“变化的管理”。“作为组织的学校”被重新概念化为“作为工作场所的学校”(Ozga 1988),这是一种应归功于布雷弗曼(Braverman 1976)的工作的一种方法。问题不是由经理主义的术语构成的,而是集中在教师们对工作的厌烦和学生的压力的问题上。

在系统范式之内,可以发现许多不同的观点。由于组织是复杂的,理论的路径必然集中于相关的某一方面而排除别的方面。波尔曼(Bolman)和戴尔(1984)曾经有效地区分了四种框架与观点的区别。结构观点在强调目标的优先地位、正式的组织结构和理性的决策模式上与官僚组织的及古典的方法接近一致。人力资源的观点通过公开沟通的环境中实现需要和角色的协调以及群体过程,给自我实现以优先地位,在这方面它与人际关系理论接近一致。政治的观点把权力作为中心的概念,并假设利益的冲突是普遍流行的,表明其处于多种强制的、竞争的和操纵的实践当中。符号的观点认识到组织的价值可以通过语言、仪式、比喻和具有集中和动员支持能力的神话进行表述。

除了这四种观点,可以加上第五种。某种程度上,该观点在以上考虑的三种模式中不易归类,它利用每一种模式也利用文化的和政治的观点。其中心通常是知识,特别是意识形态。贝茨(Bates 1980)提出了一组新的问题用于教育组织的探索,居于中心的是建构、传播和知识的合法化。这一观点认为知识优先于结构,虽然有一种看法认为结构就是知识(Meyer and Rowan 1977)。为了组织领导者利益,被组织起来的知识采取了意识形态的形式(Meyer 1986)。

以上的观点可以标注为“传统的”,因为学者们花了几年时间进行组织理论的辩论。然而,在20世纪80年代和90年代,许多不同的观点相继出现,有关认识论和方法论与以上讨论的范式和观点的关系继续进行了辩论。例如,它们包括后现代主义的范式、女性主义的观点,还有混沌理论,该理论植根于最近的数学发展。对这些方法及组织的其他新方法的讨论不在本词条讨论的范围之内,因此有兴趣的读者请关注格里菲斯的研究。

### 4. 与学校有联系的组织理论的发展

本词条的剩余部分将评论组织理论主要的流派。中心的组织概念是把教育组织看作松散连接的系统。这一评论将从这一概念的描述开始。

在其有影响的评论性文章中,比德威尔(Bidwell 1965)提到学校的特征由“结构的松散度”来表现,这是一种集中的协调与相对自治的子单位以及教师个体的联合。卡兹(Katz 1964)试图把注意力转移到自治上面,来修改那种流行的将重点放在官僚组织的控制上面的做法。相似的是,洛尔蒂(Lortie 1969)也评述了学校自治与控制之间的平衡。把学校作为松散结构的描写也挤进了利特瓦克和迈耶(Litwak and Meyer 1974)的著作当中,该著作出自底特律大城市工程的经验。基本上讲,他们认为学校受到最好的对待,在那里官僚结构提供了秩序使得“人际关系”原则得以普及。在这里,自治的原则不是教师个人主义地发挥自己作用的自由,而是把其他教师当作专业的同事而合作的自由。他们把这种官僚组织和人类关系的混合情况称作“专业模式”。

松散—联系模式的进一步发展,以及这一名词的大众化,是随着韦克(1976)文章的发表而来的,他的文章把教育组织描述成松散联系的系统并且列举了许多这一组织模式的优势与劣势。松散联系的主要优势是拥有灵活性,允许系统在回避全盘承诺的危险方面拥有适应性和创新性。主要的劣势是,成分之间的相对独立会鼓励回避变革。

韦克的论文引起对教育组织以及教育组织与

其环境之间关系理论和经验研究的过剩。也许这样讲是对的,"紧密"与"松散"的概念还没有被连贯一致地、操作化地实践过,也没有制定出通用的量表。然而,这一模式不但在北美而且在英国富有启发性的成效,它作为对发展中的使教育过程控制概念化的方法被广泛地使用着。

松散一联系模式提供了一个框架用于思考组织中专业人士的辩论,科温(Corwin 1965)在自己的论文中把它总结为假设的冲突,他写道:"一所学校可以同时围绕矛盾的、官僚的和专业的原则组织起来。"大量的文献论及了官僚控制和专业自治之间的假设的冲突(Hughes 1985)。当然,对工作满意度的实证研究表明,教师非常珍惜自治,即使他们也珍惜来自同事和课程方针应用方面的支持,但不要干涉,对后者也不是强迫接受的(Jackson 1968)。

然而,官僚的控制和自治之间十分明显的冲突,在实践上不像一些理论所暗示的那样多。这部分是由于这样的现实:学校松散联系的特性允许教师在某些方面相对自治而在其他方面不能自治。汉森(Hanson 1979)界定了他所谓的"互动圈模式",这个"圈"集中于独立的管理权威的范围和教室自治范围之间重叠的区域,在这里交易和交换活动的微观政治活动决定了自治和控制之间的平衡。

把教师当作个体专业实践者的观念,以及在功能主义框架下这种观念成为教育活动的背景的看法,已经受到质疑(Anderson 1987)。教育机构需要教师在学校政策、计划和教学层面上进行协作的程度,大概可以称作"协作专业性",已成了组织研究的焦点(Nias et al. 1989)。

关于官僚控制和专业性之间冲突的社会学辩论已经集中于共同掌权对专业人士充当管理者的组织的适当性上。洛尔蒂(1964)把共同掌权定义成专业人士通过民主程序平等管理事务的情形。探索这一问题,我们可以利用权力、权威和影响的概念(Bacharach and Lawler 1980)。权力是综合性的所有权,借助权利 X 可以引起 Y 采取行动,而这是 Y 在其他情况下不可能采取的行动;权威是权力被认可的合法形式;影响包括所有合法的但是非权威的权力形式,并且是需要以个性(超凡魅力)、专长和有效使用资源为基础的说服力。在这些谈判中,共同掌权只有当执行管理委员会的权威有了合法的基础时才能运行。在任何国家的学校当中,这都是不同寻常的情况。20 世纪 60 年代中叶到 70 年代中叶之间在共同掌权方面有过一些实验,少数以纯正的共同掌权形式,但更经常用改良的形式,校长保持合法责任的同时,赋予同事一定程度的近似于权威的影响。在某些情况下,校长由全体职员甚至学生选出(Swidler 1980)。这些实验很少能继续下去。

由于合法的权威倾向归属于校长,反过来,他将对更高一级的权威负法律责任,那么主要的理论争论基本上转向专业人员如何参与决策的模式问题。这可被认为是一种结构问题或当作领导策略的一个方面,因为校长们通常在为决策创设组织时,都保持一定程度的谨慎。围绕参与问题产生大量的文献资料,它们受到巴基沃奇等人(Bacharach et al. 1990)的评论。

马奇和其同事(March and Olsen 1980)对组织理论做出有影响的贡献,他们的理论被作为假设教育组织是松散系统的观点的依据。马奇发觉在组织中松散联系导致的高度不确定性表现在以下几个方面:目标、权威和技术与成果之间的关系。古典与科学的理论对这种情形几乎不能提供指导,因为尽管学校得以组织,但是它们具有的是一种建构的而不是强加的秩序。因此,用马奇的话讲,它们是"有组织的无政府状态"。恩德卢德(Enderud 1980)认为这一模式在由专业人士组成的组织中是常见的。马奇与其同事特别着力于研究不确定环境下的决策程序,实际上改变理性的方法而给决策以选择的自由。传统决策的顺序"确定问题、寻找解决的办法、选择解决方案和执行"被抛弃,代之以一种"垃圾罐"模式,该模式把决策描述成四个过程相互影响的结果:问题、解决办法、参与者和机会的选择。在这种既定的组合下,组织可能会"倒着运转",据此行动领先于决定,只是证明其合法(或合理),并且办法会领先于问题。据认为在组织进行决策时有三种方式:忽略,这发生在当问题与别的选择相联系而一种选择起作用时;逃避,这种情况出现在当一种选择不幸地与一个问题有一段时间联系，但是当另一种更漂亮的选择出现并且与另一种——没解决的——问题有联系，从而第一种选择消失；还有果断。马奇和他的同事认为靠逃避和忽略的决策是教育组织最常见的特点，这也被他们所承担的在美国和斯堪的纳维亚半岛的学校以及大学进行的案例研究所证实。

马奇并不完全反对组织中理性的操作，甚至于特别提到准科学的方式——终止模式——的局限性。在一本早期出版的坚定地定位于古典管理传统的著作中，马奇和西蒙(1958)注意到了在组织中对理性来讲认知的局限性，要把握决策结果的范围几乎是不可能的，因为常发生意料以外的结果，由此管理只能带来"满意"的结果。理性的局限也来源于具体情形中的变化，这是组织理论的现象学评论的中心。根据这一观点，组织的特征不是处于零和状态，在这种状态下行动不是理性的就是不理性的，而根据这种观点，组织的特征取决于一组竞争的理性，每一种理性本身具有来自不同群体行为者的效用观。对理性来讲，也有逻辑限制，尽管单个个体可能根据他们的利益而理性地行动，但是当所有的个体都如此行动时，他们不能得到利益并且可能遭遇不利。关于理性选择理论有大量的文献，然而没有什么著作把它与教育组织相联系。至于对理性逻辑限制的一般原则的解说，读者应参考埃尔斯特的著述(Elster 1989)。

本评论已经把注意力从一种组织的观点转移到松散联系系统的一些特点上来。当然，这些与管理理论有牵连。虽然像这样的管理理论在此不可能长篇评论，但是解释那些持有组织观点的管理理论会是有益的。

多年来，管理文献一直被权变理论所支配。不可避免的是，在这一范畴之内的理论虽然呈现出不同的形式，但是其方法的中心特点都是将组织看作开放系统，并且其内部的结构和过程被很好地理解为外界环境施加压力作用的结果。

在以这种观点进行研究的基础上所作的经典陈述中，布恩斯和斯托克(Burns and Stalker 1961)为工业组织创建了一个样本，描述了机械的内在结构和稳定的环境(市场)之间的功能关系，以及有机的内在结构和不稳定的环境(市场)之间的功能关系。这一理论被劳伦斯和洛尔施(Lawrence and Lorsch 1967)以及佩里奥(Perrow 1979)进一步发展。这一方法是与松散—联系理论在管理方面相关的部分，因为它关注于理解各种组织子系统对环境压力的不同反应：战略的、操作的、人的和管理的控制(Burrell and Morgan 1979)和其要素部分(如产品、销售、研究开发)。

卡尔森(Carlson 1964)对野生的组织和被教化的组织进行了区分，前者是为生存而奋斗的组织，后者则受到它们所服务社群的供给和保护。卡尔森把政府学校当作教化过的组织。这是过去和现存的情形，但是在一些社会里，学校正在不得不更多地转向"野生的"状态。除了资金方面的问题，许多社会中的学校正不得不应付因为社会变革和期望提高而日益骚动的环境。这样就提出了一个问题，对环境全盘的反应是否适当，松散联系系统不同成分之间有差别的反应是否合适，如果情况是这样，在什么样的环境下有什么样的反应模式才合适。这一直是在某种程度上曾经有待开发的领域，至少应该做权变性的思考。

权变性因素提出了在不断增长的骚动的环境下运转教育组织过程中有效领导的性质问题。当然，从大量的关于领导理论及研究的文献中可以提取一些重要的观点。几乎无须惊讶的是，流行的领导理论表明了对权变性方法的需要。

权变性因素既和领导者的内部任务有联系，又和确保整个组织及各个部分对动荡的环境做出恰当反应的任务有关。在内部，权变性需要根据情形的需求完成必要的风格上与战略上的变化，既在强调任务完成与个人需要满足之间的动态平衡方面，又在内部的可靠性和外部的压力之间的平衡上。

在关于领导问题的研究经历进展微小的一个阶段之后，领导者的文化功能成了这方面研究复苏后的兴趣所在(Hodgkinson 1983)。教育组织松散联系的本性，其目标的不明确和其环境偶然性的本性致使领导者发布详细的指示显得不恰当。但是，人们相信动机需要使命感来激发，并且认识到领导的作用就是创造这种使命。领导者成了"意义的制造者"(Pondy 1978)，他使用符号的方法创造身份感。因此，产生了不断增长的关于领导和文化以及关于一般组织文化的文献。

组织的文化维度曾与其效能有联系。学校的效能是难捉摸的概念。依照科尔曼报告(Coleman et al. 1966)的观点,这个词的实际含义是"学校对缩小不同学生之间差异没有效用"。这种说法产生了误导。科尔曼的著作指出学校的输出可以由其输入来预言,包括学生的特点和学校可能利用的资源。学校本身似乎并不对不同阶级以及种族的学生的成绩产生影响。然而,科尔曼的研究基本是大规模的调查,其中学校本身不是分析单位。英国的研究随后已经证明学校的"输出",如考试的成功、出勤率和逃学率等等,与作者所指的"风气"有联系(即社会风气和文化)。

最后,组织变革的问题应当加以考虑。关于教育改革的文献数量太多以至不能一一评论。然而,几种研究都对教育组织的本性提出了见解,其中包括格罗西等人(Gross et al. 1971)以及史密斯和基思(Smith and Keith 1971)的案例研究。由里查德森(Richardson 1973)做的英国案例研究,更多植根于塔威斯托克(Tavistock)学院的团体动态传统,也包含了许多去理解领导、学校组织以及变革的见识。迈尔斯(Miles 1965)早期有影响的关于变革的文献认为学校是社会系统,并且把乐于变革看作是学校的特征。关于在变革方面对理解教育组织做出过贡献的作者还有阿斯突托和克拉克(Astuto and Clark 1986)以及富兰(Fullan 1982)。

### 5. 结论

组织理论制定了一种理解学校的方法,并且在其主流形式上,使用了社会科学理论和管理理论。在传统意义上,它着力于结构和作为系统单位的人之间的关系。也就是说,实体具有清楚的边界,其中的成分互相影响达到一定程度时给学校提供一种可以取得一般法则的"实体"。然而,其他的方法把学校概念化为机构,其中自然发生的过程比其正式的结构提供着更好的理解基础。作为许多组织理论基础的系统范式,受到解释学范式的强有力的挑战,该范式尝试通过社会成员的构成去理解学校,并且也受到理性结构主义范式的挑战,它把学校概念化为竞技场,社会整体中所固有的冲突在这里上演。

从20世纪60年代以来,组织理论就已经把学校概念化为松散的联系系统,其中各种各样的形式的平衡固定在平行的结构与参与者自治的关系中间。这一发展在某种程度上削弱了早期理性主义组织的方法,并且着力于其权变性的性质以及该性质所牵连的领导和效能问题。与此同时,微观政治和学校的文化维度也吸引了更多的注意力。

E. 霍伊尔(E. Hoyle) 著

杨骥辉 译

### 附录


Anderson J G 1968 *Bureaucracy in Education.* Johns Hopkins University Press. Baltimore. Maryland

Anderson L W 1987 The decline of teacher autonomy: Tears or cheers? *Int. Rev. Educ.* 33(3):357—373

Argyris C 1964 *Integrating the Individual and the Organisation.* Wiley, New York

Astuto T, Clark D 1986 Achieving effective schools. In: Hoyle E, McMahon A (eds.) 1986 *The Management of Schools: World Yearbook of Education 1986.* Kogan Page, London

Bacharach S B, Bamberger P, Conley S C, Bauer S 1990 The dimensionality of a decision participation in educational organizations: The value of a multi-domain evaluation approach. *Educational Administration Quarterly* 26(2): 126—167

Bacharach S B. Lawler E J 1980 *Power and Politics in Organizations: The Social Psychology of Conflict, Coalitions, and Bargaining.* Jossey-Bass, San Francisco, California

Ball S J 1981 *Beachside Comprehensive: A Case Study of Secondary Schooling.* Cambridge University Press, Cambridge

Ball S 1987 *The Micropolitics of the School: Towards a Theory of School Education.* Methuen, London

Bates R J 1980 Educational administration, the sociology of science, and the management of knowledge. *Educational Administration Quarterly* 16(2):1—20

Bennis W G 1966 *Changing Organizations: Essays on*

*the Development and Evolution of Human Organization.* McGraw-Hill, New York

Bernstein B 1975 *Class, Codes and Control. Vol. III: Towards a Theory of Educational Transmissions.* Routledge and Kegan Paul, London

Bidwell C E 1965 The school as a formal organization. In: March J G (ed.) 1965 *Handbook of Organizations.* Rand McNally, Chicago, Illinois

Bolman L G, Deal T E 1984 *Modern Approaches to Understanding and Managing Organizations.* Jossey-Bass, San Francisco, California

Braverman H 1976 *Labor and Monopoly Capital: The Degradation of Work in the Twentieth Century.* Monthly Review Press, New York

Burns T, Stalker G M 1961 *The Management of Innovation.* Tavistock, London

Burrell G, Morgan G 1979 *Sociological Paradigms and Organisational Analysis: Elements of the Sociology of Corporate Life.* Heinemann, London

Callahan R 1962 *Education and the Cult of Efficiency.* University of Chicago Press, Chicago, Illinois

Carlson D 1964 Environmental constraints and educational consequences: The public school and its clients. In: Griffiths D E (ed.) 1964 *Behavioral Science and Educational Administration*, 63rd NSSE Yearbook. University of Chicago Press, Chicago, Illinois

Cicourel A, Kitsuse J J 1963 *The Educational Decision Makers.* Bobbs Merrill, Indianapolis, Indiana

Coleman J S 1961 *The Adolescent Society: The Social Life of the Teenager and its Impact on Education.* Free Press, New York

Coleman J S et al. 1966 *Equality of Educational Opportunity.* National Center for Educational Statistics US Government Printing Office. Washington, DC

Corwin R G 1965 *A Sociology of Education: Emerging Patterns of Class, Status, and Power in the Public Schools.* Appleton-Century-Croft. New York

Deal T 1985 The symbolism of effective schools. *Elem. Sch. J.* 85(5):601—620

Durkheim E 1977 *The Evolution of Educational Thought: Lectures on the Formation and Development of Secondary Education in France.* Routledge and Kegan Paul, London

Elster J 1989 *The Cement of Society: A Study of Social Order.* Cambridge University Press, Cambridge

Enderud H 1980 Administrative leadership in organized anarchies. *International Journal of Institutional Management in Higher Education* 4(3): 235—253

Fayol H 1949 *General and Industrial Management.* Pitman, London

Fullan M 1982 *The Meaning of Educational Change.* Teachers College Press, Columbia, New York

Getzels, J W, Guba E G 1957 Social behaviour and the administrative process. *Sch. Rev*, 65(4):423—441

Gordon C W 1957 *The Social System of the High School: A Study in the Sociology of Adolescence.* Free Press, New York

Greenfield T B 1975 Theory about organization: A new perspective and its implications for schools. In: Hughes M (ed.) 1975 *Administering Education: International Challenge.* Athlone, London

Griffiths D E 1979 Intellectual turmoil in educational administration. *Educational Administration Quarterly* 15(3): 43—65

Griffiths D 1991 (ed.) 1991 Special issue on nontraditional theory and research. *Educational Administration Quarterly* 27(3): (whole issue)

Gronn P C 1983 *Rethinking Educational Administration: T. B. Greenfield and his Critics* (ESA 841 Theory and Practice in Educational Administration). Deakin University, Victoria

Gross N, Giacquinta J B, Bernstein M 1971 *Implementing Organizational Innovations: A Sociological Analysis of Planned Educational Change.* Basic Books, New York

Gulick L, Urwick L (eds.) 1937 *Papers on the Science of Administration.* Institute of Public Administration, New York

Halpin A 1966 *Theory and Research in Administration. Macmillan Inc.* , *New York*

Hanson E M 1979 *Educational Administration and Organizational Behaviour*: Allyn and Bacon, Boston, Massachusetts

Hargreaves D H 1967 *Social Relations in a Secondary School.* Routledge and Kegan Paul, London

Hartley D 1985 *Understanding the Primary School A Sociological Analysis.* Croom Helm, London

Hodgkinson C 1983 *The Philosophy of Leadership.* Blackwell, Oxford

Hoyle E 1969 Organizational theory and educational administration. In: Baron G, Taylor W (eds.) 1969 *Educational Administration and the Social Sciences.* Athlone, London

Hoyle E 1982 Micropolitics of educational organizations. *Educational Management and Administration* 10 (2):87—98

Hughes M 1985 Leadership in professionally-staffed organizations. In: Hughes M, Ribbins P, Thomas H (eds.) 1985 *Managing Education: The System and the Institution.* Holt, Rinehart and Winston, London

Jackson P W 1968 *Life in Classrooms.* Holt, Rinehart and Winston, New York

Katz F E 1964 The school as a complex social organization. *Harv. Educ. Rev.* 34(3):428—455

Lacey C 1970 *Hightown Grammar: The School as a Social System.* Manchester University Press. Manchester

Lawrence P R. Lorsch J W 1967 *Organization and Environment.* Harvard Graduatè School of Business Administration, Cambridge, Massachusetts

Litwak E, Meyer H J 1974 *School, Family and Neighbourhood.* Columbia University Press, New York

Lortie D C 1964 The teacher and team teaching: Suggestions for long-range research. In: Shaplin J J. Olds H F (eds.) 1964 *Team Teaching.* Harper and Row, New York

Lortie D C 1969 The balance of control and autonomy in elementary school teaching. In: Etzioni A (ed.) 1969 *The Semi-Professions and their Organizations.* Free Press, New York

McGregor D M 1960 *The Human Side of Enterprise.* McGraw-Hill, New York

March J G, Simon H A 1958 *Organizations.* Wiley, New York

March J G, Olsen J P (eds.) 1980 *Ambiguity and Choice in Organization*, 2nd edn. Oxford University Press, New York

Mayo E 1933 *The Human Problems of an Industrial Civilization.* Macmillan Inc., New York

Meyer J W 1986 Organizations as ideological systems. In: Sergiovanni T J, Corbally J E (eds.) 1986 *Leadership and Organizational Culture.* University of Chicago Press, Chicago, Illinois

Meyer J W, Rowan B 1977 Institutionalized organizations: Formal structure as myth and ceremony. *Am. J. Sociol.* 83(2): 340—363

Miles M B 1965 Planned change and organizational health. In: Carlson R 1965 *Change Processes in the Public Schools.* University of Oregon Center for Advanced Study of Educational Administration, Eugene, Oregon

Nias J, Southworth G, Yeomans R 1989 *Staff Relationships in the Primary School: A Study of Organizational Cultures.* Cassell, London

Ouchi W G, Wilkins A L 1985 Organizational culture. *Annual Review of Sociology* 11:457—483

Ozga J (ed.) 1988 *Schoolwork: Approaches to the Labour Process of Teaching.* Open University Press, Milton Keynes

Parsons T 1960 *Structure and Process in Modern Societies.* Free Press. Glencoe, Illinois

Perrow C 1979 *Complex Organizations: A Critical Essay*, 2nd edn. Scott, Foresman and Co., Glenview, Illinois

Pondy L R 1978 Leadership is a language game. In: McCall M W, Lombardo M M (eds.) 1978 *Leadership is a Language Game: Where Else Can We Go?.* Duke University Press, Durham, North Carolina

Punch K F 1969 Bureaucratic structure in schools: Towards redefinition and measurement. *Educational Administration Quarterly* 5(2):43—57

Richardson E 1973 *The Teacher, the School and the task of Management.* Heinemann, London

Roethlisberger F I. Dickson W J 1939 *Management and the Worker.* Harvard University Press, Cambridge, Massachusetts

Rutter M, Maughan B, Mortimore P, Ouston J 1979 *Fifteen Thousand Hours: Secondary Schools and their Effects on Children.* Open Books, London

Scott W R 1987 *Organizations: Rational, Natural and Open Systems*, 2nd edn. Prentice Hall, Englewood Cliffs. New Jersey

Selznick P 1957 *Leadership in Administration: A Sociological Interpretation.* Peterson, Evanston, Illinois

Smith L M. Keith P M 1971 *Anatomy of Educational Innovation: An Organizational Analysis of an Elementary School.* Wiley, New York

Swidler A 1980 *Organization without Authority: Dilemmas of Social Control in Free Schools.* Harvard University Press. Cambridge, Massachusetts

Taylor F W 1911 *Principles of Scientific Management.* Harper. New York

Waller W 1932 *The Sociology of Teaching.* Russell & Russell, New York

Weber M 1947 *The Theory of Social and Economic Organization.* Free Press, New York

Weick K 1976 Educational organizations as loosely-coupled systems. *Educational Administration Quarterly* 21:1—19

Willower D J 1980 Contemporary issues in theory in educational administration. *Educational Administration Quarterly* 16(3):1—25

Willower D J, Boyd W L 1989 *Willard Waller on Education and Schools: A Critical Appraisal.* McCutchan, Berkeley, California

**其他参考文献**

Foster W 1986 *Paradigms and Promises: New Approaches to Educational Administration.* Prometheus, Buffalo, New York

Hoyle E 1986 *The Politics of School Management.* Hodder and Stoughton, London

Immegart G L, Boyd W L (eds.) 1979 *Problem Finding in Educational Administration: Trends in Research and Theory.* Heath. Lexington. Massachusetts

March J G, Simon H A 1958 *Organizations.* Wiley, New York

Morgan G 1986 *Images of Organization.* Sage, Beverley Hills, California

Pfeffer J 1981 *Power in Organizations.* Pitman, Marshfield, Massachusetts

Sergiovanni T J, Corbally J E (eds.) 1984 *Leadership and Organizational Culture: New Perspectives on Administrative Theory and Practice.* University of Illinois Press, Champaign, Illinois

Tyler W B 1985 The organizational structure of the school. *Annual Review of Sociology* 11:49—73

Westoby A (ed.) 1988 *Culture and Power in Educational Organizations: A Reader.* Open University Press, Milton Keynes

## 教育政策与改革的全球化(Globalization of Educational Policy and Reform)

在各个工业化社会,政府部门都在寻找有效的政策通过教育提高经济生产力,利用经济刺激提高学校教育的效率和管理效能,寻找额外的资源去满足不断增长的教育需求。

本词条的目的是:(a)描述国际上推进教育政策和管理改革的全球化的经济和社会的动力;(b)对未来教育系统可能具有的管理共同特征提出看法;(c)推测这些教育管理变革的结果。

### 1. 教育改革的目的

各国日益把学校教育看作促进国民经济发展的战略工具。在这些教育改革的范例中,首要的政策目标就是提高国家人力资源的供给。一般来讲，本词条所涉及的国家是那些已经获得了大量的物质资源的国家，它们希望利用教育系统去获得更多的资源。同时，教育的劳动密集性质已经导致了西方国家自第二次世界大战结束以来教育成本的极大增加(Bottari et al. 1992)。因此，政府官员企图利用学校教育来提高国民经济生产力而同时又极力寻找方法使得学校教育更有效，他们尝试把学校的经费转移到私营部门运作，还减少教育成本的增长，这就常常带来政策上的紧张状态。政策的结果经常反映这种矛盾的、有时是对立的目的组合。

应补充的是，国际的经济环境绝不是唯一的形成现代教育系统的力量。由于存在着出于纯粹政治目的的全国性教育改革，这就使得教育系统变革的图景显得更加复杂。这些政治因素是多样的，可能是国家内部意识形态的推动，也可能是深层固有的历史条件、宗教信仰、种族冲突和特殊的实践造成的。

因此，在存在既定社会动机的多样性和国家环境的复杂性的条件下，观察者不能不为国际上出现的教育政策明显的相似性所惊讶。这一趋同现象尤其表现在西方国家，这也是本词条的主要话题。然而很可能，全球的经济环境将会在相似的方向上推动东欧和不结盟国家。

**2. 不断发展的教育的经济和社会环境**

电子传输信息方式的爆炸性发展，世界消费市场的建立，日益增长的教育改革理念的国际网络和有见识的教育专家的存在，国际旅游在时间与费用上的大幅度降低，都在刺激着学校教育的全球化。然而，这些力量只是传播着思想。更可能解释广泛采纳改革政策的理由是一整套日益增长的国际经济和社会需要(Moris 1989)。

现在国家经济的全球化表现在竞争前景、国际上互相依赖、永不满足地追求技术革新和严重地依赖对人的能力的有效利用。只依赖少数知识分子精英的做法好像越来越过时。现代制造和服务产业的技能要求劳动力能够适应新的技术，并能做出有见识的生产决策。受过教育的和高技能的人类的智能，日益被看作一个国家的主要的大量需要的经济资源。这种“新的”经济生产力依赖的战略原料，就是“人力资本”(Schultz 1971)。

然而，现代经济不只是简单地推进或轻轻地鼓励一种业已存在的观念，即教育系统应该提高一个民族的人力资本资源。相反，国际经济力量跨越国家的界线已经开始再造学校教育的形式。这种“人力资本需求”，随着时间的推移将越来越得到加强。教育的全球化将首先出现，因为国家不再能够轻而易举地保护国内的生产者免受国际经济力量的影响，因为不能对技术和组织的创新迅速地做出反应，将危害人民的生活水平和政府的政治前途。因此，政府官员应该审视传统的教育价值和制度，为了回应发展变化的经济和社会需求，他们相信为使自己的国家取得和保持胜利，新的教育政策和实践是多么必要。

中小学和大学向数量膨胀的入学者提供教育服务、对中央政府规定的课程的期待、国家教育目标、标准化考试的广泛使用、日益依赖政府机构收集和分析学校成绩的数据、努力加强大学与工业的联系以及改变了的对教育评价的期望，都是预期的全球化运动实践的结果。

特殊的教育改革策略和管理程序在各个国家不尽相同，这依靠历史的发展模式、当前的政治、现存的资源水平和运行的结构。不管国家策略多么不同，长期的目标将利用受过教育的知识分子作为战略手段，为一个民族在全球市场上去争取或保持经济竞争的地位。结果，教育体系会日益采用相似的特征。

**3. 什么将成为全球改革趋同的要素**

教育改革——从学前的到中等教育——日益表现为下列一些常见的要素特征：(a)向较低年龄群体延伸公共资金支持的学校教育，即所谓的“学龄前教育”；(b)中央政府对课程的影响；(c)加强科学和技术学科领域的教学；(d)广泛使用标准化考试和中央集权的评估程序来衡量学生成绩和学校成绩；(e)广泛地依赖中央政府机构来收集、综合和报告教育系统的成绩；(f)绕过传统的地方教育管理单位，把更大的运行管理权力授予学校。

### 3.1 制度化向下延伸

越来越多的妈妈们参加工作,使得工业化国家在提供公共财政支持的或至少公共津贴的儿童保育方面,引起了极大的政治压力。因为学校教育是一种现存的制度,而且通常是一种最终会涉及几乎每个孩子生活的公共支持的制度,在儿童保育和学校教育之间经常会制定相联系的政策。向下延伸的学校教育偶尔也会被国家的一种愿望所推动,它希望提高处于较低社会经济地位的"高危"青少年的教育成绩。这样,为三岁儿童的保育和学前教育得以提供服务,或至少成为政策辩论的一部分(Bottari et al. 1992)。

在应该将哪些课程内容和特殊的学校教育技能列入学龄前教育计划中去的问题上很少达成一致意见。什么年龄孩子有能力学习正式呈现的材料是有争论的。然而,关于学校"准备"训练的用途,几乎没有争议。早期儿童的课程不但越来越多地被期望为社会意义上的学校教育作准备——培养训练他们听从成年人的指令、在小组环境中合作、遵守时间表、站队等等——而且帮助他们去获取有用的技能和习惯学着读书和计算。因而,即使特定的正式的教育还没有提供给低年级的孩子,儿童的制度化也发生了。

### 3.2 中央规定的课程

中央政府越来越多地指定小学特别是中学的大多数学科(Guthrie et al. 1991)。指令可能包括学科——教材的方针、内容框架、教学活动计划、教学模式、阅读的目录、参考书目、讲座大纲、课堂活动案例、实验和实地考察建议、考试范例和教材选择权。这一政策目标也可以更巧妙地靠规定学科材料范围来完成,学好这些材料既作为中学的毕业要求又作为高等学校的入学要求。在任何一种情况下,这一意图会保证把最少的共同的核心学科材料传授给学生。

中央指定的课程类别在特定年级很少会占据学校教育内容的全部范围。几乎总是有课程空间留下来由地方官员、政府委员会或教育专家去填补。然而,可以预见,这种做法的结果是限制了学生或他们的家长从相对狭窄的选修课目录中进行选择。在那些历史上没有经历过中央确定课程的国家,要求就变得更加严格,而地方官员、教育家和家长做出个人选择的自由,已经被或将要被减少。

### 3.3 强调数学、科学和技术学科

向中央确定课程发展的必然结果是强化对数学、科学和有关技术学科领域的关注。这一重点适用于小学、中学和第三级学校教育(Bottar et al. 1992)。理由很容易理解,现代经济以科学发现与技术创新为基础——因此,就想通过学校教育来提高国家科研和技术发展的能力。

这一国际运动的特点就是对数学和科学教育以更多期望,扩展小学阶段教材的科学学科内容、对中学生的毕业条件和进入大学的标准提出附加的数学和科学要求,在大学研究生阶段增加设施和研究资金。

### 3.4 增强对学生成绩的测量及中央评估程序

为配合中央颁布的课程要求和增加数学与科学教育而设计的模式,是由政府开发和授权的对学生成绩的测试(Gutheri et al. 1991)。通过心理测试的程序,测试的问题可以和课程目标相连接。这些测试可以设计成提供每个学生成绩的数据,也可以评估一所学校或其他管理单位、一个学区、省、州或整个国家的全面的成绩。这样的测试也可以节省费用,因为依赖其他各种取样的方法通常费用昂贵。结果也可以总结出来提供给有意实行的单位,而不一定对每个学生的每一项目进行考试。

### 3.5 扩展中央报告与监控

国际化趋同现象的第五点是各个国家扩展报告和监控教育系统成就的政府机构和程序(Guthrie 1991a)。建立新的、足够的政府或准政府的部门来负责收集、汇编、综合、分析和报告与教育相关的数据。而且,对国家、省和地方教育局的管理部门向中央部门提供信息的要求也在不断增加。

对这种收集和分析额外强调的主要成分是注意国际间的比较。学校教育几乎不包含有受国际驱动的标准。这一情况,当与增长中的全球经济竞争相联系时,对于政策制定者和公众来讲,就会使有关学生成绩和学校成就进行国际比较的信息,更加引人注目。

3.6 增强各个学校运行管理权力

教育系统正倾向于把更大的业务管理决定权移交给各个学校(Guthrie 1991b)。这一倾向部分地包括削弱中间机构——县、郡、辖区、教区、自治市镇、地方教育局和当地学区的权力。这一改革公开的意图是授权给地方学校领导者、管理者和在某些情况下授权给教师,使他们有能力适应其“客户”——学生及其家长的偏好和需要。

这一改革与其说是受到了努力提高经济生产力的愿望的激励,倒不如说是受到了提高教育生产力的欲望的推动。决策于轮子的边缘胜于在轴心,正是这一运动在英格兰和威尔士表现出的特点。这一策略与关于使业务单位决断效能最大化的私营部门理论和组织发展的观点相一致。把管理决策权下放给学校,易于解决资源的使用和突出学生的成绩。因此,除了期望它会提高学校教育的生产力以外,学校现场管理也有强化责任和降低成本的考虑。

全球趋同性的第六点——加强学校现场决策——乍一看好像是矛盾的。面对日益增长的学校决策的集权化,为什么要把较大的运行管理权下放给学校呢?对此常见的辩护是,虽然由中央权威来确定学校教育什么是必要的,但是,让它们规定“怎样做”是不合适的,甚至是不明智的(Davies and Ellison 1989)。

**4. 发展的预期内容**

除了以上所描述的共同领域以外,西方国家的现代改革运动还经常包括下列的努力:(a)给学校教育注入市场的特征——竞争和消费者的选择;(b)提高教师的专业化水平;(c)制定政策旨在提高对接受教育不足或动机不强烈的青年人的教育。这三种发展的预期内容是在政策范围以外的东西,它们未来的可能性仍不明确。然而,它们正在被经常讨论,这证明提出它们是有道理的。

4.1 民营化和选择

这一措施的建议者寻找方法使学校产生更大的竞争性,使委托人——家长和学生——有更广阔的教育选择范围。支持这些提议的基本原理是综合的。常见的基本主张是任何需要保障委托人利益的组织,或有需要保证资金来源的组织,都倾向于追求自己的利益并且对委托人的偏好与要求不太敏感。因此,为了更好地为委托人服务和使得学校更有效,必须采取措施为学校教育注入市场的成分,必须废除垄断而鼓励竞争。

关于选择的主张存在着许多类型,一些激进,而另一些不太激进。一些温和选择的提倡者把家庭对教育的选择只限制在公立学校。其他温和的选择计划把选择学校限制在公立学校并且只固定在特定的年级,或只有当这种学生的活动推动了废除种族隔离,或只有当家庭符合特殊的标准,如收入在最低水平以下。

更激进的计划想像把教育转化——高等教育或较低级阶段的教育——进入自由的市场,在那里所有的学校服务都由民营方式提供。政府会补贴或在某种程度上规范这种服务,但政府本身不是直接的教育提供者。

这种发展的因素还有另一相关的方面——私有化。这包括拿出各种运行系统的因素让私人供给者去投标。民营化的服务可以从外围的服务如废物清理和食物供给一直到不可缺少的部分如矫正阅读、外语教学或职业指导。政策目标总是使教育系统的运作减少费用。建议越接近教育的核心,就越有争议,并且越会被教育专家抵制。

4.2 专业化

专业化也是预期的西方教育改革的一个尚未完成的或潜在的组成部分(卡内基教育和经济论坛 1986)。在20世纪90年代提出的时候,它至少有两个维度,当然并非考虑的因素都是一成不变的。一个维度是靠提高准入标准的办法来提升教师的质量。关于什么是实现这一目标的最有效的方式还存在着许多争论,其中一种意见要求教学工作的候选人具有较高的学术准备并且(有时“或”)通过最低程度的资格考试,提升资格也包括要求一年额外的大学学习,可能要求达到研究生水平。另外一项政策途径是通过教师培训或获得教学法培训的资格,拓宽有能力候选人的储存。

第二种专业化的倾向是扩大与教师责任相一致的决策权,扩大的教师决策领域包括参与补充和聘请新教师、对试用教师的评估(包括任期的决定)和对正式教师的评估。此外,在这些扩展决定权的框架内,教师可能承担的额外责任包括选择课程材料、选择在职培训的机会和选择管理者。

4.3 未受到良好教育的和缺失动机的青年

人们越来越多地讨论有关政策去提高人数众多的社会经济地位(SES)低下的青年人的成绩和动机,他们可能没有能够充分地参加到学校教育中来或从学校教育中受益(Heyneman 1989)。尽管教育和国家经济发展的关系对政策制定者来讲越来越清晰,但一个国家内这一关系对个人来讲就不总是那么明确。国际政治移民和经济难民、“外来”工人、家庭模式的变化、几个世纪以来种族和阶级的歧视、泛滥的麻醉品交易和其他的症状的社会痛苦在许多工业化国家已经制造了一个相当大的“下层阶级”。

除了不幸的个人状况以外,陷入不利环境中的个人还带来大量增加公共福利开支的威胁。而且,受教育不足对个人意味着失业。在许多西方国家,青年人口群在缩减。面对工人短缺的前景,政府在寻找方法努力提高青年的教育,从而增加他们的劳动能力的复杂知识和技术含量。然而,对这个问题的性质还没有一致的意见,更不用说解决办法了。然而,不断恶化的环境引起了对这一问题以及相关的学校教育问题的政策讨论。

4.4 缺失的改革的因素:研究和技术

以上所概括情形的显著特点在于缺少中央政府对不断增强的研究或技术发展的明显依赖,这种依赖可以提高学校教育的生产力和促进人力资本形成。这似乎是对教育费用螺旋上升的自然反应,这导致政策制定者实际上忽视了向更多人口提供学校教育的要求,以及把学校教育与日益增长的高科技自动化的现实相联系的要求。这种忽视没有顾及这样一个事实:电子和光学技术的出现使教育得以革命化,也使得教育更加个性化和最终降低了费用。

4.5 各种专业性的议题

新的经济要求正在为教育专家创造着不同的环境,即使表现出来的这些不同仅仅是强度大小而已。涉及整体的变化是教育政策和实践的政治化程度。这一新环境包括以下情况:

(a) 一种日益增长的期望是教育人员更加负责任,并且学校教育的结果对博学者和外行是可理解的,而不仅限于教育的专业人员和政府的专家。

(b) 教育人员包括社会各方面对教育的结果直接感兴趣的特殊利益群体和风险承担者,他们具有广泛的政治影响力。

(c) 政府高层全面负责教育的机构越来越对教育管理和学校教育以及教育机构、政府计划和政策制定程序间的联系感兴趣并承担责任。

(d) 对教育人员所做的教育评估的怀疑导致更多地依靠教育界以外的知识广博的人来进行评估,这很像竞争式或对手式的评估;采用分析的方法对所鼓吹的各种评价方式进行风险评估;政策制定者要求制定系统评估策略;对折中分析策略的依赖和越来越多的测量。

(e) 对国际成绩比较的更大依赖。

4.6 结论

不管与工业发展有什么历史联系,也不管与经济的直接联系,传统上学校被期望为社会又为所涉及的个人和家庭去履行一系列另外的功能。除了经济作用之外,对学校各种各样的期望是:使新公民社会化;促进宗教、语言和政治方面的教化;反复灌输政府的原则;保证社会的团结和公民的秩序;使全体公民为参加武装力量作准备;推动社会的流动;发展人们的艺术和审美的情趣;帮助个人适应社会;为个人目标的实现做出贡献。

在20世纪的最后15年,学校的许多其他目的正在被迫从属于国家经济的发展。然而,不管激动人心和期望中的由经济推动的改革会如何出现,很重要的是别忘记另外的功能,即使当前被削弱,但是毫无疑问,它们还存在着并且还会坚持存在下去。因此,除了国家经济的发展之外,专业的教育者还应留心许多值得为之服务的目标。

J. W. 格思里(J. W. Guthrie) 著

杨骥辉 译

附录

Bottari N, Duchene C, Tuijnman A (eds.) 1992 *Education at a Glance: OECD indicators.* OECD, Paris

Carnegie Forum on Education and the Economy 1986 *A Nation Prepared: Teachers for the 21st Century.*

Carnegie Forum on Education and the Economy, Washington, DC

Davies B, Ellison L 1989 Changing financial provision leads to a radical reform of the English educational system. Paper presented at the annual meeting of the British Education Management and Administration Society, University of Leicester, 15—17 September 1989

Guthrie J W 1991a The world's evolving political economy and the emerging globalization of education: A set of extrapolations, interpolations, and predictions regarding the likely future internationalization of education policy. *Educ. Res. J.* 6:1—15

Guthrie J W 1991b The world's new political economy is politicizing educational evaluation. *Educ. Eval. Policy Anal.* 13(3):309—321

Guthrie J W, Binkley M, Wyatt T 1991 A survey of national assessment and examination practices in OECD countries. In: *OECD International Indicators Project, Network A: Student Achievement Outcomes.* INES Proiect General Assembly, Lugano, Switzerland, September 1991

Guthrie J W, Pierce L C 1990 The international economy and national education reform: A comparison of education reforms in the United States and Great Britain. *Oxford Rev. Educ.* 16(2):179—205

Heyneman S P 1989 Paper presented at conference on Development Through Education, University College, Oxford, 26 September 1989

Morris C R 1989 The coming global boom. *Atlantic* 264(4): 53—54

Schultz T W 1971 *Investment in Human Capital.* Free Press, New York

## 国际协会:在教育管理中的作用(International Associations: Role in Educational Administration)

国际教育管理关注两个主要的领域:(a)增加对教育管理的理解,它以延伸其知识基础和拓宽其观点而成为普遍的世界范围的活动;(b)通过国际交流与合作为全世界的教育管理实践的质量和效能提高做出贡献。第二次世界大战后,部分是受到众多的国际上信息、观念和人员流动的鼓舞,上述两个方面在20世纪的后半叶都有发展。人们也形成一般的共识,即各国教育的供应需要改善和扩展。尤其是新独立的发展中国家,需要通过计划和实施教育项目以及管理好制度和机构方面的变革,以便利用不充分的资源实现最大的利益。本词条对促进国际教育管理的组织、机构和网络进行了评论。

政府间的机构扮演了重要的角色,值得注意的有:世界银行,通过其教育和人类资源部;联合国教科文组织,通过其教育政策和计划部、国际教育计划协会(HEP)以及设在圣地亚哥、曼谷、达喀尔和安曼的地区办事处。其他官方组织也包括了进来,如美洲国家组织、欧共体秘书处和经济合作与发展组织(OECD)的教育研究与改革中心。

非政府团体也做出了独特的和创新性的贡献,其适度的资助很大程度上是对官方机构资金的补充。本词条平衡地描述了世界各地非官方部门的组织和网络组织在促进教育行政与管理方面的国际活动和观点。

### 1. 美国教育研究协会(AERA)

美国教育研究协会是最大的和最富于创造力的教育研究协会。其年会是一项国际盛事,吸引来自全世界的几千家各种研究性刊物的编辑人员出席。它有一个关于国际事务的中心委员会,美国教育研究协会的每一个主要部门内都有一个重要的国际会员。这尤其适用于部门管理。

为了鼓励国际间交流,部门管理经常安排关于理论和实践的一般问题的讨论会,邀请非美国学者发表见解。设于部门管理内的国际问题特别工作组已经建立,在1992年,其成员来自美国(3)、澳大利亚(2)、加拿大(2)、阿根廷(1)、菲律宾(1)和英国(1)。它提交推动和鼓励国际参与的建议供审议。

部门管理的出版物很自然地更多面向美国,引用了广泛的观点。美国教育研究协会的教育管理研究手册(Boyan 1988)包括了关于比较教育管理的章节(Hughes 1988)。在编辑前言中,博扬(Boyan)表达了一种希望,第二本手册应该包括美国以外的更多作者的文章以“关注教育管理的国际环境和状况”(Boyan 1988 P. xiv)。

**2. 教育管理大学理事会(UCEA)**

创立于1959年,拥有美国和加拿大大学成员的教育管理大学理事会,是持续10年的教育管理研究活动广泛发展的结果。国际研究领域的重要性很快得到承认,这是因为新的教育管理专业招收海外研究生项目的建立,以及设立加入教育管理大学理事会的大学教授进行国际教学和研究交流项目。教育管理大学理事会的教育管理季刊和在澳大利亚出版的教育管理杂志都反映了这种新的趋势。

1966年,一个由教育管理大学理事会主办的教育管理国际互访项目在美国和加拿大进行,这个项目由教育管理大学理事会执行主任卡伯特森(Jack Culbertson)构思,来自澳大利亚的主任助理沃克尔(Willam Walker)负责具体执行,它得到克洛格基金会慷慨援助。项目已经取得相当大的影响,促使北美学者们对国际问题进行思考,同时刺激来自澳大利亚、英国、新西兰的参与者们学习并从美国和加拿大的经验中获益(Aron et al. 1969)。已经产生的长期效果是逐渐形成持续性的国际沟通网络,利用这个网络,教育管理大学理事会与其他已经建立起来的世界性协会和组织一起,共同做出了贡献。

**3. 欧共体教育管理委员会(CCEA)**

在第二届国际互访项目1970年在澳大利亚举行的时候,新组织欧共体教育管理委员会开始起步,第一任主席是沃克尔。它成为欧共体内相关国家的团体和个人成员——个体从业者和学术组织——协会,承诺提高教育管理的质量和促进管理人员的专业发展。通过其各种活动和季刊出版物,得到稳步发展,包括或联系了大多数欧共体国家的行政管理者和学者。在20世纪90年代,它在40多个国家拥有大约6 000名成员。

在欧共体基金会的支持下,欧共体教育管理委员会在“新”欧共体的20多个国家建立了推进教育管理的国家层次的团体。它鼓励协会之间的相互联系,提供网络和鼓励采用组织跨国小组的方法去诊断和协作研究关于国家教育系统的共同问题。地区会议和研讨会也已经在孟加拉国、巴巴多斯岛、塞浦路斯、斐济、中国香港、印度、肯尼亚、马来西亚、尼日利亚、新加坡和汤加举行。欧共体教育管理委员会秘书处也在位于澳大利亚新南威尔士州阿米德尔(Armidale)的新英格兰大学开始了其他项目,如年轻管理者的地区伙伴关系、南太平洋交流项目、出版物的发展和新建协会的交换计划。欧共体教育管理委员会成立20周年纪念,是以来自欧共体的24位作者合作完成的一本关于学校领导的内容充实的书籍作为标志的(Walker et al. 1991)。

**4. 国际互访项目(IIP)**

由教育管理大学理事会在1966年采取的第一步,包括了5个英语为母语的工业国家,回想起来可以作为国际教育管理发展中非常有意义的先锋事件。1970年在澳大利亚有15个国家(包括几个来自“新”欧共体国家)的代表出席的会议上,能动的网络这个基本概念在第二届国际互访项目会议上得以拓宽。正是在那时,提出了每四年召开一次交互式信息处理系统会议的想法,由教育管理大学理事会和新成立的欧共体教育管理委员会共同主持(Thomas et al. 1974)。

开展计划中的一系列后续行动作为迅速发展的国际网络的范例,使得新的理念和技术在国家层面交换,并产生了刺激性的效果。1970年,一群英国交互式信息处理系统的实践者同意共同探索建立欧共体教育管理委员会分支协会的可能性,除了英国当前关注的问题以外,这一协会还把目标瞄准了1974年由英国主持的第三届交互式信息处理系统会议。一个新的学会,后来被称作英国教育和行政学会(BEMAS),因此于1971年成立,并且很快创办了自己的杂志和开展了一系列国家和地区的活动。在1974年,它也成功地建立了交互式信息处理系统,其中有来自21个国家的超过100位教育家参与(Hughes 1975)。这一余波的效应在继续,印度、尼日利亚和塞浦路斯的实践者率先在自己的国家建立了教育管理协会。

1978 年在加拿大举行的第四届交互式信息处理系统会议上,作为协调人的教育管理者的任务成了这次会议广泛的主题(Farquhar and Housego 1980)。来自30多个国家的代表参加了会议,并且正式成立了一个保障交换式信息处理系统连续性的常设机构,确保参与国适当的连续性,这一传统现在被牢牢地建立起来,使得每个项目中的许多内容被参与国家在理念和实践上做必要的定型,而新出现的问题会接着在国际参考的框架内加以讨论。

1982 年,国际互访项目会议第一次在发展中国家举办,地点是尼日利亚。这一盛事提供了一个极好的机会,把对非洲国家教育管理的问题和关注投入国际视野(Ukeje et al. 1986)。对教育管理者构成持续挑战的公平和多样性问题成了 1986 年国际互访项目会议的主题,会议地点恰好设在三个有对比意义的地方:夏威夷、斐济和新西兰(Edwards 1986)。1990 年,国际互访项目会议在英国举行,主题是教育行政者未来的发展(Ribbins et al. 1991)。1994 年,国际互访项目会议在美国和加拿大举行,计划讨论集权和分权对管理者的实践与培养的含义这一普遍性的主题。

### 5. 美洲国家教育管理学会(ISEA)

这一组织创建于 1979 年,有 25 个国家的代表出席了在巴西利亚举行的美洲国家教育管理大会。巴西的国家教育管理专业人士协会(ANPAE)已经是一个建设得很好的组织,并且正是它的倡导,通过和教育管理大学理事会的合作,导致了美洲国家教育管理学会的产生,由巴西的桑德(Benno Sander)任主席。新的学会不久就和教育管理大学理事会和欧共体教育管理委员会一起成了交互式信息处理系统的联合主持者。

美洲国家教育管理学会使得个人、机构和专业人士组织一起关注美洲的教育管理,并寻求和鼓励这一地区美洲国家之间的合作。第二届美洲国家教育管理大会于 1984 年举行,重申了对这一学会活动的支持。当条件许可时,它计划出版一本美洲国家教育管理期刊。进一步的目标是举行三年一次的美洲国家教育管理大会,由全美洲各个国家轮流主持。

### 6. 欧洲教育管理论坛(EFEA)

欧洲教育管理论坛成立于 1977 年,是研究者参与 1976 年英国教育管理协会年会的结果,英国教育管理协会的工作集中于英国和其他欧洲国家的课程管理方面。正是在那时达成了尝试建立一个具有连续性的协会的共识。参与者通过适当的程序组成一个指导委员会,1977 年 11 月在巴黎草拟了一份规划教育管理欧洲论坛的计划,将法语和英语定为官方语言。欧洲教育管理论坛旨在促进经验、信息和研究的交流,并鼓励各个国家建立相关协会。稍后决议联合教育管理大学理事会、欧共体教育管理委员会和美洲国家教育管理学会作为国际互访项目的共同主办人,在国际互访项目常设委员会设立代表。

欧洲教育管理论坛的活动包括出版一本双语的时事通讯,组织双边的和三边的会议与交流,以及两年一次的欧洲相访项目(EIP),这些做法大致模仿了国际互访项目模式。第一届欧洲互访项目于 1980 年在德国举行,内容是关于学校管理者的专业性发展问题,有 10 个国家的代表参加。1982 年在法国进行的欧洲互访项目考虑了行政管理中入学人数下降和资源衰退的问题。随后几届的欧洲互访项目曾在荷兰(关于中央立法和学校自治)、英国(关于对社会变化迅速做出反应的制度)、瑞典(关于学习社会中的领导)和在西班牙(关于教育政治的一致性和多元化)等地举行。1989 年的瑞典欧洲互访项目大会上,俄罗斯和东欧国家参与者的出席成了一项重大的新发展。

20 世纪 90 年代中,欧洲论坛计划在合作的欧洲范围内使用新的机会交流经验、解决问题和通过团队网络开发有关功能和特殊课题的技能。它也将会作为遍及欧洲的各种形式的专家委派和咨询文献交换中心而发挥作用。

### 7. 其他网络

东南亚和太平洋地区教育行政人员和管理者讨论会(SEAPREAMS)为来自广大分散地区的学

校管理者和督导人员的相聚与交流经验提供了两年一次的机会。第一次会议于1969年在新加坡举行,后来曾在巴布亚新几内亚、斐济、马来西亚、瓦努阿图、库克群岛、中国香港和达尔文市召开,通常有来自20多个国家和地区的参与者。选择中国广州作为1993年的会议地点标志着这一网络进一步加宽。

在欧洲,以荷兰为基地的欧洲中学校长协会(ESHA)成立于20世纪80年代。它主持了两年一次的会议,1990年和1992年分别选址在英国和德国。欧洲中学校长协会也组织了互访项目,使成员间能够在某种程度上学习别国的学校管理经验。以奥斯陆为基地的相似网络是国际学习合作团体,它是从教育研究和创新中心的国际教育改革管理培训(IMTEC)的计划中发展起来的。在某种程度上有些重叠的其他网络,是通过关于学校领导和关于学校效能与改进的国际代表会议而发展起来的。

高等教育管理者的国际联系和学习的机会由许多组织提供,包括欧共体大学协会和美洲国家大学协会。也有一个设在巴黎的国际大学协会,其成员来自世界大多数国家。

**8. 结论**

本词条阐述了教育管理领域中大量的各种国际协会和网络的成长。总的来讲,它们显示了巨大的生命力,但是发展趋势很难确定。一个困难是,一些团体更乐于集中精力为成员提供时事通讯和会议论文,而不是带有普遍性的文献。另一方面,国际互访项目体现出近25年连续性发展的线索,已经产生了一系列多位作者撰写的多卷著作,巴龙等人(Baron et al. 1969)和里宾斯等人(Ribbins et al. 1991)的著作,与欧洲共同体教育管理委员会20周年年鉴(Walker et al. 1991)一起,共同构成了文件的主要部分。

然而,即使在国际互访项目和欧洲共同体教育管理委员会的书籍里,也很难发现清晰的趋势。本文开始时提到的国际上教育管理中的两个方面(即增加理解和改善实践)的关系经常存在着问题,而且反复不断地发生,它被看作是一种持续的挑战。有迹象表明,接受文化差异影响的观点在增长,并且人们做出更多的准备来考虑这些观点以及实际管理者的经验。最后,对潜在的技术进步(像通过卫星进行沟通)的正确评价,为国际学习和国际教育管理者的发展在技术可能性和期望方面提供了新的渠道。

E. 米克罗斯(E. Miklos)
C. 奥普斯(C. Hopes) 著
杨骥辉 译

**附录**


Baron G, Cooper D H, Walker W G (eds.) 1969 *Educational Administration: International Perspectives.* Rand McNally, Chicago, Illinois

Boyan N J (ed.) 1988 *Handbook of Research on Educational Administration: A Project of the American Educational Research Association.* Longman, New York

Edwards W L (ed.) 1986 *Equity and Diversity: Challenges for Educational Administrators.* Massey University, Palmerston North

Farquhar R H, Housego I E (eds.) 1980 *Canadian and Comparative Educational Administration.* Centre for Continuing Education, University of British Columbia, Vancouver

Hughes M (ed.) 1978 *Administering Education: International Challenge* 3rd International Intervisitation Programme on Educational Administration, Bristol, July 1974. Athlone Press, London

Hughes M G 1988 Comparative educational administration. In: Boyan N J (ed.) 1988

Ribbins P, Glatter R, Simkins T, Watson L (eds.) 1991 *Developing Educational Leaders*, International Intervisitation Programme 1990. Longman, London

Thomas A R, Farquhar R H, Taylor W (eds.) 1974 *Educational Administration in Australia and Abroad: Analyses and Challenges.* University of Queensland Press, St Lucia

Ukeje B O, Ocho L O, Fagbamiye E O (eds.) 1986 *Issues and Concerns in Educational Administration: The Nigerian Case in International Perspective.* Macmillan Nigeria, Lagos

Walker W, Farquhar R, Hughes M (eds.) 1991 *Advancing Education: School Leadership in Action.* Falmer Press, London

## 教育管理中的领导(Leadership in Educational Administration)

本词条讨论教育管理中的领导,既关注几个国家中的理论又关注研究。它首先论述1980年以来的理论和研究,借用布里奇(Bridges 1982)的系统研究调查模式,但是也包括了非经验材料的一些思考。尽管各国学者经常把教育管理的领导研究评定为一种未形成的、无定形的由零碎不成系统的东西组成的领域(Walker 1989, Morris 1985, Crehan 1985),本词条寻求提供一种元视野,包容而不是排斥或减少这一领域中各种分歧与零乱的东西。它也考虑了国际上教育领导研究的新趋势和为未来的研究提出方向。

### 1. 领导的研究

领导的研究自20世纪50年代以来就一直是教育管理的子领域。从那时到1982年之间,几个国家期刊登载的研究学校管理者的论文有20%聚焦于领导。而且,在80年代和90年代早期,对教育领导的兴趣大增。在几个国家期刊的教育索引中,“领导”条目1990~1991年度比1980~1981年度几乎增加了1倍。美国教育研究协会(AERA)以领导为议题的会议,从20世纪80年代早期到90年代早期增加了3倍,而报纸的介绍增加了5倍。一些学者走得那么远,暗示教育领导的改革从1980年起在许多国家就是广泛的教育改革的同义语,并且发挥了很大的作用,这些改革的内容包括分权化、权力下放和授权。

### 2. 教育领导的主要问题

这里讨论四个主要的问题:(a)定义、描述领导的概念;(b)建立知识基础;(c)选择方法论以及分析的方法;(d)培训教育领导者。

#### 2.1 领导的概念

“领导是地球上观察最多而理解最少的现象之一”(Burns 1978),也是在社会科学里最大量研究的领域之一(Bass 1990)。在20世纪有几百种互不相同的、经常互不相容的领导的定义呈现在社会科学和组织理论文献中(Rost 1991),没有单一的定义,也没有任何通常的理论方法上的冗长陈述——“伟人”理论、特性理论、行为理论、权变理论、情景理论、转换理论——去假定一种卓越的地位。领导的研究充满了矛盾与冲突的结果:似乎不能调和的学术观点、无力达成一致的定义以及不能就领导现象作一般性的描述。

对教育家来说,领导研究中的概念混乱是由几个因素共同决定的。

首先,对什么是教育管理没有准确的一致意见,教育领导究竟是包含在教育管理里面(Mintzberg 1973),还是这两者根本上就是一回事(Hodgkinson 1991),或“领导”、“行政”和“管理”在概念上是截然不同的术语。在很大程度上,教育管理的学者不加区别地使用“领导”、“行政”和“管理”,并不加疑问地接受这些术语为制度化的同义词。而且,当一些学者试图区别这些术语并精确地给“领导”下定义时(Greenfield et al. 1986),别人就会反驳。例如,“领导”是一个含糊的术语,包含了行政和管理,并且“领导就是行政”(Hodgkinson 1991)。

其次,无论考虑领导、行政,还是两者,一方面学者们不同意概念的统一和概念的综合,另一方面,也不同意概念的多元论和多重性。例如,有人争辩说,对教育领导的研究应该寻求各种定义和概念的综合,因为多样的解释很难操作而且散乱,而其他人支持概念的多样性,因为它减少了狭隘性和刺激了想像性的思考。

第三,教育领导可以在几个不同的层次进行研究——学校(中等或初等)、地区、州或省、国家。而且,有各种领导者——校长、督导、部门主任、教师——也有“领导者的领导者”,包括“思想家、理论家、学者和政府官员”(Morris 1985)。另外,领导可以被集体行使也可以被个体行使,例如,被学校内的一个部门或被专业学会。

第四,从20世纪60年代以来对与领导相关的公平、民主化和参与决策等问题的强调,一直受到传统的把领导者当作个人而不是集体的观点的影响。

在研究效能学校、学校变革、学校改善、学校计划实施等问题的时候，领导被认为是重要的因素(Clark et al. 1984)。尽管它有显而易见的重要性，然而，研究者经常因其周围概念的混乱而感到沮丧。有时人们争论，例如，是否必须用更宽泛的术语来定义领导或完全不要定义。

不过，研究者中的许多人同意下列命题：(a)领导不是强制或依靠决策、规则、规章或强制的政策获得顺从；(b)领导包含着领导者和追随者的一种影响关系，意在实现变革，达到共同的目的或创造共享的价值；(c)领导涉及人们的相互作用而不是(或除了)从事技术方面的工作；(d)领导由私人的、组织的和环境的因素及其相互影响所塑造，并导致多样的结果，而“技术核心”的发展——课程与教学——成为最重要的结果。

### 2.2 建立知识基础

尽管很少有研究者直接讨论教育管理中领导研究的知识基础问题，但是这一问题暗含在许多文献当中。一些学者指出了综合所了解的东西的必要性，但同时也承认总结文献的困难(Immegart 1988, Crehan 1985, Boyan 1988)。有人记录下了妨害知识基础发展的各种各样的因素：

(a)领导的研究——一般意义上的和教育上的——利用多种方法论的和解析的方法并且从结构—功能范式(传统科学、行为主义)和解释学的范式(现象学、诠释学)中得出结论。

(b)许多研究既没有理论的、概念的框架也没有问题的定位(Bridges 1982)。

(c)教育领导论著的优势是描述性的/说明性的。这种论著偏于模糊并且经常歪曲正确的研究。

(d)许多教育领导的研究者表现出对广泛的领导领域的研究知之甚少。与此对应的说法也是成立的：很少有领导研究领域的学者更多注意教育的研究。

(e)几乎没有教育领导的研究采用纵向的观点和多元化的观点。

(f)知识的累积、领导研究的概括，不管是否与教育有联系，都可能是有害的，因为它倾向于把注意聚焦在“平均”上和排除有潜在价值的变量(Immegart 1988)。寻找中心趋势和共同结论会使得研究走近意见一致的知识基础，但是牺牲了过程中的多样性。

(g)尽管很少被使用到对领导的研究，一些后结构主义者的观点——即解构论、符号学——指出“知识基础”暗示着一种起源或根本，它们是未完成的关于研究自身的真实文本。按照这种观点，教育领导研究的“基础”是文本，它们自身总是对别的文本的解释或回应，如此无限延伸。

### 2.3 选择方法论和分析方法

从20世纪50年代到70年代，教育领导的研究主要来自主导着社会科学研究的结构—功能范式，“理论运动”用科学—实证的取向驾驭大多数研究，强制使用假设—演绎方法的一些变式。“理论运动”的遗迹在许多教育领导的研究中仍然很明显。然而，20世纪80年代出现了起源于自然主义和解释性范式的方法论和分析的方法，用来拓宽教育领导研究的范围和加大研究者的选择余地。可以使用的方法论和分析工具的范围很广，教育领导问题的研究者必须断定对所提出的问题和难题来讲哪些是适当的。

认真选择方法论和分析的方法已经变得至关重要。教育领域特别要认识到，领导研究不能再坚持使用粗糙的经验主义，包括对有限的变量进行简单相关的研究，依赖过度使用的且过时的问卷或有名声的方法或依赖于最容易得到的样本或方法所进行的研究。

### 2.4 培训教育领导者

培训教育领导者一直是文献和专业会议上的主要话题。列在“领导培训”栏目下的文章占1980~1990年之间教育研究杂志所有领导问题文章的27%。从1980到1991年之间美国教育研究协会年会的程序表中，至少可以确认10届会议是有关领导培训和发展的。

关于教育管理领导者培训的文献认为培训的计划过高估计了教育领导者在学校的影响，并且绝大多数培训计划强调了管理者的责任而不是领导能力(Murphy 1992)。一些学者强调培训需要的是在训练教育领导者中越来越重要的东西：(a)理解种族和社会的不公平并采取行动;(b)教育非本土学生使之学会与各种文化背景的人们相处;(c)处理随学生进入学校的各种社会问题——物欲泛滥、贫困、身体与精神的虐待和单亲家庭——产生的后果;(d)预测和实施新的教学计划及课程,它们强调发展学生思考技能、设计解决问题框架和应用多种学习风格;(e)使学生留在学校学习(Murphy 1992);(f)建立有道德意义的价值和信仰并按其行事(Sergiovanni 1992, Hodgkinson 1991, Greenfield 1988);(g)理解、应用和整合来自社会科学、人文学科和艺术的知识(Murphy 1992, Hodgkinson 1991);(h)集中精力于真正的关于人的问题和真正的难题而不是一般的预算、财政或法律问题(Murphy 1992, Bridges 1992)。上述之外,文献还指出培训计划应该把教育领导者理解成"技术核心"——教学和课程——最根本的领导(Murphy 1992),并且计划应该使用实践为导向的策略使培训的概念操作化。

不幸的是,几乎没有经验研究去讨论培训项目结果的含义。但是对培训计划很好地理解正出现在大学内外。斯坦福大学发展了以问题为基础的学习模式,并在医学院得以检验,它强调小组学习和教育领导在工作中面临的实际问题(Bridges 1992)。"伙伴—帮助领导"这个为学校领导者的大学管理专业能力发展而设计的项目,曾被介绍到加拿大、美国和荷兰。

**3. 理论**

在这里讨论三个受到关注的问题:教育领导研究理论一般考虑的因素;1980 ~ 1991 年教育行政文献中领导理论的使用;自 1980 年以来教育领导领域理论的国际观点及其使用。

3.1 *一般考虑的因素*

教育领导研究运用理论时经常提到"理论运动"的实证主义根源,即使用哈尔平(Halpin 1966)的"初始结构"和"体谅"两个概念(两种描述领导行为的科学维度,前者广泛地指向工作模式和程序的建立,而后者则指向能表明领导—追随者关系中友善和热情的行为)及有关的研究工具——领导行为描述问卷(LBDQ)。一些研究利用了菲德勒(Fiedler)经常被质疑的权变理论和有关的工具即"最不喜爱的同事"测量问卷(LPC)。权变理论认为领导行为要根据领导者的动机种类以及所使用方法对情景有利程度而确定,而动机分为任务定向和人际关系定向两种。

然而,教育领导研究理论的讨论中正出现几个新的方向:(a)提倡归纳的、自然主义的理论,或提倡对真实环境中的真实领导者进行"深度描述"的"扎根理论";(b)学校外部因素(开放系统理论)和领导—环境关系的结合;(c)使用社会科学和人文科学的理论观点;(d)不愿寻找普适的教育领导理论,而愿意接受领导行为是与情势前后相关的事实;(e)包含了各种理论观点,这些观点论述了语言、价值、道德、伦理问题、性别问题、文化、内涵、个体、社会的建构或解释现实。

一些教育领导的研究者似乎看重理论,另一些人争论认为对理论的追寻降低了本质的复杂性、冲突和不确定性。因此,在教育领导研究中理论的地位或使用上很少达成一致意见。

几个一般性的结论值得注意:

(a) 对理论的讨论或使用经常显示出对领导研究理论的无知。例如,很少有教育领导的研究利用转换生成理论(Burns 1978)、领导魅力理论(Bass 1990)或归因理论(Pfeffer 1978)。

(b) 在理论或零散的理论观点中对实践和伦理问题的日益关注。

(c) 尽管普遍承认学校是开放系统,许多研究仍然在使用把学校看作封闭系统的观点,还认为领导者不受外界因素的影响。

(d) 几乎不曾关注递加过程理论的发展,因此不注意在研究者之间展开关于理论或理论观点的优、缺点的具体对话。

(e) 关于结构—功能主义或解释学,哪种范式最充分地构成了与教育领导相关的理论,进行了严肃的辩论。解释学范式的理论或理论观点一直向传统的结构—功能范式挑战,声称理论的目的是阐述领导的意义,不是解释它、预测它或掌握它。例如,福斯特(Foster 1986)使用过现象学理论的观点,并在尝试"重构"领导时强调语言、意义、反映、道德问题和实践的重要性。

(f) 许多教育领导的研究是非理论的或没有任何与理论相关的观点。此外,理论经常是蹩脚拼装的和实施不充分的。

(g) 许多讨论和使用的教育领导文献滋生于由其他学科发展起来的理论或理论碎片。

(h) 有一些企图,尽管少,是想从根本上对教育领导的概念再构思(Hodgkinson 1991,Simith and Blase 1991,Duke 1986)。

### 3.2 20世纪80年代以来出版的研究论文

回顾教育管理季刊、教育管理杂志和管理者笔记几种杂志 1980~1991 年之间刊登的文章,表明有64篇文章分别是完全涉及领导、部分涉及领导或无差别地使用了"领导"和"管理"的。在64篇文章中,36篇(56%)是经验的研究,在期刊文献中,它代表了教育领导研究中当时发展的水平。

在36篇经验研究当中,只有9篇有理论的倾向,而其他27篇则有着问题的导向或只是描述以及性质上有所关联。这样,只有25%的文章有理论定向的情况支持了经常的断言:教育管理中的领导研究是非理论的。

理论导向下的文章倾向于回顾"理论运动":3篇运用哈尔平的"初始结构"和"体谅"理论;1篇使用菲德勒的权变理论;一篇借用权威、民主和自由放任主义领导风格理论,它起源于20世纪60年代俄亥俄州和密歇根州的研究;1篇把"初始结构"理论和下属"接受区"理论结合起来,后者来自巴纳德和西蒙(Barnard and Simon)领导行为域的著作,在这个域内下属愿意接受决策;1篇使用阿吉里斯和舍恩(Argyris and Schon)的"信奉的理论对抗实际应用的理论"的理念,去构造"专业实践的理论"。还有2篇很大程度上涉足未曾探索过的教育领导研究领域:它们都使用科尔(Kerr)的"领导取代"理论,这是一种新的领导研究理论,主张价值和规范可以代替领导者(Bass 1990 P. 683)。

绝大多数领导理论的讨论出现在非经验的文章和书籍中。那些写关于教育领导理论的人急切与之辩论并提出意见和开出药方,实际上他们很少使用它。并且,许多讨论聚焦于领导的概念而不是领导的理论,好像学者们是想抓住了领导的含义以后才开发和应用理论。

### 3.3 国际的观点

由于"理论运动"起源于美国并且只是后来出现在别的国家,所以它在美国以外的影响要少得多。此外,英联邦国家的教育领导学者——英国、澳大利亚、加拿大、新西兰——曾经常抵制科学的、实证主义的理论观点。因此,他们不断地发展和支持教育领导的选择性的理论观点。

例如,在加拿大,学者提出了非常不同的理论观点。格林菲尔德(Greenfield 1984)强烈地赞成使用现象学的理论透镜分析问题——即领导存在于人们主观的经验解释中,它是一种内在的现象与价值、道德、意义甚至幻觉相联系。霍金森(Hodgkinson 1991)声称领导是仁慈和道德的艺术,其核心问题是哲学的和"价值的"而不是科学的。他提出"价值、道德和伦理是领导真正的东西……而我们则没有关于它们的全面的理论"(前言)。除了建议教育领导研究应该使用广义的"价值理论"以外,他认为在理论和实践之间没分裂,教育领导必须从事一种实践("有意识地反思目标行动"P. 113),它将理论与实践联系起来,也将理论和价值观连接起来。

在澳大利亚,学者也探索了教育领导的不同观点。贝茨(Bates 1983)对传统的科学理论提出了强烈的批评,建议改为批评理论的一种变式,指出传统领导的理念强化了广泛社会不平等。格伦(Gronn 1986)借用符号互动理论和心理分析理论研究领导行为的社会心理动力机制以及三种不同学校环境下的追随者。

在以色列,希伯来大学进行的研究集中于理论的发展。因巴尔(Inbar 1980)一直在寻找拓宽学校校长角色的方法,详述了一种包括成功—失败的连续体并与角色—风气有关系的框架。他建议这一框架"可以被理解为一种新的理论观点",用以解释、分析和预见领导行为(P. 243)。与之相似,撒拉(Sara 1981)对发展中国家(尼日利亚、巴基斯坦、沙特阿拉伯和苏丹)教育领导的比较研究提出了新理论发展的可能性以及发展能够对所有国家和文化都有效的"通用领导理论"的可能性(Sara 1981 P. 30)。

### 4. 研究

这里将提出三个值得关注的问题:教育领导研究中的一般性考虑;从1980年至1991年教育管理文献中关于领导的研究;1980年以来教育领导研究国际上的观点和使用。

#### 4.1 一般性的考虑

教育管理关于领导的研究继续展示三个经常注意的缺点和局限性。然而,它也注意到了一些多样的和积极的趋势。

##### 4.1.1 缺点与局限性

第一,研究经常不关注教育领导者所处的特定的环境。第二,研究经常有以下特征:过度使用量表、特性分析或归因的方法,在使用很少变量的情况下进行简单描述或相关分析,指导调查的构想局限性太大、采用便利但是不太可靠的样本、过分信赖横断分析方法、忽视先前和结果的变量,一般都没有对可能的替换性解释加以说明,以及没有充分考虑问题的信度和有效度(Immegart 1988, Bridges 1982)。第三,学校领导实践的问题很少被提到(Bridges 1982)。第四,研究几乎唯一地集中于公立学校的领导,从而忽视了私有部门内潜在的领导的不同模式(Bridges 1982)。

##### 4.1.2 积极指导

几乎一半以上出版的研究文献使用了定性的方法或结合了定性与定量的方法。在被调查的36篇经验性研究中,12篇(33%)使用了定性的方法,18篇(50%)使用了定量研究方法,只有6篇(17%)结合了两种方法。一些学者在积极地寻求开放教育领导关于道德伦理、价值、文化、意义、隐喻和艺术的研究(Hodgkinson 1991, Greenfield 1984, Duke 1986)。一些学者集中于实际领导的境遇和领导在教育当中的实践与问题(Bridges 1992)。研究有时含有环境变量,诸如外部的命令、财政的约束、文化的规范。一些学者把教师和其他的委托人看作领导,结果,数据来源、收集数据的技术方法和变量的研究在相当大的程度上膨胀了起来。许多研究集中于领导作为"技术的核心"的问题。研究者建议,教育领导应该关注学校的首要目的——学生的学习。

#### 4.2 20世纪80年代领导问题研究的方法

在36篇经验研究的调查中,19篇(53%)集中把校长作为领导,6篇(17%)集中于行政主管。其他的把副校长、系主任、小学教师、地区和校长以及与下属或高级人士为领导。在19篇对校长的研究中,7篇文章论述一般的校长、5篇论述中等学校的校长、5篇论述小学校长和1篇论述初中校长。

1980~1991年的教育文献检索出967项有关"领导"条目的文章,其中包括了357篇研究特定职务人员的文章。在357篇文章中,146篇(41%)包括了校长、35篇包括了教师、18篇教育厅长和10篇系主任。美国教育研究协会1980~1991年期间的年会涉及领导问题的论文,包括51篇校长的、22篇教师的和13篇行政主管的参考文献。

因而,校长成了教育领导经验主义和非经验主义文献中的焦点,而行政主管远居第二。教师在经验主义研究中受到了重视,但是在非经验文献和专业会议上未能成为焦点。

36篇经验主义研究展示了关于教育领导研究的多种方法。

##### 4.2.1 设计

16篇研究基于调查(44%)、10篇是案例研究(28%)、5篇结合了调查与案例研究(14%)和5篇是关于文献与测试分数的叙述(14%)。因此,尽管调查的方法独领风骚,其他的设计也已在许多研究中出现。

##### 4.2.2 资料搜集

13篇研究只利用了问卷(36%)、5篇只使用了文献(14%)、3篇只是采访和1篇只是观察。另外14篇研究结合了这些策略中的两种或三种。因此,尽管问卷在收集资料方面仍保持很大影响,但是几种不同的策略以及策略组合也在使用。

##### 4.2.3 变量

在一些研究中领导是作为因变量使用,而在别的研究中当作自变量来使用。很少有研究尝试着做因果关系的分析,绝大多数仅仅调查了与领导有相互关系的因素。下列是依照其在研究中的地位和与研究关联的水平对一些变量的分类:(a)校长:各种教育领导、活动、时间的使用、联系、工作场所、初始的结构和考虑、价值观;(b)行政主管:培训(或培养)、流动对非流动、所有 12 种领导行为描述问卷的等级、监控课程和教学;(c)教师:态度、决策、在职培训的机会、对领导者的影响、接受权威的领域;(d)学校:组织气候、管制、复杂性、支持性服务、成就;(e)环境:地区政策、地区课程目标、学年和社区的上下联系。

4.2.4 分析的方法

大约有 1/3 的研究使用了一种以上的方式来分析资料,尽管几乎所有的研究都使用了一种主导方式:对被收集的资料的描述(11 篇文章,占 36 篇的 31%)、多元回归分析(4 篇)、使用明茨伯格(Mintzberg 1973)的结构观察分类法或这种分类的变式(4 篇)、内容比较分析(3 篇)、相关分析(2 篇)、变异因素分析(1 篇)、变异分析(1 篇)、后续分析(1 篇)、辨别分析(1 篇)、卡方分析(1 篇)、习性分析(即发现个人利益的意义)(1 篇)、一些定性资料进入分类时的三角测量(1 篇)、自我观察资料衰减的现象学资料(1 篇)、复杂的定性分析(1 篇)、结构均衡建模(1 篇)。简而言之,研究者已试用了多种方式去研究教育领导。

4.2.5 研究结果

有关校长、行政主管和一般领导的研究结果,包括以下部分。

校长的工作具有高工作量、快节奏、多变和行为错乱等特征。校长的领导经历包括个人的、组织的和环境的变量。校长的个性可以影响其工作,因为它们可以选择工作内容。组织的因素是对校长领导的最重大的约束,而环境的约束只施加了次要的影响。然而,放权会侵蚀校长的权力并且促使校长花更多的时间去适应外部环境。校长领导的效果不断地被检查,尤其和学生的成绩、教学和课程相关的方面,校长的教学领导可以影响那些领域。此外,作为领导者的校长的效能倾向于任务导向而不是关系导向,似乎在环境不佳的学校任务导向尤其突出。与此相似的是,教师对校长们的专业领导而不是情感关怀的接受程度大小,更强烈地影响了校长初始的组织行为。

行政主管的工作表现为意想不到、不连续和肤浅等特点。他们好像更是管理者而不是领导,因为他们 70% 是和行政人员以及政策制定者联系,而不是与校长和教师联系。行政主管的领导性受到组织和环境因素的约束,主要决定着他们所办理的事情和相互影响的人。尽管如此,他们能够在这些限制中间进行操作并且能够将社会的结构和偏好转化成政策和实践。不顾对其限制,行政主管还影响着其学区的学术表现和校长们的教学领导。在有效的学区,他们通过多种直接和间接的领导工具积极地管理着"技术核心"活动。

概括地讲,教育领导受到个人、组织和环境因素的影响。教育领导的确也影响着学校的表现。教育领导花费了许多时间在通常认为是管理定向而不是领导定向的活动上。教育领导涉及意义、象征和价值,还有行为、特性和作风。分权与民主化以及其他的改革象征性地改变着教育领导和影响着教育领导。在教育管理研究中主导性的关注应该是校长的教学领导。

4.3 国际上的观点

教育领导曾经是许多国家学者研究的焦点,包括美国、澳大利亚、加拿大和以色列。当这些国家绝大多数的研究只是考虑本国领导问题时,另一些研究则比较两三个国家中的领导,或在推测研究结论会怎样与其他国家的领导相关。

在加拿大,霍金森(1991)和格林菲尔德(1984)都在争论教育领导研究中感觉、价值、道德问题和与真正的、活生生的经验相关的问题。格林菲尔德坚持领导研究应集中于社会现实的创造,他提倡一种新的科学,"该科学将要求方法和工具适合于这些'主观'的现实"(Greenfield 1988 P. 151)。霍金森(1991)提出使用存在于臆测和经验主张之间的教育领导研究的"格言"。莱特伍德等人(Leithwood et al. 1992)使用他们关于行为的研究成果和对学校领导的思考,并集中研究真正学校的真正问题,从而为未来学校提出"专家式学校领导"的模式。克里恩(Crehan 1985)分析了 1983 ~ 1984 年间教育领导的主张之后总结道,后续分析在评定教育领导的知识基础时不太可能是一种有价值的方法。

在澳大利亚,政府学校教育选择的发展和作为引进结果的分权和放权的变革对教育领导的研究提出了挑战(Chapman and Boyd 1986),新的理论观点由贝茨(1983)、格伦(1986)和其他人提出。新的管理结构和选择理论观点鼓励研究寻求新的研究布局、新的资料收集技艺和新的分析方法。例如,格伦的学校领导研究案例,已经通过“行政人员的观察”在进行,这是一种“系统监控和通过对其他经验的理解和批评进行自我反思的”策略(Gronn 1986 P. 3)。

在36篇经验性文章中,有6篇的研究是由澳大利亚人通过调查所作,它们展示了多种收集资料的方法(采访、观察、日志、问卷)和分析方法(不断地比较、编码、关联、习性分析)。结果包括以下部分:行政主管和校长的工作都是断断续续的和不连续的;民主的领导与积极的员工士气有关联;女教育领导展示了几种不同的领导方法;对领导的最好解释来自交换理论而不是特性理论或行为理论。

在以色列,因巴尔的研究考虑了教育责任和成功与失败、角色氛围和教育领导之间的相互关系。他认为“由于学校的职务包括了教师的激励,他们把自己置于相对‘无动于衷’的角色气氛中,教育领导就变成了主要的挑战”(Inbar 1980 P. 243)。其他研究者,研究了自治学校领导的最初的冒险,研究了自传材料和个人价值取向之间的关系,也研究了小学校长行为效能问题。

36篇经验主义研究中有2篇是以色列人写的。撒拉(1981)把领导行为描述问卷用于尼日利亚、巴基斯坦、沙特阿拉伯和苏丹的校长,并得出结论说有一种领导模式共同存在于所有四个国家。阿维-伊兹霍克和本-彼内兹(Avi-Itzhak and Ben-Peretz 1987)把一种问卷用于以色列的一个城市学校的校长,在多元回归分析之后发现,校长的教学领导是非常重要的,有效的校长对人们有导向作用,以及个人和组织的因素在影响校长促进课程改革方面要比政策的因素重要得多。

**5. 新兴的趋势**

第一,教育领导经常被认为是共享的和集体的现象,即使在个体的地位成为研究的焦点时。

第二,始于20世纪80年代的改革——校本管理、参与决策和分权——在影响着教育领导考虑问题、研究和实践的方式。

第三,研究者经常把教育领导看作一门艺术,包含了价值、文化、道德、诠释、隐喻和意义,正像他们把它看作是一门行为科学一样。

第四,尽管学者们承认隔阂仍然很宽,许多人正日益急切地搭起理论研究和实践的桥梁,并且把实际的问题和实践包含于培训项目中。

第五,有日益增长的愿望来探索大量的未知的领域——妇女和教育领导、教育领导的替代、不同国家之间的领导观点与实践、由劣势群体进行的领导和为了劣势群体的领导,使用各种定性的方法和方法的组合。

第六,女性研究者正在为教育领导研究做出重大的贡献(36篇经验主义研究调查中,14篇出自妇女或男女组成的团队)。

**6. 未来研究可能有的趋势**

未来研究的趋势可能包括:(a)在领导者在位的连续时间内甚至他们整个生命过程中去考虑纵向研究;(b)系统地综合该领域各种不同的因素,开发出范围广泛的观点;(c)在具有私立因素的学校和能展示领导差异的教育环境中去开展领导研究;(d)整合定性与定量的方法,并且在单一问题的研究中使用几种方法;(e)在不同国家、不同职位和一个学校系统中的不同层次中开展教育领导的比较研究;(f)集中于真正环境中的真正问题,发展培训项目,帮助潜在的领导者解决他们会在工作中遇到的实践性的问题;(g)加强研究教育改革和政策——还有社会态度和习俗、人口统计、家庭结构和环境——是如何影响教育领导的;(h)帮助教育领导理解他们怎样能够把更多的精力致力于课程和教学,或在那些领域中授权给别人。

一些学者认为教育领导研究领域处于完全的混乱状态,该领域已经停滞不前。然而,正相反,这一领域是充满活力和发展壮大的领域,在未来会继续受到关注。很显然,对研究者来讲,将有更多的东西需要去调研,尤其是如果像墨菲(Murphy)主张的那样的话,“在后工业时代的领导和领导关系必须理性地看到,他们不同于其过去所呈现的情况”(Murphy 1992 P. 124)。

W. 豪(W. Howe) 著

杨骥辉 译

## 附录

Avi-Itzhak T E. Ben-Peretz M 1987 Principals' leadership styles as change facilitators in curricular-related activities, *J. Educ. Adm.* 25(2): 231—247

Bass B M 1990 *Bass and Stogdill's Handbook of Leadership: Theory, Research, and Managerial Applications* 3rd edn. Free Press, New York

Bates R J 1983 *Educational Administration and the Management of Knowledge.* Deakin University Press. Geelong

Boyan N J 1988 Describing and explaining administrator behavior. In: Boyan N J (ed.) 1988 *Handbook of Research on Educational Administration.* Longman, New York

Bridges E M 1982 Research on the school administrator: The state of the art, 1967—1980. *Educ. Administration Q.* 18(3): 12—33

Bridges E M 1992 *Problem-based Learning for Administrators.* ERIC Clearinghouse on Educational Management, Eugene, Oregon

Burns J M 1978 *Leadership.* Harper and Row, New York

Chapman J, Boyd W L 1986 Decentralization, devolution, and the school principal: Australian lessons on statewide educational reform. *Educ. Administration Q.* 22(4): 28—58

Clark D L, Lotto L S, Astuto T A 1984 Effective schools and school improvement: A comparative analysis of two lines of inquiry. *Educ. Administration Q.* 20(3): 41—68

Crehan P 1985 An exploration of the usefulness of metaanalysis in educational administration. *Educ. Administration Q.* 21(3): 263—279

Duke D L 1986 The aesthetics of leadership. *Educ. Administration Q.* 22(1):7—27

Foster W 1986 *The Reconstruction of Leadership*, Deakin University Press, Geelong

Greenfield T B 1984 Leaders and schools: Wilfulness and nonnatural order in organizations. In: Sergiovanni T J, Corbally J E (eds.) 1984 *Leadership and Organizational Culture: New Perspectives on Administrative Theory and Practice.* University of Illinois, Urbana, Illinois

Greenfield T B 1988 The decline and fall of science in educational administration. In: Griffiths D E, Stout R T, Forsyth P B (eds.) 1988 *Leaders for America's Schools: The Report and Papers of the National Committee on Excellence in Educational Administration.* McCutchan, Berkeley, California

Greenfield W D, Marshall C, Reed D B 1986 Experience in the vice principalship: Preparation for leading schools? *J. Educ. Adm.* 24(1): 107—121

Gronn P (ed.) 1986 *The Psycho-social Dynamics of Leading and Following.* Deakin University Press, Geelong

Halpin A W 1966 *Theory and Research in Administration.* Macmillan Inc., New York

Hodgkinson C 1991 *Educational Leadership: The Moral Art.* State University of New York Press, Albany, New York

Immegart G L 1988 Leadership and leader behavior. In: Boyan N J (ed.) 1988 *Handbook of Research on Educational Administration.* Longman, New York

Inbar D E 1980 Organizational role climates: Success-failure configurations in educational leadership or are educational administrators doomed to succeed. *J. Educ. Adm.* 18(2):232—244

Leithwood K, Begley P T. Cousins J B (eds.) 1992 *Developing Expert Leadership for Future Schools.* Falmer, London

Mintzberg H 1973 *The Nature of Managerial Work.* Harper and Row. New York

Morris G B 1985 A futuristic cognitive view of leadership. *Educ. Administration Q.* 21(1): 7—27

Murphy J 1992 *The Landscape of Leadership Preparation: Reframing the Education of School Administrators.* Corwin Press, Newbury Park, California

Pfeffer J 1978 The ambiguity of leadership. In: McCall M W Jr., Lombardo M M (eds.) 1978 *Leadership: Where Else Can We Go?* Duke University Press,

Durham, North Carolina
Rost J C 1991 *Leadership for the Twenty-first Century.* Praeger, New York
Sara N G 1981 A comparative study of leader behavior of school principals in four developing countries. *J. Educ. Adm.* 19(1): 21—32
Sergiovanni T J 1992 *Moral Leadership: Getting to the Heart of School Improvement.* Jossey-Bass, San Francisco, California
Smith J K, Blase J 1991 From empiricism to hermeneutics: Educational leadership as a practical and moral activity. *J. Educ. Adm.* 29(1): 6—21
Walker W G 1989 Leadership in an age of ambiguity and risk. *J. Educ. Adm.* 27(1): 7—18

### 其他参考文献

Baptiste H P, Waxman H C, de Felix J W, Anderson J E 1990 *Leadership Equity and School Effectiveness.* Sage, Newbury Park, California
Biklen S K, Brannigan M (eds.) 1980 *Women and Educational Leadership.* Heath, Lexington, Massachusetts
Burdin J L (ed.) 1989 School Leadership. Sage, Newbury Park, California
Cuban L 1988 *The Managerial Imperative and the Practice of Leadership in Schools.* State University of New York Press, Albany, New York
Cunningham L L, Mitchell B (eds.) 1990 *Educational Leadership and Changing Contexts of Families, Communities, and Schools.* NSSE University of Chicago Press, Chicago, Illinois
Duke B C 1991 *Education and Leadership for the Twenty-first Century: Japan, America, and Britain.* Praeger, New York
Jacobson S L, Conway J A (eds.) 1990 *Educational Leadership in an Age of Reform.* Longman, New York
Lomotey K 1989 *African – American Principles: School Leadership and Success.* Greenwood Press, Westport, Connecticut
Popper S H 1990 *Pathways to the Humanities in School Administration.* University Council for Educational Administration, Tempe, Arizona
Smith S C, Piele P K (eds.) 1989 *School Leadership: Handbook for Excellence.* ERIC Clearinghouse on Educational Management, Eugene, Oregon
Smith J (ed.) 1989 *Critical Perspectives on Educational Leadership.* Falmer, Philadelphia, Pennsylvania
Watkins P 1986 *A Critical Review of Leadership Concepts and Research: The Implications for Educational Administration.* Deakin University Press, Geelong

## 管理信息系统(Management Information Systems)

管理信息系统(MIS)是一种结构和程序的安排,用来管理收集、处理、分析、展示和使用组织内的信息。MIS在20世纪80年代出现,成为国际教育管理和计划中重点的新发展。本词条主要叙述管理信息系统的四个主要维度、管理信息系统运行中的五个步骤以及影响管理信息系统在教育管理中有效利用的主要因素。查普曼(Chapman 1990)分析了五种趋势,它们共同促进管理信息系统享有新的优先权:

(a)教育系统在物质规模和地理覆盖范围迅速膨胀。

(b)由于追求结果的数量增长和多样化的原因,教育活动的复杂性日益增长。

(c)更有效使用资源的压力增加(来自日益增长的需求和可利用的财政支持能力的局限)。

(d)更大的责任要求。

(e)经过改进的有效处理大规模数据的较低成本技术的发展。

在这五个趋势中,承担责任的问题可能是最核心的(Hanson 1990)。由于教育部门增长的规模和复杂性问题以及近年来财政支持的短缺状况,教育管理者发现有必要拥有更多和“更好”的信息去支持和保护他们的决策。由于越来越多的责任要求,管理者应将更多的注意转向如何和为什么制定决策上。以数据为基础的合理性更可能被行政和政治层面接受(Kennedy 1984)。找出数据是管理信息系统的责任,基于这些数据的教育政策与实践的决策才是可靠的。可以预见,在教育管理中,当围绕财政和管理的政治斗争进一步升级,管理信息系统结构和程序的重要性在21世纪会继续增加。

**1. 管理信息系统的特征**

管理信息系统的四个主要维度值得注意:技术、管理背景、信息结构的概念框架和能被使用的数据组的形式。埃梅里(Emery 1987)提出的一套极好的技术问题纲要成为所有管理信息系统运作的基础。他注意到微电子领域所出现的巨大变化以信息处理的方式推动着社会迅速发生革命性的变革。由于20世纪40年代以电子为基础的、具有普遍用途的计算机的出现,信息系统中的"硬件"在操作上变得越来越快、越来越便宜和越来越容易为非专业人士所使用。当速度成为一项重要特征时,正是价格和容易使用才使得信息系统摆脱一群技术精英对中央数据处理功能的控制,而在日常管理活动中发挥重要作用。如果管理者不能很方便地使用数据处理技术,管理信息系统数据对实际的决策的影响就会受到严重的限制。

与管理信息系统硬件使用的简易化相平行的是"软件包"(计算机指令程序术语,专门用于特殊的用途,如单词处理和数据分析)的发展。这些进步减少了对使用者技能和培训的要求,并且便利更多决策者使用管理信息系统。

使用管理信息系统的管理背景是第二个主要考虑的问题。每一个组织都有内部和外部的"文化"来帮助决定管理信息系统运行的成本和效益。管理信息系统发展的限制之一是对它的抵制,这种情况曾经发生在高级职员中,当管理信息系统技能成为这些专业人士的专门领域时,他们的职业生涯才能得到保障。然而,在公立和私营部门里,管理决策的复杂性和责任的压力正迫使组织进入管理信息系统时代,虽然有时很勉强(Sander 1989)。

管理背景的一个特殊方面是一个组织运作当中垂直结构与水平结构的关系。受到加强的管理信息系统能力产生了自相矛盾的效果,它一方面鼓励在组织中心层面更好地使用信息,而同时又鼓励分散数据的收集和使用。一个恰当的管理信息系统可以鼓励加强集中化或拓宽决策责任的分配。在任何一种情况下,这一系统都会促进更好地评价和监控决策的程序及结果。

管理信息系统的概念框架是加诸数据的逻辑结构之上的。这一框架将有助于决定数据收集的类型和信息解释的方式。例如,人们会以教育的水平或类型去构筑教育的管理信息系统(如小学教育、职业教育、高等教育),按管理的层次(如教师、学校、地区、州或省、国家)安排,或基于特殊的范式(例如输入—加工—输出—结果模式经常被经济学家使用)。一种开发得很好的概念框架会合并多种结构,并且也会提出衡量成功表现的标准——教育中这方面的例子是公正、效能、效率,或是虽然流行但操作起来很含糊的教育质量概念(Nuttall 1991)。

最后,管理信息系统可以采用基本数据库三个主要结构形式中的一种。最少被一致理解的是文献目录的数据库。这一信息系统的目的是加速文件和有关信息的鉴别与检索,通过促进管理者对一定工作领域内技术状态的理解,或通过对有文件证实的机构或活动的历史的回顾,这一形式能成为非常重要的开发、指导和项目评估的管理工具。教育资源信息系统(ERIC)就是文献目录数据库的一个例子。

管理信息系统的第二个结构形式是管理数据库。通常来讲,这是用于管理者工作的最大的管理信息系统结构。关于人员、设备、器材、材料、客户(教育管理信息系统中的学生)、工作日程、成本和工资等等的一些细节,都被包含在管理信息系统中。这一数据库既可用于报告来满足对责任承担的要求,又可用于决策。

最后,有一种研究的数据库。管理信息系统的这一部分提供了获得研究主题细节资料的通路,那些资料已经得到收集。当管理数据库被用来进行经常和循环的监控与评估活动时,研究数据库则用作特殊的分析。许多国家级的教育机构和日益增多的教育机构支持着研究数据库。不管教育指标关注的是国家间、州际、省际、地区间的比较,还是学校之间的比较,都是研究数据库在整个管理信息系统中的作用在增长的例子。研究数据库相关数据重复检索中被发现的特殊指标最终会合并到管理数据库中去。

**2. 管理信息系统运作的步骤**

成功的管理信息系统运作包括五个主要的步骤:(a)需要识别;(b)资料收集;(c)资料处理和分析;(d)提供信息;(e)信息利用。如果要完成有效的管理信息系统运作,这些步骤中的每一步都必须恰当地设计和执行。

2.1 *需要识别*

有两个主要的方式来识别对数据的需要。第一种涉及对决策者的调查,用来确定他们当前所使用的数据和他们想得到的额外数据。第二种方式包括对管理信息系统概念框架的分析,用来确定管理决策过程中的主要因素。单独进行任何一种需要识别活动都是不充分的。对数据使用者调查的结果受到使用者经验和想像力的限制,或许有数种数据会帮助其决策,由于缺乏使用这种数据的经验,他们可能不会提出要求。同样,教育的概念框架可能会产生许多不切实际的或管理信息系统使用者控制和考虑事项以外的数据项目。通过把调查使用者的实践定向和概念框架提供的广泛的理论观点相结合的办法,资料需要识别可以以一种平衡的方式进行。一旦经过识别,为管理信息系统所规划的数据都可以按照相关性、准确性、收集的及时性、决策者的可理解性和经济可承受性的标准加以判断(Windham 1988)。

2.2 *数据的收集*

管理信息系统内的数据主要来自三个数据收集源。第一个由组织的日常操作记录组成,包括人事、客户和操作等广大范围的数据,被选出的数据子集将组合进管理信息系统。对学校的教育管理信息系统来讲,这可能包括学生上学的人数或人员、材料和设备开销的数据。同样,阶段性的数据将会形成年度预算、计划和评估的一部分。

第二个来源是实施特别的普查,覆盖了组织结构的所有部分。绝大多数的教育系统或机构实施一种年度数据收集,包括职员和学生特性、设备的条件、教育材料的获得和其他教育管理者认为必要的信息。第三个越来越普遍的数据来源是专门的收集,目的是处理政策或实践问题,对这些问题来讲,正在进行的数据收集是不充分的。由于这种为特殊目的而进行的数据收集活动通常基于样本而不是普查结构,它具有直接相关性、提供针对主题的重要细节以及减少信息需要和信息提供之间的时间差等优势。

特定组织收集数据的活动可以依靠这些组织以外的数据库加以补充,这些数据库包含并入管理信息系统目录的组织的和研究的。这一"外部的"信息对确定组织运作的环境、推动组织间的绩效的比较以及进行组织绩效与总的标准进行比较是重要的。

2.3 *数据处理和分析*

大多数管理信息系统中的简单错误通常出现在收集过程中。无效数据登录和编码程序、不适当的核对程序和数据储存与检索系统的错误混合成这些问题。收集的数据很少被处理得更精确,而经常是被搞得更不精确。获得和解释数据的能力能够被不正确的程序所限制,以至有潜在价值的数据不能使用或易遭受严重的曲解。

管理信息系统的数据分析应基本与作为管理信息系统数据收集基础的概念框架相匹配。设置于原始框架内的因果联系可以成为做出相关分析解释的理由。如果框架能断定性别、城市或乡村、年龄或其他诸如此类的特点对组织的运作的重要性,那么数据的结果也可以按照这些维度来分析,确定假设的关系是否能被确认。还有,框架也可以指导管理信息系统的管理者建立指标,或建立其他组合了两个或两个以上数据的衍生性指标。

以计算机为基础的系统和用作大规模数据集统计分析的专用软件包极大地推进了数据分析的交互式方法。研究者现在可以非常容易地从变量所产生的简单频数分布推进到复杂关系的路径分析,以及到多种类别特别数据属性的统计操作。

在某些管理信息系统当中,有一些方面人们对其意义的理解还不够充分,主要是程序的标准化和长时间稳定的度量标准。程序的标准化(例如,数据输入的标准编码系统和使用相似设计的数据分析过程),减少了涉及每一个新的数据处理和分析的培训费用,并且限制了数据错误源。长时间使用同样的数据标准会有助于不同时期数据的可比较性,同时帮助数据使用者理解数据输出。管理信息系统中的变革常常是必要的,但是只有当成本、对可比较性的限制、数据集的可理解性的降低达到最小程度时,改革才能获得效益。

2.4 提供信息

绝大多数的管理信息系统专业人员很快地意识到职责是识别需要、提高收集程序的有效性和监控数据的处理和分析。但是在以适合的方式给使用者提供数据(即适合使用者的能力和职责)方面,专业人员对这种需要的认识不太普遍。按照能力和职责区分,教育管理信息系统的使用者可能有三种:系统的规划者、机构的管理者和政策的制定者。

系统的规划者可能会拥有很多数据设备,并且其职责也要求使用可获得的数据去进行规划设计与调整。对这些人来讲,管理信息系统的专业人员经常只需要提供管理信息系统数据集的通道即可。由于责任的要求,机构的管理者可能要求较高的对管理信息系统数据的理解,而不会使用高度发展的数据技术。管理者可能会清楚地说出所需要的信息,管理信息系统的专业人员必须选择、处理、分析和帮助解释数据,以便协助管理者履行其职责。

最后,政策制定者,尤其是那些处于政界和高级管理位置的人,可能和组织日常操作的现实无关。对这些人,管理信息系统的专业人员需要用和决策者职责相关的信息来使政策制定者信服,并建构简单易懂的数据表达方式,以鼓励他们使用管理信息系统。提供管理信息系统成果的一般原则是,提供的信息要满足潜在使用者们公认的需要,以及在使用者所熟悉的解释的环境中可以理解。至于后者,基于效率的分析对不理解或拒绝效率标准的决策者是无用的。数据使用者的解释环境(包括决策者的组织责任以及对管理信息系统概念框架的理解和接受)在对信息的实际使用中是起决定性作用的。

2.5 信息的利用

对管理信息系统运行所产生的信息的使用有三类选择性的实例。

第一,所提供的信息可用来评估现存的政策和实践以及为未来的执行比较各种选择。这种“高尚的目的”经常作为管理信息系统运行当中仅有的或主要的收益。

第二,信息可能会有选择地用于支持那些已经被官僚性或政治性决定了的政策和实践。在第二种情况下,管理信息系统不是决策的基础,而是决策调整的基础。在这种背景下,如果它们与已接受的政策和实践不一致,管理信息系统的结果可能被忽略。

第三,决策者不关心管理信息系统信息的极端例子,是当管理信息系统已经建立起来并开始运行,决策者丝毫不考虑产生的数据对已批准的活动究竟显示出支持还是反对,管理信息系统提供的结果经常不被理睬。然而,即使在这一情形下,也会有长期的效益源于管理信息系统,如果数据、数据的分析和解释在组织的技术或较低级管理的层面影响个体的观念的话。

在绝大多数情况下,对管理信息系统输出的利用都是不足的,应该迫使组织重新考虑其管理信息系统的结构,并决定是否创立经过修订的系统——无论更大或更小,但应与信息需要更紧密联系。不幸的是,一些官僚结构中的固有的惯性导致管理信息系统继续收集、处理和传播信息,没有任何迹象表明管理信息系统的输出被应用到有效的用途上去。

**3. 为改善决策而促进管理信息系统的使用**

对管理信息系统的有效运作来说,信息使用是唯一最大的障碍。需求的详细说明、数据的收集、处理和分析——甚至信息的介绍——的技术性问题都能够被绝大多数组织所克服。相反,个人和组织使用信息的障碍会被证明是不可逾越的。个人的障碍主要是潜在的管理信息系统使用者的培训、技能和适应能力,管理信息系统校正这些特点的能力,将决定管理信息系统结果的最终应用前景。另外,组织的障碍存在于对改变角色的抵抗中(也就是说,对信息办公室和对新技术熟悉的那些人员更重要),以及不愿放弃以非数据为基础的决策进行辩护。必须预见这些人和组织对管理信息系统潜在使用方面的限制,并使他们适应变化,成为所有成功的管理信息系统实施活动的一部分。

在任何背景中,决策的质量由决策者获得和使用的数据所决定,这些决策者受到的培训和具备的经验使其能为组织提供领导,这一点在教育中表现得非常明显。如果管理信息系统结构的益处可以为教育系统和机构获得,就必须强调管理信息系统的环境方面:政治和组织环境以及决策者的技能和态度。这些是最终决定管理信息系统为更公平和更有效学习的机会做出贡献的因素。

E. 米克罗斯(E. Miklos)
C. 奥普斯(C. Hopes) 著
杨骥辉 译

**附录**

Chapman D W 1990 The role of educational management information systems in improving educational quality. In: Chapman D W, Carrier C A (eds.) 1990 *Improving Educational Quality: A Global Perspective.* Greenwood, New York

Emery J C 1987 *Management Information Systems: The Critical Strategic Resource.* Oxford University Press, New York

Hanson E M 1990 School based management and educational reform in the United States and Spain. *Comp. Educ. Rev.* 34(4): 523—537

Kennedy M 1984 How evidence alters understanding and decisions. *Educ. Eval. Policy Anal* 6(3): 207—226

Nuttall D 1991 *Choosing Indicators.* Centre for Educational Research and Innovation. Organisation for Economic Co-operation and Development. Paris

Sander B 1989 Management and administration of education systems: Major issues and trends. *Prospects* 19(2):225—241

Special Study Panel on Education Indicators 1991 *Education Counts: An Indicator System to Monitor the Nation's Educational Health.* United States Government Printing Office, Washington, DC

Windham D M 1988 Effectiveness indicators in the economic analysis of educational activities. *Int. J. Educ. Res.* 12(6): 575—665

**其他参考文献**

Bank A, Williams R (eds.) 1987 *Information Systems and School Improvement: Inventing the Future.* Teachers College Press, New York

Morales-Gomez D A 1989 Seeking new paradigms to plan education for development: the role of educational research. *Prospects* 19(2): 191—204

Nordic Statistical Secretariat 1991 *Educational Indicators in the Nordic Countries.* Nordic Statistical Secretariat, Stockholm

Organization for Economic Co-operation and Development 1991 *Handbook on International Education Indicators.* OECD, Paris

Ross K N, Mählck L (eds.) 1990 *Planning the Quality of Education: The Collection and Use of Data for Informed Decision-making.* Pergamon Press for UNESCO, Paris

## 改革与革新的管理(Management of Change and Innovation)

本词条讨论学校改革和革新的特性及其过程与动态管理。在讨论改革的含义和学校所需要的改革的类型之后,本词条将集中讨论:(a)建设一个支持改革的系统;(b)管理学习的过程和实现成功改革与革新所必需的责任和义务。

### 1. 改革与革新意味着什么

革新被引进学校是为了改善那里的工作,最重要的是为了改善学生的技能、知识和个人的发展。除了第一次参与革新的人们,革新的需要对任何人都不新奇。然而,总是不断有新的项目要求真正的革新和培养与这些项目相联系的潜能。

改革与革新相比是更基本的概念,并且按照文献中暗示的准则它总意味着改善。但是,正像富兰和施蒂格鲍尔(Fullan and Stiegebauer 1991)所评论的那样,毕竟,革新的产生是一个政治的和创业的过程。因此,革新不是强迫的结果,各种理性的观念和多样可能性经常互相竞争。

某些改革通过发展的过程进行,它会被误认为革新。改革的管理包括扶持和建设发展性改善的基础,也应用革新去改善。

**2. 管理意味着什么**

"管理"和"领导"是从组织理论发展过来的概念并应用于教育。根据路易斯和迈尔斯(Louis and Miles 1992)的观点,在学校里,领导和管理的概念没有明显的区别,他们引用埃甘(Egan 1988)的话指出管理的任务环是:设定目标、制定清晰的工作计划、推动工作计划的执行、提供反馈、实施和监控调整、奖励成绩。领导的任务环包括:创立如何做好工作的愿景、把愿景变成可操作的日程、沟通日程安排使人产生兴奋和委托给别人以任务、创造问题解决和围绕日程学习的氛围、坚持沟通直到日程完成为止。

领导和管理的任务在学校内部必须是综合的,尤其是在渴望进行实际的改革的时候。哈格里夫斯和霍普金斯(Hargreaves and Hopkins 1991)断言授权是管理的目的,管理是学校工作中所有有关人员分担责任。因此,正在创造新的管理角色,像教师领导者,希望这会加速学校的改善(Little 1988)。

**3. 需要何种改革**

期望实现的改革与学校内部支持者的需要有联系,也与社会对大量有充分准备的公民和劳动者的需要相联系,还与正规的学校教育过程以及教学专业领域的发展相联系。后面的这些需要似乎没能很好地被主要的参与者所理解。

教师必须把自己掌握的学科知识转换成为课堂知识,以便促进构成学生学习的那些概念的发展变化(Marton 1992)。与没有受到过这种教育的教师所能做到的相比(Kennedy 1991),学习学科知识本身不能给予教师能力去给一个10岁的孩子解释一门学科的重要概念。一个原因好像是大学的训练忽视了来自学校教学方面的学科知识。这也说明在职培训不应该照搬大学的基本学科训练。

惯例化被认为是教学职业方面的主要问题。由于经验的增加,教师自发感到发展的需要下降,尤其在那些成为日常工作基础的能力方面(Melnick et al. 1989)。教师随着工作经验的增加感到更多的自信是符合逻辑的,但是他们日常工作的习惯需要改变。瑞典小学有这方面的一个例子,发现那些自称需要在职培训英语的教师与其多年的教学经验无关,而是与个人对英语的使用有关。然而,教师采用的教学模式被证明与他们接受职前培训那段时期(即大约在1962、1969或1980年)的国家课程有关,在那一时期,外语教学的方式戏剧性地发生了变化(Balke 1990)。

对改善和革新的研究开发了大量的选择,这些选择不是不言而喻的或意识形态中立的。哈梅伊尔等(Hameyer et al. 1992)注意到,革新的学校没有在改革的内容和改革的过程之间做出明显的区别。革新过程对什么是最终结果有创制性的影响,在怎样理解和管理新的工作方式方面也有影响。改革的内容也对建立持续改革的组织能力的较长过程有深远的重要影响。

哈格里夫斯和富兰(1992)指出,把知识和技能的发展作为改进的唯一目标是过分了。这一方法过多依赖自上而下的、专家控制的解决方案,在改革过程中把教师排除在外。它也过高评价了个别革新的科学力量。需要努力增加教师的自我理解和努力达到社会生态学的变革。最重要的是,社会生态学的变革意味着为教师的合作与担当领导角色提供了新组织环境。如果内容和过程属于同一价值类别,知识和技能的发展应该在一个能促进自我理解过程的环境中进行,至少是在教师间相互理解的环境中进行。然而,达到这一目的有不同的解决方案。

例如,考虑一下教师的评估和鉴定。这一影响教师自我理解的方法可以以一种清晰的管理方法为基础。根据C. 波斯特和D. 波斯特(Poster C and Poster D 1991)的观点,鉴定旨在同时调整和改善教师的工作。每一位教师都会和他的领导协商一件工作的规格问题,从中演绎出目标,然后目标在一定的时间内以主要成果范围和活动的形式被详细地加以规定。在下一个鉴定面谈和目标确定阶段之前,关于教师表现的信息就会通过课堂观察/教师的自我评价进行收集。

围绕埃文斯和汤姆林森(Evans and Tomlinson 1989)的观点,教师鉴定可以通过责任模式和发展模式来完成,但是忽视这些模式间的差别已经在美国引起了消极的结果。为了获得大多数教师的支持,模式必须建立在三个原则之上:(a)鉴定应该与促进人员发展的努力相联系,而不是与解雇、提升和可能存在的绩效工资相联系;(b)应该是相互的,即当号召这样做时,要努力实现的不仅仅是教师的改革,而且是领导和学校组织的改革;(c)在过程中要坚持对数据收集的严格控制和确保高度的机密性。

较少管理的办法是把自我发展委托给教师。最近关于教师思考行为的研究比早些时候的研究更好地揭示了教师的专业反思能力。因此,改革应该以课堂为基础而不是发起和激发于课堂之外的研讨会(Clark 1992)。可以通过"行动研究"(Elliot 1991)和"横向的评估"(Gitlin and Smyth 1989)来实现建立在反思性自我理解基础上的提高教学专业能力的基本目标。在这些活动中,教师小组努力通过相互间的观察和交流去组成研究和对话的社团。

然而,大多数研究者似乎倾向一种教师与管理者之间的更加平衡的管理。不是人们不能从刚刚提到的"有教育意义的"评估形式中学习,而是参加这些活动的教师的数量根本不符合改革的期望。

评估和反馈也包括在导师指导和同行辅导的模式中,这种情况曾大量地介绍过。它们可以被看作是增加工作中自我理解能力的合作努力,并且同时可以看作把领导地位引入到教师中间来的结果。人们期望它将改进教学的合作文化,许多研究者把它看作改革的基石。

导师指导和同行辅导的概念常常出现在重建的努力中。重建(社会生态学的改革)旨在增加教师对工作的参与,以及利用组织的有机特点改善学校持续发展的能力,诸如参与决策与合作。它与富兰和斯蒂格鲍尔(1991)所称的学校改革"强化"趋势"在哲学与政治上不一致"。后者意味着更多的测验以及在目标、教学方法和教材上更多的规范,它意味着对教师和学校更多的外部监控和评估。

许多研究者声称,强化减少了对教师授权的可能性,并且因此减少了自我发展。一些人甚至认为它意味着对教师的"办公桌虐待"。路易斯和史密斯(Louise and Smith 1991)从另一方面总结道,结构和计划的改变自身不能产生教师的参与性,重建必须通过灵活的、渐进的和适合当地特点的方式开展。

罗恩等人(Rowan et al. 1991)曾说明,美国中学的特点更多的是受由微观环境气候而不是个别学校的气候的影响而表现出来。"改变社会组织和中学气候的意图的进展在学校里将是不平衡的,一些符合有机设计特征的因素的实现比其他因素更容易。需要更多的关于组织气候和文化的知识,它们被认为是等级结构的替代物"(Nias 1989)。为了建立合作文化必须管理学校的微观政治系统。

**4. 改革的过程与管理**

改革是一个复杂的过程,通常不可能靠计划好的改革措施来很好地控制。它依赖于对关键方面的有利配置,习惯上把这些配置作为符合其自身特点的阶段。

(a)启动(或采纳):在组织内赢得充分注意的目标和理念被认为是"候选人"进入正规的工作和结构。发生观念和资源的动员以后,如果成功的话,这个阶段以采用一些种类的革新决定而结束。

(b)执行:方法、项目或规则和结构广泛纳入工作当中。使用者努力学习和适应工作生活中的新的生存环境。

(c)制度化(或持续):新的工作模式或结构在使用中得以稳定,并作为常规和可接受的一部分融入组织。

经济合作与发展组织(OECD)的国际学校改进方案(ISIP)建议(Miles et al. 1987),上述的改革过程的最初两个阶段很好地考虑到了制度化阶段的导向和内容。因此,这个过程中早先的决策对后来的制度化有重要的影响。制度化的内容必须在较长时间内得到保护。一个最易忽视的问题是新成员不断进入队伍后,需要在制度化的方法上给予介绍和培训。

认识到这点是非常重要的,革新者想取代的方法和结构曾经是被制度化的,因为它们履行了系统的一些功能,或者代表着系统内最有影响力的群体。这就是为什么启动过程似乎需要一个"启动事件"来震撼整个系统,并且使机构基本问题应受到质疑的想法合法化(Mclaughlin and Pfeiffer 1988)。改革管理的极为重要的技巧就是利用这些事件的优势。这不易做到,因为系统内的"优势力量联盟"本身必须被组织起来,并且承认新的理念是属于自己的事情(Firestone 1989)。

4.1 *建设一个改革的系统*

改革经常被特定的改革系统所促进,尤其是当改革范围较广或必须跨越组织的界限时。这一系统需要兼备技术的作用(具有革新的和改革管理的知识)和合法化的作用。绝大多数的研究者相信一个机构应该把改革系统的特性建设到其常规的结构和规则系统中去。

在与美国学区合作当中,施勒希迪(Schlechty 1988)指出,检查和协调必须保护特定的改革系统。一个付出巨大努力(完成一项事业和项目的评估)的解决方案是从常规组织以外吸收改革系统中最主要的参与者,直到制度化步入正轨。改革系统的领导者需要真正的权力(由监督者授权)。把这一权力给予一个合格的领导者能很容易地引进竞争与对抗,即推翻占有统治地位的联盟。引入外部顾问的另一个优点是他们作为临时的角色,没有一人把自己的兴趣只放在改革系统制度化本身,而不顾这一项目的结果。

学校内部改革系统的问题在某种程度上有所不同,但是当人们决定进行实质性的改革时,对改革系统的需要就至关重要了。对美国城市中学有关"有效教学"和"有效学校"项目的研究中,路易斯和迈尔斯(1992)总结道,成功的学校由有兴趣的人们组成的团队开始,这些人愿意把精力放在努力上,而不是由所有风险承担者(有时是被推荐的)的全部参与开始。从开始就有全部人员的参与需要大量的最初的一致意见。然而在不同的阶段还必须动员充分的一致意见,并且在执行当中,交叉角色的指导小组会做出较大的贡献引导走向成功。

学校与更高一级的政治/管理机构的关系至关重要。从学校内部来看,这一机构(或广泛的社团)可被认为是资源系统(Louis and Miles 1992)。成功的管理包括以积极的甚至攻击性的方式进行谈判、寻求支持。施勒希迪(1988)认为,学校应该对政治机构施加压力,以便为计划的未来尽早取得明确的承诺。否则,执行阶段的投入会被浪费。

从政治/管理机构的观点来看,有一个与学校建立牢固联系的问题。在所有事情当中,这意味着与为学校提供特别帮助相结合的改革的压力(Huberman and Miles 1984)。一贯的压力意味着清楚地表明长期的政策意图。对改革项目的地方性适应是普遍的,并且往往被积极地解释为"相互适应"。然而,与支持相结合的较低程度的管理可以保留革新项目,并带领全体人员克服困难,明确教学实践当中的变化。休伯曼(Huberman)和迈尔斯因此告诫把"适应性"看作是提高过程中一个必要的积极的特点。莱特伍德等人(Leithwood et al. 1986)认为,在与上级保持完全一致和适应性取向之间的选择,必须基于对当地环境的认真分析。

把改革作为目标的政治家和管理者通常并未充分地认识到必须与真正的改革实际保持紧密的联系。相反,正像富兰(1991)所说的那样,他们让"文件运转,而不是让人运转"。

一种"过程的关系"被丹尼施(Danish)提供的两个城市的经验很好地例解,在那儿市政指导小组、委托人的代表、政治家、行政人员和学校全体人员成功地建立起协作和合作的发展性过程。教师合作和学生参与决策的良好结果得以报道,并且家长参与的结果也有报道。这些城市使用学习圈子的传统,在那里人们平等地学习和互相学习。在这些圈子当中教师或教师和家长计划学校的项目,并使之付诸行动。正式与非正式的评估都重要,并且研究者作为加深内部评估的顾问参与进来。信息通过网络共享,既横向又垂直(Nordic Coucil 1991)。

以上已经强调,需要对影响最终制度化的因素作早期的鉴别与管理。应该在学校层面和在广阔的背景下,审视并认真对待整个系统改进的后果,把革新插入到常规的组织当中去。

依靠对加拿大学区一个案例15年回顾研究的办法，琼斯(Jones)和莱特伍德(1989)论证了一个主要课程方案(反对传输取向的交流)的制度化。事实上，课程以及所涉及的组织改革的制度化相互间是彼此影响的，没有后者，新的课程将不会保存下来。相继的，依靠"持续的、反思问题的解决"的过程，这一地区成功地使至关重要的组织成分紧密地适合于革新。这些成分属于四个范畴：任务、组织模式、人员政策和信息以及决策程序。最后两个成分证明是最重要的。

瑞典5所高中的案例研究给出相似的描述，虽然5年之后其多重的课程改革只是部分地达到了目的。有3所学校取得了明显的成功，并且在很大程度上可由其同步的领导改进、计划和人员发展的变量来解释。这些组织改革的一个效果是加强了学校的合作结构，即学生之间和教师之间复杂的相互作用的倾向增进了教师的影响(Hagglund and Lander 1991)。

安德森(Anderson 1991)报告了加拿大两所小学的情况，在那里发挥作用的改革文化已经发展了一段时间。这两所学校有持续不断的、但具有不同标准和实践控制模式的改革管理。教师履行职责的行为是具有学校特点的，这似乎强烈地受到校长管理风格的影响。

为了获得革新与组织之间的一致，必须审视和适应组织。通常是靠把责任给予个人和团体的形式来进行，这有助于稳定改革。学校也需要与其上级机关保持稳定的联系，同时取得其庇护。学校自身的能动性需要缓冲，反对政治首创行动方面的过快变革。哈格里夫斯和霍普金斯(1991)提出发展计划的编制过程和发展计划本身可以提供某种这类问题的解决办法。学校和教育行政当局(LEAs)(地区、城市)可以利用发展计划，可以预示必须认可的管理安排，例如用更多的有效会议和时间分配、更好的交流渠道、横向的任务小组、学校内以及学校与教育行政当局之间的计划和周期性评估的协作以及进行一些相互协作完成计划好的改进。

改革系统不必限制在学校层面，也不必限制在学校与其上级机关之间。人们不断地利用网络在工业内部寻求某种程度的发展，它也存在于学校系统内部。网络上有许多伙伴，甚至伸展出区域外。凭借这一特点，发展将和大的项目相联系，在这项目中没有哪一个单一的组织占统治地位。它是从政治机构或上级行政管理向目标导向转变的选择和实现。

网络可以成为具有以下特征的策略的一部分(Gustavsen 1990)。在单一的组织内目标应该指向广泛和多样的变革，从长远来看，由于协同的相互作用，经常能得到最好的结果。如果计划产生问题，整个方案不会崩溃，许多子方案会保存下来。民主对话是策略的基本要素，尤其以斯堪的纳维亚国家的情况来看是这样，工会和企业领导对方案进行协商，所有员工更适宜介入子方案。应该组织对话以便于使和当权者的分歧得到调整(如为所有人提供平等参与理解和讨论的基本条件)。个别组织的成员(这些人代表了组织内不同的利益群体，同时也代表了其决策的结构)定期在各种会议上见面进行集体研讨并提出方案，以及互相报告和反馈。研究者或顾问依靠访问网络成员在会议上起着推动的作用。讨论结果的扩散从一开始就成为方案的组成部分，对过程经验比技术性的创新传播得更多，因为组织改革的能力是最有价值的产品。

### 4.2 学习和承担责任过程的管理

富兰指出，"执行，无论是志愿的还是强迫的，只是学习新东西的过程"(1991)。但同样正确的看法是，这类学习需要的不是做人们惯常做的事情，否则的话，结果将过于冗陈并减弱支持作用。由于实践了越来越多的技能和看到了结果，学习过程本身成为教师获得行动的主权和承担责任的过程(Huberman and Miles 1984)。掌握技术是早期执行行动中一个非常重要的部分，教训则帮助完成这种掌握。

路易斯和迈尔斯(1992)已经分离出执行过程的四种原动力：(a)改进计划；(b)建立愿景；(c)资源管理；(d)问题处理。改进计划意味着与小规模的革新结合起来，为实质性的改革增加确定性和增强动机，意味着事情开始之前或同时，产生更有组织的计划。在计划开始之前，教师需要进入"学习模式"。哈梅伊尔(1992)报道过关于荷兰、瑞典、德国和美国的革新学校的一些特点。一个特点是领导者熟练地分析改革的结果，并有耐心允许员工参加探索阶段。

理想的事情是参与性计划和管理。这不仅仅增加了员工的行动主权和责任，而且也减少了培训的需要与沟通的成本（Schlechty 1988）。但是，正像上面所提到的那样，路易斯和迈尔斯所参观的成功的学校开始于小群体，然后瞄准广泛参与。改进计划好像不需要正式收集数据来支持计划。对正式需要的估算与评价能够发挥积极的作用来集中讨论和增加注意，但是它们很少直接影响计划。

建立愿景是计划和执行之间的桥梁。正如富兰（1991）所指出的那样，愿景是“一种审核机制，用来帮助挑选和整合竞争的优先次序”。它也使得学校组织的未来发展更一致和更有效。与许多商业管理的观点相反，路易斯和迈尔斯认为学校内部成功的愿景建设不是由领导者的魅力所控制，也不是单边劝说的行动。相反，当改革的主题逐渐地和非正式地被整合进对特定学校未来的解释里时，它会发展（经常会浓缩为诸如“要求和关心”或“一个为了学生的学校和为了教师的大学”等短语）。主题是对这些情况的说明：在与学校有关的问题上必须做些什么、前期已做了些什么和与改革方案相联系应该做些什么。主题是过程导向的（如执行某个项目来减少辍学学生），而不是结果导向的（减少辍学学生）。

与课本上经常讲的相反，说服人们接受一种愿景并不特别依赖于交流的技巧，而在于权利的共享。也就是说，依靠扩大领导角色和刺激交叉角色的相互影响、对参与行为给予奖励而不是依靠撇开对手的方式，劝说才能产生效果。

对实质性改革实际需要的资源经常被低估，或没有灵活考虑对时间和人力资源的需要。路易斯和迈尔斯估计他们的学校只把常规预算的 1% ~ 2% 用于改革的执行。

鉴于改革过程的复杂和充满了问题，它需要加以有力的协调。这是问题处理中最重要的部分。一个重大的项目至少需要一个人用半天工作参与对问题的审查并立即解决问题。成功执行需要大量的时间处理问题，并解决广泛的策略问题，包括“深入”地处理，这包括采取各种措施，诸如滚动计划、大量的人员再配置和努力增强对环境的控制。特别需要指出，开发那些建设系统能力的人和群体，诸如协调者和特别工作小组，比将目标确定为发展个人的能力更有效（Miles et al. 1988）。

根据路易斯和迈尔斯的观点，为了获得行动主权的扩展和对主题与愿景的理解，需要某种程度的员工一致性。如果缺少一致性就难以达到。改变组织气候的直接努力可以由干预组织发展而获得成功，更重要的是一些以学校为基础的员工配置管理。学校很少能做到这一点，但是有效的校长知道如何用非正式的方式影响这方面。员工的一致性也随着促进教师积极参与学校管理而增加，这种参与来源于向教师授权。

最终，改革的管理好像暗示一种通常“松散联系的”学校系统的较紧密的联系。当听到这一不和谐命题时，人们通常不是质疑较紧密的联系，正像上面所讨论的例子那样，大多数的辩论是关于官方领导者的管理和与之相对的互相管理的或员工内部管理之间关系的把握程度问题。

“合作工作文化”是作为愿景而建立的，但是个人主义仍是教师文化中占压倒性支配地位的形式（Hargreaves 1992）。合作越常见的地方，它本身越表现为“有限的共同掌权”（由组织的框架所限制）或“人为的协作”（经常是以上所述导师指导和同事辅导所强加的）。两者中哪一个都不意味深入交换经验。哈格里夫斯怀疑这两种形式的支持会产生自上向下改革管理的副作用。自上向下的和自下向上的改革都需要教师间的合作，但是不必使用同一种类的合作。

R. 兰德（R. Lander） 著

杨骥辉 译

**附录**

Anderson S E 1991 Principal's management style and patterns of teacher implementation across multiple innovations. *School Effectiveness and School Improvement* 2（4）:286—304

Balke G 1990 *Engelska i årskurs*, 5: *Resultat från insamlingen inom den nationella utvärderingen av grundskolan.* Publication No. 1990:4, Department of Education and Educational Research, University of Göteborg

Clark M 1992 Teachers as designers in self-directed professional development. In: Hargreaves A, Fullan M G 1992 *Understanding Teacher Development.* Cassell, London

Egan G 1988 *Change Agent Skills: Assessing and Designing Excellence.* University Associates, San Diego, California

Elliot J 1991 *Action Research for Educational Change.* Open University Press, Milton Keynes

Evans A, Tomlinson J 1989 Teacher appraisal: An overview. In: Evans A, Tomlinson J (ed.) *Teacher Appraisal: A Nationwide Approach.* Kingsley, London

Firestone W A 1989 Using reform: Conceptualizing district initiative. *Educ. Eval. Policy Anal.* 11(2): 151—164

Fullan M, Stiegelbauer S 1991 *The New Meaning of Educational Change.* 2nd edn. Cassel. London

Gitlin A, Smyth J 1989 *Teacher Evaluation: Educative Alternatives.* Falmer. New York

Gustavsen B 1990 *Vägen till bättre arbetsliv: Strategier och arbetsformer i ett utvecklingsarbete.* Arbetslivscentrum, Stockholm

Hägglund S, Lander R 1991 Professional development and change: Teachers in five upper-secondary schools. Paper given at the 19th conference of the Nordic Society for Educational Research, Copenhagen, 7—9 March

Hameyer U 1992 Die innere Qualität innovativer Grundschulen. In: Hameyer U, Lauterbach R, Wiechmann J (eds.) 1992 *Innovationsprozesse in der Grundschule: Fallstudien, Analysen und Vorschläge zum Sachunterricht.* Verlag Julius Klinkhardt, Bad Heibrunn

Hameyer U, Lauterbach R, Wiechmann J 1992 Innovationsprozesse in der Grundschule: Stand der Entwicklung. In: Hameyer U, Lauterbach R, Wiechmann J (eds.) 1992 *Innovationsprozesse in der Grundschule: Fallstudien, Analysen und Vorschläge zum Sachunterricht.* Verlag Julius Klinkhardt, Bad Heilbrunn

Hargreaves A 1992 Cultures of teaching: A focus for change. In: Hargreaves A, Fullan M G 1992 *Understanding Teacher Development.* Cassell, London

Hargreaves A, Fullan M G 1992 Introduction. In: Hargreaves A, Fullan M G 1992 *Understanding Teacher Development.* Cassell, London

Hargreaves D H, Hopkins D 1991 *The Empowered School: The Management and Practice of Developmental Planning.* Cassell, London

Huberman A M, Miles M B 1984 *Innovation Up Close: How School Improvement Works.* Plenum, New York

Jones L B, Leithwood K A 1989 Draining the swamp: A case study of school system design. *Canadian J. Education* 14(2): 242—260

Kennedy M M 1991 Some surprising findings on how teachers learn to teach. *Educ. Leadership* 49(3): 14—17

Leithwood K A (ed.) 1986 *Planned Educational Change: A Manual of Curriculum Review, Development, and Implementation* (CRDI) *Concepts and procedures.* Ontario Institute for Studies in Education, Toronto

Little J W 1988 Assessing the prospects for teacher leadership. In: Lieberman A (ed.) 1988 *Building a Professional Culture in Schools.* Teachers College Press. New York

Louis K S, Miles M B 1992 *Improving the Urban High School: What Works and Why?* Cassell, London

Louis K S, Smith B A 1991 Restructuring, teacher engagement and school culture: Perspectives on school reform and the improvement of teachers' work. *School Effectiveness and School Improvement.* 2(1): 36—52

Marton F 1992 Phenomenography and "the art of teaching all things to all men." *Qualitative Studies in Education* 5(3)

McLaughlin M W, Pfeiffer R S 1988 *Teacher Evaluation: Improvement, Accountability, and Effective Learning.* Teachers College Press, New York

Melnick S A, Iwanicki E F, Gable R K 1989 Selfperceived need for staff development training: Are we really getting better as we get older? *Educ. Res. Q.* 13(4):16—26

Miles M B, Ekholm M, Vandenberghe R (eds.) 1987 *Lasting School Improvement: Exploring the Process of Institutionalization.* Acco, Leuven

Miles M B, Saxl E, Lieberman A 1988 What skills do educational "change agents" need? An empirical overview. *Curriculum Inq.* 18(2):157—193

Nias J 1989 Refining the "cultural perspective." *Camb. J. Educ.* 19(2):143—146

Nordic Council 1991 Report of Nordiskt arbetssymposium om evaluering i Göteborg 18—21 November 1991. Copenhagen

Poster C, Poster D 1991 *Teacher Appraisal. A Guide to Training.* Routledge, London

Rowan B, Raudenbusch S W, Kang S J 1991 Organizational design in high schools: A multilevel analysis. *Am. J. Educ.* 99(2):238—266

Schlechty P C 1988 Leading cultural change: The CMS case. In: Lieberman A (ed.) 1988 *Building a Professional Culture in Schools.* Teachers College Press, New York

## 公共教育中的紧缩管理(Management of Contraction in Public Education)

公共管理中的紧缩管理是许多政府周期性面临的痛苦问题。自从20世纪70年代由欧佩克国家石油禁运引起的全球不景气到现在,经济问题已经导致了政府方面持续不断的缩减经费和增加效率的压力(Heyneman 1990)。虽然每一个国家所面临的环境和问题各不相同,对教育政策的制定者来讲,还是可以从已有的关于紧缩管理的研究中收集到一些有用的一般原则。在简介题目之后,本词条将提供三个不同的地缘政治集团的教育系统正在经历的紧缩管理的例子:发展中国家、西方工业化国家和后苏维埃国家。每一个集团面临的紧缩压力和管理两难处境的情况是不同的。此外,国家内部地区之间的差别会引起紧缩条件的进一步差异。对这些问题本词条将在最后讨论管理紧缩时的各种策略。

公共教育中紧缩的压力通常是不利的经济环境、人口统计趋势的转变和从政治考虑问题时优先角度转变的结果,或是这三种因素综合考虑的结果。研究文献把公共教育中的紧缩管理描绘成严酷的买卖。正像私立部门的组织那样,财政资源的减少经常迫使公立教育机构把重点从分配政策向再分配政策转移(Boyd 1982)。换句话讲,在紧缩问题上的辩论不再是"关于谁应该从增大的(预算)馅饼中获取多少,而是关于谁将被迫承担缩减的部分"(Behn 1980 P. 603)。

借鉴烹饪学的思考脉络,列文(Lewin 1987)发现政府面对着两个明显的限制。第一个限制是公共支出的总水平,以及"其中切给教育预算的蛋糕的大小"(Lewin 1987 P. 35),或政府提供资源的能力。第二个限制是优先权,或政府愿意分配给教育的可利用资源。

不管一个国家总的经济状况如何,它在管理紧缩时都必须去对付这两种限制。从本词条讨论的目的来讲,公共教育服务可以被看作是一个气球,它对各种压力和优先权的挤压与扩张做出反应。管理紧缩的最大的两个难题就是如何来平衡政治的压力与理性的计划之间不可避免的均衡。虽然紧缩管理的早期阶段会允许对一些共享的和涉及整个组织的领域进行缩减,但是太多的缩减会削弱整个组织。这导致一种认识,即问题突出的和争议最大的事物一定要缩减。在这里,理性的计划与政治之间注定要发生冲突(Boyd 1982)。

### 1. 发展中国家

在发展中国家,持续的全球经济不稳定和挥之不去的债务危机迫使其重新评估公共部门对教育的支持,而在一些情况下开始了紧缩。发展中国家尤其受到20世纪70年代末期和80年代初期债务危机的打击,并且它们分别把其出口收入的27%～49%用于债务偿付(Heyneman 1990)。这导致严重削减了对国内公共事业的投入,包括对教育的投入。结果,教育系统陷入了持续的困境,可利用资源减少,随之教育作为国家优先发展事业的地位被取代。

发展中国家教育紧缩最明显的例子之一出现在拉丁美洲。赖默斯(Reimers)研究了拉丁美洲国家国外债务危机的影响后发现,"债务的影响是……放慢了教育开支的增长率"(Reimers 1990 P. 542)。整个20世纪50年代、60年代以及70年代早期,拉美国家经历了其教育系统的"不寻常的数量膨胀",既包括受教育儿童的数量增长(超过了人口的增长率),也包括教育开支占国民生产总值百分比的增加(Reimers 1991 P. 320)。大多数这类膨胀是由于教育财政的较大改进而引起的。随着对外债务危机强加的财政限制,这些增长迅速消失。政府"执行稳定的调整性计划,包括压缩政府开支作为抑制国内总需求的办法"(Reimers 1991 P. 321)。与此同时,在整个拉美地区,教育在国家发展中的优先地位被取代。赖默斯总结道,支出增长率的降低和与此同时出现的学生数量增长,导致了人均教育支出的净减少。

虽然在支出方面有明显的减少,但并非拉美国家所有的教育领域都遭受相同的命运。当高等教育保持相对独立状态时,削减部分不成比例地落在了小学教育上,因此又限制了贫穷孩子和农村孩子接受教育。蒂拉克(Tilak 1990 P. 477)指出"政策制定者把利益授予他们自己可以从中受益的高等教育部门"。这一政策选择会对社会平等和效率领域产生长期的影响。

靠近非洲撒哈拉大沙漠的国家曾面临着相似的两难处境。在20世纪70年代末和80年代初的经济危机期间,这些国家被迫从国外借入大笔资金用于管理预算赤字,又因此加剧了总的债务负担。为了帮助解决增长的债务负担,资源必须从国内需求中转移,诸如健康和教育。公共教育事业的增长不得不停下来,并且从80年代早期的水平开始回落。到1983年,整个的教育投资比1980年的投资少了30%(Tilak 1990 P. 476)。像拉美国家一样,经济的不稳定助长了替代教育在国家发展中占据优先地位的趋势。

**2. 西方工业国家**

西方工业化国家管理着另一种不同的教育紧缩。相对来讲,绝大多数工业国家有充足的资源,至少相对发展中国家来讲是如此。但是它们也经常面临着紧缩问题,这是由于人口统计趋势的原因而造成的,即持续的学生入学人数的减少和人数不断增长的年长者对教育需求的增加。美国的人口统计的变动显示,1960年49%的家庭至少有一个18岁以下的孩子,这个数字到1990年降低为35%(Hewlett 1991),而同时进入老年的美国人的比率迅速增长。不但公共教育被取代了优先发展的地位,而且绝大多数为孩子提供的服务也被缩减,以支持以老年人为目标的服务。

尽管可能有预算赤字,但是实际上没有一个国会议员会提出讨论压缩用于社会安全与医疗的财政费用的问题,这两个项目总共会消耗掉所有联邦开支的三分之一。任何提及削减开支的人会很快地被贴上"抢劫祖母的罪犯"的标签,并且多半会被赶出办公室(Hewlett 1991 P. 149)。

随着经济增长的迟缓和衰退、进入国家的学校系统的学生较少,不同年龄段的公民为了获得公共资金展开剧烈的竞争。发达国家的教育系统一直在顶着压力努力实现更大的效率,通过减少多余的教室、学校和教师数量以消除由入学人数减少而引起的规模不经济。美国和英国特别利用各种"新右派"或市场驱动策略来解决紧缩和提高生产效率的压力(例如,英国1988年教育改革法案与美国布什总统的"美国2000"计划)。很大程度上,这一趋势反映了面对经济的衰退和新保守派的不断批评,"大政府"或福利国家的合法性在衰落。

然而,西方教育紧缩的痛苦要比发展中国家少,这是由于西方国家相对富足和所谓"缓冲因素"的存在,即政治和法律的规定维持着一定程度的教育供给和消费。这些规定可以被想像成弹簧,允许对教育事业的限制和压缩只能到目前的程度为止。西德提供了这些缓冲因素的一个例子。在20世纪80年代,人们期望治理体制从福利国家更多向市场导向转换,因而在国内支出方面会减少用于教育事业的总经费。然而,韦斯和魏斯豪普特

(Weiss and Weishaupt 1989 P. 39)发现教育的支出实际上“保持着相对的稳定”,这应归功于渐进主义和现存限制的作用。法律的限制已经对教师的工资和职业结构以及学校的组织做出了规定,这种限制严格地限定了西德的政策制定者涉足的领域。此外,对教育政策制定者来讲,就几乎不可能对教育做总的紧缩,必须维持对教育的公共的和政治的支持。

相似的缓冲模式曾经在美国的大城市学校系统中见到,但更多的是基于政治的而不是法律的限制。强大的教师工会和团体组织经常推迟和阻止教育事业的紧缩,即使这样做导致了总的无效率(Boyd 1982)。发展中国家和西方工业化国家的明显区别在于,后者有财政资源去享受并能经受得起无效能的奢华。

### 3. 后苏维埃国家

在东欧和中欧的后苏维埃国家,以市场驱动经济发展的运动和经济的混乱以及公立学校教育全面的意识形态修正结合在一起。在某种情况下,这已经导致了教育事业的紧缩(Mitter 1992)。然而,它们所遭遇的相关问题很可能是三种类型国家中最为复杂的,并且代表了微观和宏观问题高度不稳定的结合。由于在苏维埃模式下的中央集权,这些国家是工业化的,在经济上处于不发达的“发达”国家行列。然而,在这些国家出现了大量的失业人员和高通货膨胀,这在几代人中间还是第一次经历。

波兰提供了可能是后苏维埃国家面对压力的一个典型例子。那里的教育政策制定者面临着双重的束缚:资源减少,但同时把教育置于新兴国家优先发展的地位。波兰教育基础设施的状态令人感到凄惨。受不足设施的折磨,该国从小学到大学缺少5 000~10 000栋建筑。它惊人地缺乏合格的教师并且教育质量也不能令人满意。在正规的教育系统内和有限的(远程)教育技术条件下,中学和大学的学生数很少(Mieszalski and Kupisiewicz 1992)。

同时,波兰深刻地经历了绝大多数或所有后苏维埃国家所遭遇的经济、社会和政治的变革。社会在向市场经济发展,同时在所有经济部门减少了国家的干预,这个过程是痛苦的。高失业率的结果带来了总的国家税收的减少,这又限制了可利用的教育资金(Mieszalski and Kupisiewicz 1992)。还要进一步开展复杂的工作去改革和改善波兰的教育制度。当从理念上重构应当扩展的教育事业时,政策制定者就被迫考虑紧缩教育事业。

相似的情形在捷克斯洛伐克逐渐形成。1989年捷克斯洛伐克的社会体制改变之后,作为政治以及随后而来的经济重组的结果,教育制度面临着可怕的挑战。首先是社会和整个教育系统的“去苏维埃化”过程。从所有研究、科学和教育机构中把之前的执政党的组织清除出去(Prucha 1992)。在1989年,“天鹅绒革命”以前使用的历史、公民等教材从课程中删除,因为其中有过度地对某一种意识形态的偏爱。学生们不再要求学习俄语。取而代之,一种瑞典自助餐式的语言学习变得流行起来,中学生们可以选择英语、德语、法语、西班牙语、拉丁语和“很不流行的”俄语(Prucha 1991 P. 90)。

然而,像波兰一样,捷克斯洛伐克的教育重组严重地受到由市场经济运动引起的经济巨变的牵制。在国家努力实施范围广大的变革的同时,失业和通货膨胀又侵蚀着所能获得的用于教育的财力:

> 没有“财力”或资源去印刷新的课本、聘请更多的教师、修缮学校建筑等等,这一情形在高等教育方面尤其引人注目。在那里,1989年后学生的人数有非常大的增长,因为不再有任何政治的关卡影响招生。而且技术设备要么短缺要么过时。(Prucha 1992 P. 87~88)

### 4. 管理策略

全球公共教育系统紧缩的趋势产生了一套相应的策略并分为三个主要的类型:技术统治论类型和政治论类型,以及混合策略。赖默斯简述了两种教育政策制定者会遵从的行动方针。一种是“快速确定”的调整,第二种被称作“有计划的改革”(1990 P. 539)。快速确定的解决方法之所以引人注意,是因为其在政治上是便利的,同时它们又成了“危机文化”或“找最容易的缩减”心态的产物。

这些解决办法未能考虑长期的教育效率和公平问题。

> 实施短期内的紧缩着眼于政治的便利……导致了学校建筑的破损、缺乏教学材料和对学生的援助,以及导致缺少抗争能力的教育类型不成比例的削减。(Reimers 1990 P. 545)

另一方面,有计划的改革坚持长期地关注于效率和公平。教育事业紧缩的计划方法包括评价教育事业管理、提高行政管理者的专门知识和改进与提高信息服务(Reimers 1990)。有效地使用该方法可以最少地减少财政缩减总的影响,而同时提高服务供给。在为教育紧缩开发技术方案时,计划者会尽力开发出三种不同的行动方针。在给出所有可获得的信息的条件下,最好的情形、最坏的情形和中庸的方案将被很好地开发出来,帮助指导政策制定者进行决策。

对计划者和政策制定者所面临的紧缩压力来讲,列文(1987)的专著《紧缩中的教育》是基本的阅读材料。他在结尾对于紧缩提出的建设性的回应富于洞察力。尤其是他系统地分析了政策选择中可利用的"机动的空间",突出了"再造创造性"的方法。表1举例说明了如何在发展中国家环境中使用列文这一方法。

当计划者和政策制定者注视着"机动的空间"时,他们也可以考虑海尼曼(Heyneman 1990 P. 465)所讨论的四种基本的调整选择:(a)目的在增加资源;(b)目的在改善当前资源使用状况;(c)目的在通过适度的新投资产生效率上的飞跃;(d)目的是靠减少作为(即少做事情)的方式降低成本。然后,政策的制定者会面临着棘手的中心问题:预算的减少将从哪里开始?

从那些产生最少教育问题的部门开始?平等地从整个团体的每一个部门开始?或者从对紧缩的政治反应最好管理的地方开始?答案不清楚,并且也无唯一的倾向。然而,也有一些证据暗示紧缩开始于政治反应最容易管理的地方——开始于经常性教育预算当中没有薪资问题的项目,开始于教育材料和设备维护的支出。教师可以为预算中属于自己的部分进行谈判,而教科书不会谈判(Heyneman 1990 P. 461)。

在管理教育紧缩问题的过程中,计划性的并带有技术性的方法是适用的,很清楚这一过程不能摆脱政治和冲突。的确,严格的计划的或技术官僚统治论的紧缩解决办法,未能考虑特定国家的文化、历史和政治因素的优先权所充满的难题。例如,世界银行、联合国教科文组织(UNESCO)和美国国际开发署(USAID)等组织都提倡一种有计划的分权化策略作为发展中国家能够用来对付教育事业紧缩的方法(McGinn and Street 1985),当发展中国家能够扩大其资源时,期望靠分权化的方式使得它们的教育制度、效率、公平和质量会改善(Prawda 1992)。分权计划很大程度上遵循专家官僚的输入、输出方针展开,经常低估可能牵扯于实施当中的政治因素。来自不同的国际援助机构的研究者发现:

> 仅靠分权不是解决教育管理难题的最好办法。"最好的"解决办法在每一个国家各不相同。适当的集权和放权程度因其社会公共机构的结构、国家的大小和国家经济的发展水平的不同而各不相同。它也因每一个层面实施决策的人员素质不同而呈多样性。而且行政改革的结果,比如哥伦比亚教师的罢工,也必须很好地被预见……(Heyneman and White 1986 P. 46)

正像教育政策制定者于20世纪70年代末和80年代初所发现的那样,伴随着紧缩的冲突很少能够避免(即使被预见过)并且必须控制。这归因于所涉及的较高程度的微观政治。教育事业的紧缩往往有这样一种倾向,不仅仅刺激旧的政治裂痕,而且要制造新的政治裂痕(Boyed 1982 P. 242)。在削减预算和再分配利益的社会趋势中,会形成联盟来保护特定群体的利益和"势力范围"。这些自然出现的群体如果不能实际阻止紧缩计划的话,它们会反过来发生深刻的变化。人们默认,作为与各种不同相互竞争群体谈判的结果,实际的紧缩政策可能会是政治方法和技术官僚方法的复合物。

表 1 评估机动的空间

| 维度 | 指标 |
| --- | --- |
| 预算的可能性 | 公共部门预算的预测<br>教育分配的比例份额<br>开支的分布状况(水平、类型)<br>其他财政资源(使用者费用、征税、私有组织)<br>资源控制点<br>可利用的捐赠人的帮助 |
| 人员的可利用性和质量 | 培训的教师数量<br>培训体系的输出量<br>教师的流动和流失<br>聘请模式<br>移居国外的数量 |
| 政治上的优先权 | 通用的首要的、次要的政策<br>教学媒介<br>不平等的缩减<br>农村的发展<br>工业化 |
| 教育的规模和动态特征 | 不同层次的入学比率和人数<br>人口的增长率和分布<br>行政的基础设施<br>学校建筑的分布及占有水平 |
| 入学的压力 | 不同类型职业中现代化部门增长率的程度<br>收入不平等的水平<br>雇主招聘的实践<br>农村的生存水平 |
| 文化和历史 | 教师的地位和作用<br>宗教<br>权威结构<br>不公平的合法化<br>殖民地的经验 |
| 地理政治的关系 | 战略意义<br>权力集团的关系<br>经济的互相依赖 |

资料来源:Lewin 1987

即使那些有点被政治和法律的规定或富足奢华所孤立起来的教育系统,当其介入教育紧缩时,也必须强调一些地方性的问题。

第一,做出分配资源的决定变得越来越困难(Boyd 1982 P. 233)。这些决定在富裕国家和在贫穷国家的痛苦程度是不一样的,但是“缩减的预算明显地生产着胜利者和失败者,并且不会有多余的资源留下来在次要问题上以微薄报偿去收买失败者"(Boyd 1982 P. 233)。

第二,伴随出现明显的胜利者和失败者,紧缩提高了参与其中的个人和团体的紧张程度(Boyed 1982,McGinn and Street 1985)。分权化对政治家的一项没有得到公认的呼吁是,应该通过划分权力把(实施紧缩的)痛苦决定降到较低程度和实施更加多层次的管理,从而使紧缩解体或部分终止(Prawda 1992 P. 53)。

第三,公平和权利的问题,准确地讲,是如何才能使紧缩公正地分配(Boyed 1982 P. 233)。在紧缩当中,不但预算和服务要减少,而且工作在被重新定义、合并和淘汰。什么人和将在何时失业受到最大关注。紧缩时期迅速产生的相关问题四分之一有关士气。不管服务和人员方面的紧缩多么公正,组织的士气都会直线下降。随着职务提升和以业绩为基础的激励的减少,有才能的人会开始到别处寻找工作。

第四,不可能只靠改变教育事业发展的方向来管理紧缩(Boyed 1982 P. 234,Lewin 1987)。很明显,记住这样一点是很重要的:特定的事业和服务的优先地位会随着时间而变化,这可能产生出完全不同于成长开始阶段的情况。

最后,紧缩不能以即席的安排来管理。绝大多数分析家同意系统的计划和分析变得越来越基本了。不但必须强调技术和财政的方面,而且各种潜在的政治影响也必须考虑进来。在那时,不断变化的资源和优先选择的压力才能够被调和。为了实现这一调和,所有风险承担者都必须逐渐承认的一个关键要点是不紧缩的高成本,顺从诱惑推迟实施所必需的经济制度,因此会导致关联费用的指数性增长。这一趋势,以及解释不紧缩的成本的困难在凯恩斯(John Maynard Keynes)的格言中有所反映:"人类会从事理性的事情,但只是在探索了所有的选择之后。"

### 5. 结束语

公共教育中的紧缩管理与许多"理性的"教育计划者所认识到的相比,更多的是一个政治策略问题。当有各种各样的紧缩原因存在时(资源减少、入学人数变化或改变优先考虑的问题),在某一问题特定的环境性质下,没有单一的、容易转换的模式来帮助政策的制定者解决问题(Lewin 1987)。

然而,政策制定者们仍有一些概括性的方针需要遵守。首先,当技术的或计划的策略在实施教育紧缩中至关重要时,必须考虑策略得以实施的政治环境。其次,当不得不认可政治环境以后,完全不能允许垄断事业紧缩,否则在特别基础上产生的政策,会对长期的公平和实现公平的渠道问题起到决定性作用。理想的方式是,将要实施的政策必须既考虑到公共教育中技术的方面又考虑到政治的方面。我们愿意回到美食学的说法作为结束语,谈到教育发展的经常性模式,库姆斯(Coombs 1985 P. 176)讲道:

> 最终产品——实际上被阐明的教育发展模式——最好和众多厨师精心烹制的炖肉相比较,每个人都有他们自己最喜爱的处方和调味品。

遗憾的是,紧缩管理不是发展的对立面。由权变政治所推动的特别方法当然会产生一锅"炖肉",但不是一锅长期适合公众口味和有营养的炖肉。

W. L. 博伊德(W. L. Boyd)
C. A. 卢格(C. A. Lugg) 著
杨骥辉 译

### 附录

Behn R 1980 Leadership in an era of retrenchment. *Public Administration Review* 40(6):613—620

Boyd W L 1982 The politics of declining enrollments and school closings. In: Cambron-McCabe N, Odden A (eds.) 1982 *The Changing Politics of School Finance*. Ballinger, Cambridge, Massachusetts

Coombs P H 1985 *The World Crisis in Education: The View From the Eighties*. Oxford University Press, New York

Hewlett S A 1991 *When the Bough Breaks: The Cost of Neglecting Our Children*. Basic Books, New York

Heyneman S P 1990 The world economic crisis and the quality of education. *J. Educ. Finance* 15(4): 456—469

Heyneman S P, White D S (eds.) 1986 *The Quality*

*of Education and Economic Development.* World Bank, Washington, DC

Lewin K M 1987 *Education in Austerity: Options for Planners.* UNESCO, Paris

McGinn N, Street S 1985 *Educational Decentralization in Latin America: National Policy or Factional Struggle?* Harvard Institute for International Development, Harvard University, Cambridge, Massachusetts

Mieszalski S, Kupisiewicz C 1992 The present state and recent trends in Polish education. In: Mitter W, Weiss M, Schaefer U (eds.) 1992 *Recent Trends in Eastern European Education.* German Institute for International Educational Research, Frankfurt

Mitter W 1992 Unity and diversity: A basic issue of European history and its impact on education. In: Mitter W, Weiss M, Schaefer U (eds.) 1992 *Recent Trends in Eastern European Education.* German Institute for International Educational Research, Frankfurt

Prawda J 1992 *Educational Decentralization in Latin America: Lessons Learned. A View from LATHR.* World Bank, Washington, DC

Prucha J 1992 Trends in Czechoslovak education. In: Mitter W, Weiss M, Schaefer U (eds.) 1992 *Recent Trends in Eastern European Education.* German Institute for International Educational Research, Frankfurt

Reimers F 1990 The impact of the debt crisis in Latin America: Implications for educational planning. *Prospects* 20(4): 539—554

Reimers F 1991 The impact of economic stabilization and adjustment on education in Latin America. *Comp. Educ. Rev.* 35(2):319—353

Tilak J B G 1990 External debt and public investment in education in sub-Saharan Africa. *J. Educ. Finance* 15(4):470—486

Weiss M, Weishaupt H 1989 Economic austerity in West German education? *J. Educational Policy* 4 (1):39—51

**其他参考文献**

Guthrie J W 1985 The educational policy consequences of economic instability: The emerging political economy of American Education. *Educ. Eval. Policy Anal.* 7(4): 319—332

Hewton E 1986 *Education in Recession: Crisis in County Hall and the Classroom.* Allen and Unwin, London

Plank D N, Adams D 1989 Death, taxes, and school reform: Educational policy change in comparative perspective. *Administrator's Notebook.* 33(1): 1—4

Prawda J 1990 *Decentralization and Educational Bureaucracies: A View from LATHR.* World Bank, Washington, DC

## 教育的组织理论:比较管理的观点 (Organizational Theory in Education: Comparative Management Perspectives)

教育者们经常观望学校以外的东西,洞察由政治、社会、经济和教育潮流的变化所带来的压力问题。在学校的场合中,管理的理论和实践主要是借用非教育组织的暗喻和模式形成的。从国际的观点来看,"古典时代以后的作者都对其他领域公共行政的管理和时尚表现出兴趣"(Hughes 1988 P. 657)。然而,有时作为认识新见解和新观点透镜的特别的暗喻和模式被好意的个人当作具体的存在,他们认为一个模式就是一个真实的世界,因此严重地曲解了学校的目的和实践。是什么引发人们寻找学校组织的替代性模式?为什么某些模式比别的模式更受喜欢?本词条将利用经过挑选的模式,回顾有关管理的观点以及从国际的观点借用来的模式,以及评论这些模式对教育管理理论和实践的影响与意义。

### 1. 寻找管理模式

学校巢居于相互依存的社会组织的网络之中。由于这种相互依存的倾向,学校对众多的影响产生反应,这些影响塑造着它们对自身的理解,包括自己不同于其他人的方面,以及自己与更大社会的关系。尽管如此,在许多方面人们还是可以很容易证明学校保持着明显稳定状态,而不管来自立法机关、社会压力团体、专业协会以及各种各样社会的、政治的和经济的组织障碍和流行的时尚的干扰。组织理论学家很久以来就懂得运用教育者的缓冲能力去顽强地保护教育的核心价值、特权和业务,同时表现对外部环境需要的注意与回应。但是,学校是灵巧的变色龙,能够融合于其赖以巢居的各种各样的联系和背景中。在某种程度上,适应性和灵活性说明了学校作为持久的和强大的社会机构的顺应能力。在探索组织和管理的选择性模式的时候,理解究竟是什么触发了组织的适应性需要是重要的。

要确定任何特定的社会变革或事件的精确原因是复杂的,因为通常有多种原因,当你企图跨越国家和文化的界限进行比较时尤其如此。每一套社会的、政治的和经济的环境只在每一个国家内部运行并且以不同的方式影响学校。这一点在一个从国际观点对变革过程的评估中被加以强调,该观点发表在由经济合作与发展组织的教育研究和创新中心(CERI)于1973年汇编的文献中,"没有同样的方法来组织过程。一个国家特定的因素组合可能会要求不同于别的国家组织模式所要求的解决方法,即使许多基本的因素(例如创新的类型、集权化的程度)相同"(CERI 1973 Vol. 4 P. 263)。因此,以下部分只是用作示例,而不是关于教育变革因果关系因素的一般法则以及国家间可以相互借用的模式。除了在预言因果关系和一般的法则存在局限性外,还是有可能描述那种影响学校剧烈变革的条件、学校的结构和业务,以及这些因素又是如何影响所有教育风险的承担者的。

**2. 借用模式的先例**

《有准备的国家:为21世纪培养教师》(卡内基1986)虽然在美国是为公众而写的,但是简明地表达了许多国家的信念,即学校及其使命对于改良社会、政治和经济的缺陷并承担全面社会进步的责任是至关重要的。

正像在过去的经济和社会危机中一样,美国人求助于教育。他们正确地要求培养用知识、精神、毅力与技能加以完善的年轻一代,从而使整个民族再一次在工业、商业、社会公正和进步上充满竞争力,至少在保卫自由社会的理念上。在迫切使学校再一次成为进步、生产力和繁荣的火车头方面达成了新的共识。(P. 2)

高期望形式的赞扬意味着对学校的迫切要求。当社会、政治和经济的危机使社会与学校面临看来难以驾驭的问题时,"学校不再被看作为公众利益服务的某种善意的联盟的一部分"(Jenkins 1989 P. 3)。詹金斯注意到在澳大利亚、英国和美国的学校经常因经济的下滑、传统价值和标准被全面侵蚀以及各式各样的社会和经济的不公正而受到责备。

在对澳大利亚、英国和美国主要执行官员角色转换的研究中,沃特(Wirt 1988)列出下列的情况作为影响教育领导者角色的因素:(a)把来自商业和工业的主要"自由市场的"价值观,如选择、竞争和消费者主权,移植到教育;(b)新政治意识形态浸染于信念当中,即把争取个人的权利和促进自我利益的选择与增进社会利益看作一个整体;(c)人口结构的变化导致了教育决策者产生新的关于教育及其目的的观念;(d)广泛传播着这样的认识,即学校"被专家和政客们联合起来所把持,并且被从真正的控制力量即消费者那里拿走"(Wirt 1988 P. 4)。这四种意识形态的、政治的和社会议程的因素从根本上改变了人们考虑学校目标及其管理的方式。这些因素向学校及其管理者提出了完全不同的领导能力的挑战。新的挑战要求用可选择性的方法去研究学校及其目的。正像詹金斯(1989 P. 5)所评述的那样,"不得不质问的是,先前支撑着领导者行为的管理和组织模式,当现在面临着日益增长的复杂和艰难的问题时,对他们来说是否将显得不够恰当"。

假定表面上具有无限能力的教育家通过多棱镜去观察教育事业,就有道理来质问为什么教育的实践者和学者不能产生独特的适合于自己学校的组织模式。詹金斯强调这种失败很少与专长和创造力有关,而是与对教—学这一事业的复杂性的基本认识有很大关系。“我们偏爱一种多范式的方法，用一连串小的火把给黑暗投去光明而不是依靠一束强光”(Jenkins 1989 P. 18)。下一部分研究借自于非教育部门的四个小的“火把”，利用它们来阐明学校组织和管理的问题，并将根据其相对的适用性和局限性评论每一种模式。

### 3. 工业或商业模式

几十年前，基于私有商业组织和机构原则的学校模式被教育理论家和实践者所借用。在美国，19世纪后期的工业革命，伴随着迅速的城市化和巨大的移民浪潮，导致了公共教育系统出现许多急需解决的新问题以及优先解决什么矛盾的问题。这些问题关系到为不同学生群体提供合适课程，从小的、孩子们只有一个教室的农村环境的学校向大的、拥有几百个学生的城市学校的转变，以及指导提供从幼儿园到中学的教学项目等方面，都增加了计划、组织和教育系统协作的需要。这些公共教育现实的剧烈变化导致教育者转向商业和工业，它们已经运用新的管理模式应对相似的机构的和组织的变化。举几个例子，钢铁、铁路和能源公司的巨人们，在标准化、专门化、同步化、资源集中、生产单位的最大化和控制机构的集权化方面提供了工业组织的基本典范。

全世界的学校在不同程度上被用工业模式塑造起来，其中包括六种主要的组织原则：(a)标准化，表现为标准化考试和国家课程标准，它们是国家对最低资格的要求；(b)专门化，教育专业人员要拥有严密定义的专业责任和专门知识；(c)同步化，认真排序的学习活动、计划好的教学日以及使用到处可见和可听的钟表与铃声控制活动；(d)集中化，把诸多的教育职能合并到一个机构——学校；(e)最大化，把课程和学区整合成更加有效的组织单位；(f)机构控制的中央集权化(Bredeson 1988)。

工业部门产生的影响在各个国家的时间和力度上有所不同。因此，这一模式的相对作用又经常受到整体经济表现和社会条件的影响。例如，20世纪30年代在拉丁美洲，一些国家开始将商业的方法用于公共和教育行政管理(Sander and Wiggins 1985)。在美国，科学管理和领导的原则被泰勒(Taylor)所采纳，并且由鲍比特(Franklin Bobbit)提供了学校效率的新模式(Bredeson 1988)。经过认真设计的理性的、以机械隐喻的教育系统——伴随有精确的加工、在时髦生产流水线上的成批处理和强调效率以及输出的最大化——没有失去其号召力。事实上，经济界的领导人通过各种政治和经济上的合作，努力寻求将自己公司的命运与教育系统及其结果相联系。这导致了如阿佩尔(Apple 1988)所称的“学校的工业化”，其中组织的原则和商业的价值塑造了学校，并且，用他的观点来讲，创造了新的社会和经济的不平等。

当研究工业和商业模式的特点与属性转移到学校时，可以发现其局限性是明显的。作为部分分析问题的视角，工业组织的基本原则是有用的，但是它们不能充分地说明教育事业的现实和复杂性。存在争论的是，学校和其使命被这些关键的“组织者”严重地歪曲了(Callahan 1962)。标准化经常导致最低限度的定义的教育结果并且也抑制了个人的创造性。专门化人为地使教一学的原动力缩小。同步使时间和日程比教师对课程的影响更大。资源的集中和最大化能够提供效率的尺度，但是它也产生了权力的不平等，破坏了支持学校的社会和文化的网络。控制机构的集权经常导致多层次的障碍并消极地影响着决策和组织的灵活性。

### 4. 官僚组织的管理模式

官僚组织的宗旨在学校是很容易被确认的。社会学家韦伯(Max Weber)描述了一种“理想类型”社会组织，它的特征包括等级化的权威结构、劳动的分工、基于专门技术的专业化、用来管制行为和关系的规则系统、明确的报酬与升迁制度和非人格的取向。作为一种组织模式，官僚组织的主要原则已经塑造了大量的工业、军事和政府组织。

验证表明，商业、工业以及政府机构方面官僚组织原则的影响，这在大规模组织中的效用是工具性的。随着学校的社会责任、规模和复杂性的增长，官僚组织提供了有用的框架，帮助个人去理解自己的角色、权利以及责任和合作组织成果之间的关系。学校是更多还是更少具有官僚组织的性质取决于学校在多大程度上展示出官僚组织的这些特点。

在官僚组织模式是如何取得全世界学校的组织、操作和管理的支配影响地位方面,权力和控制的集权问题是尤其重要的。在美国,工业化革命、大量的移民和迅速的城市化造成了在不断增加的学校里培养大量孩子的需求。美国教育发展史上的显著特点是其50个州的教育机构放权,教育计划、纲要和实施由大约15 500个地方学区来执行。

在全世界更普遍的做法是高度集中的国家教育体系以政府部门实施对计划、课程、测试、资源和决策的控制。这种组织的模式是官僚组织通用模式的范本。教育受到国家整体的发展战略的约束(Il-hwan 1990,Chinapah 1989,Tiburcio and Federici 1990,Gennaoui 1989)。负责一般公共管理的教育管理部门和机构通常始于殖民时期。

> 由外国势力建立的管理机构是为了实现其统治的目标和增强其形象。管理机构的设计遵从独裁的和集权的模式,并且通过有效的干涉使其机构与众不同。整个这一时期,管理把学校教育、民用工程、交通、通讯和卫生作为干涉和扩张优先考虑的方面。(Gennaoui 1989 P. 21)

在对阿拉伯国家案例研究中,根劳乌依(Gennaoui 1989)提到绝大多数的国家没有联邦分权制及其权力的历史,因此大多数"还正处于建立国家权力的阶段"。包括教育管理在内的综合的管理系统是必要的,并且要设计得非常集权化。阿拉伯国家政治和社会的历史更具代表性地反映了在意识形态、地理、人种以及宗教存在着差异和多样化的环境下,地方自治"不可避免地表明中央政权即使不处于衰落也是处于软弱时期"(P. 30)。领土和民族统一的需要加上政治、经济和社会一体化的需要,导致了拥有宪法特权和联邦官僚政治机构高度集权化的政府。"从总体上看,在许多阿拉伯国家,私营部门仅仅是轻微地介入到了教育系统,而黎巴嫩是一例外。"(P. 33)

"在20世纪60年代,大多数非洲国家开始大量地建立合适的教育管理机构,以应对其教育及与教育有关的巨大的发展需求膨胀的问题。"(Chinapah 1989 P. 39)今天集权化的教育机构一般被描述为这样一些机构,其中有"国家和准国家水平上的系统和亚系统的等级结构,通过不同参与者和代理人的相互影响执行着受到委派的和具有操作性的各种相关功能,为国家教育发展目的服务"(P. 39)。通常也有和直接涉足教育的其他行业政府部门的共同合作,例如,社会福利部门、青年与体育、卫生和就业等等。财政、人事管理、课程规划、法律事务、研究和政策的制定仍被中央集权化(Chinapah 1989)。

官僚组织—政府的模式在教育方面广为传播。韩国(Il-Hwan 1990)、澳大利亚和新西兰当前致力于政治和教育系统放权的一些报道是这一模式盛行并影响学校的证据。有一种看法指出了用于教育的政府—官僚模式的缺点。在许多发展中国家,中心—外围的问题是人事管理的实践和职业的发展问题。真正最好的教育工作者经常会离开家乡去寻求有更多的报酬、提升的机会和在中央系统的官僚机构内有更大的影响的工作。这种高质量人员的流失系统地剥夺了地方层次的发展和专业技术的管理。

组织的官僚原则的另一个问题是它们可以导致机构上的功能紊乱。在专业主义和官僚主义之间存在着固有的冲突。官僚组织的模式未能考虑教育方面非常重要的维度,诸如在文化和亚文化中被证明了的非正式的标准,除了角色服从以外的人力资源问题,宏观和微观政治的维度,以及对特定目的及环境的审视。官僚组织在下属人员与组织的任务是预置好的和易懂的、环境是稳定的、下属的行为与表现是顺从的地方,能最好地运作。20世纪90年代初期,在全世界学校中上述这些条件存在的有限的程度对官僚组织—政府的模式和其组织原则提出了疑问。只通过官僚组织的眼光考虑学校工作的明显危险在于管理的短视并会导致对国家发展和当前教育改革目标的障碍。

### 5. 作为文化的学校

如果组织文化在专业和通俗的文献中普遍流行,人们会设想在一个新的框架中用文化作为理解学校的透镜。更准确地说,即使没有充分阐述,共享价值、信念和规范的行为系统很久以来就得到承认,存在于组织的理论和模式当中。正像巴纳德(Barnard 1938)所提到的那样,文化是组织中的人们所创造的社会虚构,给其工作赋予意义,给其生活建立关系。所有的学校都有文化。当前管理者使用的有目的的、深思熟虑的模式的文化的作用,不管是否创造了社会的意义和把学校的机构和程序组织了起来,或者仅仅反映了所做事情的方式,都是一种界限的设定。它有助于"领导着人们朝着共同的方向前进;它提供了一整套标准来规定人们应该完成什么和如何完成;并且当人们工作时,它也是教师、学生、管理者和别的什么人意义和价值的源泉"(Sergiovanni 1991 P. 108)。

文化的创造是教育领导影响的强有力的源泉。任何学校的文化都是各种各样的竞争性的组织形象、关于人的信念和对现实的界定发生冲突和进行谈判的产物。"当学校中存在各种竞争的观点和竞争的意识形态时,决定哪一个有价值需要通过斗争。"(Sergiovanni 1991 P. 108)搞清楚斗争的解决方式以及特殊的隐喻和模式是如何占据组织和社会的优势地位的,对理解借用的模式及其对学校的影响是至关重要的。

人类学家和社会学家已经研究了几十年文化及其附带的特征。一种可以被用作思考学校的基础的最好的文化模式例子,是彼得(Peter)和沃特曼(Waterman)的著作《追求卓越》(1982)。在其对美国60家成功的企业的研究中,作者确定了这些组织8种共同的特点:(a)对行动的偏爱;(b)接近消费者;(c)自治和企业家的身份;(d)人们的生产力;(e)传递并重视紧迫感;(f)"管好自己的事";(g)简朴的礼仪和节约的职员;(h)"松紧并存的特性"。在20世纪80年代学校面临着资源的减少、在使命和日常工作当中存在日益增长的复杂问题、公共支持的动摇、激烈的改革呼吁(例如在美国,1983年的《国家处于危机之中》)、教育问题和选民的日益政治化以及广泛的对于低效的指责等问题。8种成功的公司文化的特性被看作是可以迁移到学校的有价值的组织特征。

在某些方面,关注成功企业的文化特征是从商业和工业领域借用模式的另一个例子。然而,文化模式显著地不同于工业模式。关注文化的框架不仅包括增加生产率和利润,而且培养了个人的自尊以及提供了组织内聚力的黏合剂。反映着工业模式和政府一官僚组织模式的学校有着独一无二的文化,该文化基于有影响的价值、信念和行为准则。

然而,作为考虑、理解和塑造教育组织模式的文化是一个与众不同的组织者。当学校被看作为文化时,价值、信念和行为准则就变得愈加鲜明并且关于组织和学校成果的各种各样的问题也随即提了出来。工业模式的组织原则以经济合理性为基础,伴随着强有力的效率准则;政府一官僚模式重视规则、权力等级和控制的集权化。作为思考学校问题模式的文化开始于询问人们是如何理解学校、发现其中的意义所在以及把这些理解与社会行为相联系。

文化模式也有局限性。除了用作优秀和创新组织实体的操作性定义的"底线"标准之外,它并没有提供选择的评价和判断标准。此外,与对市场份额和利润盈余相比,教育底线的类似参照物测定起来要困难得多。判定诸如消费者是谁、学校恰当的风险资本和管理者能力的水平、明晰驱动学校的主要价值观以及松紧结构性质的成功平衡等方面存在的问题,都是对和组织实体优点相关的、将文化作为判定学校的模式有限性的说明。

**6. 学校的政治模式**

学校的政治观点认为教育组织在价值冲突、权力斗争、建立联盟、形成利益团体等方面与其他社会组织是相似的,并且讨价还价对动态的组织的目的和实践来讲是必要的。在一定的共性下面,巴尔(Ball 1987 P. 7)主张,"学校组织分析的未来有赖于对学校生活微观政治的理解"。霍依尔(Hoyle 1982)描述过作为策略的微观政治,个人寻求获得权力以便用来影响和增进自己的利益。组织活动的政治观点是一双刃剑:

> 这种模式承认冲突是组织当中正常的事情,并且冲突的解决是通过协商、谈判和讨价还价。以这种观点来看,它对经营者来讲是鼓舞人心的模式,

一种通情达理的创造秩序的方式。但是这一模式也有不太令人高兴的一面——称作组织生活“阴暗面”(Hoyle 1982),它暗示着权力的运用并不总是仁慈的。(Jenkins 1989 P. 11)

更加肯定地来看,微观政治模式是一个有用的框架,在学校用来激活人们对权力的影响和利用以及使程序合法化,诸如建立联盟、讨价还价和作为合理策略的冲突解决办法,该策略用来“围绕冲突协商、建立宽容和对他人需要的尊重和敏感”(Jenkins 1989 P. 13)。

通过政治的透镜来看问题,课程、教学、专业发展和资源配置有可能成为狭窄的意识形态争论的牺牲品。在教育竞争的领域内可能出现赢家和输家的斗争,而不是妥协和君子协议,学校活动从关注儿童中心向关注支持者中心的方向转移。詹金斯(1989)还引证了其他否定学校微观政治模式的观点。该模式暗示,作为产生相互理解和文化氛围的基础的微观政治活动强度的增加,将给学校和学校中的人们指引出方向。但是随着对权力的强调,大多数组织的现实是权力会聚集在少数接近组织高层的人手中,创造出组织内部新的不平等。政治模式也易于使专业主义、专门技术和教育者的价值贬值。最后,政治模式内固有的策略和程序与当前学校改革的努力背道而驰,这种努力注重团队建设、合作、再构建和教育领域中领导责任的有意义的分权。

**7. 走向对学校更好的理解:多元模式观点**

本词条已经简要描述的模式是对借自于非教育组织的隐喻和模式的例证性说明,并不是详尽的描述。每一种模式都说明了组织理论和实践在学校的影响。对文献的回顾提出,有时组织的理论家和善意的教育改革者类似于小节目中招揽客人的杂耍艺人,在不断地兜售新的管理模式和基本原理。但是任何一种模式都不足以应付现代学校全部领域内的复杂性。寻找某种模式的本身只是一种技术理性的例子,它们假设学校和其环境是稳定的、有序的以及技术上可以解决问题的。另一种观点认为学校内组织、管理和专业实践是模糊的,其特点由复杂性、不确定性、不稳定性和独特性来组成(Schon 1983,1987)。这种观点对任何一种模式的思想都不予考虑,无论是本土的还是外来的,它支持用多元模式的观点去理解学校及其生活和工作。

有关教育者借用管理模式的国际观察研究认为,一种模式超越另一种模式的优势是独特的政治、经济和社会历史的共同产物。在那些私营的商业和工业曾经是或正在是强有力的社会力量的国家,教育者效仿工业管理的模式并不令人惊讶。当学校在财政上依赖于私立部门税收的支持时,这尤其是真实的。公司的经济命运受到学校成绩的影响的事实,促使商业或工业的首领开始改革并且把自己的专门技术应用于解决教育问题。

在发展中国家,诸如阿拉伯国家和许多非洲国家,相对来讲,私营部门对教育没有什么影响。这部分是由于这些国家有些脆弱的国民经济处于初始阶段的缘故。许多这样的国家留有殖民主义的遗产,以高度的集权政府控制计划和发展为特点。教育管理和组织被认为是通过相似的政府模式的透镜来看问题,在这里教育部就是标准。有关教育改革最常见的呼吁集中于对机构控制的责权下放和决策的分权以使教育向前发展。相反,在诸如英国和美国这样的国家,有着更多的学校管理分权的传统,政治家和行业的领导人正在使教育成为优先发展的部门,同时呼吁国家通过对学生成绩和学校成果的评估而承担更多的责任。各个国家都正在努力建立集权与对教育成果负责之间的平衡,同时经常呼吁建立分权性的结构从而促进学校层面的改革。

模式借用是一种健康的组织活动。但是,由于学校是复杂的社会组织,伴随着多重的现实和悖论,因此不是哪一个特别的模式最能适应学校的问题,而是学校如何使用多元模式的方法问题。在某些方面,学校共享着所有描述的四种模式的特点和别的许多特点。学校和其赖于生存的独特的社会文化环境是悖论和可能性的集合体。即使教育者可能依赖的环境和组织类型低于理想的状况,通过组织以及国家间的模式借用仍有值得学习的东西。前美国总统威尔逊(Woodrow Wilson)描述了在不玷污宗旨的情况下,怎样借鉴他人的管理经验才能是有用的：

> 如果我看到一个杀人的凶手很聪明地磨着刀子，我可以借用其磨刀的方法而不借用其谋杀的意图。同样，若我看到一个粉饰过的君主制主义者把一个公共部门管理得井井有条，那么我可以学习他的经营的方式，而不改变我一丁点儿的共和党地位。（Wilson 1887 P. 220）

多元模式的方法允许教育的理论家接受由多种偶像支持的多样的现实情况。这有助于带来理解、获取价值、指导实践和使得学校成为社会上有凝聚力的和有生产价值的组织。

P. V. 布雷德松（P. V. Bredeson） 著

杨骥辉 译

**附录**


Apple M W 1988 What reform talk does：Creating new inequalities in education. *Educ. Administration Q.* 24（3）：272—281

Ball S J 1987 *The Micro-politics of Schools：Towards a Theory of School Organization.* Methuen，London

Barnard C 1938 *The Functions of the Executive.* Harvard University Press，Cambridge，Massachusetts

Bredeson P V 1988 Perspectives on schools：Metaphors and management in education. *J. Educ. Adm.* 26（3）：293—310

Callahan R 1962 *Education and the Cult of Efficiency：A Study of the Social Forces that have Shaped the Administration of the Public Schools.* University of Chicago Press，Chicago，Illinois

Carnegie Forum on Education and the Economy 1986 *A Nation Prepared：Teachers for the 21st Century.* CF on EE，New York

Center for Educational Research and Innovation（CERI）1973 *Case Studies of Educational Innovation：1：At the Centre Level.* Organisation for Economic Cooperation and Development，Paris

Chinapah V 1989 *Educational Planning，Administration and Management in Africa.* UNESCO，Paris

Gennaoui A 1989 *Educational Planning and Management in the Arab States：Past Achievements and Future Perspectives.* UNESCO，Paris

Hoyle E 1982 Micropolitics of educational organizations. *Educational Management and Administration* 10（2）：87—89

Hughes M G 1988 Comparative education administration. In：Boyan N（ed.）1988 *Handbook of Research in Educational Administration.* Longman，New York

Il-hwan C 1990 *Decentralization of Educational Administration and Strengthening of Local Educational Planning in Republic of Korea.* UNESCO，Paris

Jenkins H O 1989 Education managers：Paradigms lost. *Studies in Educational Administration* 51：3—26

National Commission on Excellence in Education 1983 *A Nation at Risk：The imperative for Educational Reform.* NCEE，Washington，DC

Peters T J，Waterman R H Jr 1982 *In Search of Excellence：Lessons from America's Best-run Companies.* Harper and Row，New York

Sander B，Wiggins T 1985 Cultural context of administrative theory：In consideration of multidimensional paradigm. *Educ. Administration Q.* 21（1）：95—117

Schon D A 1983 *The Reflective Practitioner：How professionals Think in Action.* Basic Books，New York

Schon D A 1987 *Educating the Reflective Practitioner：Toward a New Design for Teaching and Learning in the Professions.* Jossey-Bass，San Francisco，California

Sergiovanni T J 1991 *The Principalship：A Reflective Practice Perspective，2nd edn.* Allyn and Bacon，London

Tiburcio L，Federici F 1990 *Survey on the Situation of Educational Planning and Management in the World：A Provisional Synthesis.* UNESCO，Paris

Wilson W 1887 The study of administration. *Political Science Quarterly* 2：197—222

Wirt F M 1988 The chief educational officer in comparative perspective. *Comp. Educ. Rev.* 32（1）：39—57

## 作为社会文化系统的学校(School as Sociocultural Systems)

学校既创造了社会文化秩序,又回应着其所处社会环境中的秩序安排。为本地人群共享的文化,可以看作是出现于群体历史经验的集体学习的沉淀。它通过循环的、确定的日常生活实践而发生。这种实践也受到整个社会生活过程中偶然性的限制。本词条集中讨论学校文化和文化实践的本性以及学校与其环境的关系。在讨论了与学校有关的社会文化系统的基本概念之后,本词条将对这一范围的国际研究提出总的看法。这种看法强调公平以及阶级和与学校相联系的文化冲突问题。

### 1. 基本概念

"系统"的概念是指边界以内通过互相作用联系的一组实体,系统与外部环境相区别并保持联系。"社会文化系统"是这样一个系统,其内部或跨越系统的相互作用是社会的和文化的而不是物理的或化学的。这种相互作用通过智力的形式(例如,合法性及其体验、权力、知识、技术)而发生,其价值被清楚地规定或用符号编码,也就是说,采用符号系统表示。学校是传递和产生意义与符号能力的地方,因此,学校工作带有相同的形式和资源,其分配和交换构成了广泛社会系统的活动,而学校是这一系统的一部分。

根本转移的重点发生在社会科学、行为科学以及组织理论上,它正在改变着社会文化系统的观念。以前,在由结构—功能主义的社会理论衍生出来的组织理论中,社会的过程被认为天生是自我平衡的。现在对组织的形象有了另一种选择,即它在与外部环境的交流中维持内部的稳定状态。这是在冲突的亚系统当中作为一组关系的组织形象。各种利益和观点可以偏离官方和非官方的社会关系群体所指引的路线,这些人际网建立在亚系统的单位,比如各个部门之内或之间。

与从前相比,在确立清晰的组织目标和为实现目标而进行的一致性内部安排方面似乎也缺少组织的特点。自从马奇(March)和西蒙(Simon)及其追随者的研究以来,组织及其操作在手段—结果的合理性方面一直被认为存在着固有的局限。对个人认知的看法也是如此,因为当代认知心理学强调注意和记忆的有界性。

关于社会中文化和语言分布问题的思维方式也正在变化。不同于把符号或价值看作一元化,内部一致、被社会群体成员平等共享,并通过一代代人、文化、语言而原样复制的系统,另外的符号学体系正在逐渐采纳符号和价值先天具有多样性和局部性的观点。亚文化与语言的风格被认为是相互渗透的,部分特征和功能相似不仅存在于社会群体或人际网之中,也存在于个人身上。这些文化的亚系统被设想为用来减少个人和群体内部的紧张,各种记录下来的信息被组织成个人或群体接受的改变行为的指令系统。人的生命周期的各个阶段需要一系列文化知识。有的人是在家庭内学习传递下来的文化和语言,有的人在学校学习,还有的人在同辈的关系网中学习,甚至还有人在工作中向同事学习。从这一观点来看,每个人都是多元文化的。

文化指习惯上共同使用的理解意义的方法——也就是说,沿着解释的路线——它是习得的而不是天生的。格登纳夫(Goodenough 1981)把文化定义为成套的习得的和共享的标准,它被用来领会、肯定、模仿以及评价他人的行动。通过文化学习,人们产生了被认为是理所当然的本体论认识,这影响是什么?为什么应该是?可能会发生什么以及它为什么会发生等问题的解释。

考虑文化的一种办法是与计算机储存器的信息位或对家系人口内遗传信息的分布进行类比。从这一观点来看,文化是由许多小的知识条目组成,并作为大规模的信息库储存于有边界的社会群体中。尽管文化知识的持有人是个人,但群体中没有一个人掌握了整个群体所拥有的所有知识。

另一种观点把文化看作是由大量的知识块——概念的结构所组成。这些核心符号组成了被群体成员认定的"现实"和"目的"。在常规的例行程序内,有意义的行动一次次地重复着主要的框架模式,正像音乐作曲一样,在几个基本的主题元素基础上可以写出许多变奏曲来(Geertz 1983)。前面类比为信息位的文化概念,认为在一定的人口中,所有个人和亚群体内的个体所了解的信息的数量和种类是广泛不同的。在后边的概念中(它是人类学家和社会学家更青睐的历久不衰的观点),强调了系统的一致性,它假设在一定范围内的社会群体的个人中间,对核心符号有着接近的理解。

第三种观点认为,所有个人对文化的共享和非共享是按照权力和等级关系安排的,并跨越社会群体内机构的边界而强烈模式化的。在不平等的社会结构里,并非所有的文化变量都具有同样的价值。声望自然增加某些知识和品味,而污名则增加别的东西。被一般社会所看重的东西经常被作为"文化资本"服务于特殊的亚群体和个人(Bourdieu and Passeron 1977)。从这一观点来看,一个社会中文化的差异性被看作是该社会内权力分配的严格再生产。

前面三种观点的每一种都强调了两代(或数代)人之间文化的传递,削弱了人类的力量,并且没有为一代人之内或各代人之间进行文化改革的可能性留有分析的空间。从这些观点来看,个人行为及其意义是由社会化武断决定的,好像个体行动者是一个机器人。

第四种观点比前三种更多考虑的是人类的力量。它不是把文化看作社会中预先存在的权力关系的附带现象(即看作传统马克思主义术语当中的"上层建筑"),这种观点把文化、社会结构和人类力量看作是相互必要的。个人通过不断重复实践的规则在直接的经验中构造着文化,即一系列行动策略地指向渴望实现的目标或计划。这些实践被置于一定的境况之中,即它们发生在当前环境下的偶然事件中。请回顾一下马克思的格言:人在并非自己选择的环境中创造历史,人们必须注意到,在文化学习环境中直接经验的状况并不是个体学习者从虚无中创造出来的。相反,通过实践生产文化的过程中,个人利用了以前存在的生产资源,其中包括由长者和同辈人在有意/无意的社会化过程中所生产的知识和价值观点。个人也"制造意义",即通过他们的努力从尝试和失败中学习,从而创造出新的生产资源(独特的知识和有意义的观点)。

鉴于实践本身的情况部分地由过去的历史所决定,个人能够通过实践构造的文化知识要受到一般社会结构的影响。这至少发生在两个方面。首先,通过对反复出现在文化学习环境中各类活动组成的影响(因此影响着实践中学习者行动的结果),一般的社会结构深深地影响着学习者发现新文化过程中的学习机会。其次,通过学习环境促进人们社会化的机构去影响人们将要使用的信息的内容和形式,一般的社会结构影响着学习者在获取已有文化的过程中学习的机会。这样一来,文化生产可以被看作一种起中介作用的活动,正像吉登斯(Giddens 1984 P. 25)所指出的那样,"社会结构既由人类力量所构造,然而同时也正好是这一构造过程的中介"。

应该强调的是,在文化生产中并非所有的意图也并非所有已获得的知识都是深思熟虑的。一些对意识的限定来自临床心理学所阐述的心理过程,例如,拒绝和投射。另外,人类学家确认,教育和学习结果中的隐含文化,发生在为逻辑思维服务的有意注意以外,而不是作为临床学推理的结果(例如,对会议开始后多长时间到达才被视为不恰当的认识,或把迟到当作一种现象的假设)。隐含文化,无论它是否是发明或社会化的结果,都是在有意注意以外学习和教化出来的。进一步说,存在着可能被文化学习者所忽略的无意识的实践结果,也存在着过一段时间才明白的实践结果,它们远远地超出正在从事的确定的文化实践的学习者的理解范围。

因而以上所讨论的意图、计划、社会化和试验以及从错误中学习的概念就不应该解释为对所涉及活动的有意识的反映。的确,从这一观点来看,关于文化学习和惯例所谓的"天然性"不是理性的问题,用正式的术语来讲,是非理性的问题。当被卷入日常生活时,正在实践的主体本能地采取确定的(即非客观的)姿态。自从柏拉图使用了洞穴这一隐喻以后,洞察力这个概念就很明显了。然而,现代哲学和社会科学的工作走得要远得多,他们提出知觉主体的立场基本上是不能改正的,或至少不能靠退回到脱离自身的、没有偏私的观察与反映的客观立场来进行修正。

同样的理解应用到了当前对组织的功能的观点上。在早些年代,组织理论强调的是组织的合理性，现在关注的则是可能出现的东西，这些乍看是关于组织的非理性认识。越来越多的关注放在了组织宣称的目标与没有宣布的实际功能方面的差异、组织的详细计划和组织的非正式的实际生活的差异、假设的输入和输出之间的差异等方面。它之所以精确，是因为组织内的个人在构造意义和进行决策时采取了实际的模糊逻辑立场（在互动的群体和网络关系中被反复共用并沉积下来），也就是说，各种组织使用其环境中更加广泛的社会和文化系统，在处理事物的过程中发展了自己的社会文化生活。就局部的复杂性而言，当代组织研究企图把正式的组织看作有别于黑匣子的某种东西。

总之，当代社会文化理论、认知理论和组织理论把重点放在受边界限制的、隐含的、情景性的、自发的和冲突的方面。文化被认为是在代与代之内和通过代与代之间既依靠传递（和默认），又通过发明（和抵抗）而获得的。观点和利益的差异被认为是人类社会、正式组织和个人内部固有的。直接观察法被认为是必要的——对组织及其环境、组织内部相互作用的特别情况以及那些环境中的个人。所以，不必惊讶，在直接观察学校时会发现，在社会上有组织的观点和利益彼此之间的差异越来越明显，并且在它产生和发展于其中的文化实践中无处不在。

伴随教师和学生参与学校实践而产生的情况之一是他们在动机和能力归因方面的相互嘲讽。随着日益增长的学校经验，许多教师对学生目标和能力的看法越来越不乐观。学生们在这一点上给予回击，尤其是那些过早退学的学生，日益公开和直接地表示对教师与学校的不信任和不喜欢。相同的情况出现在管理者与教师以及学校教师与家长的关系上——相互的不信任会随着时间的延长而增加，好像学校生活的惯例是经常疏远。学校的人们倾向于采取对抗策略，包括隐藏真实的思想、感情和行动以及使用明显敌对的行为方式。但是，在一些学校，好像很流行相互信任和尊重，也表明了不疏远的学校体验是可能的。这样的学校好像是例外而不是常例（Sarason 1971）。

在教育的文献当中对参与者疏远的体验有各种各样的解释，由于它的存在，学校文化组成了信任和怀疑的复杂网络。其中的一些解释在下一小节中会考虑到。

### 2. 焦点问题和研究的课题

由于篇幅限制，对经验性研究的回顾将集中于定性研究上（Jacob 1987，Atkinson et al. 1988，Mehan 1992）。

如果学校是一个社会文化系统，那么它的界限在哪里？对研究来讲这一直是至关重要的问题。学校是只简单地重复和再生产更广阔社会中的社会文化秩序，还是在某种程度上与社会文化截然不同？那种认为发展的增长直接导致了个人和社会改良的观点已经逐渐地被认为是天真的乐观。与之相反的观点认为，增长的学校教育产生了社会更大的不公平和疏远，这种认识有其正当的经验性理由，但又有点尖刻。在这些问题上研究的结果是混合的。纵览这些文献的一种方法是考虑各种研究流派不得不对作为文化系统的学校的界限说些什么。

#### 2.1 社区—学校的焦点

在美国，第二次世界大战刚结束时，对社区的研究特别具有特色，并且这项工作还在继续。一些聚焦于当地学校的社区研究强调了国家文化、地方社区文化和学校文化之间的连续性。在这些研究当中有美国的社区研究（Hollingshead 1975，Varenne 1977）和不同国家的乡村研究。例如，法国（Wylie 1964）、德国（Spindler G and Spindler L 1987）和中国（Chance 1984）。这一研究潮流认为，本地学校，尤其当地居民担任学校管理者时，和本地社区的文化观点以及价值观几乎没有不同。

#### 2.2 社会等级和文化冲突

可以观察到，学校的边界另一个可以被很高程度渗入的方面，是研究和描绘出在广阔社会中发生，并已经在学校中被人们面对面地表现出来的冲突，尤其是在教师和学生的关系上。20 世纪 60 年代以来，一直存在着众多的关于学校内部社会文化的不一致性和冲突的研究。正如阿特金森等（Atkinson et al. 1988）特别指出的那样，美国之外的学校研究，尤其在英国，倾向于强调社会等级以外的冲突，而美国的研究则强调学生的少数民族文化和学校文化的冲突，其观点认为在较大的社会里各利益群体间的冲突和不平等成了学校内部的焦点并不断地在重复。

对英国学校社会等级冲突的案例研究包括莱西(Lacey 1970)和巴尔(Ball 1981)(Hammersley and Woods 1984)。这一研究流派的认识倾向于现存不平等的再生产在学校几乎是自动发生的。威尔斯(Willis 1977)的研究采取了稍微不同的策略。他在一所技术中学采访和观察了来自工人阶级家庭的"小伙子们"。其研究表明,通过拒绝和学校里具有中产阶级气质的人交往,"小伙子们"参与到构建工人阶级未来的自卫性抵抗当中去了。他们在学校教育中经历的失败不是必然发生的,而很可能是获得性的(Mcdermott and Gospodinoff 1979)。然而,威尔斯的解释仍然带有浓重的宿命论的观点。"小伙子们"被描绘成没有选择权,而只是共谋了自己的教育丧失。一种有着更加细微差别的见解出自于康奈尔等人(Connell et al. 1982)的研究,它是关于澳大利亚各类杰出和非杰出学校的社会再生产。这一研究认为学校中的差异既存在于各个社会等级内部也存在于各个社会等级之间。康奈尔把这归因于两种因素:一是一定的家庭为自己的孩子所实施的不同的教育"计划",尤其是工人阶级家庭孩子的教育计划;二是一些富于不同寻常的同情心的教师的积极影响。偶然会碰到这样的教师,但是,在学生的学校生涯中,这意味着学校组织绝不是有系统地组织起来改进对工人阶级家庭的学生的教育的。

在美国也曾经有社会等级再生产和对其抵制的学校研究。通常学校冲突显示出了阶级、种族、民族和性别等方面因素的综合,这些研究对学生的社会等级与学校成绩之间的关系采取着更加复杂和更少宿命论的观点,这与康奈尔的观点类似。在与这个主题相关的文章当中,奥布(Ogbu 1993)和埃里克松(Erickson 1993)讨论过一种非洲裔美国人以种族为基础的抵制学校的文化,这与威尔斯所宣称的以阶级为基础的抵抗文化相似。福利(Foley 1990)对南得克萨斯城镇学校社区的研究表明,墨西哥裔的美国人和英裔少数民族的身份问题是如何复杂地与社会等级联结起来的。在这些研究讨论中,米恩(Mehan 1992)也报告他自己的关于制度化的评价程序方面的研究,在这一程序下因种种原因(包括文化的原因)而被判定为不"适应"的学生,被分轨去学习补习课程。美国的这些研究表明,在一定的惯例情形中,关于学校中不公平的再生产的生动的理解被遗传下来了。

许多美国的研究集中于学校和其当地社区之间的民族和种族文化的冲突上。多数这种工作定向于社会语言学,确定了沟通风格的文化模式,它是课堂冲突的基础(Cazden 1988)。对文化做出回应的教学可能是减少这类课堂冲突的一种方法,尤其在小学。

英国学者完成了相当多的关于课堂教学的讨论,它们强调阶级的不同超过了种族的不同。理论的和经验的工作在斯塔布斯(Stubbs 1983)和阿特金森等人(1988)的著作中得到评论。关于课堂教学中相互作用的一些研究在关于孩子们的能力的构想和关于什么是恰当的教学的假设的方面,强调了民族文化的差异。例如,安德森-列维特(Anderson-Levitt 1987)关于法国课堂教学的研究,G. 斯品德勒和L. 斯品德勒(Spindler G and Spindler L 1987)关于德国和美国课堂教学研究,以及托宾(Tobin et al. 1989)关于日本、中国和美国课堂教学的研究。

### 2.3 集中于学校的任务

各种美国的研究已经考虑到了独特的教师的专业文化,这首先是从沃尔特(Walter 1932)(Sikes et al. 1985)的经典性文章开始的。沃尔科特(Wolcott 1984)全部用人种学的方法集中研究一位校长的工作生活(Gronn 1983)。拉里乌(Lareau 1989)在与学校的教师和校长相互合作研究时,对工人阶级和中产阶级的家庭进行比较。也许正是这种工作方针,加上对课堂教学的研究,才能将各自作为系统的学校和本地学校社区的界限清楚地加以确定。当独特的本地学校微观文化在一定学校内的教师与管理者相互作用中发展的时候,当微观文化在课堂教学的层面发展的时候,当家庭发展了包括特殊的教育计划(根据康奈尔的说法)在内的独特的微观文化时,总有机会让人不仅看到大规模社会力量决定性影响——现实生活中历史的力量——而且会看到反决定力量的出现,以及本地水平的反支配的惯例的出现，在那里现实的人被认为是在创造着历史。

**3. 结论**

作为社会文化系统的学校好像是在被松散地管理着（Bidwell 1965，Weick 1976）。大规模的学校教育在人类历史上是并不久远的实践，因此学校实践当中的矛盾和不一致并不全然使人惊讶。学校可以被看作这样的场所，在那里社会利益和文化观点上的差异既是从周围的环境中产生出来的，又是由组织内各种各样的参与者在特定的实践中发展的。学校是否在社会的变革中扮演了积极的角色的问题仍然不可回答。

将来经验性的工作也许会像现在一样更多卷入学校内部的多元利益冲突。过去的工作强调了教师和学生的差异，以及某种程度上的管理者和教师之间的差异。然而学校内部包含着利益和实践差异的另外的方面。例如，那种离开了教育观点和政治信仰路线的教师团体政治，以及管理者、教学辅助人员、餐厅和操场管理人员与学校专业人员在发挥影响和分配利益等方面的关系。性别、种族、少数民族和阶级等这些相对研究较少的现象存在于学校组织当中，它们每天都出现于课程和教学实践中。

学校和外部环境之间的交流已经从社会文化的观点加以说明了，与家长的关系是这些交流中最直接的。在美国，学校与本地纳税人的关系尤其重要，并且和当地商业团体的关系也变得越来越重要。此外，在课程的内容安排上地方和国家也存在着冲突。例如，在美国有关于性教育的冲突、在教授生物学时创世说的冲突和讲授文学与历史时"欧洲的—美洲的教规"的冲突等等。教育和学校教育领域中的其他社会利益竞争越来越集中在有关地区和国家的政治程序问题，教育的政策就是通过它们被确定下来的，国家和市场的影响反映在出版的教材之中。在社会组织水平上，教育和政治经济学连成一体，并深深地渗透本体论关于人性、行为和目的的假设。

然而有迹象表明，这些关联不是简单地、直线式地确定的。被当作社会文化系统的学校似乎正在生产，也在再生产着其赖以存在的文化和社会。在世界范围内，人们在社会文化系统内创造历史的方式是不同的。此外，在学校流行的教与学的疏远并不是普遍的。这样，就能更加充分地理解以社会性和文化性为基础组织起来的多样性的学校道德风貌。

F. 埃里克松（F. Erickson） 著

杨骥辉 译

**附录**


Anderson-Levitt K 1987 Cultural knowledge for teaching first grade：An example from France. In：Spindler G，Spindler L（eds.）1987 *Interpretive Ethnography of Education：At Home and Abroad.* Erlbaum，Hillsdale，New Jersey

Atkinson P，Delamont S，Hammersley M 1988 Qualitative research traditions：A British response to Jacob. *Rev. Educ. Res.* 58（2）：231—250

Ball S 1981 *Beachside Comprehensive.* Cambridge University Press，Cambridge

Bidwell C E 1965 The school as a formal organization. In：March J G（ed.）1965 *Handbook of Organizations.* Rand-McNally，Chicago，Illinois

Bourdieu P，Passeron J C 1977 *Reproduction in Education，Society，and Culture.* Sage，London

Cazden C B 1988 *Classroom Discourse.* Heinemann，New York

Chance N 1984 *China's Urban Villagers：Life in a Beijing Commune.* Holt，Rinehart，and Winston，New York

Connell R W，Ashenden D J，Kessler S. Dowsett G W 1982 *Making the Difference：Schools，Families and Social Division.* Allen and Unwin，Sydney

Erickson F 1993 In：Jacob E，Jordan C（eds.）1993 *Minority Education：Anthropological Perspectives.* Ablex，Norwood，New Jersey

Foley D E 1990 *Learning Capitalistic Culture：Deep in the Heart of Texas.* University of Pennsylvania Press，Philadelphia，Pennsylvania

Geertz C 1983 From the native point of view：On the

nature of anthropological understanding. In: Geertz C 1983 *Local Knowledge.* Basic Books, New York

Giddens A 1984 *The Constitution of Society.* University of California Press, Berkeley, California

Goodenough W 1981 *Culture, Language and Society.* Benjamin-Cummings, Menlo Park, California

Gronn P C 1983 Talk as the work: The accomplishment of school administration. *Admin. Sci. Q.* 28: 1—21

Hammersley M, Woods P (eds.) 1984 *Life in Schools.* Open University Press. Milton Keynes

Hollingshead A 1975 *Elmtown's Youth and Elmtown Revisited.* Wiley, New York

Jacob E 1987 Qualitative research traditions: A review. *Rev. Educ. Res.* 57(1): 1—50

Lacey C 1970 *Hightown Grammar.* Manchester University Press, Manchester

Lareau A 1989 *Home Advantage: Social Class and Parental Intervention in Elementary Education.* Falmer Press, Philadelphia, Pennsylvania

March J G, Olsen J P 1976 *Ambiguity and Choice in Organizations.* Universitetsforlaget, Bergen

McDermott R P, Gospodinoff K 1979 Social contexts for ethnic borders and school failure. In: Trueba H, Guthrie G, Au K H (eds.) 1981 *Culture and the Bilingual Classroom.* Newbury House, Rowley, Massachusetts

Mehan H 1992 Understanding inequality in schools: The contribution of interpretive studies. *Soc. Educ.* 65(1): 1—20

Morgan G 1986 *Images of Organization.* Sage, Newbury Park, California

Ogbu 1993 In: Jacob E, Jordan C 1993 *Minority Education: Anthropological Perspectives.* Ablex, Norwood, New Jersey

Sarason S 1971 *The Culture of the School and the Problem of Change.* Allyn and Bacon, Boston, Massachusetts

Sikes P, Measor L, Woods P 1985 *Teacher Careers: Crises and Continuities.* Falmer Press, London

Spindler G, Spindler L 1987 Schonhausen revisited and the rediscovery of culture. In: Spindler G, Spindler L (ads.) 1987 *Interpretive Ethnography of Education: At Home and Abroad.* Erlbaum, Hillsdale, New Jersey

Stubbs M 1983 *Language, Schools and Classrooms.* Methuen, London

Tobin J, Wu D, Davidson D 1989 *Preschool in Three Cultures: Japan, China, and the United States.* Yale University Press, New Haven, Connecticut

Varenne H 1977 *Americans Together: Structured Diversity in a Midwestern Town.* Teachers College Press, New York

Waller W 1932 *The Sociology of Teaching.* Wiley, New York

Weick K E 1976 Educational organizations as loosely coupled systems. *Adm. Sci. Q.* 21:1—19

Willis P 1977 *Learning to Labour.* Saxon House, Farnborough

Wolcott H 1984 *The Man in the Principal's Office: An Ethnography.* Waveland, Prospect Heights, Illinois

Wylie L 1964 *Village in the Vaucluse.* Harvard University Press, Cambridge, Massachusetts

# 《教育大百科全书》专题名录及英文版主编

| 专题 | | |
|---|---|---|
| 教育管理 | 主编 | 美国宾夕法尼亚大学教育学院　W. L. 博伊德(W L Boyd)教授 |
| 教育政策与规划 | 主编 | 加拿大安大略教育研究院国际教育和发展教育中心主任<br>J. P. 法雷利(J P Farrell)教授 |
| 教育评价 | 主编 | 美国伊利诺伊大学　H. J. 沃尔博格(H J Walberg)教授 |
| 教育人类学 | 主编 | 美国加利福尼亚大学伯克利分校　J. U. 奥布(J U Ogbu)教授 |
| 教育哲学 | 主编 | 美国斯坦福大学　D. C. 菲利普斯(D C Phillips)教授 |
| 教育社会学 | 主编 | 澳大利亚国立大学　L. J. 萨哈(L J Saha)教授 |
| 女性与教育 | 主编 | 澳大利亚墨尔本大学教育研究院<br>G. 拉可姆斯基(G Lakomski)教授 |
| 教育史 | 主编 | 瑞典斯德哥尔摩大学国际教育研究所<br>S. 马克隆德(S Marklund)教授 |
| 教育心理学 | 主编 | 比利时卢汶大学教育心理学和教育技术中心<br>E. 德・科尔特(E De Corte)教授 |
| 人的发展 | 主编 | 德国马克斯・普朗克心理学研究所主任<br>F. E. 韦纳特(F E Weinert)教授 |
| 特殊需要儿童教育 | 主编 | 美国坦普尔大学教育研究中心　M. C. 王(M C Wang)教授 |
| 学前教育 | 主编 | 美国伊利诺伊大学初级教育和儿童早期教育中心主任<br>L. G. 卡茨(L G Katz)教授 |
| 成人教育(上、下) | 主编 | 荷兰图文特大学　A. 图季曼(A Tuijnman)教授 |
| 职业技术教育 | 主编 | 英国爱丁堡大学　K. 金(K King)教授 |
| 各国(地区)教育制度(上、下) | 主编 | 德国汉堡大学　T. N. 波斯尔斯韦特(T N Postlethwaite)教授 |
| 比较教育与国际教育 | 主编 | 美国匹兹堡大学教育学院　D. 亚当斯(D Adams)教授 |
| 课程 | 主编 | 以色列特拉维夫大学　A. 莱维(A Lewy)教授 |
| 教育技术 | 主编 | 荷兰图文特大学　T. 普洛波(T Plomp)教授<br>美国锡拉丘兹大学教育学院　D. P. 埃利(D P Ely)教授 |
| 教学 | 主编 | 美国南加州大学　L. W. 安德森(L W Anderson)教授 |
| 教师教育 | 主编 | 美国南加州大学　L. W. 安德森(L W Anderson)教授 |
| 教育研究方法(上、下) | 主编 | 澳大利亚富林德斯大学　J. P. 基夫斯(J P Keeves)教授 |
| 教育经济学 | 主编 | 美国斯坦福大学　M. 卡诺伊(M Carnoy)教授<br>美国斯坦福大学　H. M. 莱文(H M Levin)教授 |

# 《教育大百科全书》

# 《教育管理》翻译、译审及编辑工作人员

**翻译及译审人员**

高洪源　孙　奕　刘　扬　朱科蓉　杨骥辉　姜　红　赵红丽

高鸿源　楚红丽

**编辑人员**

卢　旭　任志林　任建成　刘　平　刘江华　刘春卉　吴兆理

宋建勋　宋艳先　张红芳　张金花　张渝佳　李　红　李　玲

李远毅　李智勇　周安平　杨　萍　杨光明　郑持军　秦　路

黄　璜　曾　艳　程　晋　程　鹏　蓝　菊　满福玺　廖　伟

熊远梅